이것이
Windows
Server다

개정판

이것이 Windows Server다(개정판)

초판 1쇄 발행 2017년 7월 1일
개정판 1쇄 발행 2023년 1월 16일
개정판 2쇄 발행 2024년 3월 25일

지은이 우재남 / **펴낸이** 전태호
펴낸곳 한빛미디어(주) / **주소** 서울시 서대문구 연희로2길 62 한빛미디어(주) IT출판1부
전화 02-325-5544 / **팩스** 02-336-7124
등록 1999년 6월 24일 제 25100-2017-000058호 / **ISBN** 979-11-6921-052-2 93000

총괄 배윤미 / **책임편집** 이미향 / **기획·편집** 장하은 / **교정** 김희성 / **진행** 권소정
디자인 표지 박정화 내지 최연희 / **표지일러스트** 안희원 / **전산편집** 이경숙
영업 김형진, 장경환, 조유미 / **마케팅** 박상용, 한종진, 이행은, 김선아, 고광일, 성화정, 김한솔 / **제작** 박성우, 김정우

이 책에 대한 의견이나 오탈자 및 잘못된 내용에 대한 수정 정보는 한빛미디어(주)의 홈페이지나 아래 이메일로
알려주십시오. 잘못된 책은 구입하신 서점에서 교환해 드립니다. 책값은 뒤표지에 표시되어 있습니다.

한빛미디어 홈페이지 www.hanbit.co.kr / 이메일 ask@hanbit.co.kr
독자 Q&A cafe.naver.com/thisisLinux
예제 소스 www.hanbit.co.kr/src/11052

지금 하지 않으면 할 수 없는 일이 있습니다.
책으로 펴내고 싶은 아이디어나 원고를 메일(writer@hanbit.co.kr)로 보내주세요.
한빛미디어(주)는 여러분의 소중한 경험과 지식을 기다리고 있습니다.

이것이
Windows Server다

개정판

학습 환경 구축부터 운영까지 한번에!
Windows Server 운영까지 한번에!
실무형 실습으로 현업의
현장감을 그대로 담았다!

가상머신으로 실무 환경 그대로 배우는 Windows Server 기본서

우재남 지음

한빛미디어
Hanbit Media, Inc.

2011년에 『뇌를 자극하는 Windows Server 2008』, 2016년에 『뇌를 자극하는 Windows Server 2012 R2』, 2017년에 Windows Server 2016을 다루는 『이것이 Windows Server 다』가 출간된 후에 Windows Server 2022를 주제로 한 4번째 도서 『이것이 Windows Server다(개정판)』이 출간되었습니다. 2011년 이후로는 번역서를 제외하면 Windows Server 분야에서 저의 책이 유일했기에 더 많은 부담이 있었지만, 책에 많은 관심과 조언을 주셨던 독자분들과 주위의 교수님들 덕분에 다시 집필할 수 있었습니다.

저는 예전에 다양한 운영체제를 운영하던 회사 전산실에서 근무했던 적이 있었는데 그중에서도 유독 Windows Server만 찬밥 신세였던 것이 기억납니다. 그 당시 버전이 Windows NT 3.51과 4.0이었는데 다른 유닉스 계열의 운영체제에 비해 그 역할이 미미했고 하드웨어도 다른 운영체제에 비해 저렴한 서버 컴퓨터로 구성했었습니다. Windows Server 컴퓨터에는 소위 악명 높다는 블루 스크린도 자주 나타났고, 간단한 회사 게시판 용도로 설치했던 SQL Server에서는 게시판에 글을 하나 등록하고 [확인] 버튼을 누르면 5분 동안 응답하지 않는 어처구니없는 일도 있었습니다. 나중에 알아냈지만 Windows Server의 문제가 아니라 웹 개발자가 SQL Server를 잘 이해하지 못한 것이 원인이었습니다. 그러나 유닉스 계열에서는 그런 경우가 거의 없었기 때문에 전산실 내부에서는 Windows Server의 사용을 꺼렸습니다. 어쨌든 그 덕분에 저는 수천만 원이 넘는 여러 대의 Windows Server 컴퓨터를 개인용 컴퓨터처럼 혼자 사용할 수 있었고, 서버 컴퓨터에 다양하고 과감한 테스트와 여러 가지 학습을 부담 없이 할 수 있었습니다. 지금 돌아보면 그 영향으로 Windows Server 책까지 집필하게 된 것 같습니다.

Windows Server는 2008, 2008 R2, 2012, 2012 R2, 2016, 2019를 거치면서 많은 기능이 개선되었고 안정화가 이루어졌으며, 2022 버전에서는 완벽한 서버 및 클라우드 운영체제로서 위상을 높이게 되었습니다. 또한 저는 오래전부터 대학 및 실무 현장에서 Windows Server 과목을 강의해 왔습니다. 초기에 강의할 때는 책이 번역서나 구버전밖에 없어 어쩔 수 없이 번역서를 교재로 사용했었으나, 대부분의 번역서는 실무 운영자 대상이었기 때문에 Windows Server를 처음 접하는 학생이나 수강생을 대상으로 하는 수업에는 적합하지 않았습니다. 그래서 '처음' Windows Server를 접하는 학생이나 독자를 대상으로 한 Windows Server 책을 직접 집필하게 되었습니다.

이 책은 철저히 Windows Server 입문자의 눈높이에 맞춰 구성했습니다. 그래서 Windows Server 2022의 모든 기능을 담기보다는 실무에서 자주 사용하는 꼭 필요한 내용들만 담았습니다. 그리고 책에 수록한 모든 내용은 실습을 통해 체험할 수 있도록 실습용 시나리오를 준비했습니다. 특히 1대의 컴퓨터라는 제한된 학습 환경 때문에 Windows Server의 강력한 기능인 네트워크 서버 기능을 실제로 구현해 보지 못한 독자에게는 이 책이 안성맞춤일 것이라고 자부합니다. 책의 본문에서도 언급되어 있듯이 Windows 10/11 등의 개인용 Windows가 설치된 컴퓨터 1대만 있으면 4대 이상의 서버 컴퓨터로 구성된 실무 환경과 동일한 학습 환경을 구축해 실무에서 수행하는 것처럼 직접 실습해 볼 수 있습니다.

끝으로 이 책을 출간할 수 있도록 도움을 주신 한빛미디어의 김태헌 사장님, 배윤미 부서장님, 장하은 사원을 비롯한 임직원 여러분께 감사를 드립니다. 그리고 좋은 강의를 위해서 저에게 많은 조언과 격려를 해 주시는 교수님들께도 감사의 말씀을 드립니다. 부족한 제 강의를 항상 진지하게 열의를 가지고 들어주는 학생들에게도 언제나 감사와 사랑의 마음을 전합니다.

또한 지금 가진 것만으로도 항상 행복할 수 있는 가족에게 무한한 사랑을 전합니다.

2022년 어느 날에

우재남

Windows Server 2022 설치까지는 쉬웠는데, 그 다음은?

처음 Windows Server에 입문하는 초보자가 기존 Windows Server 번역서로 학습할 때 느끼는 점을 서술해 봤습니다.

1. 나는 집과 회사에서 거의 하루 종일 Windows 10/11을 쳐다보고 산다. Windows Server도 똑같은 Windows일 것이다. 겉모양도 거의 똑같지 않은가? 만만해 보인다.

2. 컴퓨터를 포맷하고 Windows Server 2022를 설치했다. 생각보다 쉽다. 그리고 Chrome과 MS Office를 설치했다. 잘 설치된다. Windows 10/11과 별반 차이가 없다. 예상대로 할 만하다. 아니면 내가 너무 잘하는 걸까?

3. 본격적으로 공부하려고 두툼한 Windows Server 책을 펼쳤다. 첫 장을 넘겨봤다. 음, 생소한 용어가 있다. 좀 당황스럽다.

4. 책을 계속 보고 있다. 설치 부분이다. 설치는 혼자서 잘 해결했는데 오히려 책이 어렵게 느껴진다. 어려운 용어로 설명되어 있어서 그런가? 역시 전문가가 사용하는 운영체제라서 그런지 일부러 어렵게 설명하는 것 같다.

5. Windows 10/11은 늘 써 오던 거라서 스스로 Windows의 전문가라고 여겼으나, Windows Server는 점점 달라 보인다. 나는 잘 모르는 부분인데 책에서는 당연히 알고 있는 것처럼 넘어간다. 폴더 공유를 하고 인증된 사용자에게 권한을 주라고만 나오고 그 방법이 없다.

6. 아직 책의 앞부분인데 Active Directory라는 것이 나온다. 솔직히 무슨 말인지 이해가 안 간다. 회사 같은 대규모 네트워크 환경에서 사용한다는데 컴퓨터가 1대뿐이니 구성할 수가 없다. 일단 넘어가기로 한다.

7. Active Directory의 장점과 새로운 기능이 계속 나온다. 좋은 것 같기는 한데 나랑은 상관없는 것 같다.

8. 어느새 책의 중간까지 왔다. 그러나 실제로 따라 해 본 실습은 몇 개 되지 않는다. 또한 3~4대로 구성해야 하는 네트워크 환경은 1대의 컴퓨터뿐인 나에게는 큰 제약이다. 역시 Windows Server는 회사 네트워크 환경에서 실습해야 하나 보다. 나는 컴퓨터가 1대라서 잘 안되는 게 당연한 것 같다.

9. 벌써 책의 후반부이고 고급 내용이 많이 나온다. 그러나 역시 3~4대의 컴퓨터가 있어야 실습할 수 있는 것들이다. 1대로만 실습할 수 있는 것은 많지 않다. 넘길 수밖에 없다.

10. 우여곡절 끝에 책의 끝까지 왔다. 결론은 Windows Server는 나와 어울리지 않는 운영체제인 것 같다. 열심히 하려 했으나 학습 환경이 따라 주질 않는다. 회사 시스템 관리자가 되면 그때나 제대로 해 봐야 겠다.

처음 Windows Server를 학습해 봤다면 비슷한 경험이 있을지도 모르겠습니다. Windows Server를 기존의 번역서로 공부할 때 다음과 같은 문제점이 있습니다(결코 다른 번역서를 폄하하고자 하는 것이 아니라, 초보자의 입장에서 어려운 점을 기술한 것입니다).

- 독자가 Windows 클라이언트의 사용법과 고급 기능에 익숙하다는 전제하에 책이 기술되어 있다.
- 어려운 전문 용어로 쓰여 있다. 일부 번역서의 경우 고급 내용은 다루고 있지만 문제나 용어가 생소해 초보자에게는 그 내용이 잘 와 닿지 않는다.
- 서버 컴퓨터가 여러 대 있어야만 책에서 소개하는 서버를 운영해 볼 수 있다. 1대의 컴퓨터로는 할 수 있는 실습이 별로 없다.
- 책의 앞부분부터 초보자가 구성하기 어려운 Active Directory 환경을 소개한다. 물론 Active Directory 환경이 Windows Server의 핵심 요소이기는 하다. 그렇지만 Active Directory 환경이 쉽게 이해할 수 있는 부분이 아니기 때문에 초기에 중도 포기하는 독자가 속출한다. 또한 책의 많은 부분이 Active Directory 환경에서만 작동되도록 구성되어 있어서 이해하기가 더 어렵다.
- 책에는 Windows Server의 기능 위주로 기술되어 있으며, 초보자가 서버 운영을 직접 해 볼 수 있도록 구성되어 있지 않다.

실제 실무 환경에서도 사용할 수 있는 적응력을 보장합니다.

이 책은 이러한 문제점을 해결하고자 노력했습니다. 그리고 Windows Server에 입문하는 독자를 위해 다음과 같은 철학으로 집필했습니다.

> "이 책은 Windows Server에 입문하는 독자가 1대의 컴퓨터에 실무 환경과 동일한 학습 환경을 구성하고 철저하게 실습을 통해 학습하도록 유도해 실무에서도 바로 적응할 수 있는 Windows Server 관리자로 훈련하는 교재다."

실무 환경과 거의 동일한 학습 환경을 구축하고 철저히 실습하면서 실무 환경에서도 사용할 수 있는 적응력을 보장합니다. 또한 이 책에서 다루지 않는 세부적인 내용은 직접 찾아보도록 독려해 스스로 학습할 수 있는 능력을 기를 수 있습니다.

이 책을 따라서 실습한다면 Windows Server 2022를 처음 사용하는 독자도 막힘 없이 실무에서 구축 · 운영하는 Windows Server 2022를 체험할 수 있습니다.

Windows Server 2022를 개인용 컴퓨터처럼 사용하는 것이 아니라 실무에서 운영하는 네트워크 서버로 사용합니다. 나아가 Active Directory 환경의 고급 서버도 모두 독자 스스로 막힘없이 구축하고 운영합니다.

Windows Server 2022의 기능만 배우는 책이 아니라, 서버를 구축하고 운영하기 위해서 Windows Server 2022를 도구로 사용하는 책입니다.

Windows Server 2022의 기능을 가장 상세하게 설명하고 있는 것은 Microsoft의 온라인 도움말로, 만약 종이로 출력한다면 수천 페이지가 넘을 것입니다. 흔히 표현되는 '바이블'이나 '사전' 같은 책도 이 온라인 도움말의 내용에는 미치지 못합니다. 이 책은 온라인 도움말의 요약본이 아니며 Windows Server 2022의 바이블이나 사전처럼 만들어지지도 않았습니다.

서문에 언급했듯이 이 책의 목적은 Microsoft사에서 자랑하는 기능을 익히기 위한 책이 아니라 저자의 실무 및 강의 경험을 토대로 초보 입문자가 Windows Server의 실무적인 내용을 익히기 위한 것임을 잊지 말기 바랍니다.

실무에서 운영되는 환경으로 실습을 진행함으로써 실무 감각을 익힐 수 있습니다.

이 책의 장점은 학습 환경을 실무와 동일하게 구성해 실습하도록 하는 것입니다. 그렇기 때문에 학습을 위한 학습이 아닌 실무를 배우는 현장감을 느낄 수 있습니다. 이러한 환경에서 반복 학습을 하다 보면 독자는 자연스럽게 실무 감각을 익히게 될 것입니다.

1대의 컴퓨터로 실무 환경과 동일한 네트워크 환경을 제공합니다.

Windows Server 2022를 실무와 동일하게 학습하고 싶다면 네트워크에 연결된 4대의 컴퓨터 각각에 Windows Server 2022를 설치하면 됩니다. 하지만 이 책을 읽는 여러분은 대체로 컴퓨터 1대로 학습할 수밖에 없을 것입니다. 이러한 실무 환경과 학습 환경의 차이가 Windows Server를 학습하는 데 있어 가장 큰 장애 요소입니다.

이를 해결하기 위해 이 책에서는 VMware라는 가상머신 소프트웨어를 사용해 컴퓨터 1대에서 다음 그림과 같은 환경을 구성합니다(1장에서 VMware 다운로드와 설치를 다룹니다). 또한 후반부 실습 중 일부는 이보다 더 복잡한 환경에서 진행되나, 그때도 완전한 실습 환경을 제공하니 걱정할 필요 없습니다.

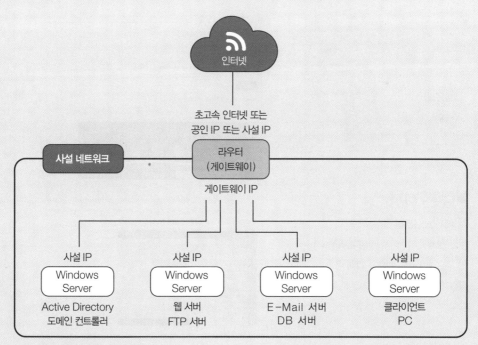

이 책에서 구축할 네트워크 환경

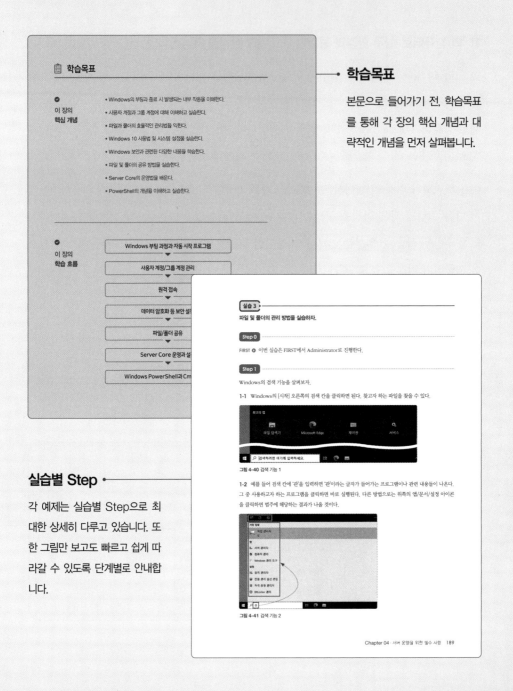

학습목표

본문으로 들어가기 전, 학습목표를 통해 각 장의 핵심 개념과 대략적인 개념을 먼저 살펴봅니다.

실습별 Step

각 예제는 실습별 Step으로 최대한 상세히 다루고 있습니다. 또한 그림만 보고도 빠르고 쉽게 따라갈 수 있도록 단계별로 안내합니다.

> **! 여기서 잠깐** **드라이브 최적화의 의미**
>
> 처음 하드디스크에 데이터를 저장할 때는 빈 곳부터 차례대로 저장된다. 그런데 하드디스크를 오래 사용하다 보면 중간중간 필요 없는 파일을 지우는 일이 생기고, 새로운 파일을 저장할 때 이어지는 위치에 모여서 저장되는 것이 아니라 이곳저곳 분산 저장된다(물론 이 현상은 내부적으로 저장되는 방식이 분산 저장되는 것으로, 사용자는 파일이 분산되어서 저장되는지 모여서 저장되는지 알 수 없다). 파일이 이렇게 '조각'으로 나뉘어 저장되면 그 파일을 열기 위해서 하드디스크 이곳저곳을 탐색하게 되므로 실행 시간이 느려질 수밖에 없다. 드라이브 최적화는 이렇게 내부적으로 분산된 하나의 파일을 차례로 가까운 위치에 모이게 함으로써 파일을 좀 더 빨리 열 수 있도록 하는 방법이다('드라이브 최적화'는 예전 버전에서는 '디스크 조각 모음'이라고 불렀다).

┗→ **여기서 잠깐**

보충 설명, 참고 사항, 관련 용어 등을 본문과 분리하여 설명합니다.

> **NOTE ▶** 2개의 하드디스크로 스트라이프 볼륨으로 구성하면 이론적으로는 2배 빨라지지만, 다른 여러 가지 요인에 의해 2배로 빨라지지 않을 수는 있다. 하지만 기존보다 입출력 성능이 월등히 좋아지는 것은 확실하다.

┗→ **NOTE**

학습을 진행하면서 알아두면 좋은 팁, 혼동하기 쉬운 내용을 짚어 줍니다.

> **? VITAMIN QUIZ 5-3**
>
> SECOND 가상머신의 R드라이브, S드라이브에서 각각 디스크 1개씩 삭제하고 정상 작동 여부를 확인해 보자. 그리고 다시 2개의 새 디스크를 장착해서 원래대로 복구해 보자.

┗→ **비타민 퀴즈**

간단히 퀴즈를 풀면서 학습한 내용을 점검합니다.

동영상 강의

↗ https://www.youtube.com/HanbitMedia93

한빛미디어 유튜브 채널에서 『이것이 Windows Server다(개정판)』의 저자 직강 동영상을
만나 보세요! 채널 내부 검색 칸에 '이것이 Windows Server다'를 검색하면 쉽고 빠르게 동
영상 강의를 찾을 수 있습니다.

예제 소스

↗ https://www.hanbit.co.kr/src/11052

네이버 카페

🔗 https://cafe.naver.com/thisisLinux

네이버 카페를 통해 이 책을 학습하는 데 필요한 소스 코드와 설치 파일을 제공합니다. 책에 관한 Q&A 외에도 Windows Server 관련 최신 기술을 비롯한 다양한 자료들을 접할 수 있습니다. 저자와 함께하는 책 밖의 공간에서 다른 독자들의 고민과 궁금증도 함께 공유해 보세요!

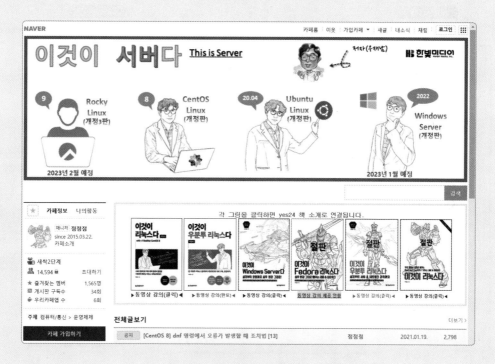

▶ 학습 로드맵

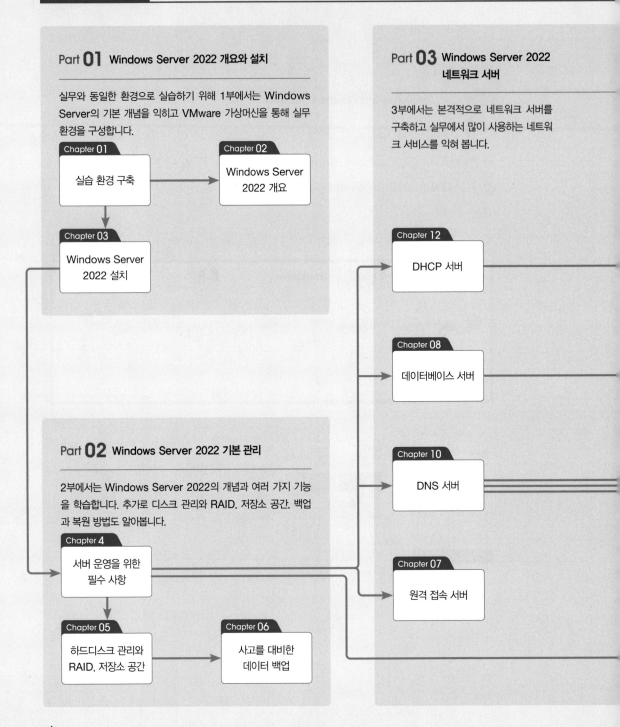

Part 01 Windows Server 2022 개요와 설치

실무와 동일한 환경으로 실습하기 위해 1부에서는 Windows Server의 기본 개념을 익히고 VMware 가상머신을 통해 실무 환경을 구성합니다.

Chapter 01
실습 환경 구축

Chapter 02
Windows Server 2022 개요

Chapter 03
Windows Server 2022 설치

Part 02 Windows Server 2022 기본 관리

2부에서는 Windows Server 2022의 개념과 여러 가지 기능을 학습합니다. 추가로 디스크 관리와 RAID, 저장소 공간, 백업과 복원 방법도 알아봅니다.

Chapter 4
서버 운영을 위한 필수 사항

Chapter 05
하드디스크 관리와 RAID, 저장소 공간

Chapter 06
사고를 대비한 데이터 백업

Part 03 Windows Server 2022 네트워크 서버

3부에서는 본격적으로 네트워크 서버를 구축하고 실무에서 많이 사용하는 네트워크 서비스를 익혀 봅니다.

Chapter 12
DHCP 서버

Chapter 08
데이터베이스 서버

Chapter 10
DNS 서버

Chapter 07
원격 접속 서버

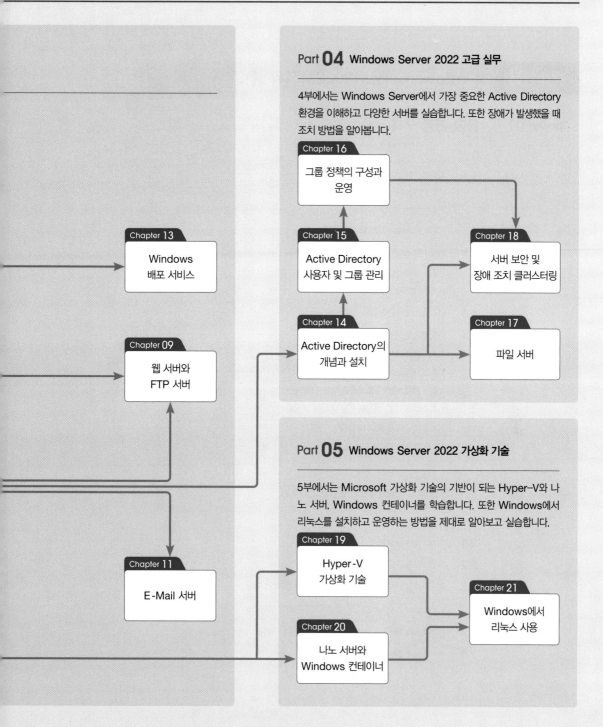

Part 04 Windows Server 2022 고급 실무

4부에서는 Windows Server에서 가장 중요한 Active Directory 환경을 이해하고 다양한 서버를 실습합니다. 또한 장애가 발생했을 때 조치 방법을 알아봅니다.

Chapter 16
그룹 정책의 구성과 운영

Chapter 13
Windows 배포 서비스

Chapter 15
Active Directory 사용자 및 그룹 관리

Chapter 18
서버 보안 및 장애 조치 클러스터링

Chapter 09
웹 서버와 FTP 서버

Chapter 14
Active Directory의 개념과 설치

Chapter 17
파일 서버

Part 05 Windows Server 2022 가상화 기술

5부에서는 Microsoft 가상화 기술의 기반이 되는 Hyper-V와 나노 서버, Windows 컨테이너를 학습합니다. 또한 Windows에서 리눅스를 설치하고 운영하는 방법을 제대로 알아보고 실습합니다.

Chapter 11
E-Mail 서버

Chapter 19
Hyper-V 가상화 기술

Chapter 21
Windows에서 리눅스 사용

Chapter 20
나노 서버와 Windows 컨테이너

Part 01 | Windows Server 2022 개요와 설치

Chapter 01 | 실습 환경 구축

Chapter 02 | Windows Server 2022 개요

Chapter 03 | Windows Server 2022 설치

Part 02 | Windows Server 2022 기본 관리

Chapter 04 | 서버 운영을 위한 필수 사항

Chapter 05 | 하드디스크 관리와 RAID, 저장소 공간

Chapter 06 | 사고를 대비한 데이터 백업

Part 03 | Windows Server 2022 네트워크 서버

Chapter 07 | 원격 접속 서버

Chapter 08 | 데이터베이스 서버

Chapter 09 | 웹 서버와 FTP 서버

Chapter 10 | DNS 서버

Chapter 11 | E-Mail 서버

Chapter 12 | DHCP 서버

Chapter 13 | Windows 배포 서비스

Chapter 17 | 파일 서버

Chapter 18 | 서버 보안 및 장애 조치 클러스터링

Part 05 　Windows Server 2022 가상화 기술

Chapter 19 ｜ Hyper-V 가상화 기술

Chapter 20 ｜ 나노 서버와 Windows 컨테이너

Chapter 21 | Windows에서 리눅스 사용

Part

01

Windows Server 2022 개요와 설치

Windows Server 2022를 실무와 동일한 환경에서 학습하고 싶다면 네트워크에 연결된 컴퓨터가 4대 정도 필요하다. 그러나 대다수의 독자가 컴퓨터 1대로 학습할 수밖에 없는 환경이기 때문에 이 책에서는 VMware라는 가상 머신에서 실습을 진행한다. 비록 네트워크 트래픽이나 서버 컴퓨터의 성능 등 세부적인 부분은 실무와 차이가 있겠으나 전반적인 구성은 실제와 거의 동일하게 실습이 가능하다. 이러한 학습을 통해 추후 실무에서 Windows Server 2022를 접하더라도 자신 있게 설치 및 운영을 할 수 있을 것이다. 1부에서는 실습 환경을 구축하고 Windows Server가 무엇인지에 대해 알아보자.

Chapter

01

실습 환경 구축

이 책에서는 Windows Server 2022의 강력한 네트워크 서버 기능을 확인하고, 고급 실무 기능인 네트워크 서버 구축 및 액티브 디렉터리를 이해하기 위해 Windows Server 3대, Windows Client 1대 총 4대의 컴퓨터를 가지고 학습 및 실습을 진행한다. 1장에서는 단 1대의 컴퓨터로 4대의 컴퓨터를 사용하는 것과 같은 효과를 낼 수 있는 실습 환경을 구축해 본다.

학습목표

○
**이 장의
핵심 개념**

- VMware 가상머신의 개념을 알아본다.

- VMware를 활용해 실습 환경을 구축하고 가상머신을 생성한다.

- VMware의 특징을 살펴보고 네트워크 설정 및 사용 방법을 학습한다.

○
**이 장의
학습 흐름**

가상머신 소개와 개념 파악

▼

VMware 제품의 종류와 실습 환경의 이해

▼

VMware Workstation Pro 설치

▼

실습에서 사용할 4대의 가상머신 생성

▼

VMware 특징 및 네트워크 설정 등의 사용 방법 학습

1.1 가상머신의 소개와 설치

이 책을 학습하기 위해서는 Windows Server를 설치할 컴퓨터 3대와 부가적으로 클라이언트로 사용할 컴퓨터 1대가 필요하다. 만약 사용 가능한 컴퓨터 4대가 있는 독자라면 지금 소개하는 가상머신Virtual Machine을 사용하지 않아도 된다. 하지만 가상머신의 개념을 알아 둔다는 생각으로 한번 훑어보자.

1.1.1 가상머신 소개

앞에서도 잠깐 이야기했듯이 Windows Server를 공부하는 가장 좋은 환경은 여러 대(이 책은 4대)의 컴퓨터를 사용해서 실무에서 사용하는 것과 동일한 네트워크 환경을 구축하는 것이다. 하지만 실제로는 그러한 환경을 직접 갖추기가 어렵기 때문에 주로 1대의 컴퓨터에서만 학습을 한다. 그럴 경우에는 학습에 대한 흥미도 떨어질 뿐 아니라, 여러 대의 컴퓨터를 네트워크상에서 운영하는 실무에 투입되었을 때 예상치 못했던 난관에 부딪히게 된다.

이러한 문제를 해결해 주는 소프트웨어가 바로 **가상머신 소프트웨어**(또는 가상머신 프로그램)다. 가상머신 소프트웨어를 사용하면 현재 여러분의 컴퓨터에 설치된 Windows를 그대로 사용하면서도 여러 대의 Windows Server를 운영하는 효과를 거둘 수 있다. 다음 그림을 살펴보자.

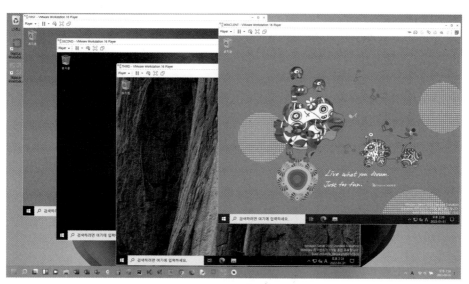

그림 1-1 1대의 컴퓨터에서 4개의 Windows를 운영 중인 화면

그림 1-1은 1대의 컴퓨터에서 3대의 Windows Server와 1대의 Windows Client를 가동시킨 화면이며, 앞으로 이 책에서 여러분이 사용하게 될 환경이다. 현재 필자는 Windows 11(Windows 10 또는 예전 버전인 Windows 8, 8.1도 상관없다) 운영체제를 사용하고 있다. 현재 컴퓨터에 설치된 Windows까지 합치면 총 5개의 운영체제가 1대의 컴퓨터에서 동시에 가동되고 있는 것이다.

> **! 여기서 잠깐   멀티부팅**
>
> 가상머신은 멀티부팅(Multi Booting)과는 개념이 다르다. 멀티부팅은 하드디스크나 SSD의 파티션을 분할한 후, 한 번에 하나의 운영체제만 가동할 수 있는 환경이다. 반면에 가상머신은 파티션을 나누지 않고 동시에 여러 개의 운영체제를 가동하는 방법이다.

가상머신 소프트웨어를 처음 접한다면 신기하면서도 한편으로 어렵다고 생각할 수 있다. 그렇지만 필자와 같이 설치하면서 실제로 운영해 보면 전혀 어렵지 않다는 것을 알게 될 것이다. 먼저 '가상머신'에 대한 기본 개념을 파악한 후에 실습을 진행하도록 하자.

1.1.2 가상머신과 가상머신 소프트웨어의 개념

가상머신Virtual Machine이란 이름 그대로 진짜 컴퓨터가 아닌 '가상Virtual'으로 존재하는 '컴퓨터Computer=Machine'를 말한다. 그리고 가상머신을 생성하는 소프트웨어가 바로 가상머신 소프트웨어다. 가상머신 소프트웨어를 간단히 정의하면 다음과 같다.

> **컴퓨터에 설치된 운영체제(호스트 OS) 안에 가상의 컴퓨터를 만들고, 그 가상의 컴퓨터 안에 또 다른 운영체제(게스트 OS)를 설치/운영할 수 있도록 제작된 소프트웨어**

이 책의 실습 환경을 예시로 들어 보자. Windows 운영체제를 사용하는 컴퓨터가 1대 있다. 이제 컴퓨터에 별도의 디스크 파티션을 나누지 않고 Windows Server 3대, Windows Client 1대를 설치하려고 한다. 즉, 현재 컴퓨터에서 운영 중인 Windows를 포함해서 총 5대의 컴퓨터를 동시에 부팅하는 것이다.

여기서 기존 컴퓨터에 설치된 Windows를 호스트 운영체제Host Operating System(줄여서 호스트 OS)라 부르며, 그 외 가상머신에 설치한 운영체제를 게스트 운영체제Guest Operating System(줄여서 게스트 OS)라고 부른다.

NOTE ▶ 이 책에서는 앞으로 기존 컴퓨터(개인용 컴퓨터)를 '호스트 컴퓨터' 또는 '진짜 컴퓨터', 기존 컴퓨터에 설치된 운영체제를 '호스트 OS'라고 부른다. 그리고 가상의 컴퓨터를 '가상머신' 또는 '게스트 컴퓨터', 가상머신에 설치된 운영체제를 '게스트 OS'라고 부른다. 계속 사용할 용어이므로 잘 기억해 두자.

궁극적으로 1대의 컴퓨터로 4대의 가상머신을 운영해 실무와 동일한 환경을 구축하려고 한다. 이해하기 쉽도록 다음 그림을 살펴보자. 우선 여러분이 현재 사용하는 일반적인 컴퓨터 환경이다.

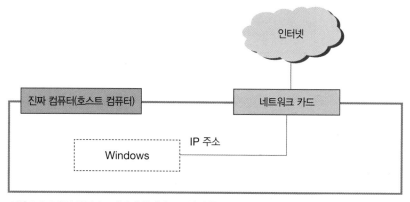

그림 1-2 1대의 컴퓨터, 1개의 운영체제로 구성된 환경

그림 1-2를 보면 바깥쪽 1대의 진짜 컴퓨터(호스트 컴퓨터)에 Windows가 설치되어 있고, 기존에 설정한 IP 주소를 이용해서 네트워크 카드를 통해 인터넷에 접속할 수 있다. 이것이 현재 여러분의 컴퓨터 환경이다.

이제 이 책에서 구성하고 실습할 환경을 살펴보자. **그림 1-3**과 같이 구성한다.

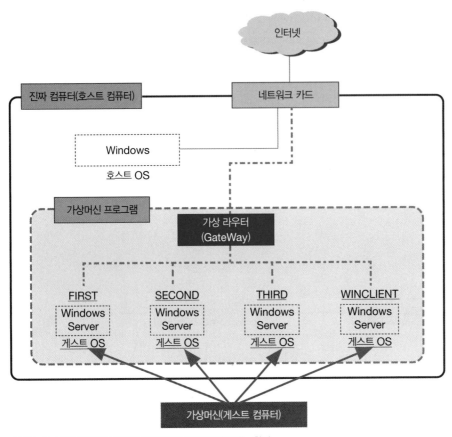

그림 1-3 1대의 컴퓨터로 5개의 운영체제가 동시에 가동되는 환경

그림 1-3처럼 우리는 가상머신 프로그램을 사용해 추가로 4대의 가상머신(게스트 컴퓨터)을 만들고 Windows Server 2022 3대와 Windows 10(또는 11) 1대를 설치한다. 추가된 4대의 가상머신에는 가상 IP 주소를 할당하고 가상 라우터를 통해 4대의 Windows를 하나의 네트워크로 묶어 결과적으로 4대의 컴퓨터를 동일한 환경으로 사용한다. 이렇게 해서 3대의 Windows Server와 1대의 Windows Client로 구축된 실무 환경과 유사한 환경에서 실습할 수 있다.

1.1.3 VMware Workstation Pro 설치

가상머신 소프트웨어를 제작하는 회사는 여러 곳이 있지만, 가장 유명한 제품으로는 VMware사 (https://www.vmware.com)에서 개발한 VMware가 있다. 그리고 VMware 제품도 세부적으로 10가지 종류가 넘는다. 그중에서 이 책과 관련된 주요한 두 제품을 소개하면 다음 표와 같다.

표 1-1 VMware Workstation Pro와 VMware Workstation Player 비교

구분 \ 제품	VMware Workstation Pro	VMware Workstation Player
호스트 운영체제	Windows 8 이후의 64bit Windows	Windows 8 이후의 64bit Windows
게스트 운영체제	모든 16bit, 32bit, 64bit Windows 대부분의 리눅스 운영체제	모든 16bit, 32bit, 64bit Windows 대부분의 리눅스 운영체제
라이선스	유료	유료 또는 무료[1]
라이선스 키	유료로 구매[2]	무료인 경우 필요 없음
가상머신 생성 기능	O	O
스냅숏 기능	O	X
가상 네트워크 사용자 설정 기능	O	X[3]
비고	여러 가지 부가 기능이 있음	부가 기능이 별로 없음

[1] 유료로 구매할 수 있으며, 개인이 비상업적인 용도로 사용할 경우 무료다. 무료를 정확히 표현하면 'free for personal non-commercial use'로 되어 있다. 즉, 개인이 가정에서 사용하는 것을 제외하고 회사/학교/공공기관 등에서는 유료로 구매해서 사용해야 한다.

[2] VMware사의 사이트에서 30일 평가판을 다운로드할 수 있다.

[3] VMware Workstation Player는 가상 네트워크 사용자 설정을 공식적으로 지원하지 않는다.

이 책에서는 **표 1-1**에서 살펴본 스냅숏 기능과 가상 네트워크 사용자 설정 기능을 사용해야 하므로 VMware Workstation Pro 평가판을 사용한다. 다만 VMware Workstation Pro 평가판은 30일 사용 기간 제한이 있으므로 이 책에서는 VMware Workstation Pro 평가판의 기능 중 스냅숏과 가상 네트워크 설정만 사용하고, 실제 가상머신은 사용 기간의 제한이 없는 VMware Workstation Player를 사용한다. VMware Workstation Pro 평가판을 설치하면 VMware Workstation Player도 자동으로 설치되기 때문에 VMware Workstation Pro 평가판을 설치해서 진행한다.

NOTE ▶ VMware Workstation Player와 VMware Workstation Pro는 동일한 제품으로 봐도 무방하다. 다만 VMware Workstation Pro는 유료이기에 스냅숏, 가상 네트워크 설정, 클론, 보안 등의 추가 기능을 제공하는 것이다. 그래서 VMware Workstation Pro를 설치하면 자동으로 VMware Workstation Player도 추가로 설치된다.

! 여기서 잠깐   가상머신 소프트웨어 종류

가상머신 소프트웨어로는 VMware사의 VMware vShpere, Microsoft사의 Hyper-V, Oracle사의 Virtual Box 등이 있다. 모두 무료로 사용이 가능한 제품이지만, 이 책을 학습하기에는 적절하지 않으므로 권장하지 않는다. 만약 호스트 OS가 Apple사의 macOS라면 VMware Fusion 최신 버전을 사용해서 실습할 수 있다.

필요한 설명은 모두 마쳤으므로 이제 VMware Workstation Pro를 설치해 보자. VMware Workstation Pro를 사용하기 위한 대략적인 환경은 **표 1-2**와 같지만 절대적인 기준은 아니며, 현재 사용자의 컴퓨터에 설치된 다른 프로그램에 따라 달라질 수 있다. 특히 이 책의 실습 환경은 가상 머신을 최대 4대까지 사용해야 하므로 메모리^{RAM}와 하드디스크의 여유 공간은 많을수록 좋다.

NOTE ▶ 이 책에서 사용하는 VMware Workstation 16 Pro 및 VMware Workstation 16/17 Player는 2011년 이후에 출시된 64bit CPU에 64bit Windows 11/10/8.1/8 또는 Windows Server 2016 이후의 운영체제에 설치가 가능하다.

표 1-2 VMware Workstation Pro 설치를 위한 하드웨어 사양 요약

	VMware Workstation Pro의 매뉴얼상 최소 요구 사항	필자의 권장 사항 및 이 책의 실습 환경
CPU	2011년 이후에 출시된 64bit x86/AMD64 CPU, 1.3GHz 이상 속도	2015년 이후에 출시된 64bit를 지원하는 인텔 Core i-3/5/7의 6세대 이후 CPU 또는 AMD 동급
RAM	2GB(권장 4GB 이상)	8GB(권장 16GB 이상)
HDD 여유 공간	프로그램 설치를 위해 150MB, 게스트 OS당 별도 공간 필요	게스트 OS당 1GB~10GB (이 책은 게스트 OS를 4개 사용하므로 최소 25GB~30GB 정도의 여유 공간이 필요, 또한 HDD보다는 SSD를 권장)
화면 해상도	1024×768	해상도 1920×1080 권장 (게스트 OS는 1024x768 권장)
권장 호스트 OS	64bit용 Windows 8 이후의 모든 운영체제	64bit용 Windows 11 또는 10 운영체제

> **! 여기서 잠깐** **64bit 및 가상화 기술 지원 여부 확인**
>
> 이 책을 실습하기 위해서는 인텔 또는 AMD CPU가 64bit 및 가상화 기술을 지원해야 한다. 오래된 구형
> CPU가 아니라면 대부분 64bit 및 가상화 기술을 지원한다. 자신의 컴퓨터가 실습이 가능한지는 Securable
> 프로그램(http://www.grc.com/securable.htm) 또는 Q&A 카페 [교재 자료실(윈도서버)]에서 확인할 수
> 있으며, 다음 그림처럼 나와야 한다.
>
>
>
> **그림 1-4** 64bit 및 가상화 지원 환경 확인
>
> 몇몇 컴퓨터와 노트북은 BIOS(Basic Input/Output System)에서 '가상화 기술' 기능이 비활성화되어 있
> 기 때문에 **그림 1-4**와 같이 나오지 않는 경우도 있는데, 이때는 컴퓨터를 재부팅한 다음 BIOS 화면으로 들
> 어가서 가상화 기술 부분을 활성화하면 해결할 수 있다(부팅 시 [BIOS Setup]–[System Configuration]–
> [Device Configurations]에서 [Virtualization Technology]를 체크하면 된다).

표 1-2에 나와 있듯이 VMware Workstation Pro는 64bit용 Windows 8 이후의 어떤 Windows 버전에서 사용해도 이 책을 학습하는 데 문제없다. 그 외 VMware Workstation Pro의 더 상세한 내용은 https://www.vmware.com/products/workstation/ 주소를 참고하도록 하자. 이제 본격적으로 VMware를 실습해 보자.

실습 1 ▶

VMware Workstation Pro를 설치하자.

Step 0

이 책에서 사용하는 VMware Workstation Pro의 버전은 16.1.2(VMware-workstation-full-16.1.2-17966106.exe, 약 621MB)이지만 16 이후의 버전이라면 어떤 버전이든지 학습에는 무리가 없다.

NOTE ▶ 이 책은 여러분이 가정에서 개인적으로 학습을 한다는 전제하에 VMware를 설치해서 사용한다. 만약 학교/회사/공공기관 등에서 이 책을 학습하려면 정식으로 VMware Workstation Pro 또는 Player 라이선스를 구매해서 사용해야 한다.

0-1 우선 VMware Workstation Pro 평가판을 다운로드하자. VMware Workstation Pro의 최신 버전은 https://www.vmware.com/products/workstation-pro/workstation-pro-evaluation.html 주소에서 다운로드할 수 있으며, 책과 동일한 버전은 Q&A 카페(https://cafe.naver.com/thisisLinux/)의 [교재 자료실(윈도서버)]에서 다운로드하면 된다.

NOTE ▶ 이 책이 출간될 즈음에 VMware Workstation Pro 17 버전이 출시되었다. 책의 모든 내용은 VMware Workstation Pro 17 버전으로 실습해도 동일하게 진행할 수 있다.

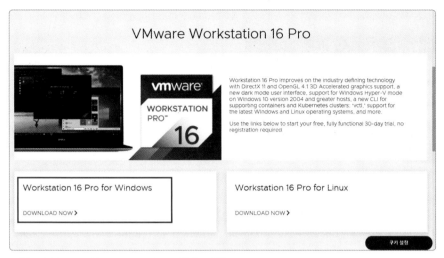

그림 1-5 VMware Workstation Pro 다운로드 화면

Step 1

다운로드한 VMware Workstation Pro 설치 파일(VMware-workstation-full-16.1.2-17966106.
exe)을 실행해서 설치를 진행하자.

NOTE ▶ 만약 [VMware 제품 설치] 창이 나오고 '이 설치 관리자를 사용하려면 시스템을 다시 시작하여 Microsoft
VC 재배포 가능 패키지 설치를 마친 후 설치 관리자를 다시 실행해야 합니다'라는 메시지가 보이면 [예] 버튼을 클릭해
서 컴퓨터를 재부팅한 후 다시 설치 파일을 실행하면 된다.

1-1 잠시 로고가 나타나고 설치 화면이 진행된다.

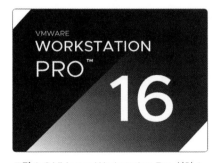

그림 1-6 VMware Workstation Pro 설치 1

1-2 [VMware Workstaion Pro Setup] 창에서 환영 메시지를 확인하고 [Next] 버튼을 클릭한다.

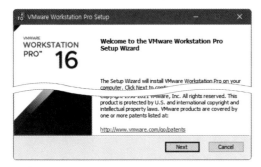

그림 1-7 VMware Workstation Pro 설치 2

1-3 라이선스 동의를 묻는 [End-User License Agreement]에서 [I accept the terms in the License Agreement]를 체크한 다음 [Next] 버튼을 클릭한다.

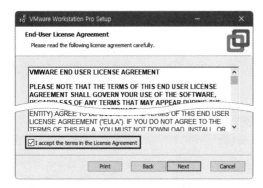

그림 1-8 VMware Workstation Pro 설치 3

1-4 [Custom Setup]에서 VMware Pro의 설치 폴더를 지정한다. 일부러 바꿀 필요는 없으므로 기본값 그대로 두고 [Next] 버튼을 클릭한다.

그림 1-9 VMware Workstation Pro 설치 4

1-5 [User Experience Settings]에서는 모든 항목을 체크 해제한 다음 [Next] 버튼을 클릭한다.

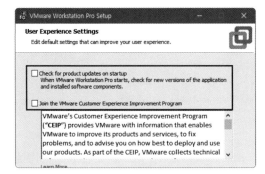

그림 1-10 VMware Workstation Pro 설치 5

NOTE ▶ [Check for product updates on startup]은 VMware Workstation이 업그레이드되면 자동으로 알려 주는 기능이다(해당 옵션을 체크해도 귀찮은 화면이 종종 나올 뿐 별 문제는 없다). [Join the VMware Customer Experience Improvement Program]은 VMware 사용과 관련된 정보를 VMware사에 익명으로 알려 주는 기능이다.

1-6 [Shortcuts]에서 기본값 그대로 두고 [Next] 버튼을 클릭한다.

그림 1-11 VMware Workstation Pro 설치 6

1-7 [Ready to install VMware Workstation Pro]에서 [Install] 버튼을 클릭한다.

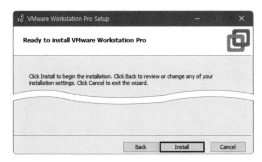

그림 1-12 VMware Workstation Pro 설치 7

1-8 잠시 동안 설치가 진행된다.

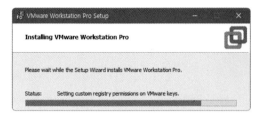

그림 1-13 VMware Workstation Pro 설치 8

1-9 설치가 완료된 후 [Completed the VMware Workstation Pro Setup Wizard]에서 [Finish] 버튼을 클릭해 설치를 종료한다.

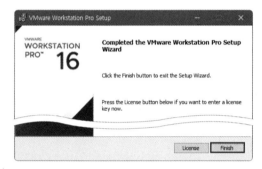

그림 1-14 VMware Workstation Pro 설치 9

NOTE ▶ 만약 재부팅이 필요하다는 메시지가 나타나면 컴퓨터를 재부팅해야 정상적으로 작동한다.

Step 2 ─────────────────────────────────────

VMware Workstation Pro 및 VMware Workstation Player의 설치가 완료되었다. 이제 프로그램을 실행해 보자.

2-1 바탕 화면에 설치된 'VMware Workstation Pro' 실행 아이콘을 더블클릭해 VMware Workstation Pro를 실행한다(Windows의 [시작]에서 [V]−[VMware]−[VMware Workstation Pro] 메뉴를 클릭해도 된다).

그림 1-15 VMware Workstation Pro 아이콘

2-2 VMware Workstation Pro를 처음 실행하면 라이선스 키를 입력하거나 30일 평가판을 선택해야 한다. 여기서는 [I want to try VMware Workstation 16 for 30 days]를 선택하고 [Continue] 버튼을 클릭한다. 마지막 화면에서는 [Finish] 버튼을 클릭한다.

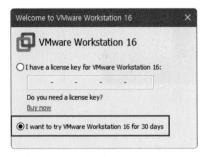

그림 1-16 VMware Workstation Pro 30일 평가판 사용 선택

2-3 VMware Workstation Pro 초기 화면이 나타나면 우선 화면의 오른쪽 위에 있는 [X]를 클릭해 창을 닫는다.

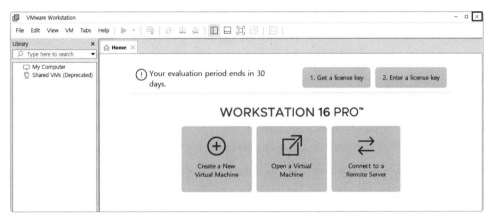

그림 1-17 VMware Workstation Pro 초기 화면

Step 3

VMware Workstation Pro는 설치 후 30일까지만 사용할 수 있지만, 함께 설치된 VMware Workstation Player는 사용 기간의 제한이 없다. 그렇기 때문에 이 책에서는 대부분 VMware Workstation Player를 사용하고 네트워크 설정이나 스냅숏의 경우에만 VMware Workstation Pro를 사용할 것이다.

NOTE VMware Workstation Pro의 무료 사용 기간(30일)이 지나면 가상머신을 부팅할 수 없지만 스냅숏이나 네트워크 설정 기능은 계속 사용할 수 있다.

3-1 앞으로 자주 사용할 VMware Workstation Player를 작업 표시줄에 고정해 놓자. Windows의 [시작]-[V]-[VMware]-[VMware Workstation 16 Player] 메뉴에서 마우스 오른쪽 버튼을 클릭한 후 [자세히]-[작업 표시줄에 고정]을 선택한다.

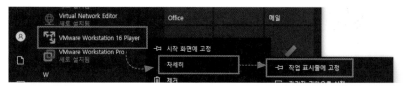

그림 1-18 VMware Workstation Player를 작업 표시줄에 고정

3-2 작업 표시줄에서 VMware Workstation Player를 클릭해 실행하자.

NOTE▶ 이 책에서는 VMware Workstation Pro는 그대로 'VMware Workstation Pro'로, VMware Workstation Player는 줄여서 'VMware Player' 또는 그냥 'VMware'라고 부르겠다.

3-3 처음으로 VMware Workstation Player 화면이 나타난다. 화면의 왼쪽에 [Home] 항목이 보이는데 우리는 아직 가상머신을 만들지 않았기 때문에 그 아래에 아무것도 보이지 않는다. 만약 가상머신을 만든다면 생성한 가상머신의 목록이 나타난다. 이제 VMware Player 안에 이 책에서 사용할 4대의 가상머신(게스트 컴퓨터)을 만들면 된다.

그림 1-19 VMware Player 처음 실행 화면

NOTE▶ 화면의 오른쪽 아래에 평가 라이선스가 30일 후 종료된다고 나온다. 이것은 VMware Workstation Pro의 라이선스 기간이며 VMware Workstation Player는 이 기간이 지나도 사용이 가능하다.

3-4 VMware Player 창 오른쪽 위의 [X]를 클릭하거나, VMware Player의 [Player]–[Exit] 메뉴를 클릭해 일단 VMware Player를 종료한다.

1.2 가상머신 생성

그렇다면 이쯤에서 '지금 생성한 가상머신에서 Windows Server를 학습하는 것과 실무에서 사용하는 진짜 컴퓨터에서 Windows Server를 운영하는 것은 좀 다르지 않을까?'라는 의문이 들 것이다. 이에 대한 필자의 대답은 '똑같다'이다. 물론 하드웨어적인 환경이나 주변기기 등은 다를 수 있지만, 그런 특수한 환경을 제외하고는 동일하다.

1.2.1 가상머신의 겉모양

먼저 가상머신의 겉모양을 살펴본 다음 직접 가상머신을 만들어 보자. 현재 호스트 OS는 Windows다. 우리는 **실습 1**에서 이 호스트 OS에 VMware Player를 설치했다. 이제 이 VMware Player를 사용해 게스트 OS를 설치할 차례다. 잠시 후에 생성할 가상머신의 겉모양을 미리 살펴보자. 가상의 컴퓨터 부품(가상 CPU, 가상 RAM, 가상 HDD, 가상 랜카드, 가상 CD/DVD 등)을 VMware 안에 장착한 가상머신의 모습은 다음 그림과 같다.

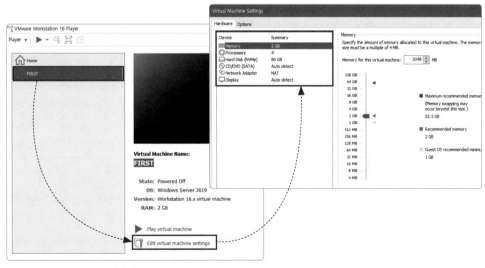

그림 1-20 가상머신이 생성된 화면

이 가상머신의 이름은 'FIRST'이며, 필자가 임의로 작성한 이름이다. 가상머신의 상태를 보면 컴퓨터의 상태(State)는 꺼져(Powered off) 있고, 이 가상머신에 설치할 게스트 OS는 Windows Server 2019다. 즉, 이 가상머신의 용도는 Windows Server를 설치하기 위한 것이다(아직 설치하지는 않았다). 그리고 이 가상머신을 사용할 수 있는 VMware 버전(Version)은 Workstation 16.x, 메모리(RAM)는 2GB로 설정되어 있다.

NOTE▶ 이 책을 집필하는 시점에 VMware의 최신 버전은 16.1.2이다. 그런데 16.1.2 버전은 Windows Server 2022를 지정할 수 없어서 지정 가능한 최신 버전인 Windows Server 2019로 지정했다. 향후 상위 버전의 VMware를 사용하면 Windows Server 2022를 지정할 수 있으며, Windows Server 2019로 지정하고 실제로는 Windows Server 2022를 설치해도 문제없다.

VMware 화면 가장 아래에 하드웨어를 변경할 수 있는 [Edit virtual machine settings]를 클릭하면 현재 이 가상머신의 하드웨어 환경을 상세히 확인할 수 있으며 수정도 가능하다(진짜 컴퓨터의 케이스를 열어서 부품을 확인하고 교체하는 것과 동일한 개념이다).

[Virtual Machine Settings] 창의 [Hardware] 탭에서는 이 가상머신에 장착된 메모리, CPU 개수, 하드디스크, CD/DVD, 네트워크 카드, USB 장치, 사운드 카드, 프린터, 모니터 등의 가상 하드웨어 장치들을 보여준다. 이로써 현재 FIRST라는 이름의 가상머신은 '가짜'라는 점을 제외한다면 1대의 완전한 컴퓨터임을 알 수 있다.

1.2.2 가상머신 만들기

이제 가상머신을 VMware 프로그램으로 생성하자. 우리가 만드는 가상머신은 '*.vmdk' 확장명을 포함한 몇 개의 관련 파일로 존재한다. 당연한 말이지만 진짜 컴퓨터가 만들어지는 것은 아니다. 가상머신을 생성할 때마다 각각의 가상머신은 지정한 폴더에 생성된다. 실습에서 확인해 보자.

NOTE▶ 중요 용어를 잊어버렸을 수도 있어서 다시 강조하면, 호스트 컴퓨터(Host Computer)는 지금까지 사용해온 진짜 컴퓨터를 말하며 호스트 OS(Host Operating System)는 진짜 컴퓨터에 설치된 운영체제를 말한다(대부분의 독자는 Windows 10 또는 11을 사용하고 있을 것이다). 반면 게스트 컴퓨터(Guest Computer)는 VMware로 생성한 가상머신(가짜 컴퓨터)을 말하며, 게스트 OS(Guest Operating System)는 가상머신에 설치된 운영체제를 말한다.

VMware를 이용해서 그림 1−3에 나오는 가상머신 4대를 생성하자. 지금 실습에서 생성한 4대의 가상머신은 앞으로 이 책에서 계속 사용한다.

Step 0

가상머신은 폴더에 저장되므로 디스크 공간의 여유가 있는 드라이브(여유 공간이 80GB 이상인 SSD 권장)에 'Win2022'라는 폴더를 생성하자. 그리고 그 아래에 FIRST, SECOND, THIRD, WINCLIENT 이름의 폴더를 만들자. 각 폴더는 **그림 1-3**에 나오는 가상머신, 즉 3대의 Windows Server와 1대의 Windows Client에 해당한다.

그림 1-21 가상머신이 저장될 폴더 생성

NOTE ▶ SSD(Solid State Drive)가 아닌 하드디스크를 사용해도 실습이 가능하지만, 하드디스크를 사용하면 속도가 상당히 느리기 때문에 가능하면 SSD 사용을 권장한다. 그리고 꼭 C드라이브가 아닌 D, E드라이브 등의 다른 드라이브에 Win2022 폴더를 만들어도 상관없다. 외장 SSD도 80GB 이상의 여유만 있다면 큰 무리 없이 실습을 진행할 수 있다. 그러나 외장 하드디스크는 실습이 상당히 느리게 진행될 수도 있다.

Step 1

먼저 Windows Server가 설치될 가상머신을 'C:\Win2022\FIRST\' 폴더에 생성하자.

1-1 작업 표시줄의 'VMware Workstation 16 Player' 실행 아이콘을 클릭해 VMware를 실행한다.

1-2 가상머신을 새로 만드는 방법은 다음과 같으며, 이 3가지 중 아무거나 실행해도 결과는 동일하다.

❶ VMware Player의 오른쪽 화면에 [Create a New Virtual Machine]을 클릭한다.
❷ VMware Player의 [Player]−[File]−[New Virtual Machine] 메뉴를 클릭한다.
❸ VMware Player의 [Home]에서 마우스 오른쪽 버튼을 클릭한 후 [Create a View VM]을 클릭한다.

1-3 [New Virtual Machine Wizard] 창이 나타나면 'I will install the operating system later'를 선택한다. 해당 창에서는 운영체제를 설치하는 방법을 선택하는데, 우선은 가상머신만 만들고 운영체제는 나중에 설치한다. [Next] 버튼을 클릭한다.

그림 1-22 가상머신 생성 1

1-4 [Select a Guest Operating System]에서 'Microsoft Windows'를 선택하고, [Version]의 드롭다운 버튼을 클릭해 'Windows Server 2019'를 선택한 후 [Next] 버튼을 클릭한다(Windows Server 2022가 있다면 Windows Server 2022를 선택하면 된다. 집필 시점에서 초기 선택 가능한 최신 버전은 Windows Server 2019다).

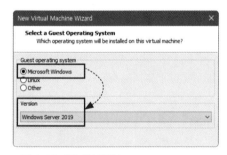

그림 1-23 가상머신 생성 2

1-5 [Name the Virtual Machine]에서 [Virtual machine name]에 'FIRST'를 입력한 후 [Browse] 버튼을 클릭한다. [폴더 찾아보기] 창이 나타나면 이번 실습의 **Step 0**에서 만든 폴더 중 'C:\Win2022\FIRST'를 선택하고 [확인] 버튼을 클릭한다. [Location]에 'C:\Win2022\FIRST'가 자동으로 입력되면 [Next] 버튼을 클릭한다.

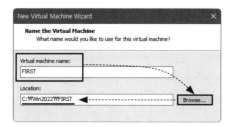

그림 1-24 가상머신 생성 3

1-6 [Specify Disk Capacity]는 현재 생성 중인 가상머신의 가상 하드디스크 용량을 지정하는 부분이다. [Maximum disk size (GB)]는 '60.0'으로 설정되어 있는데 60GB 용량의 가상 하드디스크를 생성한다는 뜻이다. 그 다음으로 [Store virtual disk as a single file]을 선택한다. 이에 대한 내용은 잠시 후에 살펴보기로 하고 [Next] 버튼을 클릭한다.

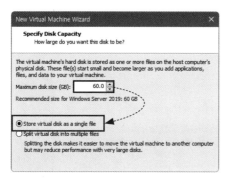

그림 1-25 가상머신 생성 4

1-7 [Ready to Create Virtual Machine]에서 지금까지 설정한 부분을 요약해서 살펴볼 수 있다. 그중 Memory(RAM)는 설정한 적이 없는데 자동으로 값이 할당되어 있다. [Customize Hardware] 버튼을 클릭하면 바로 수정이 가능하지만, 일단은 [Finish] 버튼을 클릭해서 가상머신 생성을 완료하자.

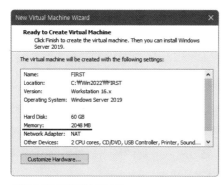

그림 1-26 가상머신 생성 5

그림 1-25에서 설정한 사항을 살펴보자. 가상 하드디스크 장착 시 가상머신은 가상 하드디스크를 진짜 하드디스크와 동일하게 취급하지만, 호스트 컴퓨터는 가상 하드디스크를 하나의 커다란 파일로 인식한다. 그러나 Windows Server를 설치하지도 않았는데 가상 하드디스크(실체는 파일)가 60GB라는 큰 공간을 차지해 버리면 많은 공간이 낭비될 것이다. 그래서 가상 하드디스크 내부에서는 다음과 같은 방식으로 작동된다. **그림 1-27**의 'Windows 설치 전' 부분을 보면 이 가상 하드디스크는 가상머신에서 60GB로 인식되지만, 실제 물리적인 파일 크기는 겨우 10MB로 설정되는 것을 알 수 있다. 즉, 가상머신에 10MB짜리 하드디스크를 60GB짜리 하드디스크로 속이는 효과를 주는 것이다. 그리고 다음 그림의 'Windows 설치 후' 부분을 보면 가상머신에 운영체제가 설치되면서 공간이 더 필요하면 필요한 공간만큼만 자동으로 최대 60GB까지 늘어나는 것을 알 수 있다. 이렇게 해서 가상 하드디스크를 효율적으로 사용할 수 있는 것이다. 그러므로 필요에 따라 가상 하드디스크의 용량을 600GB로 설정해도 크게 문제되지 않는다.

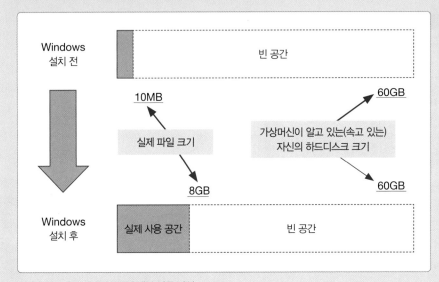

그림 1-27 가상 하드디스크의 내부 작동 방식

Step 2

VMware Workstation Player 화면을 다시 보면 왼쪽 [Home] 아래에 우리가 만든 가상머신의 목록을 확인할 수 있다. 지금은 Windows Server 1대만 생성했으므로 가상머신 하나만 나오지만 앞으로 3대를 더 생성하면 추가된 가상머신이 각각 표시될 것이다. 앞에서 설명했듯이 목록에서 해당하는 가상머신을 선택하면 오른쪽에는 해당 가상머신의 상태(State), 운영체제(OS) 등의 내용이 나온다.

2-0 이번에는 이 가상머신에 장착된 부품을 변경해 보자. [Edit virtual machine settings]를 클릭한다.

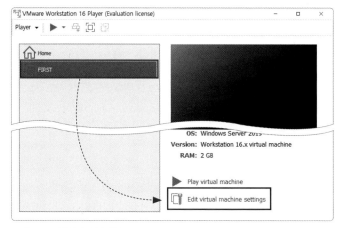

그림 1-28 완성된 가상머신

NOTE▶ [Edit virtual machine settings]를 클릭하는 것은 진짜 컴퓨터의 케이스를 열어서 내부를 살펴보는 것과 동일한 행동이라고 생각하면 된다. 즉, [Virtual Machine Settings] 창은 컴퓨터의 부품을 추가하거나 제거할 수 있는 창이다.

Step 3

[Virtual Machine Settings] 창이 나타난다. 이 창에서 필요한 부품의 용량을 변경하거나 추가/제거할 수 있다. 필요한 내용을 하나씩 변경해 보자.

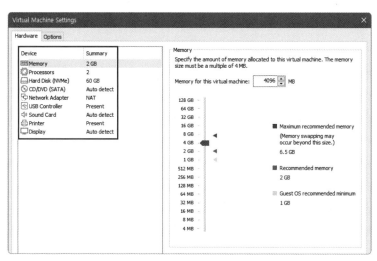

그림 1-29 가상머신의 가상 하드웨어 확인

3-1 'Memory(RAM)'는 호스트 컴퓨터(진짜 컴퓨터)가 가지고 있는 메모리를 게스트 컴퓨터(가상머신)와 나눠서 갖게 한다. 예를 들어 컴퓨터에 16GB(16384MB)의 메모리가 장착되어 있다면 이 가상머신을 부팅하는 순간 호스트 컴퓨터는 게스트 컴퓨터에 2GB(2048MB)를 떼어 주고 나머지 14GB를 사용한다. 따라서 호스트 컴퓨터에 물리적인 RAM이 많을수록 실습을 원활하게 진행할 수 있다.

> **NOTE ▶** 컴퓨터에 장착된 메모리(RAM)의 용량은 Windows의 [시작]에서 마우스 오른쪽 버튼을 클릭하고 [시스템]을 클릭하면 확인할 수 있다. 이 책을 원활하게 실습하기 위한 메모리 용량은 16GB 이상이며, 8GB를 사용할 경우 책의 후반부에 약간의 제약이 있을 수 있으나 대부분은 실습이 가능하다.

3-2 메모리 할당량을 변경할 수도 있다. 이 책에서 사용하는 Windows Server 2022를 설치하기 위해서는 최소한 2GB(2048MB)의 메모리가 필요하다. FIRST 가상머신에 기본적으로 2GB가 할당되어 있을 것이다. 호스트 컴퓨터의 메모리가 8GB라면 그대로 유지하고 16GB 이상이면 FIRST 가상머신에 4GB(4096MB)를 할당한다. 실습에서는 FIRST 가상머신을 가장 많이 사용할 것이기 때문에 실습을 원활히 진행하기 위해서 FIRST의 메모리를 많이 할당하는 것이 좋다. 아직 [OK] 버튼을 클릭하지는 말자.

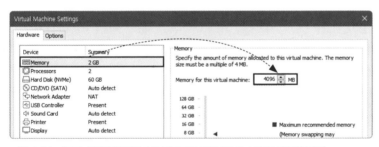

그림 1-30 메모리 할당량 변경(호스트 컴퓨터의 RAM이 총 16GB 이상인 경우)

! 여기서 잠깐   가상머신이 메모리를 사용하는 시점

호스트 컴퓨터가 게스트 컴퓨터에 메모리를 나눠 주는 때는 가상머신을 만든 시점이 아닌 가상머신을 '부팅'하는 시점이다. 가상머신을 끄면(Shutdown) 게스트 컴퓨터에 나눠줬던 메모리는 다시 호스트 컴퓨터로 돌아온다. 그러므로 게스트 컴퓨터를 동시에 부팅하지만 않는다면 수십 개의 게스트 컴퓨터를 만들고 각각 2GB씩 나눠 주는 것이 가능하다.

그러나 동시에 부팅될 게스트 컴퓨터에 메모리를 모두 할당하는 것은 바람직하지 않으며 호스트 컴퓨터에 적절한 용량의 메모리를 남기는 것을 권장한다. 예를 들어 총 메모리가 16GB인 호스트 컴퓨터라면 FIRST, SECOND, THIRD, WINCLIENT 가상머신에 각각 2GB에 해당하는 2048MB를 할당하는 것이 적절하며, FIRST 가상머신의 경우 가장 많이 사용하므로 특별히 4GB에 해당하는 4096MB를 할당하는 것을 권장한다.

3-3 Processors(CPU)를 보면 현재 가상머신에는 1개의 CPU가 장착되어 있다(이미 2개가 선택되어 있을 수도 있다). 만약 진짜 컴퓨터의 CPU가 멀티 Processors라면 가상머신에도 여러 개를 할당할 수 있다. 가상머신의 성능에 큰 의미는 없지만 2개나 4개로 설정해 두자. 그리고 가상화 기능을 사용하기 위해 [Virtualization] 옵션을 모두 체크하자. 이에 대한 부분은 나중에 다시 설명하겠다.

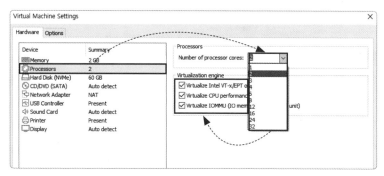

그림 1-31 CPU 개수 변경 및 가상화 기능 활성화

! 여기서 잠깐 멀티 코어 CPU

1개의 CPU에 하나의 코어만 있는 것을 싱글 코어(Single-Core) CPU라고 부르며, 2개 이상의 코어가 있는 CPU를 멀티 코어(Multi-Core) CPU라고 부른다. 멀티 코어에는 코어가 2개인 듀얼 코어(Dual-Core), 3개인 트리플 코어(Triple-Core), 4개인 쿼드 코어(Quad-Core), 6개인 헥사 코어(Hexa-Core), 8개인 옥타 코어(Octa-Core), 10개인 데카 코어(Deca-core), 12개인 도데카 코어(Dodeca-core), 16개인 헥사데카 코어(Hexadeca-core), 18개인 옥타데카 코어(Octadeca-core), 20개인 아이코자 코어(Icosa-core) 등이 있다.

3-4 설치된 하드디스크는 NVMe(Non-Volatile Memory express, 고속 SSD의 일종)다. 필요하다면 이 하드디스크도 언제든지 탈착(제거 및 장착)이 가능하다. 우리는 앞에서 60GB 용량의 하드디스크를 장착했다. Windows Server 실습을 진행하는 데 60GB 정도면 충분하지만, 연습 삼아서 이 디스크를 제거한 후 다른 새 하드디스크를 장착해 보자. 앞으로 하드디스크와 SSD를 통틀어서 '하드디스크'라고 부르겠다.

NOTE▶ VMware 버전 및 컴퓨터에 설치된 하드디스크는 NVMe, SCSI, SATA 등의 다양한 종류가 있다. 어차피 컴퓨터의 하드디스크와 별 관련이 없는 가상 하드디스크이므로 어떤 것을 설치하든 상관없다. 또한 실제 하드디스크에 용량이 별로 없어도 60GB 이상의 장착이 별 문제 되지 않는다는 것은 **그림 1-27**에서 설명했다. 하드디스크에 관한 좀 더 깊은 이야기는 5장에서 진행하겠다.

3-5 다음 그림과 같이 [Hard Disk(NVMe)]가 선택된 상태에서 [Remove] 버튼을 클릭해 제거한 다음 [Add] 버튼을 클릭한다. [Add Hardware Wizard] 창의 [Hardware Type]에서 'Hard Disk'를 선택한 후 [Next] 버튼을 클릭한다.

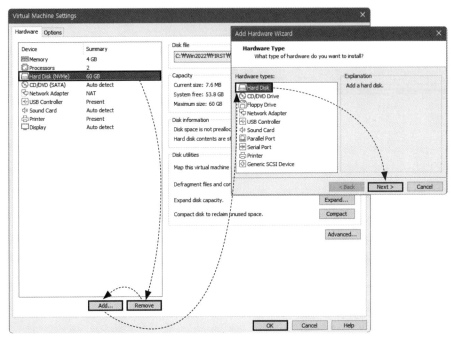

그림 1-32 하드디스크 제거 및 추가 1

3-6 [Select a Disk Type]에서 'NVMe'를 선택해 하드디스크를 장착한 후 [Next] 버튼을 클릭한다.

그림 1-33 하드디스크 제거 및 추가 2

NOTE▶ VMware에서 제공되는 가상의 하드디스크는 클라이언트용 하드디스크인 IDE/SATA 방식과 서버용 하드디스크인 SCSI, NVMe 방식이 있다. 어차피 가상이므로 어느 것을 사용해도 상관없지만 이 책에서는 기본으로 장착하는 하드디스크는 NVMe를, 향후 5장에서 추가로 장착하는 하드디스크는 SCSI를 사용한다(진짜 하드디스크가 IDE, SATA, SCSI, NVMe 중 어떤 방식을 사용하든 가상 하드디스크 방식과는 아무 관련 없다).

3-7 [Select a Disk]에서 'Create a new virtual disk'를 선택하고 [Next] 버튼을 클릭한다. 이는 새로운 하드디스크를 추가한다는 의미다.

그림 1-34 하드디스크 제거 및 추가 3

NOTE ▶ [Select a Disk]의 'Use an existing virtual disk'는 기존에 사용하던 가상 하드디스크(*.vmdk 파일)를 사용한다는 의미이며, 'Use a physical disk'는 진짜 물리적인 하드디스크를 가상머신에 장착한다는 의미다. 'Use a physical disk(for advanced users)'는 사용할 일이 거의 없다.

3-8 [Specify Disk Capacity]에서 [Maximum disk size]를 '100'으로 변경하자. 물론 더 큰 용량으로 변경해도 상관없다. 그다음 [Store virtual disk as a single file]을 선택하고 [Next] 버튼을 클릭한다. [Allocate all disk space now]는 체크 해제된 상태로 둔다.

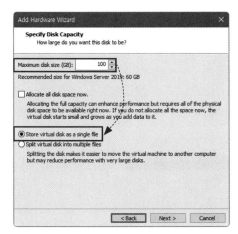

그림 1-35 하드디스크 제거 및 추가 4

3-9 [Specify Disk file]에서는 가상 하드디스크의 실제 파일 이름을 지정한다. 여기서는 기본값 그대로 두고 [Finish] 버튼을 클릭한다.

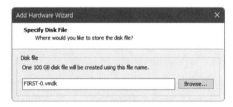

그림 1-36 하드디스크 제거 및 추가 5

NOTE▶ 가상 하드디스크의 실체도 파일이므로 하드디스크를 추가할 때마다 파일명이 '가상머신이름.vmdk', '가상머신이름-0.vmdk', '가상머신이름-1.vmdk', …으로 자동 지정된다. 이 책에서는 가상 하드디스크의 파일을 직접 접근할 일이 없기 때문에 파일 이름은 별로 중요하지 않다. 따라서 VMware가 자동으로 지정해 주는 이름을 그대로 사용하면 된다(예외적으로 책 후반부의 일부 실습에서 가상 하드디스크의 파일 이름을 특별히 지정하는 것이 있는데, 이는 추후 다시 설명하겠다).

3-10 [Virtual Machine Settings] 창에서 100GB짜리 새로운 NVMe 하드디스크가 추가된 것을 확인할 수 있다.

그림 1-37 하드디스크 제거 및 추가 6

3-11 CD/DVD는 2가지 방식으로 사용할 수 있다. 첫 번째는 기본적인 방식으로 호스트 컴퓨터에 부착된 CD/DVD 장치를 그대로 사용하는 것이고, 두 번째는 1개의 파일로 제작된 '*.iso' 파일을 CD/DVD처럼 사용하는 것이다. 이는 실습을 진행하면서 필요한 경우 다시 언급하겠다. 지금은 기본값 그대로 두면 된다. 그리고 [Device status]의 'Connect at power on'이 꼭 체크되어 있어야 부팅된 후 Windows Server의 설치 DVD를 자동으로 인식한다.

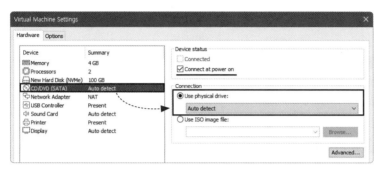

그림 1-38 CD/DVD 설정

> **NOTE ▶** 하드디스크를 탈착하는 방식은 Windows Server를 설치하다가 문제가 생겨서 가상머신이 다운되었을 때 유용하게 사용할 수 있다. 만약 운영체제 설치 중에 VMware가 다운되면 가상 하드디스크에 손상이 갈 수 있다. 이럴 때는 과감하게 기존의 가상 하드디스크를 제거하고 새로운 가상 하드디스크를 장착하는 것이 가장 간편한 방식이다.

3-12 Network Adapter(랜카드, NIC, 네트워크 카드)는 기본적으로 NAT 방식으로 설정되어 있다. 이 책의 실습을 위해서는 꼭 NAT 방식을 사용해야 **그림 1-3**에 나온 4대의 가상머신을 하나의 네트워크로 묶는 효과를 낼 수 있다. 이와 관련된 내용은 추후 상세히 설명하겠다.

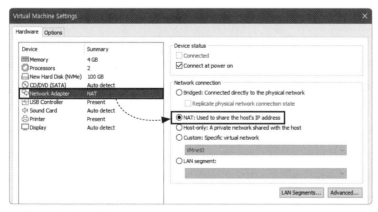

그림 1-39 네트워크 설정

3-13 Display는 모니터를 나타낸다. 필요하다면 [3D graphics]의 'Accelerate 3D graphics'를 체크해 3D 가속화 기능을 사용해도 되지만, 특별히 3D를 사용할 일이 없으므로 체크 해제된 상태로 두자.

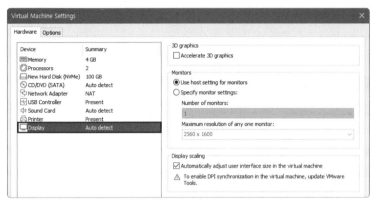

그림 1-40 디스플레이 설정

3-14 이 책에서 사용하는 Windows Server의 FIRST 가상머신은 USB Controller, Sound Card, Printer 같은 기타 장치들을 사용할 일이 크게 없다. 그러므로 다음 네모로 표시된 장치를 각각 선택한 다음 [Remove] 버튼을 클릭해서 제거한다(필요하면 언제든지 다시 추가할 수 있다).

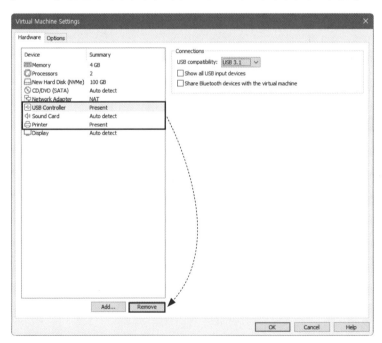

그림 1-41 필요 없는 장치 제거

3-15 최종적으로 설정된 화면은 다음 그림과 같다. 하드웨어 장치에 대한 설정이 끝났으면 [OK] 버튼을 클릭해 지금까지 설정한 내용을 확정한다([Memory]는 '2GB'여도 된다).

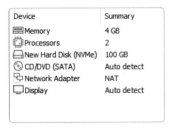

그림 1-42 설정 완료 화면

3-16 VMware Player를 종료한다.

Step 4

4-0 [Windows] + [E] 키를 눌러 [파일 탐색기]를 열고 'C:\Win2022\FIRST\' 폴더를 확인해 보자. 생성된 가상머신 파일들을 확인할 수 있다. 이 중 '*.vmdk' 파일이 바로 앞에서 추가한 가상 하드디스크 파일이며, 최대 100GB까지 확장할 수 있다(**그림 1-27**에서 설명했다). 필자가 새로 장착한 100GB 가상 하드디스크 파일명은 'FIRST-0.vmdk'이며 현재 약 12MB 정도다. 그리고 FIRST.vmdk 파일은 앞에서 제거한 가상 하드디스크 파일이므로 삭제해도 문제없다(필자와 파일 이름이나 개수가 조금 달라도 별 문제되지 않는다).

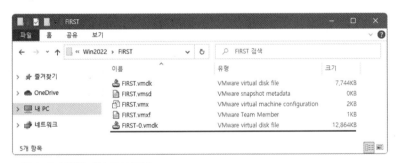

그림 1-43 생성된 가상머신 파일들

NOTE▶ Windows 10에서 파일의 확장명을 보려면 [파일 탐색기]의 [보기] 메뉴에서 [파일 확장명]을 체크하면 된다. Windows 11에서는 [파일 탐색기]에서 [레이아웃 및 보기 옵션] 아이콘을 클릭한 후 [보기] 메뉴에서 [파일 확장명]을 체크하면 된다.

이번에는 목록에서 가상머신을 제거하고 다시 불러와 보자.

5-1 VMware Player를 실행한다.

5-2 화면 왼쪽에 앞에서 생성한 가상머신인 [FIRST]를 선택하고 마우스 오른쪽 버튼을 클릭한 후 [Remove from the Library]를 선택한다. 그러면 가상머신 목록에서 사라진다.

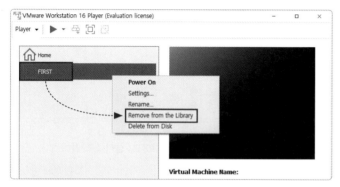

그림 1-44 목록에서 가상머신 제거

NOTE▶ 만약 제일 아래의 [Delete from Disk]를 선택하면 가상머신이 하드디스크에서 완전히 삭제된다. 실수로 선택하지 않도록 주의하자.

5-3 다시 목록에 추가하기 위해서는 오른쪽 화면의 [Open a Virtual Machine]을 클릭해서 'C:\Win2022\FIRST\FIRST.vmx' 파일을 열면 된다. 또는 VMware Player 창 상단의 [Player]–[File]–[Open] 메뉴를 클릭해도 된다.

그림 1-45 기존 생성된 가상머신 열기

이제 가상머신을 부팅해 보자.

6-1 가상머신을 부팅하는 4가지 방법이 있다. 우선 [Home]에서 부팅할 가상머신을 선택한다.

➊ 오른쪽 화면 아래에 있는 [Play virtual machine] 버튼을 클릭한다.

➋ [Player]–[Power]–[Power On] 메뉴를 클릭한다.

➌ 왼쪽 화면에서 해당 가상머신을 선택한 후 마우스 오른쪽 버튼을 클릭해서 [Power On]을 선택한다.

➍ 상단의 메뉴 중에서 Power on(▶)을 클릭한다.

위 4가지 중 아무 방법이나 따라해서 가상머신을 부팅하자.

그림 1-46 호스트 컴퓨터에 CD/DVD 장치가 없을 때 나오는 메시지

NOTE ▶ CD/DVD 장치가 없는 노트북이나 컴퓨터에서는 위 그림과 같은 대화상자가 나올 수 있다. 가상머신에 실제 물리적인 장치가 없기 때문에 가상머신의 CD/DVD와 연결할 수 없다는 내용인데, 별 문제는 아니므로 그냥 [No] 버튼을 클릭하면 된다. 그리고 처음 가상머신을 부팅할 때 [Software Updates] 창이 나오면 [Download and Install] 버튼을 클릭해 업그레이드된 일부 파일을 설치할 수 있다. VMware Tools의 업그레이드된 파일을 제공해 주는 것이 므로 한 번만 실행하면 된다.

6-2 부팅을 시도했지만 아직 운영체제가 설치되지 않아서 Windows가 나오지 않는다. 아직 운영체제를 설치한 적이 없기 때문에 당연하다.

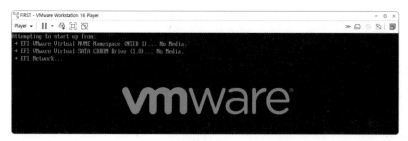

그림 1-47 가상머신 부팅 화면 1

NOTE ▶ 만약 가상머신을 부팅할 때 64bit가 가능하지 않다거나 VT–x를 사용할 수 없다는 오류 메시지가 나오고 부팅이 안 된다면, 11쪽의 **여기서 잠깐**을 참고하자.

6-3 잠시 기다리면 VMware 버전에 따라서 파란색의 Boot Manager 화면이 나온다. 만약 화면 아래에 Windows Server 가 설치되지 않았고 설치 디스크를 삽입하라는 메시지가 나오면 [Never Remind Me]를 클릭해서 다음에는 이 메시지가 나오지 않도록 하자.

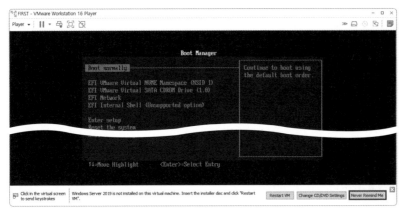

그림 1-48 가상머신 부팅 화면 2

NOTE ▶ VMware 버전에 따라서 가상머신 안에 마우스를 클릭한 후 F2 키를 눌러야 BIOS 화면이 나올 수도 있다. 이 화면을 실제로 설정할 것은 아니며, 한번 확인해 보는 단계이므로 그냥 넘어가도 된다.

6-4 Boot Manager 화면을 보면 가상머신이 진짜 컴퓨터와 거의 차이가 없는 '컴퓨터'라는 것을 느낄 수 있을 것이다. 물론 이 Boot Manager의 내용도 진짜 컴퓨터와 관계없는 가상 컴퓨터의 BIOS 내용이다. 필요하다면 가상머신 안을 마우스로 클릭한 후 화살표와 Enter 키를 이용해서 [Enter setup]으로 들어가면 다양한 하드웨어 환경을 설정할 수 있다. 키보드를 사용해서 직접 살펴보자(현재 환경에서는 마우스가 작동하지 않는다).

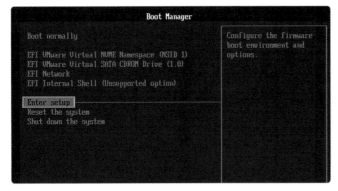

그림 1-49 가상머신 부팅 화면 3

6-5 지금은 마우스 포인터가 움직이지 않을 것이다. 그 이유는 현재 마우스의 초점을 VMware 안의 가상 머신이 가져갔기 때문인데, 가상머신에는 아직 운영체제가 설치되어 있지 않기에 마우스가 움직이지 않는 것이다. 이 마우스를 게스트 OS에서 호스트 OS로 가져와 보자. 키보드 왼쪽의 Ctrl + Alt 키를 누르면 마우스 포인터가 보이는데 마우스 포인터가 호스트 OS로 돌아온 것이다.

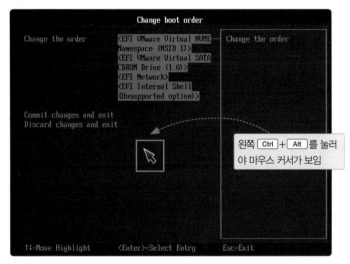

그림 1-50 가상머신 부팅 화면 4

만약 다시 게스트 OS로 마우스 포인터를 이동하고 싶다면 가상머신 화면에서 마우스를 클릭하면 된다. 다시 마우스 포인터를 옮기려면 왼쪽의 Ctrl + Alt 키를 누르면 된다. 이 방법은 계속 사용할 것이므로 잊어버리지 않도록 직접 몇 번 연습하도록 하자.

6-6 [Player]-[Power]-[Shut Down Guest] 메뉴를 선택해 가상머신의 전원을 종료한다. 경고 메시지가 나오면 [Yes] 버튼을 클릭한다.

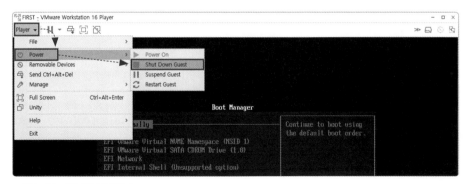

그림 1-51 가상머신 종료하기

이로써 **그림 1-3**에 나온 FIRST 가상머신의 하드웨어를 준비했다. FIRST 가상머신에 Windows Server 설치는 잠시 후에 하고 먼저 나머지 SECOND, THIRD, WINCLIENT 가상머신의 하드웨어를 준비하자. 각 하드웨어의 사양은 다음 표를 보면 된다.

표 1-3 이 책에서 사용되는 가상머신의 하드웨어 사양

	FIRST	SECOND	THIRD	Windows Client
주 용도	서버 전용	서버/클라이언트 겸용	서버/클라이언트 겸용	클라이언트 전용
Guest OS 종류	Windows Server 2022	Windows Server 2022	Windows Server 2022	Windows 10 x64[1]
가상머신 이름	FIRST	SECOND	THIRD	WINCLIENT
저장 폴더	C:\Win2022\ FIRST	C:\Win2022\ SECOND	C:\Win2022\ THIRD	C:\Win2022\ WINCLIENT
CPU 코어 수	4	2	2	2
CPU 가상화 기능	On	On	On	On
하드 용량	100 GB	60 GB	60 GB	60 GB
총 16GB 기준일때, 메모리 할당(괄호는 8GB 일 때[2])	4096MB (2048MB)	2048MB (2048MB → 1024 MB)	2048MB (2048MB → 1024 MB)	2048MB (2048MB → 1024 MB)
네트워크 타입	Use network address translation (NAT)	Use network address translation (NAT)	Use network address translation (NAT)	Use network address translation (NAT)
CD/DVD	O	O	O	O
Audio 장치	X	X	X	O
USB 장치	X	X	X	O
Printer	X	X	X	O

1 별도의 클라이언트 설치 CD가 없는 독자를 위해 Windows Server 2022를 설치한 후 Windows 10처럼 설정하는 실습을 3장에서 진행한다.

2 만약 총 메모리가 8GB인 경우에는 우선 모든 가상머신의 메모리를 2048MB로 할당한 다음 Windows Server 설치가 완료되면 SECOND, THIRD, Windows Client의 메모리를 1024MB로 조절한다. 관련 내용은 Windows Server 설치 후에 다시 언급하겠다.

7-0 VMware Payer를 실행하고 왼쪽 화면의 [Home]을 클릭한 후에 오른쪽 화면의 [Create a New Virtual Machine]을 클릭한다.

7-1 FIRST 가상머신을 생성한 것과 같은 방법으로 **표 1-3**을 보고 직접 SECOND 가상머신을 생성하자.
생성된 하드웨어 사양은 다음과 같다.

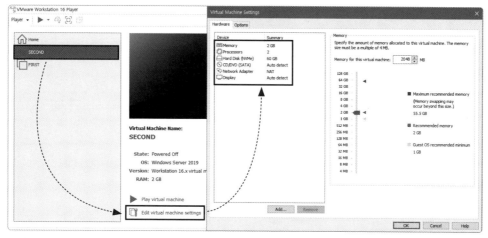

그림 1-52 SECOND 가상머신 생성 완료 화면

NOTE ▶ 지금 생성한 가상머신은 이 책의 끝까지 사용할 것이므로 필자와 동일하게 잘 생성되었는지 다시 확인하자.

7-2 같은 방식으로 **표 1-3**을 보고 직접 THIRD 가상머신을 생성해 보자. 생성된 하드웨어의 사양은 다음
과 같다.

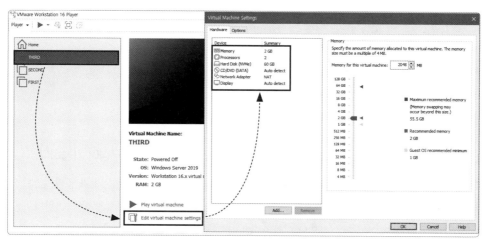

그림 1-53 THIRD 가상머신 생성 완료 화면

7-3 마찬가지로 **표 1-3**을 보고 직접 WINCLIENT 가상머신을 생성하자. 생성된 하드웨어의 사양은 다음과 같다.

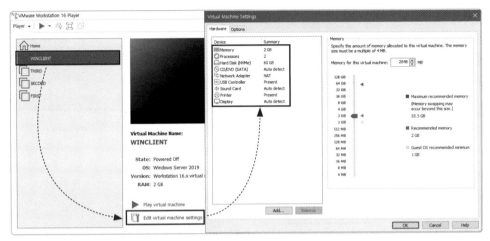

그림 1-54 WINCLIENT 가상머신 생성 완료 화면

지금까지 실습에서 사용하게 될 4대의 가상머신을 생성했다. 그렇지만 아직 가상머신에 운영체제가 설치되어 있지는 않다. 가상머신에 Windows Server 2022를 설치하는 것은 3장에서 다루고, 잠시 지금까지 사용한 VMware의 특징과 장점에 대해 짧게 정리해 보겠다. 아울러 이 책을 성공적으로 학습하는 데 도움이 되는 몇 가지 사항도 살펴보겠다.

1.3 VMware의 특징

VMware를 통해 가상머신을 사용함으로써 얻을 수 있는 장점은 다음과 같다.

1대의 컴퓨터만으로 실무 환경과 거의 비슷한 네트워크 컴퓨터 환경의 구성이 가능하다

그림 1-3에서 볼 수 있듯이 4대의 가상 컴퓨터를 생성하고 각 컴퓨터에 서버 역할과 클라이언트 역할을 할당함으로써 기업의 실무 환경과 거의 비슷하게 구성할 수 있다. 이 책을 잘 따라한다면 단 1대의 컴퓨터로 실무 환경에서 사용되는 각종 Windows Server 네트워크 서버 기능을 구축하고 테스트해 볼 수 있다.

운영체제의 특정 시점을 저장하는 스냅숏 기능을 사용할 수 있다

운영체제를 설치하고 운영하다가 특정 프로그램을 잘못 설치하거나 중요 파일을 삭제해서 시스템에 문제가 생기는 경우가 종종 생길 수 있다. 이때 생각나는 것이 '운영체제를 성공적으로 설치한 처음 시점으로 되돌릴 수 있으면 좋겠다'일 것이다. 스냅숏은 이렇게 중요한 시점을 저장하는 기능이다. 스냅숏을 사용하면 필요시 언제든지 저장해 놓은 시점으로 돌아갈 수 있다.

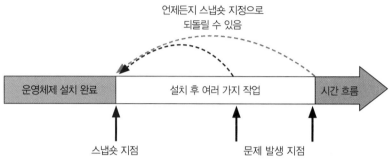

그림 1-55 스냅숏 개념

그림 1-55처럼 운영체제를 설치하고 정상적으로 작동되는 상태를 스냅숏하면 그 후에 운영체제를 사용하다가 문제가 발생 했을 때 언제든지 스냅숏을 저장한 지점으로 되돌릴 수 있다. 물론 문제가 발생하지 않더라도 그냥 처음 상태로 되돌리고 싶을 때 사용해도 된다.

하드디스크 등의 하드웨어를 내 맘대로 여러 개 장착해서 테스트할 수 있다

실무에서 서버를 운영할 때는 여러 개의 하드디스크를 이용해서 RAID 등의 방식으로 사용하지만, 실제로 여러 개의 물리적인 하드디스크를 준비할 수 있는 사람은 거의 없다. 이때 VMware를 사용하면(**실습 2**의 **3-3**에서 실습했듯이 사용자 마음대로 원하는 용량의(가상의) 하드디스크를 여러 개 장착할 수 있다) 다양한 하드웨어에서 테스트가 가능하다. 하드웨어 관련 테스트는 5장에서 자세히 실습하겠다.

현재 컴퓨터의 상태를 그대로 저장해 놓고, 다음 사용 시 현재 상태를 이어서 구동할 수 있다

진짜 컴퓨터에서는 어떤 작업을 하다가 다음에 현재 상태를 이어서 작업하려면 컴퓨터를 켜 놓은 상태로 유지해야 한다. 그러나 VMware는 'Suspend(일시 중지)' 기능을 사용해 현재의 가상머신 상태를 그대로 보관한 후에 VMware를 종료할 수 있다. 그리고 추후 언제든지 다시 가상머신을 가동하면 일시 중지한 Suspend 상태부터 이어서 계속 작동시킬 수 있다.

이렇게 살펴본 VMware의 장점을 요약하면 '물리적으로 필요한 여러 가지 환경을 가상으로 구축해 볼 수 있도록 지원해 준다' 정도로 생각하면 된다.

VMware를 사용하기 적합한 경우는 다음과 같다.

- 실무와 비슷한 네트워크 환경을 구성해서 여러 대의 서버를 구축하고자 할 때
- 여러 가지 운영체제를 설치해서 학습하고자 할 때
- 새로운 시스템을 도입하기 전에 미리 테스트해 보고자 할 때

우리는 위 3가지에 모두 해당되므로 Windows Server를 공부하고 네트워크 서버를 구축하고자 할 때 아주 유용한 소프트웨어라고 할 수 있다.

VMware의 장점만 살펴보았는데 당연히 단점도 존재한다. 이미 예상했겠지만 VMware는 일정 수준 이상의 고사양 컴퓨터를 요구한다. 만약 시스템 성능이 떨어지는 컴퓨터에서 사용하면 그렇지 않아도 느린 컴퓨터는 더욱 느려질 것이다. 그래서 VMware를 원활하게 운영하기 위해서는 비교적 최신 CPU와 16GB 이상의 메모리(최소 8GB), 넉넉한 디스크 공간이 필요하다. 특히 속도가 느린 HDD보다는 SSD를 권장한다. 또한 아무리 고사양 컴퓨터라도 동시에 4~5개의 운영체제를 작동시키면 한정된 시스템 자원을 나눠 쓰게 되기 때문에 전체 시스템이 느려지는 것은 감수해야 할 것이다. 이러한 단점에도 불구하고 VMware는 단 1대의 컴퓨터로 실무에서 운영하는 Windows Server의 네트워크 서버 환경과 거의 동일한 체험을 할 수 있는 적절한 소프트웨어임에는 틀림 없다.

1.4 원활한 실습 진행을 위한 사전 준비

이번 절에서는 앞으로 VMware 환경에서 실습을 원활하게 사용하기 위해 알아 두어야 할 필수 사항을 확인해 보자. 이 부분을 잘 확인해 두면 책에 나오는 실습을 전반적으로 막힘없이 진행할 수 있을 것이다.

1.4.1 VMware 단축키

VMware에서 유용하게 사용할 수 있는 단축키^{Hot key}를 알아보자. 가상머신을 가동하면 현재 컴퓨터에서 작동하는 운영체제는 2개 이상이 된다. 그러나 마우스와 키보드는 각각 1개 밖에 없다. 그래서 마우스의 초점^{focus}을 호스트 OS와 게스트 OS 사이에서 계속 이동해야 한다. 앞 실습에서도 확인해 보았듯이 게스트 OS로 마우스(키보드 포함) 초점을 이동하려면 가상머신 화면 안의 아무 곳이나 마우스로 클릭하면 된다. 그리고 다시 호스트 OS로 마우스 초점을 가져오려면 [Ctrl]+[Alt] 키를 동시에 눌렀다 떼면 된다.

게스트 OS에서 [Ctrl]+[Alt]+[Del] 키를 눌러야 하는 경우도 종종 있다. 그런데 이 3개의 키는 현재 포커스가 게스트 OS에 있더라도 게스트 OS뿐 아니라 호스트 OS까지 영향을 미친다. 그래서 VMware에서는 [Ctrl]+[Alt]+[Del] 키 대신 [Ctrl]+[Alt]+[Insert] 키를 사용하기를 권장한다. 즉, 게스트 OS에서 [Ctrl]+[Alt]+[Del] 키를 눌러야 한다면 [Ctrl]+[Alt]+[Insert] 키를 대신 누르면 된다. 또한 VMware의 [Player]–[Send Ctrl+Alt+Del] 메뉴를 클릭하거나 [Send Ctrl+Alt+Del to virtual machine(⌨)]을 클릭해도 된다.

1.4.2 VMware Player 종료 시 닫기 옵션

VMware Player를 실행하고 가상머신을 구동할 때 VMware Player 오른쪽 상단의 [X]를 클릭하면 가상머신의 현재 상태를 일시 정지^{Suspend} 또는 종료^{Power Off}할 수 있는 화면이 나온다. 기존의 설정을 확인해 보자.

실습 3

VMware Player 닫기 버튼 기능을 확인해 보자.

Step 0

VMware Player를 실행하고 아무 가상머신이나 부팅해 보자.

Step 1

부팅된 가상머신에서 오른쪽 상단의 [X]를 클릭해서 가상머신을 종료하려고 하면 다음 그림과 같은 대화상자가 나타난다. 여기서는 [Suspend] 버튼을 클릭한다.

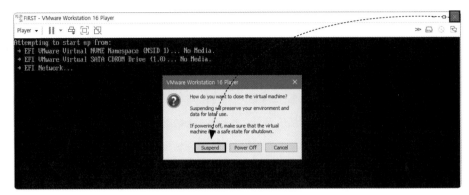

그림 1-56 가상머신 실행 중 닫기 1

VMware Player가 종료되었다면 다시 VMware Player를 실행한다.

2-1 FIRST 가상머신을 살펴보면 [State]가 'Suspended'로 되어 있는 것을 확인할 수 있다. 오른쪽 화면의 상단에는 **Step 1**에서 [X]를 클릭한 시점의 정지된 화면이 보인다.

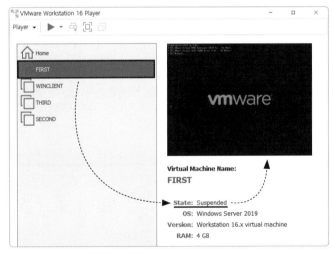

그림 1-57 가상머신 실행 중 닫기 2

2-2 아래쪽의 [Play Virtual Machine]을 클릭해 가상머신을 실행하자. 그러면 멈췄던 부분부터 다시 실행된다. 지금은 아직 운영체제를 설치하지 않아서 앞서 가상머신이 정지된 시점으로 금방 돌아가지만 Windows Server를 설치한 후에는 한참을 기다려야 할 수도 있다.

2-3 다시 오른쪽 상단의 [X]를 클릭해서 화면을 닫고 이번에는 [Power Off] 버튼을 클릭하자.

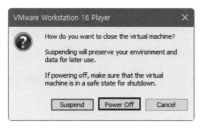

그림 1-58 가상머신 실행 중 닫기 3

2-4 다시 VMware Player를 실행한 후 해당 가상머신을 살펴보면 이번에는 [State]가 'Powered Off'로 되어 있는 것을 확인할 수 있다.

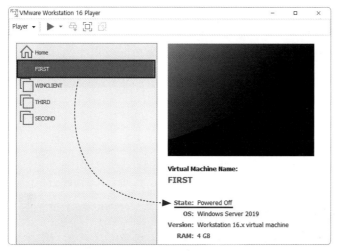

그림 1-59 가상머신 실행 중 닫기 4

NOTE ▶ [State]가 'Suspended'인 상태에서는 하드웨어를 제거하거나 추가할 수 없다. 그럴 때는 가상머신을 다시 부팅한 후에 [Power Off]로 가상머신을 완전히 종료하면 된다.

1.4.3 전체 화면으로 사용하기

게스트 OS를 전체 화면으로 꽉 채워서 사용하고 싶다면 [VMware] 창의 최대화를 클릭하거나, Ctrl + Alt + Enter 키를 누르면 된다.

실습 4

가상머신이 모니터 화면 전체를 사용하도록 설정해 보자.

Step 0

전체 화면이 되기 위해서는 가상머신이 가동되고 있어야 한다. 아직 가상머신에 게스트 OS를 설치하지 않았지만, 우선 아무 가상머신이나 부팅해 보자.

Step 1

부팅이 되면 VMware에서 [Enter full screen mode](回)를 클릭한다.

그림 1-60 전체 화면 사용 1

Step 2

모니터 전체가 게스트 OS 화면으로 변하는 것을 확인할 수 있다.

그림 1-61 전체 화면 사용 2

Step 3

다시 이전 화면 크기로 돌아오려면 [Enter full screen mode](回)를 클릭하거나 Ctrl + Alt + Enter 키를 누른다.

NOTE▶ Windows가 설치되기 전에는 Ctrl + Alt + Enter 키가 작동하지 않을 수도 있다.

Step 4

[Player]-[Power]-[Shut Down Guest] 메뉴를 클릭해 가상머신을 종료한다.

1.4.4 여러 개의 가상머신을 동시에 부팅하기

VMware Player는 한 번에 하나의 가상머신만 부팅할 수 있다. 따라서 여러 개의 가상머신을 동시에 부팅하려면 VMware Player를 여러 번 실행한 후 각각 다른 가상머신을 부팅해야 한다. **그림 1-62**는 VMware Player를 2번 실행해 하나는 FIRST를, 하나는 WINCLIENT를 부팅한 화면이다(아직 운영체제는 설치되지 않았다).

그림 1-62 동시에 가상머신 2개를 부팅한 VMware Player 화면

VMware Workstation Pro를 사용 중이라면 각각의 가상머신이 탭으로 분리되어서 VMware Workstation Pro를 한 번만 실행해도 각 탭에서 동시에 여러 개의 가상머신을 부팅할 수 있다.

그림 1-63 탭으로 창이 분리된 VMware Workstation Pro 환경

1.4.5 네트워크 정보 파악 및 변경하기

네트워크에 대한 개념이 아직 부족하더라도 꼭 짚고 넘어가야 할 부분이므로 다음 실습을 따라 해 보자. 네트워크의 개념은 다른 장에서 다시 다루겠다. **그림 1-3**에는 이 책에서 구축하고 사용할 네트워크 환경을 표현했다. **실습 2**에서 생성한 4대의 가상머신에 운영체제를 설치한 후 **그림 1-3**과 같은 인터넷 및 네트워킹 환경이 되게 하려면 각각의 가상머신에 네트워크 관련 정보를 입력해야 한다. 정상적인 네트워킹 환경이 이루어지려면 각각의 가상머신(게스트 OS)에 IP 주소, 서브넷 마스크Subnet Mask, 게이트웨이Gateway 주소, DNS 서버 주소라는 4가지의 개념을 알아야 하며 이를 직접 입력할 수 있어야 한다.

명령 프롬프트에서 `ipconfig /all` 명령을 실행한 후 아래로 마우스 스크롤해서 'VMware Virtual Ethernet Adapter for VMnet8' 또는 'VMnet8' 부분을 확인해 보자.

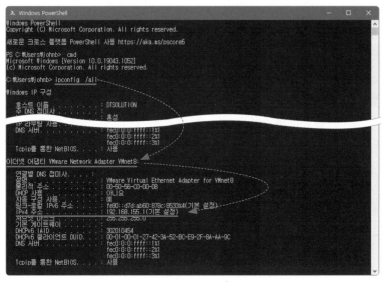

그림 1-64 호스트 OS에서 IP 정보 확인

> **NOTE ▶** Windows 11이나 10에서 명령 프롬프트를 실행하려면 Windows의 [시작]에서 마우스 오른쪽 버튼을 클릭한 다음 [Windows 터미널] 또는 [Windows PowerShell]을 선택하고 **cmd** 명령을 입력하면 된다.

이 중에서 'VMware Network Adapter VMnet8:' 부분의 IPv4 주소 부분을 잘 봐 두자. 앞으로 사용할 가상머신의 네트워크 정보는 다음과 같다.

- IP 주소: 192.168.OOO.3~192.168.OOO.254

- 서브넷 마스크: 255.255.255.0

- 게이트웨이: 192.168.OOO.2

- DNS 서버: 192.168.OOO.2

현재 필자는 위에서 표현한 주소 중 OOO 부분이 **그림 1-64**와 같이 155로 되어 있지만 다음 실습에서 111으로 변경할 것이다. **그림 1-64**에 나온 본인의 세 번째 값을 그대로 사용해도 되지만 다음 실습을 진행해서 필자와 완전히 동일한 네트워크 환경으로 설정해 보자.

실습 5

VMware Workstation Pro에서 제공하는 기능을 활용해 VMnet8의 IP 주소를 필자와 동일하게 설정하자.

NOTE 이미 앞에서 언급했듯이 VMware Workstation Pro는 30일 평가 기간이 지나면 가상머신 부팅 등의 기본적인 기능을 사용할 수 없다. 하지만 지금 사용하는 네트워크 설정 기능이나 스냅숏 기능은 30일이 지나도 계속 사용이 가능하다.

Step 0

바탕 화면의 'VMware Workstation Pro' 실행 아이콘을 더블클릭해 실행한다.

Step 1

VMware Workstation Pro의 [Edit]-[Virtual Network Editor] 메뉴를 클릭하면 [Virtual Network Editor]가 실행된다.

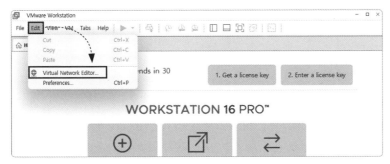

그림 1-65 VMnet8 IP 주소 설정 1

[Virtual Network Editor] 창이 실행된다.

2-1 만약 오른쪽 아래에 [Change Settings] 버튼이 있다면 클릭하고 [사용자 계정 컨트롤] 창이 나타나면 [예] 버튼을 클릭한다.

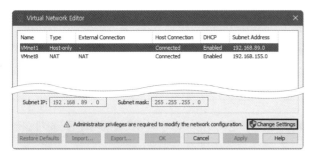

그림 1-66 VMnet8 IP 주소 설정 2

2-2 'VMnet8' 부분을 선택한 후 아래쪽 [Subnet IP] 항목의 세 번째 주소 값을 '111'로 변경한 다음 [OK] 버튼을 클릭한다.

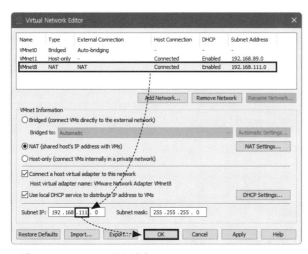

그림 1-67 VMnet8 IP 주소 설정 3

2-3 다시 명령 프롬프트에서 `ipconfig /all` 명령을 실행한다. 'VMware Virtual Ethernet Adapter for VMnet8' 또는 'VMnet8' 부분을 확인했을 때 192.168.111.1로 보이면 정상적으로 설정된 것이다. 이후로는 모든 IP 주소를 이 책과 동일하게 사용할 수 있다.

그림 1-68 VMnet8 IP 주소 설정 4

이번 실습을 통해 알아낸 정보로 **그림 1-3**을 더욱 상세하게 나타내면 **그림 1-69**와 같다. 다음 그림은 이 책을 실습하는 데 알아야 할 네트워크의 전체 정보를 보여 준다. 중요한 그림이므로 잘 봐 두자.

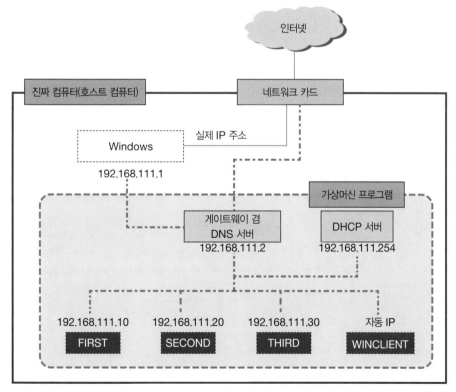

그림 1-69 이 책의 네트워크 환경 상세

❶ 호스트 OS에는 192.168.111.1의 가상 IP 주소가 자동으로 할당되어 있다.

❷ 호스트 OS는 실제로 사용하는 별도의 IP 주소가 있다.

❸ 주소 192.168.111.2는 게이트웨이, DNS 서버 2가지 역할을 모두 하는 가상의 장치다. 또한 192. 168.111.254는 DHCP 서버 역할을 하는 가상의 장치다.

❹ 이 책에서는 FIRST, SECOND, THIRD 가상머신에 고정 IP를 할당하고 각각의 IP 주소의 끝은 10, 20, 30으로 끝나도록 할당한다.

❺ WINCLIENT 가상머신은 자동으로 IP를 할당받도록 설정한다. 당연히 가상 DHCP 서버(192. 168.111.254)로부터 할당받는다.

3장에서는 **그림 1-69**와 **표 1-4**를 기준으로 운영체제를 설치하고 네트워크 정보를 입력한다.

표 1-4 가상머신에 할당할 네트워크 정보 요약

	FIRST	SECOND	THIRD	WINCLIENT
IP 주소	192.168.111.10 (고정)	192.168.111.20 (고정)	192.168.111.30 (고정)	자동 할당(DHCP)
서브넷 마스크	255.255.255.0 (직접 입력)			자동 할당(DHCP)
게이트웨이	192.168.111.2 (직접 입력)			자동 할당(DHCP)
DNS 서버	192.168.111.2 (직접 입력)			자동 할당(DHCP)

그림 1-69와 **표 1-4**는 3장 및 다른 장에서도 계속 참고할 예정이니 잘 체크해 두는 것을 권장한다.

1.4.6 호스트 OS와 게스트 OS 간 파일 전송 방법

앞으로 실습 시 호스트 OS에 있는 파일을 게스트 OS로 복사해야 할 수 있다. 특히 어떠한 이유로 게스트 OS에는 인터넷이 되지 않지만, 호스트 OS에는 인터넷이 원활할 때 호스트 OS에서 다운로드한 파일을 게스트 OS로 보내야 할 경우가 생길 수 있다. 이럴 때 가장 간편한 방법은 호스트 OS에서 게스트 OS로 보낼 파일을 ISO 파일로 작성한 후 게스트 OS에 DVD/CD를 넣어주는 효과를 내는 것이다. VMware는 물리적인 DVD/CD를 읽을 수도 있지만, ISO 파일도 DVD/CD와 동일하게 사용할 수 있기 때문이다. 잠시 후 실습으로 직접 익혀보자.

NOTE ▶ ISO 파일이란 확장명이 '*.iso'인 파일을 말하며 DVD나 CD의 내용을 하나의 파일로 제작해 놓은 것이다. 그래서 CD용 ISO 파일의 크기는 대체로 600~700MB 정도이며 DVD용 ISO 파일의 크기는 1GB~8GB 정도다.

C:\Windows\Media\ 폴더의 파일을 ISO로 제작한 후 게스트 OS로 전송해 보자.

Step 0

ISO 파일로 제작해 주는 상용 소프트웨어도 많이 있지만 되도록 프리웨어(Freeware)를 사용한다. 그중 필자는 가볍고 빠른 'Free ISO Creator'라는 프로그램을 사용했다. http://www.freeisocreator.com/ 주소에서 다운로드하거나 Q&A 카페(https://cafe.naver.com/thisisLinux/)의 [교재 자료실(윈도서버)]에서 다운로드하면 된다. 일반적인 프로그램의 설치 과정과 동일하므로 해당 사이트에 들어가서 직접 설치하면 된다.

Step 1

설치를 완료하면 Free ISO Creator가 자동으로 실행된다.

1-1 Free ISO Creator의 초기 화면은 다음과 같다.

그림 1-70 Free ISO Creator 실행 화면

1-2 [Sourse Folder]에 'C:\Windows\Media' 폴더를 선택하고 [Volumn Name]에 'Media'를 입력한다 (이 부분은 생략해도 된다). 그리고 [ISO File]에 저장될 폴더와 생성될 파일 이름을 'C:\Temp\media. iso'로 지정한다.

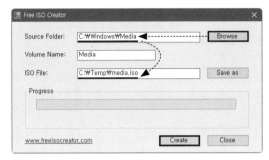

그림 1-71 Free ISO Creator에서 ISO 파일 생성

1-3 생성될 파일의 양에 따라서 시간이 다소 걸릴 수 있다. 생성이 완료되면 [Finish]에서 [확인] 버튼을 클릭해서 닫고 [Free ISO Creator] 창도 [Close] 버튼을 클릭해서 닫는다.

Step 2

생성한 ISO 파일을 가상머신 안에서 사용해 보자.

2-0 가상머신 중에서 아무거나 부팅해 보자(물론, 아직 운영체제를 설치한 적이 없으므로 정상적인 부팅이 되지는 않는다. 그러나 일단은 정상적으로 부팅되었다고 가정하자).

2-1 가상머신을 부팅한 다음 [Player]−[Removable Devices]−[CD/DVD (SATA)]−[Settings] 메뉴를 클릭한다.

2-2 그리고 [Device status]의 'Connected', 'Connect at power on'을 체크하고 [Connection]의 'Use ISO image file'을 선택한다. 다음으로 [Browse] 버튼을 클릭하고 앞서 만든 'C:\Temp\media.iso' 파일을 선택하면 생성한 ISO 파일을 사용할 수 있다. [OK] 버튼을 클릭해 [Virtual Machine Settings] 창을 닫는다.

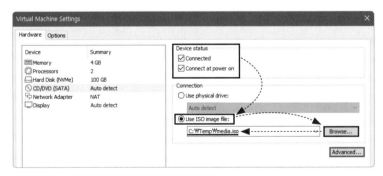

그림 1-72 물리적인 DVD/CD 대신 ISO 파일 사용

2-3 아직 운영체제가 설치되지 않아서 정확히 확인할 수는 없지만 이제부터 게스트 OS는 'media.iso' 파일을 진짜 DVD/CD와 동일하게 인식할 것이다. 앞으로 책 전반에 걸쳐서 종종 사용해야 하는 방법이므로 잘 기억해 두자.

Step 3 ──

가상머신을 종료한다.

이것으로 이 책을 원활하게 학습해 나갈 기본적인 환경을 설정하고 관련된 내용을 파악했다. 2장에서는 Windows Server 2022의 간략한 소개와 개념을 파악하고 3장에서 본격적으로 Windows Server 2022를 설치하겠다.

Chapter

02

▶ # Windows Server 2022 개요

2장에서는 Windows 운영체제의 변천사와 Windows Server 2022 에디션을 살펴본다. 또한 이 책에서 다룰 Windows Server의 공통적인 특징 및 Windows Server 2012(R2 포함), Windows Server 2016/2019/2022의 다양한 기능을 살펴본다.

학습목표

**이 장의
핵심 개념**

- Windows의 변천사를 알아본다.
- Windows Server 2022 에디션은 Datacenter, Standard, Essentials 3가지로 나뉜다.
- Windows Server의 공통 기능으로는 다중 사용자 시스템, RAID, 네트워크 서비스, 백업 등이 있다.
- Windows Server 2012(R2 포함)의 새로운 특징으로 서버 관리자, Server Core 변경, 가상화의 강화, 저장소 기술, ReFS 파일 시스템 등이 있다.
- Windows Server 2016/2019/2022의 새로운 특징으로 새로운 인터페이스, 나노 서버, Windows 컨테이너 등이 있다.

**이 장의
학습 흐름**

Windows 운영체제의 변천사
▼
Windows Server 2022 에디션
▼
Windows Server의 공통적인 기능
▼
Windows Server 2012(R2 포함)의 새로운 특징
▼
Windows Server 2016/2019/2022의 새로운 특징

2.1 Windows 운영체제의 변천사

Windows Server는 Microsoft사에서 제작한 서버용 운영체제이며, 이 책에서 다루는 Windows Server 2022는 2021년 8월 18일에 공식 출시되었다(물론 그 이전에도 Windows Server는 버전별로 계속 출시되어 왔다). 일반적인 컴퓨터(Client)에 설치해서 사용하는 기본 운영체제(Windows 10, 11 등)와 달리, Windows Server는 네트워크 서비스 제공에 주로 사용된다. 물론 컴퓨터에 설치해서 개인적으로 사용해도 상관은 없지만 가격이 기본 운영체제보다 훨씬 비싸기 때문에 권장하지 않는다.

> **! 여기서 잠깐 x86과 x64의 구분**
>
> 이 책에서 종종 사용되는 용어인 x86과 x64를 정확히 파악해 보자.
>
> - **x86**: x32, 80x86, i386, i586이라고도 부르며, 모두 32bit 전용 CPU를 대표하는 용어다. 예를 들어 x86용 Windows는 32bit용 CPU에 설치되는 운영체제를 말한다.
> - **x64**: x86_64, AMD64라고도 부르며, 64bit용 CPU를 대표하는 용어다. x64는 64bit지만 x86(32bit)의 기능도 함께 지원한다. 즉, x64용 CPU를 x86용 CPU처럼 사용해도 된다. 그래서 x64용 Windows는 x64 CPU에만 설치되지만, x86용 Windows는 x86용 CPU와 x64용 CPU에 모두 설치된다. 현재 사용되는 CPU는 대부분 x64용으로 만들어진 것이지만, 오래 전에 제작된 일부 CPU 중 x86용 CPU도 있다. 쉽게 x86(x32)은 32bit용 CPU, x64(x86_64, AMD64)는 64bit용 CPU 정도로 기억하면 된다.

Windows 운영체제의 발전 과정 중 주요한 시점을 다음 표에 요약했다. 해당 용도는 필자가 임의로 개인용, 업무용, 서버용으로 나누었으며 이는 바라보는 입장에서 조금씩 다를 수 있다.

표 2-1 Windows의 변천사 (2022년 기준)

출시 연도	개인용	업무용	서버용	비고
1981년	PC-DOS	-	-	최초 MS 운영체제
1985년	Windows 1.0	-	-	최초 Windows 출시
1991년	Windows 3.1	-	-	멀티미디어 지원
1993년	-	Windows NT 3.1	-	최초 32bit NT 커널

출시 연도	개인용	업무용	서버용	비고
1995년	Windows 95	-	-	32bit 보호 모드 혁신적인 인터페이스
1996년	-	Windows NT 4.0 (Workstation)	Windows NT 4.0 (Server)	Windows 95 인터페이스 사용
1998년	Windows 98	-	-	-
2000년		Windows 2000 (Professional)	Windows 2000 (Server)	Windows 98 인터페이스 사용
2000년	Windows ME	-	-	도스 기반의 마지막 Windows
2001년	Windows XP (Home)	Windows XP (Professional)	-	최초 가정용 NT 커널 적용
2003년	-	-	Windows Server 2003	서버용 x86, x64 동시 출시
2005년	-	-	Windows Server 2003 R2	-
2007년	Windows Vista (Basic)	Windows Vista (Business)	-	가정용/업무용 x86, x64 동시 출시
2008년	-	-	Windows Server 2008	Windows Vista와 같은 커널
2009년	Windows 7 (Home, Professional)	Windows 7 (Enterprise)	-	-
2010년	-	-	Windows Server 2008 R2	이후로 Windows Server 는 x64용만 출시 Windows 7과 같은 커널
2012년 8월	Windows 8 (Basic, Pro)	Windows 8 (Enterprise)	Windows Server 2012	Windows 8과 Windows Server 2012 는 같은 커널
2013년 8월	Windows 8.1 (Basic, Pro)	Windows 8.1 (Enterprise)	-	-
2013년 10월	-	-	Windows Server 2012 R2	Windows 8.1과 같은 커널
2015년 7월	Windows 10 (Home, Pro)	Windows 10 (Enterprise)	-	Mobile부터 기업 환경까지 통합된 환경 제공

출시 연도	개인용	업무용	서버용	비고
2016년 9월	-	-	Windows Server 2016	구형 Windows 10과 같은 커널
2018년 10월	-	-	Windows Server 2019	신형 Windows 10과 같은 커널
2021년 8월	-	-	Windows Server 2022	Windows 10(21H2)과 같은 커널
2021년 10월	Windows 11 (Home, Pro)	Windows 11 (Enterprise)	-	대폭적인 GUI 변경, Windows 10 사용자는 무료 업그레이드

좀 더 자세히 살펴보면 Windows 8 또는 8.1 에디션은 Windows 8, Windows 8 Pro, Windows 8 Enterprise, Windows 8 RT로 나뉜다. Windows 10 및 11의 에디션은 Windows 10/11 Home, Windows 10/11 Pro, Windows 10/11 Enterprise 등으로 나뉜다. 그러나 표에 각 운영체제의 모든 에디션을 표시하지는 않았다.

NOTE ▶ Windows 8/8.1에서는 태블릿용 운영체제로 Windows RT가 함께 출시되었다. Windows RT는 ARM 기반의 CPU에 설치되며, 기존 x86 및 x64용 응용 프로그램과는 호환되지 않기 때문에 이 책에서는 언급하지 않는다.

표 2-1에서 관심 있게 볼만한 몇 가지를 설명하면, 우선 1995년도에 출시된 **Windows 95**는 가장 혁신적인 인터페이스를 가지고 출시되었다. 지금으로부터 무려 30년이 지났지만 현재 가장 최신 버전의 Windows(Windows 8 제외)도 기본적으로는 Windows 95의 인터페이스의 기조를 따른다. **Windows 98**은 개인용 제품으로 이전 버전에 비해 비교적 안정적으로 작동했기 때문에 오랫동안 사용되었다.

그 후속작인 **Windows ME**는 많은 버그로 인해서 Microsoft사에서 가장 실패한 운영체제로 손꼽힌다(Windows ME로 업그레이드했던 대부분의 사용자가 다시 Windows 98 버전으로 다운그레이드해서 사용했을 정도였다).

2000년도에 출시된 **Windows 2000 Server**는 국내에서 서버용으로 어느 정도 자리잡기 시작한 제품으로 평가된다. 이전 버전에 비해서 상당히 안정적으로 작동된 버전이기도 하다.

2001년에 출시된 **Windows XP**는 가정용인 홈^{Home} 에디션과 업무용인 프로페셔널^{Professional} 에디션으로 출시되었는데, 가정용 최초로 안정적인 NT 커널을 사용한 제품이다. 또한 많은 응용 프로그램과의 호환성 덕분에 Windows XP Professional 에디션은 10년 이상 회사 업무용, 가정용,

대학교 실습실용으로 널리 사용되었다.

Windows Vista는 개인용으로 x86과 동시에 x64 기반이 함께 출시된 최초의 운영체제다. 이때부터 개인용 컴퓨터도 x64 CPU가 일반적으로 사용되기 시작했다고 볼 수 있다. Windows Vista 이후의 모든 가정용/업무용 운영체제는 x86과 x64가 함께 출시되었다. 그러나 Windows Vista는 Windows XP에 비해 시스템 자원을 너무 많이 차지해서 속도가 현격히 느려진다는 단점이 있었다. 이로 인해 많은 사용자가 Windows Vista에서 다시 Windows XP로 돌아가는 기현상이 발생하기도 했다. 결과적으로 Windows Vista의 판매 부진이 Windows 7의 출시를 어느 정도 앞당긴 효과를 가져왔다. Windows Vista 이후에 출시된 **Windows 7**은 가정용과 업무용 모두 성공적으로 자리잡았다. 비록 2020년 1월에 지원이 종료되었지만 아직도 일부 구형 컴퓨터에서 Windows 7을 사용하기도 한다.

한편 Microsoft사는 **Windows 8**을 출시하면서 과감히 시작 버튼을 없애고 타일Tile 형식의 메트로 화면을 제공했지만, 많은 사용자들의 반발이 있었고 이는 Windows 8의 판매 부진으로 이어졌다. **Windows 8.1**부터 다시 시작 버튼이 부활되었지만 반쪽짜리 시작 버튼으로 평가된다. 그리고 이를 보완해서 나온 버전이 바로 **Windows 10**이며, Windows 7의 시작 버튼과 메트로 화면을 합쳐서 출시되었다.

NOTE ▶ Microsoft사는 Windows 10을 마지막으로 새로운 버전의 PC용 Windows를 출시하지 않겠다고 발표했으며 새로운 버전을 출시하지 않는 대신 Windows 10의 업데이트를 꾸준히 진행해 왔다. Windows 10의 첫 번째 버전인 1507(2015년 07월을 의미)을 시작으로 1511, 1607, 1703, 1709, 1803, 1809, 1903, 1909, 2004, 20H2, 21H1, 21H2 등 다양한 버전이 계속 업데이트되었다. 하지만 당초 발표와 달리 Windows 10을 출시한지 약 6년만인 2021년 10월에 인터페이스를 대폭 개선한 Windows 11을 공식 출시했으며 기존 Windows 10 사용자에게 Windows 11로 무료 업그레이드를 제공하고 있다. 그리고 Windows 10은 2025년 10월 15일에 기술 지원이 종료된다고 발표했지만 Windows 10을 계속 사용하는 유저를 위해 지원 기간이 좀 더 연장될 것으로 예상된다. 참고로 Windows 11은 64bit만 제공되며, 32bit 운영체제는 Windows 10을 마지막으로 더 이상 제공하지 않을 예정이다.

Windows Vista 이후로는 PC용과 서버용 모두 같은 커널을 사용한다. 즉, Windows Vista와 **Windows Server 2008**은 NT 커널 버전 6.0, Windows 7과 **Windows Server 2008 R2**는 NT 커널 버전 6.1, Windows 8과 **Windows Server 2012**는 NT 커널 버전 6.2, Windows 8.1과 **Windows Server 2012 R2**는 NT 커널 버전 6.3을 사용한다. Windows 10의 초기 버전은 커널 버전 6.4로 불렸으나, 현재는 커널 버전을 연월 형식(1703, 1903, 2004 등)으로 붙여서 사용한다. **Windows Server 2022**는 21H2(2021년 2분기) 커널 버전을 사용하는데 Windows

10(21H2)과 동일한 커널이다. 그래서 Windows Server 2022를 마치 Windows 10처럼 변경해서 사용할 수 있으며, 이는 3장에서 진행하겠다.

또한 Windows Server 2008까지는 x86과 x64의 서버용 제품이 모두 출시되었으나, Windows Server 2008 R2부터는 x64만 출시되었다. 이 책에서 사용하는 Windows Server 2022도 당연히 x64이다.

! 여기서 잠깐   서비스 채널

Windows Server는 2~3년마다 새로운 버전을 출시하는 장기 서비스 채널(LTSC: Long-Term Servicing Channel)과 6개월마다 업데이트되는 반기 채널(SAC: Semi-Annual Channel)로 나뉜다. LTSC는 이 책에서 설명하는 Windows Server 2016, 2019, 2022와 같은 공식 버전을 의미한다. SAC는 주로 새로운 기능을 빨리 적용하기 위한 테스트 용도의 성격이 강한 버전이다. LTSC는 기술 지원 기간이 기본 5년+연장 5년이며, SAC의 기술 지원 기간은 18개월이다. 그래서 실무 운영 환경에서는 대부분 LTSC를 사용하며, SAC는 잘 사용하지 않는다. Windows Server 2022의 기술 지원 기간은 기본 2026년, 연장 2031년까지 제공한다.

NOTE ▶ 커널(Kernel)이란 하드웨어를 인식하는 운영체제의 핵심 부분을 말한다. 자동차로 비유하면 '엔진' 정도로 생각하면 된다. 참고로 Windows NT의 NT는 New Technology의 약자이다.

2.2 Windows Server 2022 에디션

Windows Server 2022는 3가지 에디션 Datacenter, Standard, Essentials로 나뉜다. 주로 Datacenter는 대규모 회사에서, Standard는 중소규모 회사에서, Essentials는 소규모 부서(25명 이하 또는 장치 개수 50개 이하)에서 사용한다. **표 2-2**는 주로 사용하는 3가지 에디션별 기능 차이를 요약한 것이다. 외울 필요는 없으며 참고용으로 살펴보자.

표 2-2 Windows Server 2022 에디션별 기능 비교 일부 (출처: 마이크로소프트 https://www.microsoft.com/)

기능	Essentials	Standard	Datacenter
가상 이미지 사용 권한	1	2	무제한
Hyper-V	-	○	○
Hyper-V 컨테이너	-	2	무제한
DHCP 서버	○	○	○
DNS 서버	○	○	○
웹 서버	○	○	○
Windows 배포 서버	○	○	○
AD 도메인 서비스	△[1]	○	○
파워셸	○	○	○
텔넷 서버	○	○	○
Server Core	-	○	○
Nano Server	-	○	○
파일 서비스	△ (DFS 루트 1개)	○	○
원격 데스크톱 서비스	△ (개수 제한)	○	○
팩스 서버	○	○	○
Windows Server 업데이트 서비스	○	○	○

[1] Windows Server Essentials은 Active Directory의 단일 도메인만 지원되며, 읽기 전용 도메인 컨트롤러를 지원하지 않음

표 2-2를 보면 Essentials 에디션도 Hyper-V 기능과 Server Core를 제외한 대부분의 기능을 사용할 수 있다. 그리고 이 책에서는 사용할 수 있는 기능이 모두 들어 있는 Datacenter 에디션 또는 Standard 에디션을 설치해 사용하겠다.

참고로 Essentials 에디션은 한글 180일 평가판이 제공되지만, Datacenter와 Standard 에디션은 영문 180일 평가판이 제공된다. 하지만 제어판에서 한글 환경으로 전환이 가능하므로 영문판과 한글판은 크게 차이 없다.

2.3 이 책에서 다루는 Windows Server의 공통적인 기능

Windows Server 2022의 새로운 기능은 잠시 후에 살펴볼 것이며, 이번에는 일반적인 Windows Server로 할 수 있는 것들에 대해서 간략하게 살펴보자.

다중 사용자 시스템

다중 사용자 시스템Multi User System은 Windows Server의 개인용, 업무용 운영체제와 달리 여러 명의 사용자가 사용할 수 있는 시스템이다. 즉, 여러 명의 사용자를 생성하고 각 사용자가 1대의 컴퓨터에 동시에 접속해서 사용할 수 있다. 원래 유닉스/리눅스 계열에서 다중 사용자 방식을 지원해 왔으나, Windows Server도 다중 사용자를 지원한다. 이 책의 후반부에서는 이러한 다중 사용자 시스템을 기본으로 운영하며 자세한 내용은 4장에서 살펴보겠다.

그림 2-1 여러 명의 사용자로 로그온한 화면

소프트웨어 RAID 지원

RAID는 여러 개의 하드디스크를 하나로 취급해서 안정성을 향상시키거나 성능을 높이는 방식이며, Windows Server는 RAID 방식을 소프트웨어적으로 지원한다. 자세한 내용은 5장에서 살펴보겠다.

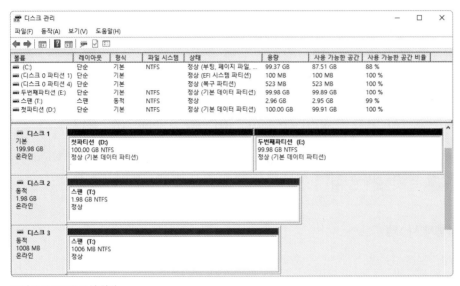

그림 2-2 RAID 구성 화면

강력한 네트워크

Windows Server는 네트워크를 기본으로 사용하는 운영체제다. 그래서 다양한 프로토콜을 지원하며 강력한 네트워크 기능이 내장되어 있다. 본문에서 이 기능들을 적절히 활용해 다양한 실습을 진행하겠다.

데이터 백업

Windows Server의 백업 기능은 별도의 외부 프로그램을 구매하지 않아도 충분히 강력하게 사용할 수 있다. 자세한 내용은 6장에서 살펴보겠다.

그림 2-3 백업 마법사 화면

외부에서 서버로 접속 기능

Windows Server를 로컬 컴퓨터가 아닌 외부에서도 접속해서 사용할 수 있다. 특히 원격 데스크톱 서버(이전 터미널 서버)는 편리하고 빠른 그래픽 인터페이스와 강력한 보안을 제공한다. 원격 데스크톱 관련 내용은 4장에서 살펴보겠다.

그림 2-4 원격 데스크톱 접속 화면

데이터베이스 작동을 위한 안정적 성능

Windows Server는 대용량의 데이터베이스를 작동하기 위한 안정적인 성능을 지원한다. 실무에서 가장 많이 사용되는 데이터베이스 툴을 Windows Server에 설치하고 운영하는 실습은 8장에서 진행하겠다.

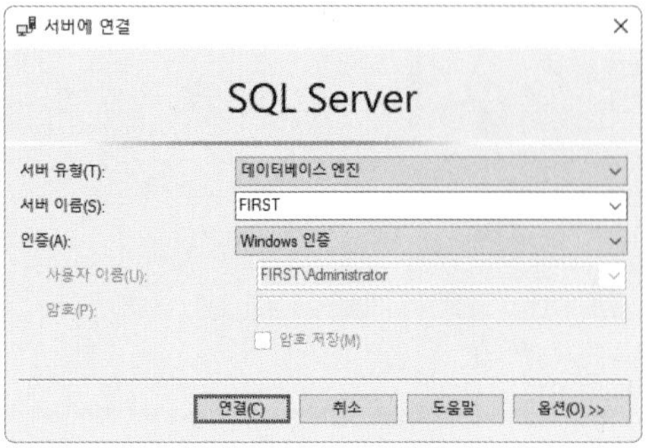

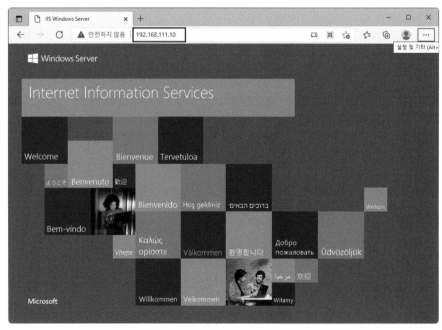

그림 2-5 SQL Server 접속 화면

웹 서버, FTP 서버

Windows Server에서는 웹 서비스 및 FTP 서비스를 제공하는 웹 서버Internet Information Services(IIS)를 제공한다. 안정적인 웹 서비스가 가능하며 그에 따른 응용 서비스도 다양한 측면에서 가능하다. 관련 내용은 9장에서 실습하겠다.

그림 2-6 IIS 접속 화면

DNS 서비스

도메인 이름 서비스를 제공하는 DNS 서버로 Windows Server에서 제공된다. 이는 10장에서 실습하겠다.

그림 2-7 DNS 관리자 화면

E-Mail 서비스

유용한 인터넷 서비스 중 하나인 E-Mail 서버를 구축할 수 있다. Windows Server에서 E-Mail 서버를 구축하기 위해서는 별도의 소프트웨어가 필요하다. 이는 무료로 사용할 수 있는 hMailServer를 사용해 11장에서 실습하겠다.

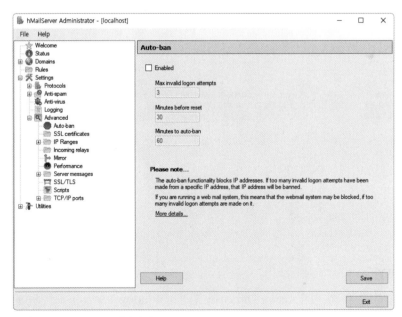

그림 2-8 hMailServer 설정 화면

DHCP 서비스

네트워크에 연결된 컴퓨터에 자동으로 IP 주소를 할당해 주는 DHCP 서버를 Windows Server에서 기본적으로 구축할 수 있다. 관련 내용은 12장에서 살펴보겠다.

그림 2-9 DHCP 관리자 화면

파일 서버

Windows Server에서는 중앙에서 대용량의 저장소를 관리하는 파일 서버를 다양한 방법으로 구축할 수 있다. 관련 내용은 17장에서 살펴보겠다.

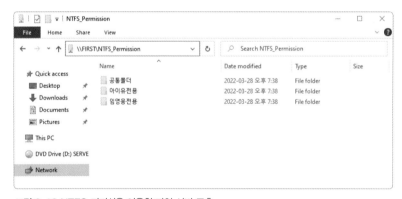

그림 2-10 NTFS 퍼미션을 이용한 파일 서버 구축

Active Directory

대규모 네트워크를 관리/운영하기 위한 Active Directory 환경을 Windows Server에서 구현할 수 있다. 이 책의 4부에서 이 Active Directory 환경을 주제로 실습하겠다.

그림 2-11 Active Directory 사용자 및 컴퓨터 화면

서버의 보안 강화

Windows Server는 서버의 보안을 강화하기 위한 다양한 기능과 툴을 제공한다. 18장에서 서버 보안과 관련된 내용을 실습하겠다.

그림 2-12 보안 강화를 위한 BitLocker 구성 화면

장애 조치 클러스터링

Windows Server를 운영하는 서버에 문제가 발생하거나 서비스가 중단되면 안 되는 중요한 환경이라면 동일한 환경의 Windows Server 서버를 2대 이상으로 구성하는 클러스터링을 구성할 수 있다. 관련 내용은 18장에서 살펴보겠다.

2.4 Windows Server 2012(R2 포함)의 새로운 특징

Microsoft사는 2012년에 Windows Server 2012를, 2013년에 Windows Server 2012 R2를 출시했다. 이름에서도 알 수 있듯이 Windows Server 2012 R2는 Windows Server 2012와 대부분 비슷하며, 몇 가지 기능이 추가되거나 개선되었다. Windows Server 2012와 Windows Server 2012 R2의 공통적인 특징을 간략하게 살펴보자.

NOTE ▸ Windows Server 2012 R2는 Windows Server 2012의 기능을 개선하거나 추가한 버전으로 보면 된다.

새로운 서버 관리자

Windows Server 2012부터는 이전 버전과 다른 새로운 인터페이스를 가진 서버 관리자를 제공한다. 특히 주목할 만한 기능은 네트워크상에 존재하는 서버들을 '서버 그룹'에 모아서 한곳에서 통합 관리할 수 있다는 점이다. 또한 서버 그룹은 여러 개로 분리해서 작업할 수 있다. 예를 들면 IIS로 운영되는 서버 그룹과 데이터베이스 서버(SQL server)로 운영되는 서버 그룹을 각각 생성하고 관리할 수 있다. 이렇게 비슷한 기능을 하는 서버군을 한 곳에서 모니터링함으로써 고가의 별도 모니터링 소프트웨어 기능을 할 수 있게 되었다. 서버 관리자의 기능은 책의 전반에 걸쳐 다룬다.

그림 2-13 새로운 서버 관리자(Windows Server 2022의 서버 관리자)

단순해진 에디션 구분

이번 장 앞부분에서 Windows Server 2012(R2 포함)의 에디션을 소개했듯이 이전 버전의 복잡한 에디션을 Datacenter, Standard, Essentials, Foundation으로 분류했다. 그중 없어진 Enterprise 에디션은 Datacenter와 Standard 사이에서 그 위치가 다소 애매했으나 새로운 에디션 분류는 운영할 컴퓨터가 몇 대인지 혹은 운영할 가상화 컴퓨터가 몇 대인지에 따라서 사용자가 에디션을 손쉽게 선택할 수 있게 되었다.

Server Core의 중요도 증가

Windows Server를 서버용으로 운영할 때, 어떤 경우에는 백그라운드 서비스만 주로 작동할 뿐 화려한 GUI$^{Graphical User Interface}$나 그 외의 Windows Server 기능은 필요 없는 경우가 많다. 오히려 사용하지 않는 많은 기능이 컴퓨터 자원(CPU, RAM, 네트워크 등)을 차지해서 정작 Windows Server가 해야 할 서비스의 성능이 나빠지는 경우가 발생하기도 한다.

Windows Server는 이러한 문제를 해결하기 위해 Windows Server 2008부터 Server Core 설치를 제공해 왔다. 쉽게 말해 Server Core란 Windows Server의 핵심적인 기능만 설치하는 것이라고 보면 된다. 그렇기 때문에 GUI가 제공되지 않고 오직 명령어로만 Windows Server를 관리/

운영해야 한다.

Server Core의 장점은 크게 2가지가 있는데, 우선 필요 없는 기능이 빠짐으로써 주목적인 **서비스의 성능이 향상**되었다는 점이다. 다른 하나는 설치가 최소화됨으로써 외부에서 침입할 여지가 줄어들어 **보안이 더욱 강화**되었다.

단점은 모든 처리를 명령어 수준에서 해야 하는 불편함이 따른다는 것이다. 대부분의 관리자가 사용해 온 Windows의 특징인 그래픽 없이 사용하려면 많은 불편함을 감수해야 할 것이다(쉽게 생각하면 명령 프롬프트만 제공되는 환경에서 모든 것을 처리해야 한다).

Windows Server 2012에서는 이전 버전보다 Server Core를 Windows 운영체제의 중심으로 취급하며 GUI 없이도 Windows Server를 운영할 수 있도록 지원한다. 그래서 우선 Server Core로 핵심만 설치하고 필요한 경우에 GUI 기능을 추가해서 작업하기도 한다. Server Core에 대한 실습은 3장과 4장에서 별도로 진행하겠다.

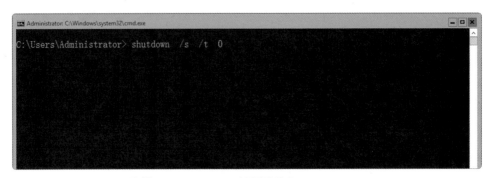

그림 2-14 Server Core로 설치한 Windows Server가 부팅된 화면

NOTE ▶ 유닉스/리눅스 계열에서는 일반적으로 텍스트 모드만 사용되는 것이 보편적이다. 이렇게 GUI를 사용하지 않는 방식은 컴퓨터의 자원을 적게 사용하며, 보안 측면에서도 더 안전하다고 평가되어 왔다. 그래서 Windows Server도 유닉스/리눅스에서 주로 사용하는 방식을 채용하기 시작했다.

가상화 기능의 강화

가상화Virtualization 기술은 근래 IT의 큰 이슈 중 하나로, 고가의 서버 컴퓨터 1대에 여러 대의 서버를 가상화해서 실제 물리적인 서버 컴퓨터의 효율을 극대화하는 방법을 일컫는다.

Windows Server는 Windows Server 2008부터 Hyper-V라는 가상화 기술을 지원해 왔으며, 버전이 올라가면서 꾸준히 발전되어 왔다.

Windows Server 2012에서는 Hyper-V 리플리카Replica라는 기능을 지원하는데, 이 기능은 별도의 공유 저장소가 없어도 가상화 기기를 Hyper-V 및 네트워크 연결과 함께 다른 장소로 복제할 수 있게 해 준다. Hyper-V 리플리카를 잘 활용하면 별도의 비용 추가 없이 재난 복구와 고가용성 등의 네트워크 시스템을 구축할 수 있다. 또한 Hyper-V 관리자인 Hyper-V Manager에서 간단하고 편리한 Hyper-V 리플리카 인터페이스를 제공함으로써 전 세계의 연결된 가상화 서비스를 마우스 클릭만으로 만들 수 있게 되었다. Hyper-V의 상세한 실습은 19장에서 진행하겠다.

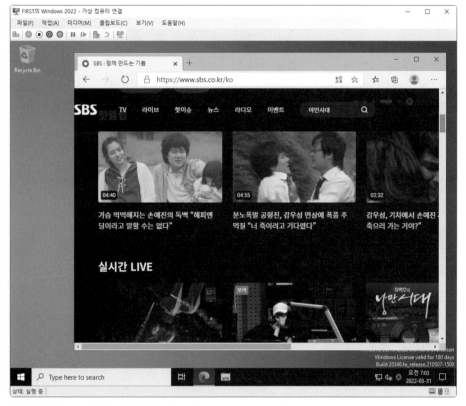

그림 2-15 Hyper-V에서 설치된 Windows Server

NOTE▶ 이 책에서 사용하는 VMware도 가상화 기술의 한 종류다. 즉, Windows Server에 내장된 가상화 기술과 규모나 사용법이 좀 다를 뿐 그 용도나 개념은 거의 동일하다.

파워셸 기능의 확장

유닉스/리눅스 계열에서는 다양한 특징의 셸을 제공한다. 따라서 사용자가 자신에게 맞는 스크립트를 제작해 강력하고 빠르게 서버를 운영해 왔다. Windows Server에서도 이와 비슷한 개념의 대화형 프롬프트와 스크립트 작성이 가능한 명령줄 셸을 제공하는데 이를 파워셸PowerShell이라고 한다.

파워셸은 Windows Server 2008부터 제공되었으며 새로운 Windows 버전이 나오면서 계속 그 기능이 추가 및 확장되었다. Windows Server 2012에서는 파워셸의 명령어인 **cmdlet**가 수백 가지 넘게 존재하므로, 운영체제에서 다양한 시스템 관리 및 작업을 원활하게 할 수 있다. 더 자세한 내용은 4장에서 소개하겠다.

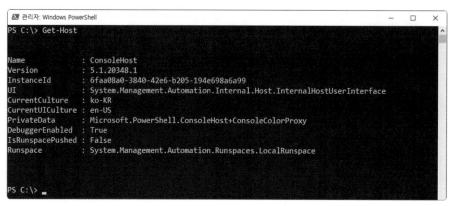

그림 2-16 파워셸 구동 화면

편리하고 유연한 저장소 기능

Windows Server 2012부터 가상 디스크Virtual Disk 또는 저장소 공간Storage Space이라는 새로운 저장소 기능을 제공하며, Windows Server 2022에서는 이 기능이 더 향상되었다. 저장소 기능은 유연한 데이터 저장과 동시에 디스크 고장 시에도 어느 정도의 안정성을 제공한다.

저장소 공간은 가상화 디스크 기법을 적용해서 대용량의 디스크를 작은 용량으로 사용하거나, 반대로 작은 용량의 디스크를 큰 디스크가 있는 것처럼 사용할 수도 있다. 기존에는 데이터 보호와 디스크의 원활한 운영을 위해 비용이 필요했으나, 이 기능을 통해 이제는 별도의 비용이 필요 없어졌다. 저장소 기능의 더 자세한 내용과 실습은 5장에서 진행하겠다.

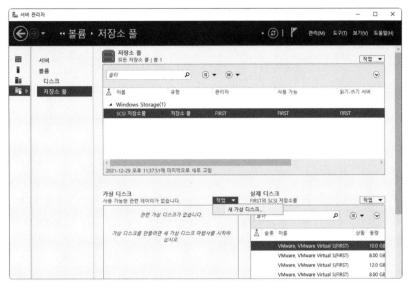

그림 2-17 저장소 풀 작동 화면

다이렉트 액세스

다이렉트 액세스Direct Access 기능은 외부에서 회사의 네트워크에 접속할 때 마치 회사 내부에서 사용하는 것과 비슷한 성능을 제공한다. 기존에는 외부에서 가설 사설망Virtual Private Network(VPN)을 이용해서 접속할 때 접속 속도 저하나 보안 문제가 종종 나타났으나, 다이렉트 액세스를 제대로 구성한다면 이러한 기존의 문제들을 한 번에 해결할 수 있다. 따라서 Windows Server 2012부터 시스템 관리자는 어디서든 네트워크 속도나 보안 문제를 신경 쓰지 않고 자신이 관리하는 서버 컴퓨터에 접속해서 대부분의 작업을 진행할 수 있다.

동적 액세스 제어

Windows Server 2012부터 지원하는 동적 액세스 제어Dynamic Access Control는 기존과 다른 방식으로 파일 시스템의 보안을 제공한다. 동적 액세스 제어는 여러 대의 파일 서버에 지정한 데이터 관리 방식을 동시에 적용함으로써 지정한 정보에 접근할 수 있는 사용자/그룹을 제어하고 정보에 접근한 사용자의 기록을 남길 수 있다. 또한 동적 액세스 제어에 적용할 정책은 Active Directory에서 생성함으로써 관리 및 배포를 간편하게 할 수 있다.

새로운 파일 시스템인 ReFS 지원

Windows Server 2012부터 지원하는 강력한 파일 시스템인 ReFS^{Resilient File System}는 기존의
NTFS^{New Technology File System}의 가용성과 무결성을 강화한 한층 진보된 기술로 평가된다.

ReFS의 가장 큰 장점은 기본 저장소가 완전히 신뢰할 수 있는 환경이 아니더라도 시스템의 가용성
및 안정성을 가능한 한 최고 수준으로 유지한다는 점이다. ReFS의 활용은 5장에서 진행하겠다.

IPAM 서버 기능

Windows Server 2012부터 제공하는 IPAM^{IP Address Management} 서버는 회사 네트워크에서 사용
되는 IP 주소를 검색/모니터링/관리하기 위해 사용된다. 또한 IPAM은 DHCP 서버 및 DNS가 실
행되는 네트워크 서버의 관리와 모니터링 기능을 제공한다.

2.5 Windows Server 2016 및 2019의 새로운 특징

Windows 10의 인터페이스 사용

Windows Server 2016은 Windows 10과 동일한 시작 버튼을 제공한다. 기존 Windows 8,
8.1 환경과 비슷한 Windows Server 2012, 2012 R2에서는 시작 버튼이 없거나 반쪽짜리 시작
버튼이 제공되어 상당히 불편했다.

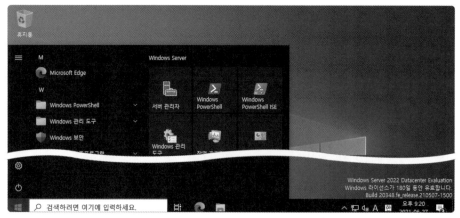

그림 2-18 Windows Server 2022 시작 버튼

나노 서버

나노 서버Nano Server는 Windows Server를 최소로 설치한다. Server Core(서버 코어)에 비해서도 훨씬 작은 용량을 설치함으로써 클라우드 환경에서 운영체제의 재시작이나 이미지 복제 등을 최단 시간 안에 할 수 있다. 나노 서버도 Server Core와 마찬가지로 그래픽 요소를 제공하지 않고 터미널 명령으로만 작업을 진행한다.

Windows Server 2016에서 제공되는 설치 방법 3가지는 전체 GUI, Server Core, 나노 서버인데 세 방식을 간단히 비교하면 다음 그림과 같다.

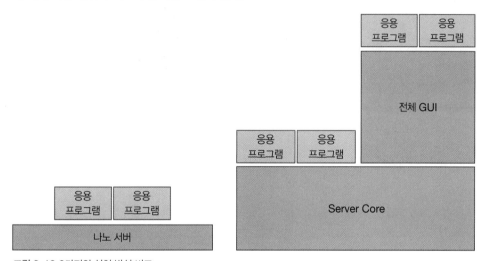

그림 2-19 3가지의 설치 방식 비교

그림 2-19를 보면 Server Core와 전체 GUI는 밀접한 관련이 있다. 즉, 전체 GUI가 별도로 존재하는 것이 아니라 Server Core 위에서 작동하는 개념이다. 하지만 나노 서버는 독립적으로 존재하며, Server Core나 전체 GUI와 관련이 없다. 나노 서버는 **그림 2-19**에서 볼 수 있듯이 Server Core보다도 훨씬 작은 용량을 차지함으로써 응용 프로그램의 성능을 더욱 향상시킬 수 있다. 또한 나노 서버는 Hyper-V 환경에서 구성하는 것이 일반적이다. 나노 서버의 설치 및 활용법은 20장에서 진행하겠다.

```
                    Nano Server Recovery Console
===============================================================================
Computer Name: ThisNano
User Name:     .\Administrator
Workgroup:     WORKGROUP
OS:            Microsoft Windows Server 2016 Standard
Local date:    Friday, April 1, 2022
Local time:    12:39 AM
- - - - - - - - - - - - - - - - - - - - - - - - - - - - - - - - - - - - - - - -
> Networking
  Inbound Firewall Rules
  Outbound Firewall Rules
  WinRM




-------------------------------------------------------------------------------
Up/Dn: Scroll | ESC: Log out | F5: Refresh | Ctl+F6: Restart
Ctl+F12: Shutdown | ENTER: Select
```

그림 2-20 나노 서버 구동 화면

Windows 컨테이너

Windows 컨테이너^{Windows Container}란 작은 운영체제를 포함하는 가상화 기술을 의미한다. Hyper-V 가상 컴퓨터는 완전한 운영체제를 포함하는 독립된 컴퓨터로 간주되어 상당히 무거운 반면에, Windows 컨테이너는 가상 컴퓨터와 거의 비슷한 기능을 하지만 그보다 훨씬 가볍게 생성하고 운영할 수 있다.

Windows Server 2016 이후부터는 Windows 컨테이너를 도커^{Docker} 기술을 기반으로 하는 Windows Server 컨테이너와 기존 Hyper-V 기술을 기반으로 하는 Hyper-V 컨테이너 2가지로 제공한다. Windows 컨테이너는 20장에서 살펴보겠다.

그림 2-21 Windows 컨테이너 구동 화면

Windows Admin Center의 도입

Windows Server 2019에서 제공되는 Windows Admin Center는 다른 서버용 및 개인용 컴퓨터를 관리하기 위한 통합 기능을 제공한다. 별도의 추가 비용 없이 Windows Server에 포함되어 있으며, Windows Server 2019 이전 버전에도 설치할 수 있다.

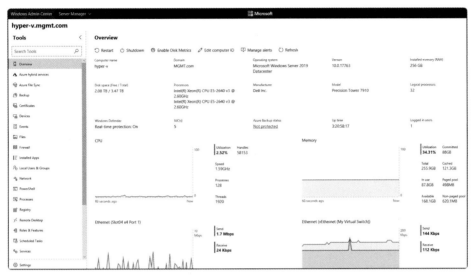

그림 2-22 Windows Admin Center 실행 화면 (출처: 마이크로소프트)

시스템 인사이트

Windows Server 2019의 새 기능으로 머신러닝 기반의 모델을 사용해 예측 분석 기능을 제공한다. 이러한 예측 기능을 통해 서버 작동에 대한 인사이트를 제공하며, 사후 관리와 운영 비용을 효과적으로 줄일 수 있다.

기타 Windows Server 2019의 새로운 기능

다음은 Windows Server 2019에서 대표적으로 추가 또는 개선된 기능들이다. 이에 대한 세부적인 내용은 Microsoft사의 문서(https://learn.microsoft.com/ko-kr/)를 참고하자.

- Server Core 앱 호환성 FOD(Feature on Demand)
- Windows Defender ATP(Advanced Threat Protection)
- 보호된 Virtual Machine 개선 사항

- 스토리지 마이그레이션 서비스
- Windows의 Linux 컨테이너
- Hyper-V VM에 대한 영구 메모리 지원

2.6 Windows Server 2022의 새로운 특징

보안

Windows Server 2022에서 강조하는 기능 중 하나가 보안에 관련된 강화다. Windows Server 2022는 최신의 지능적 위협에 대해서 심층적인 다중의 보안 계층을 제공한다.

- 보안 코어 서버
- 하드웨어 신뢰 루트
- 펌웨어 보호
- 가상화 기반 보안
- 보안 연결: HTTPS, TLS 1.3, 보안 DNS, 서버 블록 메시지, SMB 암호화 제어 등

Azure 하이브리드 기능

기존 데이터 센터를 더 쉽게 Azure로 확장할 수 있는 Windows Server 2022의 기본 제공 하이브리드 기능을 사용해서 효율성과 민첩성을 향상시킬 수 있다.

- Azure Arc 사용
- Windows Admin Center의 기능 향상
- Azure Automanage

Hyper-V

Windows Server 2022에서는 Hyper-V의 기능이 대폭 추가되거나 강화되었다. Hyper-V는 19장에서 살펴보겠다.

NOTE▶ Hyper-V의 변경된 사항은 워낙 세부적이고 많기 때문에 지면상 소개하기 어렵다. 관심이 있는 독자는 https://docs.microsoft.com/en-us/windows-server/virtualization/hyper-v/hyper-v-on-windows-server 페이지를 참고하자.

Windows Server 2019보다 많은 하드웨어 지원

메모리는 48TB까지 지원, CPU는 64개의 물리 소켓을 지원, 논리적 코어는 2048개까지 지원한다.

기타 주요 기능

- AMD 프로세서에 대한 중첩된 가상화
- Microsoft Edge 브라우저를 기본으로 제공
- 네트워킹 성능 향상
- 스토리지 마이그레이션 서비스 향상
- 사용자가 조정할 수 있는 스토리지 복구 속도 향상
- 빠른 복구 및 다시 동기화 제공
- 독립 실행형 서버에서도 스토리지 버스 캐시 사용 가능
- ReFS 파일 수준 스냅샷 제공
- SMB 압축 기능 향상

이상으로 Windows Server 및 Windows Server 2022의 전반적인 개요를 간략히 살펴보았다. 앞에서도 언급했듯이 이 책에는 이번 장의 내용을 이해하지 못해도 전혀 문제될 것은 없다. 오히려 이번 장에서 설명한 생소한 용어들과 내용을 완전히 이해했다면 이 책을 학습하기에 너무 수준이 높은 독자일 것이다.

이제 본격적으로 Windows Server 2022를 설치하고 운영해 보자.

Chapter

03

▶ Windows Server
2022 설치

이번 장에서는 1장에서 생성한 가상머신에 Windows Server 2022를 설치하고 3대의 Windows Server와 1대의 Windows 10(또는 11)을 설치한다. Windows Server 2022를 설치한 후에 Windows 10(또는 11)과 비슷하게 설정하고 설정한 결과를 WINCLIENT 가상머신으로 사용한다.

학습목표

**이 장의
핵심 개념**

- Windows Server 2022 설치용 ISO 파일을 다운로드한다.

- FIRST 가상머신에 Windows Server 2022 Datacenter 에디션을 설치한다.

- SECOND와 THIRD 가상머신에 Windows Server 2022 Standard 에디션을 설치한다.

- WinClient 가상머신을 설치한 후에 Windows 10/11과 비슷한 환경으로 설정한다.

- 텍스트 모드로 제공되는 Server Core를 설치한다.

**이 장의
학습 흐름**

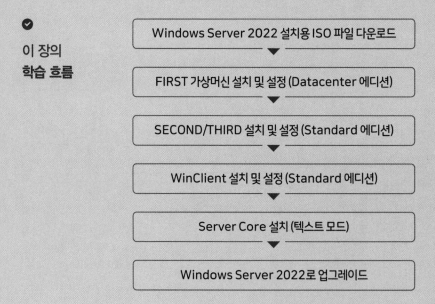

Windows Server 2022 설치용 ISO 파일 다운로드

▼

FIRST 가상머신 설치 및 설정 (Datacenter 에디션)

▼

SECOND/THIRD 설치 및 설정 (Standard 에디션)

▼

WinClient 설치 및 설정 (Standard 에디션)

▼

Server Core 설치 (텍스트 모드)

▼

Windows Server 2022로 업그레이드

3.1 Windows Server 2022의 설치와 환경 설정

우리는 1장에서 4대의 가상머신을 생성했다. 이제는 본격적으로 가상머신에 Windows Server 2022를 설치할 차례다. 기존에 Windows 10이나 11을 설치해 본 적이 있다면 별로 어렵지 않게 설치할 수 있을 것이다. Windows Server 2022라고 그리 대단한 설치 과정이 있는 것은 아니며, 중요한 것은 설치 후의 몇 가지 설정이다. 우선 실습을 통해 설치해 보자.

3.1.1 Windows Server 2022 설치

Windows Server 2022를 설치하는 가장 기본적인 방법은 Windows Server 2022 평가판 ISO 파일을 이용하는 것이다.

! 여기서 잠깐　　**이 책의 가상머신 표기법**

이 책에서는 호스트 OS 및 게스트 OS를 여러 개 사용하기 때문에 실습 시 어디서 작업해야 하는지가 명확해야 한다. 그래서 필요할 경우에 '실습' 번호 뒤에 어디서 작업해야 하는지 명기해야 한다. 예를 들면 **Step 1 호스트 OS** 는 호스트 OS에서 작업한다는 의미다. 또한 그 하위 번호로 **1-1**, **1-2** 등의 실습이 나온다면 특별히 명기하지 않더라도 마찬가지로 호스트 OS에서 작업한다는 의미다.

- **Step 1 FIRST** : 가장 많이 사용할 서버 용도로 생성한 FIRST 가상머신에서 작업하라는 의미다.
- **Step 1 WINCLIENT** : 클라이언트 용도로 생성한 WINCLIENT 가상머신에서 작업하라는 의미다.
- **Step 1 SECOND**, **Step 1 THIRD** : SECOND 또는 THIRD 가상머신에서 작업하라는 의미다. 그런데 SECOND와 THIRD 가상머신은 때로는 서버, 때로는 클라이언트의 역할을 해야 한다. 이 경우에는 '**Step 1 SECOND 서버**' 등과 같이 그 역할을 함께 표기하겠다.

실습 1

FIRST 가상머신에 Windows Server 2022를 설치하자. 에디션은 Datacenter를 설치한다.

NOTE ▸ 책에서 사용한 다운로드 링크는 시간이 지나면 변경될 수 있다. 그럴 경우 Q&A 카페(https://cafe.naver.com/thisisLinux)의 [교재 자료실(윈도서버)]에 이 책에서 사용한 모든 파일을 다운로드할 수 있는 최신 링크를 업데이트하고 있으니 참고하기 바란다.

호스트 OS ◉ Windows Server 2022 평가판 ISO 파일을 다운로드하자.

0-1 웹 브라우저에서 https://www.microsoft.com/ko-kr/evalcenter/evaluate-windows-server-2022 주소에 접속해 다운로드할 수 있다.

그림 **3-1** Windows Server 2022 다운로드 1

0-2 하지만 다운로드 링크나 버전이 책과 달라질 수 있으므로 다음 방법을 권장한다. 먼저 Q&A 카페 (https://cafe.naver.com/thisisLinux/)에 접속해서 왼쪽 메뉴 중 [교재 자료실(윈도서버)]를 클릭한다. 그리고 '[Windows 2022] Windows Server 2022 평가판 및 언어팩 다운로드'를 클릭한 다음 '(1) Windows Server 2022 평가판(영문)'을 다운로드한다.

그림 **3-2** Windows Server 2022 다운로드 2

0-3 한동안 다운로드가 진행된다. 다운로드한 Windows Server 2022의 파일명은 '20348.169.210806-2348.fe_release_svc_refresh_SERVER_EVAL_x64FRE_en-us.iso(5.16GB)'다.

NOTE▶ 다운로드한 ISO 파일은 열지 말고 그대로 두자. 나중에 ISO 파일을 VMware와 연결할 것이다.

0-4 이번에는 한글화를 위해 언어팩을 다운로드한다. 다운로드한 한글 언어팩의 파일명은 '20348.1.210507-1500.fe_release_amd64fre_SERVER_LOF_PACKAGES_OEM.iso(5.66GB)'다.

그림 3-3 Windows Server 2022 다운로드 3

0-5 다운로드가 완료되면 [파일 탐색기]에서 다운로드한 두 ISO 파일의 파일명과 크기를 확인한다.

그림 3-4 Windows Server 2022 다운로드 4

NOTE▶ Windows Server 2022 평가판은 한글판을 제공하지 않으므로 영문판을 다운로드한 다음 설치해서 한글 환경으로 설정할 수 있다. Windows Server 2022 ISO 파일에는 Datacenter 및 Standard 에디션이 모두 들어 있다.

호스트 OS ◐ VMware Player를 실행하자.

1-1 왼쪽 창에서 [FIRST]를 선택한 후 오른쪽의 [Edit virtual machine settings]를 클릭한다.

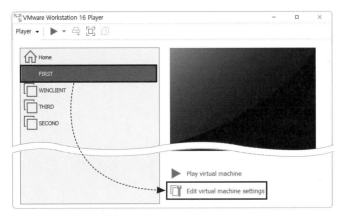

그림 3-5 가상머신에 설치 ISO 파일 넣기 1

1-2 왼쪽 [Hardware] 탭에서 'CD/DVD (SATA)'를 선택하고 오른쪽 화면의 [Connection]에서 'Use ISO image file'을 선택한다. 그 다음 [Browse] 버튼을 클릭해서 앞에서 다운로드한 Windows Server 2022 설치 ISO 파일인 '20348.169.210806−2348.fe_release_svc_refresh_SERVER_EVAL_x64FRE_en-us.iso'를 선택한다. 그리고 상단 [Device status]에 'Connect at power on'이 체크되어 있는지 확인한 후 [OK] 버튼을 클릭한다.

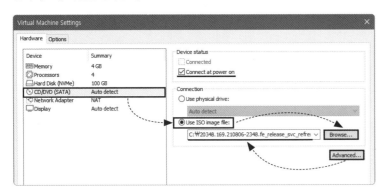

그림 3-6 가상머신에 설치 ISO 파일 넣기 2

1-3 [Play virtual machine] 버튼을 클릭해 가상머신을 부팅한다.

FIRST ● Windows Server 2022를 설치하자.

2-0 화면에 'Press any key to boot from CD or DVD'라는 메시지가 나오면 가상머신 화면 안쪽을 클릭한 후 아무 키나 누른다.

그림 3-7 DVD로 부팅

NOTE ▶ 만약 화면이 넘어가서 [Time out]이 나오면 VMware Player의 [Player]-[Power]-[Restart Guest] 메뉴를 클릭하고 다시 시도한다.

2-1 설치가 완료되면 [Microsoft Server Operating System Setup] 창이 나온다. 해당 버전은 영문판이므로 [Language to install]에서는 'English'만 선택할 수 있다. [Time and currency format]을 'Korean (Korea)'로 선택하고 [Next] 버튼을 클릭해서 진행한다.

그림 3-8 Windows Server 2022 Datacenter 설치 1

NOTE ▶ 일단 영문판으로 설치하고 한글 언어팩을 설치하면 한글판으로 변경된다.

2-2 [Install now] 버튼을 클릭해서 바로 설치한다.

그림 3-9 Windows Server 2022 Datacenter 설치 2

2-3 운영체제의 에디션 선택 창이 나오면 4번째 'Windows Server 2022 Datacenter Evaluation(Desktop Experience)'를 선택하고 [Next] 버튼을 클릭한다.

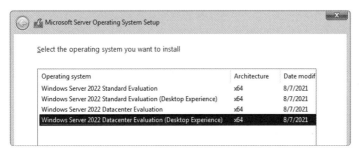

그림 3-10 Windows Server 2022 Datacenter 설치 3

NOTE ▸ 제품 중 'Desktop Experience' 문구가 없는 것은 GUI(Graphical User Interface)가 없는 Server Core 로 설치된다. 잠시 후에 이 에디션도 설치해 본다.

2-4 사용 조건 창에서는 아래쪽의 [I accept the Microsoft software License Terms …]를 체크하고 [Next] 버튼을 클릭한다.

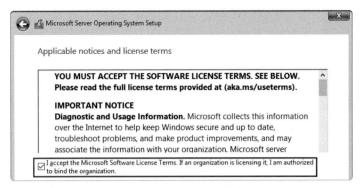

그림 3-11 Windows Server 2022 Datacenter 설치 4

2-5 설치 유형 선택 창에서 [Custom: Install Microsoft Server Operating System only (advanced)]를 클릭해 설치한다. 처음 Windows Server 2022를 설치하는 것이므로 당연히 업그레이드는 할 수 없다.

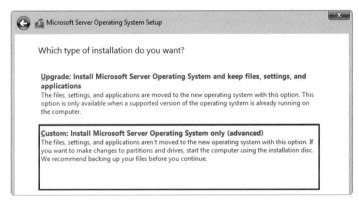

그림 3-12 Windows Server 2022 Datacenter 설치 5

2-6 설치 위치를 지정하는 창을 보면 1장에서 장착한 100GB의 하드디스크를 확인할 수 있다. [Next] 버튼을 클릭한다.

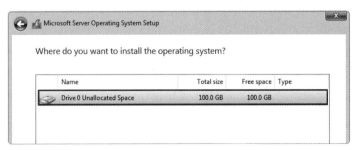

그림 3-13 Windows Server 2022 Datacenter 설치 6

2-7 한동안 설치가 진행된다. 설치가 완료되면 자동으로 재부팅된다(호스트 컴퓨터의 성능에 따라 수분~수십 분이 걸릴 수 있다).

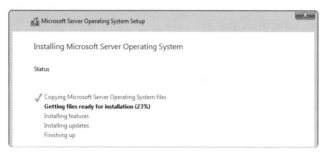

그림 3-14 Windows Server 2022 Datacenter 설치 7

Step 3

FIRST ◉ 설치가 완료되면 관리자의 암호를 설정하고 로그온한다.

3-1 최초로 접속할 때 관리자인 Administrator 사용자의 암호를 입력한다. 두 곳에 동일한 암호 'p@ssw0rd'(두 번째 글자는 기호 @, 여섯번째 글자는 숫자 0이다)를 입력하고 [Finish] 버튼을 클릭한다.

그림 3-15 Administrator 초기 암호 지정

NOTE ▶ Windows Server는 암호를 지정할 때 최소 6글자 이상에 기호(@, #, $ 등)와 숫자(0~9)가 포함되어 있어야 한다. 그래서 이 책에서는 특별한 경우를 제외하고 암호에 password 글자를 연상시키는 'p@ssw0rd'를 사용했다. 즉, a 대신에 @ 기호를 o(소문자) 대신에 0(숫자)을 사용함으로써 기억하기 쉽게 하면서도 암호 복잡도의 요구 사항도 충족시켰다. 다른 암호로 지정해도 상관은 없지만, Administrator의 암호를 잊어버리면 Windows Server 2022를 다시 설치해야 하는 불상사가 발생할 수도 있기 때문에 기억하기 쉬운 암호로 통일해서 진행하겠다(당연한 이야기지만 실무에서는 유추가 가능한 'p@ssw0rd' 같은 암호는 사용하면 안 된다).

3-2 로그온 화면에서 `Ctrl` + `Alt` + `Del` 대신 `Ctrl` + `Alt` + `Insert` 키를 누르자. 또는 [Player]−[Send Ctrl+Alt+Del] 메뉴를 클릭해도 된다.

그림 3-16 로그온 화면

3-3 Administrator의 암호 'p@ssw0rd'를 입력하고 제출( )을 클릭하거나 `Enter` 키를 눌러 로그온한다.

그림 3-17 Administrator로 로그온

3-4 잠시 후 바탕 화면의 오른쪽에 [Networks] 대화상자가 나오면 [Yes] 버튼을 클릭해 네트워크가 정상적으로 작동되도록 하자(이 창은 그냥 두면 자동으로 없어지기도 한다).

그림 3-18 네트워크 설정

3-5 왼쪽 위에 [Try managing servers with Windows Admin Center] 창이 나오면 [Don't show this message again]을 체크하고 [X]를 눌러 창을 닫는다.

그림 3-19 대화상자 닫기

NOTE ▶ 대화상자에서 언급되는 Windows Admin Center는 서버용 및 PC용 Windows를 웹 브라우저에서 편리하게 관리하도록 지원하는 무료 응용 프로그램이다. 2017년에 Preview가 나온 이후로 계속 기능이 업데이트되고 있지만 이 책에서는 별도로 사용하지 않기 때문에 더 이상 언급하지 않겠다.

3-6 [Server Manager] 창의 오른쪽 위에 있는 [Manage]–[Server Manager Properties] 메뉴를 클릭하고 [Do not start Server Manager automatically at logon]을 체크한 후 [OK] 버튼을 클릭한다. [Server Manager] 창도 종료한다.

그림 3-20 Server Manager 창

Step 4

FIRST ◉ 180일 평가 라이선스를 확인해 보자.

4-1 바탕 화면의 오른쪽 아래에 'Windows License valid for 180 days'가 표시되어 있으면 된다. 이후로 180일 동안 정품과 동일한 기능을 모두 사용할 수 있다. 180일 인증이 확인되면 **Step 5**로 넘어가자.

그림 3-21 180일 라이선스 확인

4-2 만약 위와 같이 쓰여 있지 않다면 Windows의 [시작]에서 마우스 오른쪽 버튼을 클릭하고 중간의 [Windows PowerShell(Admin)]을 선택해서 관리자 모드로 파워셸을 연다.

4-3 파워셸에 `slmgr.vbs -rearm` 명령을 입력하고 잠시 기다리면 180일 평가판으로 변경된다. [OK] 버튼을 클릭한다.

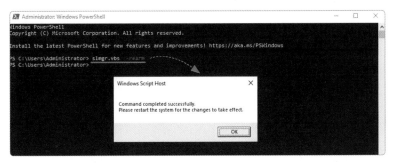

그림 3-22 180일 평가판 인증

4-4 `shutdown /r /t 0` 명령을 입력해서 컴퓨터를 재부팅하자.

4-5 재부팅한 다음 `Ctrl` + `Alt` + `Insert` 키를 누르고 Administrator의 암호 'p@ssw0rd'를 입력해서 로그온한다. 화면 오른쪽 아래에 180일 인증을 확인할 수 있다.

Step 5 ────────────────────────────────

FIRST ◐ 한글 언어팩을 설치해서 한글판으로 변경하자.

5-0 앞에서 다운로드한 언어팩 ISO(20348.1.210507-1500.fe_release_amd64fre_SERVER_LOF_PACKAGES_OEM.iso, 5.66 GB) 파일을 사용한다.

5-1 VMware에서 [Player]-[Removable Devices]-[CD/DVD (SATA)]-[Settings] 메뉴를 클릭한다.

NOTE ▶ 몇 번 이야기했지만 가상머신 안에서 호스트로 나오려면 `Ctrl` + `Alt` 키를 동시에 눌렀다 떼면 된다. 더 이상 언급하지 않겠다.

5-2 언어팩 ISO 파일을 DVD에 삽입한다.

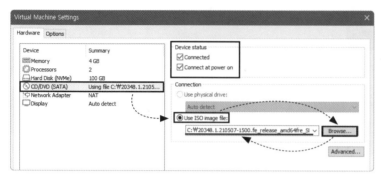

그림 3-23 한글 언어팩 설치 1

5-3 [Windows]+[R] 키를 눌러 [Run] 창이 나오면 **lpksetup** 명령을 입력하고 [OK] 버튼을 클릭한다.

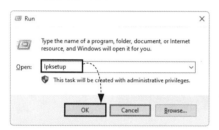

그림 3-24 한글 언어팩 설치 2

5-4 [Choose to install or uninstall display languages] 창에서 [Install display languages]를 선택한다.

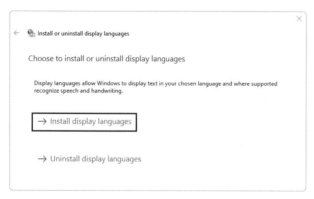

그림 3-25 한글 언어팩 설치 3

5-5 [Select the display languages to install]에서 [Browse] 버튼을 클릭한 다음 'DVD Drive(D:)'를 선택하고 [OK] 버튼을 클릭한다.

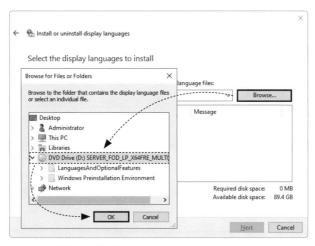

그림 3-26 한글 언어팩 설치 4

5-6 몇 분 정도 기다리면 설치 가능한 언어 목록이 나온다. 목록을 스크롤해 중간에 있는 'Korean(한국어)'를 체크하고 [Next] 버튼을 클릭한다.

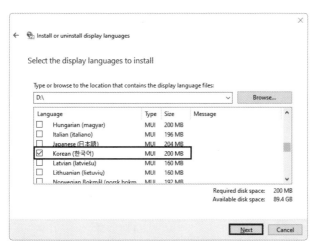

그림 3-27 한글 언어팩 설치 5

5-7 라이선스 화면이 나오면 하단의 [I accept the license terms]를 선택하고 [Next] 버튼을 클릭한다.

그림 3-28 한글 언어팩 설치 6

5-8 몇 분 동안 설치가 진행된다. 설치가 완료(Completed)되면 [Close] 버튼을 클릭해서 설치 창을 닫는다.

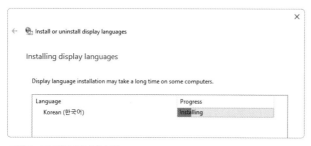

그림 3-29 한글 언어팩 설치 7

5-9 Windows의 [시작]에서 마우스 오른쪽 버튼을 클릭하고 [Settings]를 클릭한다. [Settings] 창에서 [Time & Language]를 클릭한다.

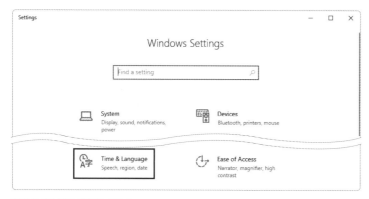

그림 3-30 한글 언어팩 설치 8

5-10 왼쪽 메뉴에서 [Language]를 선택하고 오른쪽 화면에서 [Windows display language]를 '한국어'로 선택한다. 그리고 [Setting Windows display language] 대화상자가 나오면 [Yes, sign out now] 버튼을 클릭한다.

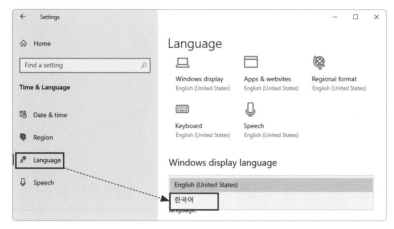

그림 3-31 한글 언어팩 설치 9

NOTE▶ [Setting Windows display language] 창이 나오지 않으면 Windows의 [시작]에서 마우스 오른쪽 버튼을 클릭하고 [Shut down or sign out]-[Sign out]을 선택해서 직접 로그아웃하자.

5-11 Ctrl + Alt + Del 키를 누르라는 메시지가 나온다. 이 방법 말고도 Ctrl + Alt + Insert 키를 누르거나 [Player]-[Send Ctrl + Alt + Del]을 클릭해도 된다. 다시 Administrator의 암호 'p@ssw0rd'를 입력해 로그온하면 한글 환경으로 바뀐 것을 확인할 수 있다.

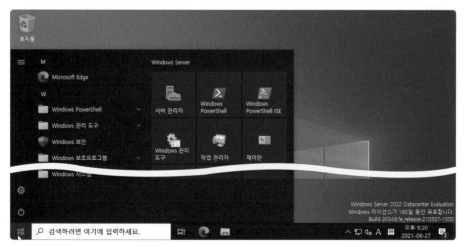

그림 3-32 한글판 Windows Server 2022로 변환한 결과

5-12 이제는 정상적으로 Windows Server 2022를 사용할 수 있다. 바탕 화면의 오른쪽 아래에 180일 동안 사용이 가능하다는 문구가 나온다. 그러나 평가판이기 때문에 왼쪽 아래의 시작 버튼을 누르면 Windows 10과 동일한 인터페이스 화면을 확인할 수 있다.

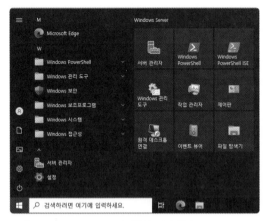

그림 3-33 Windows 10과 비슷한 시작 화면

NOTE ▶ 이미 언급했지만 Windows Server 2022는 Windows 10과 기본적인 사용법이 동일하다. Windows 10을 사용해 봤다면 익숙한 화면일 것이다.

Step 6

FIRST ◉ 게스트 OS에 VMware Tools를 설치하자.

NOTE ▶ VMware Tools는 가상머신에 설치된 게스트 OS에 관련된 하드웨어 드라이버 장치를 추가해 주는 작업으로 생각하면 된다. 예를 들어 최신형의 그래픽 카드를 장착한 후 별도의 전용 드라이버를 추가로 설치해 주는 것과 같은 개념이다.

6-1 호스트 OS ◉ Ctrl + Alt 키를 눌러서 잠시 호스트 OS로 포커스를 이동하자. 그리고 [Player]–[Manage]–[Install VMware Tools] 메뉴를 클릭한다.

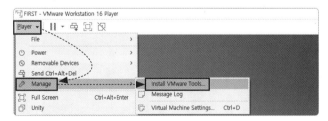

그림 3-34 VMware Tools 설치 1

6-2 호스트 OS ◑ 만약 VMware 아래쪽에 다음 메시지가 나오면 [X]를 클릭해서 닫는다.

그림 3-35 VMware Tools 설치 2

6-3 가상머신 안에서 아래 작업 표시줄의 '파일 탐색기' 실행 아이콘을 클릭해서 열고 'D:\setup.exe' 파일을 실행하자.

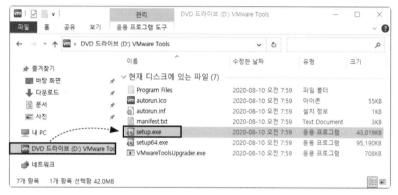

그림 3-36 VMware Tools 설치 3

NOTE ▶ 파일의 확장명을 보려면 [파일 탐색기]에서 [보기]-[파일 확장명]을 체크하면 된다.

6-4 VMware Tools 설치가 시작된다.

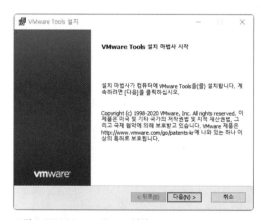

그림 3-37 VMware Tools 설치 4

6-5 모두 기본값 그대로 두고 [다음] 버튼을 2번 클릭한다. [VMware Tools 설치 준비 완료] 창에서 [설치] 버튼을 클릭하면 자동으로 설치가 진행된다.

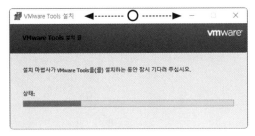

그림 3-38 설치 진행 화면

NOTE ▶ 만약 VMware Tools 설치 진행이 한동안 멈춰 있다면 [VMware Tools 설치] 창의 제목을 마우스로 드래그해서 창을 좌우로 움직여 보자. 설치 진행 상태가 보일 것이다.

6-6 잠시 후 설치가 완료되었다는 창이 나오면 [마침] 버튼을 클릭하고 시스템을 다시 시작하겠냐고 묻는 창의 [예] 버튼을 클릭해서 FIRST를 재부팅한다. 이제 VMware Tools의 설치가 완료되었다.

NOTE ▶ VMware Tools를 설치하면 호스트 OS와 게스트 OS 간에 마우스 포커스 이동을 위해 더 이상 Ctrl + Alt 키를 누르지 않아도 된다. Windows Server 2022를 부팅하고 게스트 OS 위에 마우스를 가져가면 포커스가 게스트 OS로 이동되고, 마우스를 호스트 OS로 이동하면 자연스럽게 마우스 포커스가 밖으로 나오게 된다.

Step 7

FIRST ◐ 1장의 **표 1-4**(52쪽)에서 지정한 내용으로 네트워크를 설정하자.

7-0 재부팅되면 Ctrl + Alt + Del 키를 누르라는 메시지가 나오는데, 그 대신 Ctrl + Alt + Inster 키를 누르거나 [Player]-[Send Ctrl + Alt + Del] 메뉴를 클릭해도 된다. 또는 🖳를 클릭해도 된다.

그림 3-39 로그온하기

7-1 암호 입력 창에 앞에서 설정한 Administrator의 암호 'p@ssw0rd'를 입력하고 ⎡Enter⎤ 키를 눌러 로 그온한다.

7-2 Windows의 [시작]에서 [제어판]을 클릭한다.

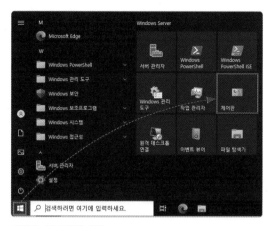

그림 3-40 제어판 실행

7-3 [제어판] 창에서 '네트워크 상태 및 작업 보기'를 클릭한다.

그림 3-41 네트워크 설정 1

7-4 [네트워크 및 공유 센터]에서 [연결]의 'Ethernet0'를 클릭한다.

그림 3-42 네트워크 설정 2

7-5 [Ethernet0 상태] 창의 아래쪽의 [속성] 버튼을 클릭하고 [연결에 사용할 장치]의 'Internet Protocol Version 6 (TCP/IPv6)'의 체크를 해제한다. 아직 [확인] 버튼을 클릭하지는 말자.

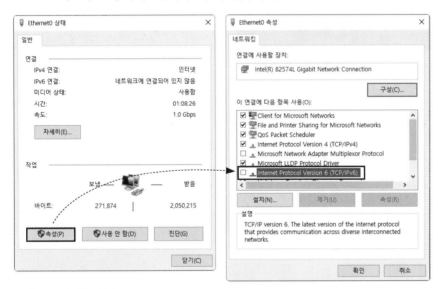

그림 3-43 네트워크 설정 3

NOTE▶ 이 책은 IPv6를 다루지 않기 때문에 'Internet Protocol Version 6 (TCP/IPv6)'의 체크를 해지했다. 이 항목을 그냥 둬도 상관없으나, 체크할 경우 책 후반부에서 몇몇 귀찮은 메시지가 나올 수 있기에 꺼 놓는 것을 권장한다.

7-6 이번에는 'Internet Protocol Version 4 (TCP/IPv4)'를 선택하고(체크를 해제하지 않도록 주의하자) [속성] 버튼을 클릭한다. [Internet Protocol Version 4 (TCP/IPv4) 속성] 창이 나오면 [다음 IP 주소 사용] 항목을 체크한다. 그러면 그 아래 네트워크 정보를 입력할 수 있는 상자가 활성화된다. 1장의 **표 1-4**(52쪽)에서 지정된 FIRST 가상머신의 네트워크 정보를 다음 그림과 같이 입력하고 [확인] 버튼을 클릭한다.

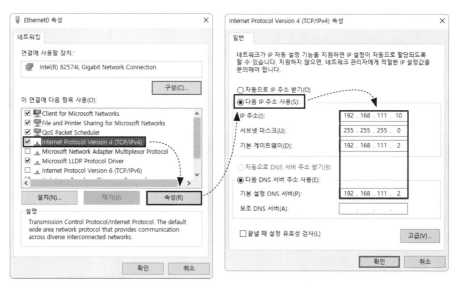

그림 3-44 네트워크 설정 4

[닫기] 버튼을 2번 클릭해서 네트워크 설정을 마친다. [네트워크 및 공유 센터] 창도 닫는다.

Step 8

FIRST ◉ 이번에는 FIRST 가상머신의 컴퓨터 이름을 1장의 **표 1-4**에서 지정한 'FIRST'로 변경해 보자.

8-1 Windows의 [시작]에서 마우스 오른쪽 버튼을 클릭한 후 [시스템]을 클릭한다.

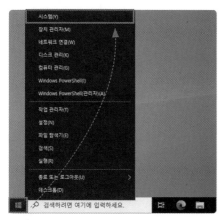

그림 3-45 컴퓨터 이름 변경 1

8-2 [정보]에서 [이 PC의 이름 바꾸기] 버튼을 클릭하고 [PC 이름 바꾸기] 창에서 [현재 PC 이름]을 'FIRST'로 입력한 후 [다음] 버튼을 클릭한다.

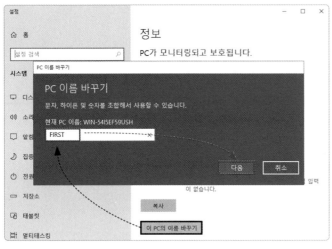

그림 3-46 컴퓨터 이름 변경 2

8-3 컴퓨터를 다시 시작해야 한다는 메시지가 나오면 [다시 시작]과 [계속] 버튼을 클릭해 FIRST 가상머신을 다시 시작한다.

Step 9

FIRST ◉ 이번에는 디스플레이 끄기 기능 중지, 화면 해상도 조절, 표준 시간대 설정 등을 진행하자.

9-0 다시 Administrator 사용자로 로그온한다(암호는 'p@ssw0rd'다).

9-1 Windows의 [시작]에서 [제어판]을 클릭해 실행하고 [제어판]-[하드웨어]-[전원 옵션] 메뉴를 클릭한다. 그리고 [전원 옵션] 창의 [디스플레이를 끄는 시간 설정] 메뉴를 선택한다.

그림 3-47 화면 보호기 끄기 1

NOTE ▶ 디스플레이 끄기 기능을 켜 놓으면 앞으로 컴퓨터를 사용하지 않고 잠깐 멈출 때마다 계속 화면 보호기가 켜지기 때문에 귀찮아질 수 있다.

9-2 [전원 관리 옵션 설정 편집] 창에서 [디스플레이 끄기]를 '해당 없음'으로 변경하고 [변경 내용 저장] 버튼을 클릭한다. 그 다음으로 오른쪽 위의 [X]를 클릭해서 창을 닫는다.

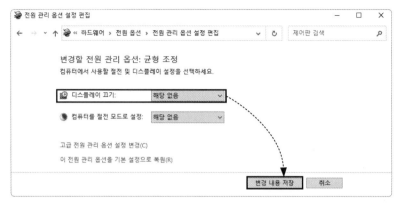

그림 3-48 화면 보호기 끄기 2

9-3 바탕 화면에서 마우스 오른쪽 버튼을 클릭하고 [디스플레이 설정]을 선택하면 [디스플레이 해상도]에서 해상도를 조절할 수 있다. '1024x768'부터는 이 책을 학습하는 데 큰 문제가 없다. 각자 편한 해상도로 진행하자. 다음으로 왼쪽 위 홈 메뉴를 선택한다.

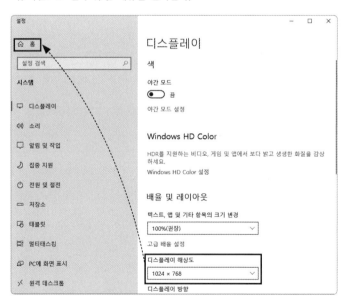

그림 3-49 화면 해상도 조절

9-4 [설정] 창에서 '시간 및 언어'를 선택한다. [표준 시간대]가 '서울'인지 확인하고 아니라면 '서울'로 변경한다(아래쪽으로 한참 스크롤해야 보인다). 설정을 모두 마쳤으면 [설정] 창을 닫는다.

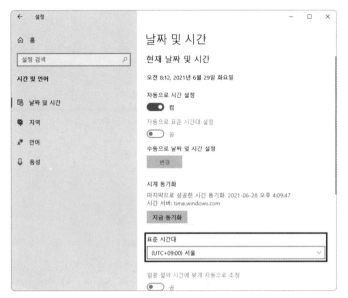

그림 3-50 표준 시간대 설정

Step 10

FIRST ● 인터넷이 잘 접속되는지 확인하자.

10-1 Windows의 [시작]–[Microsoft Edge] 메뉴를 클릭하거나 작업 표시줄의 'Edge' 실행 아이콘을 클릭한다.

10-2 초기 화면에서 [데이터 없이 시작] 버튼을 클릭한다.

NOTE ▶ Microsoft Edge는 계속 업그레이드되기 때문에 독자가 Windows Server를 설치하는 시점에 따라 설정 화면이 약간 다를 수 있다. 중요한 부분은 아니므로 책과 설정이 다르더라도 적절히 진행하면 된다.

그림 3-51 Edge 시작하기

10-3 [설정] 창이 나오면 계속 [다음]이나 [마침] 버튼을 클릭해서 설정을 마친다.

10-4 잠시 기다린 후 설정과 관련된 창이 나오면 [설정 완료]-[확인]-[로그인하지 않고 계속하기] 메뉴를
클릭한다.

10-5 [Welcome to Microsoft Edge] 사이트로 접속된다. [Edge] 창을 닫고 다시 실행하면 초기 화면이
나오는데, 앞으로 Edge 웹 브라우저에서 자유롭게 웹 서핑을 할 수 있다. 이제 [X]를 눌러 창을 닫는다.

그림 3-52 Edge 웹 브라우저

FIRST ◉ 책 후반부에서 사용할 기능을 미리 설치해 놓자.

11-0 먼저 Windows Server 2022 설치 ISO 파일을 다시 DVD에 연결해야 한다. VMware Player의 [Player]–[Removable Devices]–[CD/DVD (SATA)]–[Settings] 메뉴를 클릭하고 Windows Server 2022 설치 ISO 파일(20348.169.210806-2348.fe_release_svc_refresh_SERVER_EVAL_x64FRE_en-us.iso)을 연결한다. 그리고 [OK] 버튼을 클릭한다.

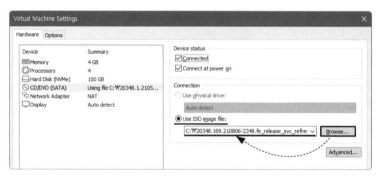

그림 3-53 Windows Server 설치 ISO 삽입

11-1 Windows의 [시작]–[제어판]–[Windows 기능 켜기/끄기] 메뉴를 클릭한다.

그림 3-54 Windows 기능 켜기/끄기

11-2 [역할 및 기능 추가 마법사] 창이 나오면 [다음] 버튼을 4번 클릭해 [기능 선택]으로 넘어간 다음, 제일 위에 있는 '.NET Framework 3.5 Features'를 체크하고 [다음] 버튼을 클릭한다.

그림 3-55 .NET Framework 3.5 Features 설치 1

11-3 상단에 [대체 원본 경로를 지정해야 합니까? 하나 이상의 설치 항목에 대상 서버의 원본 파일이 없습니다…]라는 경고 메시지가 나오면 아래쪽 [대체 원본 경로 지정]을 클릭하고 경로에 'D:\sources\sxs\'를 입력한 후 [확인] 버튼을 클릭한다.

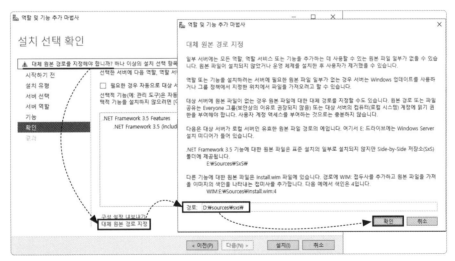

그림 3-56 .NET Framework 3.5 Features 설치 2

NOTE ▶ 만약 상단에 [대체 원본 경로를 지정해야 합니까? 하나 이상의 설치 항목에 대상 서버의 원본 파일이 없습니다 …]라는 경고 메시지가 나오지 않으면 그냥 [설치] 버튼을 클릭해 진행하면 된다.

11-4 [설치] 버튼을 클릭하면 한동안 설치가 진행된다. 설치 완료 메시지가 나오면 [닫기] 버튼을 클릭하고 열려 있는 모든 창을 닫는다.

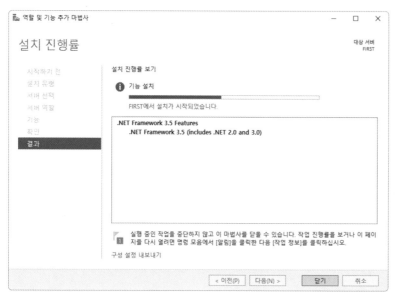

그림 3-57 .NET Framework 3.5 Features 설치 3

Step 12

FIRST ◐ Windows가 업데이트되지 않도록 업데이트를 서비스를 비활성화하자. 또한 한글 깨짐 문제가 발생하는 것도 미리 방지하자.

❗ 여기서 잠깐　　**Windows Server의 자동 업데이트**

Windows Server 2022는 Windows에서 배포하는 업데이트를 강제로 진행하도록 설정되어 있는데 지금 업데이트 기능을 비활성화하는 이유에는 크게 2가지가 있다. 첫 번째는 실습 중에 내부적으로 업데이트가 발생할 수 있어서 실습의 진행이 멈춘 것처럼 진행이 잘 안 될 수 있으며, 두 번째는 이 책이 출간된 이후에 업데이트된 기능 때문에 책과 실습이 달라지거나 책에서 실습한 내용이 아예 작동하지 않는 상황을 방지하고자 함이다. 그러나 일부 실습은 'Windows 업데이트'가 활성화되어야 진행할 수 있기 때문에 이 경우에는 업데이트 기능을 잠시 활성화하겠다. 실무에서는 당연히 'Windows 업데이트'를 활성화하는 것이 좋다.

12-1 바탕 화면 왼쪽 아래 검색 칸에 '서비스'를 입력하고 [서비스] 항목을 클릭한다.

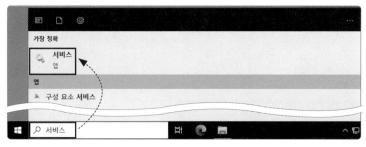

그림 3-58 Windows 업데이트 비활성화시키기 1

12-2 오른쪽 화면을 아래로 스크롤한 다음 [Windows Update]를 찾아서 더블클릭한다. 그리고 [시작 유형]을 '사용 안 함'으로 변경하고 [적용] 버튼을 클릭한다. 만약 [중지] 버튼이 활성화되어 있다면 [중지] 버튼을 눌러 서비스를 중지시키고 [확인] 버튼을 클릭한다.

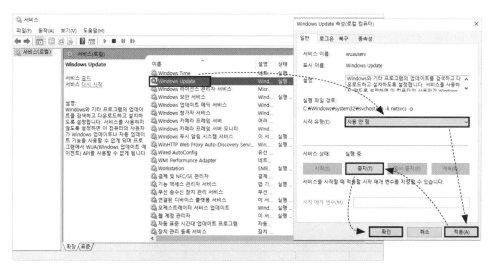

그림 3-59 Windows 업데이트 비활성화시키기 2

12-3 [서비스] 창을 닫는다. 이후로는 자동으로 Windows가 업데이트되지 않을 것이다.

12-4 Windows의 [시작]에서 [제어판]을 실행한다. [제어판]에서 [시계 및 국가]-[국가 또는 지역] 메뉴를 클릭한다.

12-5 [국가 및 지역] 창에서 [관리자 옵션] 탭을 선택하고 [시스템 로캘 변경] 버튼을 클릭해서 [현재 시스템 로캘]을 '한국어(대한민국)'으로 변경하고 [확인] 버튼을 클릭한다(재부팅 여부 메시지가 나오면 [나중에] 버튼을 클릭한다).

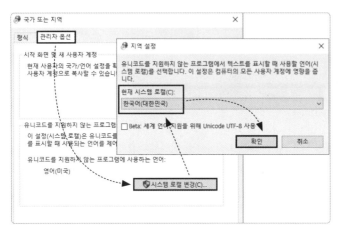

그림 3-60 명령 창에서 한글이 깨지지 않도록 설정

12-6 [닫기]와 [나중에] 버튼을 클릭해서 창을 닫는다.

Step 13

FIRST ◉ 설정을 모두 마쳤다. 시스템을 종료하고 백업하자.

13-1 Windows의 [시작]에서 마우스 오른쪽 버튼을 클릭한 후 [종료 또는 로그아웃]–[시스템 종료] 메뉴를 클릭한다. 컴퓨터를 종료하는 이유를 적당히 선택하고 [계속] 버튼을 클릭해 FIRST 가상머신을 종료한다.

그림 3-61 시스템 종료

Step 14

FIRST ○ 앞서 Windows Server 2022를 설치할 때 사용한 Windows DVD(실제는 ISO 파일)는 더 이상 필요 없으므로 제거하자. 그 다음 FIRST 가상머신에 할당된 메모리를 확인하자.

14-1 VMware Player를 다시 실행한다.

14-2 FIRST 가상머신에서 [Edit virtual machine settings]를 클릭하고 [CD/DVD(SATA)]를 선택한 다음 'Use physical drive:'를 선택하자. 그리고 'Connect at power on'의 체크를 해제해서 부팅 시 CD/DVD가 연결되지 않도록 설정한다. [OK] 버튼을 클릭해 창을 닫는다.

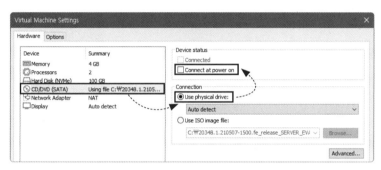

그림 3-62 CD/DVD 연결 끊기 및 메모리 확인

14-3 VMware Player를 종료한다.

Step 15

호스트 OS ○ FIRST 가상머신을 스냅숏하자. 스냅숏 기능은 VMware Workstation Pro에 포함되어 있다.

15-1 VMware Workstation Pro를 실행한다.

15-2 VMware Workstation Pro의 [File]-[Open] 메뉴를 클릭해 'C:\Win2022\FIRST\FIRST.vmx' 파일을 연다.

15-3 [FIRST] 가상머신이 선택된 상태에서 [Snapshot]-[Snapshot Manager] 메뉴를 클릭한다.

15-4 [Snapshot Manage] 창에서 'You Are Here' 실행 아이콘을 클릭한 다음 [Take Snapshot] 버튼을 클릭해서 [Name]에 '설정 완료'를 입력하고 [Take Snapshot] 버튼을 클릭해 창을 닫는다.

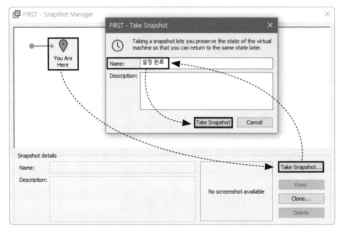

그림 3-63 VMware Workstation Pro에서 스냅숏 저장 1

15-5 그러면 '설정 완료'라는 이름의 스냅숏이 생길 것이다. [Close] 버튼을 클릭해서 창을 닫는다. VMware Workstation Pro도 종료한다.

그림 3-64 VMware Workstation Pro에서 스냅숏 저장 2

NOTE▶ VMware Workstation Pro는 필요하면 여러 개의 스냅숏을 저장할 수도 있다. 필요할 때마다 사용하면 상당히 편리하다.

이로써 FIRST 가상머신 설치와 환경 설정, 스냅숏 저장까지 완료했다. 이제부터는 FIRST 가상머신을 마음대로 사용하면 된다. 만약 문제가 생기더라도 언제든지 스냅숏을 사용해 완전한 설치와 설정이 완료된 처음 상태의 가상머신으로 돌아갈 수 있다.

이제 앞서 FIRST 가상머신을 설치한 것과 비슷한 방식으로 SECOND와 THIRD 가상머신을 설치하고 스냅숏 저장까지 완료하는 실습을 진행해 보자.

실습 2

SECOND, THIRD 두 가상머신에도 Windows Server 2022를 설치하자.

Step 1

실습 1과 동일한 작업을 SECOND와 THIRD 가상머신에서 수행하면 된다.

Step 2

다음의 차이점을 주의해서 직접 실습을 진행하자.

2-1 **그림 3-10**에서 확인한 항목 중 두 번째 'Windows Server 2022 Standard Evaluation(Desktop Experience)'를 선택한다.

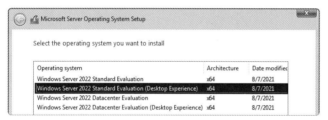

그림 3-65 SECOND 및 THIRD는 Standard 에디션을 선택

2-2 [Internet Protocol Version 4(TCP/IP) 속성] 창에서 SECOND 가상머신의 IP 주소는 1장의 **표 1-4**(52쪽)에 나온 '192.168.111.20', THIRD 가상머신의 IP 주소는 '192.168.111.30'으로 지정한다. 다른 네트워크 정보는 FIRST 가상머신과 동일하게 설정한다.

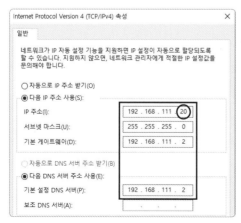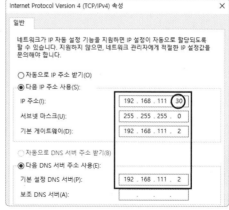

그림 3-66 SECOND 및 THIRD의 IP 주소 설정

2-3 [PC 이름 바꾸기] 창에서 SECOND 가상머신의 이름을 'SECOND'로, THIRD 가상머신의 이름을 'THIRD'로 입력한다.

그림 3-67 SECOND 및 THIRD의 컴퓨터 이름 변경

2-4 실습을 진행하다 보면 3대(FIRST, SECOND, THIRD)의 가상머신 모양이 동일해서 혼동하는 경우가 있으므로 **실습 1**의 **Step 12** 이후에 바탕 화면에서 마우스 오른쪽 버튼을 클릭한 후 [개인 설정]을 선택한다. 오른쪽 아래 사용자 사진 선택 화면에서 적당한 사진을 선택해서 각각의 가상머신이 구분되도록 하자.

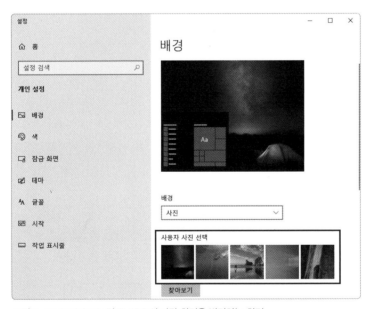

그림 3-68 SECOND 및 THIRD의 바탕 화면을 변경하는 화면

Step 3

VMware Workstation Pro를 사용해 SECOND, THIRD 가상머신 모두 스냅숏을 저장한다.

3.1.2 Windows Client 설치

1장의 **그림 1-3**(8쪽) 또는 **그림 1-69**(51쪽)에 나온 서버용으로 주로 사용되는 FIRST, SECOND, THIRD 가상머신 설치가 완료되었다. 이번에는 클라이언트로 사용될 WINCLIENT 컴퓨터를 설치할 차례다. WINCLIENT 가상머신에는 Windows 10을 설치하는 것이 바람직하지만, 별도의 Windows 10 DVD가 없다고 가정하고 Windows Server 2022를 설치한 다음 Windows 10처럼 사용할 수 있도록 설정하겠다.

실습 3

WINCLIENT 가상머신에 Windows Server 2022를 설치하고 Windows 10처럼 설정하자.

Step 0

우선 **실습 1**의 **Step 11**까지 동일하게 수행한 후에 이번 실습의 **Step 1**을 이어서 진행한다. 단, 다음 과정은 **실습 1**과 다르게 수행한다.

0-1 **그림 3-10**(92쪽)에서 운영체제의 에디션은 'Windows Server 2022 Standard Evaluation (Desktop Experience)'를 선택한다.

0-2 1장의 **표 1-4**(52쪽)에 나온 것처럼 WINCLIENT 가상머신의 IP 주소는 자동 할당이므로 네트워크의 고정 IP 주소 설정을 위한 **실습 1**의 **Step 7**은 수행할 필요가 없다.

0-3 **그림 3-46**에서 [현재 PC 이름]을 1장의 **표 1-3**(38쪽)에 나온 가상머신 이름인 'WINCLIENT'로 입력한다.

그림 3-69 WINCLIENT의 컴퓨터 이름 변경

먼저 Windows Server 2022를 로그온하려면 `Ctrl` + `Del` + `Alt` 키를 눌러야 하며, 종료할 때는 종료하는 이유를 선택하는 '시스템 이벤트 추적기'가 나온다. 우선 이런 설정을 없애자.

1-1 Windows의 [시작]의 검색 칸에 **gpedit.msc** 명령을 입력해서 해당하는 문서를 클릭하거나 그냥 `Enter` 키를 누른다(혹시 경고 메시지가 연속해서 나와도 [확인] 버튼을 클릭해서 그냥 닫는다).

그림 3-70 시작/종료 환경 변경 1

NOTE `Windows` + `R` 키를 누른 후 [실행] 창에 **gpedit.msc** 명령을 입력하고 `Enter` 키를 누르거나 명령 프롬프트에 직접 입력해도 된다.

1-2 [로컬 그룹 정책 편집기] 창이 나오면 왼쪽 화면에서 [컴퓨터 구성]–[Windows 설정]–[보안 설정]–[로컬 정책]–[보안 옵션] 메뉴를 클릭한다. 그리고 오른쪽 화면에서 아래로 스크롤을 내리면 [대화형 로그온: [Ctrl + Alt + Del]을 사용할 필요 없음]이 '사용 안 함'으로 되어 있을 것이다. 이것을 더블클릭해 '사용'을 선택하고 [확인] 버튼을 클릭한다.

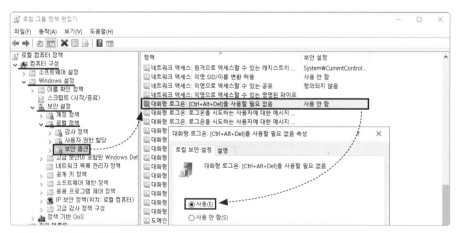

그림 3-71 시작/종료 환경 변경 2

NOTE 오류 메시지가 나와도 무시하고 넘어간다.

1-3 같은 방식으로 왼쪽 화면에서 [컴퓨터 구성]–[관리 템플릿]–[시스템]을 선택한다. 그리고 오른쪽 화면에서 아래로 스크롤을 내려 [시스템 종료 이벤트 추적기 표시]를 더블클릭해서 '사용 안 함'을 선택하고 [확인] 버튼을 클릭한다. [로컬 그룹 정책 편집기] 창을 종료한다.

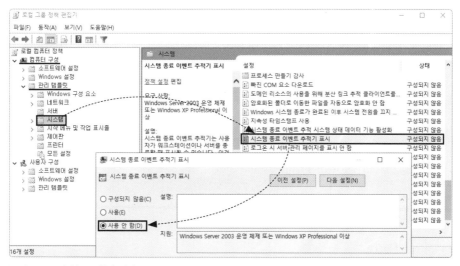

그림 3-72 시작/종료 환경 변경 3

1-4 Windows의 [시작]에서 마우스 오른쪽 버튼을 클릭한 후 [종료 및 로그아웃]–[다시 시작] 메뉴를 클릭해서 재부팅하자. 이제는 더 이상 종료하는 이유를 입력하지 않아도 되며, 로그온 시 `Ctrl` + `Del` + `Alt` 키를 누르라는 메시지 없이도 현재 시간이 나온 초기 화면을 클릭하면 바로 Administrator의 암호를 입력하는 창이 나온다(모든 가상머신의 Administrator 암호는 'p@ssw0rd'다).

Step 2 ─────────────────────────────────

이번에는 아예 암호도 입력하지 않고 로그온되도록 설정하자.

2-1 `Windows` + `R` 키를 누른 후 [실행] 창에 `regedit` 명령을 입력하고 `Enter` 키를 누른다.

그림 3-73 레지스트리 편집 1

2-2 [레지스트리 편집기]가 열리면 왼쪽 화면의 파일을 확장해 [컴퓨터]–[HKEY_LOCAL_MACHINE]–[SOFTWARE]–[Microsoft]–[Windows NT]–[CurrentVersion]–[PasswordLess]–[Device]를 찾는다. [Device] 폴더의 'DevicePasswordLessBuildVersion' 항목을 더블클릭해 [값 데이터]를 '0'으로 변경하고 [확인] 버튼을 클릭한다. [레지스트리 편집기] 창을 닫는다.

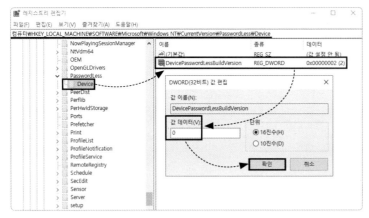

그림 3-74 레지스트리 편집 2

2-3 Windows의 [시작]에서 마우스 오른쪽 버튼을 클릭한 후 [종료 및 로그아웃]–[다시 시작] 메뉴를 클릭해서 재부팅하자. 다시 초기 화면을 클릭하고 암호에 'p@ssw0rd'를 입력해 로그온한다.

2-4 ⌨Windows + ⌨R 키를 누른 후 [실행] 창에 **control userpasswords2** 명령을 입력하고 ⌨Enter 키를 누른다.

그림 3-75 로그온 시 암호 없이 접속하기 1

2-5 [사용자 계정] 창에서 [사용자 이름과 암호를 입력해야 이 컴퓨터를 사용할 수 있음]의 체크를 해제하고 [확인] 버튼을 클릭한다. 암호를 입력하는 창이 나오면 [암호]와 [암호 확인]에 'p@ssw0rd'를 입력한 후 [확인] 버튼을 클릭한다.

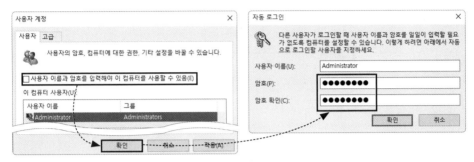

그림 3-76 로그온 시 암호 없이 접속하기 2

2-6 WINCLIENT 가상머신을 다시 재부팅한다. 이제부터는 아무런 입력 없이 Windows 초기 화면으로 로그온된다.

Step 3

이번에는 Windows의 바탕 화면 테마를 Windows 10처럼 변경하자.

3-1 바탕 화면 테마를 온라인으로 다운로드할 수 있다. 링크가 변경될 수 있으니 Q&A 카페(https://cafe.naver.com/thisisLinux)의 [교재 자료실(윈도서버)]에서 '[Windows 2022] Windows 바탕 화면 테마' 게시글에서 적당한 테마를 골라서 다운로드한다.

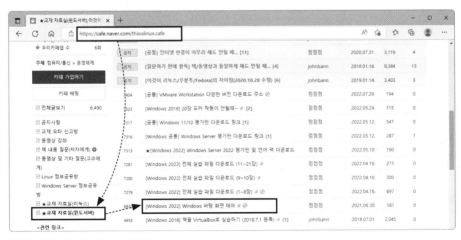

그림 3-77 바탕 화면 테마 다운로드

3-2 다운로드한 파일(*.themepack)을 더블클릭해서 실행하면 파일이 자동으로 설치된다.

그림 3-78 다운로드 파일 실행

3-3 테마가 적용된 것을 확인할 수 있다. 이제부터는 WINCLINET 가상머신을 Windows 10처럼 생각하고 사용하면 된다.

그림 3-79 적용된 바탕 화면 테마

3-4 다른 테마로 변경하고 싶다면 바탕 화면에서 마우스 오른쪽 버튼을 클릭해서 [개인 설정]을 선택하고 왼쪽의 테마를 클릭한 후 아래로 스크롤 하면 기존 테마 또는 새로 설치한 테마로 변경할 수 있다.

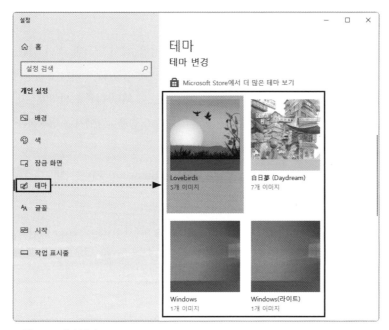

그림 3-80 테마 변경

Step 4

지금 **실습 1**의 **Step 12**를 수행해서 WINCLIENT 가상머신에서도 Windows 업데이트가 자동으로 실행되지 않도록 설정하자.

Step 5

설정을 모두 마쳤다. Windows의 [시작]에서 마우스 오른쪽 버튼을 클릭하고 [종료 또는 로그아웃]-[시스템 종료] 메뉴를 클릭해 WINCLIENT 가상머신을 종료하자.

Step 6

WINCLIENT 가상머신을 다른 가상머신과 마찬가지로 스냅숏해 놓는다.

이로써 1장의 **그림 1-3** 또는 **그림 1-69**에 나온 FIRST, SECOND, THIRD, WINCLIENT 가상머신의 설치/구성/스냅숏이 완료되었다. 본격적으로 실습을 진행해 보자.

3.1.3 Server Core 설치

2장에서 Windows Server 2022의 Server Core와 관련한 내용을 잠시 언급한 적이 있다. Server Core는 그래픽 인터페이스를 제공하지 않기 때문에 어려운 명령어를 많이 익혀야 운영이 가능하다. 따라서 Server Core에 대한 세부적인 내용을 다루는 것은 이 책의 범위를 벗어나지만, Server Core가 Windows Server의 큰 특징 중 하나이므로 간단한 실습을 4장에서 진행하겠다. 4장의 실습을 위해 이번 장에서 미리 Server Core를 설치해 놓자.

참고로 Server Core는 Windows Server 2022의 Datacenter나 Standard 에디션에서 제공되며 Essentials 에디션에서는 제공되지 않는다.

NOTE ▸ Server Core에 관심이 없는 독자는 이번 **실습 4**를 생략해도 좋다. **실습 4**에서 설치하는 Server Core 가상머신은 4장의 **실습 8**에서 잠시 사용할 뿐 책의 전체 흐름과는 별 관계가 없다. 참고로 Server Core는 Windows Server 2008부터 제공되기 시작해서 계속 기능이 향상되어 왔다.

실습 4 ▸───────────────────────────

Windows Server 2022의 Server Core를 설치하자.

Step 1 ───────────────────────────

호스트 OS ◐ 가상머신을 생성한다. 다음 표를 보고 직접 생성하자(기억이 나지 않으면 1장의 **실습 2**를 참고한다.)

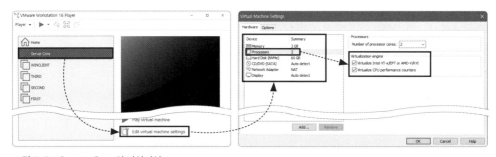

그림 3-81 Server Core의 가상머신

표 3-1 Server Core를 설치할 가상머신 하드웨어 사양 및 네트워크 정보

하드웨어	Server Core
주 용도	Server Core 테스트 용도
Guest OS 종류	Windows Server 2022 (또는 Windows Server 2019)
가상머신 이름	Server Core
저장 폴더	C:\Win2022\Server Core\ (다른 드라이브를 사용해도 됨)
CPU	프로세서 개수 2개, 가상화 기능 2개 체크
하드 용량	60GB
메모리 할당	2048MB
네트워크 타입	Use Network address Translation (NAT)
CD/DVD	O
기타 장치	USB, Sound Card, Printer 장치 제거

Step 2

Server Core ◉ 가상머신의 CD/DVD에 Windows Server 2022 ISO 파일을 넣고 기존과 같이 설치를 진행한다.

2-1 [Time and currency format]을 'Korean (Korea)'로 선택하자. 그러면 한글 입출력이 문제없이 처리된다. [Next] 버튼을 클릭한다.

그림 3-82 Server Core 설치 1

2-2 [Install Now] 버튼을 클릭해 설치를 진행한다.

2-3 운영체제 선택 화면에서 'Windows Server 2022 Standard Evaluation'을 선택하고 [Next] 버튼을
클릭한다.

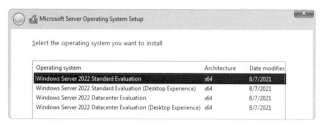

그림 3-83 Server Core 설치 2

NOTE ▶ Windows Server 2012 R2까지 Server core는 뒤에 '(Server core Installation)'으로 표기되어 있었으나,
Windows Server 2016부터는 뒤에 아무것도 붙어 있지 않다. 이는 Server Core 환경이 Microsoft사에서 제시하는
Windows Server의 기본 환경인 것을 암시하는 대목이다. 즉, Windows Server 버전이 올라갈수록 점점 더 GUI 환
경이 없는 방향으로 제공된다는 의미다. 하지만 현실은 Windows Server를 사용하는 대부분의 사용자의 경우 사용이
편리한 GUI 환경을 선호하는 실정이다.

2-4 [Applicable notices and license terms]에서 [라이선스]에 '동의'를 체크하고 [Next] 버튼을 클릭한다.

2-5 [설치 유형]에서는 두 번째인 'Custom: Install Microsoft Server Operating System only
(advanced)'를 클릭해서 설치를 진행한다.

2-6 [설치할 디스크 선택 화면]에서는 'Drive 0'를 선택하고 [Next] 버튼을 클릭하면 설치가 진행된다.

NOTE ▶ Server Core 가상머신은 VMware Tools를 설치할 필요가 없다. 그러므로 Server Core 가상머신에서 마
우스 포커싱이 빠져나오려면 Ctrl + Alt 키를 눌러야 한다.

Step 3 ─────────────────────────────────

Server Core ◉ 설치가 완료되고 처음 부팅되면 Administrator의 암호를 설정해야 한다.

NOTE ▶ 만약 'Press Ctrl-Alt-Del to unlock'이라는 메시지가 있다면 VMware Player 창의 [Player]-[Send Ctrl
+ Alt + Del] 메뉴를 클릭한다.

3-1 처음에 Administrator의 암호를 지정해야 하는 화면이 나온다. [OK]에서 Enter 키를 누른다.

그림 3-84 Administrator 암호 지정 1

3-2 암호 2개를 모두 'p@ssw0rd'로 입력하고 Enter 키를 누른다(다음 행으로 이동은 Tab 키를 누른다)

그림 3-85 Administrator 암호 지정 2

3-3 암호가 변경되었다는 메시지가 나오면 [OK]에서 Enter 키를 누른다.

그림 3-86 Administrator 암호 지정 3

3-4 환영 메시지와 함께 환경 설정과 관련된 내용이 나오며, 이를 [SConfig] 창이라고 부른다. 우선은 '15'를 입력하고 Enter 키를 눌러 파워셸이 나오도록 한다.

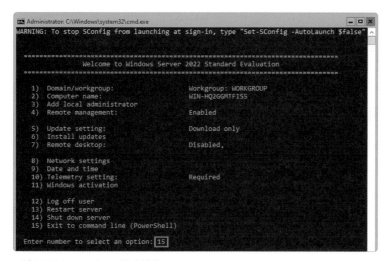

그림 3-87 Server Core 초기 화면

NOTE▶ 초기에 나오는 화면은 **SConfig** 명령을 수행하면 나오는 화면이다. 처음에는 부팅할 때마다 자동으로 **SConfig** 명령이 실행된다.

3-5 부팅할 때마다 [SConfig] 창 없이 파워셸이 바로 나오도록 설정하자. `Set-SConfig -AutoLaunch $false` 명령을 실행한다.

그림 3-88 SConfig 창이 나오지 않도록 설정

3-6 기본적인 설정을 마쳤다. 이젠 컴퓨터를 종료하자. **shutdown /s /t 0** 명령을 입력하면 된다(**shutdown /s /t 0** 명령은 0초 안에 컴퓨터를 종료하라는 의미다).

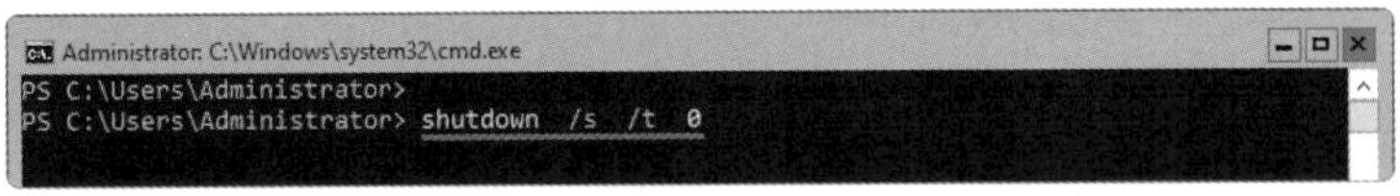

그림 3-89 Server Core 끄기

Step 4 ———

호스트 OS ◉ 다른 가상머신과 마찬가지로 Server Core 가상머신을 스냅숏한다.

Server Core를 설치 완료했다. 명령어로 Server Core를 운영하는 방법은 4장에서 다시 다룬다.

3.2 문제 발생 시 원상 복구

3.2.1 가상머신에 문제 발생 시 원상 복구(스냅숏)

앞으로 실습을 진행하다 보면 가상머신에서 많은 설정과 테스트 과정을 진행하게 된다. 그럴 때 문제가 발생할 수도 있고 때로는 가상머신이 너무 무거워져서 초기화가 필요한 상황이 발생하기도 한다(1장의 **그림 1-55**에서 설명했다).

이 책의 3부에서는 각 장마다 다양한 네트워크 서버를 구축한다. 그러나 앞 장에서 구축한 서버를 그대로 두고 새로운 서버를 추가로 구축하면 당연히 가상머신은 매우 무거워질 것이다. 또한 앞 장에서 설정한 내용으로 인해 새로운 서버의 구축에 문제가 발생할 수도 있다. 이를 방지하기 위해 이 책에서는 필요할 때마다 각 장의 시작 부분에서 가상머신을 초기화한 후에 새로운 서버를 구축할 것이다. 즉, 이 책의 매 장마다 서버를 구축하는 것이기 때문에 혹시 앞선 실습에서 구축에 실패하더라도 뒷부분에는 영향이 미치지 않는다. 이번 실습에서는 초기화 방법을 익혀보자.

> **❗ 여기서 잠깐**   **VMware Workstation Player만 설치한 경우 스냅숏**
>
> 만약 VMware Workstation Pro가 아닌 VMware Workstation Player만 설치했다면 스냅숏 기능이
> 제공되지 않는다. 스냅숏을 사용하기 어려운 경우에는 스냅숏 대신 가상머신 폴더를 통째로 복사해서 사용
> 하는 방법도 있다. 예를 들면 FIRST 가상머신의 설치 폴더인 C:\Win2022\FIRST\ 폴더를 통째로 C:\
> Win2022(백업)\FIRST\ 폴더에 복사해 놓는다. 그리고 필요할 경우에 C:\Win2022\FIRST\ 폴더를 삭제
> 하고 C:\Win2022(백업)\FIRST\ 폴더를 다시 C:\Win2022\FIRST\ 폴더로 복사해 놓고 사용하는 것이
> 다. 다소 불편하고 시간이 걸리겠지만 스냅숏 기능을 대신하는 방법이다.
>
>
>
> 그림 3-90 가상머신 폴더를 통째로 복사해 놓고 사용

실습 5

**VMware Workstation Pro에서 가상머신을 초기화하는 방법을 연습하자. FIRST 가상머신을 사용
한다.**

Step 0

VMware Player에서 FIRST 가상머신을 부팅한 다음 Administrator으로 로그온한다(암호는 'p@ssw0rd'
이다).

Step 1

Windows Server 2022에 다양한 작업을 수행하고 나서 강제로 종료한다.

1-1 바탕 화면에 연습용 폴더를 만들자.

그림 3-91 바탕 화면에 폴더 생성

1-2 중요한 내용을 삭제하자. C:\Windows\assembly\ 폴더 아래의 모든 항목을 삭제한다.

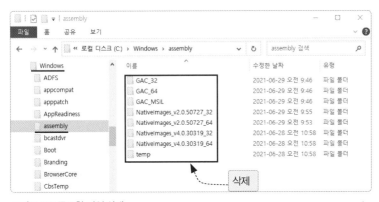

그림 3-92 중요한 파일 삭제

NOTE ▶ 사실 C:\Windows\assembly\ 폴더는 중요한 폴더가 아니라 없어도 상관없다. 하지만 중요한 폴더라고 가정하고 실습한다.

1-3 인터넷에서 적당한 응용 프로그램을 다운로드해 보자. 필자는 'https://www.kakaocorp.com/page/service/service/KakaoTalk' 주소에서 PC용 카카오톡을 다운로드해 설치했다.

그림 3-93 응용 프로그램 설치

1-4 [Player]-[Power]-[Shut Down Guest] 메뉴를 클릭해 가상머신을 강제로 종료한다.

Step 2

가상머신을 처음 상태의 스냅숏으로 되돌리자.

2-1 VMware Workstation Pro를 실행하고 [FIRST]를 클릭한다.

2-2 [Snapshot]-[Snapshot Manager] 메뉴를 클릭하거나 [Manage snapshots for this virtual machine]을 클릭한다. [설정 완료]를 선택한 후 [Go To] 버튼을 클릭한다. 경고 메시지가 나오면 [Yes] 버튼을 클릭한다.

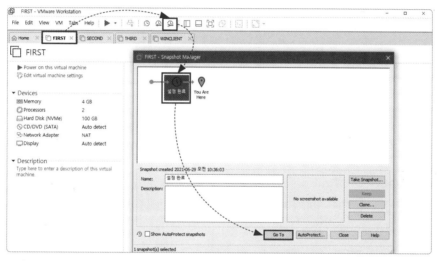

그림 3-94 저장한 스냅숏으로 되돌리기

2-3 VMware Workstation Pro를 종료한다.

Step 3

다시 VMware Player를 실행해 FIRST 가상머신을 부팅하고 Administrator로 로그온한다. 그러면 바탕 화면의 폴더도 없어지고 삭제했던 C:\Windows\assembly\ 폴더 아래의 모든 파일도 다시 보일 것이다. 그리고 설치한 응용 프로그램은 보이지 않을 것이다. 즉, 원래의 깨끗한 상태로 FIRST 가상머신이 부팅되었다. 다시 FIRST 가상머신을 종료한다.

NOTE ▶ 만약 부팅 시 경고 메시지가 나오면 왼쪽의 'I moved it'을 선택하면 된다.

그림 3-95 이전 상태로 모두 돌아옴

3.3 이전 버전에서 Windows Server 업그레이드

이전 버전의 Windows에서 Windows Server 2022로 업그레이드하는 것 자체는 별로 어렵지 않지만, 기존에 운영되는 서비스에 영향을 미칠 수 있으므로 업그레이드를 할 때는 상당한 주의가 요구된다. 특히 실무에서 운영되고 있는 서버를 업그레이드할 때 심각한 경우 업그레이드 후에 서비스가 제공되지 않는 문제가 발생할 수도 있다.

우선 Windows Server 2022로 업그레이드 가능한 운영체제는 Windows Server 2016, 2019이며 그 이전 버전에서는 업그레이드되지 않는다. 다음 표는 업그레이드가 가능한 에디션을 정리한 것이다.

표 3-2 Windows Server 2022로 업그레이드가 가능한 목록 (출처: 마이크로소프트 문서 https://docs.microsoft.com/)

이전 버전	업그레이드 가능한 버전
Windows Server 2016, 2019 Datacenter	Windows Server 2022 Datacenter
Windows Server 2016, 2019 Standard	Windows Server 2022 Datacenter Windows Server 2022 Standard
Windows Server 2016, 2019 Essentials	Windows Server 2022 Essentials

추가로 Windows Server 2022끼리 전환하기 위한 요구 사항은 다음과 같다.

❶ 평가판에서 정식 버전으로 변환하려면 설치나 업그레이드 필요 없이 정식 버전의 제품 키를 파워셸에서 다음과 같이 입력하면 된다.

```
DISM /online /Set-Edition: <에디션 ID> /ProductKey:<25자리제품키> /AcceptEula
```

위 명령을 입력하면 시스템이 2회 재부팅된 후 정식 버전으로 변경된다.

❷ 하위 에디션에서 상위 에디션으로는 비슷한 방식으로 전환할 수 있다. 즉, Essentials 에디션은 Standard로, Standard 에디션은 Datacenter 에디션으로 전환할 수 있다. Windows Server 2022 Essentials 에디션에서 Windows Server 2022 Standard 에디션(에디션 ID는 ServerStandard)으로 전환하려면 다음 명령을 입력하면 된다.

```
DISM /online /Set-Edition:ServerStandard /accepteula / ProductKey:<정식 제품 키>
```

NOTE ▶ 여기서 에디션 ID는 파워셸에서 **DISM /online /Get-CurrentEdition** 명령의 결과 중 '현재 버전'에 나온 내용을 사용하면 된다.

당연히 정식 제품 키는 Microsoft사에 비용을 지불하고 구매해야 한다. 위 명령을 입력하면 한동안 에디션 전환 작업이 실행되고 재부팅이 완료되면 전환된다. 참고로 Essentials 에디션은 최대 25명의 사용자와 50대의 장치만 지원되지만, Standard 에디션으로 전환하면 75명의 사용자와 75대의 장치가 지원된다.

NOTE ▶ 원래 Standard 에디션의 사용자 수는 제한이 없었으나 Essentials에서 Standard로 전환하면 Essentials의 고유 기능인 대시보드 등의 사용자 제한으로 Standard도 75명의 사용자로 제한된다. 만약 75명이 넘는 사용자를 사용하고자 한다면 Essentials의 기능을 해제하면 된다. 또한 Standard로 전환한 후에는 각 사용자별로 CAL(클라이언트 액세스 라이선스)를 Microsoft사에서 구매해야 하므로 실무에서 에디션을 전환할 때는 추가 비용도 고려해야 한다.

이상으로 이 책에서 사용할 Windows Server 2022의 다양한 설치를 진행했다. 앞으로는 환경 설치가 완료된 가상머신을 이용해서 Windows Server 2022의 관리 및 네트워크 서버 구축을 학습한다. 또한 책의 후반부에서는 지금 구성한 4대(FIRST, SECOND, THIRD, WINCLIENT)의 가상머신을 모두 동시에 가동해 네트워크 환경의 서버를 구성한다.

Part

02

Windows Server 2022 기본 관리

Windows Server의 설치를 완료했다면 관리자는 Windows Server의
필수적인 운영 방법을 익혀야 한다. 추가로 디스크를 관리하는 다양한 방법과
안전하게 Windows Server를 운영하기 위한 백업과 복원을 학습한다.

04

서버 운영을 위한 필수 사항

4장에서는 Windows 자체 기능에 대해 익숙하지 못한 독자를 위해 Windows의 공통 기능을 주로 학습한다. 이번 장의 내용은 Windows 10/11에도 대부분 적용되는 기능들이며, Windows Server를 원활히 사용하기 위해서 필수적으로 알아야할 내용들이다. 그러나 이미 Windows 10/11 등의 많은 고급 기능에 익숙하거나 이전 버전의 Windows Server 운영 경험이 있다면 이번 장은 Windows Server 2022에 새롭게 적용되는 내용 위주로 가볍게 훑어본다.

학습목표

● **이 장의 핵심 개념**

- Windows의 부팅과 종료 시 발생되는 내부 작동을 이해한다.

- 사용자 계정과 그룹 계정에 대해 이해하고 실습한다.

- 파일과 폴더의 효율적인 관리법을 익힌다.

- Windows 10 사용법 및 시스템 설정을 실습한다.

- Windows 보안과 관련된 다양한 내용을 학습한다.

- 파일 및 폴더의 공유 방법을 실습한다.

- Server Core의 운영법을 배운다.

- PowerShell의 개념을 이해하고 실습한다.

● **이 장의 학습 흐름**

Windows 부팅 과정과 자동 시작 프로그램

▼

사용자 계정/그룹 계정 관리

▼

원격 접속

▼

데이터 암호화 등 보안 설정

▼

파일/폴더 공유

▼

Server Core 운영과 설정

▼

Windows PowerShell과 Cmdlet 활용

4.1 부팅과 자동 시작 프로그램

이제부터 Windows Server 2022의 기본적인 기능에 대해서 정확히 파악해 보자.

4.1.1 Windows 종료

Windows Server는 컴퓨터를 종료하거나 재부팅 할 때 컴퓨터를 종료하는 이유를 선택하거나 입력해야 한다. 그 이유는 Windows Server 2022가 설치된 서버 컴퓨터는 항상 가동되는 것이 일반적이고 종료할 때마다 그 이유를 명확히 하는 것이 안정적인 시스템 운영에 도움이 되기 때문이다.

NOTE▶ 이 책에서는 컴퓨터를 켜는 것을 부팅(Booting)이라고 하고 종료하는 것을 셧다운(Shutdown)이라고 한다.

종료 시 나오는 항목 중에서 종료하려는 이유를 선택하면 된다.

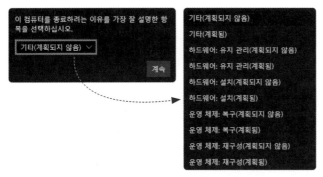

그림 4-1 시스템 종료 예시

NOTE▶ 우리는 지금 Windows Server를 다루는 방법을 학습 중이므로 시스템 종료 이유를 정확하게 선택할 필요는 없다. 아무 항목이나 선택해서 종료해도 문제는 없으나 실무에서는 종료 이유를 명확하게 알려주는 것이 중요하다.

이전에 종료 또는 재부팅된 이벤트 기록을 확인하려면 Windows의 [시작]에서 마우스 오른쪽 버튼을 클릭한 후 [이벤트 뷰어] 메뉴를 클릭한다. 그리고 [이벤트 뷰어] 왼쪽 화면의 [Windows 로그]–[시스템]을 선택한 다음 오른쪽 [작업] 화면의 [현재 로그 필터링]을 클릭한다. [현재 로그 필터링] 창이 나오면 [모든 이벤트 ID]에 '1074'를 입력하고 [확인] 버튼을 클릭하면 시스템 종료와 재부팅 관련 이벤트만 보인다.

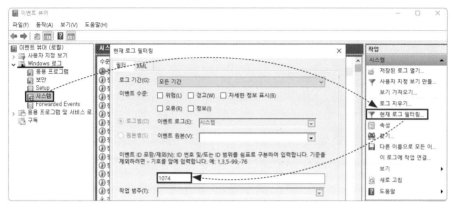

그림 4-2 시스템 종료 이벤트 확인 1

1074(종료 관련) 이벤트 ID만 나오면 각각의 이벤트를 클릭해서 아래쪽에 자세한 설명을 확인할
수 있다. 이때 직접 입력했던 컴퓨터 종료 이유도 확인할 수 있다.

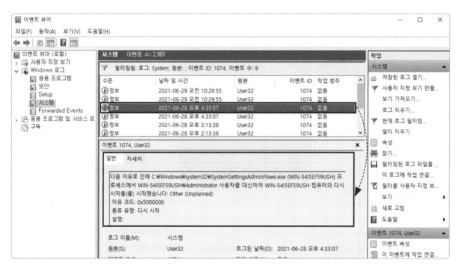

그림 4-3 시스템 종료 이벤트 확인 2

4.1.2 Windows의 부팅 과정

이미 이 책에서도 자연스럽게 여러 번 Windows Server 2022 재부팅을 반복했다. Windows
Server 2022를 가동하려면 컴퓨터가 꺼진 상태에서 전원 스위치를 누르면 된다. 그러면 다음 그림
과 같은 과정을 거쳐 Windows Server 2022가 부팅된다.

그림에는 8단계로 구성했으나, 더 세부적으로 나눌 수도 있고 과정을 합칠 수도 있다. 전반적인 흐름을 살펴보고 설명 단계는 참고만 하자.

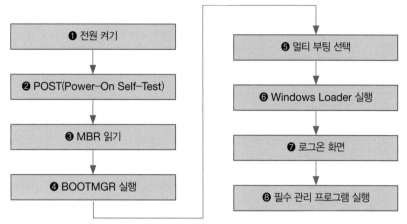

그림 4-4 Windows Server 2022의 부팅 과정

❶ 전원 켜기

❷ **POST(Power-On Self-Test)**: 컴퓨터의 전원이 켜지면 메인보드의 ROM에 저장된 BIOS 프로그램이 작동된다. 그리고 이 BIOS에 설정된 하드웨어 장비가 이상이 없는지 체크한다. 만약 이상이 발생하면 '삐' 같은 소리가 난다(이 소리는 메인보드 제조사에 따라서 다르게 설정되어 있다).

❸ **MBR(Master Boot Record) 읽기**: BIOS에 설정된 하드디스크(SSD 포함), CD/DVD, USB 등 부팅 우선순위에 의해 부팅을 진행한다. 만약 하드디스크로 가장 먼저 부팅이 되기로 검색되었다면 하드디스크의 첫 번째 MBR 정보를 읽어서 다음 단계인 Bootmgr.exe를 실행시킨다.

❹ **BOOTMGR 실행**: 부팅 매니저(Booting Manager)라고 불리는 Bootmgr.exe에는 부팅과 관련된 설정 정보가 있으며, 만약 다른 운영체제와 Windows Server 2022가 함께 설치되어 있다면 멀티 부팅 선택 화면이 나타난다.

❺ **멀티 부팅 선택**: 다른 운영체제와 Windows Server 2022가 설치된 경우 또는 Windows Server 2022가 여러 번 설치된 경우 어떤 운영체제로 부팅할지 선택할 수 있다. 만약 Windows Server 2022 하나만 설치되어 있다면 Windows Loader를 실행한다.

NOTE ▶ 그러나 학습이나 테스트를 위한 용도가 아니라면 실무에서 Windows Server 2022를 멀티 부팅으로 사용하는 경우는 거의 없다.

❻ **Windows Loader 실행**: Windows Loader(Winload.exe)는 Windows에서 중요한 파일 중 하나인 Ntoskrnl.exe와 Hal.dll 등을 실행시킨다. 그리고 레지스트리에 등록되어 있는 시스템 설정 정보를 읽어서 하드웨어 관련 드라이버를 로딩한 후에 로그온 화면을 보여준다.

NOTE ▶ 부팅과 관련된 대부분의 파일은 C:\Windows\System32 폴더 또는 C:\Windows\System32\Boot 폴더에 들어 있다.

❼ **로그온 화면**: 사용자 및 암호를 입력하여 로그온한다.

❽ **필수 관리 프로그램 실행**: 로그온 후에는 Windows를 운영하기 위한 세션을 관리하는 smss.exe, 시작 프로그램을 관리하는 Wininit.exe, 로컬 보안을 관리하는 Lsass.exe, 서비스를 관리하는 Services.exe가 자동으로 실행되고 백그라운드에서 계속 작동한다. 로그온 후에 바탕 화면 아래쪽의 작업 표시줄 빈 곳에 마우스 오른쪽 버튼을 클릭한 후 [작업 관리자]를 클릭해서 [자세히] 버튼을 클릭하고 [세부 정보] 탭을 선택하면 확인할 수 있다.

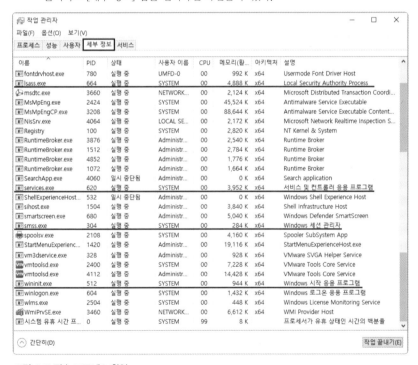

그림 4-5 필수 프로세스 확인

4.1.3 고급 부팅 옵션

큰 문제가 없다면 Windows Server 2022를 표준 모드로 부팅하면 되지만, 여러 가지 경우에 따라서 다른 부팅 모드를 사용할 필요가 있다. 고급 부팅 옵션을 사용하려면 **shutdown /r /o** 명령을 입력해서 재부팅하면 된다. 재부팅되면서 나오는 [Choose an option(옵션 선택)]에서 [Troubleshoot(문제 해결)]-[Startup Settings(시작 설정)]-[Restart(다시 시작)] 메뉴를 클릭하면 된다.

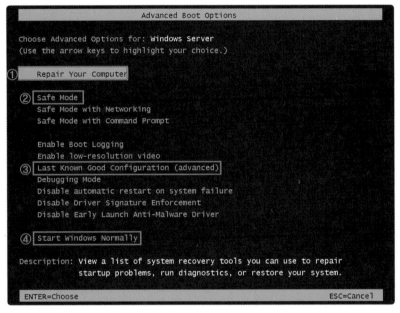

그림 4-6 고급 부팅 옵션

시스템에 문제 발생 시 가장 일반적인 방법은 제일 위의 ❶Repair Your Computer(컴퓨터 복구) 모드를 사용해서 복구를 시도할 수 있는데, 문제를 해결하기 위해서 초기화, 고급 도구 등을 사용할 수 있다.

다른 방법으로는 시스템에 문제가 있을 때 ❷Safe Mode(안전 모드)로 접속하여 문제를 해결하고 다시 ❹Start Windows Normally(표준 모드로 Windows 시작) 모드를 사용하는 방법이다. 그 외에도 특정 구성을 변경하고 나서 시스템에 문제가 발생한 경우 그 이전의 성공적인 구성으로 돌리기 위한 ❸Last Known Good Configuration (advanced)(마지막으로 성공한 구성(고급)) 모드 등을 사용할 수 있다.

4.1.4 자동 시작 프로그램

Windows Server 2022가 부팅되면 자동으로 시작해 주는 '시작 프로그램'이 등록되는 폴더는 C:\Users\Administrator\AppData\Roaming\Microsoft\Windows\Start Menu\Programs\Startup\이다. 이곳에 자동으로 시작하고 싶은 프로그램을 등록하거나 등록된 프로그램을 삭제할 수 있다. 이외에도 자동으로 시작되는 프로그램이 보이지 않게 등록되어 있는데, 이에 대한 실습은 잠시 후에 해 보겠다.

4.1.5 부팅 메뉴 수정

멀티 부팅의 경우 나중에 설치한 운영체제가 자동으로 선택되고 30초의 기본적인 대기 시간이 주어진다. 만약 자동으로 부팅할 운영체제를 변경하거나 대기 시간을 변경할 필요가 있다면 [시스템 구성]이나 [시스템]에서 설정할 수 있다.

실습 1

FIRST 가상머신에서 Windows 부팅 설정을 연습해 보자.

Step 1

현재 시스템에 문제가 생겼다고 가정하고 다음에 부팅될 때 자동으로 안전 모드로 부팅되도록 설정하자.

1-0 Administrator 사용자로 로그온한다.

1-1 Windows의 [시작]에서 마우스 오른쪽 버튼을 클릭한 다음 [실행] 메뉴를 클릭해서 `msconfig` 명령을 입력한 후 [확인] 버튼을 클릭한다.

1-2 [시스템 구성] 창에서 [부팅] 탭의 '안전 부팅'을 체크하고 [확인] 버튼을 클릭한다(필요하다면 그 외 옵션을 선택할 수도 있다). 시스템 구성 메시지가 나오면 [다시 시작] 버튼을 클릭해서 재부팅한다.

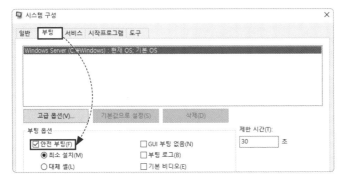

그림 4-7 안전 모드 부팅 1

1-3 재부팅한 다음 Administrator로 로그온하면 컴퓨터가 자동으로 안전 모드로 들어간다(만약 '이 ms-contact-support 링크를 열려면 새 앱이 필요합니다'라는 경고 메시지가 나오면 그냥 무시한다).

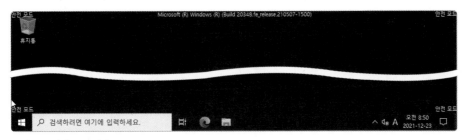

그림 4-8 안전 모드 부팅 2

1-4 문제를 해결했다고 가정하고 다시 [실행] 창을 연 다음 `msconfig` 명령을 입력해 [시스템 구성] 창에서 [부팅] 탭의 '안전 부팅'의 체크를 해제하고 다시 재부팅하자. 그러면 다시 표준 모드로 부팅될 것이다.

> **NOTE ▶** 앞으로 파일 탐색기를 자주 사용할 것이다. 파일 탐색기는 작업 표시줄의 📁 아이콘을 클릭하면 되며 단축키는 `Windows` + `E` 다. 다른 방법으로는 Windows의 [시작]에서 마우스 오른쪽 버튼을 클릭한 후 [파일 탐색기]를 클릭하면 된다.

Step 2 ───────────────────────────────────────

시작 프로그램을 등록하고 제거해 보자.

2-1 Windows의 [시작]에서 마우스 오른쪽 버튼을 클릭한 후 [실행]을 선택하자. `shell:startup` 명령을 입력하고 `Enter` 키를 누르면 시작 프로그램이 등록된 폴더(C:\Users\Administrator\AppData\Roaming\Microsoft\Windows\Start Menu\Programs\Startup)가 열린다.

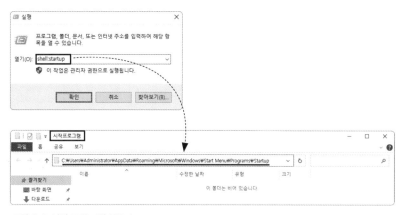

그림 4-9 시작 프로그램 등록 1

2-2 작업 표시줄의 [파일 탐색기]에서 마우스 오른쪽 버튼을 클릭하고 [파일 탐색기] 메뉴를 클릭한다. 그리고 비어 있는 시작 프로그램 폴더에 적당한 실행 파일을 바로 가기 폴더로 만든다. 필자는 'C:\Windows\System32\mspaint.exe'를 마우스 오른쪽 버튼으로 드래그한 후에 [여기에 바로 가기 만들기]를 선택했다.

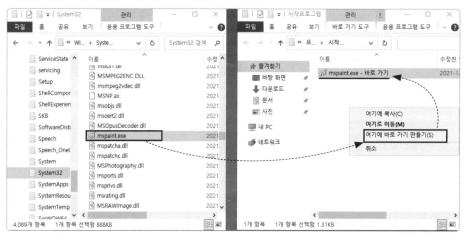

그림 4-10 시작 프로그램 등록 2

2-3 시작 프로그램 폴더에서 마우스 오른쪽 버튼을 클릭한 후 [새로 만들기]−[Text Document]를 클릭해 빈 문서를 만든다. 파일명에는 '연습'을 입력한 다음 더블클릭해서 파일을 열고 내용도 적당히 입력하고 저장한다.

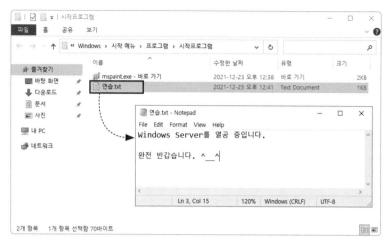

그림 4-11 시작 프로그램 등록 3

2-4 컴퓨터를 재부팅한다. 재부팅되면 그림판과 메모장이 자동으로 실행되는 것을 확인할 수 있다.

> **! 여기서 잠깐   GUI로 [시작 프로그램] 편집**
>
> Windows Server 2022에서 [시작 프로그램]을 GUI로 편집하는 도구는 제공되지 않는다. 대신 Microsoft 사에서 무료로 제공하는 Autoruns라는 프로그램을 사용하면 [시작 프로그램]을 쉽게 관리할 수 있다. Autoruns는 https://docs.microsoft.com/ko-kr/sysinternals/downloads/autoruns 주소에서 다운로드할 수 있다.
>
>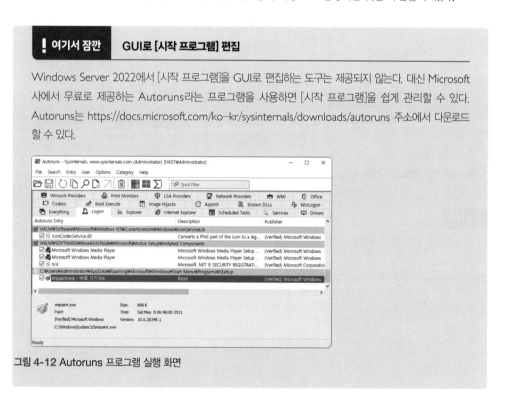
>
> 그림 4-12 Autoruns 프로그램 실행 화면

이번에는 멀티 부팅을 사용할 때 기본적으로 부팅되도록 설정된 운영체제를 변경하는 방법을 알아보자.

3-1 Windows의 [시작]에서 마우스 오른쪽 버튼을 클릭한 후 [시스템]을 실행한다. [정보] 화면을 아래로 마우스 스크롤해서 [고급 시스템 설정]을 클릭한다.

3-2 [시스템 속성] 창에서 [시작 및 복구]의 [설정] 버튼을 클릭한다. [시작 및 복구] 창이 나오면 [기본 운영체제]를 'Windows Server'로 설정한다. 우리는 멀티 부팅 환경이 아니므로 'Windows Server' 하나만 보인다. 필요하면 부팅될 때 기다리는 시간(운영체제 목록을 표시할 시간)을 원하는 시간으로 변경해도 된다. [확인] 버튼을 연속 클릭해 모든 창을 닫는다.

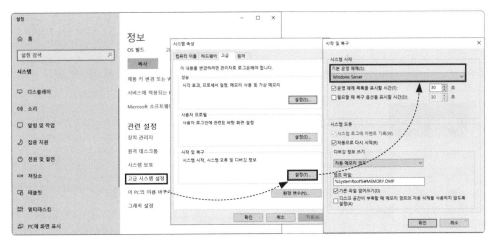

그림 4-13 부팅 우선 순위 변경

시작 프로그램에 등록한 파일을 삭제한다.

4-1 [Windows] + [R] 키를 누른 후 **shell:startup** 명령을 입력한다.

4-2 앞서 생성한 'mspaint.exe-바로가기'와 '연습.txt' 파일을 삭제한다.

4.2 사용자 계정과 그룹 계정

사용자 계정 User Account 및 그룹 계정 Group Account과 관련된 내용은 지금 사용하는 독립 실행형 서버 형태보다는 Active Directory 환경을 구성한 후에 더 자세히 알아봐야 한다. Active Directory는 **4부**에서 별도로 다루게 될 것이므로 지금은 간단히 독립 실행형 서버에만 해당하는 로컬 사용자와 로컬 그룹에 대한 개념을 살펴보고 사용법을 알아보자.

> **! 여기서 잠깐 | 독립 실행형 서버와 Active Directory 도메인 환경**
>
> 3장에서 설치한 4대의 Windows Server 2022 서버들은 아직 상호 관련성이 없으며 서로 독립적으로 작동한다. 이러한 서버를 '독립 실행형 서버'라고 부르며, 이름 그대로 다른 서버와 관련 없이 독립적으로 실행된다는 뜻이다. 한편 4부에서 다룰 Active Directory 도메인으로 구성된 서버는 독립 실행형 서버 환경과 달리 네트워크상 나누어진 여러 자원을 중앙 관리자가 통합하여 관리하는 서버다. 이 책의 1~3부에서는 독립 실행형 서버 환경을 주로 다루며, 4부에서 Active Directory 도메인 환경으로 구성한 네트워크 서버를 구축한다.

4.2.1 사용자 계정

Windows는 여러 명의 사용자가 존재할 수 있고 각 사용자마다 별도의 환경을 구성할 수 있다. 사용자를 여러 명 생성해서 사용하는 이유는 컴퓨터의 자원 Resource에 대한 사용 권한을 각 사용자마다 제한하기 위함이다. 즉, A라는 사용자가 행사할 수 있는 권한과 B라는 사용자가 행사할 수 있는 권한을 분리할 수 있다. 이렇게 권한을 분리하는 것은 현실 세계와 비슷한데, A사원이 회사에서 할 수 있는 권한과 B부장이 회사에서 할 수 있는 권한이 다른 것과 같은 개념이다. 예를 들면 B부장은 회사의 중요 기획서를 열람할 수 있는 권한이 있지만, A사원은 그럴 권한이 없는 것과 같다. 컴퓨터의 자원도 이와 비슷하게 사용 별로 권한을 허용하거나 제한할 수 있다.

독립 실행형 서버에서 생성한 사용자 계정을 **로컬 사용자 계정** local user account이라고 부른다고 했다. 이 계정은 Active Directory 도메인에 로그온할 수 없고 현재 컴퓨터의 자원에만 접근할 수 있다. 로컬 사용자 계정은 Windows Server 2022 외에 Windows 10/11에도 동일하게 적용된다.

그 외 **빌트인 사용자** Built-In user라는 용어는 Windows를 설치했을 때 이미 생성되어 있는 사용자를 말하는데, 독립 실행형 서버에는 기본적으로 Administrator, DefaultAccount, Guest 사용자가 있다. **Administrator**는 독자도 지금까지 사용해 봐서 알겠지만 해당 컴퓨터의 모든 권한을 행사할 수 있는 관리자다. **DefaultAccount**는 시스템이 관리하는 사용자이므로 신경 쓰지 않아도 된다. 또한 **Guest**는 말 그대로 손님 역할을 하는 사용자 계정인데 Windows Server 2022에서는 사용 하지 않도록 기본 설정이 되어 있다.

4.2.2 그룹 계정

그룹은 간단히 '여러 권한을 묶은 집합'이다. 즉, 여러 개의 권한을 묶어서 하나의 그룹으로 구성하 는 것이다. 이렇게 각각의 권한을 그룹으로 묶을 경우 권한 관리가 편리해지는 장점이 있다. 예를 들 어 회사에 사원 직급 1000명이 있고, 이들에게 서류함 접근 권한을 부여해야 할 경우 각각의 사용자 에게 권한을 주는 작업을 1000번 해야 한다. 그러나 만약 '사원 그룹'이라는 그룹을 만들어서 모든 사원을 이 그룹에 소속시키면 앞으로는 권한 부여 작업을 1000번씩 일일이 할 필요 없이 사원 그룹 에만 권한을 허용하거나 거부할 수 있다. 이렇게 되면 불필요한 작업을 효율적으로 처리할 수 있게 된다.

우리가 실습에서 사용하는 독립 실행형 서버에 해당하는 그룹을 **로컬 그룹 계정**local group account이라 고 부른다. 또한 Windows Server 2022를 설치하면 자동으로 생성되는 그룹 계정이 있는데, 이를 **기본 로컬 그룹**이라고 부른다. 그 종류는 **표 4-1**과 같다. 다음 표에서 설명하는 내용 중 별표 친 내용 을 유심히 살펴보자.

표 4-1 Windows Server 2022의 기본 로컬 그룹 (출처: 마이크로소프트)

그룹	설명
Access Control Assistance Operators	– 컴퓨터 자원에 대한 인증 속성을 관리하는 권한
★Administrators	– 모든 권한을 가지는 그룹 – Administrator는 이 그룹 소속 – 일반 사용자를 이 그룹에 소속시키면 Administrator와 동일한 권한 을 갖게 됨
★Backup Operators	– 파일을 백업하고 복구할 수 있는 권한
Certificate Service DCOM Access	– 인증 기관의 연결과 관련된 권한
Cryptographic Operators	– 암호화 작업의 수행 권한
Distributed COM Users	– 컴퓨터의 DOM 개체 관련 권한
Event Log Readers	– 이벤트 로그를 읽을 수 있음

★Guests	– 로그온할 때 임시 프로필을 만들고 로그아웃하면 삭제됨 – 기본적으로 사용하지 않도록 설정됨
Hyper-V Administrators	– Hyper-V의 모든 기능에 대한 접근 권한
IIS_IUSRS	– IIS에서 사용되는 그룹
Network Configuration Operators	– TCP/IP 설정 및 변경 권한
Performance Log Users	– 성능 카운터, 로그 등을 관리하는 권한
Performance Monitor Users	– 성능 카운터를 모니터링 하는 권한
Power Users	– 제한된 관리자 권한 – 이전 버전과 호환성을 위해 유지됨
Print Operators	– 도메인 프린터 관리 권한
RDS Endpoint Servers	– 가상머신 및 호스트 세션과 관련된 서버 권한
RDS Management Servers	– Remote Desktop Services와 관련된 서버 권한
RDS Remote Access Servers	– Remote Desktop Services의 관리자 작동과 관련된 서버 권한
★Remote Desktop Users	– 컴퓨터에 원격 로그온할 수 있는 권한
Remote Management Users	– WMI 자원과 관련된 권한
Replicator	– 복제와 관련된 권한
Storage Replicator Administrators	– Storage Replica의 접근과 관련된 권한
System Managed Accounts Group	– 시스템이 관리하는 사용자 관련 권한
★Users	– 사용자 계정을 생성하면 기본적으로 소속되는 그룹 – 대부분의 응용 프로그램을 수행할 수 있음 – 시스템 수준의 변경은 할 수 없음

NOTE ▶ 그룹 계정도 Active Directory 도메인과 관련된 도메인 로컬 그룹, 글로벌 그룹, 유니버설 그룹 등이 있다. 이에 대한 자세한 내용은 4부에서 살펴보겠다.

실습 2

로컬 사용자 계정을 관리하자.

Step 0

VMware Player를 2번 실행해 FIRST와 WINCLIENT 가상머신을 가동한다.

FIRST ○ 몇 명의 사용자를 만들어서 로그온해 보자.

1-1 Windows의 [시작]에서 마우스 오른쪽 버튼을 클릭한 후 [컴퓨터 관리]를 클릭해 실행하고 왼쪽 화면에서 [시스템 도구]−[로컬 사용자 및 그룹]−[사용자]를 선택한다. [사용자]에서 마우스 오른쪽 버튼을 클릭한 후 [새 사용자]를 클릭하고, [새 사용자] 창이 나오면 [사용자 이름]에 'user1', 암호에 '1234'를 입력한 다음 [만들기] 버튼을 클릭한다.

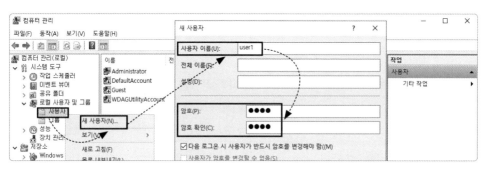

그림 4-14 사용자 관리 1

1-2 그러면 다음과 같은 오류 메시지가 나온다.

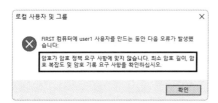

그림 4-15 사용자 관리 2

그 이유는 Windows Server의 암호 정책은 최소 총 6글자의 암호 중에 숫자와 문자가 포함되어 있어야 하기 때문이다. [확인] 버튼을 클릭해서 닫는다.

1-3 다시 암호 정책에 맞게 암호에 'pass1#'을 입력하고 [만들기] 버튼과 [닫기] 버튼을 클릭하자. user1 사용자가 생성된 것을 확인할 수 있다.

그림 4-16 사용자 관리 3

1-4 다시 마우스 오른쪽 버튼을 클릭하고 [새 사용자]를 선택해서 이번에는 사용자 이름에 'user2', 전체 이름에 '사용자2', 암호에 'pass1#'을 입력하자. 그리고 '다음 로그온 시 사용자가 반드시 암호를 변경해야 함'의 체크를 해제하고 그 아래 '사용자가 암호를 변경할 수 없음', '암호 사용 기간 제한 없음'을 체크한 후 [만들기]와 [닫기] 버튼을 클릭하자.

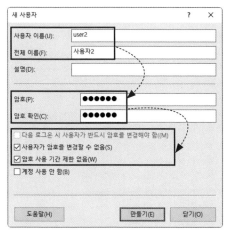

그림 4-17 사용자 관리 4

1-5 user2와 동일한 방식으로 사용자 이름에 'user3', 전체 이름에 '사용자3'을 입력해 사용자를 추가하자. 단, 이번에는 '다음 로그온 시 사용자가 반드시 암호를 변경해야 함'의 체크를 해제한 후 그 아래 '계정 사용 안 함'까지 3개 항목을 체크해서 생성한다.

1-6 다음 그림처럼 최종적으로 3명의 사용자가 생성된 것을 확인할 수 있다. user1은 전체 이름을 입력하지 않아서 전체 이름이 사용자 이름과 동일한 user1이다. 나머지는 전체 이름을 지정했기 때문에 각각 지정한 이름이 보인다. 또한 user3는 계정을 사용하지 않도록 설정했기 때문에 Guest 사용자와 같이 아이콘에 작은 검은색 화살표가 보이는 것을 확인할 수 있다.

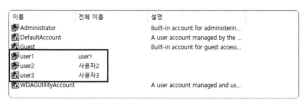

그림 4-18 사용자 관리 5

1-7 필요하다면 사용자의 정보를 변경할 수 있다. [user1]을 더블클릭하거나 [user1]을 선택하고 마우스 오른쪽 버튼을 클릭한 후 [속성] 버튼을 클릭한다. [속성] 창에서 [일반] 탭이 나오면 전체 이름이나 설명, 계정의 암호 설정 및 사용 여부를 변경할 수 있다. 단, 계정 이름인 user1은 처음에 만든 이름을 그대로 사용해야 한다.

그림 4-19 사용자 관리 6

1-8 [소속 그룹] 탭을 클릭하면 사용자를 생성하면 기본적으로 Users 그룹에 소속되어 있는 것을 확인할 수 있다. **표 4-1**에서 나온 바와 같이 Users 그룹은 대부분의 응용 프로그램을 실행할 수 있다. [user1 속성] 창과 [컴퓨터 관리] 창을 종료한다.

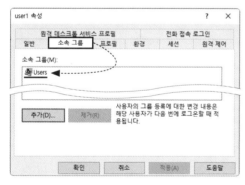

그림 4-20 사용자 관리 7

1-9 현재 Administrator의 바탕 화면을 다른 배경으로 바꿔 보자.

NOTE ▶ 바탕 화면의 배경 변경 방법이 기억나지 않으면 3장 **실습 2**의 **2-4**(120쪽)를 참고하자.

Step 2

FIRST ● 새로운 사용자로 접속해 보자.

2-1 `Alt` + `F4` 키를 눌러서 Administrator를 로그아웃해 보자. [로그아웃] 항목을 선택하고 [확인] 버튼을 클릭한다(Windows의 [시작]에서 마우스 오른쪽 버튼을 클릭한 후 [종료 또는 로그아웃]–[로그아웃]을 클릭해도 된다).

그림 4-21 로그아웃

2-2 `Ctrl` + `Alt` + `Insert` 키를 누르면 화면 왼쪽 아래 Administrator, user1, user2 3개의 사용자가 보인다. user2의 경우 이번 실습의 **1-4**에서 전체 이름을 '사용자2'로 설정했으므로 user2라는 사용자 이름 대신에 '사용자2'로 보이는 것이다. 단, 사용자 이름은 변함없이 user2라는 것을 잊지 말자. [user1]을 클릭한다.

그림 4-22 다른 사용자로 로그온 1

NOTE ▶ user3(사용자3)이 보이지 않는 이유는 이번 실습의 1–5에서 '계정 사용 안 함'을 체크했기 때문이다.

2-3 user1의 암호를 입력하는 창이 나온다. 앞에서 만든 'pass1#'을 입력하고 `Enter` 키를 누른다.

2-4 처음에 로그온하기 전에 암호를 바꾸라는 메시지가 나온다. 이번 실습의 **1-1**에서 user1은 '다음 로그온 시 사용자가 반드시 암호를 변경해야 함'에 체크했다. 즉, 로그온 시 반드시 암호를 변경해야 한다. [OK] 버튼을 클릭한다.

그림 4-23 다른 사용자로 로그온 2

2-5 새로운 암호는 'p@ssw0rd'로 입력하고 → 아이콘을 클릭하자. 암호가 변경되었다는 메시지가 나오면 [OK] 버튼을 클릭해서 로그온한다.

그림 4-24 다른 사용자로 로그온 3

NOTE ▶ 현재 암호를 'p@ssw0rd'로 설정한 것은 실습 중이므로 암호를 잊어버리지 않기 위함이다. 진짜 상황이라면 당연히 아무도 모르는 자신만의 암호를 지정해야 한다.

사용자가 처음 로그온할 때 암호를 변경하는 것은 좋은 방법이다. 관리자 계정인 Administrator를 사용하는 사람과 user1 계정을 사용하는 사람이 서로 다른 사람일 것이기 때문이다. 즉, Administrator는 user1을 만들면서 임시 암호로 지정한 후에 user1 계정을 사용할 사람에게 "당신의 계정은 user1이고 임시 암호는 pass1#입니다. 처음 접속할 때 당신이 직접 자신의 암호를 새로 지정하세요"라고 말해줘야 한다. 그러면 이후로 Administrator는 user1의 암호를 알 수 없을 것이다. 앞으로는 Administrator가 user1의 계정을 삭제하거나 암호를 변경할 수는 있으나, user1이 직접 지정한 암호가 무엇인지는 알 수 없다. 당연히 Administrator가 user1을 사용하는 사람의 암호를 알 필요가 없다. 만약, Administrator가 user1의 암호까지 관리하게 될 경우에 user1의 암호가 유출되어 보안 사고가 발생한다면 user1뿐 아니라 Administrator도 용의자에 들어가는 곤란을 겪을 수 있다.

2-6 이번에는 사용자별 프로필을 설정해 보자. 현재 보고 있는 바탕 화면은 Administrator가 사용하던 것이 아님이 확실하다(이번 실습의 **1-9**에서 변경한 바탕 화면 색이 다를 것이기 때문이다).

2-7 이 책에서 설치한 Windows Server 2022 평가판은 원래 영문이므로 새로운 사용자를 만들면 기본적으로 영문 환경으로 구성된다. Windows의 [시작]을 선택하고 사용자 아이콘에 마우스 커서를 올리면 현재 사용자가 user1임을 확인할 수 있다.

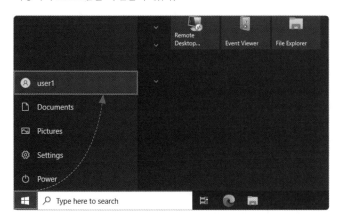

그림 4-25 사용자 이름 확인

2-8 다시 바탕 화면에서 마우스 오른쪽 버튼을 클릭하고 [Personalize]를 클릭해 배경 사진도 다른 것으로 바꾸자. Windows의 [시작]에서 마우스 오른쪽 버튼을 클릭한 후 [Shut down or sign out]을 클릭해 보자. [Restart]나 [Shut down] 메뉴가 보이지 않는 것을 확인할 수 있다. Users 그룹에 속한 사용자는

시스템을 끄거나 다시 시작할 권한이 없기 때문이다. 아직 로그아웃(Sign out)은 하지 말자.

그림 4-26 일반 사용자는 시스템 종료 권한이 없음

2-9 Windows의 [시작]에서 마우스 오른쪽 버튼을 클릭한 후 [Device Manager(장치 관리자)]를 클릭해서 실행해 보면 Standard User(일반 사용자)는 장치를 볼 수만 있다는 경고 메시지가 나올 것이다. 즉, Users 그룹의 사용자는 장치의 설정을 변경할 수 없다. [Device Manager] 창을 종료하자.

그림 4-27 표준 사용자의 권한 제한

2-10 바탕 화면에서 마우스 오른쪽 버튼을 클릭한 후 [New]–[Text Document] 메뉴를 클릭해 아무 빈 문서를 만들어 놓자. 그리고 [Alt]+[F4] 키를 눌러서 user1을 로그아웃한다.

그림 4-28 빈 텍스트 파일 생성

2-11 이번에는 Administrator를 선택하고 암호에 'p@ssw0rd'를 입력해서 로그온한다.

Step 3

FIRST ◉ 외부 컴퓨터에서 FIRST 가상머신으로 원격 접속할 수 있도록 설정하자.

3-1 Windows의 [시작]에서 마우스 오른쪽 버튼을 클릭한 후 [시스템]을 클릭해 실행하자. 왼쪽 메뉴에서 [원격 데스크톱]을 클릭하고 오른쪽의 [원격 데스크톱 활성화] 버튼을 '끔'에서 '켬'으로 변경한다. [원격 데스크톱 설정] 대화상자가 나오면 [확인] 버튼을 클릭한다.

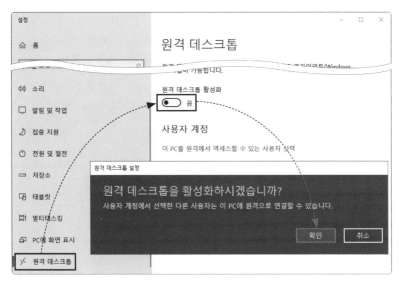

그림 4-29 원격 데스크톱 접속 허용 1

3-2 접속을 허용할 사용자를 선택하자. 아래쪽 [사용자 계정] 아래 [이 PC를 원격에서 액세스할 수 있는 사용자 선택]을 클릭한다. [원격 데스크톱 사용자] 창에서 [추가] 버튼을 클릭하고 [사용자 선택] 창에서 'user2'를 입력한 다음 [이름 확인] 버튼을 클릭한 후 [확인] 버튼을 클릭하면 원격 데스크톱 사용자에 'user2'를 추가할 수 있다. 설정을 완료하면 [확인] 버튼을 클릭해서 [원격 데스크톱 사용자] 창과 [설정] 창을 종료한다.

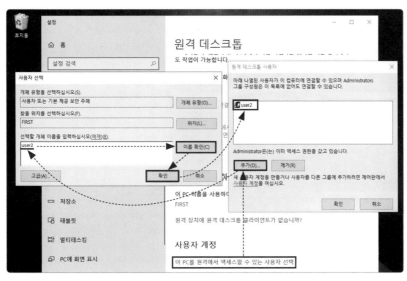

그림 4-30 원격 데스크톱 접속 허용 2

3-3 Windows의 [시작]–[제어판]을 클릭하고 [시스템 및 보안]–[Windows Defender 방화벽]을 클릭해 실행한다. 그리고 왼쪽의 '고급 설정'을 클릭하면 [고급 보안이 포함된 Windows 방화벽] 창이 나온다. [모니터링]–[방화벽]을 선택하면 'Remote Desktop'과 관련된 3개의 작업이 인바운드 방향으로 '허용'되어 있을 것이다. 즉, 외부에서 원격 데스크톱으로 이 컴퓨터에 접속할 수 있다는 의미다. 창을 모두 닫는다.

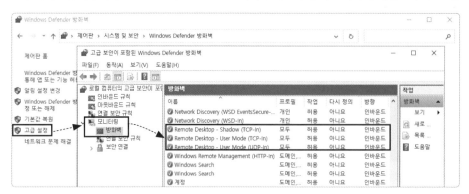

그림 4-31 원격 데스크톱 접속 허용 3

Step 4

WINCLIENT ▶ 이번에는 원격 접속으로 FIRST 가상머신에 접속을 시도해 보자.

4-1 Windows의 [시작]–[Windows 보조 프로그램]–[원격 데스크톱 연결] 메뉴를 클릭한다.

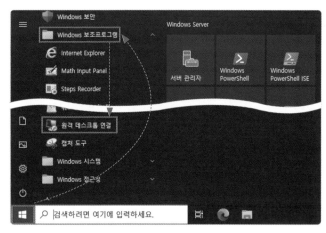

그림 4-32 외부에서 원격 접속 1

4-2 [컴퓨터(C)]에 FIRST의 IP 주소 '192.168.111.10'을 입력하고 [연결] 버튼을 클릭한다.

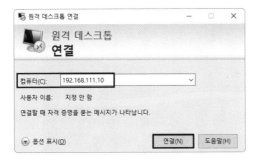

그림 4-33 외부에서 원격 접속 2

4-3 [사용자 자격 증명 입력]에서 사용자 이름에 'user2', 암호에 'pass1#'을 입력한다.

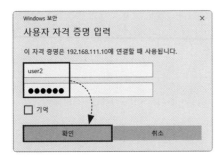

그림 4-34 외부에서 원격 접속 3

4-4 만약 '원격 컴퓨터의 ID를 확인할 수 없습니다. 연결하시겠습니까?' 라는 대화상자가 나오면 [예] 버튼을 클릭한다.

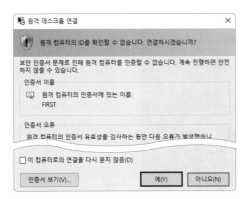

그림 4-35 외부에서 원격 접속 실패

4-5 잠시 기다리면 상단에 접속된 서버의 IP 주소(192.168.111.10)가 보이고 로그온된다.

그림 4-36 외부에서 원격 접속 4

4-6 user2는 user1과 달리 암호를 변경하라는 경고 메시지가 나오지 않는데, 그 이유는 이번 실습의 **1-4**에서 '암호 변경할 수 없음', '암호 사용 기간 제한 없음' 항목을 체크했기 때문이다. 이제부터는 실제 FIRST 가상머신에서 user2로 접속한 것과 동일하게 사용할 수 있다. 일단 접속된 상태를 유지한다.

Step 5 ——

FIRST ◐ 현재는 WINCLIENT 가상머신에서 user2 사용자로 원격 접속되어 있는 상태다. 이번에는 user2로 FIRST 가상머신에서 직접 로그온해 보자.

5-1 Windows의 [시작]에서 마우스 오른쪽 버튼을 클릭하고 [종료 또는 로그아웃]–[로그아웃] 메뉴를 클릭해서 현재 사용자를 로그아웃한다. 그리고 이번에는 [사용자2]를 클릭한 후 암호 'pass1#'을 입력해서 접속해 보자.

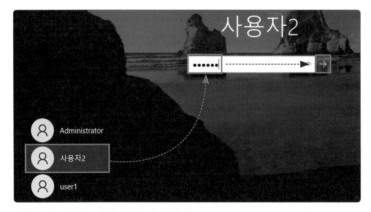

그림 4-37 원격 접속 이후 로컬에서 다시 접속 1

5-2 FIRST 가상머신에서 user2가 접속되는 순간에 원격 접속한 WINCLIENT 가상머신에서는 접속이 종료될 것이다. [확인] 버튼을 클릭하면 원래 WINCLIENT 가상머신의 화면이 나온다.

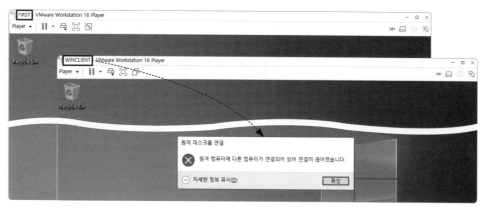

그림 4-38 원격 접속 이후 로컬에서 다시 접속 2

1명의 사용자가 동시에 로그온할 수 없는 것을 확인할 수 있다.

Step 6

FIRST ◐ user2와 user3 사용자의 암호를 모두 'p@ssw0rd'로 변경하자.

6-1 user2를 로그아웃하고 Administrator로 접속한다.

6-2 Windows의 [시작]에서 마우스 오른쪽 버튼을 클릭한 후 [컴퓨터 관리]를 클릭한다. [컴퓨터 관리] 창의 왼쪽 화면에서 [시스템 도구]–[로컬 사용자 및 그룹]–[사용자]를 선택한다. 오른쪽 화면에서 [user2]를 선택한 다음 마우스 오른쪽 버튼을 클릭한 후 [암호 설정]을 클릭한다. 경고 창이 나와도 [계속] 버튼을 클릭하고 암호 설정 창에서 새 암호를 'p@ssw0rd'로 설정한다. 설정을 마치면 [확인] 버튼을 클릭해 창을 닫는다.

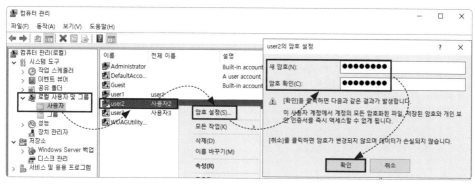

그림 4-39 사용자 암호 변경

6-3 user3도 user2와 동일한 방법으로 암호를 설정한다.

6-4 user3을 더블클릭해서 [일반] 탭의 '계정 사용 안 함'의 체크를 해제한다. 앞으로는 user3 계정도 사용할 수 있다.

6-5 설정이 완료되었으면 [컴퓨터 관리] 창을 종료한다.

원격 데스크톱은 외부에서 다른 컴퓨터로 접속할 수 있는 편리한 기능이다. 그러나 사용자가 다르더라도 동시에 2대 이상의 컴퓨터가 접속할 수 없는 제한이 있다. 이러한 제한을 받지 않기 위해서는 원격 데스크톱 서버를 사용해야 한다. 원격 데스크톱 서버에 대해서는 7장에서 다시 언급하겠다.

4.3 서버 운영을 위한 Windows 사용법

Windows Server 2022를 원활하게 운영하기 위한 Windows의 필수 사용법을 간단히 파악해 보자. 여기서 소개되는 기능은 Windows Server 2022뿐 아니라 Windows 10/11에도 대부분 활용되기 때문에 클라이언트 사용자도 알아두면 좋다.

4.3.1 파일과 폴더 관리

Windows에서 기본 단위가 되는 파일과 폴더를 효율적으로 관리하기 위해서 알아야 할 내용들을 실습을 통해 익혀보자. 이번 실습에서 익힐 내용을 먼저 요약하면 다음과 같다.

- Windows 검색 기능
- Windows 색인(Index) 사용법
- 파일 탐색기 옵션
- 드라이브 최적화
- 자동 압축 풀림 파일 만들기
- 파일을 복구 못하도록 완전 삭제하는 방법

파일 및 폴더의 관리 방법을 실습하자.

Step 0

이번 실습은 FIRST 가상머신에서 Administrator 사용자로 진행한다.

Step 1

Windows의 검색 기능을 살펴보자.

1-1 Windows의 [시작] 오른쪽의 검색 칸을 클릭하면 된다. 해당 칸에서 찾고자 하는 파일을 입력해 찾을 수 있다.

그림 4-40 검색 기능 1

1-2 예를 들어 검색 칸에 '관'을 입력하면 '관'이라는 글자가 들어가는 프로그램이나 관련 내용들이 나온다. 그중 사용하고자 하는 프로그램을 클릭하면 바로 실행된다. 다른 방법으로는 위쪽의 앱/문서/설정 아이콘을 클릭하면 범주에 해당하는 결과가 나올 것이다.

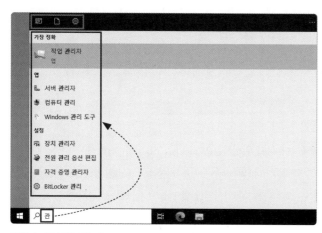

그림 4-41 검색 기능 2

1-3 파일명의 경우에는 확장명이 제외된 파일 이름을 입력하면 해당 앱이 표시된다. 예를 들어 검색 칸에 'pbrush'를 입력하면 pbrush.exe에 해당하는 명령어 또는 앱이 검색된다. 찾은 결과를 클릭하면 해당 프로그램이 실행된다.

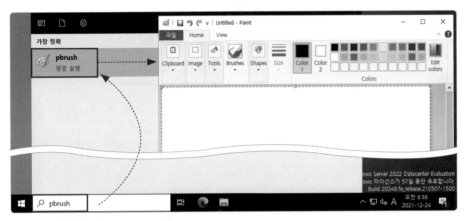

그림 4-42 검색 기능 3

Step 2

파일이 많을 경우 검색이 느릴 수밖에 없다. 이를 빠르게 하기 위해서 색인(Index)을 생성하자.

> **! 여기서 잠깐** **색인의 개념**
>
> 색인(Index)은 이 책의 제일 뒤에 있는 '찾아보기'와 거의 동일한 개념이다. 예를 들어 이 책에 '찾아보기'가 없을 경우 'bitlocker'라는 단어를 찾기 위해 당연히 책의 첫 페이지부터 읽으면서 찾아봐야 할 것이다. 하지만 '찾아보기'가 있다면 간단히 찾아보기에서 'bitlocker'를 찾은 후에 그 단어가 있는 페이지만 펼치면 되기 때문에 검색 속도가 비교할 수 없을 정도로 빨라질 것이다. 단점은 처음 '찾아보기'가 없을 경우에 '찾아보기' 부분을 만들기 위해서는 어느 정도의 노력과 시간이 필요하다는 것이다. 또한 책의 내용과 별도로 '찾아보기'를 위해서 추가 페이지가 필요하므로 책의 분량도 더 늘어날 것이다. Windows의 색인(Index)도 책의 '찾아보기'와 거의 동일한 장점과 단점을 갖는다.

2-1 Windows Server 2022에서 색인을 사용하기 위해서는 Windows Search Server를 설치해야 한다. Windows의 [시작]-[서버 관리자] 메뉴를 클릭하거나 Windows + R 키를 눌러 [실행] 창에 **ServerManager** 명령을 입력해서 [서버 관리자]를 실행한다. 그런 다음 [관리]-[역할 및 기능 추가] 메뉴를 클릭한다.

그림 4-43 색인 기능 사용 1

2-2 [시작하기 전]에서 [다음] 버튼을 클릭한다.

2-3 [설치 유형 선택]에서 기본인 '역할 기반 또는 기능 기반 설치'를 선택한 상태에서 [다음] 버튼을 클릭한다.

2-4 [대상 서버 선택]에서 기본값인 'FIRST'가 선택된 상태에서 [다음] 버튼을 클릭한다.

2-5 [서버 역할 선택]은 기본값 그대로 두고 [다음] 버튼을 클릭한다.

2-6 [기능 선택]에서 'Windows Search Service'를 체크하고 [다음] 버튼을 클릭한다.

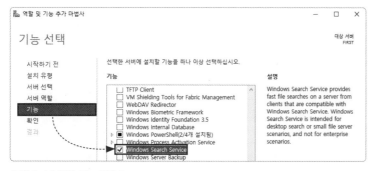

그림 4-44 색인 기능 사용 2

2-7 [설치 선택 확인]은 기본값 그대로 두고 [설치] 버튼을 클릭해서 설치를 시작한다. 설치가 완료되면 마법사를 닫고 [서버 관리자] 창도 종료한다.

그림 4-45 색인 기능 사용 3

2-8 서비스를 작동하자. Windows + R 키를 누른 후 `services.msc` 명령을 입력하고 Enter 키를 누른다.

2-9 [서비스] 창에서 아래쪽으로 마우스 스크롤 한 후에 'Windows Search'를 더블클릭해서 연다. 속성 창에서 [시작 유형]을 '자동'으로 바꾼 후 [적용] 버튼과 [시작] 버튼을 눌러 서비스를 가동하자. [확인] 버튼을 눌러 창을 닫고 [서비스] 창도 닫는다.

그림 4-46 Windows Search 서비스 가동

Step 3

색인 설정을 확인해 보자.

3-1 Windows의 [시작]에서 [제어판]을 클릭해 실행한다. [제어판]의 검색 칸에 '색인'을 입력해 [색인 옵션]을 클릭하자.

그림 4-47 색인 옵션 1

3-2 [색인 옵션] 창에서 [수정] 버튼을 클릭하고 '로컬 디스크 (C:)'를 체크한 후 [확인] 버튼을 클릭하면 색인이 생성된다. 색인이 생성되기까지는 몇 분 이상 걸린다. FIRST 가상머신에는 약 2~3천 개의 색인이 생성된다(설치된 프로그램에 따라서 개수는 달라질 수 있다). 색인이 완료되면 '색인이 완료되었습니다'로 메시지가 바뀐다.

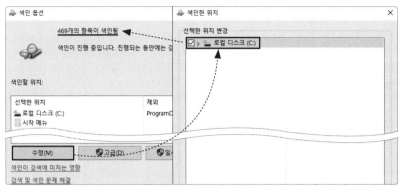

그림 4-48 색인 옵션 2

3-3 [색인 옵션] 창에서 [고급]을 선택하면 여러 가지 옵션을 볼 수 있다. 만약 처음부터 색인을 다시 만들어야 한다면 [다시 색인] 버튼을 클릭하면 된다. 그리고 화면 아래의 [현재 위치]를 유의해서 살펴보자. 색인된 파일의 위치가 C드라이브에 지정되어 있는데, 이 경우 검색될 대상인 색인 목록 파일과 C드라이브가 같은 곳에 위치하므로 디스크 경합으로 인해 검색 성능이 느려질 수 있다. 필요시 [새로 선택] 버튼을 클릭해 색인 목록 파일을 D드라이브 등 다른 곳에 위치시키면 성능 향상에 도움이 된다. 지금 우리는 별도의 디스크가 없으므로 이번 과정은 생략하겠다. [취소] 버튼을 클릭해 [고급 옵션] 창을 닫고 [닫기] 버튼을 클릭해 [색인 옵션] 창도 닫는다.

그림 4-49 색인 옵션 3

3-4 이제부터는 C드라이브의 파일을 검색할 때 상당히 빠르게 검색이 가능할 것이다. [파일 탐색기]를 실행하고 [내 PC]를 선택한 후에 오른쪽 위 검색 칸에 찾고자 하는 문자열을 입력하면 그 문자열이 들어 있는

파일이 검색된다. 다음 그림은 'wildcard'라는 문자열이 들어 있는 파일을 찾은 결과다.

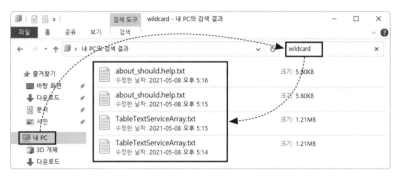

그림 4-50 파일 내용 검색

3-5 [Windows]+[D] 키를 누르면 바탕 화면이 다시 나온다.

Step 4

파일 탐색기에 표시되는 옵션을 몇 가지 확인하자.

4-0 다시 [파일 탐색기]를 클릭해 실행하고 C:를 확인해 보자. 몇 개의 폴더 외에는 별다른 파일들이 보이지 않을 것이다.

그림 4-51 파일 탐색기 화면

4-1 [폴더 옵션] 창에서 [보기]-[옵션]-[폴더 및 검색 옵션 변경] 메뉴를 클릭한다.

4-2 [폴더 옵션] 창에서 [보기] 탭에 들어가면 [고급 설정]에 여러 항목들이 있는 것을 확인할 수 있다. 그 중 '보호된 운영 체제 파일 숨기기(권장)'의 체크를 해제한다. 경고 메시지가 나오면 [예] 버튼을 클릭한다. 추가로 '숨김 파일 및 폴더 표시'를 체크하고 '알려진 파일 형식의 파일 확장명 숨기기' 체크를 해제한 후

[확인] 버튼을 클릭한다.

그림 4-52 파일 탐색기 옵션 변경

4-3 다시 [파일 탐색기]에서 C드라이브를 확인하면 이전에 보이지 않았던 시스템 파일(보호된 운영 체제 파일)이 보일 것이다. 그뿐만 아니라 모든 파일의 확장명도 확인할 수 있다. 시스템 폴더나 파일의 경우 아이콘이 흐리게 표시된 숨김 파일도 확인할 수 있다.

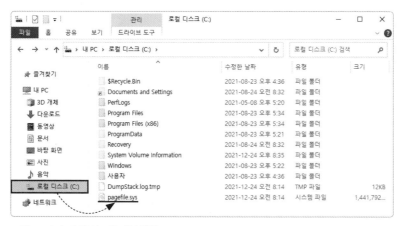

그림 4-53 숨김 및 시스템 파일 확인

4-4 이 중에서 pagefile.sys 파일을 삭제해 보자. 그러나 삭제를 해도 파일이 지워지지 않을 것이다. 이 파일은 시스템의 가상 메모리 역할을 하는 파일로, 컴퓨터의 부팅부터 종료까지 계속 사용되는 파일이므로 삭제되지 않는다.

NOTE ▶ 지금은 학습 중이므로 큰 문제는 없지만 숨김 파일과 시스템 파일은 꼭 필요한 경우가 아니라면 '숨김 파일 및 폴더 표시'를 체크하지 않는 것이 좋다. 시스템 파일을 고의나 실수로 삭제할 경우 심각한 문제가 발생할 수 있기 때문이다.

4-5 [파일 탐색기]의 [보기]-[옵션]-[폴더 및 검색 옵션 변경] 메뉴를 클릭하고 [보기] 탭에서 '보호된 운영체제 파일 숨기기(권장)'를 체크해 놓자. 그리고 [확인] 버튼을 클릭한다.

Step 5 ──

파일 접근 속도를 향상시키기 위해서 드라이브 최적화를 수행하자.

> **❗ 여기서 잠깐 드라이브 최적화의 의미**
>
> 처음 하드디스크에 데이터를 저장할 때는 빈 곳부터 차례대로 저장된다. 그런데 하드디스크를 오래 사용하다 보면 중간중간 필요 없는 파일을 지우는 일이 생기고, 새로운 파일을 저장할 때 이어지는 위치에 모여서 저장되는 것이 아니라 이곳저곳 분산 저장된다(물론 이 현상은 내부적으로 저장되는 방식이 분산 저장되는 것으로, 사용자는 파일이 분산되어서 저장되는지 모여서 저장되는지 알 수 없다). 파일이 이렇게 '조각'으로 나뉘어 저장되면 그 파일을 열기 위해서 하드디스크 이곳저곳을 탐색하게 되므로 실행 시간이 느려질 수밖에 없다. 드라이브 최적화는 이렇게 내부적으로 분산된 하나의 파일을 차례로 가까운 위치에 모이게 함으로써 파일을 좀 더 빨리 열 수 있도록 하는 방법이다('드라이브 최적화'는 예전 버전에서는 '디스크 조각 모음'이라고 불렀다).

5-1 [파일 탐색기]에서 C드라이브를 선택해 마우스 오른쪽 버튼을 클릭한 후 [속성]을 선택한다.

5-2 [속성] 창의 [도구] 탭에 [최적화] 버튼을 클릭한 다음 [드라이브 최적화] 창에서 [분석] 버튼을 클릭하면 시스템을 분석해서 조각 모음 여부를 보여준다.

그림 4-54 드라이브 최적화 1

5-3 [최적화] 버튼을 다시 클릭하면 [현재 상태]에서 최적화가 진행되는 것을 단계별로 확인할 수 있다. 최적화가 종료되면 [현재 상태]의 조각 퍼센트가 줄어든 것을 확인할 수 있다.

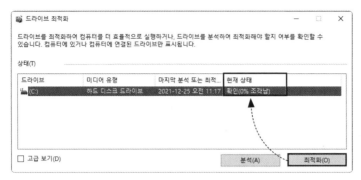

그림 4-55 드라이브 최적화 2

5-4 [드라이브 최적화] 창 아래쪽을 보면 '예약된 흐름으로 드라이브를 분석하고 필요에 따라 최적화합니다'라는 메시지가 보이는데, 매주마다 시스템이 알아서 최적화하도록 예약되어 있는 것이다. 필요하다면 [설정 변경] 버튼을 클릭해 예약 여부와 빈도를 일/주/월 등으로 변경할 수 있다. 지금은 [취소] 버튼을 클릭해서 [최적화 일정] 창을 닫는다. 나머지 열린 창도 모두 닫는다.

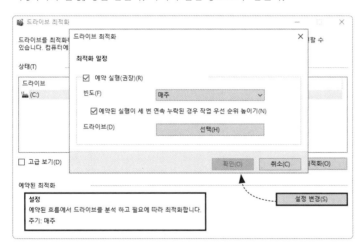

그림 4-56 드라이브 최적화 3

Step 6

반디집, 알집, WinRAR 등의 별도의 압축용 응용 프로그램 없이도 자동으로 압축이 풀리는 파일을 제작해 보자.

6-1 Windows + R 키를 누르고 [실행] 창에 **iexpress** 명령을 입력한다.

6-2 IExpress Wizard가 실행되면 'Create new Self Extraction Directive file'이 선택된 상태에서 [다음] 버튼을 클릭한다.

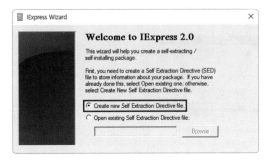

그림 4-57 자동 압축 풀림 파일 만들기 1

6-3 [Package purpose]에서 'Extract files only'를 선택하고 [다음] 버튼을 클릭한다.

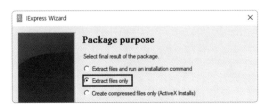

그림 4-58 자동 압축 풀림 파일 만들기 2

6-4 [Package Title]에서 제목을 'This is Windows Server'로 입력하고 [다음] 버튼을 클릭한다.

그림 4-59 자동 압축 풀림 파일 만들기 3

6-5 [Confirmation prompt]에서 기본값 그대로 두고 [다음] 버튼을 클릭한다.

6-6 [License agreement]에서 기본값 그대로 두고 [다음] 버튼을 클릭한다.

6-7 [Package files]에서 [Add] 버튼을 클릭하고 압축에 포함될 파일을 적당히 선택한 후 [다음] 버튼을 클릭한다.

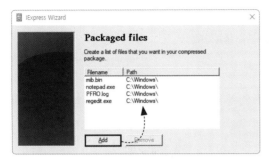

그림 4-60 자동 압축 풀림 파일 만들기 4

6-8 [Show window]에서 기본값 그대로 두고 [다음] 버튼을 클릭한다.

6-9 [Finished message]에서는 필요하다면 [Display message:]를 선택하고 압축이 풀린 후에 띄울 확인 메시지를 적은 다음 [다음] 버튼을 클릭하자.

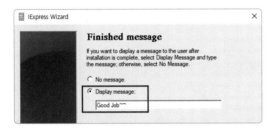

그림 4-61 자동 압축 풀림 파일 만들기 5

6-10 [Package Name and Options]에서는 생성될 압축 풀림 파일의 이름을 지정해 준다. 직접 입력하거나 [Browse] 버튼을 클릭해 폴더를 선택한 다음 이름을 입력해도 된다. 필자는 파일의 경로(C:\temp\This.exe)를 직접 입력했다. [다음] 버튼을 클릭한다(폴더가 없다는 경고 메시지가 나오면 [예] 버튼을 클릭한다).

그림 4-62 자동 압축 풀림 파일 만들기 6

6-11 [Save Self Extraction Directive]에서는 지금까지 설정한 내용을 저장할 수 있는데, 이 과정은 실습에 필요 없으므로 'Don't save'를 선택하고 [다음] 버튼을 클릭한다.

6-12 [Create package]에서 [다음] 버튼을 클릭한다.

6-13 압축이 진행되는 명령 프롬프트 창을 확인할 수 있을 것이다. 설정이 완료되면 [마침] 버튼을 클릭한다.

그림 4-63 자동 압축 풀림 파일 만들기 7

6-14 [파일 탐색기]에서 c:\temp\ 폴더를 확인하면 'This.exe' 파일이 보인다. 이 파일을 더블클릭하고 압축을 해제할 폴더를 지정하면 자동으로 압축이 풀린다. [This is Windows Server] 창이 나오면 [취소] 버튼을 클릭한다.

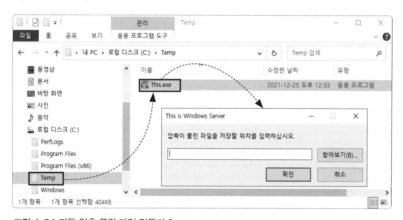

그림 4-64 자동 압축 풀림 파일 만들기 8

파일이나 폴더를 지우고 휴지통을 비우면 원칙적으로는 삭제한 내용을 복구할 수 없으나, 전문 복구 업체나 복구 프로그램을 사용하면 복구가 가능하다. 하지만 이번에는 보안을 위해서 삭제된 파일의 흔적을 완전히 없애 복구가 불가능하도록 해 보자.

7-0 방금 만든 'This.exe' 파일을 삭제하고 휴지통도 비우자.

7-1 Windows의 [시작]에서 마우스 오른쪽 버튼을 클릭한 후 [Windows PowerShell (관리자)] 메뉴를 클릭한다. 그리고 관리자 창에서 **cmd** 명령을 입력하면 명령 프롬프트로 변경된다.

7-2 파워셸 외의 다른 창을 모두 닫는다.

7-3 명령어의 형식은 **cipher /w:드라이브:**다. 지금은 C드라이브를 사용 중이므로 **cipher /w:c:** 명령을 입력하면 된다.

7-4 완료되기까지 상당히 시간이 오래 걸릴 것이다. 지금은 연습 중이므로 잠시 지켜보고 Ctrl + C 키를 눌러서 중단시키자.

그림 4-65 삭제 파일을 복구 불가하게 만들기

4.3.2 시스템 설정 팁

시스템 설정을 위한 몇 가지 팁을 확인하고 Windows Server 2022를 Windows 10/11처럼 활용하는 방법도 몇 가지 알아보겠다. 이번 실습에서 확인할 내용은 다음과 같다.

- 이전 버전의 응용 프로그램 호환성
- 키패드를 마우스로 사용하는 방법 및 화상 키보드
- 제어판의 내용을 명령어로 실행
- Windows 10 사용법 및 유용한 앱 설치

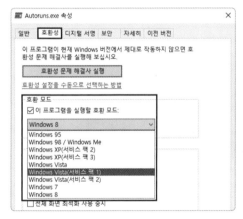

실습 4

시스템 설정과 관련된 팁을 몇 가지 살펴보자.

Step 0

이번 실습은 FIRST와 WINCLIENT 가상머신을 사용한다.

Step 1

FIRST ● 이전 운영체제에서는 잘 작동하지만 Windows Server 2022, Windows 10/11에서 설치되지 않 거나 실행되지 않을 경우 호환성 모드를 변경해서 설치 또는 실행할 수 있다.

1-1 실행되지 않는 실행 파일을 선택하고 마우스 오른쪽 버튼을 클릭한 후 [속성]을 클릭해 속성 창을 연 다. [호환성] 탭에서 호환 모드를 설정하자. 단, 모든 프로그램이 호환성 모드로 작동되지는 않으며 일부 프 로그램만 작동된다. 다음은 'Autoruns.exe' 파일로 테스트한 그림이다.

그림 4-66 호환성 모드로 실행

1-2 특별히 실습을 진행할 필요는 없으므로 [확인] 또는 [취소] 버튼을 눌러서 속성 창을 닫자.

Step 2

FIRST ● 갑자기 마우스가 고장 났다고 가정해 보고 키보드를 마우스 역할처럼 사용하도록 만들자.

2-1 Windows + R 키를 누르고 `control access.cpl` 명령을 입력한 후 Enter 키를 누르면 [제어판] 의 [접근성 센터] 창이 열린다.

제어판을 실행하려면 **control** 명령을 사용하면 되고, 제어판 도구를 바로 실행하려면 다음 명령을 사용하면 된다.

표 4-2 제어판 도구 실행 명령어

도구	명령어	도구	명령어
시스템 속성	control sysdm.cpl	네트워크 연결	control ncpa.cpl
프로그램 및 기능	control appwiz.cpl	전원 옵션	control powercfg.cpl
날짜 및 시간	control timedate.cpl	장치 및 프린터	control printers
화면 해상도	control desk.cpl	국가 또는 지역	control intl.cpl
글꼴	control fonts	Windows 방화벽	control firewall.cpl
인터넷 속성	control inetcpl.cpl	장치 관리자	control hdwwiz.cpl
마우스 속성	control main.cpl	펜 및 터치	control tabletpc.cpl
소리	control mmsys.cpl	관리 센터	control wscui.cpl

또한 관리 도구의 툴들은 다음 명령어를 사용하면 된다.

표 4-3 관리 도구 실행 명령어

도구	명령어	도구	명령어
그룹 정책 관리자	gpmc.msc	서버 관리자	servermanager
서비스	services.msc	Windows 방화벽(고급)	wf.msc
DNS 관리	dnsmgmt.msc	DHCP 관리	dhcpmgmt.msc
Windows 백업	wbadmn.msc	AD 사용자 관리	dsa.msc
AD 관리 센터	dsac.exe	AD 도메인과 트러스트	domain.msc
AD 사이트와 서비스	dsssite.msc		

AD는 Active Directory를 뜻하며, 관련 내용은 4부에서 다룬다. 참고로 제어판 및 관리 도구를 직접 실행하는 명령어는 주로 *.cpl 및 *.msc 확장명이며, C:\Windows\system32\ 폴더에 들어 있다. 예를 들어 devmgmt.msc 명령을 입력하면 장치 관리자를 실행할 수 있다.

2-2 키보드 방향키를 이용해 아래쪽의 [마우스를 사용하기 쉽게 설정]으로 이동한 후 [Enter] 키를 누른다.

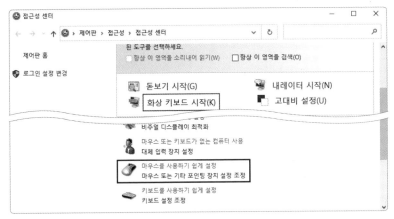

그림 4-67 키보드를 마우스로 사용 1

2-3 [Tab] 키나 키보드 방향키를 이용해 '마우스 키 켜기'로 이동하고 [Space] 키를 눌러 항목을 체크한다. 그리고 [Alt] + [Shift] + [Num Lock] 키를 누르면 마우스 키를 켜겠냐는 메시지가 나온다. [Enter] 키를 눌러 [예] 버튼을 클릭한다. 이제부터는 키보드 오른쪽의 키패드를 마우스 대용으로 사용할 수 있다. 키패드의 5번은 마우스 클릭으로, 나머지는 마우스 포인터로 사용할 수 있다.

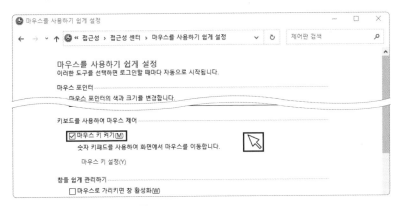

그림 4-68 키보드를 마우스로 사용 2

NOTE ▶ 가상머신의 특성상 '마우스 키' 기능이 잘 작동하지 않을 수 있다. 그러나 진짜 컴퓨터에서는 대부분 잘 작동한다.

키보드를 마우스로 사용할 때는 마우스보다 많이 불편하지만 급할 경우 사용할 수 있다.

Step 3

FIRST ◉ 이번에는 키보드가 고장 났다고 가정하고 화상 키보드 사용법을 익혀보자.

3-1 Windows의 [시작]에서 [제어판]을 실행해 [접근성]–[접근성 센터]를 클릭한다.

3-2 [마우스 또는 키보드가 없는 컴퓨터 사용]을 선택하고 '화상 키보드 사용'을 체크한 후 [확인] 버튼을 클릭한다. 다시 [접근성 센터] 창으로 돌아가서 [화상 키보드 시작] 버튼을 클릭한다([확인] 버튼을 클릭하면 자동으로 화상 키보드가 활성화될 수도 있다).

3-3 화상 키보드 창이 나오면 마우스로 키보드를 클릭해 보자. 실제 키보드를 누른 것과 동일한 효과를 주는 것을 알 수 있다.

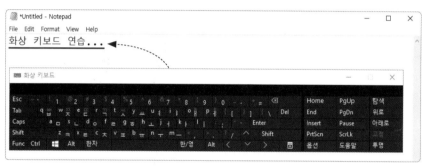

그림 4-69 화상 키보드

3-4 화상 키보드를 닫는다.

3-5 다시 [제어판]을 실행해서 [접근성]–[접근성 센터]를 클릭한다. 그중 [마우스 또는 키보드가 없는 컴퓨터 사용]을 클릭한 다음 '화상 키보드 사용'의 체크를 해제하고 [확인] 버튼을 클릭한다. 그리고 [접근성 센터] 창을 닫는다.

Step 4

WINCLIENT ◉ Windows 10과 거의 동일하게 만든 WINCLIENT 가상머신을 사용해 보자. 이번 실습은 Windows 10의 새로운 기능을 사용해 보는 것이다.

4-1 화면 오른쪽 아래 아이콘을 클릭하면 [알림 센터]가 열린다. 또 아래쪽 [확장]을 클릭하면 다양한 설정 관련 아이콘이 보인다.

그림 4-70 알림 센터 나타내기

4-2 알림 센터의 [모든 설정]을 클릭하면 시스템, 장치, 네트워크, 개인 설정, 업데이트 및 복구 등의 설정을 할 수 있는 화면이 나온다. [개인 설정] 메뉴를 클릭해 보자.

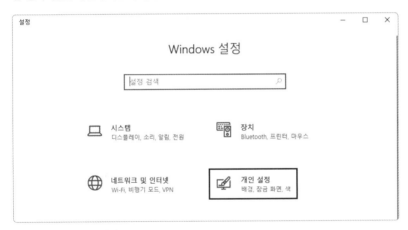

그림 4-71 개인 설정 변경

NOTE ▶ 이전 버전인 Windows Server 2012 R2 및 Windows 8.1까지는 모든 설정이 제어판에 있었다. 그러나 Windows Server 2016 이후 Windows 10부터는 일부 설정이 [Windows 설정]으로 옮겨졌다. 물론 아직 제어판도 존재한다.

4-3 왼쪽 메뉴에서 [잠금 화면]을 선택하면 컴퓨터의 잠금 화면 사진을 사용자가 원하는 그림으로 바꿀 수 있다.

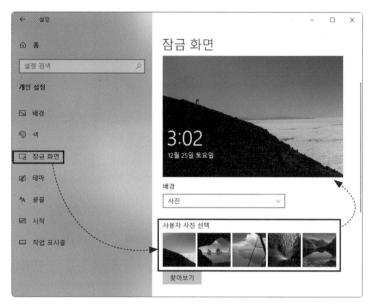

그림 4-72 잠금 화면 변경

4-4 ⌨Windows + ⌨Tab 키를 누른 후 화면 왼쪽 위 [새 데스크톱]을 클릭하면 새로운 데스크톱 화면을 생성할 수 있다. 또한 데스크톱 안에서 앱을 전환하고 싶다면 ⌨Alt + ⌨Tab 키를 사용하면 된다.

그림 4-73 새로운 데스크톱

4-5 Windows의 [시작] 검색 칸에 'paint'를 입력해서 검색하자. 그리고 그림판(앱)에 마우스 오른쪽 버튼을 클릭하고 [시작 화면에 고정]을 선택하면 시작 화면에 해당 앱이 고정된다. 이제 Windows의 [시작]을 누르면 그림판이 바로 오른쪽 화면에 보인다.

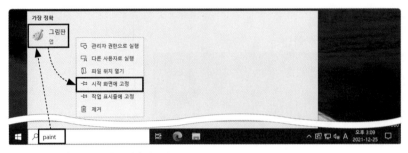

그림 4-74 앱을 검색해 시작 화면에 고정

WINCLIENT ● 유용한 사진 응용 프로그램인 김프(Gimp)를 다운로드해서 활용해 보자.

5-0 먼저 김프를 사용하려면 Microsoft .NET Framework 3.5를 설치해야 한다(3장에서 미리 설치해 놓았다).

NOTE ▶ 부팅 후에 [시스템 종료 이벤트 추적기]가 나오면 [취소] 버튼을 클릭한다.

5-1 가상머신 안에서 웹 브라우저로 https://www.gimp.org/downloads/ 주소에 접속해서 아래로 마우스 스크롤한 후 최신 버전의 김프를 다운로드하자. 또는 Q&A 카페(https://cafe.naver.com/thisisLinux)의 [교재 자료실(윈도서버)]에서 다운로드해도 된다.

그림 4-75 김프 다운로드

5-2 다운로드한 김프 파일을 실행해서 [모든 사용자용으로 설치]를 클릭하고 [설치 언어 선택]에서 [Korean]을 선택한 후 [확인] 버튼을 클릭한다. [GIMP 설치] 화면이 나오면 [설치] 버튼을 클릭해서 설치한다. 설치가

완료되면 [종료] 버튼을 클릭해서 창을 닫는다.

그림 4-76 김프 설치 화면

5-3 Windows의 [시작]에서 김프를 클릭해 실행하자.

그림 4-77 김프 실행 1

5-4 잠시 로고 화면이 나온다.

그림 4-78 김프 실행 2

5-5 [파일]–[열기] 메뉴를 클릭해 사진 파일을 열고 사용해 보자. 사용법은 일반적인 그래픽 툴과 비슷하다. 김프 사용법은 인터넷 검색 등을 통해서 더 쉽게 알아볼 수 있다.

그림 4-79 김프의 사용

5-6 김프를 종료한다.

지금까지 Windows Server에서 Windows 10/11과 같은 기능을 사용해 봤다.

4.3.3 보안 관련 설정

사용자 보안과 관련된 내용을 살펴보자. 이번 실습에서 확인할 내용은 다음과 같다.

- 데이터 암호화
- 인증서의 백업과 복원
- 암호를 잊어버릴 경우를 대비한 디스크 생성
- 암호와 관련된 여러 가지 제한

실습 5

보안과 관련된 몇 가지 실습을 진행하자.

이번 실습은 FIRST와 WINCLIENT 총 2대의 가상머신을 사용한다.

0-1 FIRST 가상머신은 앞 실습에 이어서 사용한다.

NOTE ▶ 만약 FIRST 가상머신에 문제가 있다면 3장의 **실습 5**를 참고해서 초기화한 후, 이번 장 **실습 2**의 **Step 1**과 **Step 2**를 따라서 user1, user2 사용자를 생성한 다음 실습을 진행해도 된다.

0-2 WINCLIENT 가상머신을 초기화한다(초기화 방법이 기억나지 않으면 3장의 **실습 5**(133쪽)를 참고한다).

FIRST ◉ 데이터를 암호화해서 다른 사용자가 볼 수 없도록 설정하자.

1-1 Administrator는 로그아웃하고 user1으로 로그온한다.

1-2 [파일 탐색기]에서 'C:\암호화연습\' 폴더를 만들고 [암호화 연습] 폴더에 '암호화.txt' 파일과 '그냥.txt' 두 파일을 새로 만든 다음 내용은 적당히 입력한 후 저장한다.

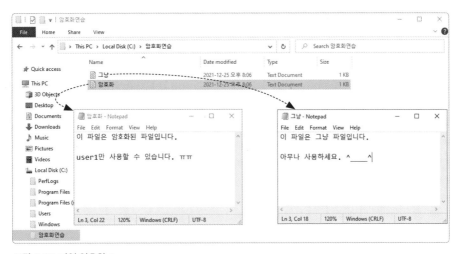

그림 4-80 파일 암호화 1

1-3 '암호화.txt' 파일에서 마우스 오른쪽 버튼을 클릭한 후 [Properties(속성)]를 선택한다. [Advanced(고급)] 버튼을 클릭한 후 'Encrypt contents to secure data(데이터 보호를 위해 내용을 암호화)'를 체크한다. [OK] 버튼을 클릭해 [Advanced Attributes(고급 특성)] 창을 닫는다. 다시 [OK] 버튼을

클릭해서 [암호화(Properties)] 창을 닫으면 경고 메시지가 나오는데 'Encrypt the file only(파일만 암호화)'를 선택한 다음 [OK] 버튼을 클릭한다.

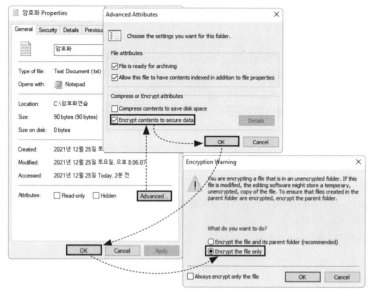

그림 4-81 파일 암호화 2

NOTE ▶ 지금은 암호화 학습 중이어서 파일 단위로 암호화했지만, 실무에서는 폴더 단위로 암호화하는 것이 더 편리하다. 폴더 단위의 암호화는 파일 암호화와 마찬가지로 폴더의 속성에서 암호화하면 된다.

1-4 [파일 탐색기]에서 '암호화.txt' 파일을 자세히 보면 파일 아이콘 오른쪽 위에 자물쇠 모양이 보일 것이다([파일 탐색기]–[View] 메뉴에서 [Medium icons]를 선택하면 잘 보인다).

그림 4-82 파일 암호화 3

1-5 현재 사용자는 user1이므로 자신이 만든 파일은 암호화가 되었든 그렇지 않든 당연히 열릴 것이다.

1-6 Windows의 [시작]에서 마우스 오른쪽 버튼을 클릭하고 [Shut down or sign out]−[Sign out] 메뉴를 클릭해 로그아웃한 다음 user2(사용자2)로 로그온하자.

1-7 [파일 탐색기]에서 C:\암호화연습\ 폴더 안의 두 파일 안을 열어 보자. 일반 파일은 잘 열리지만, 암호화된 파일은 접근이 거부될 것이다.

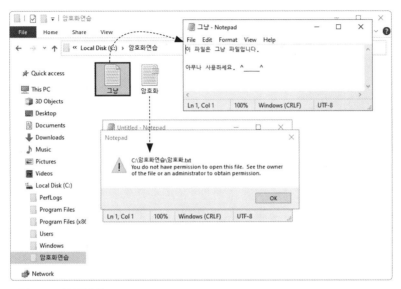

그림 4-83 파일 암호화 4

1-8 이번에는 '암호화.txt' 파일의 암호화를 해제해 보자. '암호화.txt' 파일을 선택하고 마우스 오른쪽 버튼을 클릭한 후 [Properties]를 선택한다. [Advanced] 버튼을 클릭하고 'Encrypt contents to secure data'의 체크를 해제한 후 [OK] 버튼을 클릭한다. 다시 [Properties] 창에서 [OK] 버튼을 클릭하면 관리자 권한이 필요하다는 메시지가 나올 것이다. user2는 user1의 파일 속성을 변경할 권한이 없기 때문에 암호화된 파일을 복사도 할 수 없다. [Cancel] 버튼을 클릭한다.

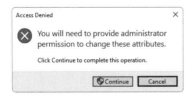

그림 4-84 파일 암호화 5

NOTE ▶ [Continue] 버튼을 클릭하고 Administrator의 암호를 입력해도 되지만 현재 user2는 일반 사용자라고 가정했기 때문에 관리자의 암호를 알 수가 없다.

FIRST ◉ 암호화 키를 백업하고 백업된 키를 어떻게 사용하는지 확인해 보자.

2-0 user2를 로그아웃하고 다시 user1으로 로그온한다.

2-1 잠시 후 오른쪽 아래에서 Encryption key(암호화 키)를 백업하라는 도움말이 나오면 도움말을 클릭한다.

그림 4-85 암호화 키 백업 1

NOTE ▶ 암호화 키를 백업하지 않아도 일반적으로는 문제가 없지만 만약 Windows Server 2022에 문제가 생겨 운영체제를 포맷하고 다시 설치하면 암호화된 파일이 그대로 있어도 열 방법이 없다. 그러므로 중요한 파일을 암호화했다면 반드시 암호화 키를 백업해 놓고 다른 컴퓨터나 USB 메모리 등에 별도로 저장하자.

2-2 [Back up your file encryption certificate and key]에서 'Back up now(recommended)'를 선택한다.

그림 4-86 암호화 키 백업 2

2-3 [Welcome to the Certificate Export Wizard]에서 기본값 그대로 두고 [Next] 버튼을 클릭한다.

2-4 [Export File Format]에서 기본값 그대로 두고 [Next] 버튼을 클릭한다.

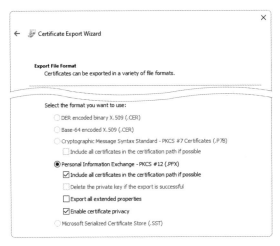

그림 4-87 암호화 키 백업 3

2-5 [Security]에서 'Password'를 체크하고 암호에 'p@ssw0rd'로 생성하자. [Next] 버튼을 클릭한다.

그림 4-88 암호화 키 백업 4

2-6 [File to Export]에서 [Browse] 버튼을 클릭하고 파일 이름을 적당히 입력한 후 [Save] 버튼을 클릭한다. 필자의 경우 파일 이름을 '인증서키.pfx'로 저장했다. [Next] 버튼을 클릭한다.

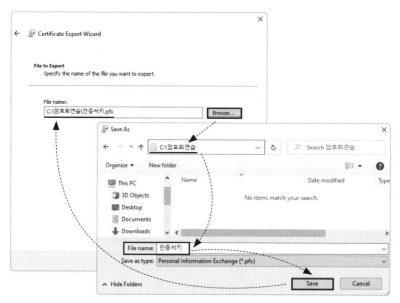

그림 4-89 암호화 키 백업 5

2-7 [Complete the Certificate Export Wizard]에서 [Finish] 버튼을 클릭하면 인증서 키가 백업된다.

2-8 이렇게 파일의 암호화 및 인증서 키의 백업이 완료되었다. user1을 로그아웃하고 Administrator로 로그온한 후 FIRST를 종료한다.

2-9 호스트 OS의 파일 탐색기로 FIRST의 C드라이브로 사용했던 하드디스크를 확인하자. C:\Win2022\FIRST\ 폴더의 '*.vmdk' 파일이 있다면 그것이다. 대부분 FIRST-0.vmdk 및 FIRST-0-000001.vmdk로 되어 있을 것이며, 두 파일을 합한 크기는 15GB 정도가 될 것이다. 이것이 FIRST의 하드디스크다. 이 두 파일을 적당한 폴더에 복사해 놓자(필자는 C:\temp\ 폴더에 복사해 놓았다).

NOTE▶ 필자의 경우 FIRST-0.vmdk는 스냅숏 전의 디스크이며, FIRST-0-000001.vmdk 파일은 스냅숏한 이후의 디스크다. 새로 복사한 두 파일은 이번 실습에서만 사용하고 삭제하면 된다.

이름	유형	크기
caches	파일 폴더	
FIRST.nvram	VMware Virtual Machine nonvolatile RAM	265KB
FIRST.vmdk	VMware virtual disk file	10,304KB
FIRST.vmsd	VMware snapshot metadata	1KB
FIRST.vmx	VMware virtual machine configuration	3KB
FIRST.vmxf	VMware Team Member	5KB
FIRST-0.vmdk	VMware virtual disk file	12,643,904KB
FIRST-0-000001.vmdk	VMware virtual disk file	3,331,776KB
FIRST-Snapshot1.vmsn	VMware virtual machine snapshot	288KB
vm.scoreboard	SCOREBOARD 파일	8KB

그림 4-90 FIRST의 가상 하드디스크

Step 3

WINCLIENT ◑ FIRST 가상머신에 문제가 생겨서 부팅되지 않는다고 가정한 다음 FIRST 가상머신에서 사용하던 하드디스크를 WINCLIENT 가상머신에 장착해서 중요한 파일(예시: C:\암호화연습\ 폴더)을 살려보자.

3-1 WINCLIENT 가상머신이 부팅된 상태에서 VMware Player의 [Player]-[Manage]-[Virtual Machine Settings] 메뉴를 선택한다.

3-2 [Virtual Machine Settings] 창 아래쪽의 [Add] 버튼을 클릭한다. [Hardware Type]에서 'Hard Disk'를 선택하고 [Next] 버튼을 클릭한다.

3-3 [Select a Disk Type]에서 기본값 그대로 두고 [Next] 버튼을 클릭한다.

3-4 [Select a Disk]에서 'Use an existing virtual disk'를 선택하고 [Next] 버튼을 클릭한다.

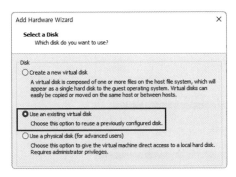

그림 4-91 사용 중인 하드디스크 장착 1

3-5 [Select an Existing Disk]에서 [Browse] 버튼을 클릭해 앞 **실습 2-9**에서 복사해 놓은 FIRST 가상머신의 하드디스크 파일 중 'C:\temp\FIRST-0-000001.vmdk'를 선택한 다음 [Finish] 버튼을 클릭한다.

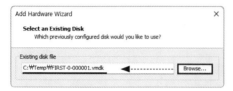

그림 4-92 사용 중인 하드디스크 장착 2

3-6 [Virtual Machine Settings] 창에서 FIRST 가상머신에서 사용하던 100GB 하드디스크가 추가로 장착된 것을 확인할 수 있다. [OK] 버튼을 클릭해 창을 닫는다.

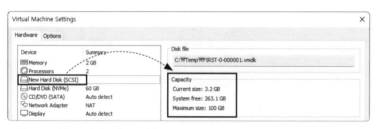

그림 4-93 사용 중인 하드디스크 장착 3

NOTE▶ 지금 FIRST 가상머신의 가상 하드디스크를 장착하는 과정은 진짜 컴퓨터의 물리 하드디스크를 떼서 다른 컴퓨터에 장착하는 것과 동일한 과정이다.

3-7 Windows의 [시작]에서 마우스 오른쪽 버튼을 클릭한 후 [디스크 관리]를 클릭해 실행한다. '오프라인'으로 된 100GB짜리 [디스크 1]이 보일 것이다. 이것이 바로 앞에서 장착한 FIRST 가상머신의 하드디스크다. [디스크 1]에 마우스 오른쪽 버튼을 클릭한 후 [온라인]을 클릭한다.

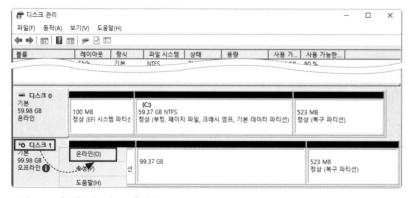

그림 4-94 추가한 하드디스크 온라인 1

3-8 [디스크 1]의 99.37GB NTFS에서 마우스 오른쪽 버튼을 클릭하고 [드라이브 문자 및 경로 변경]을 클릭한다. 그리고 [추가] 버튼을 클릭하고 [드라이브 문자 할당]을 'E'로 선택한 다음 [확인] 버튼을 클릭한다 (드라이브 경로는 달라도 크게 문제없다).

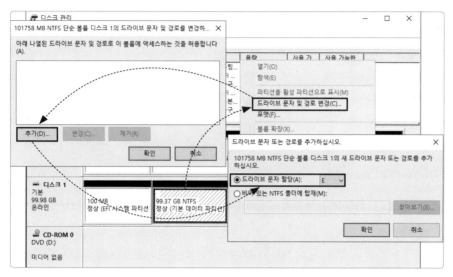

그림 4-95 추가한 하드디스크 온라인 2

3-9 추가한 99.37GB NTFS 디스크를 클릭하면 드라이브 문자가 할당될 것이다. [디스크 관리] 창을 종료한다.

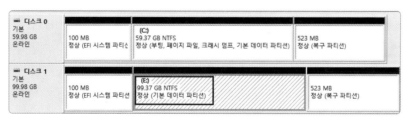

그림 4-96 추가한 하드디스크 온라인 3

3-10 [파일 탐색기]를 실행해서 E:\암호화연습\ 폴더의 '그냥.txt'와 '암호화.txt' 파일을 열어보자. 암호화된 파일은 접근이 거부될 것이다.

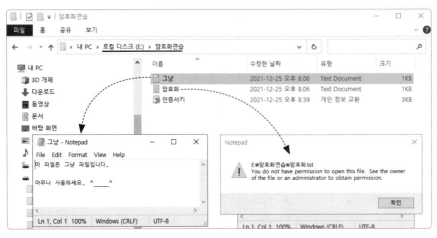

그림 4-97 암호화된 파일의 접근 거부 1

3-11 그렇다면 '암호화.txt' 파일의 암호화 특성을 해제하고 다시 접근해 보자(현재 WINCLIENT 가상머신의 사용자는 Administrators이다). '암호화.txt' 파일을 선택하고 마우스 오른쪽 버튼을 클릭한 후 [속성]을 선택해 [암호화 속성] 창을 연다. [고급] 버튼을 클릭해서 '데이터 보호를 위해 내용을 암호화'의 체크를 해제하고 [확인] 버튼을 클릭한다.

3-12 다시 [암호화 속성] 창에서 [확인] 버튼을 클릭하면 특성 적용 오류 대화상자가 나오는데 이때 [다시 시도] 버튼을 클릭하면 액세스가 거부될 것이다. [무시] 또는 [취소] 버튼을 클릭해서 창을 닫는다.

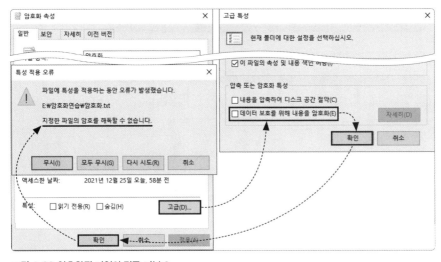

그림 4-98 암호화된 파일의 접근 거부 2

이제 FIRST 가상머신에서 암호화된 파일은 다른 컴퓨터에서 열어볼 수 없으며 변경할 수도 없다.

NOTE▶ FIRST 가상머신에 Windows Server 2022를 기존 버전에 덮어서 새로 설치해도 C:\암호화연습\ 폴더는 그대로 남아 있지만, 암호화된 파일에는 접근할 수 없다. Windows는 설치할 때마다 내부적으로 고유 ID가 생성되며 그 ID를 키에 적용하기 때문이다. 즉, 이 세상의 모든 Windows는 단 1대도 동일한 키를 가지고 있지 않다.

Step 4

WINCLIENT ◐ 이럴 때를 대비해서 우리는 인증서 키를 백업해 놓았다. 이 인증서 키를 복원해 보자.

4-1 Windows + R 키를 누르고 [실행] 창에서 `certmgr.msc` 명령을 입력해서 인증서 관리자를 실행한다.

4-2 [certmgr] 창에서 [개인용]을 선택하고 마우스 오른쪽 버튼을 클릭한 후 [모든 작업]–[가져오기]를 클릭한다.

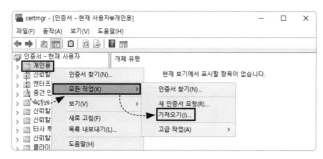

그림 4-99 인증서 복구 1

4-3 [인증서 가져오기 마법사 시작] 창에서 [다음] 버튼을 클릭한다.

4-4 [가져올 파일]에서 [파일 이름]에 직접 경로인 'E:\암호화연습\인증서키.pfx'를 입력한 후 [다음] 버튼을 클릭한다.

그림 4-100 인증서 복구 2

4-5 [개인 키 보호]에 앞서 인증서를 생성할 때 지정한 암호인 'p@ssw0rd'를 입력하고 [다음] 버튼을 클릭한다.

4-6 [인증서 저장소]에서 기본값 그대로 두고 [다음] 버튼을 클릭한 후 [인증서 가져오기 마법사 완료] 창에서 [마침] 버튼을 클릭한다. [certmgr] 창을 종료한다.

4-7 'E:\암호화연습\암호화.txt' 파일을 더블클릭해서 확인해 보자. 이제는 암호화된 파일도 잘 열릴 것이다.

그림 4-101 인증서 복구 3

4-8 WINCLIENT 가상머신을 종료하고 다시 VMware Player를 실행한다. 그리고 WINCLIENT 가상머신의 VMware Player 화면에서 [Edit virtual machine settings]를 클릭하고 추가로 장착했던 'Hard Disk(100GB) 하드디스크'를 선택한 다음 [Remove] 버튼을 클릭해 제거한다. 그리고 [OK] 버튼을 클릭해 [Virtual Machine Settings] 창을 닫는다.

4-9 모든 VMware 창을 닫는다.

Step 5

FIRST ◉ 실무에서는 보안 강화를 위해서 Administrator의 암호를 주기적으로 바꿔 주는 것이 일반적이다. 그러나 만약 Administrator의 암호를 잊어버린다면 문제가 상당히 복잡해질 것이다. 이럴 때를 대비해서 플로피 디스크나 USB 메모리에 복구용 백업을 만들어 보자.

5-0 FIRST 가상머신이 셧다운된 상태여야 한다. 이번 실습을 위해 플로피 드라이브가 필요하다. 그러나 플로피 디스크나 플로피 드라이브가 없는 독자를 위해 우리는 VMware의 특징을 활용해서 '가상 플로피 디스크'를 사용하겠다.

NOTE ▶ 요즘은 플로피 디스크를 사용하지 않지만 USB 메모리도 없는 환경을 고려해 가상의 플로피 디스크로 실습을 진행하겠다. 실제 컴퓨터라면 USB 메모리를 꽂아서 백업하면 간단히 해결된다.

5-1 VMware Player에서 [FIRST]를 선택하고 [Edit virtual machine settings]를 클릭하거나 [Virtual Machine Settings] 창 아래쪽의 [Add] 버튼을 클릭한다.

5-2 [Hardware Type]에서 'Floppy Drive'를 선택하고 [Finish] 버튼을 클릭한다.

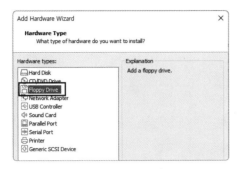

그림 4-102 가상 플로피 드라이브 생성 1

5-3 추가된 [Floppy]를 선택하고 오른쪽에서 'Use floppy image file'을 체크한 후 [Create] 버튼을 클릭해서 가상의 플로피 디스크 파일을 생성한다. [파일 이름]에 'password.flp'를 입력하고 [저장] 버튼을 클릭한다.

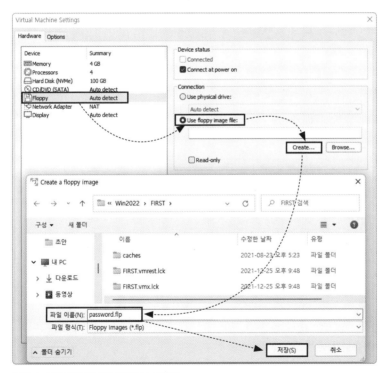

그림 4-103 가상 플로피 드라이브 생성 2

이로써 가상의 플로피 디스크가 생성되었다. [OK] 버튼을 클릭해서 [Virtual Machine Settings] 창을 닫는다.

5-4 FIRST 가상머신을 부팅하고 Administrator로 로그온한다.

5-5 [파일 탐색기]에서 [플로피 디스크 드라이브(A:)]를 찾은 다음 마우스 오른쪽 버튼을 클릭하고 [포맷] 메뉴를 클릭한다. [포맷] 창이 나오면 기본값 그대로 두고 [시작] 버튼을 클릭한 다음 [확인] 버튼을 클릭한 다. 포맷이 완료되면 [닫기] 버튼을 클릭해 [포맷] 창을 닫는다.

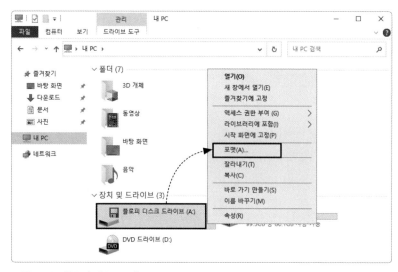

그림 4-104 플로피 디스크 포맷

5-6 Windows의 [시작]에서 [제어판]을 실행하고 [사용자 계정]–[사용자 계정]을 선택한 다음 [암호 재설 정 디스크 만들기]를 선택한다.

그림 4-105 사용자 암호 백업 1

5-7 [암호 기억 마법사] 창에서 [다음] 버튼을 클릭한다.

5-8 [암호 재설정 디스크 만들기]에서 '플로피 디스크 드라이브'를 선택하고 [다음] 버튼을 클릭한다.

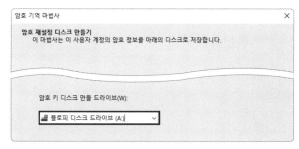

그림 4-106 사용자 암호 백업 2

5-9 [현재 사용자의 계정 암호]에서 현재 사용자인 Administrator의 암호인 'p@ssw0rd'를 입력하고 [다음] 버튼을 클릭한다.

5-10 디스크 작성이 완료되면 [다음] 버튼을 클릭하고 [마침] 버튼을 클릭해서 창을 닫는다. [사용자 계정] 창도 종료한다.

5-11 Administrator를 로그아웃하자. 그리고 이번에는 Administrator의 암호를 잊어버렸다고 가정하고 틀린 암호를 몇 번 입력해 보자. 당연히 로그온되지 않을 것이다.

5-12 암호 입력 창 아래의 [Reset password] 버튼을 클릭해서 암호를 재설정하자.

그림 4-107 사용자 암호 재설정 1

5-13 [Password Reset Wizard(암호 재설정 마법사)] 창에서 [Next] 버튼을 클릭한다.

5-14 [Insert the Password Reset Disk]에서 '플로피 디스크 드라이브'를 선택하고 [Next] 버튼을 클릭한다.

5-15 [Reset the User Account Password]에서 새로운 암호를 입력하면 된다. 이때 기존 암호는 몰라도 상관없다(그러나 잊어버리지 않도록 새 암호를 'p@ssw0rd'로 입력하자). [Next] 버튼을 클릭한다.

그림 4-108 사용자 암호 재설정 2

5-16 [Finish] 버튼을 클릭해서 창을 종료한다.

5-17 새로 지정한 암호를 입력해서 Administrator로 로그온한다.

NOTE ▶ 사용자 암호 복구 디스크는 Administrator 사용자의 디스크만 만들면 된다. 다른 사용자의 암호는 잊어버려도 Administrator가 변경할 수 있기 때문이다.

Step 6

FIRST ◐ 보안을 강화하기 위해서 암호 및 로그온 실패와 관련된 설정을 변경해 보자.

6-0 [제어판]에서 [시스템 및 보안]–[관리 도구]–[로컬 보안 정책]을 클릭해 실행하자.

그림 4-109 로컬 보안 정책 실행

6-1 암호의 복잡도(6글자 이상+숫자+기호 조건)를 없애 보자. [계정 정책]–[암호 정책]의 '암호는 복잡성을 만족해야 함'을 더블클릭해서 열고 [사용 안 함]을 선택한 후 [확인] 버튼을 클릭하면 된다.

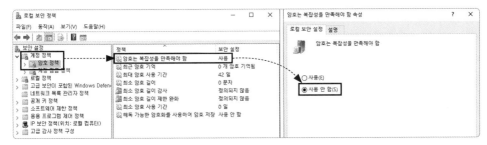

그림 4-110 암호 및 로그온 정책 변경 1

6-2 암호의 최소 길이를 8자 이상으로 변경하자. [계정 정책]-[암호 정책] 메뉴의 '최소 암호 길이'를 더블 클릭해서 열고 암호에 필요한 최소 문자를 '8'로 변경한 후 [확인] 버튼을 클릭하면 된다. 기존의 '0'은 암호를 사용하지 않을 수도 있다는 의미다(만약, 앞에서 설정한 '암호의 복잡성을 만족해야 함'을 설정했다면 6글자 이하로 설정해도 이 부분은 적용되지 않는다).

그림 4-111 암호 및 로그온 정책 변경 2

6-3 이전에 사용했던 암호를 다시 사용하지 못하도록 반드시 다른 암호로 변경하도록 설정해 보자. '최근 암호 기억' 항목을 더블클릭해 최근 암호를 기억할 수 있는 개수를 1부터 24개 중에 선택하면 된다. '0'개는 같은 것으로 변경해도 된다는 의미다. 만약 '2'를 입력하면 암호를 자주 변경하기 위해 최소 3개의 다른 암호 가 있어야 한다.

그림 4-112 암호 및 로그온 정책 변경 3

6-4 그 외에 [암호 정책]에서 암호를 변경할 수 없는 기간(최소 암호 사용 기간)과 암호를 변경하지 않고 사용할 수 있는 기간(최대 암호 사용 기간) 및 보안에 취약한 암호(해독 가능한 암호화를 사용하여 암호 저장)로 변경할 수 있다.

6-5 로그온 암호가 계속 틀릴 경우 계정을 잠그고 일정 시간 동안 로그온하지 하지 못하도록 설정해 보자. [계정 정책]–[계정 잠금 정책]의 '계정 잠금 임계값'을 더블클릭해 [다음 이후에 계정 잠금]을 '3회'로 설정한 후 [확인] 버튼을 클릭하면 [제안 값 변경] 대화상자가 나온다. 기본적으로 제안 설정이 30분으로 설정되어 있다. [확인] 버튼을 클릭하면 '계정 잠금 기간' 및 '다음 시간 후 계정 잠금 수를 원래대로 설정' 항목도 30분으로 설정된다. 필요하다면 이 시간을 늘이거나 줄일 수도 있다(1분에서 99,999분까지 설정할 수 있다).

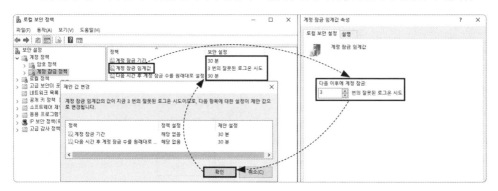

그림 4-113 암호 및 로그온 정책 변경 4

6-6 [로컬 보안 정책] 창을 닫는다.

Step 7

FIRST ◑ 앞에서 지정한 암호 및 로그온 정책이 적용되는지 확인해 보자.

7-1 Windows의 [시작]에서 마우스 오른쪽 버튼을 클릭한 후 [컴퓨터 관리]를 클릭해 실행한다. [시스템 도구]–[로컬 사용자 및 그룹]–[사용자]를 선택한 다음 마우스 오른쪽 버튼을 클릭하고 [새 사용자]를 선택한다. 새로운 'user4' 사용자를 만들어 암호를 '1234'로 설정하고 나머지는 기본값 그대로 둔 상태에서 [만들기] 버튼을 클릭해 보자. 다음과 같은 오류가 발생한다.

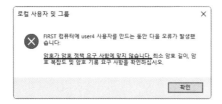

그림 4-114 암호 정책 위반 오류 화면

7-2 이런 오류가 발생하는 이유는 앞에서 암호 복잡성은 삭제했지만, 암호 길이는 8글자 이상으로 지정했기 때문이다. 다시 암호를 '12345678'로 변경하고 [만들기]와 [닫기] 버튼을 클릭하자. 이번에는 암호가 잘 생성될 것이다.

7-3 Administrator를 로그아웃하고 user4로 접속하자. 그러면 초기에 설정한 암호를 바꿔야 한다(The user's password must be changed before signed in)는 대화상자가 나온다. [OK] 버튼을 클릭하고 동일한 암호인 '12345678'로 변경해 보자.

그림 4-115 정책 적용 확인 1

그러면 암호를 업데이트할 수 없다(Unable to update the password)는 대화상자가 나올 것이다. [OK] 버튼을 클릭한다.

7-4 다시 처음 칸에는 원래 암호인 '12345678'을, 나머지 2개의 칸에 새 암호인 '123456789'를 입력하면 암호가 변경될 것이다. [OK] 버튼을 클릭해서 로그온하자.

7-5 user4 사용자를 로그아웃한다.

7-6 다시 user4로 접속해서 틀린 암호로 3번 연속 시도해 보자. 그 다음 올바른 암호 '123456789'를 입력해 보자. 그러면 계정이 잠겨 있어서 로그온 할 수 없다고 뜰 것이다. 앞에서 설정한 대로 30분을 기다려야 다시 접속이 가능하다. [OK] 버튼을 클릭하고 Administrator로 로그온하자.

그림 4-116 정책 적용 확인 2

Step 8

FIRST ● FIRST 가상머신을 종료한다.

8-1 VMware Player를 다시 실행한다. 그리고 [FIRST]를 선택한 다음 [Edit virtual machine settings]를 클릭한 후 'Floppy'를 선택하고 [Remove] 버튼을 클릭해서 플로피 디스크를 제거한다. [OK] 버튼을 클릭해서 창을 닫는다.

4.3.4 파일 및 폴더 공유

파일 및 폴더를 공유하는 방법을 간단히 살펴보자. 이번 실습에서는 다음과 같은 내용을 살펴보겠다.

- 네트워크에서 다른 컴퓨터의 접근 허용
- 파일 공유 기능
- 공용 폴더 관리

실습 6 ▶

네트워크상에서 폴더 및 파일을 공유하는 방법을 살펴보자.

Step 0

FIRST와 WINCLIENT 가상머신을 사용한다.

0-1 FIRST 가상머신에서 Administrator로 로그온한다.

Step 1

FIRST ● 네트워크에서 다른 컴퓨터의 접근을 허용하자.

1-0 Windows의 [시작]에서 [제어판]–[네트워크 및 인터넷]–[네트워크 및 공유 센터] 메뉴를 클릭하고 왼쪽의 [고급 공유 설정 변경]을 선택한다.

그림 4-117 네트워크 공유 설정 1

1-1 [고급 공유 설정] 창에서 [개인(현재 프로필)]의 확장 버튼을 클릭하고 '네트워크 검색 켜기'와 '파일 및 프린터 공유 켜기'를 선택한다.

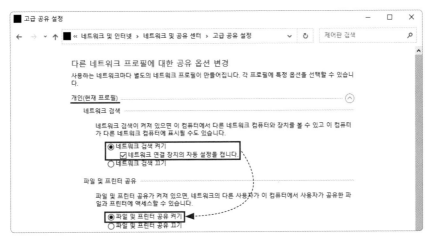

그림 4-118 네트워크 공유 설정 2

1-2 이번에는 [게스트 또는 공용]의 확장 버튼을 클릭하고 '네트워크 검색 켜기'와 '파일 및 프린터 공유 켜기'를 선택한다.

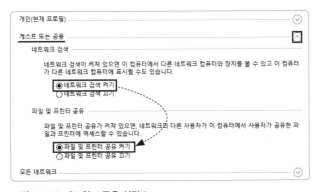

그림 4-119 네트워크 공유 설정 3

1-3 마지막으로 [고급 공유 설정] 창에서 [모든 네트워크]의 확장 버튼을 클릭하고 '네트워크 액세스 권한이 있는 모든 사용자가 공용 폴더와 파일을 읽고 쓸 수 있도록 공유 켜기'를 선택한 다음 [변경 내용 저장] 버튼을 클릭한다.

그림 4-120 네트워크 공유 설정 4

1-4 [네트워크 및 공유 센터] 창을 닫는다.

1-5 [파일 탐색기]에서 'C:\사용자\공용\' 폴더를 확인해 본다. 외부에서 접속한 컴퓨터에 공개할 파일을 이 폴더에 추가하면 된다.

그림 4-121 공용 폴더

Step 2

WINCLIENT ◑ FIRST 가상머신의 공용 폴더로 접속해 보자.

2-0 먼저 일반 사용자를 만들자. **실습 2**를 참고해서 사용자의 이름은 'WinUser', 암호는 'p@ssw0rd'로 생성하자(**실습 2**의 user1과 동일하게 이름만 'WinUser'로 만들면 된다).

2-1 로그아웃한 다음 WinUser로 접속하고 [파일 탐색기]를 실행한다.

2-2 [파일 탐색기] 상단에 '\\FIRST'(또는 '\\192.168.111.10)'를 입력하고 Enter 키를 누른다. 그리고 사용자는 FIRST의 이름에 'user1', 암호에 'p@ssw0rd'를 입력한다.

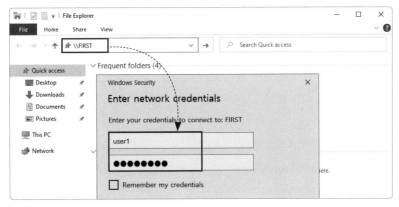

그림 4-122 공용 네트워크 1

2-3 [Users]−[Public]으로 들어가면 FIRST 가상머신에서 공유한 공용(Public) 폴더를 확인할 수 있다. 앞선 실습에서 해당 폴더에 읽기/쓰기 가능하도록 설정해 놓았으므로 이 폴더를 공용으로 사용할 수 있다.

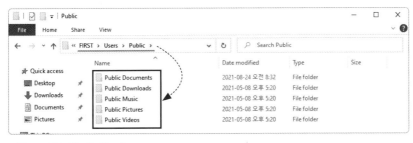

그림 4-123 공용 네트워크 2

2-4 WINCLIENT 가상머신을 종료한다.

실습 6과 같은 방법은 보안상 문제가 있을 수 있기 때문에 서버 컴퓨터에 직접 설정하는 것은 바람직하지 않다. 앞으로는 다음 **실습 7**과 같이 필요할 때마다 특정 폴더를 공유하는 방식을 사용할 것이므로 잘 기억하자. **실습 7**에서는 다음 내용을 다룬다.

- 사용자가 원하는 폴더 공유 방법
- 권한을 세분화한 공유 방법
- 숨김 공유
- 외부에서 공유된 폴더에 접근
- 네트워크 드라이브 연결

필요한 특정 폴더를 공유하고 외부에서 그 폴더에 접근하는 방법을 연습하자.

Step 0

FIRST ◉ 이번 실습에서는 FIRST와 WINCLIENT 가상머신을 사용해 연습에 사용할 폴더를 만들자.

0-1 Administrator로 로그온한다.

0-2 [파일 탐색기]에서 C:\ 아래에 '공유(USER1전용)', '공유(모두읽기만)', '공유(모두읽기쓰기)', '공유(인증된사용자용)' 이렇게 총 4개의 폴더를 만든다.

그림 4-124 공유 연습용 폴더 생성

Step 1

FIRST ◉ 공유(모두읽기만) 폴더를 모든 사용자에게 읽기 권한만 주고 공유하자.

1-1 [파일 탐색기]에서 'C:\공유(모두읽기만)\' 폴더를 선택하고 마우스 오른쪽 버튼을 클릭한 후 [속성]을 선택한다.

1-2 [공유] 탭에서 [고급 공유] 버튼을 클릭하고 [선택한 폴더 공유]를 체크한다. 공유 이름은 기본적으로 폴더 이름과 동일하지만 필요하다면 변경할 수 있다. [권한] 버튼을 클릭해서 [Everyone의 사용 권한]을 확인하면 기본적으로 모든 사용자(Everyone)에게 '읽기'만 허용되어 있음을 확인할 수 있다. [확인] 버튼을 2번 클릭하고 [닫기] 버튼을 클릭해 창을 닫는다.

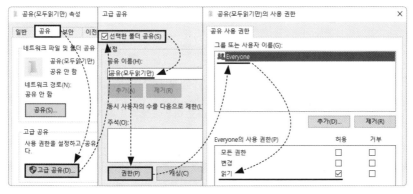

그림 4-125 폴더 공유 연습 1

지금 공유한 폴더의 이름은 **\\컴퓨터이름\공유이름** 형식을 가진다. 즉, '\\FIRST\공유(모두읽기만)'이라는 이름으로 공유가 되었다. 그리고 이 폴더는 모든 사용자에게 '읽기'만 허용된다.

Step 2

FIRST ❯ 공유(모두읽기쓰기) 폴더를 모든 사용자에게 읽기/쓰기 권한을 주고 공유하자.

2-1 [파일 탐색기]에서 'C:\공유(모두읽기쓰기)' 폴더를 선택하고 마우스 오른쪽 버튼을 클릭한 후 [속성]을 클릭한다.

2-2 [공유] 탭에서 [고급 공유] 버튼을 클릭하고 [선택한 폴더 공유]를 체크한다. [권한] 버튼을 클릭해서 [Everyone]을 선택하고 '모든 권한' 항목의 허용을 체크한다. [확인] 버튼을 연속 클릭해서 창을 닫는다.

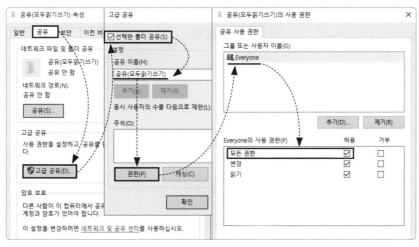

그림 4-126 폴더 공유 연습 2

이번 폴더는 \\FIRST\공유(모두읽기쓰기) 이름으로 공유가 되었다.

Step 3

FIRST ◉ 공유(USER1전용) 폴더를 User1 사용자에게만 읽기/쓰기 권한을 주고 공유하자.

3-1 [파일 탐색기]에서 'C:\공유(USER1전용)\' 폴더를 선택하고 마우스 오른쪽 버튼을 클릭한 후 [속성]을 선택한다.

3-2 [공유] 탭에서 [고급 공유] 버튼을 클릭하고 '선택한 폴더 공유'를 체크한 후 [권한] 버튼을 클릭한다.

3-3 [사용 권한] 창에서 [Everyone]이 선택된 상태로 [제거] 버튼을 클릭해서 제거한다. 다시 [추가] 버튼을 클릭하고 [사용자 또는 그룹 선택] 창의 [고급] 버튼을 클릭한 후에 [지금 찾기] 버튼을 클릭하면 사용자 및 그룹 목록이 나온다. 그중 [user1]을 선택하고 [확인] 버튼을 클릭하면 개체 이름에 'FIRST\user1'이 입력된다. 다시 [확인] 버튼을 클릭해서 [사용자 또는 그룹 선택] 창을 닫는다.

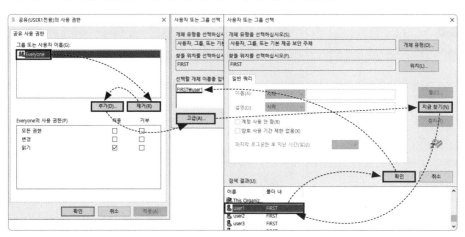

그림 4-127 폴더 공유 연습 3

3-4 [사용 권한] 창에 user1이 추가되었다면 [모든 권한]의 '허용'을 체크한다. [확인] 버튼을 2번 클릭하고 [닫기] 버튼을 클릭해서 모든 창을 닫는다.

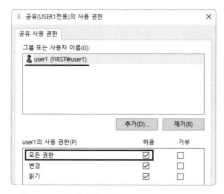

그림 4-128 폴더 공유 연습 4

이번 폴더는 '\\FIRST\공유(user1전용)' 이름으로 공유가 되었다.

Step 4

FIRST ◉ Windows의 그룹 중에 'Authenticated Users'라는 인증된 사용자를 총칭하는 그룹이 있다. 이번 실습의 **Step 1**과 **Step 2**에서는 Everyone에 권한을 주었는데, 이럴 경우 보안상 취약해질 수 있다. 그러니 인증된 사용자인 Authenticated Users 그룹에만 모든 권한을 부여해 보자.

4-1 [파일 탐색기]에서 'C:\공유(인증된사용자용)\' 폴더를 선택하고 마우스 오른쪽 버튼을 클릭한 후 [속성]을 클릭한다.

4-2 [공유] 탭에서 [고급 공유] 버튼을 클릭하고 '선택한 폴더 공유'를 체크한 후 [권한] 버튼을 클릭한다.

4-3 [사용 권한] 창에서 'Everyone'이 선택된 상태로 [제거] 버튼을 클릭해서 제거한다. 다시 [추가] 버튼을 클릭하고 [사용자 또는 그룹 선택] 창의 [고급] 버튼을 클릭한 다음 [지금 찾기] 버튼을 클릭하면 사용자 및 그룹 목록이 나온다. 그중 [Authenticated Users]를 선택하고 [확인] 버튼을 클릭하면 [선택할 개체 이름을 입력하십시오]에 'Authenticated Users'가 입력된다. 다시 [확인] 버튼을 클릭해 [사용자 또는 그룹 선택] 창을 닫는다.

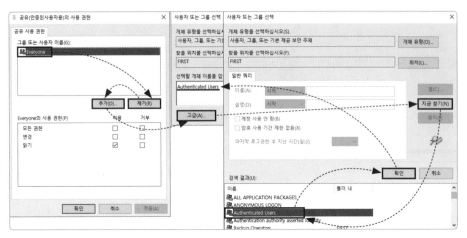

그림 4-129 폴더 공유 연습 5

4-4 사용 권한 창에 Authenticated Users가 추가되었다면 [모든 권한]의 '허용'을 체크한다. [확인] 버튼을 2번 클릭하고 [닫기] 버튼을 클릭해서 모든 창을 닫는다.

그림 4-130 폴더 공유 연습 6

이번 폴더는 '\\FIRST\공유(인증된사용자용)' 이름으로 공유가 되었다.

Step 5

FIRST ◑ 파일 공유를 할 때 다른 사람에게 보이지 않도록 숨김 공유를 할 수 있다. 공유 파일 이름의 제일 뒤가 '$'로 되어 있으면 자동으로 숨김 공유로 인식된다.

5-0 먼저 [파일 탐색기]에서 C:\공유(숨김)\ 폴더를 만들자.

5-1 '공유(숨김)' 폴더를 선택하고 마우스 오른쪽 버튼을 클릭한 후 [속성]을 클릭한다.

5-2 [공유] 탭에서 [고급 공유] 버튼을 클릭하고 [선택한 폴더 공유]를 체크한 다음 공유 이름을 '공유(숨김)$'로 설정하자. [권한] 버튼을 클릭해서 [Everyone]을 선택하고 [모든 권한]의 '허용'을 체크한다. [확인] 및 [닫기] 버튼을 연속 클릭해서 창을 닫는다.

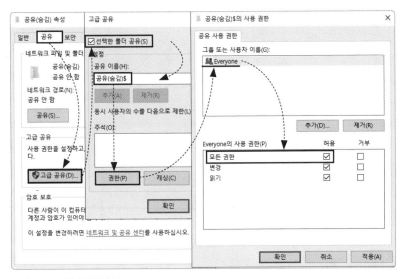

그림 4-131 폴더 공유 연습 7

NOTE ▶ 숨김 공유의 목적에는 외부에서 자신만 접근할 수 있도록 설정하는 것이 있다. 이 경우 공유 이름을 자신만 아는 이름으로 한다면 외부에서 그 이름을 알 방법이 없기에 더욱 효과적이다. 만약 공유 이름을 '이건비밀 uu$'와 같이 설정한다면 자신을 제외하고 아무도 공유 이름을 예측하지 못할 것이다(다시 이야기하지만 폴더 이름과 공유 이름은 서로 달라도 상관없다).

Step 6

FIRST ⦿ 전체 공유 폴더를 확인하자.

6-1 앞에서 총 5개의 폴더를 공유했다.

그림 4-132 공유된 폴더 확인

6-2 접속을 테스트하기 위해서 공유된 5개의 폴더에 각각 다른 이름의 텍스트 파일을 생성하고 내용을 적당히 채우자(필자는 공유(USER1전용) 폴더에 'USER1전용.txt' 파일을 생성하고 내용은 'User1 전용 공유 폴더입니다.'로 작성했다).

6-3 Windows의 [시작]에서 마우스 오른쪽 버튼을 클릭하고 [컴퓨터 관리]를 실행한다. [시스템 도구]–[공유 폴더]–[공유] 메뉴를 클릭하면 현재 공유된 폴더와 접속된 클라이언트의 개수가 보인다. 아직은 접속한 클라이언트가 없으므로 모두 '0'으로 보인다.

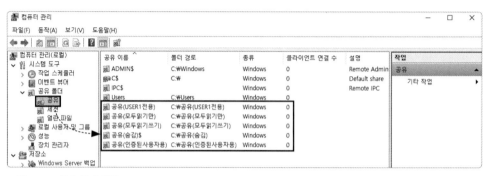

그림 4-133 공유 폴더 확인 1

6-4 **그림 4-133**에서 [공유(USER1전용)]을 더블클릭해 속성 창을 열자. 필요하다면 동시 접속할 사용자의 숫자도 지정할 수 있다. 적당히 '10'정도로 제한하고 [확인] 버튼을 클릭해서 창을 닫는다. [컴퓨터 관리] 창도 종료한다.

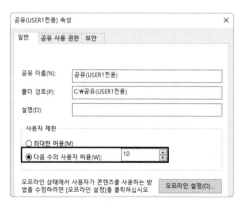

그림 4-134 공유 폴더 확인 2

6-5 Windows의 [시작]에서 [서버 관리자]를 실행한다. 왼쪽 화면의 [파일 및 저장소 서비스]–[공유]를 선택해서 앞서 공유한 폴더들을 확인해 보자. 필요하다면 공유된 폴더를 선택해서 마우스 오른쪽 버튼을 클릭하고 [속성]을 선택해서 사용자 권한 등을 변경할 수도 있다. [서버 관리자] 창을 종료한다.

그림 4-135 공유 폴더 확인 3

NOTE▶ 서버 관리자는 Windows Server 2012부터 제공되는 기능으로 현재 컴퓨터뿐만 아니라, 원격의 서버들을 한곳에서 통합해서 관리할 수 있다. 지금 사용한 파일 및 저장소 서비스는 다른 서버의 저장소도 통합 관리하는 기능을 제공한다. 파일 및 저장소 서비스는 5장에서 좀 더 활용하겠다.

Step 7

WINCLIENT ◐ 외부에서 접속해 보자. **실습 6**과 같이 설정하지 않았다면 파일 탐색기의 네트워크에서 공유된 컴퓨터나 폴더가 보이지 않을 수 있다. 그럴 경우 공유된 폴더에 접근하는 방법을 사용해야 한다.

7-0 WINCLIENT 가상머신을 초기화하자(초기화 방법이 기억나지 않으면 3장의 **실습 5**를 참고한다).

7-1 [파일 탐색기]를 실행하고 주소 칸을 클릭한 후에 '\\FIRST'를 입력하고 Enter 키를 누르면 공유된 폴더들을 확인할 수 있다.

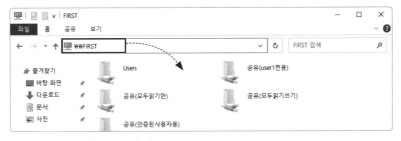

그림 4-136 외부에서 공유 폴더 접근 1

NOTE▶ FIRST의 컴퓨터 이름 (또는 NetBIOS 이름)은 3장 실습 1의 **Step 8**에서 'FIRST'로 지정했다. 그런데 이 컴퓨터 이름으로도 접근이 안 될 경우에는 더욱 확실한 IP 주소로 접근하면 된다. FIRST의 IP 주소를 '192.168.111.10'으로 지정했으므로 \\192.168.111.10을 사용하면 된다.

7-2 우선 [공유(USER1전용)] 폴더에 들어가 보자. 그러나 파일 접근에 실패하고 오류 메시지가 나올 것이다. 이 폴더는 user1 사용자만 접근할 수 있도록 설정했고, 현재 접속한 WINCLIENT의 사용자는 Administrator이므로 당연히 접속이 안 된다. [닫기] 버튼을 클릭한다.

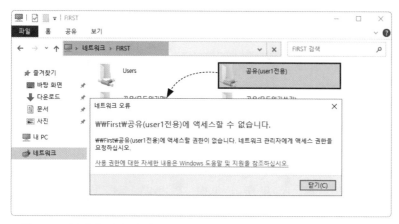

그림 4-137 외부에서 공유 폴더 접근 2

7-3 이번에는 [공유(모두읽기만)] 폴더에 들어가 보자. 이번에는 오류 없이 파일에 접근이 가능하다. 그러나 그 안의 파일을 삭제하려고 하면 권한이 필요하다는 대화상자가 나온다. 이 폴더는 읽기 전용으로 설정했으므로 파일이 삭제되지 않는다. [취소] 버튼을 클릭한다.

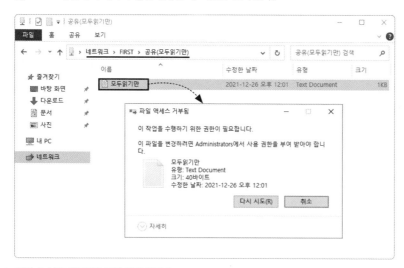

그림 4-138 외부에서 공유 폴더 접근 3

7-4 이번에는 공유된 폴더에 드라이브 문자를 할당해서 별도의 드라이브로 설정해 보자. 다시 [파일 탐색기] 주소 칸에 '\\FIRST'를 입력하고 [공유(모두읽기쓰기)]에 마우스 오른쪽 버튼을 클릭한 후 [네트워크 드라이브 연결]을 클릭한다. 그러면 [드라이브]에서 연결에 사용할 폴더를 선택할 수 있는데, 필요하면 변경해도 된다. 그 아래 '로그인할 때 다시 연결'을 체크하면 컴퓨터가 부팅될 때마다 Z드라이브에 해당 폴더를 자동으로 연결한다. [마침] 버튼을 클릭하면 새로운 Z드라이브가 생성된다. 이제부터는 공유된 폴더를 하나의 드라이브가 추가된 것과 동일하게 사용하면 된다. 공유한 폴더를 자주 사용할 경우에 편리하게 사용할 수 있다.

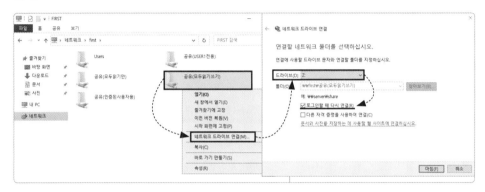

그림 4-139 네트워크 드라이브 연결 1

NOTE ▶ '다른 자격 증명을 사용하여 연결'을 체크하면 다른 사용자로도 연결을 할 수 있다. 현재 WINCLIENT 가상 머신의 사용자는 Administrator이므로 FIRST 가상머신에도 Administrator로 접속된다.

7-5 [파일 탐색기]-[내 PC]를 확장하면 새로운 드라이브인 'Z:'를 확인할 수 있다.

그림 4-140 네트워크 드라이브 연결 2

7-6 이제 [파일 탐색기]에서 'FIRST' 폴더에 접근해도 숨김 폴더는 보이지 않는다. 이번에는 Windows + R 키를 눌러 [실행] 창에 '\\FIRST\공유(숨김)$'를 입력해 보자. 잠시 기다리면 [파일 탐색기]가 열리고 숨김 공유 폴더가 보일 것이다([파일 탐색기]에서 '\\FIRST\공유(숨김)$'를 입력해도 된다).

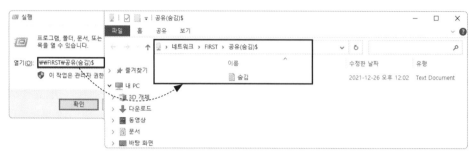

그림 4-141 숨김 공유 폴더 접근

NOTE ▶ '\\FIRST\공유(숨김)$' 대신에 '\\192.168.111.10\공유(숨김)$'를 입력해도 된다.

7-7 숨김 공유 폴더를 네트워크 드라이브로 연결하기 위해서는 [파일 탐색기]−[내 PC]를 선택한 후 [컴퓨터] 탭에서 [네트워크 드라이브 연결]−[네트워크 드라이브 연결] 메뉴를 클릭한다. 그리고 [드라이브]를 'Y'로 선택 [폴더]에 '\\FIRST\공유(숨김)$'를 써준 후 [로그인 할 때 다시 연결]을 체크하고 [마침] 버튼을 클릭하면 된다.

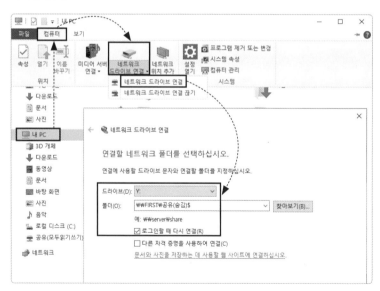

그림 4-142 숨김 공유 폴더를 네트워크 드라이브에 연결

7-8 현재 Z와 Y드라이브가 네트워크 드라이브로 연결되어 있다. [파일 탐색기]에서 'Z:'를 선택하고 마우스 오른쪽 버튼을 클릭한 후 [연결 끊기]를 선택해서 연결을 종료한다. 'Y:'도 마찬가지로 연결을 끊는다.

그림 4-143 숨김 공유를 네트워크 드라이브에 연결 끊기

7-9 WINCLIENT 가상머신을 재부팅하자.

7-10 앞서 **7-2**에서 폴더 접근에 실패했었다. 이 폴더에 접근하려면 WINCLIENT 가상머신에 user1 사용자를 생성하고 user1로 로그온하면 되지만, 더 간단한 방법을 따라 해 보자. [파일 탐색기]–[내 PC]를 선택한 후 [컴퓨터]–[네트워크 드라이브 연결]–[네트워크 드라이브 연결]을 클릭한다. 그리고 [네트워크 드라이브 연결] 창에서 [드라이브(D)]에는 'X', [폴더(O)]에는 '\\FIRST\공유(User1전용)'을 설정한 다음 하단의 두 체크박스를 체크하고 [마침] 버튼을 클릭한다. [Windows 보안] 창이 뜨면 빈 칸에 각각 'user1'과 'p@ssw0rd'를 입력하고 '내 자격 증명 기억'을 체크한다. [확인] 버튼을 클릭해서 다시 창이 나오면 [확인] 버튼을 클릭한다.

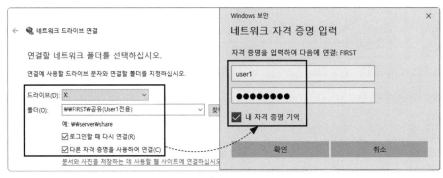

그림 4-144 다른 사용자로 네트워크 드라이브에 연결

7-11 [파일 탐색기]에 X드라이브가 연결된 것을 확인할 수 있다. X드라이브의 텍스트 파일을 열어서 확인한 다음 그 상태로 둔다.

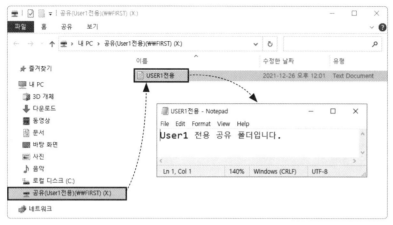

그림 4-145 공유 폴더의 파일 열기

Step 8

FIRST ◑ 현재 공유 폴더에 네트워크로 접속된 사용자와 열려 있는 파일을 확인해 보자.

8-1 Windows의 [시작]에서 마우스 오른쪽 버튼을 클릭한 후 [컴퓨터 관리]를 클릭해 실행하고 [시스템 도구]-[공유 폴더]-[공유] 메뉴를 클릭하면 현재 '공유(USER1전용)'에 1개의 클라이언트가 연결된 것을 확인할 수 있다.

그림 4-146 공유된 정보 확인 1

8-2 [세션]을 클릭하면 현재 WINCLIENT 가상머신에서 접속한 user1의 정보를 확인할 수 있다. 사용자 정보에서 접속한 사용자 이름, 컴퓨터 이름, 운영체제 종류, 열린 파일 수, 연결한 시간 등이 있다(하나의 파일을 여러 번 열면 '열린 파일 수'의 개수가 증가될 수 있다).

그림 4-147 공유된 정보 확인 2

8-3 왼쪽 화면에서 [열린 파일]을 클릭하면 어느 공유 폴더의 파일을 누가 열었는지를 확인할 수 있다.

그림 4-148 공유된 정보 확인 3

> **NOTE ▶** WINCLIENT로 가서 열려 있는 텍스트 파일을 닫고 다시 FIRST의 [열린 파일]에서 마우스 오른쪽 버튼을 클릭한 후 [새로 고침]을 해 보자. 그래도 열린 파일이 남아 있을 수 있다. 이는 네트워크상에서는 실시간 적용이 되지 않는 경우가 많기 때문이다. 앞으로도 이렇게 네트워크상에서 즉시 적용이 되지 않는 경우가 종종 있을 테니 혼동하지 말자.

8-4 [컴퓨터 관리] 창을 닫고 FIRST 가상머신을 종료한다.

Step 9 ─────────────────────────────

WINCLIENT ◉ WINCLIENT 가상머신을 종료한다.

4.4 명령으로 관리하는 Server Core의 기본 운영 방법

3장의 **실습 4**에서 Server Core로 Windows Server 2022를 설치했다. Server Core는 Windows의 그래픽 환경을 제공하지 않기 때문에 모든 것을 명령으로 처리해야 한다. Windows에 익숙한 사용자일수록 명령으로 처리하는 것이 불편하겠지만, Unix 계열에서 대부분 명령으로 처리하는 것을 보면 Windows도 명령으로 처리하는 것이 충분히 가능하다.

4.4.1 Server Core의 간단한 운영 실습

직접 실습을 통해서 Server Core를 운영해 연습해 보자. 이번 실습에서는 다음의 내용을 다룬다.

- Server Core에서 컴퓨터 이름 변경
- Server Core에서 IP 주소 설정
- Server Core에서 레지스트리 사용
- Server Core에서 서버 역할 설치

실습 8

Server Core를 실습하자.

Step 0

VMware Player에서 3장에서 설치한 Server Core를 열고 부팅한다. `Ctrl` + `Alt` + `Insert` 키를 누른 후 Administrator의 암호인 'p@ssw0rd'를 입력해서 로그온한다.

NOTE ▶ Server Core는 VMware Tools를 설치하지 않았으므로 호스트 컴퓨터와 게스트 컴퓨터 간에 마우스 포커스를 이동하기 위해서는 왼쪽 `Ctrl` + `Alt` 키를 눌러서 사용해야 한다.

Step 1

컴퓨터의 이름을 확인하고 이름을 'CORE'로 변경하자.

1-0 기본적으로 명령 환경은 파워셸이다. **cmd** 명령으로 우선 명령 프롬프트로 변경한다.

NOTE ▶ 파워셸(PowerShell)에 대해서는 추후 언급하겠다.

1-1 **hostname** 또는 **echo %computername%** 명령으로 현재 컴퓨터의 이름을 확인한다.

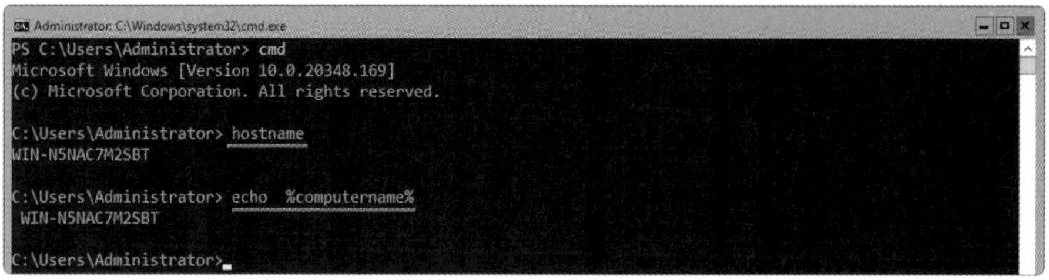

```
Administrator: C:\Windows\system32\cmd.exe
PS C:\Users\Administrator> cmd
Microsoft Windows [Version 10.0.20348.169]
(c) Microsoft Corporation. All rights reserved.

C:\Users\Administrator> hostname
WIN-N5NAC7M2SBT

C:\Users\Administrator> echo  %computername%
WIN-N5NAC7M2SBT

C:\Users\Administrator>
```

그림 4-149 Server Core의 컴퓨터 이름 확인

1-2 `netdom` 명령으로 컴퓨터 이름을 변경한다. 계속하겠냐는 메시지가 나오면 **Y** 명령을 입력한다.

```
netdom  renamecomputer  %COMPUTERNAME%  /newname:새컴퓨터이름
```

```
Administrator: C:\Windows\system32\cmd.exe

C:\Users\Administrator> netdom  renamecomputer  %COMPUTERNAME%  /newname:CORE
This operation will rename the computer WIN-N5NAC7M2SBT
to CORE.

Certain services, such as the Certificate Authority, rely on a fixed machine
name. If any services of this type are running on WIN-N5NAC7M2SBT,
then a computer name change would have an adverse impact.
```

그림 4-150 Server Core의 컴퓨터 이름 변경

1-3 컴퓨터 이름을 변경하면 컴퓨터를 재부팅해야 한다. **shutdown /r /t 0** 명령으로 재부팅한다(r은 reboot, t는 time, 0은 대기시간(초)를 의미한다).

NOTE▶ Server Core를 Active Directory 도메인에 참여시키기 위해서는 **netdom join %computername% /DOMAIN:도메인 /userd:도메인계정 /password:*** 형식을 사용하면 된다(Active Directory 도메인은 4부에서 다룬다).

1-4 다시 동일한 계정으로 로그온하고 **cmd** 명령으로 명령 프롬프트로 변경한다. 다시 **hostname** 명령을 입력하면 컴퓨터의 이름이 바뀐 것을 확인할 수 있다.

Step 2

네트워크 정보를 확인하고 변경하자.

2-1 먼저 **ipconfig** 명령으로 IPv4가 작동하고 있는지 확인하자. 현재 필자는 192.168.111.134 주소를 사용하는데, 이는 VMware의 가상 DHCP 서버가 자동으로 할당한 것이기 때문에 독자의 주소는 다를 수 있다.

```
Administrator: C:\Windows\system32\cmd.exe

C:\Users\Administrator> ipconfig

Windows IP Configuration


Ethernet adapter Ethernet0:

   Connection-specific DNS Suffix  . : localdomain
   Link-local IPv6 Address . . . . . : fe80::b1d5:b5eb:6a0e:fdd4%5
   IPv4 Address. . . . . . . . . . . : 192.168.111.134
   Subnet Mask . . . . . . . . . . . : 255.255.255.0
   Default Gateway . . . . . . . . . : 192.168.111.2
```

그림 4-151 Server Core의 IP 주소 확인

2-2 할당된 DNS 주소를 확인하려면 **nslookup** 명령을 입력하면 된다. 현재는 192.168.111.2로 되어 있는데, 이 또한 VMware의 가상 DHCP 서버가 자동으로 할당한 것이다. **exit** 명령으로 nslookup을 종료한다.

그림 4-152 Server Core에 설정된 DNS 서버 주소 확인

2-3 먼저 **netsh** 명령으로 네트워크를 설정할 수 있는 환경으로 들어가자. 프롬프트가 'netsh>'로 변경되어 있을 것이다. 그 다음 아래 서브 명령으로 우선 Ethernet0(로컬 영역 연결)의 정보를 확인한다. 여기서 Idx(색인)를 기억해 두자. 필자는 '5'로 되어 있지만 이 부분은 독자와 다를 수 있다.

```
interface ipv4 show interface
```

그림 4-153 Server Core 네트워크 주소 변경 1

2-4 아래 서브 명령으로 ipv4의 네트워크 정보를 할당하자. 이번 **실습 2-1**의 결과와 동일하게 넣되, IP 주소는 '192.168.111.50'으로 할당하자.

```
interface ipv4 set address name="색인" source=static address=IP주소 mask=넷마스크
gateway=게이트웨이주소
```

```
Administrator: C:\Windows\system32\cmd.exe - netsh
netsh> interface ipv4 set address name="5" source=static address=192.168.111.50 mask=255.255.255.0 ga
teway=192.168.111.2

netsh>
```

그림 4-154 Server Core 네트워크 주소 변경 2

2-5 DNS도 직접 지정하자. 구글의 네임 서버인 8.8.8.8을 사용해 보자('168.126.63.1' 같은 다른 공인된 DNS 주소를 사용해도 상관없다).

```
interface ipv4 add dnsserver name="색인" address=DNS주소 index=1
```

그림 4-155 Server Core 네트워크 주소 변경 3

NOTE 그림 4-155 제일 뒤의 'index=1'은 주 DNS 서버를 의미한다. 보조 DNS 서버를 추가로 지정하려면 'index=2'로 변경해 주면 된다.

2-6 **exit** 명령을 입력해서 **netsh** 명령을 종료한다.

2-7 **nslookup** 명령과 **ipconfig** 명령으로 설정된 결과를 확인하자.

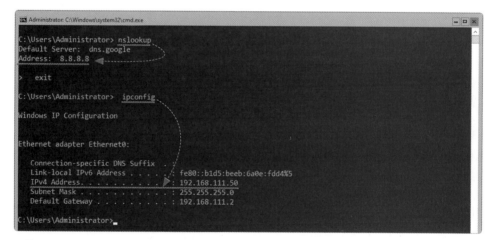

그림 4-156 Server Core의 네트워크 주소 확인

NOTE **ipconfig /all** 명령을 입력하면 IP 정보와 DNS 정보를 한 번에 볼 수도 있다.

Step 3

레지스트리를 편집해서 데스크톱 환경을 설정하자.

3-0 **regedit** 명령으로 [Registry Editor(레지스트리 편집기)]를 연다.

3-1 화면 보호기가 작동하지 않도록 설정해 보자. [HKEY_CURRENT_USER]-[Control Panel]-[Desktop]에서 마우스 오른쪽 버튼을 클릭한 후 [New]-[String Value]를 선택한 다음 'ScreenSaveActive'를 입력한다.

3-2 생성한 'ScreenSaveActive'를 더블클릭한 후 [Value data]를 '0'으로 입력하고 [OK] 버튼을 클릭한다.

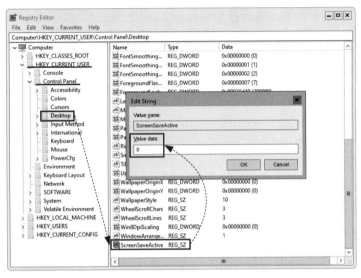

그림 4-157 레지스트리 편집 1

3-3 [HKEY_CURRENT_USER]-[Control Panel]-[Colors] 아래의 설정들을 바꾸면 되는데, 모두 3개의 값을 가지며 이는 RGB 값으로 표현된다. 예를 들어 배경 화면의 색상을 초록색으로 바꾸려면 'Background'를 더블클릭해서 창을 연 후 '0 255 0'을 입력해서 변경하면 된다.

> **NOTE ▸** 색상 값은 RGB(Red Green Blue)로 지정한다. 각 값은 0~255까지 지정할 수 있다.

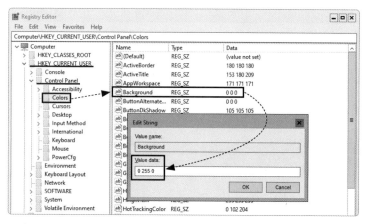

그림 4-158 레지스트리 편집 2

3-4 레지스트리 편집기를 닫고 **shutdown /l** 명령으로 로그아웃한 다음 다시 접속하면 레지스트리에서 변경한 내용이 적용된다. 이 외에도 마우스 설정은 [HKEY_CURRENT_USER]-[Control Panel]-[Mouse] 부분을 사용하면 된다.

Step 4

텍스트 모드에서 서버 역할(Server Role)을 설치하는 방법을 알아보자.

4-1 부팅된 상태를 그대로 두고 [Player]-[Removable Devices]-[CD/DVD]-[Setting] 메뉴를 클릭해 3장에서 사용한 'Windows Server 2022 ISO' 파일을 연결하자.

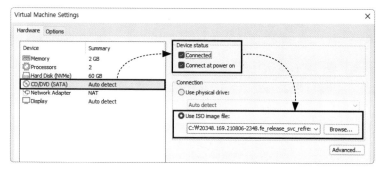

그림 4-159 Windows Server 2022 Datacenter ISO 파일 연결

NOTE ▶ Windows Server 2012와 2012 R2에서는 Server Core를 설치한 후에 MinShell과 전체 GUI 모드로 변경하는 방법을 제공했으나, Windows Server 2016부터는 Server Core에서 GUI를 추가 설치하는 방법을 제공하지 않는다. 즉, GUI를 사용하려면 Windows Server 2022를 새로 설치해야 한다.

4-2 이번에는 파워셸 환경에서 그대로 진행하자. 우선 연결된 드라이브를 확인해 보자. 대개 D드라이브에 연결된다(상황에 따라서 E드라이브나 F드라이브에 연결될 수도 있다).

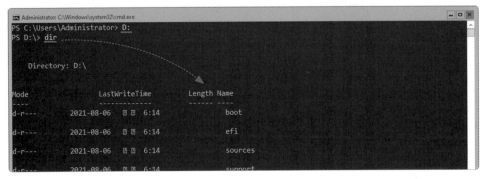

그림 4-160 연결된 DVD 파일 확인

4-3 **Get-WindowsFeature** 명령으로 서버 역할의 종류를 확인해 보자. 목록이 너무 많다면 **Get-Windows Feature *일부글자*** 명령으로 일부 글자가 들어간 것만 검색할 수도 있다.

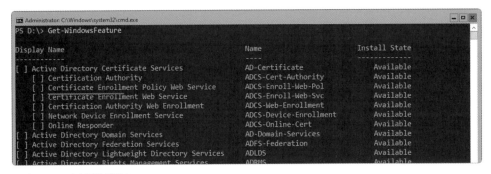

그림 4-161 서버 역할 설치 1

NOTE▶ 서버 역할은 이 책의 3부에서 주로 다룬다. 지금은 Server Core 환경에서 서버 역할을 설치하는 연습일 뿐이다.

앞의 [Display Name]의 체크박스에 [X]가 표시되어 있으면 설치된 것이다. [Display Name]은 서버 역할 또는 기능의 이름이며, [Name]이 설치할 프로그램의 이름이다. [Install State]의 경우 설치가 안 된 프로그램은 'Available', 이미 설치가 된 프로그램은 [Installed]로 표시된다.

4-4 이번 예시에서는 DHCP 서버를 설치해 보겠다. 설치는 다음 형식을 갖는다. 설치 진행 상황이 나오고 설치가 완료되면 성공 여부 및 재시작 여부를 확인할 수 있다. 이제부터는 DHCP 서비스가 작동될 것이다 (DHCP 서버의 사용법은 3부에서 다시 다룬다).

```
powershell
Install-WindowsFeature 설치할서버역할 -Source wim:DVD드라이브:\sources\install.wim:인덱스번호
```

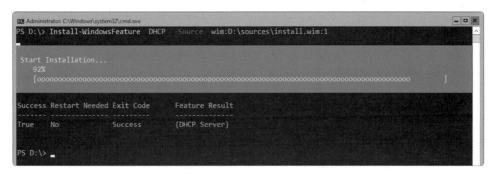

그림 4-162 서버 역할 설치 2

NOTE ▶ 인덱스 번호는 Windows Server 2022를 설치할 때 나오는 선택 목록의 번호로 Windows Server 2022 는 4가지로 구성되어 있다. 우리는 3장 실습 4의 **2-3**에서 첫 번째의 'Windows Server 2022 Standard Evaluation' 을 선택하고 설치했으므로 인덱스 번호를 1번으로 사용하면 된다.

4-5 `shutdown /s /t 0` 명령으로 Server Core를 종료한다.

이상으로 Server Core의 명령어 사용법을 간단히 살펴보았다. 실제로 Server Core를 운영하기 위해서는 이보다 더 많은 명령어가 필요하고 더 복잡하다. 이 책에서는 더 이상의 Server Core 내용을 다루지 않을 것이므로 Server Core의 내용이 더 읽고 싶다면 Microsoft사의 기술 문서 (https://docs.microsoft.com/)를 참고하도록 하자.

4.5 파워셸 개요

파워셸PowerShell은 Unix의 셸Shell과 같은 기능을 제공하기 위해 Windows Server 2008에서 처음 소개한 명령어 셸이다.

파워셸에서는 텍스트로 구성된 스크립트를 사용하는데, 처음에는 기존 Windows의 GUI에 비해 불편한 듯하지만 Windows Server를 관리할 때 자주 사용되는 것들을 파워셸에서 스크립트로 만들어 놓으면 약간의 편집만으로 기존에 작성된 것을 언제든 일관적으로 재사용할 수 있다.

파워셸은 그 자체의 내용만으로도 방대하기에 별도의 책으로 출간되고 있다. 이 책에서 파워셸 자체를 설명하는 것은 범주를 벗어나는 것이기 때문에 간단히 파워셸을 사용하는 방법만 익혀보도록 하겠다. 그러나 고급 Windows Server 관리자가 되기 위해서는 별도의 책이나 인터넷을 통해서 파워셸을 더 공부해야 할 것이다.

! 여기서 잠깐   파워셸 버전

파워셸은 버전이 계속 올라갔다. Windows Server 2008에는 1.0 버전, Windows Server 2008 R2에는 2.0 버전, Windows Server 2012에는 3.0 버전, Windows Server 2012 R2에는 4.0 버전, Windows Server 2016/2019/2022에는 5.1 버전이 포함되어 있다. 하지만 하위의 Windows Server에서도 서비스 팩을 설치한 후에 상위 버전의 파워셸을 설치할 수 있다. 예시로 Windows Server 2008 R2 서비스 팩1에서 파워셸 5.1 버전을 사용할 수 있다.

별도로 배포되는 파워셸도 PowerShell 6, PowerShell 7 등 버전이 계속 올라갔다. 필요하다면 더 상위 버전의 파워셸을 깃허브(https://github.com/PowerShell/PowerShell/releases/)에서 다운로드해 설치할 수도 있으며, 이 책을 집필하는 시점에서는 7.3 버전까지 발표되었다. 참고로 파워셸은 Windows Server뿐 아니라, 개인용 Windows 7, 8, 8.1, 10, 11 등에도 포함되어 있다.

4.5.1 파워셸의 기본 개념

파워셸은 Microsoft사의 명령어 셸이다. 파워셸은 완벽한 스크립트 언어를 지원하며, 기존 Unix의 명령 셸과 같이 사용자의 명령어를 실시간으로 상호 처리할 수 있다. 단순히 생각하면 Windows의 '명령 프롬프트'와 비슷하게 보이고 또 스크립트는 배치파일(*.bat)과 비슷하게 보일 수 있으나 비교할 수 없을 정도의 차이가 있다(장난감 총과 진짜 총의 차이 정도라고 생각하면 된다).

파워셸은 기존 DOS의 배치파일(*.bat) 및 VBScript도 실행할 수 있으며 Unix의 셸에서 작성된 것도 일부 호환이 가능하다(그러나 호환 부분은 신경 써야 할 것이 많다).

파워셸을 실습하기 전에 우선 다음의 사항을 기억해 놓자.

- 파워셸 스크립트는 파워셸 콘솔에서 대화형으로 사용될 수 있다.
- 파워셸 스크립트는 텍스트로 구성된다. 즉, 메모장에서 편집할 수 있다.
- 파워셸 스크립트 명령은 대개 대소문자를 구별하지 않는다(Unix 셸은 대소문자를 정확히 구분함).
- 명령어나 경로의 Tab 자동 완성 기능을 지원한다. 예를 들어 c:\win Tab 키를 누르면 자동으로 C:\Windows가 완성된다.
- 기존 DOS 명령을 대부분 사용할 수 있다.
- Cmdlet(Command Let, 커맨들릿)은 파워셸에서 사용되는 기본적인 명령어를 말한다. 형식은 '동사–명사'와 같이 구성되는데 예를 들면 도움말을 보기 위한 Cmdlet은 **Get-Help** 명령어가 된다. 필요한 경우에는 Cmdlet 뒤에 매개변수가 첨부된다. 예시로 Write–Output "Hanbit"은 'Hanbit'이라는 글자를 출력해 준다. Windows Server 2022에 포함된 PowerShell 5.1은 수천 개의 내장된 Cmdlet과 Function을 가지고 있다.

이 정도로 기본적인 내용에 대한 이야기를 마치고, 직접 간단한 실습을 통해 파워셸의 사용법을 익혀 보자.

실습 9

Windows PowerShell을 간단히 실습하자.

Step 0

FIRST 가상머신을 부팅하고 Administrator로 로그온한다.

Step 1

파워셸의 기본적인 시작과 종료 방법을 알아보자.

1-1 Windows의 [시작]에서 [Windows PowerShell]을 클릭해 실행한다.

그림 4-163 파워셸 실행

1-2 명령 프롬프트와 비슷한 창이 나온다.

먼저 기존 DOS 명령을 몇 가지 사용해 보자. 대부분의 DOS 명령은 호환된다.

```
CD   C:\
DIR
IPCONFIG
```

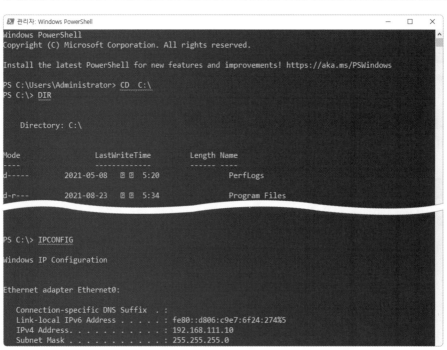

그림 4-164 파워셸 사용 1

1-3 기본적으로 내장된 Cmdlet을 사용해 보자. 기존 DOS 명령과 같은 방식으로 사용하면 된다.

```
Write-Output  "Hanbit Media"
```

그림 4-165 파워셸 사용 2

1-4 현재 설치된 파워셸의 버전을 **Get-Host** 또는 **$PSVersionTable** 명령을 사용해 확인하자.

그림 4-166 파워셸 사용 3

1-5 파워셸을 종료하려면 [X]를 눌러 창을 닫거나 **exit** 명령을 입력하면 된다.

Step 2

파워셸을 최신 버전으로 업그레이드해 보자.

2-1 https://github.com/PowerShell/PowerShell 주소에서 최신의 파워셸을 다운로드하거나 Q&A 카페(https://cafe.naver.com/thisisLinux)의 [교재 자료실(윈도서버)]에서 다운로드해도 된다. 필자는 64bit용 7.2.1(PowerShell-7.2.1.-win-x64.msi) 파일을 다운로드했다.

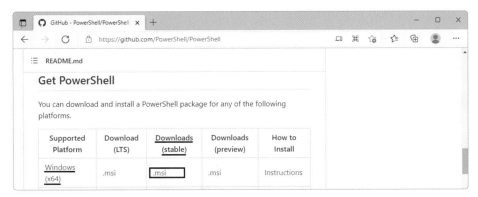

그림 4-167 파워셸 최신 버전 다운로드

2-2 다운로드한 파일을 설치한다. 설정은 모두 기본값으로 두고 [Next] 및 [Install] 버튼을 클릭해서 설치한다. 설치가 완료되면 [Finish] 버튼을 클릭한다.

그림 4-168 파워셸 최신 버전 설치

2-3 Windows의 [시작]에서 [P]−[PowerShell]−[PowerShell 7 (x64)] 메뉴를 클릭해 실행하고 **Get-Host** 명령으로 버전을 확인해 보자.

그림 4-169 파워셸 버전 확인

NOTE ▶ 기존에 설치된 파워셸을 사용해도 된다. Windows의 [시작]에서 [Windows PowerShell]을 클릭하거나 Windows의 [시작]에서 마우스 오른쪽 버튼을 클릭해 [Windows PowerShell(관리자)] 메뉴를 클릭하면 기존의 파워셸 5.1 버전이 실행된다.

2-4 **exit** 명령으로 새로 설치한 파워셸을 닫는다.

Step 3 ───

내장 Cmdlet의 기본적인 것들에 대해서 익히자.

3-0 Windows의 [시작]에서 [Windows PowerShell]을 찾아 실행한 다음 기존 5.1버전의 파워셸을 실행한다.

3-1 먼저 도움말을 최신으로 업데이트하자. `Update-Help` 명령을 실행하면 도움말이 최신으로 업데이트될 것이다.

그림 4-170 파워셸 도움말 업데이트

NOTE ▶ 필자가 이 책을 집필하는 시점에서는 파워셸의 한글 도움말에 대한 문제로 업데이트를 실패했다. 물론 이 책이 출간되는 시점에는 잘 작동할 것으로 예상하지만, 만약 일부 도움말의 업데이트에 실패하더라도 실습에 큰 문제는 없으며 다른 실습과도 무관하므로 그냥 넘어가자.

3-2 Cmdlet의 도움말을 보기 위해서는 `Get-Help` 명령을 사용한다. 특히 `Get-Help [Cmdlet]` 명령은 해당 Cmdlet의 상세한 정보를 알려 준다.

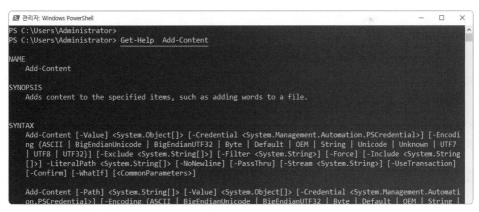

그림 4-171 Cmdlet 명령 1

3-3 Add-Content 명령은 문자열을 파일에 기록한다. 그리고 **Get-Content** 명령은 DOS의 **Type** 명령과 같은 기능을 한다.

```
Add-Content  "This is Windows Server"  -path  C:\myfile.txt
Get-Content  C:\myfile.txt  → 화면에 파일 내용을 출력
```

그림 4-172 Cmdlet 명령 2

3-4 Copy-Item 명령은 파일을 복사하며, DOS의 **Copy** 명령과 같은 기능을 한다. 그리고 **Get-ChildItem** 명령은 DOS의 **Dir** 명령과 같은 기능을 한다.

```
Copy-Item  C:\myfile.txt  C:\yourfile.txt
Get-ChildItem  C:\*.txt  → C드라이브에 확장자가 *.txt 파일 목록을 출력
```

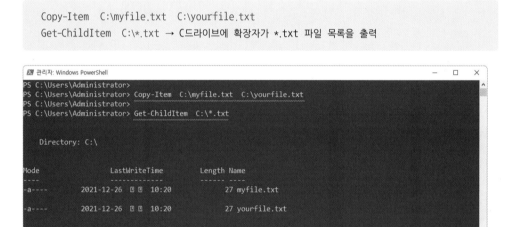

그림 4-173 Cmdlet 명령 3

NOTE ▶ 이미 언급했지만 파워셸에서는 대부분의 DOS 명령어를 사용할 수 있다. 즉, **Get-Content** 대신에 **Type** 명령을, **Get-ChildItem** 대신에 **Dir** 명령을 사용해도 된다.

3-5 `Get-Command` 명령은 Alias, Function, Cmdlet 등의 전체 목록을 출력한다.

Get-Command Write* → **Write** 글자로 시작하는 명령어 목록

그림 4-174 Cmdlet 명령 4

3-6 명령어를 알더라도 실제 사용법은 조금 어려운 경우가 많다. 이럴 때는 `Get-Help` **명령어** `-example` 로 명령어의 예제를 확인하는 것이 좋은 방법이다.

Get-Help Write-Output -example ¦ MORE → '¦ **MORE**'는 결과를 페이지 단위로 화면에 출력('¦'은 [Shift] 키를 누르고 [Enter] 위에 있는 [\] 키를 누르면 입력된다).

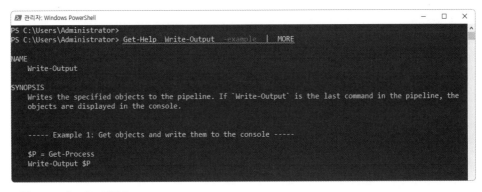

그림 4-175 Cmdlet 명령 5

NOTE▶ **MORE** 명령은 Unix에서 사용되던 명령어이며, 페이지 단위로 결과를 보여준다. [Enter] 키는 다음 줄, [Space] 키는 다음 페이지, [Q] 키는 종료를 의미하는 키다.

3-7 명령어의 옵션을 알기 어려울 경우 **Show-Command [CmdLet]** 명령을 사용하면 대화상자로 각 명령어의 옵션을 확인할 수 있다. 앞에서 사용했던 **Copy-Item** 명령을 사용해 'myfile.txt'를 'newfile.txt'로 복사해 보자.

```
Show-Command  Copy-Item
```

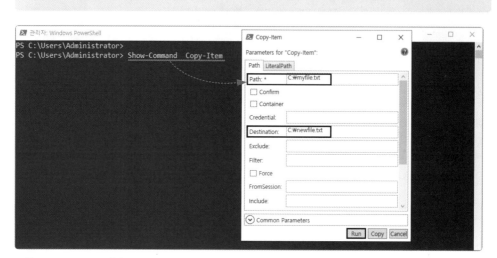

그림 4-176 Cmdlet 명령 6

NOTE ▶ 원래는 바로 실행되어야 하는데 Windows Server 2022 초기 버전에 약간의 버그가 있어 제일 뒤에 'm' 글자가 붙고 실행이 안 될 수도 있다. 이럴 때는 제일 뒤의 'm' 자를 지우고 [Enter] 키를 눌러서 실행하면 된다.

이 외의 사용법은 **Get-Command**, **Get-Help**, **Show-Command** 등의 명령어를 사용해 각자 학습해 보자.

Step 4

PowerShell ISE(Integrated Scripting Environment)는 파워셸을 좀 더 편리하게 사용하도록 하는 통합된 스크립트 환경이다. 이번에는 PowerShell ISE를 사용해 보자.

4-1 명령 프롬프트나 파워셸 중 아무 곳에나 **powershell_ise** 명령을 입력하면 된다.

4-2 그러면 PoserShell ISE가 실행되는데, PowerShell ISE의 초기 화면 왼쪽에는 콘솔 영역이, 오른쪽에는 명령어 리스트가 나온다.

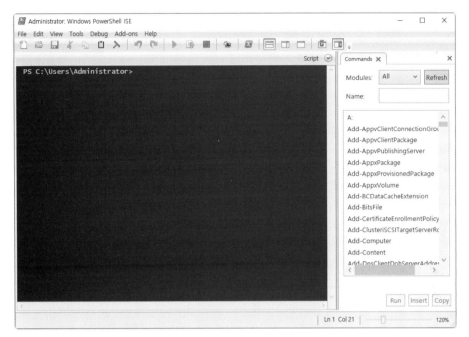

그림 4-177 PowerShell ISE의 초기화면

4-3 콘솔 창에서 'Copy-' 까지만 입력하면 인텔리센스(IntelliSense) 기능이 작동한다. 마우스로 더블클릭하거나 키보드 화살표로 이동해서 Enter 키를 누르면 명령어를 전부 입력하지 않고도 선택할 수 있다.

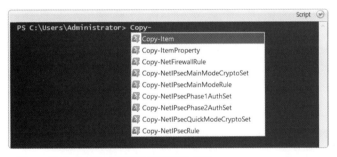

그림 4-178 PowerShell ISE의 인텔리센스 작동

4-4 오른쪽 [Commands] 창에서 명령을 더블클릭하면 앞에서 배운 **Show-Command** 명령과 비슷하게 작동한다(만약 [Show Details] 버튼이 보이면 클릭한다).

그림 4-179 [Commands] 창의 작동

4-5 PowerShell ISE를 닫는다. 이제부터는 좀 더 편리하게 파워셸을 사용할 수 있을 것이다.

Step 5

Windows 스크립팅 호스트를 활용해 보자.

5-0 다시 Windows의 [시작]에서 [Windows PowerShell] 메뉴를 클릭해 파워셸을 실행한다.

5-1 Windows 스크립팅 호스트를 사용해 팝업 창을 만들고 활용해 보자.

```
$mBox = New-Object  -comobject  wscript.shell
$ret = $mBox.popup("Popup window", 0, "Popup", 1)
    <[확인] 또는 [취소] 버튼을 클릭> → [확인]은 1, [취소]는 2를 반환한다.
$ret
```

그림 4-180 Windows 스크립팅 호스트 활용

5-2 '$ret'의 값을 이용하면 더 복잡한 로직(Logic)도 만들 수 있다. 그러나 이러한 활용은 독자의 몫으로 남기겠다.

Step 6 ───────────────────────────────────

파워셸 명령의 결과를 *.csv나 *.xml 형식으로 내보내는 방법을 살펴보자.

6-1 현재 실행되는 프로세스의 목록을 화면에 출력하지 말고 *.csv 파일로 저장해 보자.

```
Get-Process | Export-Csv  C:\result.csv → 명령의 결과를 파일로 내보냄
NOTEPAD C:\result.csv
```

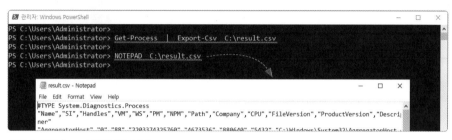

그림 4-181 *.csv 파일로 내보내기

6-2 내보내기 한 결과를 다시 불러올 수도 있다.

```
Import-Csv  C:\result.csv  |  MORE → *.csv 파일의 내용을 확인한다. 단 페이지 단위로 출력
```

그림 4-182 *.csv 파일 불러오기

6-3 내보내기 한 결과를 그리드 뷰로 보기 좋게 출력할 수도 있다.

> Import-Csv C:\result.csv | Out-GridView → *.csv 파일의 내용을 그리드 뷰에 출력

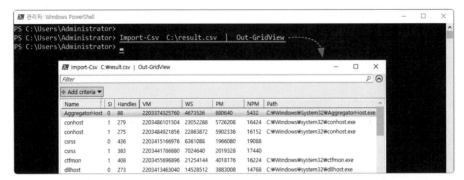

그림 4-183 *.csv 파일을 그리드 뷰에 불러오기

Step 7

파워셸 스크립트를 별도의 *.ps1 파일로 저장한 후 불러들일 수 있다.

7-0 먼저 **powershell_ise** 명령으로 PowerShell ISE를 실행한다.

7-1 [File]−[New]를 선택하거나 'New Script' 실행 아이콘을 클릭하면 빈 *.ps1 파일이 생성된다.

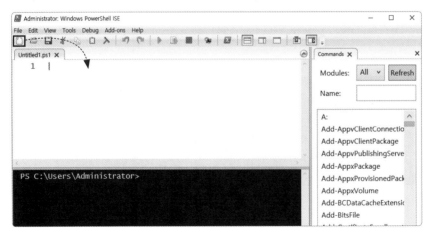

그림 4-184 파워셸 스크립트 파일 생성 1

NOTE ▶ 파워셸 스크립트의 확장명은 *.ps1이다. 또한 PowerShell ISE 스크립트 창이 아닌 메모장에서 작성해도 된다.

7-2 다음의 코드를 입력한 후 [저장] 아이콘을 클릭해서 'C:\myOS.ps1'으로 저장하자.

```
Write-host  "Enter your favorite OS : "
$osName  =  read-host
"You like $osName."
```

그림 4-185 파워셸 스크립트 파일 생성 2

7-3 아래쪽 콘솔 창에서 실행해 보자. 경로를 포함한 파일명을 입력하면 실행된다.

```
PS C:\Users\Administrator> C:\myOS.ps1
Enter your favorite OS :
Windows Server 2022
You like Windows Server 2022.

PS C:\Users\Administrator>
```

그림 4-186 파워셸 스크립트 파일 실행

이 정도로 파워셸에 대한 소개는 마치겠다. 다시 이야기하지만 이 책에서 다룬 파워셸은 맛보기일 뿐이며 앞 실습에서 다룬 것 외에도 파워셸은 변수, 조건문, 반복문 등의 일반적인 프로그래밍과 비슷한 '스크립트 프로그래밍'도 가능하다. 또한 이러한 기본 내용을 익힌 후에 Windows Server 시스템 관리 작업의 자동화에 적극 활용할 수 있다.

이로써 Windows Server 2022를 사용하기 위한 기본적인 사항을 학습해 봤다. 아직 완전히 익히지 못했더라도 추후 서버를 구축하면서 다시 관련된 내용이 언급될 것이므로 Windows Server 2022의 서버 기능을 학습해 보자.

05

하드디스크 관리와 RAID, 저장소 공간

지금까지 우리는 모든 가상머신에 100GB 또는 60GB 하드디스크를 1개씩 장착해서 사용했다. 그러다가 하드디 스크의 용량이 부족해지면 컴퓨터를 새로 교체하기보다는 하드웨어 업그레이드 개념으로 별도의 하드디스크를 추가 해야 한다. 이번 장에서는 Windows Server에 하드디스 크를 추가하고 관리하는 방법을 살펴보고 여러 개의 디스 크를 하나의 디스크처럼 사용하는 RAID 설정 방법을 실 습해 본다. 더불어 최신 디스크 관리 기술인 저장소 공간 에 대해서도 학습한다.

📋 학습목표

🔘
**이 장의
핵심 개념**

- 하드디스크를 구성하고 추가하는 방법을 실습한다.

- 파티션을 나누고 다시 합치는 방법을 익힌다.

- RAID의 개념과 작동 원리를 이해한다.

- 5가지 RAID 레벨의 장단점을 파악하고 RAID 설정 방법을 실습한다.

- RAID가 고장날 경우 복구하는 방법을 실습한다.

- 저장소 공간의 개념을 이해한다.

- 저장소 공간을 실습하고 디스크 관리와 연계하는 방식을 익힌다.

🔘
**이 장의
학습 흐름**

하드디스크 추가와 IDE/SCSI 장치의 이해
▼
파티션 분할 및 합병 실습
▼
RAID 개념과 작동 원리의 이해
▼
RAID 구성 실습
▼
저장소 공간의 개념 이해와 실습
▼
네트워크 스토리지 소개

5.1 하드디스크 추가하기

이번 절에서는 하드디스크 공간이 부족할 때 가장 기본적으로 생각할 수 있는 해결책으로 하드디스크 1개를 추가하고 드라이브 문자를 할당하는 방법을 익혀 본다. 참고로 하드디스크의 종류는 크게 전통적인 하드디스크와 SSD로 구분된다. 어차피 두 장치 모두 데이터 저장을 위한 것이기 때문에 이 책에서는 하드디스크나 SSD를 통칭해서 그냥 하드디스크라고 부르겠다. 우리는 가상머신 환경에서 실습을 진행하기 때문에 호스트 컴퓨터의 저장 장치가 3.5인치 하드디스크, 2.5인치 하드디스크, mSATA SSD, M.2 SSD, NVMe SSD 중 어떤 것이든지 책과 동일하게 설정하면 된다.

기본적으로 우리가 운영하고 있는 FIRST 가상머신은 다음 그림과 같은 구성을 하고 있다. 여기에 하드디스크를 추가로 장착하겠다. 이는 진짜 컴퓨터에 여분의 물리 하드디스크를 추가하는 것과 동일하다. 실습에서 구현해 보자.

5.1.1 IDE, SATA, NVMe, SCSI 장치

기본적으로 우리가 운영하고 있는 FIRST 가상머신은 다음 그림과 같이 구성되어 있다.

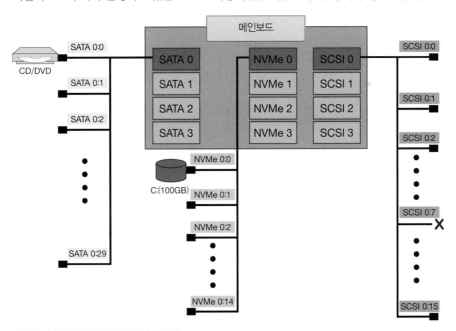

그림 5-1 FIRST의 하드디스크 장치 구성

일단 **그림 5-1**의 구성을 이해해 보자. VMware의 메인보드에는 IDE/SATA/SCSI/NVMe 등 4가지의 하드디스크 연결 장치가 제공된다. 현재는 IDE를 사용하지 않기에 표현하지 않았으며, 앞으로는 SATA/SCSI/NVMe 3가지만 언급하겠다. 첫 번째로, SATA는 각 장치마다 4개의 슬롯(메인보드에 케이블을 꽂을 수 있는 홈이라고 생각하면 된다)을 제공한다. 제일 왼쪽의 SATA 0 슬롯에는 30개의 하드디스크나 CD/DVD를 연결할 수 있다. 결국 SATA 슬롯은 4개를 지원하므로 SATA 장치를 총 120(4x30)개까지 장착할 수 있다. 이 각 SATA 연결 장치를 SATA 0:0, SATA 0:1, SATA 0:2 … SATA 3:29 방식으로 표기한다.

> **! 여기서 잠깐   IDE/SATA/SCSI/NVMe 장치**
>
> 일반용 컴퓨터에서 사용되는 하드디스크나 CD/DVD 장치를 SATA 장치라고 생각하면 된다. 서버용으로는 주로 SSD 형태의 플래시 메모리를 의미하는 NVMe나 SCSI 하드디스크를 사용한다. 물론 IDE, SCSI, SATA, NVMe 모두 VMware에서는 가상으로 생성하기 때문에 진짜 컴퓨터의 하드디스크 종류와는 무관하다. 참고로 이 책에서 사용하는 VMware 버전은 Windows Server의 가상 하드디스크를 기본적으로 NVMe로 지정한다.

그림 5-1을 보면 SATA 0:0에 CD/DVD 장치가 장착되어 있는데, VMware는 기본적으로 SATA 0:0에 CD/DVD 장치를 장착한다. 그러므로 SATA용 하드디스크를 추가하기 위해서는 나머지 비어 있는 119개의 장치 중 하나에 장착해야 한다(하지만 여기서는 CD/DVD 외에 SATA 장치를 사용하지 않겠다). SATA 장치를 확인하려면 FIRST 가상머신이 꺼진 상태에서 [Edit virtual machine settings]를 클릭하면 된다.

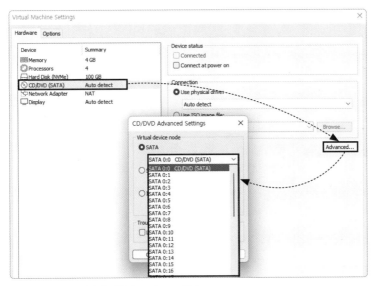

그림 5-2 SATA 장치에 장착된 CD/DVD 확인

NOTE▶ VMware 버전에 따라 CD/DVD가 SCSI 또는 IDE 등에 장착되어 있을 수 있다. 이 책은 CD/DVD가 SATA 장치에 장착되어 있다고 가정한다.

나머지 빈 SATA 장치에 CD/DVD를 장착하거나 IDE나 SCSI 장치에도 장착할 수 있지만 반드시 그럴 필요는 없다. 두 번째로, NVMe도 총 4개의 슬롯을 제공한다. 각 NVMe에는 15개의 하드디스크를 연결할 수 있으므로 총 $60(4\times15)$개의 NVMe 하드디스크를 사용할 수 있다. VMware는 기본적으로 사용하는 하드디스크를 NVMe로 장착한다. 그래서 1장에서 FIRST 가상머신에 장착한 100GB 하드디스크(C:)는 NVMe 0:0에 연결되어 있다. NVMe도 NVMe 0:0, NVMe 0:1, NVMe 0:2 ⋯ NVMe 2:14 방식으로 표기된다. MVME 역시 FIRST 가상머신에서 [Virtual Machine Settings]를 클릭해 확인할 수 있다.

NOTE▶ C드라이브, D드라이브, E드라이브 대신에 간략히 C:, D:, E:로도 표기한다. 읽을 때는 'C드라이브', 'D드라이브', 'E드라이브'로 읽으면 된다.

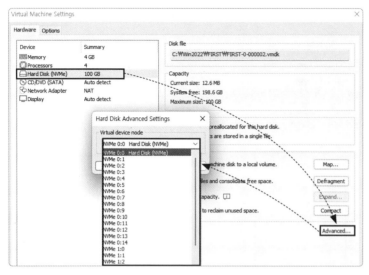

그림 5-3 NVMe 장치에 장착된 하드디스크 확인

세 번째로, SCSI도 총 4개의 슬롯을 제공하고 각 SCSI에는 15개의 하드디스크를 연결할 수 있어서 총 60(4×15)개의 SCSI 하드디스크를 사용할 수 있다. SCSI는 현재 연결된 장치가 없는 상태이며, SCSI 0:0, SCSI 0:1, SCSI 0:2···SCSI 3:15 방식으로 표기한다. 주의할 점은 SCSI 장치의 각 8번째 장치인 SCSI 0:7, SCSI 1:7, SCSI 2:7, SCSI 3:7을 VMware가 내부적으로 예약하고 있어 사용할 수 없다는 것이다. 그래서 SCSI 각 장치의 번호는 0부터 15까지 부여되어 있지만 장치별로 15개만 사용할 수 있다.

이 책에서는 서버용 컴퓨터에 많이 사용하는 SCSI용 하드디스크를 사용하며, 실습에서 사용할 하드디스크가 총 10개이므로 SCSI 0번 슬롯으로도 충분하다. **그림 5-1**과 **그림 5-2**, **그림 5-3**을 비교하면 현재 VMware의 구성 상태를 충분히 이해할 수 있을 것이다.

그림 5-1을 좀 더 살펴보자. 1장 **실습 2**의 **3-3**(27쪽)에서 FIRST 가상머신에 60GB SCSI 하드디스크를 제거한 후 100GB를 새로 장착해서 그것을 C드라이브로 사용했다. 필요하다면 100GB 하드디스크를 파티션^{Partition}으로 분할해서 C:, D:, E: 등으로 사용할 수도 있다.

5.1.2 1개의 하드디스크 추가와 파티션 나누기

그림 5-1을 보면 현재는 FIRST를 설치한 하드디스크가 NVMe 0:0 장치에만 1개 장착되어 있을 뿐 아무것도 없다. 여기에 우리는 추가로 SCSI 0:0 장치에 200GB 하드디스크를 **그림 5-4**와 같이 새

로 장착하겠다. 진짜 컴퓨터를 사용한다면 여분의 하드디스크를 장착하면 되지만, 우리는 가상머신을 사용하고 있으므로 실습에서는 가상의 하드디스크를 장착해서 사용하겠다.

그림 5-4 하드디스크 1개를 추가하고 파티션을 나눈 결과

NOTE▶ **그림 5-1**에는 사용하지 않는 장치도 표현했지만 앞으로는 사용하지 않는 장치는 생략하겠다.

그 전에 하드디스크에 드라이브 문자를 C:, D:, E: 등과 같이 차례로 할당하기 위해서 먼저 CD/DVD에 할당되어 있는 D:를 R:로 변경한 후에 진행한다.

실습 1 ▶

새로운 하드디스크 1개를 장착하고, 파티션을 나눠서 사용해 보자.

Step 0

FIRST 가상머신을 초기화하고 아직 부팅하지 말자(초기화 방법이 기억나지 않으면 3장의 **실습 5**를 참고한다).

Step 1

그림 5-4와 같이 SCSI 0:0 장치에 하드디스크 200GB짜리 1개를 장착하자.

1-1 FIRST 가상머신이 선택된 상태에서 [Edit virtual machine settings]를 클릭하거나 [Player]-[Manage]-[Virtual Machine Settings] 메뉴를 클릭한다. 그리고 왼쪽 아래 [Add] 버튼을 클릭해 [Add Hardware Wizard]를 실행한다.

1-2 [Add Hardware Wizard] 창의 [Hardware Type]에서 'Hard Disk'를 선택하고 [Next] 버튼을 클릭한다.

그림 5-5 가상 하드디스크 추가 1

1-3 [Select a Disk Type]에서 'SCSI'를 선택하고 [Next] 버튼을 클릭한다.

그림 5-6 가상 하드디스크 추가 2

1-4 [Select a Disk]에서 'Create a new virtual disk'를 선택하고 [Next] 버튼을 클릭한다.

그림 5-7 가상 하드디스크 추가 3

NOTE ▶ 'Use an existing virtual disk'는 기존에 생성해 놓은 가상 하드디스크를 사용할 때 선택하면 된다 (197쪽 4장 **실습 5**의 **Step 3**에서 실습했다). 'Use a physical disk(for advanced users)'는 별도의 물리 하드디스크를 가상 하드디스크로 사용할 경우 선택하면 되는데, 실무에서는 거의 사용하지 않으며 이 책에서도 사용하지 않는다.

1-5 [Specify Disk Capacity]에서 하드디스크 크기를 **그림 5-4**의 계획대로 '200'으로 변경하고, 'Store virtual disk as a single file'을 선택한 후 [Next] 버튼을 클릭한다.

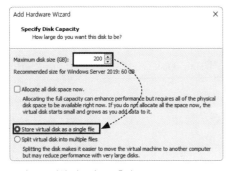

그림 5-8 가상 하드디스크 추가 4

NOTE ▶ [Specify Disk Capacity]에서 'Allocate all disk space now'를 체크하면 실제 200GB의 공간을 할당하기 때문에 호스트 컴퓨터의 하드디스크 여유가 많아도 체크하지 말자. 그리고 'Split virtual disk into multiple files'는 가상 하드디스크의 실제 파일(*.vmdk)을 1개가 아닌 여러 개로 분할하고자 할 때 선택하면 된다. 이는 VMware가 가상 하드디스크를 내부적으로 관리하는 방식이므로 어떤 것을 선택해도 상관없다.

1-6 [Specify Disk File]에서 생성될 가상 하드디스크의 실제 파일명을 입력하면 된다. 그러나 특별히 다른 것으로 지정하지 않아도 되므로 기본값 그대로 두고 [Finish] 버튼을 클릭한다(파일 이름은 필자와 다를 수 있는데, 크게 문제되는 부분은 아니므로 그대로 두면 된다).

그림 5-9 가상 하드디스크 추가 5

1-7 새로운 하드디스크가 추가되었다. 추가된 'New Hard Disk(SCSI)'를 선택하고 [Advanced] 버튼을 클릭하면 **그림 5-4**의 계획대로 'SCSI 0:0' 하드디스크가 추가되었음을 확인할 수 있다. [OK] 버튼을 2번 클릭해 모든 창을 닫는다.

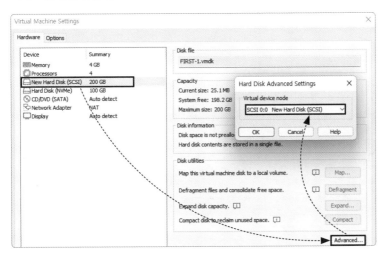

그림 5-10 가상 하드디스크 추가 6

1-8 FIRST 가상머신을 부팅하고 Administrator로 로그온하자. VMware의 오른쪽 위를 보면 하드디스크 모양의 아이콘이 2개로 변경된 것을 확인할 수 있다(각 아이콘에 마우스 커서를 올리면 설명을 볼 수 있다).

그림 5-11 추가된 가상 하드디스크

NOTE 하드디스크 그림이 보이지 않을 경우 ⊠ 아이콘을 클릭하면 된다.

Step 2

CD/DVD의 드라이브 문자를 D:에서 R:로 변경하자.

2-1 Windows의 [시작]에서 마우스 오른쪽 버튼을 클릭한 후 [디스크 관리]를 클릭한다.

2-2 [디스크 관리] 창 아래쪽의 'CD-ROM 0' 부분을 보면 DVD에 D:가 할당된 것을 확인할 수 있다. 이 부분에서 마우스 오른쪽 버튼을 클릭한 후 [드라이브 문자 및 경로 변경]을 클릭한다.

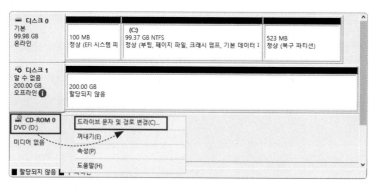

그림 5-12 CD/DVD 드라이브 문자 변경 1

2-3 [드라이브 문자 및 경로를 변경] 창의 [변경] 버튼을 클릭하면 나오는 대화상자에서 **그림 5-4**의 계획대로 [드라이브 문자 할당]을 'R'로 선택한다. [확인] 버튼을 클릭하면 경고 메시지가 나오는데 [예] 버튼을 클릭하면 CD/DVD가 R 드라이브로 변경된다. [하드디스크 관리] 창은 아직 닫지 말자.

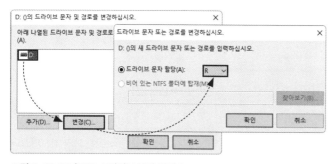

그림 5-13 CD/DVD 드라이브 문자 변경 2

그림 5-4에 계획한 대로 추가한 200GB 하드디스크를 100GB씩 파티션 2개로 나누고 각각 'D:', 'E:'로 할 당하자.

3-1 [디스크 관리] 창의 '디스크1'에서 마우스 오른쪽 버튼을 클릭하고 [온라인]을 클릭한다. 그러면 [오프 라인] 글자가 '초기화 안 됨'으로 변경된다.

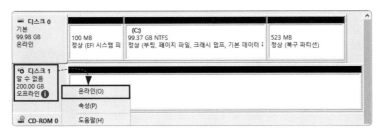

그림 5-14 파티션 나누기 1

3-2 다시 '디스크 1'에 마우스 오른쪽 버튼을 클릭하고 [디스크 초기화]를 선택하면 [디스크 초기화] 창이 나오는데 '디스크 1'이 이미 체크되어 있다. 아래쪽 파티션 형식의 'GPT(GUID 파티션 테이블)'이 선택된 상태에서 [확인] 버튼을 클릭한다.

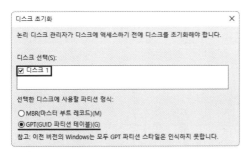

그림 5-15 파티션 나누기 2

! 여기서 잠깐   파티션 형식

Windows Server는 파티션 형식을 MBR(Master Boot Record)과 GPT(GUID Partition Table) 2가 지를 지원한다. 일반적으로 2.2TB 이하의 하드디스크에서는 MBR, 2.2TB 이상의 대용량 하드디스크에서는 GPT를 사용하면 된다. GPT는 최대 약 9ZB(제타 바이트)까지 지원한다.

참고로 바이트 단위는 Byte 〉KB(Kilo Byte) 〉MB(Mega Byte) 〉GB(Giga Byte) 〉TB(Tera Byte) 〉 PB(Peta Byte) 〉EB(Exa Byte) 〉ZB(Zetta Byte) 〉YB(Yotta Byte) 순서로 1024배씩 증가된다.

3-3 이번에는 '199.98 GB 할당되지 않음' 부분에서 마우스 오른쪽 버튼을 클릭한 후 [새 단순 볼륨]을 클릭한다.

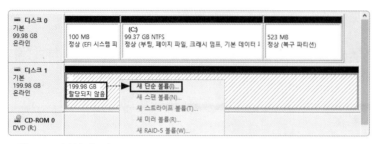

그림 5-16 파티션 나누기 3

NOTE▶ 앞으로 하드디스크의 크기에 약간 오차가 있어도 무시한다. 파티션 형식 및 Windows 버전에 따라서 약간의 차이가 있을 수 있으며, 독자와 필자의 크기가 약간 다를 수도 있다.

3-4 [단순 볼륨 만들기 마법사 시작]에서 [다음] 버튼을 클릭한다.

3-5 파티션 크기를 **그림 5-4**에서 계획한 대로 100GB씩 나누자. 1GB는 1024MB이므로 [단순 볼륨 크기]에 MB 단위인 '102400'을 입력하고 [다음] 버튼을 클릭한다.

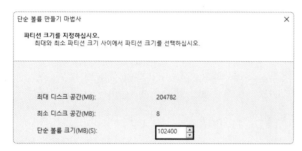

그림 5-17 파티션 나누기 4

3-6 [드라이브 문자 할당]은 **그림 5-4**에서 계획한 대로 'D'를 할당하고 [다음] 버튼을 클릭한다.

그림 5-18 파티션 나누기 5

3-7 [파티션 포맷]에서 [파일 시스템]은 'NTFS'를 선택한 후 [볼륨 레이블]에 '첫파티션'을 입력한다. '빠른 포맷 실행'을 체크하고 [다음] 버튼을 클릭한다('빠른 포맷 실행'을 체크하지 않으면 포맷 시간이 한참 걸릴 수 있다).

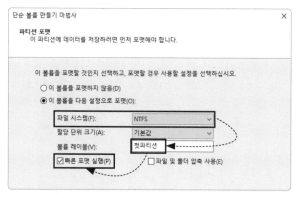

그림 5-19 파티션 나누기 6

> **! 여기서 잠깐   Windows에서 지원하는 파일 시스템**
>
> 서버용이나 일반용 하드디스크를 위한 Windows의 파일 시스템은 FAT→FAT32→NTFS→ReFS 순서로 발전했다. FAT 및 FAT32는 과거 Windows 95/98에서 지원되던 파일 시스템이며, FAT32의 경우 현재 USB 메모리 등 일부 저장 장치에만 적용되고 있다. 가장 일반적인 파일 시스템은 NTFS(New Technology File System)다. NTFS는 1993년 1.0 버전을 시작으로 Windows Server 2003(또는 Windows XP) 이후부터 지원되는 3.1 버전까지 출시되었다. 파일 하나 당 최대 16TB의 크기를 지원하며 파일 압축, 보안, 쿼터, 볼륨 크기 재할당 등의 기능을 제공한다. 현재도 NTFS를 무리 없이 사용할 수 있지만, Windows Server2012(또는 Windows 8)부터는 새로운 파일 시스템인 ReFS(Resilient File System, 복원 기능 파일 시스템)을 지원하기 시작했다.
>
> **ReFS의 특징을 몇가지로 요약하면 다음과 같다.**
> - NTFS의 장점과 호환성을 최대한 유지한다.
> - 데이터 오류를 자동으로 확인하고 수정한다
> - 데이터가 손상될 경우 실시간으로 데이터를 복구한다. 즉, 온라인상에서 작업이 진행된다.
> - 대용량 볼륨 및 파일 크기를 지원한다.
> - Windows Server 2019부터는 데이터 중복 제거가 지원됨으로써 효율적인 저장 공간 사용이 가능하다.
> - Windows Server 2022부터는 파일 수준 스냅숏을 사용할 수 있다.

ReFS의 가장 큰 특징은 저장된 데이터에 대한 안정성이 상당히 높아졌으며 NTFS에 비해 성능이나 최대 지원 하드 디스크/파일 크기가 개선되었다는 점이다. 그러나 ReFS로 포맷된 하드디스크는 부팅 기능이 지원되지 않기에 운영체제를 설치할 수 없다. 또한 ReFS는 파일 시스템 압축 및 암호화, 쿼터 등도 지원하지 않는다.

그 외에도 exFAT라는 파일 시스템이 있는데 주로 메모리(USB 메모리, SD 카드, SSD 등)에 사용하기 위해 개발되었으며 Windows Server 2008 이후(또는 Windows 7 이후)부터 지원된다. FAT32는 파일 하나의 크기가 4GB로 제한되지만 exFAT는 파일 크기의 제한이 없다. 또한 NTFS로 포맷한 플래시 메모리는 스마트폰 등의 기기에서 인식하지 못하는 경우가 있으나 exFAT로 포맷한 경우에는 FAT32와 같이 일반 스마트 기기에서도 잘 인식한다.

3-8 완료 창에서 [마침] 버튼을 클릭해 포맷을 진행한다. 잠시 기다리면 [디스크 1]의 '첫파티션'이 D:로 할당된다.

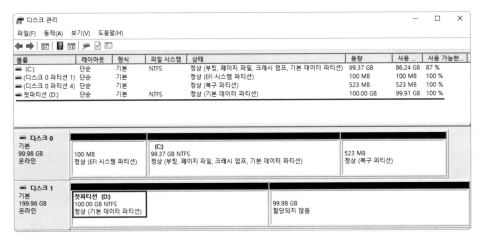

그림 5-20 파티션 나누기 7

3-9 같은 방식으로 [디스크1]의 '첫파티션' 오른쪽의 '99.98 GB 할당되지 않음'에서 마우스 오른쪽 버튼을 클릭한 후 [새 단순 볼륨을] 클릭해 앞 실습과 동일한 과정을 진행한다. 그러나 파티션 크기를 지정하는 부분에서는 '단순 볼륨 크기'에 첫 파티션을 할당하고 남은 크기(약 1002382MG)가 입력된 기본값 그대로 두고 [다음] 버튼을 클릭한다. [드라이브 문자 할당]에는 'E'를 할당하고 [볼륨 레이블]에는 '두번째파티션'을 입력한다. 최종 결과는 다음 그림과 같다.

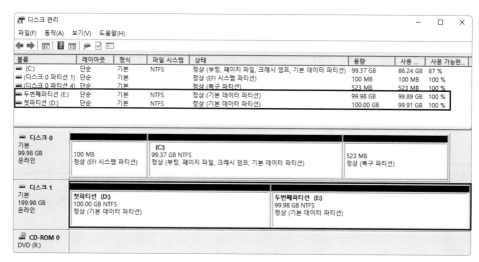

그림 5-21 파티션 나누기 8

3-10 [파일 탐색기]를 실행하면 왼쪽 화면에서 '첫파티션 (D:)'와 '두번째파티션 (E:)'를 확인할 수 있다. 그리고 드라이브에서 마우스 오른쪽 버튼을 클릭한 후 [속성]을 클릭하면 용량을 확인할 수 있다.

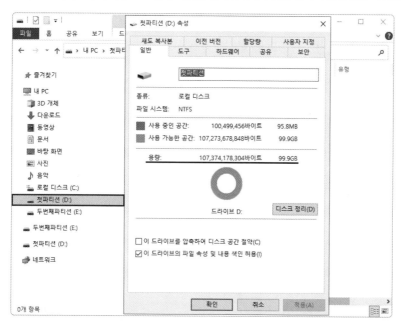

그림 5-22 생성된 파티션 확인

3-11 이로써 **그림 5-4**와 동일한 환경으로 구성했다. [파일 탐색기]와 [하드디스크 관리] 창을 닫는다.

5.1.3 사용 중인 하드디스크를 파티션으로 나누기

FIRST 가상머신의 C드라이브는 100GB 전체(시스템 예약 100MB 및 523MB 제외)를 사용하고 있다. 그런데 만약 C드라이브를 60GB, 40GB로 나누고 싶다면 볼륨 축소 기능을 통해 파티션을 축소시킨 후에 나머지를 파티션으로 나누면 된다. 볼륨을 확장해서 파티션의 공간을 더 늘리는 방법도 있다. 단, C드라이브의 사용공간이 70%를 넘으면 파티션은 축소되지 않는다.

실습 2

사용 중인 C드라이브의 파티션을 60GB, 40GB로 분할하자. 그리고 분할된 파티션을 다시 합쳐 보자.

Step 1

FIRST 가상머신에서 C드라이브의 파티션을 축소하자.

1-1 Windows의 [시작]에서 마우스 오른쪽 버튼을 클릭한 후 [디스크 관리]를 클릭한다.

1-2 '(C:) 99.51 GB NTFS' 부분에서 마우스 오른쪽 버튼을 클릭한 후 [볼륨 축소]를 클릭한다.

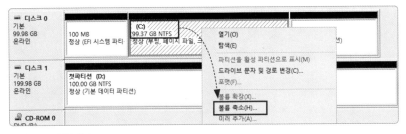

그림 5-23 볼륨 축소 1

1-3 [축소 C:] 창에서 축소할 공간, 즉 뒷부분에 남길 빈 공간을 입력한다. 필자는 뒤쪽에 40GB를 남길 것이므로 '40960(40x1024MB)'을 입력한 후 [축소] 버튼을 클릭한다.

그림 5-24 볼륨 축소 2

1-4 잠시 후 [디스크 0]에 C드라이브 약 60GB 공간과 할당되지 않은 빈 공간 40GB가 생성된다.

그림 5-25 볼륨 축소 3

Step 2

새로운 40GB 공간을 사용하자.

2-1 **실습** 1의 3-3~3-7을 참고해 새로운 40GB 공간을 포맷하고 F드라이브를 할당한다. 파티션 이름은 '파티션40' 으로 하자. 결과는 다음과 같다.

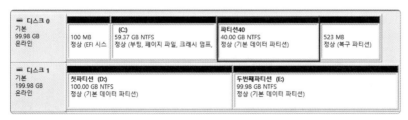

그림 5-26 F드라이브 할당

2-2 [파일 탐색기]를 실행해서 파티션40 (F:)에 아무 파일이나 몇 개 복사하자.

그림 5-27 [파일 탐색기]에서 F드라이브에 파일을 복사한 결과

2-3 [파일 탐색기] 창을 닫는다.

이번에는 C드라이브(60GB)에 공간이 부족해서 F드라이브(40GB)와 다시 합쳐야 하는 상황을 해결하자.

3-1 [디스크 관리]에서 '파티션40 (F:)'를 선택하고 마우스 오른쪽 버튼을 클릭한 후 [볼륨 삭제]를 클릭한다. 그러면 [경고] 대화상자에 나오는 내용처럼 F드라이브의 모든 데이터는 지워진다. [예] 버튼을 클릭한다.

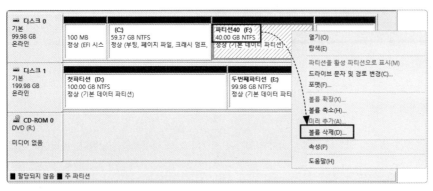

그림 5-28 볼륨 확장 1

NOTE▶ 볼륨을 삭제하면 그 안의 데이터는 모두 지워진다. 그러므로 실제 상황이라면 미리 F드라이브의 데이터를 다른 곳에 백업하는 것이 좋다.

3-2 다시 [디스크 관리] 창으로 돌아가면 할당되지 않은 40GB의 공간이 보인다. 이번에는 'C:'를 선택하고 마우스 오른쪽 버튼을 클릭한 후 [볼륨 확장]을 선택한다.

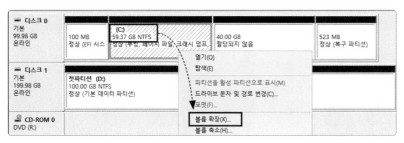

그림 5-29 볼륨 확장 2

3-3 [볼륨 확장 마법사] 창이 나오면 [볼륨 확장 마법사 시작]에서 [다음] 버튼을 클릭한다.

3-4 디스크를 선택하는 부분에는 자동으로 40GB(40959MB) '디스크 0'이 선택되어 있다. [다음] 버튼을 클릭한다.

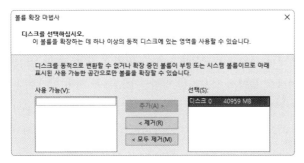

그림 5-30 볼륨 확장 3

3-5 마법사 완료 부분에서 [마침] 버튼을 클릭하면 다시 C:가 100GB로 확장된다(당연히 C:의 데이터는 그대로 있다).

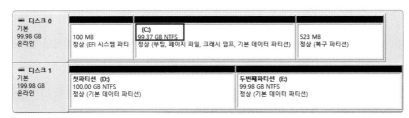

그림 5-31 볼륨 확장 4

3-6 [디스크 관리] 창을 종료한다.

⁇ VITAMIN QUIZ 5-1

SECOND 가상머신을 초기화하고 1TB 하드디스크를 장착한 후 200GB, 300GB, 500GB 3개의 파티션으로 나누자. 각 드라이브 문자는 O, P, Q로 할당하자.

5.2 RAID 개요

5.2.1 RAID의 개념과 구분

앞 절에서는 하나의 물리 하드디스크를 여러 개의 파티션으로 나누는 방법을 알아보았다. 이번에는 반대로 여러 개의 하드디스크를 하나로 묶어서 사용하는 방법인 RAID에 대해 알아보자. RAID^{Redundant Array of Inexpensive(Independent) Disk}는 여러 개의 저용량 하드디스크를 하나의 대용량 하드디스크로 사용하기 위한 목적으로 개발된 기술이다. 예를 들면 1TB 하드디스크 10개를 묶어서 마치 10TB 하드디스크 1개처럼 사용하는 방법이다. 이 방법은 하드디스크 구성 방식에 따라 입출력 성능의 향상이나 하드디스크 결함 허용^{Fault Tolerance}(여러 개의 하드디스크 중에서 하나 또는 일부가 고장나도 데이터의 안전성을 보장)이라는 장점이 있다.

RAID는 크게 하드웨어 RAID와 소프트웨어 RAID 2가지로 나눌 수 있다. 첫 번째, 하드웨어 RAID는 별도의 하드웨어 장치에 여러 개의 하드디스크를 장착하고 RAID를 구성해 하나의 하드디스크처럼 사용하는 장비를 의미한다. 하드웨어 RAID는 안정적이고 효율적이지만 가격이 꽤 비싸다. 하드웨어 RAID는 각 제조사마다 지원하는 방식이 다르므로 이 책에서는 자세히 설명하지 않겠다.

그림 5-32 하드웨어 RAID 예시

두 번째, 소프트웨어 RAID는 컴퓨터에 장착된 여러 개의 하드디스크를 운영체제에서 RAID로 구성하는 기능을 말한다. Windows 서버, Linux 서버, Unix 서버에서는 다양한 소프트웨어 RAID를 지원한다. 하드웨어 RAID보다는 안정성이 떨어지지만 저렴한 비용으로 빠르고 안정적인 시스템을 구성할 수 있다는 장점이 있다.

그 밖에 하드웨어 RAID와 소프트웨어 RAID의 구성 방식이나 이론적인 내용은 동일하다.

> **! 여기서 잠깐 | 하드웨어 RAID**
>
> 요즘 제작된 데스크톱이나 노트북용 메인보드도 자체적으로 하드웨어 RAID 기능을 가지고 있는 것들이 많이 있다. 고가의 서버용 하드웨어 RAID보다는 기능이 떨어지지만, 일반용 컴퓨터에서 하드웨어 RAID를 사용하려는 경우에는 큰 무리가 없다. 참고로 RAID는 1987년 버클리 대학의 연구원들이 'A Case for Redundant Arrays of Inexpensive Disks(RAID)'라는 논문에서 RAID 0~5를 정의한 것에서부터 시작되었으며 1989년에는 RAID 6가 정의되었다.

5.2.2 RAID 레벨

RAID는 구성 방식에 따라서 몇 개의 레벨로 나눌 수 있다. 이 책에서는 Windows Server 2022에서 지원하는 레벨 위주로 소개하겠다.

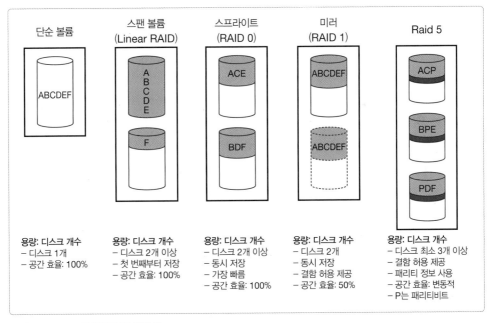

그림 5-33 RAID의 종류와 구성 방식

단순 볼륨

하드디스크 1개로 1개의 볼륨을 만든 것이다. **그림 5-33**의 예시에서 'ABCDEF'라는 데이터를 저장하면 그냥 해당 하드디스크에 데이터가 저장된다. **실습 11**에서 구성한 하드디스크는 모두 단순 볼륨으로 보면 된다.

NOTE ▶ 볼륨(Volume)이란 여러 개의 하드디스크를 하나의 논리적인 장치로 구성한 것을 의미한다. 즉, RAID와 비슷한 개념이다.

스팬 볼륨(Linear RAID)

스팬 볼륨^{Spanned Volume}은 2개 이상의 하드디스크로 1개의 볼륨을 만든 것이다. **그림 5-33**에서 하드디스크별 용량이 1TB라면 스팬 볼륨의 용량은 2TB가 된다. 즉, 공간 효율이 100%가 되는 것이며 이는 구성된 하드디스크 용량의 총합을 전부 사용한다는 의미다. 데이터가 저장되는 방식은 **그림 5-33**에 표현된 것처럼 첫 번째 하드디스크에 저장 용량이 꽉 차고 나면 두 번째 하드디스크를 사용한다. 즉, 'ABCDEF'를 저장할 때 **그림 5-33**의 첫 번째 하드디스크에 'ABCDE'를 저장하고 첫번째 하드디스크가 꽉 찼다면 두 번째 하드디스크에 'F'를 저장한다.

스트라이프 볼륨(RAID 0)

스트라이프 볼륨^{Striped Volume}은 2개 이상의 하드디스크로 1개의 볼륨을 만든 것으로, 결과적으로는 스팬 볼륨과 동일하지만 내부적으로 저장되는 방식에 차이가 있다. 예를 들어 **그림 5-33**처럼 'ABCDEF'를 저장할 때 첫 번째 하드디스크에는 'A'를, 두 번째 하드디스크에는 'B'를 저장하는 방식이다. 이러면 'A'와 'B'를 동시에 저장하기 때문에 하드디스크의 입출력 속도가 많이 향상된다. 만약 한 글자당 1초의 저장 시간이 걸린다고 가정하면 단순 볼륨과 스팬 볼륨은 'ABCDEF'를 저장하는 데 6초가 소요되지만 스트라이프 볼륨은 동시 저장 방식이므로 3초가 소요된다. 그래서 스트라이프 볼륨은 입출력 성능이 가장 뛰어난 방식으로 꼽히며, 가지고 있는 하드디스크의 개수를 전부 사용하기 때문에 공간 효율이 100%인 방식이기도 하다.

NOTE ▶ 2개의 하드디스크로 스트라이프 볼륨으로 구성하면 이론적으로는 2배 가량 빨라지지만 다른 여러 가지 요인에 의해 2배까지 빨라지지 않을 수 있다. 하지만 기존보다 입출력 성능이 좋아지는 것은 확실하다.

스트라이프 볼륨의 성능은 우수하지만, 하드디스크가 하나라도 고장이 나면 모든 데이터를 사용할 수 없다는 단점이 있다. 그 이유는 **그림 5-33**에서도 알 수 있는데, 스트라이프 볼륨의 첫 번째 디스크 'ABC'가 고장 나면 남은 디스크 'BDF'로 원래의 데이터 'ABCDEF'를 예측할 수 없기 때문이다. 그리고 스트라이프 볼륨은 3개 이상으로 구성할 수 있어 만약 10개의 하드디스크로 스트라이프 볼륨을 구성했는데 그중 1개라도 고장 난다면 모든 데이터를 유실할 수 있는 위험성이 있다. 그래서 스트라이프 볼륨에 데이터를 저장할 때는 크게 중요하지 않은 데이터만 저장해야 한다. 예를 들어 인터넷 카페의 방명록처럼 단순 출석 기능만 하는 내용이 저장된다면 하드디스크의 고장으로 방명록 내용이 모두 없어지더라도 큰 문제는 생기지 않을 것이다. 스트라이프 볼륨은 이런 데이터를 저장하는 용도로 사용하면 좋다.

> ! **여기서 잠깐**　　**RAID를 구성하기 위한 물리적인 하드디스크 선택 기준**
>
> RAID는 하드디스크의 크기가 모두 동일하다는 전제 조건을 갖는다. 그래서 하드디스크를 선택할 경우 스트라이프 볼륨(RAID 0), 미러 볼륨(RAID 1), RAID 5 모두 동일한 크기, 동일한 회사, 동일한 모델의 하드디스크를 사용하는 것을 적극 권장한다. 예를 들어 1TB, 2TB 하드디스크 2개로 스트라이프 볼륨을 구성하면 총 용량은 3TB가 아니라 2TB가 된다. 그 이유는 하드디스크를 동시에 사용하는 특징 때문인데 몇 개의 하드디스크를 사용해도 가장 작은 용량의 하드디스크에 맞출 수밖에 없다. 그러므로 1TB, 100TB 크기의 하드디스크 2개를 사용해도 마찬가지로 총 2TB만 사용할 수 있다. 이와 달리 스팬 볼륨(Linear RAID)은 하드디스크의 크기가 다르더라도 첫 번째 하드디스크를 모두 사용한 다음 두 번째 하드디스크를 사용하기 때문에 공간 효율이 100%다. 즉, 1TB, 100TB 하드디스크 2개로 스팬 볼륨을 구성한다면 총 용량은 101TB가 된다.

미러 볼륨(RAID 1)

미러 볼륨^{mirrored volume}은 말 그대로 거울처럼 똑같은 하드디스크를 구성하는 것이다. **그림 5-33**을 보면 2개의 하드디스크에 모두 'ABCDEF'를 저장한다. 하드디스크 하나에 문제가 생기더라도 다른 하나의 하드디스크에 동일한 데이터가 저장되어 있기 때문에 데이터의 유실을 막을 수 있다. 그래서 실무에서 중요한 데이터를 저장할 때 미러 볼륨을 많이 사용한다. 그러나 **그림 5-33**에도 나와 있듯이 동일한 데이터를 미러링하기 때문에 1TB 2개로 구성해도 총 사용 용량은 1TB가 된다. 즉, 하드디스크의 공간 효율은 50%가 된다. 미러 볼륨은 RAID 5와 함께 하드디스크 결함 허용을 지원하는 방식이다.

RAID 5

RAID 5는 미러 볼륨처럼 데이터의 안전성이 어느 정도 보장되면서 공간 효율성도 좋은 방식이다. RAID 5는 최소한 3개 이상의 하드디스크가 있어야만 구성이 가능하며 실무에서는 대체로 5개 이상의 하드디스크로 구성한다. 구성 원리는 데이터 저장 시 패리티^{Parity}를 사용함으로써 하드디스크에 문제가 발생하면 원래의 데이터를 예측하는 방식이다. **그림 5-33**에서 볼 수 있듯이 'ABCDEF'를 저장할 때 'A'는 첫 번째 디스크에, 'B'는 두 번째 디스크에, 그리고 세 번째에는 패리티를 저장하는 방식이다.

좀 더 이해하기 쉽게 예를 들어보자. 다음 그림에는 '000 111 010 011'이라는 12비트 데이터를 4개의 하드디스크로 구성된 RAID 5에 저장하는 예시다.

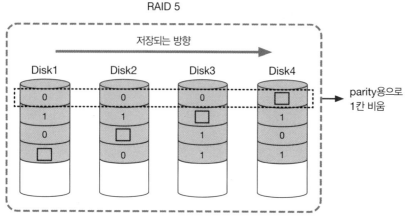

그림 5-34 RAID 5의 저장 방식 1

이 그림에서 네모로 표시된 데이터는 패리티 데이터다. 각 행에 하나씩 패리티 데이터를 사용하며 첫 번째 행은 Disk4, 두 번째 행은 Disk3, 3번째 행은 Disk2와 같은 순서로 패리티를 사용할 공간을 비워 둔다. 처음 3비트인 '000'을 저장할 때는 Disk1에 '0'을, Disk2에 '0'을, Disk3에 '0'을 저장하고 Disk4에는 패리티를 저장할 공간으로 비워 둔다. 두 번째 3비트인 111을 저장할 때는 Disk1에 '1'을, Disk2에 '1'을, Disk3은 패리티 데이터로 비워 두고, Disk4에 '1'을 저장한다. 이렇게 데이터를 저장한 상태가 **그림 5-34**이다.

이제 다음 그림을 살펴보자. 이 그림에서는 짝수 패리티를 사용했는데, 짝수 패리티란 각 행이 짝수가 되게 만들려고 숫자를 채워 넣는 것이다.

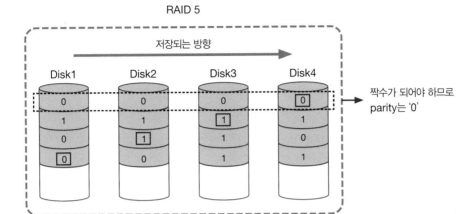

그림 5-35 RAID 5의 저장 방식 2

각 디스크의 첫 행에 들어가는 숫자를 하나씩 더했을 때 짝수가 되도록 하는 방식이 짝수 패리티 방식이다. 즉, '0+0+0+Parity'는 짝수가 되어야 한다. 그러므로 첫 행의 패리티는 0이다. 두 번째 행도 '1+1+Parity+1=짝수'이므로 패리티는 1이다. 세 번째 행과 네 번째 행도 마찬가지다. 이렇게 저장이 완료된 RAID 5는 어느 정도의 결함을 허용한다. 짝수 패리티 방식을 사용하면 4개의 하드디스크 중에서 1개가 고장 나도 원래의 데이터를 추출할 수 있다.

이번에는 두 번째 하드디스크인 Disk2가 고장 났다고 가정하고 Disk2의 데이터 저장 상태를 유추해 보자.

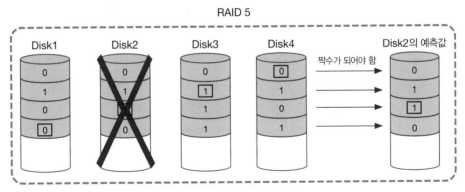

그림 5-36 하드디스크 1개가 고장 났을 때 RAID 5의 복구 방식

첫 행을 보면 현재 Disk1에는 '0', Disk2는 알 수 없음, Disk3는 '0', Disk4는 '0'이 들어 있다. 짝수 패리티 방식에 따라 '0+알수없음+0+0=짝수'여야 하므로 알 수 없는 Disk2의 값은 '0'이라는 사실을 예측할 수 있다. 나머지도 마찬가지로 유추해 보면 Disk2에 들어 있던 원래 값이 '0110'이라는

사실을 알 수 있으므로 원래의 데이터를 손실 없이 사용할 수 있다.

RAID 5의 장점은 어느 정도의 결함을 허용하면서 저장 공간의 효율도 좋다는 것이다. 각 하드디스크의 용량이 1TB라고 가정하면 사용할 수 있는 공간은 총 3TB로 전체 용량의 75%를 사용할 수 있다. 만약 RAID 5를 하드디스크 10개로 구성했다면 전체 10TB 중 1개의 패리티로 사용하는 1TB 용량을 제외하고 나머지 9TB를 사용할 수 있으므로 전체 용량의 90%를 사용할 수 있다(하드디스크의 개수를 N개라고 하면 N−1만큼의 공간을 사용할 수 있다). 그러므로 RAID 5를 여러 개의 하드디스크로 구성할수록 저장 공간의 효율을 높일 수 있다.

5.2.3 Windows Server에서 RAID 구현 실습

이제는 Windows Server 2022에서 RAID를 실제로 구현하자. 앞서 소개했던 RAID 레벨 중에서 단순 볼륨을 제외하고 다음 그림과 같이 4가지 레벨의 RAID를 구현한다.

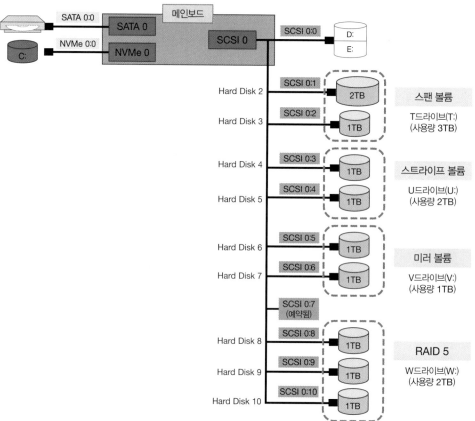

그림 5-37 하드디스크 추가 장착 및 RAID 구성도

이번 실습에서는 **그림 5-37**과 같이 FIRST 가상머신에 하드디스크 9개를 추가로 장착한다. VMware에서 가상 하드디스크를 진짜로 TB 단위로 설정해도 되지만, 미러 볼륨 같은 RAID를 구성할 때는 두 하드디스크를 동일하게 만드는 '동기화' 작업에 시간이 오래 걸릴 수 있다. 그러므로 TeraByte^{테라 바이트} 단위 대신에 GB^{GigaByte}(기가 바이트) 단위로 장착하자. 비록 실습에서는 GB 단위로 진행했지만 실무 환경과 비슷한 느낌이 나도록 **그림 5-37**에는 TB 단위로 표기했다.

현재는 NVMe 0:0에 Windows Server 2022가 설치되어 있고 앞의 **실습 1**에서 SCSI 0:0에 200GB 하드디스크를 장착했다. 그리고 SATA 0:0에는 CD/DVD가 장착되어 있다. 그러므로 비어 있는 SCSI 0:1에 2GB 하드디스크를 장착하고 SCSI 0:2~0:10 (0:7제외)까지는 모두 1GB 하드디스크를 장착해 실습을 진행한다. 추가로 **그림 5-37**과 같은 환경이 되도록 T, U, V, W드라이브를 설정한다.

실습 3

소프트웨어 RAID를 구현하자. 그림 5-37의 구성도대로 구현해 본다.

Step 0

FIRST 가상머신이 부팅된 상태에서 작업하자.

Step 1

그림 5-37의 계획대로 1개의 1GB 하드디스크를 먼저 장착하자.

1-1 [Player]-[Manage]-[Virtual Machine Settings] 메뉴를 클릭하고 왼쪽 아래 [Add] 버튼을 클릭해서 Add Hardware Wizard를 실행한다.

NOTE▶ SCSI나 SATA 하드디스크는 가상머신이 부팅되어 있어도 장착할 수 있지만 IDE나 NVMe 하드디스크는 가상머신이 꺼진 상태에서 장착할 수 있다.

1-2 [Add Hardware Wizard] 창의 [Hardware Type]에서 'Hard Disk'를 선택하고 [Next] 버튼을 클릭한다.

1-3 [Select a Disk Type]에서는 **그림 5-37**의 계획대로 'SCSI'를 선택하고 [Next] 버튼을 클릭한다.

1-4 [Select a Disk]에서 첫 번째 'Create a new virtual disk'를 선택하고 [Next] 버튼을 클릭한다.

1-5 [Specify Disk Capacity]에서 하드디스크의 크기를 **그림 5-37**과 같이 '2GB'설정하고 'Store virtual disk as a single file'을 선택한 후 [Next] 버튼을 클릭한다.

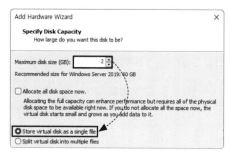

그림 5-38 하드디스크 장착

1-6 [Specify Disk File]에는 생성될 가상 하드디스크의 실제 파일명을 입력한다. 그러나 특별히 다른 이름으로 지정하지 않아도 되므로 기본값 그대로 두고 [Finish] 버튼을 클릭한다. 추가된 2GB 하드디스크가 보이면 [OK] 버튼을 클릭한다.

그림 5-39 2GB 하드디스크가 장착된 결과 1

NOTE▶ 2GB를 먼저 장착할 이유는 잠시 후 장착할 1GB 하드디스크와 순서가 섞이지 않게 하기 위함이다. 그림 5-37을 보면 처음 추가한 하드디스크의 크기는 2GB다.

1-7 다시 [Player]-[Manage]-[Virtual Machine Settings] 메뉴를 클릭해 확인하면 새로 추가한 2GB 디스크가 **그림 5-37**에 나온 'Hard Disk 2(SCSI)'의 용량인 2GB인 것을 확인할 수 있다. [OK] 버튼을 클릭한다.

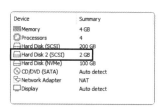

그림 5-40 2GB 하드디스크가 장착된 결과 2

1-8 Windows의 [시작]에서 마우스 오른쪽 버튼을 클릭하고 [디스크 관리]를 클릭한다. [디스크 관리] 창의 [디스크 2]에 2GB가 장착되었다. [디스크 관리] 창을 닫는다.

그림 5-41 디스크 관리자에서 2GB 하드디스크 확인

Step 2

그림 5-37의 계획대로 나머지 1TB 하드디스크 8개를 차례대로 장착하자. 계속 FIRST 가상머신이 켜진 상태에서 진행한다.

2-1 [Player]-[Manage]-[Virtual Machine Settings] 메뉴를 클릭한다. 왼쪽 아래 [Add] 버튼을 클릭해서 Add Hardware Wizard를 실행한다.

2-2 [Hardware Type]에서 'Hard Disk'를 선택하고 [Next] 버튼을 클릭한다.

2-3 [Select a Disk Type]은 **그림 5-37**의 계획대로 'SCSI'를 선택하고 [Next] 버튼을 클릭한다.

2-4 [Select a Disk]에서 첫 번째 'Create a new virtual disk'를 선택한 상태로 [Next] 버튼을 클릭한다.

2-5 [Specify Disk Capacity]에서 하드디스크의 크기를 **그림 5-37**에 나온 대로 '1TB'로 변경하고 'Store virtual disk as a single file'을 선택한 후 [Next] 버튼을 클릭한다.

2-6 [Specify Disk File]의 항목은 기본값 그대로 두고 [Finish] 버튼을 클릭한다. 추가된 1GB 하드디스크가 보이면 [OK] 버튼을 클릭한다.

2-7 Windows의 [시작]에서 마우스 오른쪽 버튼을 클릭하고 [디스크 관리]를 클릭한다. [디스크 3]이 1GB로 할당되어 있는 것을 확인하고 [디스크 관리] 창을 닫는다.

2-8 **2-1**~**2-7**까지의 과정을 반복해 나머지 7개의 1GB 하드디스크를 장착하자.

2-9 디스크 9개가 모두 추가된 것을 확인해 보자. 다시 [Player]–[Manage]–[Virtual Machine Settings] 메뉴를 클릭한다. 모든 추가한 디스크 화면은 **그림 5-42**와 같으며, Hard Disk 2~Hard Disk 10(SCSI 0:1 ~ SCSI 0:10)까지 디스크 장착을 완료한 상태다. 실습할 환경이 다음 그림과 같으면 [OK] 버튼을 클릭한다.

Device	Summary
📟 Memory	4 GB
🔧 Processors	4
🖴 Hard Disk (SCSI)	200 GB
🖴 Hard Disk 2 (SCSI)	2 GB
🖴 Hard Disk 3 (SCSI)	1 GB
🖴 Hard Disk 4 (SCSI)	1 GB
🖴 Hard Disk 5 (SCSI)	1 GB
🖴 Hard Disk 6 (SCSI)	1 GB
🖴 Hard Disk 7 (SCSI)	1 GB
🖴 Hard Disk 8 (SCSI)	1 GB
🖴 Hard Disk 9 (SCSI)	1 GB
🖴 Hard Disk 10 (SCSI)	1 GB

그림 5-42 2GB 하드디스크 1개와 1GB 하드디스크 8개가 장착된 결과

NOTE ▶ VMware의 버전에 따라서 디스크를 추가한 순서대로 SCSI 번호가 부여되기도 하지만, 최신 VMware 버전에서는 한꺼번에 여러 개의 디스크를 장착할 경우 디스크의 장착 순서와 SCSI의 번호가 섞이기 때문에 이어지는 실습 4를 진행할 수 없다. 즉, 그림 5-37의 Hard Disk2와 SCSI 0:1이 같다는 것을 보장할 수 없다.

2-10 FIRST 가상머신의 오른쪽 위에 기존에 장착했던 하드디스크 2개와 이번 실습을 통해 추가 장착한 9개의 하드디스크가 보인다. 마우스를 각 디스크 모양에 가져가면 각 Hard Disk의 번호가 'Hard Disk0' 형태로 나타난다.

그림 5-43 추가 장착된 9개의 하드디스크

본격적으로 하드디스크를 관리해 보자.

3-1 Windows의 [시작]에서 마우스 오른쪽 버튼을 클릭한 후 [디스크 관리]를 클릭한다.

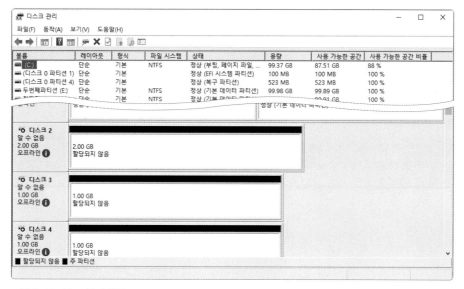

그림 5-44 디스크 관리 화면

3-2 아래로 스크롤을 하면 디스크 0~디스크 10까지 총 11개의 하드디스크가 장착되어 있는 것을 확인할 수 있다. **그림 5-37**에서 확인할 수 있듯이 디스크 0과 디스크 1은 기존에 사용하던 하드디스크이므로 제외하고 추가로 장착한 나머지 디스크 2~디스크 10(Hard Disk 2~Hard Disk 10)을 가지고 **그림 5-37**의 RAID를 구성하면 된다.

3-3 현재 새로 장착한 하드디스크들은 아직 오프라인 상태다. [디스크 2]에서 마우스 오른쪽 버튼을 클릭하고 [온라인]을 클릭한다. 같은 방식으로 '디스크 10'까지 모두 온라인으로 변경한다.

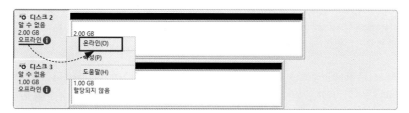

그림 5-45 디스크 초기화 1

3-4 그러면 [오프라인] 글자가 '초기화 안 됨'으로 변경된다. 이번에는 다시 [디스크 2]를 선택한 상태에서 마우스 오른쪽 버튼을 클릭한 후 [디스크 초기화]를 선택한다. [디스크 초기화] 창을 살펴보면 초기화되지 않은 하드디스크는 자동으로 모두 체크되어 있다. [선택한 디스크에 사용할 파티션 형식]에서 'GPT'를 선택한다. [확인] 버튼을 클릭해서 한꺼번에 초기화한다.

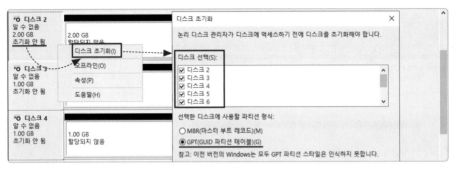

그림 5-46 디스크 초기화 2

NOTE ▶ 종종 '디스크 초기화'와 '온라인'의 순서가 바뀌는 경우도 있다. 둘 중 어느 것을 먼저 해도 문제없다.

3-5 초기화 및 온라인 된 디스크 2~10은 모두 기본(Basic) 하드디스크로 설정되어 있다. 그러나 지금 우리가 구현할 RAID(볼륨)는 디스크가 반드시 동적(Dynamic) 디스크여야 구성이 가능하다. 디스크 2의 '기본'에서 마우스 오른쪽 버튼을 클릭하고 [동적 디스크로 변환]을 클릭한다. [동적 디스크로 변환] 창에서 아래로 스크롤해서 새로 장착한 디스크 2~10을 모두 체크하고 [확인] 버튼을 클릭한다.

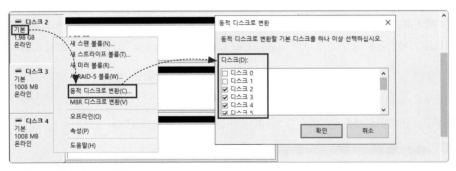

그림 5-47 동적 디스크로 변환

NOTE ▶ 디스크 0과 디스크 1은 기존에 사용하던 디스크이므로 동적 디스크로 변환하지 않는 것이 좋다. 이 2개는 체크하지 않도록 주의하자.

3-6 잠시 후에 디스크 2~10 모두 '동적' 디스크로 변한다. 9개의 동적 디스크가 준비되었으니 이제는 각 디스크를 사용해서 **그림 5-37**에 표현된 것처럼 RAID를 만들자.

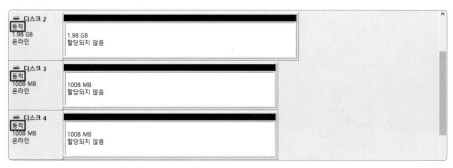

그림 5-48 동적 디스크로 변환된 9개의 디스크

Step 4

이제 본격적으로 RAID를 구성하자. 먼저 스팬 볼륨을 구성한다. **그림 5-37**의 SCSI 0:2는 디스크 2이고 SCSI 0:3은 디스크 3이다.

> **! 여기서 잠깐   디스크 관리자에서 부여하는 번호**
>
> 디스크 관리자의 '디스크 1', '디스크 2' 등의 번호는 하드디스크 장치에 고정된 번호가 아니라 운영체제가 현재 장착된 디스크를 SCSI 차례로 번호를 부여한 것뿐이다. 그러므로 중간의 디스크가 제거되면 이 번호는 중간이 비는 것이 아니라 하나씩 앞으로 당겨지게 된다. 즉, 만약 디스크 0~10 중에서 디스크 3번이 제거되면 디스크 0~9번으로 번호가 다시 부여되는 것이다.

4-1 '디스크 2'를 선택한 상태에서 마우스 오른쪽 버튼을 클릭하고 [새 스팬 볼륨]을 클릭한다.

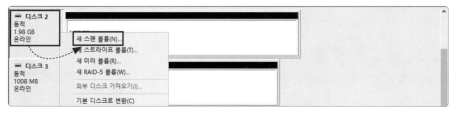

그림 5-49 새 스팬 볼륨 시작

4-2 [새 스팬 볼륨 마법사 시작]에서 [다음] 버튼을 클릭한다.

4-3 현재 선택된 것은 2GB(약 2048MB)짜리 '디스크 2'뿐이므로 스팬 볼륨으로 구성할 수 없다. 그래서 [다음] 버튼이 비활성화되어 있다. 왼쪽 [사용 가능] 항목에서 '디스크 3'을 선택하고 [추가] 버튼을 클릭해서 오른쪽 [선택] 목록에 추가한다.

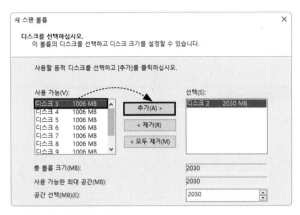

그림 5-50 스팬 볼륨 구성 1

4-4 **그림 5-37**의 계획대로 SCSI 0:2(디스크 2, 2GB), SCSI 0:3(디스크 3, 1GB)을 추가해서 총 볼륨의 크기(사용량)가 약 3GB 정도로 설정된 것을 확인할 수 있다. [다음] 버튼을 클릭한다.

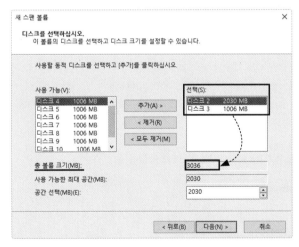

그림 5-51 스팬 볼륨 구성 2

4-5 [드라이브 문자 할당]에서 **그림 5-37**의 계획대로 'T'를 선택하고 [다음] 버튼을 클릭한다.

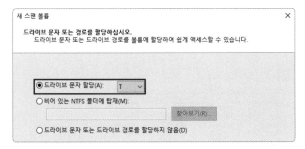

그림 5-52 스팬 볼륨 구성 3

4-6 [볼륨 포맷]에서 [파일 시스템]은 기본값인 'NTFS'로 두자. [볼륨 레이블]에는 알아보기 쉽게 '스팬'을 입력하고 '빠른 포맷 실행'을 체크해서 포맷 시간을 줄인다. [다음] 버튼을 클릭한다.

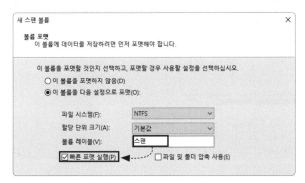

그림 5-53 스팬 볼륨 구성 4

4-7 완료 창이 나오면 설정한 내용이 맞는지 확인한 다음 [마침] 버튼을 클릭한다.

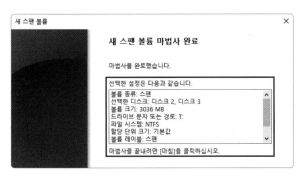

그림 5-54 스팬 볼륨 구성 5

4-8 잠시 기다리면 **그림 5-37**의 계획대로 SCSI 0:2(디스크 2)와 SCSI 0:3(디스크 3)이 묶여서 1개의 스팬 볼륨이 완성된 것을 확인할 수 있다. 이제는 T드라이브를 그냥 3GB짜리 디스크 1개인 것처럼 사용하면 된다.

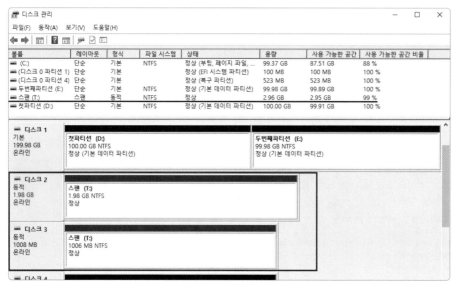

그림 5-55 스팬 볼륨 구성 6

NOTE ▶ 볼륨을 구성했다면 디스크의 크기가 정확히 맞지 않아도 넘어가자. 시스템이 사용하는 공간을 조정하는 것이 기 때문에 어느 정도의 차이는 발생할 수 있다.

4-9 [파일 탐색기]–[내 PC]에서 확인해도 T드라이브가 3GB 정도로 설정된 것을 확인할 수 있다.

그림 5-56 스팬 볼륨 구성 7

동일한 방식으로 **그림 5-37**을 참고해서 스트라이프, 미러, RAID-5 볼륨을 구성하자.

5-1 [디스크 4]에서 마우스 오른쪽 버튼을 클릭한 후 [새 스트라이프 볼륨]을 클릭한다. **Step 4**에서 했던 것과 같은 방식으로 디스크 4와 디스크 5를 사용해서 스트라이프 볼륨을 구성하고 'U:'를 할당하자. [볼륨 레이블]에는 '스트라이프'라고 한다. 스트라이프 볼륨은 1GB 디스크 2개로 구성해서 총 용량이 2GB다. 직접 만들어 보자.

5-2 [디스크 6]에서 마우스 오른쪽 버튼을 클릭한 후 [새 미러 볼륨]을 클릭한다. **Step 4**에서 했던 것과 같은 방식으로 디스크 6과 디스크 7을 사용해서 미러 볼륨을 구성하고 'V:'를 할당하자. [볼륨 레이블]에는 '미러'라고 한다. 미러 볼륨은 1GB 디스크 2개로 구성해서 총 용량이 1GB다.

NOTE 미러 볼륨은 두 디스크를 동일하게 설정하는 '동기화' 작업이 필요하기 때문에 디스크 용량이 크다면 시간이 오래 걸릴 수 있다.

5-3 [디스크 8]에서 마우스 오른쪽 버튼을 클릭한 후 [새 RAID-5 볼륨]을 클릭한다. **Step 4**에서 했던 것과 같은 방식으로 디스크 8, 디스크 9, 디스크 10을 사용해서 RAID-5 볼륨을 구성하고 W:를 할당하자. [볼륨 레이블]에는 'RAID-5'라고 작성한다. RAID-5 볼륨의 용량은 '디스크 개수-1'이므로, 1GB 디스크 3개로 구성하면 2GB가 된다.

5-4 **그림 5-37**의 계획대로 구성된 최종 화면은 다음과 같다(다음 그림은 위쪽의 [형식] 항목을 클릭해서 정렬한 상태다).

볼륨	레이아웃	형식	파일 시스템	상태	용량	사용 가능한 공간	사용 가능한 공간 비율
(C:)	단순	기본	NTFS	정상 (부팅, 페이지 파일, ...	99.37 GB	87.51 GB	88 %
(디스크 0 파티션 1)	단순	기본		정상 (EFI 시스템 파티션)	100 MB	100 MB	100 %
(디스크 0 파티션 4)	단순	기본		정상 (복구 파티션)	523 MB	523 MB	100 %
두번째파티션 (E:)	단순	기본	NTFS	정상 (기본 데이터 파티션)	99.98 GB	99.89 GB	100 %
첫파티션 (D:)	단순	기본	NTFS	정상 (기본 데이터 파티션)	100.00 GB	99.91 GB	100 %
RAID-5 (W:)	RAID-5	동적	NTFS	정상	1.96 GB	1.95 GB	99 %
미러 (V:)	미러	동적	NTFS	정상	1006 MB	989 MB	98 %
스트라이프 (U:)	스트라이프	동적	NTFS	정상	1.96 GB	1.95 GB	99 %
스팬 (T:)	스팬	동적	NTFS	정상	2.96 GB	2.95 GB	99 %

그림 5-57 4개 볼륨 생성 결과

여기서 기억할 것은 RAID 개념에서 배운 것처럼 미러(V:)와 RAID-5(W:)는 결함 허용을 지원한다는 것이다.

[파일 탐색기]에서도 같은 결과를 확인할 수 있다.

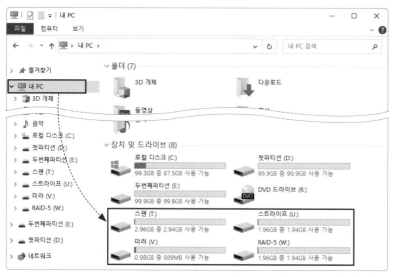

그림 5-58 [파일 탐색기]에서 확인

? VITAMIN QUIZ 5-2

SECOND 가상머신에 2GB SCSI 디스크 10개를 장착하자. 그리고 4개는 스트라이프로, 6개는 RAID-5로 구성한다. 각 드라이브 문자는 R, S로 할당한다. 구성된 결과는 다음 비타민 퀴즈에 이어서 사용된다.

5.2.4 하드디스크 복구 실습

이번에는 구성이 완료된 각 볼륨의 디스크를 하나씩 고장 내고 어떤 볼륨 방식의 데이터가 이상이 없는지 확인하는 실습을 해 보자.

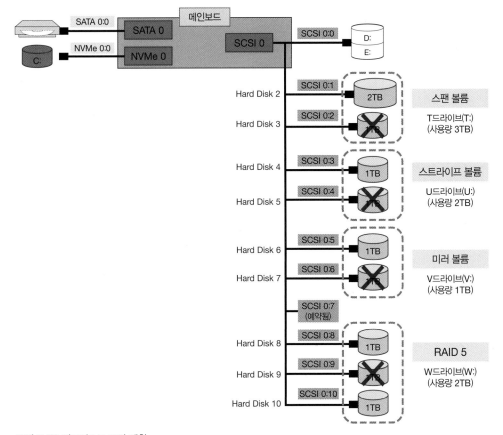

그림 5-59 하드디스크 고장 계획

이 그림과 같이 각 볼륨당 1개씩 디스크를 고장 내고 데이터가 보존되는지 확인한다.

실습 4 ▶

임의로 디스크를 고장 내고 어느 볼륨이 안전한지 확인해 보자.

Step 0

실습 3에 이어서 실습한다.

0-1 우선 [파일 탐색기]에서 각각의 드라이브 (T:, U:, V:, W:)에 동일한 파일을 아무거나 복사해 놓자 (필자는 C:\Program Files\Windows Defender\ 폴더를 복사해 놓았다. 약 14.7MB 정도의 용량이다).

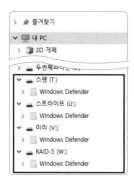

그림 5-60 동일한 파일 여러 개 복사

0-2 FIRST 가상머신을 종료한다. VMware Player가 종료되었다면 다시 실행하고 [FIRST]를 선택한다
(아직 부팅하지 않는다).

Step 1

디스크가 고장 난 효과를 내기 위해서 **그림 5-59**의 계획대로 4개 디스크를 제거하자.

1-1 [Player]-[Manage]-[Virtual Machine Settings] 메뉴를 클릭한다. [Device] 목록 중에 **그림 5-59**
에 나온 대로 Hard Disk 3(SCSI 0:2), Hard Disk 5(SCSI 0:4), Hard Disk 7(SCSI 0:6), Hard Disk
9(SCSI 0:9)를 제거하자. 그리고 제거할 디스크에서 [Advanced] 버튼을 클릭한 후에 제거할 4개의 디스
크(SCSI 0:2, SCSI 0:4, SCSI 0:6, SCSI 0:9)를 확인하자. 삭제할 디스크 이름을 확인하고 [Remove] 버
튼을 클릭해 제거한다. 다음 그림은 4개의 디스크 중 하나인 SCSI 0:2를 제거하는 화면이다.

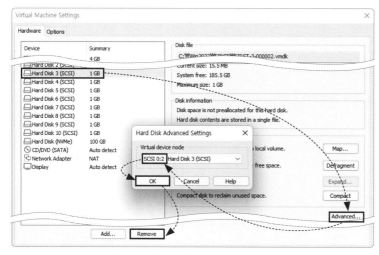

그림 5-61 SCSI 0:2 제거

1-2 필자의 경우 SCSI 0:2, SCSI 0:4, SCSI 0:6, SCSI 0:9에 해당되는 Hard Disk 3, 5, 7, 9번을 제거했다(실습하는 화면에 따라 조금 다를 수 있다). [OK] 버튼을 클릭해서 [Virtual Machine Settings] 창을 닫는다.

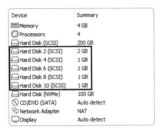

그림 5-62 4개의 디스크를 제거하고 5개의 RAID용 디스크가 남은 결과

1-3 다시 [Edit virtual machine settings]를 클릭해 보자. 디스크에 할당된 번호가 Hard Disk 2~6으로 변경되었을 것이다. 즉, 'Hard Disk 〈번호〉'에서 〈번호〉는 고정된 것이 아니라 VMware가 남아 있는 디스크만 가지고 따로 부여하는 것이다. [OK] 버튼을 클릭해 [Virtual Machine Settings] 창을 닫는다.

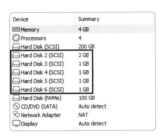

그림 5-63 새로 부여된 디스크 번호

Step 2

FIRST 가상머신을 부팅해서 확인해 보자.

2-1 [파일 탐색기]에서 확인하면 다음 그림에 나온 대로 결함 허용을 제공하는 미러(V:)와 RAID-5(W:) 볼륨만 남아 있다. 그러나 스팬 볼륨(T:)와 스트라이프 볼륨(U:)는 보이지 않는다.

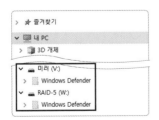

그림 5-64 미러와 RAID-5는 결함 허용 제공

2-2 Windows의 [시작]에서 마우스 오른쪽 버튼을 클릭하고 [디스크 관리]를 클릭한 다음 다시 살펴보면 스팬 볼륨과 스트라이프 볼륨은 '실패' 상태이며, 미러와 RAID-5는 '중복 실패'로 나와 있다. '중복 실패'의 경우 지금은 데이터가 보존되어 있지만, 중복에 실패해 결함 허용을 지원하지 못한다는 의미다. 즉, 데이터가 지금은 괜찮지만 중복되지 않았으므로 안전하지 않은 상태다.

볼륨	레이아웃	형식	파일 시스템	상태	용량	사용 가...	사용 가능한...
(C:)	단순	기본	NTFS	정상 (부팅	99.37 GB	87.63 GB	88 %
(디스크 6 파티션 1)	단순	기본		정상 (EFI ...	100 MB	100 MB	100 %
(디스크 6 파티션 4)	단순	기본		정상 (복구 ...	523 MB	523 MB	100 %
두번째파티션 (E:)	단순	기본	NTFS	정상 (기본 ...	99.98 GB	99.89 GB	100 %
첫파티션 (D:)	단순	기본	NTFS	정상 (기본 ...	100.00 GB	99.91 GB	100 %
	스트라이프	동적		실패	1.96 GB	1.96 GB	100 %
	스팬	동적		실패	2.96 GB	2.96 GB	100 %
RAID-5 (W:)	RAID-5	동적	NTFS	중복 실패	1.96 GB	1.93 GB	98 %
미러 (V:)	미러	동적	NTFS	중복 실패	1006 MB	974 MB	97 %

그림 5-65 디스크 관리에서 확인

2-3 확인이 끝났으면 FIRST 가상머신을 종료한다. VMware Player가 종료되었다면 다시 실행한다.

Step 3

이번에는 고장 난 4개의 디스크를 모두 동일한 용량의 새 디스크로 교체한 후에 원래의 상태로 복구해 보자. 미러와 RAID-5는 상태를 복구하면 다시 결함 허용을 제공한다. 스팬과 스트라이프의 경우 상태를 복원할 수는 있지만 디스크를 새것으로 교체했다면 데이터를 복구할 수 있는 방법은 없다(물론 고장 난 디스크를 데이터 복구 서비스를 제공하는 회사에 맡겨서 데이터를 복구하는 방법도 가끔 있다).

3-1 VMware Player의 왼쪽에서 [FIRST]를 선택한 후 오른쪽 아래의 [Edit virtual machine settings]를 클릭한다. [Add] 버튼을 클릭해서 아까 제거했던 4개의 디스크(SCSI 0:2, SCSI 0:4, SCSI 0:6, SCSI 0:9) 위치에 1GB의 새 디스크를 장착한다. SCSI 디스크를 4개 추가하면 차례대로 비어 있는 부분의 디스크가 추가되므로 특별히 신경 쓸 부분은 없다. 확인하려면 새로 추가한 디스크를 선택하고 [Advanced] 버튼을 클릭한다.

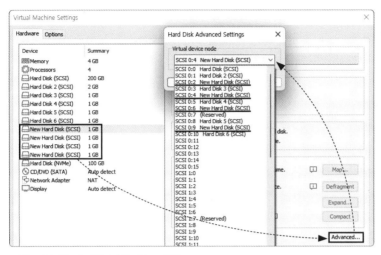

그림 5-66 새로 추가한 4개의 디스크 확인

완료되었으면 [OK] 버튼을 클릭한다.

3-2 새로운 디스크가 장착되었으므로 다시 FIRST 가상머신을 부팅한다.

3-3 Windows의 [시작]에서 마우스 오른쪽 버튼을 클릭하고 [디스크 관리]를 클릭해 실행하자. 추가로 장착한 4개의 디스크를 초기화할 수 있는 [디스크 초기화] 창이 나온다. 디스크 번호 2, 4, 6, 8번이 모두 선택되어 있는지 확인한 다음 [확인] 버튼을 클릭한다.

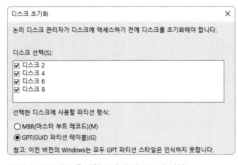

그림 5-67 새로 추가한 4개의 디스크 초기화

3-4 [디스크 관리자] 아래쪽 화면의 새로 추가한 '디스크 4'에서 마우스 오른쪽 버튼을 클릭하고 [동적 디스크로 변환]을 클릭한 다음 디스크 2, 4, 6, 8을 체크한 후 [확인] 버튼을 클릭한다(그 외 다른 디스크는 체크하지 말자).

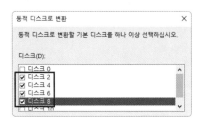

그림 5-68 새로 장착한 디스크를 동적 디스크로 변환

3-5 [디스크 관리]의 화면 위쪽에서 실패로 되어 있는 스팬 볼륨을 마우스 오른쪽 버튼을 클릭하고 [볼륨 삭제]를 클릭한다. 경고 메시지가 나오면 [예] 버튼을 클릭한다.

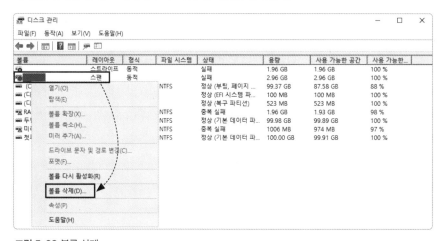

그림 5-69 볼륨 삭제

3-6 같은 방식으로 스트라이프 볼륨도 삭제한다.

> **NOTE▶** 스팬 볼륨과 스트라이프 볼륨은 복구할 수 없으므로 아예 볼륨을 삭제하고 다시 만든다.

3-7 아래쪽을 보면 [디스크 1]과 [디스크 3]이 다시 기본 디스크로 되어 있을 것이다. 이것을 선택하고 마우스 오른쪽 버튼을 클릭한 후 [동적 디스크로 변환]을 클릭해 동적 디스크로 변환한다.

3-8 처음 스팬 볼륨(디스크 1, 디스크 2) 및 스트라이프 볼륨(디스크 3, 디스크 4)을 만든 것과 동일하게 두 볼륨을 만든다(기억이 안 나면 **실습 3**의 **Stet 4**를 참고한다).

3-9 일단 스팬 볼륨과 스트라이프 볼륨이 다시 완성되었다. [디스크 관리] 창의 [형식]을 클릭해서 정렬하자.

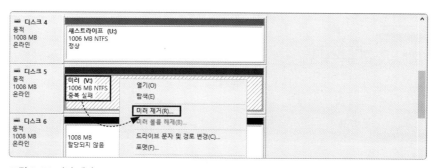

볼륨	레이아웃	형식	파일 시스템	상태	용량	사용 가능한 공간	사용 가능한...
▣ (C:)	단순	기본	NTFS	정상 (부팅, 페이지	99.37 GB	87.58 GB	88 %
▣ (디스크 10 파티션 1)	단순	기본		정상 (EFI 시스템 파...	100 MB	100 MB	100 %
▣ (디스크 10 파티션 4)	단순	기본		정상 (복구 파티션)	523 MB	523 MB	100 %
▣ 두번째파티션 (E:)	단순	기본	NTFS	정상 (기본 데이터 파...	99.98 GB	99.89 GB	100 %
▣ 첫파티션 (D:)	단순	기본	NTFS	정상 (기본 데이터 파...	100.00 GB	99.91 GB	100 %
▣ RAID-5 (W:)	RAID-5	동적	NTFS	중복 실패	1.96 GB	1.93 GB	98 %
▣ 미러 (V:)	미러	동적	NTFS	중복 실패	1006 MB	974 MB	97 %
▣ 새스트라이프 (U:)	스트라이프	동적	NTFS	정상	1.96 GB	1.95 GB	99 %
▣ 새스팬 (T:)	스팬	동적	NTFS	정상	2.96 GB	2.95 GB	99 %

그림 5-70 새 볼륨 추가

Step 4

미러 볼륨의 경우에는 미러 볼륨의 중복 기능을 복원할 수 있다.

4-1 [디스크 관리]의 [미러(V:)]에서 마우스 오른쪽 버튼을 클릭한 다음 [미러 제거]를 클릭한다.

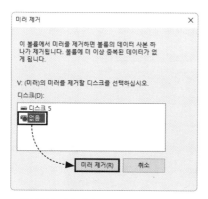

그림 5-71 미러 제거 1

4-2 [미러 제거] 창에서 '없음'을 선택하고 [미러 제거] 버튼을 클릭한다. 경고 메시지가 나오면 [예] 버튼을 클릭한다.

그림 5-72 미러 제거 2

4-3 이제는 미러 볼륨(V:)이 단순 볼륨으로 변경되었다(볼륨 이름에 '미러'라고 남아 있는 것은 미러 볼륨 생성 시 필자가 볼륨 이름을 '미러'로 지정했기 때문이며 큰 의미는 없다).

볼륨	레이아웃	형식	파일 시스템	상태	용량	사용 가능한 공간	사용 가능한...
▬ (C:)	단순	기본	NTFS	정상 (부팅, 페이지 ...	99.37 GB	87.58 GB	88 %
▬ (디스크 10 파티션 1)	단순	기본		정상 (EFI 시스템 파...	100 MB	100 MB	100 %
▬ (디스크 10 파티션 4)	단순	기본		정상 (복구 파티션)	523 MB	523 MB	100 %
▬ 두번째파티션 (E:)	단순	기본	NTFS	정상 (기본 데이터 파...	99.98 GB	99.89 GB	100 %
▬ 첫파티션 (D:)	단순	기본	NTFS	정상 (기본 데이터 파...	100.00 GB	99.91 GB	100 %
▨ RAID-5 (W:)	RAID-5	동적	NTFS	중복 실패	1.96 GB	1.93 GB	98 %
▬ 새스트라이프 (U:)	스트라이프	동적	NTFS	정상	1.96 GB	1.95 GB	99 %
▬ 새스팬 (T:)	스팬	동적	NTFS	정상	2.96 GB	2.95 GB	99 %
▬ 미러 (V:)	단순	동적	NTFS	정상	1006 MB	974 MB	97 %

그림 5-73 기존 미러 볼륨이 단순 볼륨으로 변경됨

4-4 단순 볼륨이 된 '미러 (V:)'에서 마우스 오른쪽 버튼을 클릭하고 [미러 추가]를 클릭한 다음 [미러 추가] 창에서 기존의 미러로 사용했던 '디스크 6'을 선택하고 [미러 추가] 버튼을 클릭한다.

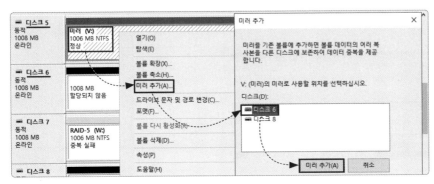

그림 5-74 미러 추가

4-5 잠시 기다리면 미러 볼륨이 복구된다.

볼륨	레이아웃	형식	파일 시스템	상태	용량	사용 가능한 공간	사용 가능한...
▬ (C:)	단순	기본	NTFS	정상 (부팅, 페이지 ...	99.37 GB	87.58 GB	88 %
▬ (디스크 10 파티션 1)	단순	기본		정상 (EFI 시스템 파...	100 MB	100 MB	100 %
▬ (디스크 10 파티션 4)	단순	기본		정상 (복구 파티션)	523 MB	523 MB	100 %
▬ 두번째파티션 (E:)	단순	기본	NTFS	정상 (기본 데이터 파...	99.98 GB	99.89 GB	100 %
▬ 첫파티션 (D:)	단순	기본	NTFS	정상 (기본 데이터 파...	100.00 GB	99.91 GB	100 %
▨ RAID-5 (W:)	RAID-5	동적	NTFS	중복 실패	1.96 GB	1.93 GB	98 %
▬ 새스트라이프 (U:)	스트라이프	동적	NTFS	정상	1.96 GB	1.95 GB	99 %
▬ 새스팬 (T:)	스팬	동적	NTFS	정상	2.96 GB	2.95 GB	99 %
▬ 미러 (V:)	미러	동적	NTFS	정상	1006 MB	974 MB	97 %

▬ 디스크 5		
동적	미러 (V:)	
1008 MB	1006 MB NTFS	
온라인	정상	

▬ 디스크 6		
동적	미러 (V:)	
1008 MB	1006 MB NTFS	
온라인	정상	

▬ 디스크 7	
동적	RAID-5 (W:)

그림 5-75 미러 볼륨 복구 완료

이번에는 RAID-5 볼륨을 복구해 보자. 미러 볼륨의 복구보다 좀 더 간단하다.

5-1 중복 실패한 [RAID-5 볼륨]을 선택한 후 마우스 오른쪽 버튼을 클릭하고 [볼륨 복구]를 클릭한다. 그리고 [RAID-5 볼륨 복구] 창에서 원래의 RAID-5였던 '디스크 8'을 선택하고 [확인] 버튼을 클릭한다.

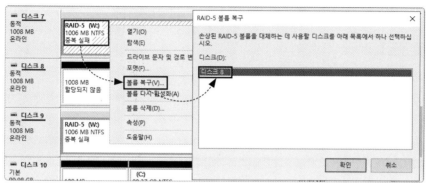

그림 5-76 RAID-5 복구

5-2 복구가 완료된 RAID-5 볼륨은 다음과 같다.

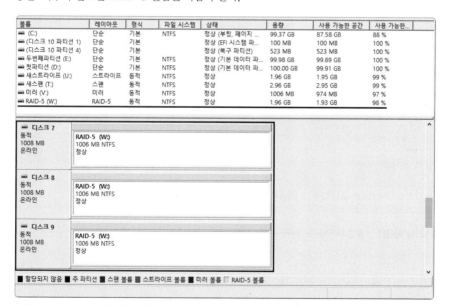

그림 5-77 RAID-5 복구 완료 화면

5-3 [디스크 관리] 창을 닫았다가 다시 실행한다. 아래로 스크롤해서 기존의 오류로 인해 남아 있는 잘못된 디스크가 있다면 마우스 오른쪽 버튼을 클릭한 후 [디스크 제거]를 클릭해 제거한다. [디스크 관리] 창을 종료한다.

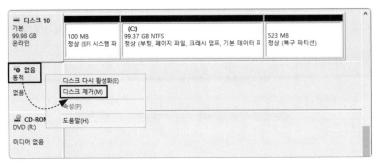

그림 5-78 오류 디스크 제거

5-4 [파일 탐색기]에서 확인하면 스팬 볼륨(T:)과 스트라이프 볼륨(U:)은 초기화되어 기존 데이터가 없겠지만, 미러 볼륨(V:)와 RAID-5 볼륨(W:)의 데이터는 기존과 동일하게 존재하는 것을 확인할 수 있다.

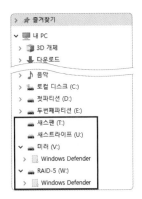

그림 5-79 [파일 탐색기]에서 확인

이상으로 Windows Server 2022에서 제공하는 볼륨에 대한 실습이 모두 끝났다.

> **❓ VITAMIN QUIZ 5-3**
>
> SECOND 가상머신의 R드라이브, S드라이브에서 각각 디스크 1개씩 삭제하고 정상 작동 여부를 확인해 보자. 그리고 다시 2개의 새 디스크를 장착해 원래대로 복구해 보자.

5.3 저장소 공간

Windows Server 2012부터 지원되며 Windows Server 2016/2019/2022를 통해 더욱 기능과 안정성이 높아진 '저장소 공간Storage Space'에 대해 알아보자.

5.3.1 저장소 공간의 개념

저장소 공간은 여러 개의 물리적인 디스크를 하나로 합쳐서 사용자에게 새로운 논리적인 디스크로 제공하는 기능을 한다. 예를 들어 저장소 공간을 사용할 때, 사용자는 10TB의 논리적인 디스크를 사용하다가 필요할 경우에 20TB로 재설정해서 사용할 수 있다. 즉, 간단한 작업만으로도 공간 확장이 즉시 이루어진다. 이렇게 사용자가 필요로 하는 공간을 제공하는 장소를 저장소 풀Storage Pool이라고 부른다. 다음 그림을 보자.

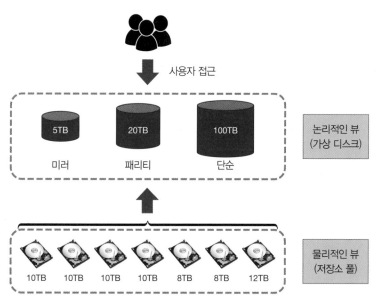

그림 5-80 저장소 공간의 개념

> **NOTE ▶** 저장소 공간은 앞에서 실습한 디스크 관리에서 RAID 구성을 대신할 수도 있다. 또한 저장소 공간은 Windows 10/11에서도 사용할 수 있다.

위 그림에서 사용자는 물리적인 디스크 7개(10TB 4개, 8TB 2개, 12TB 1개), 총 68TB를 가지고 있다. 이를 '저장소 풀'로 묶은 후에 필요한 만큼 3개(5TB, 20TB, 100TB)의 '저장소 공간'으로 변경해서 125TB를 사용하고 있다. 여기서 주목할 점은 실제 물리적인 공간보다 논리적인 '저장소 공간'을 더 크게 잡을 수도 있다는 것이다. 물론 실제로 더 큰 용량을 사용할 수는 없겠으나, 일단 공간을 지정한 후에 필요하다면 저장소 풀에 디스크를 추가하면 된다.

저장소 공간을 사용하는 장점은 다음과 같다. 첫 번째로 저장 공간을 동적으로 유연하게 확장할 수 있다는 점이며, 두 번째로 내부적으로 RAID 1이나 RAID 5 기술을 사용함으로써 데이터를 보호할 수 있다는 점이다. Windows Server 2012에서 저장소 공간 기능이 나오기 이전에는 이러한 기능을 구현하기 위해 고가의 하드웨어가 필요했으나, Windows Server 2012 이후부터는 소프트웨어적으로 구현할 수 있게 되면서 경제적으로 상당한 비용을 절감할 수 있으며, Windows Server 2016/2019/2022를 거쳐서 기능이 추가되고 안정성 및 보안성이 지속적으로 향상되었다.

5.3.2 저장소 공간의 구성과 특징

저장소 공간의 구현은 미러/패리티/단순 3가지로 구성할 수 있는데 각각 다음과 같은 장단점이 있다. 아래 구성은 결국 RAID에서 배운 **그림 5-33**의 설명과 비슷하다.

❶ **미러**: RAID 1 개념으로 양방향 및 3방향 미러를 지원한다. 양방향은 최소 2개, 3방향은 최소 5개의 디스크가 필요하며 50% 또는 33% 미만의 공간 효율을 갖는다. 데이터의 안전성이 뛰어나다.

❷ **패리티**: RAID 5 개념으로 패리티 비트가 사용된다. 안정성이 어느 정도 올라가지만 용량은 약간 감소한다. 최소 3개 이상의 디스크가 필요하다.

❸ **단순(복원 없음)**: RAID 0 개념으로 100% 공간 효율과 뛰어난 성능을 보이지만 안정성은 보장되지 않는다. 1개 이상의 디스크로 구성이 가능하다.

저장소 공간의 몇 가지 특징은 다음과 같다.

- **교체 전용 디스크 예약**: 핫 스페어^{Hot Spare} 개념의 디스크를 미리 준비해서 미러나 패리티로 구성된 저장소 풀 디스크에 문제 발생 시 신속하게 대응할 수 있다.

- **장애 조치**^{failover} **클러스터와 완벽하게 통합**

- **저장소 계층 분리**: 자주 사용되는 파일을 NVMe나 SSD로, 자주 사용되지 않는 파일을 HDD로 분리해서 '저장소 계층'을 구성할 수 있다. 그럼으로써 전반적인 성능 향상이 가능해졌다. 물론 이러한 구성은 Windows Server가 내부적으로 자동 수행한다.

- **나중 쓰기 캐시**: 전달된 데이터를 SSD로 구성된 저장소 풀에 먼저 저장한 후 나중에 HDD에 저장되는

방식을 사용할 수 있다. 이렇게 함으로써 빠른 데이터 저장과 성능이 보장된다.

- **저장소 공간 다이렉트** Storage Spaces Direct: 로컬 연결 드라이브가 있는 서버 컴퓨터에서 기존의 SAN이나 NAS에 비해 훨씬 저렴한 비용의 고가용성 소프트웨어 저장소를 제공한다. 특히 SATA SSD 및 NVMe 디스크 장치의 활용성을 높일 수 있다.

- **저장소 복제본** Storage Replica: 저장소를 두 장소에 동일하게 복제함으로써 장애 조치 클러스터를 확장하고 재해 복구에 대비할 수 있다. 저장소 복제본은 동기 복제와 비동기 복제 모두 가능하다.

이 외에도 **저장소 품질 서비스** Storage Quality of Service, **데이터 중복 제거** Data Deduplication, **작업 폴더** Work Folder의 기능을 제공한다.

Windows Server 2022에서는 다음과 같은 기능이 추가되거나 향상되었다.

- 성능은 그대로 유지하면서 실시간 암호화 등의 보안성을 대폭 강화했다.

- 스토리지 스페이스 다이렉트 Storage Space Direct, 하이퍼-V Hyper-V, 스케일-아웃 파일 서버 Scale-out File Server 등 높은 속도가 필요한 부분에서 트래픽 암호화를 지원한다.

- 서버 메시지 블록 Server Message Block (SMB) 압축이 추가되었다. 사용자, 관리자 또는 애플리케이션이 네트워크상 파일을 전송 중에 압축할 수 있어서 별도의 압축 프로그램을 사용하지 않아도 된다.

- Windows Server 2016에서 도입된 저장소 공간 다이렉트의 성능이 지속적으로 개선되었다.

더 설명해도 아직은 감이 오지 않을 테니 일단 실습을 통해서 저장소 공간을 익혀보자.

> **NOTE** Windows Server 2022에서 저장소 공간의 새로운 특징을 상세히 알고 싶다면 https://docs.microsoft.com/ko-kr/windows-server/storage/whats-new-in-storage 페이지를 참고하자.

실습 5

저장소 공간을 사용해서 그림 5-80을 구현해 보자.

Step 0

FIRST 가상머신을 초기화하고 아직 부팅하지 말자(초기화 방법이 기억나지 않으면 3장의 **실습 5**를 참고한다).

그림 5-80와 같이 7개의 SCSI 디스크(10G 4개, 8G 2개, 12G 1개)를 장착하자. 그림상에서는 TB 단위지만 실습에서는 GB 단위로 장착한다.

1-1 다음 그림과 같이 디스크를 추가하자(방법이 기억나지 않으면 **실습 1**과 **실습 3**을 참고한다). 디스크의 순서는 상관없다.

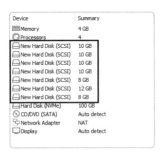

그림 5-81 4개의 디스크 추가

1-2 FIRST 가상머신을 부팅하고 Administrator로 로그온한다.

그림 5-80 아래쪽의 물리적인 뷰인 '저장소 풀'을 만들자.

2-0 Windows의 [시작]에서 [서버 관리자]를 클릭해 실행한다.

NOTE ▶ '저장소 공간'은 Windows 10/11에서도 사용할 수 있지만, Windows Server와 사용법이 좀 다르다. Windows Server에서는 [파일 및 저장소 서비스]를 통해서 '저장소 공간' 기능을 사용한다. 참고로 Windows Server 2016까지는 'Windows Server Essentials Experience' 역할을 추가 설치하면 Windows 10/11과 동일한 화면으로 '저장소 공간' 기능을 사용할 수 있었으나, Windows Server 2019부터는 'Windows Server Essentials Experience' 역할을 제공하지 않는다.

2-1 왼쪽 화면의 [파일 및 저장소 서비스]-[디스크]를 클릭하면 추가한 1번~7번까지 7개의 디스크를 확인할 수 있다. 현재 [상태]는 '오프라인'으로 되어 있는데, 1번 디스크에서 마우스 오른쪽 버튼을 클릭하고 [온라인 상태로 전환]을 클릭해서 상태를 변경한다. 경고 메시지가 나오면 [예] 버튼을 클릭한다.

그림 5-82 디스크를 온라인으로 전환

2-2 나머지 2번~7번도 동일하게 온라인 상태로 전환한다. 결과는 다음과 같다.

그림 5-83 디스크를 온라인으로 전환한 결과

2-3 왼쪽 화면에서 [저장소 풀]을 선택하고 오른쪽 위 [작업]-[새 저장소 풀] 메뉴를 클릭한다.

그림 5-84 저장소 풀 생성 1

2-4 [새 저장소 풀 마법사] 창이 나오면 [시작하기 전]에서 [다음] 버튼을 클릭한다.

2-5 [저장소 풀 이름 및 하위 시스템 지정]에서 [이름]에 'SCSI 저장소풀'을 입력하고 [다음] 버튼을 클릭한다(책과 동일한 이름일 필요는 없다).

그림 5-85 저장소 풀 생성 2

2-6 [저장소 풀용 실제 디스크 선택]에서 장착한 7개를 모두 선택하면 [선택한 총 용량]이 68.0GB로 확인된다. [다음] 버튼을 클릭한다.

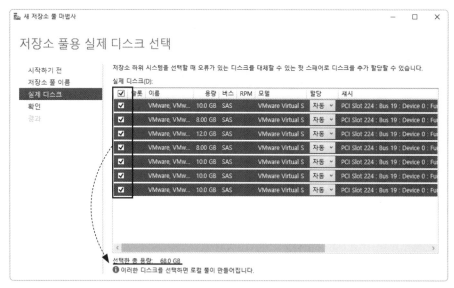

그림 5-86 저장소 풀 생성 3

2-7 [선택 확인]에서 [만들기] 버튼을 클릭하면 저장소 풀이 만들어진다.

2-8 [결과 보기]에서 [모두 완료]가 뜨면 [닫기] 버튼을 클릭한다.

2-9 새로운 저장소 풀이 만들어진 것을 확인할 수 있다.

그림 5-87 저장소 풀 생성 4

Step 3

저장소 풀에 **그림 5-80** 위쪽의 논리적인 뷰(가상 디스크)를 생성하자. 먼저 5TB 크기의 [미러] 가상 디스크를 생성하자.

NOTE▶ 책에 나오는 '저장소 공간'과 '가상 디스크'는 동일한 용어다.

3-1 앞에서 생성한 'SCSI 저장소 풀'을 선택하고 [가상 디스크]의 [작업]–[새 가상 디스크] 메뉴를 클릭한다.

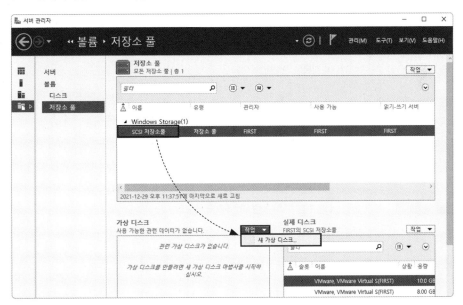

그림 5-88 미러 가상 디스크 생성 1

3-2 [서버 저장소 풀 선택] 창에서 'SCSI 저장소풀'을 선택하고 [확인] 버튼을 클릭한다.

그림 5-89 미러 가상 디스크 생성 2

3-3 [새 가상 디스크 마법사]가 실행된다. [시작하기 전]에서 [다음] 버튼을 클릭한다.

3-4 [가상 디스크 이름을 지정합니다]에서 [이름]에 '미러 가상 디스크'를 입력하고 [다음] 버튼을 클릭한다.

그림 5-90 미러 가상 디스크 생성 3

NOTE ▶ '이 가상 디스크에 저장소 계층 만들기'가 비활성화되어 있는 이유는 필자의 디스크가 모두 SSD이기 때문이다. 만약 SSD와 HDD를 혼용할 경우 이 항목을 선택할 수 있다.

3-5 [엔클로저 복원력을 지정하십시오]의 설정 내용을 그대로 두고 [다음] 버튼을 클릭한다.

그림 5-91 미러 가상 디스크 생성 4

NOTE ▶ 엔클로저 인식은 별도의 외부 저장소(엔클로저)에 데이터 복사본을 저장해서 안전성을 한층 높일 수 있다. 필자는 별도의 외부 저장 장치가 없어서 이 기능이 활성화되지 않았다.

3-6 [저장소 레이아웃 선택]에서 [레이아웃]에 'Mirror'를 선택하고 [다음] 버튼을 클릭한다.

그림 5-92 미러 가상 디스크 생성 5

3-7 [복원 설정 구성]에서 '양방향 미러'를 선택하고 [다음] 버튼을 클릭한다.

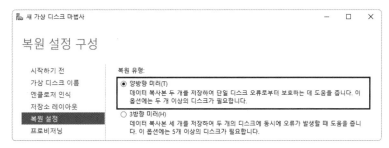

그림 5-93 미러 가상 디스크 생성 6

NOTE ▶ 복원 유형은 '양방향 미러'보다 '3방향 미러'가 더 안정적이다. '3방향 미러'는 다음 실습에서 사용해 보겠다.

3-8 [프로비저닝 유형 지정]에서 '고정'을 선택하고 [다음] 버튼을 클릭한다.

그림 5-94 미러 가상 디스크 생성 7

NOTE ▶ 프로비저닝(Provisioning)에서 '씬(Thin)'은 볼륨의 크기를 현재 물리적인 공간보다 크게 지정할 수 있는 것이다. 그리고 추후에 디스크를 추가하면 된다. '고정(Fix)'은 물리적인 공간까지만 사용할 수 있다.

3-9 [가상 디스크의 크기를 지정하십시오]에서는 **그림 5-80**의 계획대로 '5GB'를 입력하고 [다음] 버튼을 클릭한다.

그림 5-95 미러 가상 디스크 생성 8

3-10 [선택 확인]에서 지정한 내용이 맞는지 확인한 후에 [만들기] 버튼을 클릭한다.

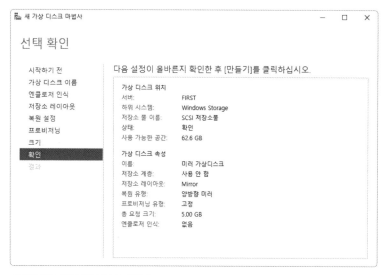

그림 5-96 미러 가상 디스크 생성 9

3-11 [결과 보기]에서 '이 마법사를 닫으면 볼륨 만들기'의 체크를 해제하고 [닫기] 버튼을 클릭한다.

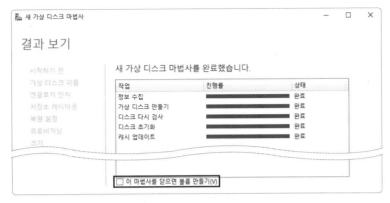

그림 5-97 미러 가상 디스크 생성 10

NOTE▶ 볼륨은 그림 5-80의 가상 디스크를 모두 만든 후에 한꺼번에 만들 것이다.

Step 4

이번에는 **그림 5-80**의 20TB 크기의 패리티 가상 디스크를 생성하자. **Step 3**과 상당히 비슷한 방식이지만 일부가 다르다. 다른 점만 주의하자.

4-1 [SCSI 저장소 풀]을 선택하고 [가상 디스크]의 [작업]–[새 가상 디스크]를 클릭한다.

4-2 [서버 저장소 풀 선택] 창에서 'SCSI 저장소 풀'을 선택하고 [확인] 버튼을 클릭한다.

4-3 [새 가상 디스크 마법사]가 실행된다. [시작하기 전]에서 [다음] 버튼을 클릭한다.

4-4 [가상 디스크 이름]에 '패리티 가상 디스크'를 입력하고 [다음] 버튼을 클릭한다.

4-5 [엔클로저 복원력을 지정하십시오]에서 기본값 그대로 두고 [다음] 버튼을 클릭한다.

4-6 [저장소 레이아웃 선택]에서 [레이아웃]에 'Parity'를 선택하고 [다음] 버튼을 클릭한다.

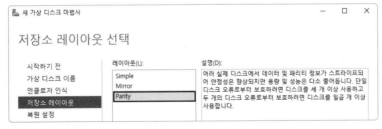

그림 5-98 패리티 가상 디스크 생성 1

4-7 [복원 설정 구성]에서 '단일 패리티'를 선택하고 [다음] 버튼을 클릭한다.

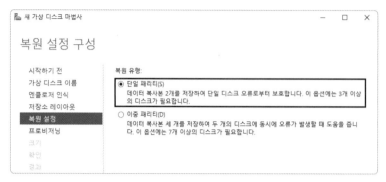

그림 5-99 패리티 가상 디스크 생성 2

NOTE ▶ 단일 패리티는 3개의 디스크가 필요하고 3개 중 1개가 고장 나도 데이터를 보장한다. 이중 패리티는 7개의 디스크가 필요하고 7개 중 2개가 고장 나도 데이터를 보장한다. 단일 패리티보다 이중 패리티가 더 안정적이다.

4-8 이번에는 [프로비저닝 유형 지정]에서 '씬'을 선택하자. 씬은 공간을 미리 확보하지 않고 유연하게 필요한 경우에만 내부적으로 확보하는 방식이다. [다음] 버튼을 클릭한다.

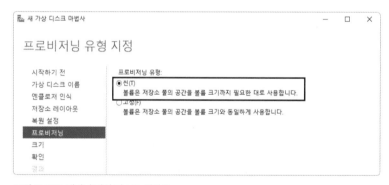

그림 5-100 패리티 가상 디스크 생성 3

4-9 [크기 지정]에서는 **그림 5-80**의 계획대로 '20GB'를 입력하고 [다음] 버튼을 클릭한다.

4-10 [선택 확인]에서 지정한 내용이 맞는지 확인한 후에 [만들기] 버튼을 클릭한다.

그림 5-101 패리티 가상 디스크 생성 4

4-11 [결과 확인]에서 '이 마법사를 닫으면 볼륨 만들기'의 체크가 해제된 상태에서 [닫기] 버튼을 클릭한다.

Step 5

이번에는 **그림 5-80**의 100TB 크기의 단순 가상 디스크를 생성하자.

5-1 'SCSI 저장소 풀'을 선택하고 [가상 디스크]의 [작업]-[새 가상 디스크]를 클릭한다.

5-2 [서버 저장소 풀 선택] 창에서 'SCSI 저장소 풀'을 선택하고 [확인] 버튼을 클릭한다.

5-3 [새 가상 디스크 마법사]가 실행된다. [시작하기 전]에서 [다음] 버튼을 클릭한다.

5-4 [가상 디스크 이름]에 '단순 가상 디스크'를 입력하고 [다음] 버튼을 클릭한다.

5-5 [엔클로저 복원력을 지정하십시오]에서 기본값 그대로 두고 [다음] 버튼을 클릭한다.

5-6 [저장소 레이아웃 선택]에서 [레이 아웃]에 'Simple'을 선택하고 [다음] 버튼을 클릭한다.

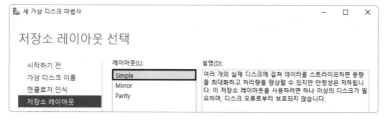

그림 5-102 단순 가상 디스크 생성 1

5-7 [프로비저닝 유형 지정]에서는 전체 공간이 100GB가 되지 않기 때문에 '고정'을 선택하면 안 된다. '씬'을 선택하고 [다음] 버튼을 클릭한다.

5-8 [크기 지정]에서는 **그림 5-80**의 계획대로 '100GB'를 입력하고 [다음] 버튼을 클릭한다.

5-9 [선택 확인]에서 지정한 내용이 맞는지 확인한 후에 [만들기] 버튼을 클릭한다.

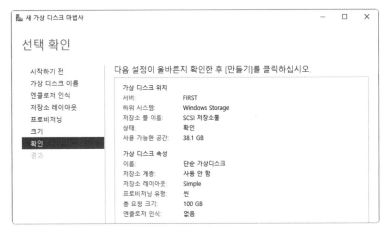

그림 5-103 단순 가상 디스크 생성 2

5-10 [가상 디스크]를 확인하면 **그림 5-80**의 계획대로 3개의 가상 디스크가 생성되었다. 5GB 크기의 미러 가상 디스크만 고정으로 5GB가 모두 할당되어 있다(내부적으로는 6GB가 설정되어 있을 수도 있다). 나머지 20GB 패리티와 100GB 단순 가상 디스크는 씬으로 설정해서 할당된 용량이 훨씬 적은 것을 확인할 수 있다.

그림 5-104 생성된 3개의 가상 디스크

생성한 가상 디스크를 실제로 사용하려면 볼륨을 생성해야 한다. 앞에서 생성한 가상 디스크를 실제로 물리적인 디스크로 생각해서 볼륨을 만든다.

6-1 [미러 가상 디스크]에서 마우스 오른쪽 버튼을 클릭하고 [새 볼륨]을 클릭한다.

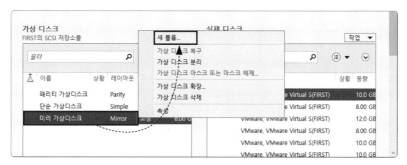

그림 5-105 가상 디스크를 사용한 볼륨 생성 1

6-2 [새 볼륨 마법사] 창의 [시작하기 전]에서 [다음] 버튼을 클릭한다.

6-3 [서버 및 디스크]에서 [서버]의 'FIRST'를 선택하고 [디스크]는 **그림 5-80**의 미러에 해당하는 '디스크 8'을 선택한 후 [다음] 버튼을 클릭한다.

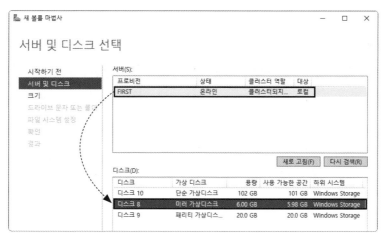

그림 5-106 가상 디스크를 사용한 볼륨 생성 2

6-4 [볼륨 크기를 선택합니다]에서 [볼륨 크기]는 기본값인 전체 용량(5.98GB) 그대로 두고 [다음] 버튼을 클릭한다.

그림 5-107 가상 디스크를 사용한 볼륨 생성 3

6-5 [드라이브 문자 및 폴더에 할당]에서 [드라이브 문자]는 'M'으로 지정하고 [다음] 버튼을 클릭한다.

그림 5-108 가상 디스크를 사용한 볼륨 생성 4

6-6 [파일 시스템 설정 선택]에서 [파일 시스템]은 'ReFS'를 선택하고 [볼륨 레이블]에는 '미러(가상 디스크)'를 입력한 후 [다음] 버튼을 클릭한다.

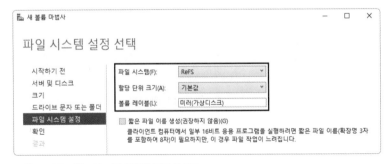

그림 5-109 가상 디스크를 사용한 볼륨 생성 5

6-7 [선택 확인]에서 설정한 내용이 맞으면 [만들기] 버튼을 클릭하고 만들기가 완료되면 [닫기] 버튼을 클릭한다. [서버 관리자] 창은 닫지 말고 그대로 둔다.

그림 5-110 가상 디스크를 사용한 볼륨 생성 6

6-8 [파일 탐색기]-[내 PC]를 클릭해서 '미러(가상 디스크)(M:)'를 확인해 보자. 전체 용량은 약 6GB이지만 실제는 5GB 정도 남아 있을 것이다. 사용 중인 공간은 Windows Server가 가상 디스크의 미러링을 위해 내부적으로 사용하는 공간이다.

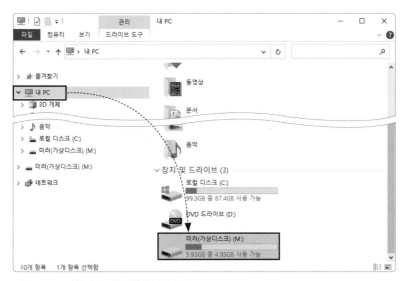

그림 5-111 가상 디스크를 사용한 볼륨 생성 7

Step 7

Step 6과 동일한 방식으로 20GB 용량의 패리티 가상 디스크의 볼륨을 생성하자. 볼륨의 크기도 전체로 지정하고 볼륨 이름을 '패리티(가상 디스크)'로 지정하자. 그리고 드라이브 문자는 'N'으로 지정한다.

Step 8

마지막으로 **Step 6**과 동일한 방식으로 100GB 용량의 단순 가상 디스크의 볼륨을 생성하자. 볼륨의 크기도 전체로 지정하고, 볼륨 이름을 '단순(가상 디스크)' 정도로 지정하자. 그리고 드라이브 문자는 'O'로 지정한다.

Step 9

[파일 탐색기]에서 확인한 3개의 추가된 디스크는 다음과 같다. **그림 5-80**처럼 일반 사용자는 논리적인 뷰인 가상 디스크에 접근할 수 있다. 이 가상 디스크는 다른 디스크와 동일하게 사용하면 된다.

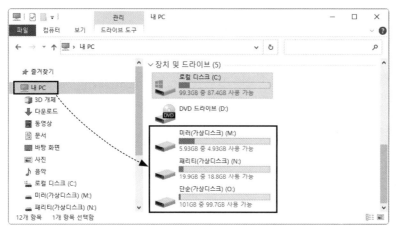

그림 5-112 볼륨을 생성한 3개의 가상 디스크 1

Step 10

Windows의 [시작]에서 마우스 오른쪽 버튼을 클릭하고 [디스크 관리]를 클릭하면 앞에서 만든 3개의 볼륨을 확인할 수 있다. 그러나 [디스크 관리자] 창에서 6GB, 20GB, 100GB 디스크가 장착된 것을 인식할 뿐, 특별히 가상 디스크 여부는 알 수 없다. [디스크 관리] 창을 종료한다.

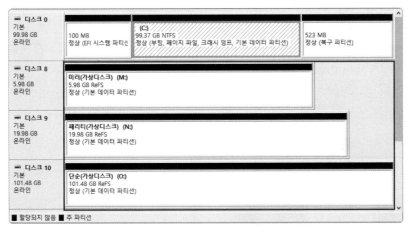

그림 5-113 볼륨을 생성한 3개의 가상 디스크 2

실습 5에서 저장소 공간의 몇 가지 특징을 파악할 수 있다. 전체 물리적인 공간은 68TB 정도이지만, 실제로 사용하는 외부 공간은 125TB로 설정했다. 또한 내부적으로 미러 볼륨(RAID 1), 패리티 볼륨(RAID 5)으로 구성해야 하므로 실제 공간은 125TB보다도 훨씬 많이 필요하다. 대략 계산하면 미러 볼륨은 10TB로 구성해야 5TB를 사용할 수 있고, 패리티(단순 패리티) 볼륨은 30TB로 구성해야 20TB를 사용할 수 있다. 단순 볼륨은 그냥 100TB이므로 총 140TB 정도는 있어야 실제 사용하려고 하는 125TB의 용량을 사용할 수 있는 것이다.

NOTE ▶ 지금 필자가 언급하는 공간은 설명을 위해서 대략 계산한 것이며, 실제 내부적으로는 더 많이 사용될 수 있다.

하지만 저장소 공간은 유연한 디스크 공간의 관리를 제공하기 때문에 3개의 가상 디스크(논리적인 뷰)가 문제없이 설정되었다. 물론 실제로 M, N, O드라이브를 사용하게 되면 저장소 풀(물리적인 뷰)이 부족해서 문제가 발생할 소지는 있으므로, 빠른 시간 안에 저장소 풀에 전체 사용량만큼의 디스크(이 예시에서는 총 140TB 이상) 이상을 추가해야만 향후 발생될 문제를 예방할 수 있다.

또 하나 주목할 점은 저장소 공간 3개에 할당된 공간은 고정 할당된 것이 아니라 내부적으로도 유연하게 공간을 실시간으로 재할당한다는 것이다. 예를 들어 디스크를 별도로 추가하지 않은 현재 상태에서 M, N드라이브 모두 꽉 채워서 사용한다면 O드라이브는 여유 공간이 약 100TB 정도 있는 것으로 보이지만 실제 여유 공간은 M, N드라이브 85TB(125−40) 정도(실제로는 더 적을 수 있음) 밖에 없기 때문에 O드라이브의 전체 공간을 사용하려 한다면 작업에 문제가 생길 소지가 있다. 이때 다시 M, N드라이브의 파일을 삭제한다면 거의 실시간으로 M, N드라이브에서 삭제된 용량 만큼 O드라이브에서 사용할 수 있다.

5.3.3 저장소 공간의 응용

이번에는 저장소 공간의 특징을 응용해서 Windows Server 2022에서는 원칙적으로 지원되지 않는 RAID 1+0을 구성해 보자. **RAID 1+0**은 미러 볼륨(RAID 1)으로 구성한 데이터를 다시 스트라이프 볼륨(RAID 0)으로 구성하는 방법으로, 신뢰성(안전성)과 성능(속도)을 동시에 확보하는 방법이다.

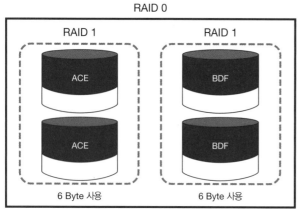

그림 5-114 RAID 1+0의 저장 방식

RAID 1+0 방식은 전체 6글자(6바이트)를 저장하는 데 각 디스크당 3글자만 저장하면 되므로 총 3초밖에 걸리지 않는다. 또한 왼쪽 RAID 1과 오른쪽 RAID 1에서 각각 디스크가 1개씩 고장나도 데이터는 안전하므로 신뢰성(안정성)까지 얻을 수 있다. 이 외에도 아주 중요한 데이터일 경우에 RAID 1+5 방식을 사용할 수 있다.

다음 그림의 구성도를 구현해 보자. 다음 실습은 서버 관리자에서 2쌍의 미러 가상 디스크를 생성해 놓고 [디스크 관리] 창에서 2쌍의 미러 볼륨(가상 디스크)을 스트라이프 볼륨으로 묶는 것이다. 결국 R드라이브는 RAID 1+0의 구성이 된다.

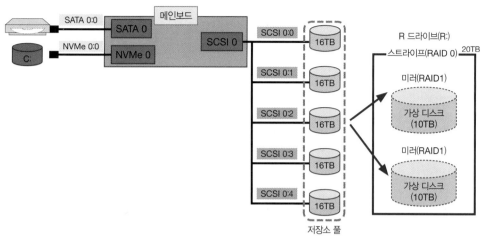

그림 5-115 RAID 1+0의 실습 구성도

실습 6

파일 및 저장소 서비스를 활용해서 RAID 1+0을 구현해 보자.

Step 0

FIRST를 초기화하고 아직 부팅하지 말자(초기화 방법은 3장의 **실습 5**를 참고한다).

Step 1

그림 5-115와 같이 16GB 크기의 SCSI 디스크 5개를 장착하자.

1-1 다음 그림과 같이 직접 디스크를 추가하자.

Device	Summary
Memory	4 GB
Processors	4
New Hard Disk (SCSI)	16 GB
New Hard Disk (SCSI)	16 GB
New Hard Disk (SCSI)	16 GB
New Hard Disk (SCSI)	16 GB
New Hard Disk (SCSI)	16 GB
Hard Disk (NVMe)	100 GB

그림 5-116 16G 디스크 5개 추가

NOTE ▶ 가상 디스크에는 디스크 안정성을 위해 일부 공간을 자체적으로 사용하는 기능이 있기 때문에 최종적으로 20TB의 RAID 1+0을 사용하기 위해 저장소 풀 공간이 더 필요하다. 그래서 디스크를 넉넉히 준비했다.

1-2 FIRST 가상머신을 부팅하고 Administrator로 로그온한다.

앞에서 실습했던 [파일 및 저장소 서비스]를 사용해 보자.

2-1 Windows의 [시작]-[서버 관리자] 메뉴를 클릭한다. 잠시 기다린 후 왼쪽의 [파일 및 저장소 서비스]를 선택한다.

2-2 [볼륨]-[디스크]를 선택하면 물리적인 디스크들을 확인할 수 있다. 오프라인으로 되어 있는 16GB 디스크를 마우스 오른쪽 버튼을 클릭하고 [온라인 상태로 전환]을 클릭한다. 경고 메시지가 나오면 [예] 버튼을 클릭한다.

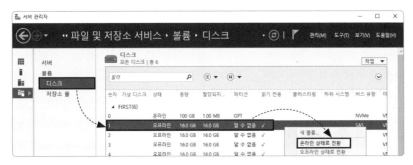

그림 5-117 디스크를 온라인으로 전환

2-3 오프라인으로 되어 있는 나머지 4개의 디스크도 모두 온라인 상태로 만든다.

저장소 풀을 만들자.

3-1 왼쪽에서 [저장소 풀]을 선택하고 오른쪽 위 [작업]-[새 저장소 풀]을 클릭한다.

3-2 [새 저장소 풀 마법사]가 실행된다. [시작하기 전]에서 [다음] 버튼을 클릭한다.

3-3 [저장소 풀 이름 및 하위 시스템 지정]에서 [이름]에 'RAID10용' 정도로 작성하고 [다음] 버튼을 클릭한다.

3-4 [저장소 풀용 실제 디스크 선택]에서 16GB의 디스크 5개를 모두 체크하고 [다음] 버튼을 클릭한다.

3-5 [선택 확인]에서 앞서 지정한 설정을 확인한 다음 [만들기] 버튼을 클릭하면 저장소 풀이 만들어진다. [닫기] 버튼을 클릭해 창을 닫는다.

그림 5-118 새 저장소 풀 만들기 중 확인 과정

Step 4

미러 볼륨(RAID 1)으로 작동하는 가상 디스크 2개를 생성하자.

4-1 [저장소 풀] 창에서 'RAID10용'을 선택하고 아래쪽 [가상 디스크]의 [작업]–[새 가상 디스크] 메뉴를 클릭한다.

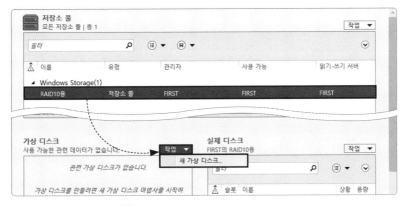

그림 5-119 가상 디스크 생성

4-2 [서버 저장소 풀 선택] 창에서 'RAID10용'을 선택하고 [확인] 버튼을 클릭한다.

4-3 [새 가상 디스크 마법사]가 실행되면 [시작하기 전]에서 [다음] 버튼을 클릭한다.

4-4 [가상 디스크 이름을 지정해야 합니다]에서 [이름]에 '미러볼륨1'을 입력하고 [다음] 버튼을 클릭한다.

4-5 [엔클로저 복원력을 지정하십시오]에서 기본값 그대로 두고 [다음] 버튼을 클릭한다.

4-6 [저장소 레이아웃 선택]에서 [레이아웃]에 'Mirror'를 선택하고 [다음] 버튼을 클릭한다.

4-7 [복원 설정 구성]에서 '3방향 미러'를 선택하고 [다음] 버튼을 클릭한다.

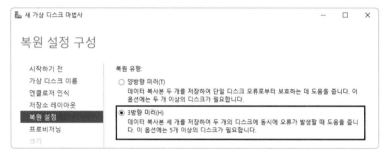

그림 5-120 가상 디스크 생성 중 복원 설정

4-8 [프로비저닝 유형 지정]에서 '고정'을 선택하고 [다음] 버튼을 클릭한다.

4-9 [가상 디스크의 크기를 지정하십시오]에서 **그림 5-115**처럼 '10GB'를 입력하고 [다음] 버튼을 클릭한다.

4-10 [선택 확인]에서 지정한 내용이 맞는지 확인하고 [만들기] 버튼을 클릭한다.

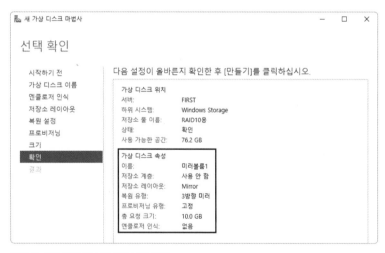

그림 5-121 가상 디스크 생성 내용 확인

4-11 [결과 보기]에서 '이 마법사를 닫으면 볼륨 만들기'의 체크를 해제하고 [닫기] 버튼을 클릭한다.

4-12 다시 [저장소 풀] 창이 나오면 **4-1~4-11** 과정을 동일하게 반복한다. 단, 이번에는 가상 디스크의 이름을 '미러볼륨2'로 한다.

4-13 최종 완성된 저장소 풀의 가상 디스크는 다음과 같다.

그림 5-122 완성된 2개의 미러 볼륨

이렇게 해서 **그림 5-115**처럼 미러 볼륨(RAID 1) 2개를 완성했다. 이 2개의 미러 볼륨으로 스트라이프 볼륨(RAID 0)을 만들면 된다.

4-14 [서버 관리자] 창을 닫는다

Step 5 ──

[저장소 공간]에서 생성한 가상 디스크를 사용해서 새로운 볼륨을 만들려면 [디스크 관리]를 사용해야 한다.

5-0 Windows의 [시작]에서 마우스 오른쪽 버튼을 클릭하고 [디스크 관리] 메뉴를 클릭한다.

5-1 [디스크 관리] 창에서 약 10GB 디스크 2개를 확인할 수 있다. 이것이 앞에서 만든 2개의 가상 디스크(미러 볼륨)다.

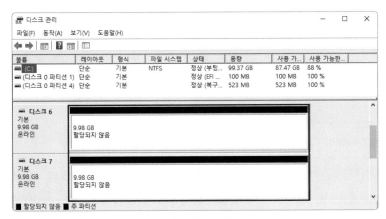

그림 5-123 가상 디스크 2개를 스트라이프 볼륨으로 만들기 1

NOTE ▶ [디스크 관리]의 입장에서는 약 10GB 2개가 [저장소 공간]에서 만든 가상 디스크 미러 볼륨(RAID 1)인 것을 알 수도 없고 알 필요도 없다. 그냥 10GB 용량의 디스크 2개로 인식하고 계획대로 스트라이프 볼륨(RAID 0)을 만들면 된다.

5-2 첫 번째 10GB 디스크에서 마우스 오른쪽 버튼을 클릭하고 [새 스트라이프 볼륨]을 클릭한다. 그리고 [새 스트라이프 볼륨] 창에서 [다음] 버튼을 클릭한다.

5-3 [디스크를 선택하십시오]에서 나머지 디스크를 선택하고 [추가] 버튼을 클릭한 후 [다음] 버튼을 클릭한다.

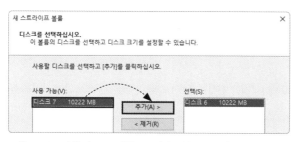

그림 5-124 가상 디스크 2개를 스트라이프 볼륨으로 만들기 2

5-4 [드라이브 문자 또는 경로를 할당하십시오]에서 **그림 5-115**의 계획대로 [드라이브 문자 할당]은 'R'로 선택하고 [다음] 버튼을 클릭한다.

5-5 [볼륨 포맷]에서 [파일 시스템]을 'ReFS'로 설정하고 [볼륨 레이블]은 'RAID10'을 입력한다. '빠른 포맷 실행'을 체크하고 [다음] 버튼을 클릭한다.

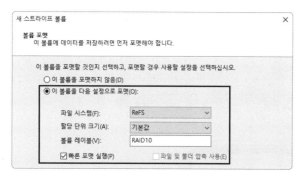

그림 5-125 가상 디스크 2개를 스트라이프 볼륨으로 만들기 3

5-6 마지막 화면에서 설정한 내용을 확인하고 [마침] 버튼을 클릭하면 스트라이프 볼륨이 완성된다. 만약 동적 디스크로 변환한다는 대화상자가 나오면 [예] 버튼을 클릭해서 [디스크 관리] 창을 종료한다. RAID10 이 만들어진 최종 결과는 다음과 같다.

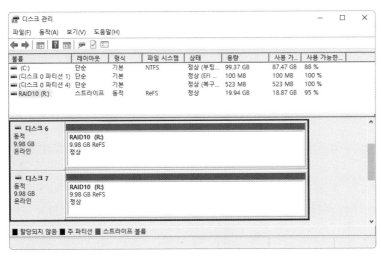

그림 5-126 가상 디스크 2개를 스트라이프 볼륨으로 만들기 4

NOTE ▶ 만약 지정했던 볼륨 레이블 'RAID10'이 보이지 않으면 R:에서 마우스 오른쪽 버튼을 클릭하고 [속성]에서 [볼륨 레이블]을 다시 입력해 주면 된다.

Step 6

RAID10의 작동을 확인해 보자.

6-1 [파일 탐색기]–[내PC]에서 'RAID10 (R:)'에 몇 개의 파일을 복사해 놓자. 이제부터는 **그림 5-115**와 같이 완전한 RAID 1+0이 구성되었다.

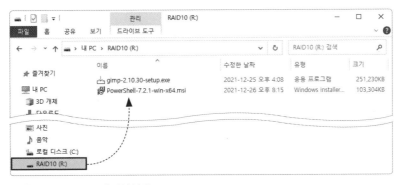

그림 5-127 RAID10에 파일 복사

NOTE ▶ 지금은 가상머신에서 사용 중이므로 속도를 체감하기가 어렵지만, 실제 디스크에서는 저장 속도가 상당히 향상되었을 것이다.

6-2 FIRST 가상머신을 종료한 다음 다시 VMware Player를 실행하고 아직 부팅하지는 말자. [FIRST]를 선택하고 오른쪽의 [Edit virtual machine settings]를 클릭한다.

6-3 다음 그림에 보이는 디스크 2개를 제거하자. 필자는 'Hard Disk 2'와 'Hard Disk 4'를 제거했다. [OK] 버튼을 클릭해서 적용하고 부팅하자.

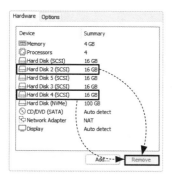

그림 5-128 RAID 10에서 디스크 2개 제거

6-4 Administrator로 로그온하고 [파일 탐색기]−[내 PC]에서 확인하면 R드라이브의 파일이 정상적으로 보일 것이다.

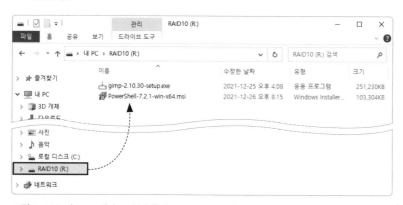

그림 5-129 디스크 2개가 고장 난 후에도 RAID 1+0 파일 이상 없음

6-5 [디스크 관리] 창에서 확인하면 이상 없이 작동하는 것을 확인할 수 있다. [디스크 관리] 창을 닫자.

NOTE ▶ 현재 **그림 5-115**의 저장소 풀 내부에 문제가 생겼으나 [가상 디스크] 자체적으로 디스크의 문제를 '3 중복 미러'로 해결한 상태이다. 따라서 외부에 제공하는 '가상 디스크'도 이상 없이 작동하고 있기 때문에 [디스크 관리] 창에서는 문제점을 느낄 수 없는 것이다.

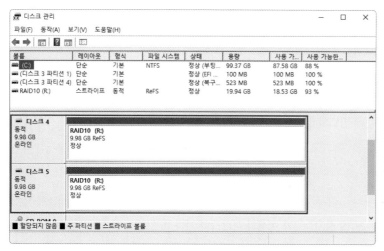

그림 5-130 디스크 2개가 고장 난 상태를 알지 못하는 디스크 관리

이상으로 RAID 1+0의 작동을 확인했다.

❓ VITAMIN QUIZ   5-4

SECOND 가상머신을 초기화하고 다음 그림과 같이 RAID 5+0를 구성해 보자. 완성한 후에는 디

스크 1개를 고장 낸 다음 잘 작동하는지 확인하자.

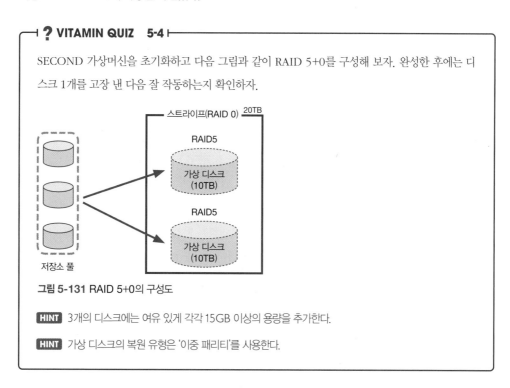

그림 5-131 RAID 5+0의 구성도

HINT 3개의 디스크에는 여유 있게 각각 15GB 이상의 용량을 추가한다.

HINT 가상 디스크의 복원 유형은 '이중 패리티'를 사용한다.

5.4 네트워크 스토리지 소개

여러 대의 컴퓨터가 네트워크 환경에서 공통적으로 사용하는 저장소인 네트워크 스토리지Network Storage를 구성하기 위한 기술들이 여러 개 있지만, 그중 현재 일반적으로 사용되고 있는 NAS와 SAN에 대해서 살펴보자. SAN과 NAS는 제작한 하드웨어 회사에 따라 제품의 특성 및 환경 설정의 차이가 많을 수 있기 때문에 별도의 실습은 어려우므로 개념만 파악하는 것으로 하겠다.

NAS

NASNetwork Attached Storage는 네트워크상에 파일 서버를 컴퓨터 또는 장치를 사용한 저장소를 말한다. 일반적으로 사용되는 NAS 장치는 2개 이상의 디스크와 기가 비트 네트워크 카드를 자체적으로 가지고 있다.

NAS 장치는 일반적인 TCP/IP 네트워크를 사용하기 때문에 별도의 네트워크 확장 작업이 필요 없으며, 기존에 사용하던 네트워크 환경에 연결만 하면 추가된다. 다음 그림을 보자.

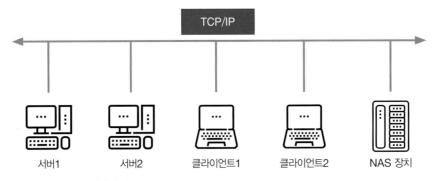

그림 5-132 NAS 환경 예시

위 그림에서는 기존의 서버 2대와 클라이언트 2대를 운영하는 환경에 TCP/IP를 사용하는 NAS 장치를 추가한 그림이다. NAS 장치를 추가함으로써 특별히 변경되는 것은 없으며, 네트워크에 NAS 장치만 추가하면 된다. 그리고 4대의 컴퓨터가 NAS 장치에 공유된 공간을 공통으로 사용하면 된다.

최근 다양한 회사에서 많은 NAS 모델을 출시하고 있으며 가격대도 다양해졌다. 특히 저가 모델의 경우 가정용으로 많이 사용될 정도로 보편화되었다. NAS 장치는 간편한 구성과 저렴한 비용으로 네트워크 스토리지 환경을 구성할 수 있는 장점이 있으나, TCP/IP 속도 이상으로 저장 속도가 나올 수 없기 때문에 대용량 데이터 저장 및 추출에서 만족할 만한 성능이 나오지 않을 수 있다는 단점도 있다. 그 때문에 주로 소규모 네트워크 환경에서 구성하는 것이 적절하며 그림에는 표현되지 않았지만 성능이 좋은 스위치 허브와 같은 장치를 사용하는 것이 좋다. 또한 NAS 장치는 RAID 1이나 RAID 5와 같은 내결함성이 있는 디스크 환경으로 구성하는 것이 좋다.

그림 5-133 다양한 NAS 장치

NOTE ▶ RAID 기능이 탑재된 NAS 장비도 많으며, 반대로 NAS 기능이 탑재된 RAID 장치도 있다. 또한 NAS 장치에는 기존 외장 디스크와 달리 별도의 전용 운영체제도 작동한다.

SAN

SAN$^{\text{Storage Area Network}}$은 공통으로 사용되는 저장소를 중앙에서 관리함으로써 각각의 컴퓨터에 저장소를 가지고 있을 때보다 여유 공간의 활용도를 높이는 방식이다. SAN 환경은 저장 공간을 중앙에서 관리해 각각의 서버에서 스토리지를 소유하고 있을 때보다 활용도가 훨씬 높다는 장점이 있다. SAN이 NAS와 비슷해 보이지만, NAS가 중소규모에서 주로 사용된다면 SAN은 대규모 이상의 환경에서 주로 구성된다.

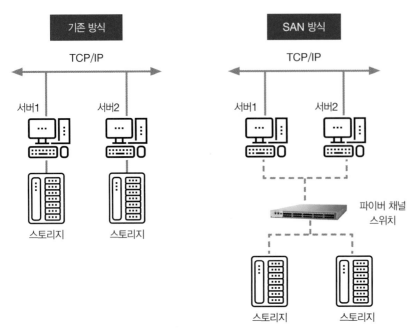

그림 5-134 SAN 환경 예시

그림 5-134 왼쪽의 기존 방식은 각 서버에서 자체의 스토리지를 보유하고 있으나 이를 SAN 환경으로 구성하면 그림 오른쪽과 같이 파이버 채널^{Fibre channel} 스위치와 광케이블로 구성된다. 그래서 SAN 방식을 구현하기 위해서는 하드웨어적인 환경이 별도로 필요하며 새로 구축할 경우 많은 비용이 요구될 수 있다.

또한 SAN 방식으로 구현하면 여러 개의 스토리지가 하나의 스토리지로 묶이는 효과를 낼 수 있다. 위 그림의 경우 각 스토리지에 1TB의 여유 공간이 있다고 가정했을 때 SAN 방식으로 구성하면 서버1과 서버2에서 SAN 저장 장소에 2TB의 여유 공간이 있는 것으로 인식된다.

SAN 방식의 장점을 정리하면 다음과 같다.

- **중앙 관리를 통한 신뢰도 향상**

    SAN 저장소는 대부분 RAID와 같이 결함 허용이 가능한 장치로 구성되며, UPS와 같은 전원 공급 장치로 구성하는 것이 일반적이다.

- **저장 공간의 사용률 향상**

    SAN은 저장 공간을 중앙에서 관리하므로 여러 스토리지에 분산된 여유 공간을 한 곳에 모으는 효과를 얻을 수 있다.

- **데이터 추출 성능 향상**

  SAN은 RAID와 같은 고성능 하드웨어뿐 아니라 광채널과 같은 형태의 네트워크 환경을 구성하므로 통신 속도가 NAS 등과 같은 다른 네트워크 스토리지에 비해서 월등히 빠르다.

- **스토리지 확장 용이**

  SAN을 한번 구성하고 나면 필요할 경우에 스토리지의 확장 및 변경이 용이하다.

SAN의 단점은 다음과 같다.

- **고가의 비용**

  SAN은 기존의 스토리지가 직접 연결된 상태나 NAS에 비해서 그 비용이 훨씬 비싸다.

- **복잡도 증가**

  초기에 SAN의 구성을 위한 설계가 다른 네트워크 스토리지에 비해서 복잡하다.

> **NOTE ▸** Windows Server에서는 고비용의 유지 관리가 까다로운 SAN보다 Azure 또는 Hyper-V를 활용한 가상 저장소 방식을 더 권장한다. 이에 대한 내용은 이 책에서 다루는 내용과 맞지 않으므로 더 알고 싶다면 Microsoft사의 도움말(https://docs.microsoft.com/)에서 찾아보자.

이 책에서는 SAN에 대한 내용을 이 정도로 마무리하겠다. SAN은 하드웨어를 다루는 회사와 직접적인 연관이 깊기 때문에 이 책에서는 더 이상 진행하지 않겠다. SAN을 더 알고 싶은 독자는 SAN을 보유한 제품의 회사 매뉴얼이나 다른 SAN 관련 고급 서적을 통해서 정보를 얻도록 하자.

Chapter

06

▶ # 사고를 대비한
데이터 백업

6장에서는 하드 디스크가 고장 날 상황에 대비한 백업에
대해서 학습한다. 그리고 전체 디스크를 백업하는 전체 백
업과 변경된 내용만 백업하는 증분 백업의 차이점에 대해
서 알아본다.

학습목표

✓

**이 장의
핵심 개념**

- Windows Server 2022에서 제공하는 간단한 백업을 실습한다.

- 전체 백업과 증분 백업에 대한 차이점을 이해한다.

- 백업 일정의 예약에 대한 방식을 학습한다.

- 백업한 데이터를 활용해서 컴퓨터를 복구하는 방법을 학습한다.

✓

**이 장의
학습 흐름**

백업 기본 실습

▼

전체 백업과 증분 백업 차이점

▼

백업 일정 예약 실습

▼

백업 매체를 통한 컴퓨터 복구 실습

6.1 Windows Server에서 제공하는 백업 기능

백업Backup은 기존의 폴더 또는 파일을 다른 안전한 장소로 보관해 놓는 것이다. 그리고 만약 기존의 폴더나 파일이 삭제되거나 문제가 생긴다면 백업했던 데이터를 원래대로 **복원**Restore할 수 있다. Windows Server는 자체적으로 백업 기능을 'Windows Server 백업'이라는 이름으로 제공해 주기 때문에 별도의 외부 소프트웨어를 설치하지 않아도 백업 기능을 사용할 수 있다.

Windows Server 백업은 Windows Server 2008부터 지원되기 시작했다. 그 이전에는 NT백업이라는 이름으로 제공되었으며 사용하는 명령어는 'wbadmin'이다. Windows Server 2012부터는 NTFS 파일 시스템 외에 새로운 ReFS 파일 시스템도 Windows Server 백업에서 사용할 수 있게 되었으며, 내부적으로 이전 버전에 비해서 기능이 많이 향상되었다.

그리고 당연한 이야기지만 현재 백업할 데이터가 있는 하드디스크와 동일한 하드디스크에 백업을 하는 것은 아무런 의미가 없다. 데이터가 소실되는 가장 큰 이유가 하드디스크에 문제가 발생하는 경우인데, 같은 하드디스크에 백업해 놓았다면 백업한 데이터도 사용할 수 없기 때문이다. 그러므로 백업은 별도의 디스크나 다른 컴퓨터의 공유 폴더에 하는 것이 필수다.

> **실습 1**

Windows Server의 백업 기능을 간단히 사용해 보자.

> **Step 0**

FIRST 가상머신을 초기화한다(초기화 방법이 기억나지 않으면 3장 **실습 5**를 참고한다).

> **Step 1**

백업 데이터를 저장할 별도의 하드디스크를 장착하고 포맷하자.

1-1 FIRST 가상머신이 꺼진 상태에서 [Edit virtual machine settings]를 클릭한 후 [Virtual Machine Settings] 창에서 [Add] 버튼을 클릭한다.

1-2 [Add Hardware Wizard] 창의 [Hardware Type]에서 'Hard Disk'를 선택하고 [Next] 버튼을 클릭한다.

1-3 [Select a Disk Type]에서 'SCSI'를 선택하고 [Next] 버튼을 클릭한다.

1-4 [Select a Disk]에서 기본값 그대로 두고 [Next] 버튼을 클릭한다.

1-5 [Specify Disk Capacity]에서 디스크의 크기를 '50GB'로 설정한 후 'Store virtual disk as a single file'을 선택하고 [Next] 버튼을 클릭한다.

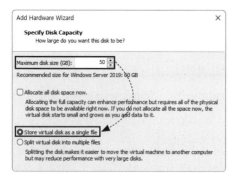

그림 6-1 백업용 가상 하드디스크 크기 지정

1-6 [Specify Disk File]에서 파일 이름을 'Backup.vmdk'로 설정한다(이는 추후 다른 컴퓨터에 복구할 경우에 가상 하드디스크 파일을 쉽게 찾기 위함이다). [Finish] 버튼을 클릭한다.

그림 6-2 백업용 가상 하드디스크 파일 이름 지정

1-7 최종적으로 백업 전용 50GB 용량의 하드디스크가 추가되었다. [OK] 버튼을 클릭해 창을 닫는다.

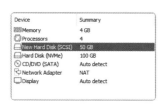

그림 6-3 백업 용도로 추가된 하드디스크

1-8 FIRST 가상머신을 부팅한 후 Windows의 [시작]에서 마우스 오른쪽 버튼을 클릭하고 [디스크 관리]를 클릭한다.

1-9 추가한 [디스크 1]에서 마우스 오른쪽 버튼을 클릭하고 온라인으로 전환한다. 다시 마우스 오른쪽 버튼을 클릭해 '디스크 초기화'를 선택하고 기본값인 'GPT 파티션'으로 초기화한다.

1-10 다시 [디스크1]에서 마우스 오른쪽 버튼을 클릭하고 [새 단순 볼륨]을 선택해 50GB 전체를 K드라이브로 설정한다. [볼륨 레이블]의 이름은 알기 쉽게 '백업전용'으로 하자(방법이 기억나지 않으면 5장 **실습 1**의 **Step 3**을 참고한다). [디스크 관리] 창을 종료한다.

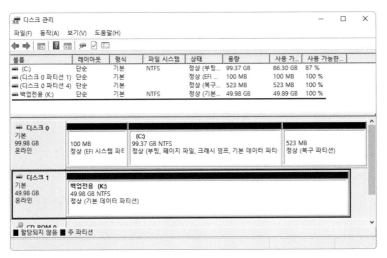

그림 6-4 백업용 K드라이브 설정

Step 2

먼저 Windows Server Backup 기능을 추가하자.

2-1 Windows의 [시작]의 오른쪽 검색 칸에서 'Windows 기능'을 입력한 후 [Windows 기능 켜기/끄기]를 클릭한다.

2-2 [역할 및 기능 추가 마법사] 창이 나오면 [시작하기 전]에서 [다음] 버튼을 클릭한다.

2-3 [설치 유형 선택]에서 기본값 그대로 두고 [다음] 버튼을 클릭한다.

2-4 [대상 서버 선택]에서 기본값 그대로 두고 [다음] 버튼을 클릭한다.

2-5 [서버 역할 선택]에서 기본값 그대로 두고 [다음] 버튼을 클릭한다.

2-6 [기능 선택]에서 'Windows Server Backup'을 체크하고 [다음] 버튼을 클릭한다.

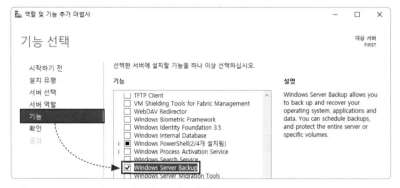

그림 6-5 Windows Server Backup 기능 설치

2-7 [선택 확인]에서 '필요한 경우 자동으로 대상 서버 다시 시작'을 체크하고 경고 메시지가 나오면 [예] 버튼을 클릭한 후 [설치] 버튼을 클릭한다.

2-8 설치가 완료되면 [닫기] 버튼을 클릭한다.

2-9 열린 창을 모두 닫는다.

Step 3 ─────────────────────────────────

우선 기본적인 백업을 연습해 보자.

3-0 'Windows Server Backup'은 3가지 방법으로 실행할 수 있다.

❶ Windows + R 키를 누른 후 `wbadmin.msc` 명령 실행

❷ [제어판]-[시스템 및 보안]-[관리 도구]-[Windows Server 백업] 선택

❸ [컴퓨터 관리]-[저장소]-[Windows Server 백업]

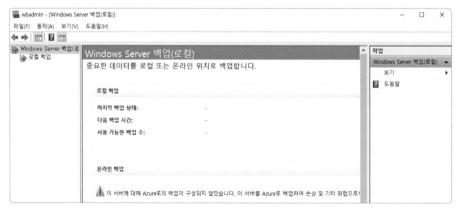

그림 6-6 Windows Server 백업 초기 화면

3-1 [로컬 백업]을 클릭하고 잠시 기다린다. 오른쪽 [작업] 화면에서 '한 번 백업'을 클릭한다.

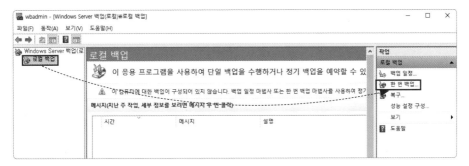

그림 6-7 한 번 백업 1

3-2 [한 번 백업 마법사] 창의 [백업 옵션]에서는 '다른 옵션'만 선택할 수 있다. [다음] 버튼을 클릭한다.

3-3 [백업 구성 선택]에서 '사용자 지정'을 선택하고 [다음] 버튼을 클릭한다. 이는 시스템 정보와 C드라이브만 백업하고 추가한 K드라이브는 백업 대상에서 제외하기 위해서다.

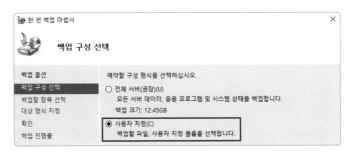

그림 6-8 한 번 백업 2

3-4 [백업할 항목 선택]에서 [항목 추가] 버튼을 클릭한 후 '완전 복구'를 체크하면 '백업 전용(K:)' 제외하고 모두 체크된다. [확인] 버튼을 클릭해서 선택된 항목을 추가하자. 그리고 [다음] 버튼을 클릭한다.

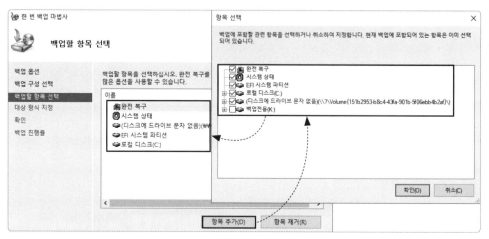

그림 6-9 한 번 백업 3

NOTE ▶ Windows Server 2008 R2까지는 2TB가 넘는 디스크를 백업할 수 없었으나 Windows Server 2012부터는 2TB 이상의 디스크도 백업이 가능하다.

3-5 [대상 형식 지정]에서 '로컬 드라이브'가 선택된 상태에서 [다음] 버튼을 클릭한다.

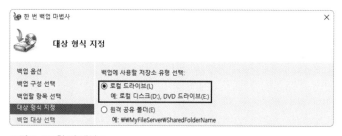

그림 6-10 한 번 백업 4

NOTE ▶ 우리는 추가한 K드라이브에 백업하기 때문에 '로컬 드라이브'를 선택했다. 원격으로 공유된 다른 컴퓨터의 폴더에 저장하려면 그 아래의 '원격 공유 폴더'를 선택하면 되는데 이때 고려해야 할 사항이 있다. 지금은 전체 데이터를 백업하는 것이기 때문에 그 양이 상당하다. 그러나 만약 네트워크 속도가 느리다면 백업을 하는 데 상당한 시간이 소요될 것이다. 심각한 경우에는 저녁에 백업을 시작했는데 다음 날 업무 시작 시간까지 끝나지 않는 경우가 생길 수도 있기 때문에 작업하고자 하는 컴퓨터의 네트워크 속도를 고려해야 한다.

3-6 [백업 대상 선택]에서 '백업 대상'을 K드라이브로 선택하고 [다음] 버튼을 클릭한다. 즉, C드라이브 및 시스템 정보가 K드라이브에 백업되는 것이다.

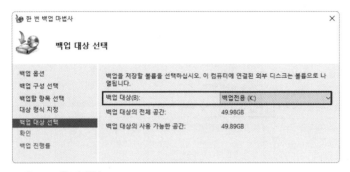

그림 6-11 한 번 백업 5

3-7 [확인]에서 [백업] 버튼을 클릭하면 백업이 진행된다. 시스템 성능과 백업할 데이터 양에 따라서 수분 ~수 시간이 걸릴 수 있다. 일단 백업이 완료될 때까지 기다린 후 [상태]가 '모두 완료되었습니다'로 바뀌면 [닫기] 버튼을 클릭한다.

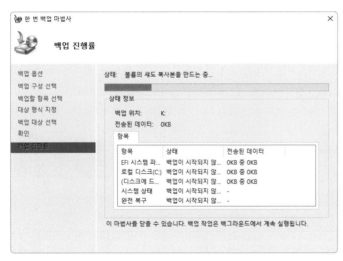

그림 6-12 한 번 백업 6

3-8 [Windows Server 백업] 창에서 백업된 내역을 확인할 수 있다. 확인했으면 [Windows Server 백업]을 종료한다.

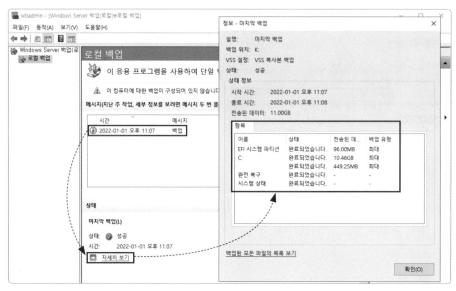

그림 6-13 한 번 백업 7

3-9 [파일 탐색기]에서 K드라이브를 확인하면 백업된 폴더 및 파일을 확인할 수 있다. 필자는 약 11GB+470MB+43MB 정도의 백업 파일을 확인했다(필자와 크기가 똑같지 않아도 크게 상관없다).

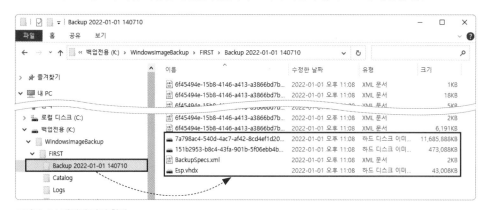

그림 6-14 백업된 파일 확인

이번에는 C드라이브에서 중요한 파일을 삭제하고 백업한 파일을 복구해 보자.

4-0 [파일 탐색기]에서 'C:\Program Files\Common Files\VMware\' 폴더를 삭제하자. 그리고 휴지통
도 비운다(이 과정으로 중요한 폴더가 삭제된 것으로 가정해 보자).

4-1 삭제된 파일을 복구하기 위해 기존 백업한 데이터를 사용해야 한다. Windows + R 키를 누른 후
wbadmin.msc 명령을 실행해서 [Windows Server 백업]을 다시 실행한다.

4-2 오른쪽 [작업] 화면의 [복구]를 선택한다.

4-3 복구 마법사가 시작되면 [시작]에서 '이 서버(FIRST)'가 선택된 상태에서 [다음] 버튼을 클릭한다.

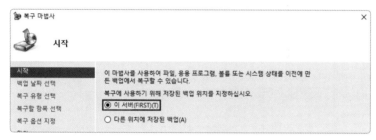

그림 6-15 복구 작업 1

4-4 [백업 날짜 선택]에서는 가장 최근에 백업한 날짜가 기본으로 선택된다. 우리는 백업을 1회만 했으므
로 백업 파일이 1개만 나올 것이다. [다음] 버튼을 클릭한다.

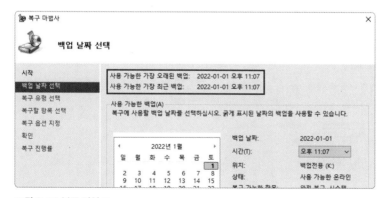

그림 6-16 복구 작업 2

NOTE ▸ 백업을 여러 번 받았다면 여러 개의 백업 파일 중에서 선택하여 복구를 할 수 있다. 하지만 특별한 경우가 아
니라면 가장 최근에 받은 백업 파일을 복구하는 것이 좋다.

4-5 [복구 유형 선택]에서는 앞에서 삭제된 VMware 폴더를 복구할 것이므로 '파일 및 폴더'를 선택하고 [다음] 버튼을 클릭한다.

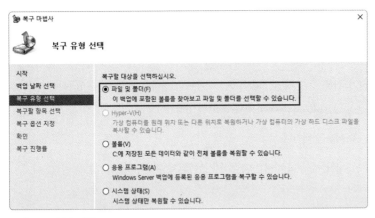

그림 6-17 복구 작업 3

NOTE ▶ 복구 유형을 '볼륨'으로 선택하면 C드라이브 전체가 복구된다. 당연히 디스크 전체를 복구하는 것이기 때문에 시간이 상당히 오래 걸릴 것이다. 만약 시스템 파일에 문제가 생겼거나 삭제된 것이 무엇인지 정확히 알 수 없다면 '볼륨'을 선택하면 된다.

4-6 [복구할 항목 선택]에서 복구할 컴퓨터 이름을 확장한 후 [로컬 디스크]–[Program Files]–[Common Files]–[VMware] 폴더를 선택하고 [다음] 버튼을 클릭한다.

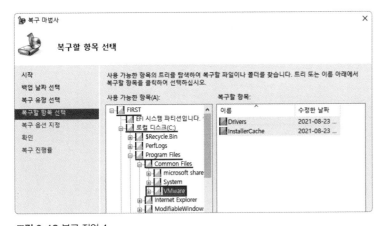

그림 6-18 복구 작업 4

4-7 [복구 옵션 지정]에서 [복구 대상]은 기본값인 '원래 위치'를 선택한다. '다른 위치'를 선택하면 백업했을 때와 다른 위치로 복구할 수도 있다. [다음] 버튼을 클릭한다.

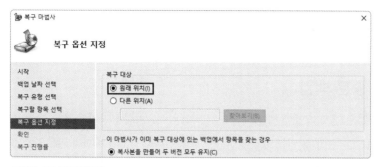

그림 6-19 복구 작업 5

NOTE ▶ [이 마법사가 이미 복구 대상에 있는 백업에서 항목을 찾는 경우]는 복구하고자 하는 폴더 및 파일이 존재할 경우에 어떻게 할 것인지를 선택하는 부분이다. 이번 실습의 경우는 해당 폴더를 삭제해서 존재하지 않으므로 어느 것을 선택해도 상관없다.

4-8 [확인]에서 [복구]를 클릭하면 복구가 진행된다. 이번 실습에서는 복구할 양이 적기 때문에 금방 복구된다. 복구가 완료되면 [닫기] 버튼을 클릭한다.

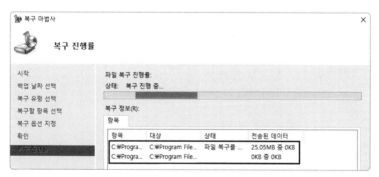

그림 6-20 복구 작업 6

4-9 [Windows Server 백업] 창에서 복구한 내역을 확인할 수 있다. [Windows Server 백업] 창을 닫는다.

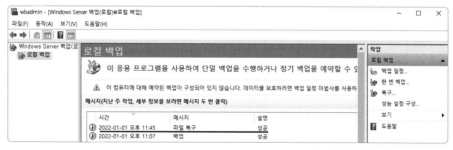

그림 6-21 복구 작업 7

4-10 [파일 탐색기]에서 'C:\Program Files\Common Files\VMware\' 폴더를 다시 확인할 수 있다.

6.2 전체 백업과 증분 백업

앞 **실습 1**에서 수행한 백업은 '전체 백업'에 해당한다. 전체 백업은 이름처럼 해당하는 볼륨(또는 드라이브)를 전부 백업하는 것을 말한다. 이는 당연히 시간이 오래 걸리고 백업할 때마다 많은 디스크 공간을 요구하는 방법이다. 다음 그림을 보자.

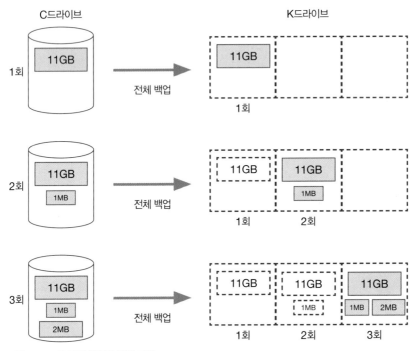

그림 6-22 3회 전체 백업을 했을 경우

1회에 C드라이브에는 용량이 11GB인 데이터가 있는데, 이때 전체 백업을 받으면 11GB가 전부 백업된다. 2회에는 1MB의 데이터가 추가되었다. 이때 전체 백업하면 11GB+1MB가 백업된다. 3회도 마찬가지로 2MB의 데이터가 더 추가됐고 이때 전체 백업을 하면 11GB+3MB가 백업된다. 만약 사고가 발생했다면 마지막 3회의 백업만 있어도 앞서 1회와 2회 데이터를 전부 복구할 수 있기 때문에 그 이전에 백업받은 내용은 필요가 없다. 그러나 전체 백업의 단점은 항상 C드라이브 전체를 백업하므로 백업할 수행할 때마다 상당한 시간이 필요하다는 것이다. 하지만 백업이 완료된 이후에는 기존 시스템과는 무관하므로 시스템의 성능에는 아무 영향을 미치지 않는다는 장점이 있다.

이번에는 '증분 백업'에 대해서 살펴보자. 증분 백업은 변경된 내용에 대해서만 백업을 수행한다는 특징을 가진다. 그래서 처음에 전체 백업을 받을 때를 제외하고는 백업하는 속도가 상당히 빠르다. 다음 그림을 보자.

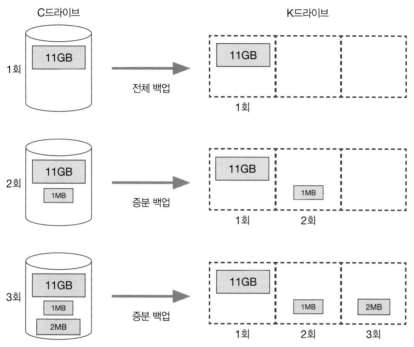

그림 6-23 3회 증분 백업을 했을 경우

증분 백업을 받기 위해서도 1회에는 무조건 전체 백업을 받아야 한다. 그리고 2회부터는 변경된 1MB만 백업하면 되며, 3회에서도 추가 변경된 2MB만 백업하면 된다. 그러나 전체 백업과 달리 증분 백업은 처음 1회 백업을 제외하고는 나머지 백업에서 시간이 아주 짧게 소요되기 때문에 백업 시간을 절약할 수 있는 효율적인 방법이다. 그러나 만약 C드라이브에 문제가 생기면 1회, 2회, 3회에 백업받은 모든 데이터가 있어야만 모든 데이터를 완전하게 복구가 가능하기 때문에 주의해야 한다. 그리고 증분 백업은 백업 속도가 아주 빠르지만, 백업 후 시스템에 영향을 미치기 때문에 시스템 성능이 약간 저하된다는 단점이 있다.

결론적으로 전체 백업과 증분 백업 중에서 평상시 시스템의 성능이 중요하다면 백업 시간은 오래 걸리더라도 전체 백업을 하는 것이 좋으며, 평상시 시스템 성능은 좀 나빠져도 빠른 백업 속도를 원한다면 증분 백업을 선택하면 된다.

실습 2

그림 6-23에서 설명한 증분 백업을 연습하자.

Step 0

실습 1에 이어서 FIRST 가상머신을 계속 사용한다.

Step 1

Windows Server 백업은 기본적으로 전체 백업으로 설정되어 있다. 우선 설정을 변경하자.

1-1 `Windows` + `R` 키를 누른 후 **wbadmin.msc** 명령을 실행해서 [Windows Server 백업]을 실행한다.

1-2 오른쪽 [작업] 화면의 [성능 설정 구성]을 클릭해서 [백업 성능 최적화] 창이 뜨면 '빠른 백업 성능'을 선택하고 [확인] 버튼을 클릭한다.

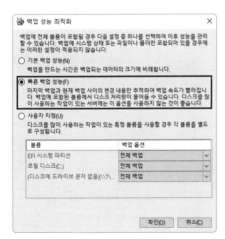

그림 6-24 증분 백업 설정

NOTE▶ 운영하는 볼륨이 여러 개라면 '사용자 지정'을 선택한 후 볼륨마다 전체 백업이나 증분 백업을 별도로 지정할 수 있다. 실습에서는 C드라이브를 사용하므로 '빠른 백업 성능'을 선택했다.

1회 전체 백업을 수행한다(증분 백업도 처음 1회는 무조건 전체 백업을 해야 한다).

2-1 [Windows Server 백업]의 오른쪽 [작업] 화면에서 '한 번 백업'을 클릭하고 [백업 옵션]이 나오면 [다음] 버튼을 클릭한다.

2-2 [백업 구성 선택]에서 '사용자 지정'을 선택하고 [다음] 버튼을 클릭한다.

2-3 [백업할 항목 선택]에서 [항목 추가]를 클릭하고 '완전 복구'를 체크한 다음 [확인] 버튼을 클릭한다. '완전 복구'와 몇 개의 항목이 추가된 것을 확인한 후 [다음] 버튼을 클릭한다.

2-4 [대상 형식 지정]에서 '로컬 드라이브'가 선택된 상태에서 [다음] 버튼을 클릭한다.

2-5 [백업 대상 선택]에서 [백업 대상]을 'K드라이브'로 선택하고 [다음] 버튼을 클릭한다.

2-6 [선택 확인]에서 [백업] 버튼을 클릭해 백업을 수행한다. **그림 6-23**에 나와 있듯이 증분 백업도 처음에는 전체 백업을 1회 수행한다. 약 11GB 내외의 백업될 것이므로 잠시 동안 백업이 진행되면 [닫기] 버튼을 클릭해서 닫는다.

2-7 [Windows Server 백업] 창은 닫지 말고 최소화해 놓자.

Step 3

2회 증분 백업을 수행한다.

3-0 우선 C드라이브의 데이터를 변경해 보자. [파일 탐색기]를 열고 'C:\Windows\Boot\' 폴더를 바탕화면에 복사해 놓자(이동이 아니라 복사다). C드라이브의 용량이 약 38MB 정도 증가하는 효과를 볼 수 있다.

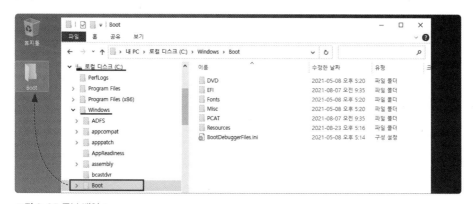

그림 6-25 증분 백업 1

3-1 [Windows Server 백업] 창의 오른쪽 [작업] 화면에서 '한 번 백업'을 선택하고 [백업 옵션]이 나오면 [다음] 버튼을 클릭한다.

3-2 [백업 구성 선택]에서 '사용자 지정'을 선택하고 [다음] 버튼을 클릭한다.

3-3 [백업할 항목 선택]에서 [항목 추가]를 선택해 '완전 복구'를 체크하고 [확인] 버튼을 클릭한다. 항목이 추가된 것을 확인한 후 [다음] 버튼을 클릭한다.

3-4 [대상 형식 지정]에서 '로컬 드라이브'가 선택된 상태에서 [다음] 버튼을 클릭한다.

3-5 [백업 대상 선택]에서 [백업 대상]을 'K드라이브'로 선택하고 [다음] 버튼을 클릭한다.

3-6 [선택 확인]에서 [백업] 버튼을 클릭해 백업을 수행한다. 그런데 이번에는 이전의 백업과 달리 백업되는 데이터 양이 훨씬 적을 것이다. **그림 6-23**에 나와 있듯이 2회에는 증분 백업을 하기 때문이다. 백업이 완료되면 [닫기] 버튼을 클릭해 창을 닫는다.

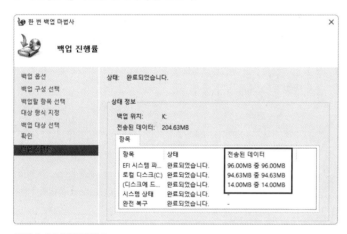

그림 6-26 증분 백업 2

> **NOTE ▶** 시스템 상황에 따라서 전송될 데이터의 양이 달라질 수 있다. 하지만 전체 백업을 받을 때보다는 훨씬 적은 분량임은 확실하다.

3-7 [Windows Server 백업]의 [상태] 화면에서 [자세히 보기]를 클릭하면 [백업 유형]이 '증분'으로 되어 있는 것을 확인할 수 있다. [확인] 버튼을 클릭한다.

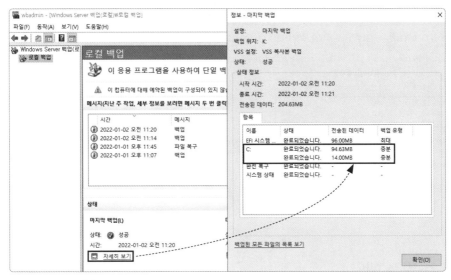

그림 6-27 증분 백업 3

3-8 [Windows Server 백업] 창을 최소화한다.

Step 4

같은 방식으로 **그림 6-23**에서 설명한 3회 증분 백업을 수행한다.

4-0 우선 C드라이브의 데이터 양을 적절히 변경하자. 필자는 바탕 화면에 Boot 폴더를 한 번 더 복사했다.

그림 6-28 증분 백업 4

4-1 **Step 3**과 동일하게 백업을 진행하자. 마찬가지로 백업이 금방 완료될 것이다.

4-2 백업이 완료된 후 [Windows Server 백업] 창을 확인하면 상단 작업 3개가 **그림 6-23**의 3회(증분), 2회(증분), 1회(전체)에 해당하는 백업이 완료된 것을 확인할 수 있다.

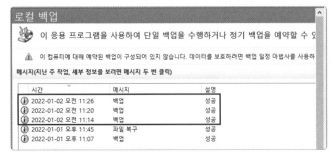

그림 6-29 증분 백업 5

4-3 열려있는 창을 모두 닫는다.

6.3 백업 일정 예약

앞 실습에서는 직접 백업을 사용자가 수행했다. 그런데 백업을 수행하면 시스템의 자원을 사용하기 때문에 당연히 전반적인 시스템 성능이 느려질 수밖에 없다. 그래서 특별한 경우가 아니라면 백업은 시스템을 많이 사용하지 않는 야간이나 새벽 또는 주말에 수행하는 것이 바람직하다. 하지만 시스템 관리자가 늘 새벽까지 일하거나 주말에 출근하기에는 무리이므로 백업 일정을 예약해 놓고 그때 자동으로 백업이 수행되도록 할 수 있다.

백업 일정 예약은 다음 3가지를 설정해 주는 것이다.

- 전체 또는 특정 볼륨만 백업할 것인가?
- 언제 백업하고 또 얼마나 자주 백업할 것인가?
- 어느 장소에 백업할 것인가?

실습을 통해서 익혀보자.

실습 3

백업 일정을 예약하는 방법을 실습해 보자.

Step 0

실습 2에서 이어서 FIRST 가상머신을 사용하겠다. 먼저 FIRST 가상머신을 부팅한다.

0-1 VMware Player에서 [Player]-[Manage]-[Virtual Machine Settings] 메뉴를 클릭한 후 예약 백업 용으로 사용할 60GB 용량의 하드디스크를 추가하자. 가상 하드디스크 파일명은 'Reserve.vmdk'로 설정 한다.

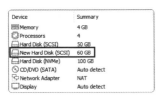

그림 6-30 예약 백업용 하드디스크 추가 1

0-2 Windows의 [시작]에서 마우스 오른쪽 버튼을 클릭하고 [디스크 관리]를 클릭해 실행하자.

0-3 추가한 [디스크 2]에서 마우스 오른쪽 버튼을 클릭하고 온라인으로 전환한 후 다시 마우스 오른쪽 버 튼을 클릭하고 디스크를 초기화한다.

0-4 다시 [디스크]에서 마우스 오른쪽 버튼을 클릭하고 [새 단순 볼륨]을 선택해 59.98GB 전체를 'R:'로 설정한다. 파티션 이름은 '예약백업용'으로 하자. 이 부분도 직접 실습해 보자(방법이 기억나지 않으면 5장 **실습 1**의 **Step 3**을 참고한다). [디스크 관리] 창을 종료한다.

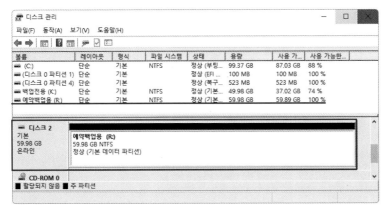

그림 6-31 예약 백업용 하드디스크 추가 2

NOTE▶ 예약 백업을 하면 디스크가 자동으로 포맷되고 볼륨 이름도 새롭게 지정된다. 그러므로 지금 볼륨 이름 지정 이나 R드라이브 할당하는 것을 예약 백업 전용으로 지정할 때 알아보기 쉽게 한 것일 뿐 큰 의미는 없다.

Step 1

백업 일정을 예약하자.

1-1 Windows의 [시작]에서 [제어판]−[시스템 및 보안]−[관리 도구]−[Windows Server 백업] 메뉴를 클릭하고 오른쪽 [작업] 화면의 '백업 일정'을 클릭한다.

1-2 [백업 일정 마법사] 창의 [시작]에서 [다음] 버튼을 클릭한다.

1-3 [백업 구성 선택]에서 '사용자 지정'을 선택하고 [다음] 버튼을 클릭한다.

1-4 [백업할 항목 선택]에서 [항목 추가] 버튼을 클릭해 '완전 복구'를 선택하고 [확인] 버튼을 클릭한다. 항목이 추가된 것을 확인한 후 [다음] 버튼을 클릭한다.

1-5 [백업 시간 지정]에서 백업을 실행할 빈도를 '하루에 1번, 시간은 오전 2시'로 설정한 후 [다음] 버튼을 클릭한다.

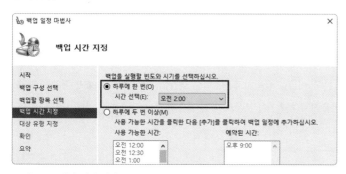

그림 6-32 백업 일정 예약 1

1-6 [대상 유형 지정]에서 '백업 전용 하드 디스크에 백업(권장)'을 선택하고 [다음] 버튼을 클릭한다.

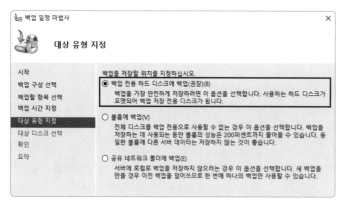

그림 6-33 백업 일정 예약 2

NOTE ▶ '볼륨에 백업'을 선택하면 드라이브에 백업 파일을 올리는 것이기 때문에 시스템 성능이 상당히 떨어질 수 있다. 다른 컴퓨터에 백업하려면 '공유 네트워크 폴더에 백업'을 선택하면 된다.

1-7 [대상 디스크 선택]에서 [사용 가능한 모든 디스크 표시] 버튼을 클릭해 [사용 가능한 모든 디스크 표시] 창에서 예약 백업용으로 추가한 60GB 용량의 2번 디스크를 체크한 후 [확인] 버튼을 클릭하면 [사용 가능한 디스크]에 체크한 디스크가 나타난다. 생성된 디스크를 체크하고 [다음] 버튼을 클릭한다.

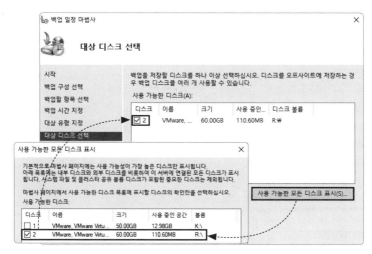

그림 6-34 백업 일정 예약 3

1-8 해당 볼륨이 포맷되어 기존 데이터가 모두 삭제된다는 경고 메시지가 나오면 [예] 버튼을 클릭한다.

1-9 [확인]에서 오전 2시에 C드라이브를 포함한 5개의 항목이 60GB 디스크에 백업되는 것을 확인할 수 있다. [마침] 버튼을 클릭해서 예약을 완료한다.

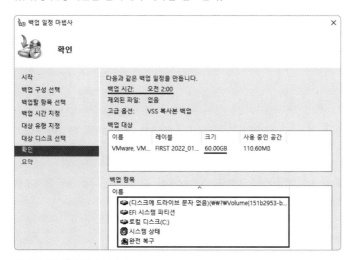

그림 6-35 백업 일정 예약 4

1-10 R드라이브의 포맷이 자동으로 진행된다. 포맷이 완료되면 [요약]에서 예약한 백업 일정을 확인할 수 있다. 확인하고 [닫기] 버튼을 클릭한다.

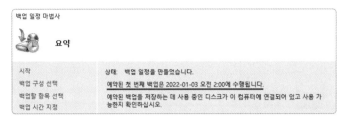

그림 6-36 백업 일정 예약 5

NOTE ▶ '예약 전용'으로 설정하면 R드라이브가 없어진다.

1-11 [Windows Server 백업] 창을 아래로 마우스 스크롤하면 예약된 백업 정보를 확인할 수 있다.

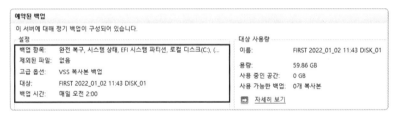

그림 6-37 백업 일정 예약 6

NOTE ▶ 백업 예약된 정보의 확인 및 수정을 위해서는 오른쪽 [작업] 화면의 '백업 일정'을 다시 선택하면 된다.

1-12 [Windows Server 백업] 창을 종료한다.

Step 2

예약 백업을 수행하자.

2-1 실습 중에 진짜로 새벽 2시까지 기다리기는 어려우므로 시간을 내일 1시 58분 정도로 설정해서 잠시 기다리자. 그리고 바탕 화면 오른쪽 아래 시간을 선택한 후 '날짜 및 시간 설정'을 선택한다.

2-2 [날짜 및 시간]에서 [자동으로 시간 설정]을 '끔'으로 바꾼 후 [변경] 버튼을 클릭한 다음 내일 오전 1시 58분으로 시간을 변경한다. 다시 [변경] 버튼을 클릭해서 적용한 다음 [설정] 창을 닫는다.

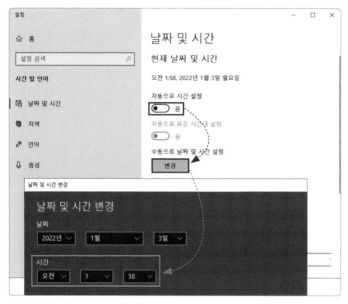

그림 6-38 시간을 강제로 변경

2-3 잠시 후 오전 2시가 되면 자동으로 예약 백업이 진행된다. VMware Player의 오른쪽 위 하드디스크 모양의 아이콘이 깜박거린다.

그림 6-39 예약 백업으로 하드디스크 읽기 확인

2-4 바탕 화면 아래쪽 작업 표시줄에서 마우스 오른쪽 버튼을 클릭하고 [작업 관리자]를 클릭하자. [작업 관리자] 창 아래쪽 [자세히]를 클릭한 후 [세부 정보] 탭을 확인하면 백업 프로세스인 'wbengine.exe'가 CPU 및 메모리를 많이 차지하고 있는 것을 확인할 수 있다. 이 프로세스의 CPU 사용량이 '0'이 되면 예약 백업이 종료된 것으로 보면 된다(시스템에 따라서 걸리는 시간이 조금씩 다르다).

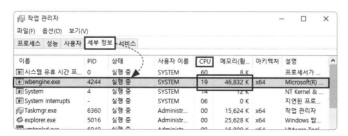

그림 6-40 작업 관리자에서 예약 백업 확인

2-5 [Windows Server 백업]을 실행하고 아래로 스크롤해서 확인하면 백업된 결과를 확인할 수 있다. 다음날 새벽 2시에 다시 백업이 예약된 것도 확인할 수 있다. [Windows Server 백업] 창을 종료한다.

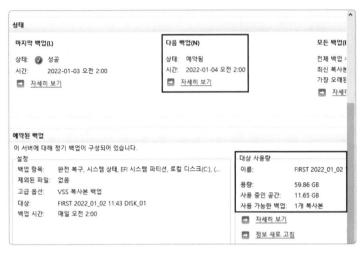

그림 6-41 Windows Server 백업 확인 1

2-6 다음날 오전 1시 58분으로 시간을 다시 설정하고 기다려 보자. 마찬가지로 오전 2시가 되면 [작업 관리자] 창에서 wbengine.exe의 CPU 사용량이 급격히 늘어날 것이다. 그런데 이번에는 훨씬 짧은 시간 (1~2분 정도) 뒤에 백업이 완료되는 것을 확인할 수 있다. 이유는 **실습 2**에서 증분 백업을 하도록 설정해 놓았기 때문이다. 다시 [Windows Server 백업]을 실행해 확인하면 백업 복사본이 2개로 늘었을 것이다 (변경 사항이 없다면 아래쪽 '정보 새로 고침'을 클릭해 보자). [Windows Server 백업] 창을 종료한다.

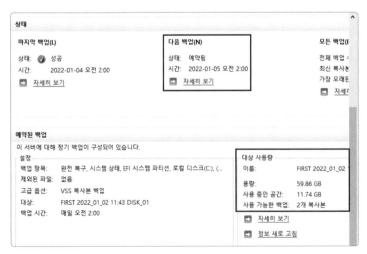

그림 6-42 Windows Server 백업 확인 2

Step 3

예약 백업된 데이터 파일을 확인하기 위해서는 디스크에 드라이브 문자를 할당해야 한다.

3-1 Windows의 [시작]에서 마우스 오른쪽 버튼을 클릭하고 [디스크 관리]를 클릭해 실행한다.

3-2 [디스크 2]에서 마우스 오른쪽 버튼을 클릭한 후 [드라이브 문자 및 경로 변경]을 클릭한다.

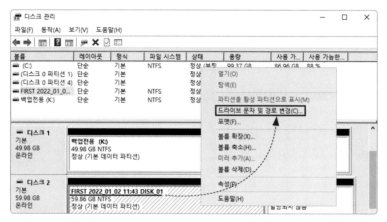

그림 6-43 백업된 파일 확인 1

3-3 [추가] 버튼을 클릭하고 [드라이브 문자 할당]을 'R'로 설정한 다음 [확인] 버튼을 클릭한다.

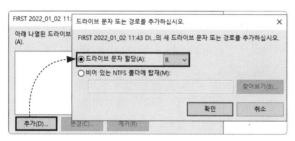

그림 6-44 백업된 파일 확인 2

3-4 [파일 탐색기]에서 'R드라이브'를 확인하면 예약 백업된 데이터를 확인할 수 있다.

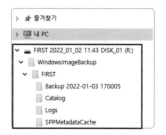

그림 6-45 백업된 파일 확인 3

지금까지 Windows Server에서 제공되는 기본적인 백업 기능을 살펴봤다.

6.4 컴퓨터가 아예 부팅되지 않을 경우

이번에는 FIRST 가상머신이 아예 부팅되지 않을 경우에 백업된 데이터를 활용해서 다른 컴퓨터에 복구하는 방법을 살펴보자.

 실습 4

C드라이브가 심각하게 고장 나서 FIRST 가상머신이 부팅되지 않을 경우에 복구하는 방법을 알아보자.

Step 0

실습 3에 이어서 진행한다.

Step 1

FIRST ○ 심각한 고장 상황을 만들자.

1-1 FIRST 가상머신을 셧다운한다. 다시 VMware Player를 실행하고 왼쪽 화면에서 [FIRST]를 클릭한다. 아직 부팅하지 않는다.

1-2 [Edit virtual machine settings]를 클릭한 후 C드라이브에 해당하는 'Hard Disk (NVMe)'를 선택하고 [Remove] 버튼을 클릭한다. [OK] 버튼을 클릭해 창을 닫는다.

1-3 FIRST 가상머신을 부팅하면 한참을 기다려도 당연히 부팅되지 않는다. 지금 상태를 C드라이브에 심각한 하드웨어적인 고장이 발생한 상태라고 가정하면 된다. VMware Player 창에서 [Player]-[Power]-[Shut Down Guest] 메뉴를 클릭해서 FIRST 가상머신을 강제로 종료한다.

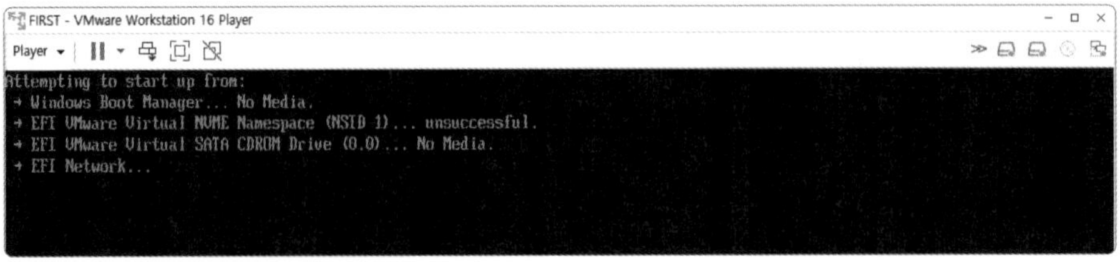

![FIRST - VMware Workstation 16 Player 화면. Attempting to start up from: → Windows Boot Manager... No Media. → EFI VMware Virtual NVME Namespace (NSID 1)... unsuccessful. → EFI VMware Virtual SATA CDROM Drive (0.0)... No Media. → EFI Network...]

그림 6-46 C드라이브 고장으로 부팅되지 않음

New FIRST ▶ 이번에는 백업한 데이터를 사용해서 새 컴퓨터를 FIRST와 동일하게 만들자.

2-1 'New FIRST'라는 이름의' 가상머신을 'C:\Win2022\New First\' 폴더에 기존 FIRST와 동일하게 생성하자. 생성된 결과는 다음과 같다(FIRST 가상머신 생성법이 기억나지 않으면 1장 **실습 2**의 **2-1~2-3**번을 참고한다). VMware Player를 종료한다.

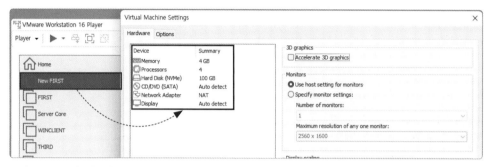

그림 6-47 새로운 가상머신 하드웨어 사양

2-2 고장 난 FIRST 가상머신에서 백업용으로 사용하던 하드디스크(Backup.vmdk)를 분리해 [New FIRST]에 장착하자. 우선 [파일 탐색기]에서 'C:\Win2022\FIRST\Backup.vmdk' 파일을 'C:\Win2022\New FIRST\' 폴더로 복사하자(이동이 아니라 복사해야 한다).

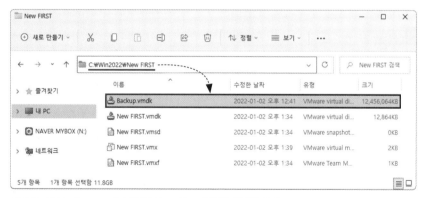

그림 6-48 Backup.vmdk 파일을 New First 폴더로 이동한 결과

2-3 다시 VMware Player를 실행하고 [New FIRST]를 선택한 다음 오른쪽 하단의 [Edit virtual machine settings]를 클릭한다. [Virtual Machine Settings] 창에서 [Add] 버튼을 클릭한다.

2-4 [Hardware Type]에서 기본값인 'Hard Disk'가 선택된 상태에서 [Next] 버튼을 클릭한다.

NOTE▶ FIRST의 Backup.vmdk 파일을 'New FIRST' 폴더로 옮기고 새로 장착하는 것은 진짜 컴퓨터의 하드디스크를 떼어내서 새로운 컴퓨터에 장착하는 것과 동일한 효과를 낸다.

2-5 [Select a Disk Type]에서 'SCSI'를 선택하고 [Next] 버튼을 클릭한다.

2-6 [Select a Disk]에서 두 번째 'Use an existing virtual disk'를 선택하고 [Next] 버튼을 클릭한다.

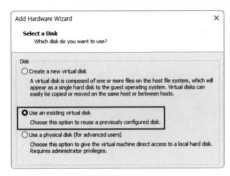

그림 6-49 새로운 가상머신에 **FIRST**의 백업용 하드디스크 장착 1

2-7 [Select an Existing Disk]에서 [Browse] 버튼을 클릭하고 기존 FIRST 가상머신에서 분리해서 가져온 백업용 디스크(Backup.vmdk)를 선택한다. [Finish] 버튼을 클릭한다.

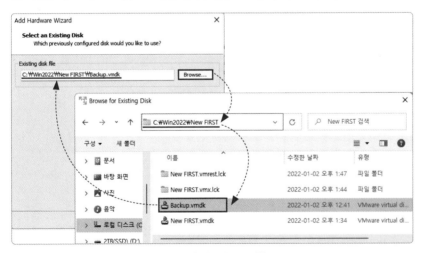

그림 6-50 새로운 가상머신에 **FIRST**의 백업용 하드디스크 장착 2

2-8 백업용 하드디스크가 'SCSI 0:0'에 추가 장착된 것을 확인하고 [OK] 버튼을 클릭한다.

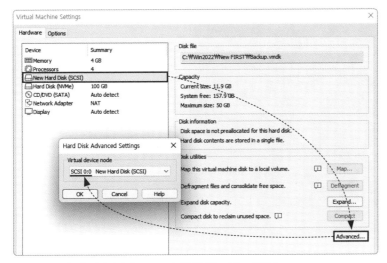

그림 6-51 새로운 가상머신에 FIRST의 백업용 하드디스크 장착 3

Step 3

New FIRST ◑ Windows Server 설치 DVD를 사용해 컴퓨터를 복구한다.

3-0 Windows Server 설치 DVD를 넣고 부팅한다.

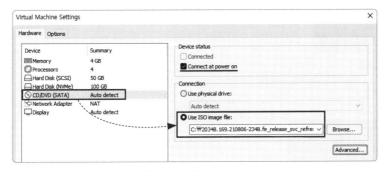

그림 6-52 Windows Server 설치 DVD 삽입

3-1 [Microsoft Server Operating System Setup] 창이 나오면 검은색 화면을 클릭하고 아무 키나 누른다. 초기 화면에서 [Time and currency format]을 'Korean (Korea)'로 선택하고 [다음] 버튼을 클릭한다.

3-2 [Install now] 버튼은 아직 클릭하지 말고 왼쪽 아래에 있는 [Repair your computer]를 클릭한다.

그림 6-53 운영체제 전체 복구 1

3-3 [Choose an option]에서 'Troubleshoot'를 클릭한다.

그림 6-54 운영체제 전체 복구 2

3-4 [Advanced options]에서 'System Image Recovery'를 클릭한다.

그림 6-55 운영체제 전체 복구 3

3-5 [Select a system image backup]에서 자동으로 FIRST 가상머신에 백업된 내용을 찾는다. [Next] 버튼을 클릭한다. [Location(볼륨 이름)]이 깨져 보이는데, 한글 호환 문제이니 무시해도 된다.

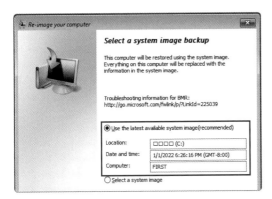

그림 6-56 운영체제 전체 복구 4

3-6 [Choose additional restore options]에서 기본값 그대로 두고 [Next] 버튼을 클릭한다.

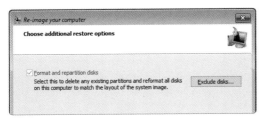

그림 6-57 운영체제 전체 복구 5

3-7 마지막 화면에서 [Finish] 버튼과 [Yes] 버튼을 클릭하면 복원이 진행된다. 컴퓨터의 성능 및 복원될 데이터 양에 따라서 수분~수 십분 동안 복원이 수행된다. 복원이 완료되면 컴퓨터가 가상머신이 자동으로 재부팅된다.

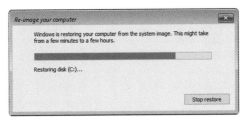

그림 6-58 운영체제 전체 복구 6

New FIRST ◐ 기존 FIRST 가상머신과 동일한지 확인하자.

4-1 New FIRST 가상머신을 부팅하고 Administrator으로 로그온한다.

4-2 바탕 화면에 복사해 놓았던 파일이 확인될 것이다.

그림 6-59 동일한 바탕 화면

NOTE ▶ 가상머신 부팅 후에 [시스템 종료 이벤트 추적기] 창이 나오면 [취소] 버튼을 눌러서 무시한다.

이제부터는 고장 난 FIRST 가상머신 대신에 New FIRST 가상머신이 그 역할을 동일하게 수행한다.

FIRST 가상머신을 원상복구하자.

5-1 **New FIRST ◐** 가상머신을 셧다운한다.

5-2 **FIRST ◐** 초기화한다(초기화 방법이 기억나지 않으면 3장 **실습 5**를 참고한다). 혹시 경고 메시지가
나와도 무시하고 진행한다.

5-3 **FIRST ◐** FIRST 가상머신을 초기화한 다음 [FIRST] 폴더의 'Backup.vmdk' 파일과 'Reverse.vmdk'
파일은 필요 없으므로 [파일 탐색기]에서 직접 삭제하자.

5-4 **New FIRST ◐** 앞으로 사용하지 않을 것이므로 [파일 탐색기]에서 가상머신 폴더를 삭제해도 된다.

WINCLIENT 가상머신을 전체 백업받은 다음 부팅되지 않는다고 가정하고 새로운 가상머신에 복구해 보자.

이상으로 Windows Server에서의 백업에 대한 학습을 마치겠다. Windows Server에서 제공하는 백업 기능 외에도 별도의 소프트웨어를 구매해 백업할 수도 있다. 그리고 고가의 백업 소프트웨어는 백업 속도나 압축률 등이 Windows Server에서 제공하는 것보다 낫기도 하다. 하지만 기본적인 백업으로 충분하다면 별도의 비용을 들이지 않는 Windows Server의 백업 기능으로 운영하는 것을 추천한다.

Part

03

Windows Server 2022
네트워크 서버

Windows Server 2022를 실무에서 사용하는 가장 큰 이유는 이번에 배울 네트워크 서비스를 제공하기 위함이다. 3부에서는 실무에서 보편적으로 많이 사용하는 네트워크 서비스를 하나씩 직접 구현해 본다. 또한 Windows Server 2022 자체적으로 제공하는 서버뿐 아니라 실무에서 많이 사용되는 외부 서버 프로그램도 직접 설치하고 운영해 본다.

원격 접속 서버

7장에서는 외부에서 Windows Server 2022 컴퓨터에 접속하기 위한 원격 접속 서버에 대해서 학습한다. 원격 접속은 간단히 말하면 멀리 있는 컴퓨터에서 내 Windows Server로 접속하는 것이기 때문에 원격 접속을 통해 직접 서버 앞에 앉아서 작업하는 것과 완전히 동일한 효과를 볼 수 있다. 7장에서 다양한 네트워크 서버 구축 방식에 대해 살펴보고 직접 구축해 보자.

학습목표

✓

**이 장의
핵심 개념**

- 기본 텍스트 모드 접속 방식인 Telnet 서버를 구축한다.

- 보안이 강화된 텍스트 모드 접속 방식인 SSH 서버를 구축한다.

- GUI 모드를 지원하는 VNC 서버를 구축한다.

- Windows에서 제공되는 파워셸 원격 접속 방식을 실습한다.

✓

**이 장의
학습 흐름**

Telnet 서버의 작동 방식 이해와 구축

▼

SSH 서버의 작동 방식 이해와 구축

▼

VNC 서버의 작동 방식 이해와 구축

▼

PowerShell 원격 접속 방식 구현

▼

다양한 원격 접속 방식의 비교

7.1 Telnet 서버

Telnet(텔넷)은 오랫동안 전통적으로 사용되어 온 원격 접속 방법이다. 다만 지금은 인기가 좀 떨어진 오래된 시스템이라 보안 등에 취약하기 때문에 요즘은 Telnet만 단독적으로 사용하지는 않는 추세다. 최근에는 Telnet에 보안 기능을 첨가하여 사용한다. 그래도 가장 기본적인 것이므로 꼭 알아 두자.

7.1.1 Telnet 서버 개요

Windows Server에 Telnet 서버를 설치하고 나면 원격지에서 접속할 컴퓨터에는 Telnet 클라이언트 프로그램이 필요하다. 대부분의 운영체제는 기본적으로 Telnet 클라이언트 프로그램을 내장하고 있으므로 큰 문제는 없다. 다음 그림에서 볼 수 있듯이 원격지의 컴퓨터(Telnet 클라이언트)에서 접속하게 되면 서버 앞에 앉아서 직접 텍스트 모드로 작업하는 것과 완전히 동일한 효과를 낼수 있다.

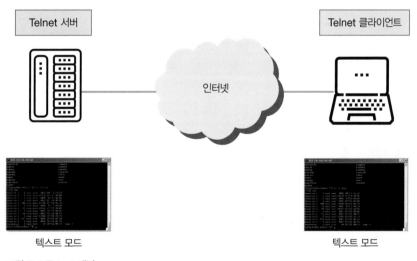

그림 7-1 Telnet 개념

서버/클라이언트 개념

서버/클라이언트는 아주 흔한 용어이지만 처음 서버를 구축하는 사람을 위해 개념을 확실히 할 필요가 있다. 많은 사람이 사용하는 네이버(Naver)로 예를 들어보자. 사실 네이버를 사용하는 것도 서버/클라이언트를 사용하는 것이다. 서버 프로그램이 작동하면 이를 사용하기 위해서는 클라이언트 프로그램이 필요한데, 네이버라는 웹 서버를 사용하기 위해 사람들은 웹 브라우저(Chrome, Edge 등)라는 웹 클라이언트 프로그램을 사용해 웹 서버에 접속한다. Telnet 서버도 마찬가지다. Telnet 서버 프로그램이 작동할 때 여기에 접속하기 위해서는 Telnet 클라이언트 프로그램이 있어야만 한다. 물론 다른 대부분의 서버 프로그램도 마찬가지로 각각의 클라이언트 프로그램이 있어야만 서버에 접속이 가능하다.

서버/클라이언트는 다음과 같은 특징이 있다.

❶ 서버에 접속하기 위해서는 반드시 클라이언트 프로그램이 필요하다.

❷ 서버 운영체제가 Windows라고 클라이언트 운영체제도 반드시 Windows일 필요는 없다. 즉, 서버의 운영체제와 클라이언트의 운영체제가 같아야 하는 것은 아니다.

❸ 각각의 서버 프로그램은 자신에 맞는 별도의 클라이언트 프로그램이 필요하다.

- 웹 서버(IIS): 웹 클라이언트(Chrome, Edge, Firefox, Safari 등)
- Telnet 서버: Telnet 클라이언트(telnet 명령어, Putty 등)
- FTP 서버(IIS): FTP 클라이언트(알드라이브, wsFTP, ftp 명령어, gftp 등)
- VNC 서버: VNC 클라이언트 (vncviewer, TightVNC 등)
- SQL 서버: SQL 클라이언트 (SQL Server Management Studio, ODBC 등)

7.1.2 Telnet 서버 구축

다음과 같은 경우가 발생되었다고 생각해 보자.

"내일부터 미국으로 갑자기 출장을 가게 되었다. 우리 회사의 Windows Server를 관리할 서버 관리자는 나 뿐인데, 어떻게 해야 할까?"

NOTE ▸ Windows Server 2012 R2까지는 Windows Server의 기능 중에 Telnet 서버를 제공해 줬지만, Windows Server 2016부터는 Telnet 서버를 제공하지 않는다. Microsoft사는 Telnet 서버의 보안상 취약점으로 인해 더 이상 Telnet 서버를 제공하지 않는다고 밝혔다. 하지만 Telnet 서버는 네트워크 서버의 가장 기본으로 취급되고 있고, 아직도 종종 사용되고 있으므로 사용법을 익혀 두는 것이 좋다.

원격지에서 서버에 접속할 수 있도록 Telnet 서버를 구축하자.

Step 0

FIRST와 WINCLIENT 가상머신을 사용한다.

0-1 FIRST 가상머신을 초기화한다(초기화 방법이 기억나지 않으면 3장 **실습 5**를 참고한다).

Step 1

FIRST ◐ Telnet 서버를 다운로드해서 설치한다.

1-1 웹 브라우저를 실행하고 https://www.pragmasys.com/telnet-server/download 주소에 접속해 64bit 버전을 다운로드한다. Q&A 카페(https://cafe.naver.com/thisisLinux)의 [교재 자료실(윈도서버)]에서 확인할 수 있다('[Windows 2022] 전체 실습 파일 다운로드'를 참고하자).

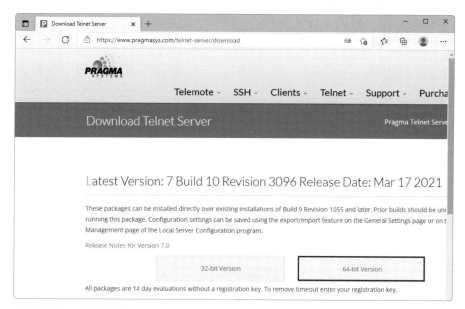

그림 7-2 Telnet 서버 설치 1

1-2 다운로드한 파일(telnet_x64.exe, 59.2MB)을 실행하고 초기 화면에서 [Next] 버튼을 클릭한다.

1-3 라이선스 동의 화면에서 'I accept the terms in the license areement'를 선택하고 [Next] 버튼을 클릭한다.

1-4 [Customer Information]에서 [User Name]에 'WinUser', [Organization]에 'Hanbit'을 입력하고 [Next] 버튼을 클릭한다.

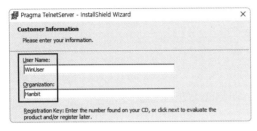

그림 7-3 Telnet 서버 설치 2

NOTE ▶ 'Registration Key'는 유료로 구매해야 한다. 이 부분을 비워 놓으면 14일 동안 평가판으로 작동한다.

1-5 [Setup Type]에서 'Complete'를 선택하고 [Next] 버튼을 클릭한다.

1-6 [Ready to Install the Program]에서 [Install] 버튼을 클릭해 설치를 진행하고 설치가 완료되면 [Finish] 버튼을 클릭한다.

Step 2

FIRST ⦿ Telnet 서버의 작동을 확인하자.

2-1 Windows의 [시작]에서 마우스 오른쪽 버튼을 클릭하고 [컴퓨터 관리]를 클릭하자. 왼쪽 화면의 [서비스 및 응용 프로그램]–[서비스]를 선택하고 [Progma InetD]의 [상태]가 '실행 중'인 것을 확인한다. [컴퓨터 관리] 창을 종료한다.

그림 7-4 Telnet 서비스 시작

NOTE ▶ 서버(Server)와 서비스(Service)라는 용어가 자주 나오는데, 대체로 '서버'는 어떤 기능을 제공하는 프로그램을 의미하며, '서비스'는 그 서버 프로그램이 작동되는 상태를 의미한다. 특별히 구분하는 경우가 아니라면 두 용어를 비슷한 의미로 생각해도 된다. 참고로 Windows Server 2012 R2까지 Windows Server 자체에서 제공되던 Telnet 서버의 서비스 이름은 'Telnet'이다.

2-2 Windows의 [시작]–[제어판]–[시스템 및 보안]–[Windows Defender 방화벽] 메뉴를 클릭한다. [Windows Defender 방화벽] 창에서 '앱 또는 기능 허용'을 클릭한 후 'Progma Command Server'와 'Progma Systems InetD Service program'이 체크되어 있는지 확인한다(이미 체크되어 있을 것이다). 이는 외부에서 FIRST 가상머신으로 접속하는 Telnet 포트를 허용해 주기 위함이다. 확인했으면 [Windows 방화벽] 창을 종료한다.

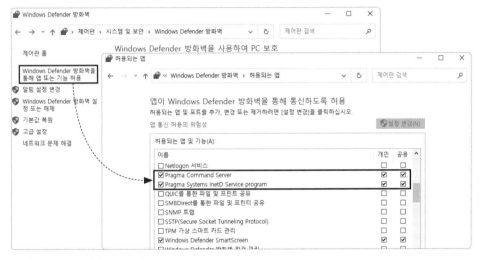

그림 7-5 Telnet 서비스 포트 허용

NOTE ▶ 모든 서비스는 고유한 포트 번호를 가지고 있다. 예시로 FTP 서비스는 21번, Telnet 서비스는 23번, Web 서비스는 80번에 할당되어 있다. 이러한 서비스를 허용하기 위해서는 Windows 방화벽에서 해당 번호의 포트를 허용해야 한다.

2-3 Windows의 [시작]에서 마우스 오른쪽 버튼을 클릭하고 [Windows PowerShell] 메뉴를 클릭한 다음 `ipconfig` 명령으로 FIRST 가상머신의 IP 주소를 확인한다(3장에서 192.168.111.10으로 설정했다).

그림 7-6 IP 주소 확인

WINCLIENT ⦿ Telnet 서버에 접속해 보자.

3-0 WINCLIENT 가상머신을 초기화하고 VMware Player를 하나 더 실행해 WINCLIENT 가상머신을 부팅하자.

3-1 Telnet 클라이언트 프로그램이 있어야 하는데 기본적으로 설치되어 있지 않기 때문에 프로그램을 먼저 설치해야 한다. [제어판]의 [프로그램]–[Windows 기능 켜기/끄기]를 클릭하면 [역할 및 기능 추가 마법사] 창이 실행된다. 계속 [다음] 버튼을 누른 후 [기능 선택]에서 'Telnet Client'를 체크하고 [다음]과 [설치] 버튼을 클릭한다. 설치가 완료되면 [서버 관리자] 및 [제어판] 창을 종료하자.

그림 7-7 WINCLIENT에서 Telnet 클라이언트 설치 화면

3-2 Windows의 [시작]에서 마우스 오른쪽 버튼을 클릭하고 [Windows PowerShell]을 클릭하자.

3-3 `telnet <서버IP>` 명령으로 접속한다.

그림 7-8 Telnet 클라이언트 사용 1

3-4 암호 정보 관련 경고가 나오면 **y**를 입력하고 [Enter] 키를 누른다.

그림 7-9 Telnet 클라이언트 사용 2

3-5 잠시 기다리면 login 화면이 나온다. 로그온할 사용자 이름에 'administrator', 암호에 'p@ssw0rd'를 입력하고 [Enter] 키를 누른다. Windows Domain이 나오면 비워 두고 [Enter] 키를 누른다.

그림 7-10 Telnet 클라이언트 사용 3

3-6 **그림 7-11**은 정상적으로 FIRST 가상머신에 Telnet 서버로 접속한 화면이다. 이제부터는 Windows 명령어로 FIRST 가상머신에서 모든 작업을 할 수 있게 되었다. 몇 개의 명령어를 사용해 보자.

```
프롬프트> hostname  → 현재 컴퓨터 이름 확인
프롬프트> cd        → 현재 폴더 확인
프롬프트> dir /w    → 파일 목록 보기
프롬프트> exit      → Telnet 접속 종료
```

그림 7-11 Telnet 클라이언트 사용 4

? VITAMIN QUIZ 7-1

SECOND 가상머신에 Telnet 서버를 구축하고 THIRD 가상머신에서 접속해 보자.

7.2 SSH 서버

이번에는 Telnet 서버와 용도는 동일하지만, 보안이 강화된 SSH 서버를 알아보자. Telnet 서버는 오래전부터 사용되어 왔으나, 서버와 클라이언트 간에 데이터를 전송할 때 암호화하지 않으므로 해 킹 당할 우려가 있다. 실제로 Telnet 서버에서 전송되는 데이터의 값을 알아내기는 별로 어려운 일 이 아니다(그래서 앞 **실습 1**의 **3-4**에서 경고 메시지가 나왔던 것이다).

이를 해결하기 위해 Telnet 서버와 동일한 기능을 하지만 보안이 강화된 SSH 서버를 사용할 수 있 다. 다음 그림을 보면 Telnet 서버와 거의 동일하지만, 데이터 전송 시 Telnet과 다르게 데이터 암 호화 과정을 거친다.

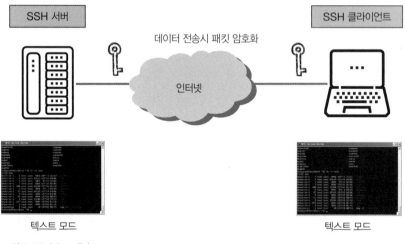

그림 7-12 SSH 개념

Windows Server에서는 OpenSSH라는 이름의 SSH 서버를 제공하고 있다. 필요하다면 다른 회 사에서 제작한 여러 SSH 서버를 사용할 수도 있지만, 이 책에서는 Windows Server에서 제공하 는 OpenSSH 서버를 사용하겠다.

> **NOTE ▶** OpenSSH 서버는 Windows Server 2019부터 제공되는 기능이며, 이전에는 별도의 다른 회사의 SSH 서 버를 사용해야 했다. 예시로 Bitvise SSH 서버 등이 잘 알려져 있다.

앞에서 Telnet 서버를 구축한 독자는 다음과 같은 생각이 들 것이다.

"아무래도 Telnet 서버는 해킹이 걱정된다. 요즘 들어 어느 회사 서버가 해킹되어서 회사 기밀이 유출되었다는 이야기가 꽤 많이 들리던데... Telnet이 빠르고 간편한 것 같기는 하지만, 해킹당할 걱정이 없이 사용할 수 있는 방법이 뭘까?"

실습 2

FIRST와 WINCLIENT 가상머신을 사용해 보안이 강화된 SSH 서버를 구축하자.

Step 0

FIRST ❍ FIRST 가상머신을 초기화한다(초기화 방법이 기억나지 않으면 3장의 **실습 5**를 참고한다).

Step 1

FIRST ❍ OpenSSH 서버를 설치한다.

1-0 Windows Server에서 제공하는 OpenSSH 서버를 설치하려면 우선 Windows Update 기능을 활성화해야 한다. 우리는 3장에서 Windows Update 기능을 중지시켰다.

1-1 Windows의 [시작]에서 오른쪽 검색 칸에 '서비스'를 입력하고 [서비스]를 실행한다.

1-2 [서비스] 창에서 아래쪽으로 마우스 스크롤 한 후에 'Windows Update'를 더블클릭해서 시작 유형을 [자동]으로 변경하고 [적용], [시작], [확인] 버튼을 차례로 클릭한다. 그러면 [Windows Update]의 [상태]가 '실행 중'으로 바뀐다. [서비스] 창을 닫는다.

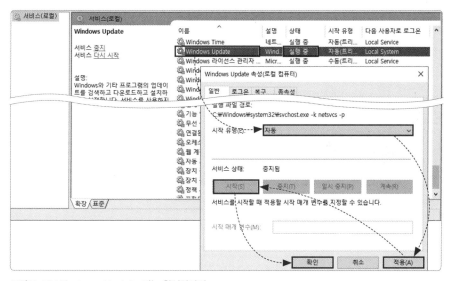

그림 7-13 Windows Update 기능 활성화하기

1-3 Windows의 [시작]에서 마우스 오른쪽 버튼을 클릭하고 [설정]을 클릭한다. [Windows 설정] 창의 [앱]을 클릭한 다음 오른쪽 [앱 및 기능] 중 '선택적 기능'을 선택한다.

1-4 [선택적 기능] 창의 위쪽 [기능 추가]를 클릭하고 'OpenSSH 서버'를 체크한 후 [설치] 버튼을 클릭한다.

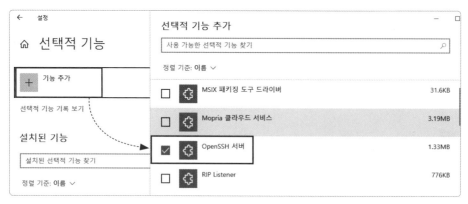

그림 7-14 OpenSSH 서버 설치

1-5 설치가 완료되면 [선택적 기능] 창을 닫는다.

Step 2 ─────────────────────────────

FIRST ◉ OpenSSH 서버를 작동하고 확인해 보자.

2-0 OpenSSH 서버는 파워셸에서 시작/중지할 수 있다. 먼저 Windows의 [시작]에서 마우스 오른쪽 버튼을 클릭하고 [Windows PowerShell(관리자)] 메뉴를 클릭해 파워셸을 연다.

2-1 `Get-Service sshd` 명령으로 OpenSSH 서버의 상태를 확인하자. 현재는 Stopped(중지)되어 있다.

그림 7-15 OpenSSH 서버 작동 1

NOTE▶ 프로그램과 서비스의 이름은 다를 수 있다. 프로그램의 이름은 'OpenSSH 서버'이지만 내부적인 서비스의 이름은 'sshd'다.

2-2 `Start-Service sshd` 명령과 `Get-Service sshd` 명령으로 OpenSSH 서버를 시작하고 다시 상태를 확인하자. 이번에는 Running(작동)으로 되어 있을 것이다.

그림 7-16 OpenSSH 서버 작동 2

2-3 파워셸을 닫는다.

Step 3

WINCLIENT ○ SSH 클라이언트를 설치하고 서버에 접속하자.

3-0 먼저 **실습 1**에서 사용한 Telnet 클라이언트로 접속되지 않지만, 해당 서비스가 작동하는 것은 확인할 수 있다. Windows의 [시작]에서 마우스 오른쪽 버튼을 클릭하고 [Windows PowerShell]을 메뉴를 클릭해서 실행한 다음 **telnet 서버IP 포트 번호** 명령을 사용하면 된다. 다음 그림과 같이 확인 메시지가 나오면 정상적으로 작동하고 있는 것이다. 파워셸을 닫는다.

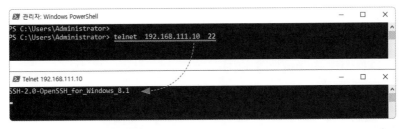

그림 7-17 ssh 서비스 실행 확인

3-1 OpenSSH 클라이언트도 Windows에서 제공된다. Windows의 [시작]에서 마우스 오른쪽 버튼을 클릭하고 [설정] 메뉴를 선택한다. [Windows 설정] 창의 [앱]을 클릭한 다음 오른쪽 [앱 및 기능] 중 '선택적 기능'을 선택한다.

3-2 [선택적 기능] 창의 [설치된 기능] 부분을 확인하면 이미 OpenSSH 클라이언트가 설치되어 있을 것이다. 만약 설치되어 있지 않다면 [기능 추가] 버튼을 클릭해서 설치하면 된다. [선택적 기능] 창을 닫는다.

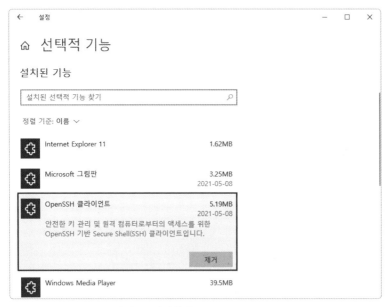

그림 7-18 OpenSSH 클라이언트 설치 확인

NOTE ▶ SSH 클라이언트 프로그램은 OpenSSH 클라이언트 외에도 Bitvise SSH 클라이언트, 한글 Putty 등이 있다.

3-3 Windows의 [시작]에서 마우스 오른쪽 버튼을 클릭하고 [Windows PowerShell] 메뉴를 클릭한다. 접속 명령어의 형식은 'ssh 사용자@서버IP'를 사용한다. 파웨셸에서 **ssh administrator@192.168.111.10** 명령으로 FIRST 가상머신에 접속한다. 계속하겠냐는 메시지가 나오면 **yes**를 입력하고 ⌈Enter⌉ 키를 누른다. password에는 FIRST 가상머신의 Administrator 암호인 'p@ssw0rd'를 입력한다. 암호를 입력하는 화면은 나타나지 않으니 그냥 암호를 입력한 후 ⌈Enter⌉ 키를 누른다.

그림 7-19 OpenSSH 클라이언트 실행 1

3-4 그러면 FIRST 가상머신에 접속된다. 이제부터는 앞 **실습 1**에서 Telnet 서버에 접속한 것과 동일하게 Windows 명령을 입력해서 사용하면 된다. **그림 7-12**와 같이 내부적으로 암호화해서 명령을 전송하므로 더욱 안전하게 접속할 수 있다.

그림 7-20 OpenSSH 클라이언트 실행 2

3-5 exit 명령을 입력해서 ssh 접속을 종료한다. 그러면 접속이 종료되었다고 나올 것이다. **hostname** 명령으로 확인하면 다시 WINCLIENT 가상머신으로 돌아온 것을 확인할 수 있다.

그림 7-21 OpenSSH 클라이언트 실행 3

? VITAMIN QUIZ 7-2

SECOND 가상머신에 OpenSSH 서버를 구축하고 THIRD 가상머신에서 접속해 보자. 이번에는 SSH 클라이언트로 '한글 PUTTY'를 다운로드해서 사용해 보자.

7.3 VNC 서버

그래픽 모드로 원격 관리를 지원하는 VNC 서버에 대해 알아본다. Telnet 서버 및 SSH 서버를 설치하고 나면 모든 작업을 다 할 수 있지만, 모두 명령어로만 처리해야 하는 단점이 있다. Windows의 특성상 그래픽 화면으로 처리해야 하는 많은 부분은 Telnet 서버나 SSH 서버로는 사용할 수 없다.

이번에 소개할 VNC 서버는 원격지에서 Windows 환경 자체를 사용할 수 있도록 해 주는 서버 프로그램이다. Windows Server에서는 VNC 서버를 제공해 주지 않으므로 별도로 다운로드해 설치해야 한다. VNC 서버는 많은 제품이 오픈 소스Open Source로 제공되므로 별도의 추가 비용 없이 자유롭게 사용할 수 있다. 하지만 VNC 서버의 경우는 원격지로 그래픽 화면을 전송하는 원리이므로 텍스트만 전송하는 Telnet이나 SSH에 비해서 속도가 많이 느려지는 단점은 어느 정도 감수해야 한다. 다음 그림을 보면 Telnet 서버와 거의 동일하지만, 서버에 앉아서 X 윈도우를 사용하는 것과 완전히 동일한 효과를 낼 수 있다.

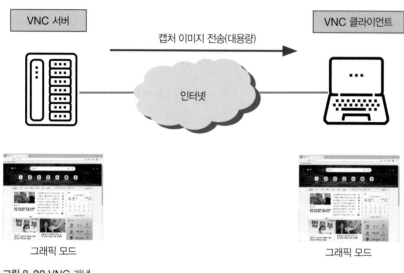

그림 8-22 VNC 개념

Telnet 서버 대신에 SSH 서버를 설치한 독자는 이제는 다음과 같은 욕심이 생길 수 있다.

"SSH 서버까지 설치하니, 출장을 가서도 해킹 걱정 없이 작업을 할 수 있어서 좀 안심이 된다. 하지만 아무래도 Windows 그래픽 환경에서 작업할 일이 생길 것 같다. 이럴 때는 어떻게 하면 좋을까?"

실습 3

그래픽 환경에서 원격 접속이 제공되는 VNC 서버를 사용하자.

Step 0

FIRST와 WINCLIENT(또는 호스트 OS) 가상머신을 사용한다(가상머신을 초기화하지 않아도 된다).

Step 1

FIRST ● 오픈 소스 VNC 서버 중 TightVNC를 사용하자.

1-1 웹 브라우저에서 https://www.tightvnc.com 주소에 접속해 64bit Windows용 TightVNC를 다운 로드하자. 필자가 이 책을 쓰는 시점은 2.8.63 버전이 최신 버전이며, 파일명은 tightvnc−2.8.63−gpl− setup−64bit.msi(2.38 MB)다. 이 파일은 Q&A 카페(https://cafe.naver.com/thisisLinux)의 [교재 자 료실(윈도서버)]에서 확인할 수 있다.

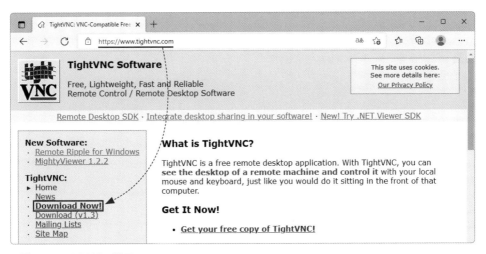

그림 7-23 TightVNC 다운로드

1-2 다운로드한 파일을 실행해 설치를 시작한다. [Welcome to the TightVNC Setup Wizard]에서 [Next] 버튼을 클릭한다.

1-3 라이선스 동의 화면에서 [I accept the terms in the License Agreement]를 체크하고 [Next] 버튼 을 클릭한다.

1-4 [Choose Setup Type]에서 [Typical] 버튼을 클릭한다.

1-5 [Select Additional Tasks]에서 기본값 그대로 두고 [Next] 버튼을 클릭한다.

1-6 [Ready to install TightVNC]에서 [Install] 버튼을 클릭해 설치한다.

1-7 [Set Passwords] 화면에서 암호 4개를 모두 '12345'로 입력하고 [OK] 버튼을 클릭한다.

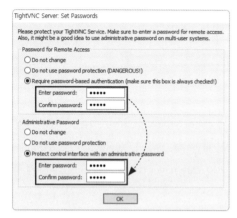

그림 7-24 TightVNC 암호 설정

> **NOTE▶** 처음 두 암호는 외부에서 접속할 때 인증하는 암호이며 다음 두 암호는 VNC 서버 설정에 접속할 때 사용하는 관리자용 암호다.

1-8 [Completed the TightVNC Setup Wizard]에서 [Finish] 버튼을 클릭해 설치를 마친다.

1-9 [제어판]의 [시스템 및 보안]−[Windows Defender 방화벽]을 클릭해 실행하고 왼쪽 [Windows Defender 방화벽을 통해 앱 또는 기능 허용]을 클릭하면 'TightVNC'가 허용으로 체크되어 있음을 확인할 수 있다. [Windows Defender 방화벽] 창을 닫는다.

그림 7-25 Windows Defender 방화벽 확인

1-10 Windows의 [시작] 버튼에서 마우스 오른쪽 버튼을 클릭하고 [컴퓨터 관리]를 실행하자. 왼쪽 화면의 [서비스 및 응용 프로그램]–[서비스]를 선택해서 [TightVNC Server]가 실행 중인지 확인한다. [서비스] 창은 닫지 말고 일단 그냥 두자.

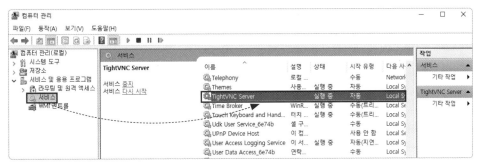

그림 7-26 서비스 작동 확인

Step 2

WINCLIENT ◉ VNC 클라이언트로 서버에 접속한다.

2-1 VNC 클라이언트는 Windows Server에서 제공해 주지 않으므로, 마찬가지로 https://www.tightvnc.com/ 주소에 접속해 같은 파일을 다운로드한다(한 파일에 서버와 클라이언트 모두 들어 있다).

2-2 다운로드한 파일을 실행한다. [Choose Setup Type]에서 [Custom] 버튼을 클릭한다. 그 다음 [Custom Setup]에서 'TightVNC Server' 아이콘 부분을 클릭하고 [Entire feature will be unavailable]을 선택해서 서버 프로그램은 설치되지 않도록 한다. [Next], [Install], [Finish] 버튼을 클릭해 설치를 진행한다.

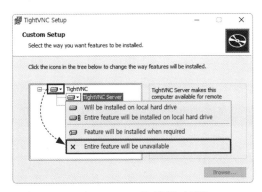

그림 7-27 TightVNC Server를 설치하지 않음

2-3 Windows의 [시작]-[TightVNC]-[TightVNC Viewer] 메뉴를 클릭해 실행한 후 FIRST 가상머신의 IP 주소를 입력하고 [Connect] 버튼을 클릭한다. 그리고 이번 실습의 **1-7**에서 지정했던 암호 '12345'를 입력하고 [OK] 버튼을 클릭한다.

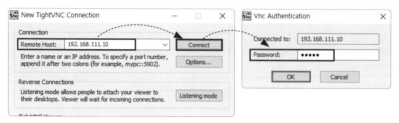

그림 7-28 TightVNC Viewer로 접속 1

2-4 잠시 기다리면 FIRST 가상머신과 동일한 창이 나오며, FIRST 가상머신에서 작동하는 것과 동일한 작업을 할 수 있게 된다.

그림 7-29 TightVNC Viewer로 접속 2

NOTE ▶ 화면 전송 시 압축을 하므로 바탕 화면의 그림은 검은색으로 처리될 수 있다.

2-5 FIRST와 WINCLIENT 두 가상머신을 화면에 적절히 배치하면 한곳에서 실행한 화면이 동일하게 다른 화면에도 나오게 된다. 즉, FIRST 가상머신과 원격 접속한 화면이 완전히 동일한 화면을 사용하는 것이다.

그림 7-30 동일한 두 화면의 작동

SECOND 가상머신에 VNC 서버를 구축하고 THIRD 가상머신에서 접속해 보자. 이번에는 TightVNC가 아닌 다른 VNC 서버를 사용해 보자(다른 VNC 서버는 인터넷 검색을 통해 직접 찾아보자).

7.4 원격 데스크톱

앞에서 VNC 서버와 용도는 동일하지만, Windows에서 자체적으로 제공하는 원격 데스크톱 연결은 4장 **실습 2**의 **Step 3~Step 7**에서 진행했다. VNC 서버는 화면을 캡처해서 전송하는 방식이기 때문에 속도가 느리다. 앞서 실습에서 네트워크상 거리가 가까운 같은 컴퓨터에서도 접속 속도가 느린 것을 알 수 있었는데, 실제로 먼 네트워크 거리에서 접속할 경우 속도는 더욱 느려질 것이다. 이와 달리 원격 데스크톱은 접속하는 클라이언트 Windows의 자원Resource을 사용하기 때문에 그 성능이 VNC 서버보다 훨씬 뛰어나다.

> **! 여기서 잠깐   원격 데스크톱 서비스**
>
> 원격 데스크톱 서비스(Remote Desktop Services)는 2대 이상의 컴퓨터가 동시에 접속할 수 없는 '원격 데스크톱'과 달리, 동시에 여러 대의 컴퓨터에 접속할 수 있는 서비스다. 그러나 클라이언트 입장에서는 원격 데스크톱 서비스와 원격 데스크톱의 사용법이 크게 다르지 않으며, 원격 데스크톱 서비스는 원격 데스크톱 게이트웨이, 원격 데스크톱 라이선싱, 원격 데스크톱 세션 호스트, 원격 데스크톱 연결 브로커, 원격 데스크톱 웹 액세스 등으로 구성된다. 원격 데스크톱 서비스는 별도의 라이선스를 구매해야 사용할 수 있다.

다음 그림을 보면 VNC 서버의 개념과 동일하지만, 서버에서는 클라이언트에 신호(또는 사용자 인터페이스)만 전송하고 클라이언트는 자체 자원을 사용해서 표현하므로 그 성능이 뛰어나다. 원격 데스크톱의 실습은 4장의 **실습 2**에서 이미 진행했으므로 실습은 생략하겠다.

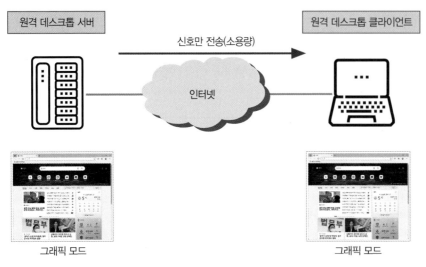

그림 7-31 원격 데스크톱 서버 개념

7.5 파워셸 원격 접속

Windows Server에 접속하는 또다른 방법은 파워셸에 원격으로 접속하는 방법이 있다. 만약 Windows Server를 Server Core 모드로 설치해 놓았다면 파워셸에 원격으로 접속하는 방법이 보안상으로도 많은 도움이 된다.

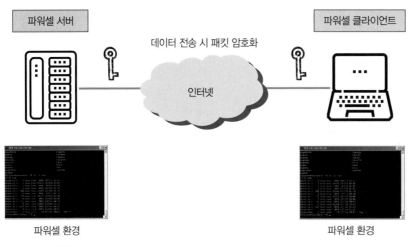

그림 7-32 파워셸 원격 접속의 개념

"Server Core로 설치한 Windows Server에 별도의 외부 프로그램을 설치하지 않고 보안에 강력하고, 속도도 빠르고, Windows Server의 기능을 100% 활용하는 원격 접속 방법은 없을까?"

실습 4

Server Core에 파워셸로 원격 접속하자. Server Core와 WINCLIENT 가상머신을 사용한다.

Step 0

Server Core ◑ Server Core를 부팅하고 Administrator로 로그온한다.

NOTE▶ Server Corer가 없는 독자는 FIRST 가상머신의 명령 프롬프트에서 작업해도 된다.

Step 1

Server Core ◑ 외부에서 접속할 수 있도록 설정하자.

1-0 기본적으로 파워셸 환경으로 접속된다. 프롬프트 앞에 'PS'가 써 있으면 파워셸 환경이다.

1-1 `Enable-PSRemoting -Force` 명령으로 외부에서 접속할 수 있도록 한다. 아무 메시지도 나오지 않으면 된다.

그림 7-33 원격 접속 허용

1-2 다음 명령으로 외부에서 접속을 허용한다. 역시 아무 메시지도 나오지 않으면 된다.

```
Set-Item WSMan:\localhost\Client\TrustedHosts -Value * -Force
```

그림 7-34 외부 접속 허용

NOTE▶ 특정 컴퓨터를 지정하려면 '*' 부분에 '컴퓨터 이름 또는 IP 주소' 형식으로 지정하면 된다.

1-3 **ipconfig** 명령으로 Server Corer의 IP 주소를 확인하자. 필자는 192.168.111.50으로 설정되어 있다.

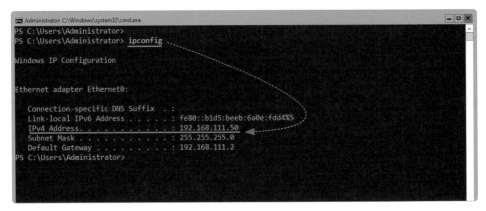

그림 7-35 IP 주소 확인

NOTE ▶ 파워셸의 원격 접속과 관련된 포트는 5985, 5986인데 기본적으로 방화벽 허용으로 설정되어 있다.

Step 2

WINCLIENT ◉ Server Core에 파워셸로 접속하자.

2-1 Windows의 [시작]–[Windows PowerShell] 메뉴를 클릭해 실행한다.

2-2 신뢰할 수 있는 컴퓨터에 Server Core의 IP 주소를 추가한다.

```
Set-Item WSMan:\localhost\Client\TrustedHosts -Value 서버IP -Force
```

그림 7-36 신뢰할 수 있는 IP 주소 추가

2-3 다음 명령으로 Server Core에 파워셸 접속을 한다. 사용자 이름은 Server Core의 사용자 (administrator) 및 암호(p@ssw0rd)를 사용한다.

```
Enter-PSSession -ComputerName 서버IP -Credential 사용자명
```

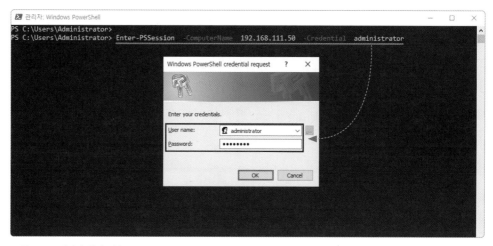

그림 7-37 서버에 원격 접속

2-4 Server Core에 접속되었다. 이제부터는 원하는 파워셸 명령으로 Server Core 컴퓨터를 관리할 수 있다.

그림 7-38 WINCLIENT에서 Server Core의 파워셸을 사용

2-5 `exit` 명령을 연속 입력해 파워셸을 종료한다.

이상으로 외부에서 Windows Server로 원격 접속하는 5가지 방법을 살펴보았다. 다음 표에서 원격 접속의 장단점을 간략히 확인할 수 있다.

표 7-1 5가지 원격 접속의 장단점

	Telnet 서버	SSH 서버	VNC 서버	원격 데스크톱	파워셸
속도	매우 빠름	매우 빠름	매우 느림	빠름	매우 빠름
그래픽 지원	지원 안 함	지원 안 함	지원함	지원함	지원 안 함
보안	취약	강함	취약(SSH와 연동해 보완 가능)	강함	강함
사용 가능 명령어	텍스트 모드의 명령어만 사용	텍스트 모드의 명령어만 사용	제한 없음	제한 없음	모든 파워셸 명령어 사용
클라이언트 프로그램	기본 내장됨	기본 내장됨 (설치 필요)	별도 설치 필요	기본 내장됨	기본 내장됨
라이선스 비용	유료 또는 무료	무료	무료	추가 비용 없음 (원격 데스크톱 서버는 별도의 라이선스 필요)	추가 비용 없음

어떤 방식이 좋고 나쁘다기 보다는 현재 상황에 따라 적절한 방법을 선택해서 사용하는 것이 바람직하다.

Chapter

08

▶ # 데이터베이스 서버

이번 장에서는 Windows Server를 데이터베이스 서버로 운영하기 위한 방법을 살펴보겠다. 현재 일반적으로 가장 많이 사용되는 SQL Server와 Oracle을 설치한다. 관리자의 입장에서 DBMS를 운영할 때 필요한 개념과 간단한 SQL 문을 살펴보고, 실무에서 운영할 때 필요한 데이터베이스 도구를 다룬다.

학습목표

✓
**이 장의
핵심 개념**

- 데이터베이스 관련 용어를 이해한다.

- SQL Server를 설치하고 운영한다.

- SQL Server에 데이터베이스를 구축하고 응용 프로그램을 연결한다.

- Oracle Database를 설치하고 운영한다.

- Oracle Database에 데이터베이스를 구축한다.

✓
**이 장의
학습 흐름**

> 데이터베이스 개념과 용어
> ▼
> SQL Server 개요와 설치
> ▼
> SQL Server에서 데이터베이스 구축 실습
> ▼
> Visual Studio 설치
> ▼
> SQL Server와 응용 프로그램의 연결 실습
> ▼
> Oracle Database 개요와 설치
> ▼
> Oracle Database에서 데이터베이스 구축 실습

8.1 데이터베이스 개요

비록 이 책이 Windows Server에서 데이터베이스의 설치/운영에 대한 전반적인 내용을 다루지만 서버를 운영하려면 데이터베이스의 기본 개념과 용어를 파악하고 있어야 한다. 그러므로 이를 간단히 설명하겠다.

8.1.1 데이터베이스 정의

데이터베이스라는 용어는 컴퓨터 관련 분야 외에도 다양한 분야에서 널리 사용할 수 있다. 우리가 살고 있는 정보화 사회에서는 대부분의 생활과 업무가 데이터베이스와 직/간접적으로 연관되어 있다. 예시로 SNS 메시지, 지하철/버스 탑승 시 사용하는 교통카드, 편의점에서 구매한 바나나 맛 우유 등의 정보도 모두 데이터베이스에 들어 있다. 이처럼 지속적이고 대량으로 발생하는 다양한 정보를 기존 파일 처리 방식으로 모두 보관할 수 없게 되었고, 그에 따라 새롭게 고안된 방법이 방대한 데이터를 쉽게 보관 관리할 수 있는 데이터베이스 시스템이다.

데이터베이스는 '대용량 데이터의 집합을 체계적으로 구성한 것'이라고 간단히 정의할 수 있다. 또한 데이터베이스는 혼자가 아닌 여러 명의 사용자나 시스템이 공유할 수 있어야 한다. 그리고 **데이터베이스 관리 시스템**DBMS, DataBase Management System은 이러한 데이터베이스를 관리하는 시스템 또는 소프트웨어를 일컫는다. 또한 데이터베이스는 '데이터의 저장 공간' 자체를 의미하기도 한다. 특히, SQL Server에서는 '데이터베이스'를 자료가 저장되는 디스크 공간(주로 파일로 구성됨)으로 취급한다(Oracle은 데이터베이스 용어를 좀 다르게 정의한다). 그러나 Microsoft사의 엑셀 같은 프로그램은 데이터의 집합으로 사용될 수 있기 때문에 DBMS와 비슷하게 보일 수도 있지만, 대용량 정보를 관리하거나 여러 명의 사용자가 공유하는 개념은 아니므로 DBMS라 부르지 않는다.

8.1.2 관계형 데이터베이스

DBMS의 유형은 크게 계층형 DBMSHierarchical DBMS, 망형 DBMSNetwork DBMS, 관계형 DBMSRelational DBMS, 객체 지향형 DBMSObject-Oriented DBMS, 그리고 객체 관계형 DBMSObject-Relational DBMS 등으로 나눌 수 있다. 현재 사용되는 DBMS 중에는 관계형 DBMS가 가장 많은 부분을 차지하고 있으며, 일부 멀티미디어 분야에서 객체 지향형이나 객체 관계형 DBMS가 활용되고 있다. 이 책에서 다루는 SQL Server, Oracle Database 모두 관계형 DBMS(RDBMS)다.

RDBMS의 장점은 다른 DBMS에 비해 업무 변화에 쉽게 순응할 수 있는 구조이며, 유지보수 측면에서도 편리하다는 것이다. 또한 대용량의 데이터의 관리와 데이터의 무결성Integration을 보장하기 때문에 데이터에 동시 접근하는 응용 프로그램을 사용할 경우 RDBMS는 적절한 선택이 될 수 있다.

그러나 RDBMS의 가장 큰 단점은 시스템 자원을 많이 차지해서 시스템을 전반적으로 느리게 만든다는 것이다. 하지만 이러한 단점은, 최근 들어서 하드웨어의 급속한 발전으로 인해 예전에 비해서 많이 줄어들었다. 관계형 DBMS는 1969년 애드거 F. 커드라는 학자가 수학 모델에 근거해서 고안했다. RDBMS의 핵심 개념은 '데이터베이스는 테이블이라 불리는 최소 단위로 구성되어 있다. 그리고 이 테이블은 하나 이상의 열로 구성되어 있다'고 생각하면 된다.

즉, 테이블table이라는 구조가 RDBMS의 가장 기본적이고 중요한 구성이 된다. 그러므로 이 테이블만 잘 이해한다면 RDBMS 기본 지식을 이해했다고 말할 수 있다.

> **NOTE ▶** SQL Server나 Oracle은 모두 객체 관계형 DBMS 기능도 제공한다. 하지만 이 책은 관계형 DBMS 기능을 주로 다룬다.

8.1.3 데이터베이스 모델링과 관련 용어

건물을 짓기 위해서는 먼저 건축 설계도를 그려야 하듯이, 데이터베이스를 구축하려면 먼저 '데이터베이스 설계'를 해야 한다. 데이터베이스 설계(모델링)란 현실 세계에서 사용되는 데이터를 DBMS 안에 어떻게 옮겨 놓을 것인지를 결정하는 과정이라고 생각하면 된다.

온라인 쇼핑몰인 쿠팡, 옥션, 인터파크, G마켓 등을 생각해 보자. 온라인 쇼핑몰은 회원이 필요하고, 사람들은 물건을 사기 위해 회원 가입을 한다. 그렇다면 이 '회원'을 어떻게 DBMS에 넣을 것인가? 회원인 사람의 몸을 컴퓨터에 넣을 수는 없기 때문에 회원임을 나타내는 특성(또는 속성)들을 추출해서 그 특성을 DBMS에 데이터로 넣어야 한다. 즉, 회원의 신분을 나타내는 정보인 이름, 주민번호, 주소, 연락처 등의 정보를 DBMS에 저장해야 한다. 물론 쇼핑몰에서 판매할 제품들도 마찬가지다. 제품을 컴퓨터에 넣을 수는 없으므로 제품의 이름, 가격, 제조 일자, 제조 회사, 남은 수량 등을 DBMS에 저장해야 한다. 그런데 이러한 정보를 그냥 단편적으로 저장하는 것이 아니라 '테이블'이라는 표 형태의 틀에 맞춰서 넣어야 한다.

지금까지 이야기한 회원과 제품에 대한 정보를 테이블에 구현하면 다음 그림과 같은 구조를 갖는다.

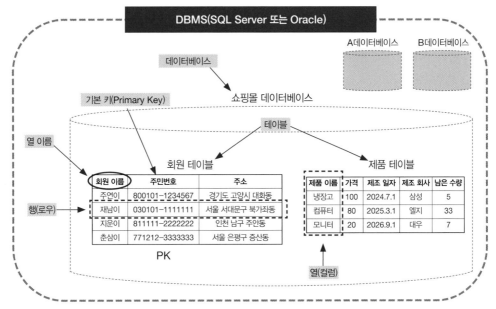

그림 8-1 데이터베이스 구조와 관련 용어

데이터베이스와 관련된 몇 가지 용어를 살펴보자.

❶ **데이터**(data): 주연이, 냉장고, 2025.3.1 같이 단편적인 정보를 뜻한다.

❷ **테이블**(table): 회원이나 제품의 데이터를 입력하기 위한 표 형태의 자료구조를 말한다. 지금은 쇼핑몰을 구현하기 위해 회원에 대한 정보를 보관할 '회원 테이블'과 제품 정보를 보관할 '제품 테이블' 2개의 테이블을 만들었다.

❸ **데이터베이스**(DataBase): 데이터베이스는 줄여서 DB라고 부르기도 하며, 테이블이 저장되는 저장소를 말한다. **그림 8-1**과 같이 원통 모양으로 주로 표현한다. 현재는 그림상에 3개의 데이터베이스가 보인다. 각 데이터베이스는 서로 다른 고유한 이름을 가지고 있어야 한다. 우리가 생성하게 될 데이터베이스의 이름은 '쇼핑몰 데이터베이스'이다.

❹ **DBMS**(DataBase Management System): 데이터베이스를 관리하는 시스템 또는 소프트웨어를 말한다. 앞으로 설치할 SQL Server, Oracle Database가 이에 해당한다.

❺ **열**(column 또는 필드): 각 테이블은 1개 이상의 열로 구성된다. 회원 테이블의 경우에는 회원 이름, 주민번호, 주소 등 3개의 열로 구성되어 있다.

❻ **행**(row): 실질적인 데이터를 말한다. 예시로 '재남이/030101-1111111/서울 서대문구 북가좌동'이 1개의 행 데이터다.

❼ **열 이름**: 각 열을 구분하기 위한 이름이다. 열 이름은 각 테이블 내에서는 중복되지 않고 고유해야 한다.

❽ **데이터 형식**: 열의 데이터 형식을 말한다. 회원 테이블의 회원 이름 열은 당연히 '숫자' 형식이 아닌, '문자' 형식이어야 한다. 또한 제품 테이블의 가격 열은 '숫자(정수)' 형식이어야 한다. 가격에 '비쌈' 같은 글자가 들어가면 안 되기 때문이다. 이 데이터 형식은 테이블을 생성할 때 열 이름과 함께 지정해야 한다.

❾ **기본 키**(Primary Key): 기본 키(또는 주 키)라고도 하며, 각 행을 구분하는 유일한 속성을 말한다. 기본 키는 중복되어서는 안 되며 비어 있어서도 안 된다. 또한 각 테이블에는 기본 키가 하나만 지정되어 있어야 한다. **그림 8-1**의 회원 테이블에서는 기본 키가 '주민번호'로 지정되어 있다. 만약 기본 키를 '회원 이름'으로 지정하면 어떻게 될까? 기본 키는 각 행을 구분하는 유일한 열이라고 했는데 '재남이'라는 이름만으로 그 사람이 서울 서대문구에 산다는 것을 확신할 수 있는가? 만약 '재남이'라는 이름이 또 있다면? 현실적으로 이름이 같은 사람은 얼마든지 있을 수 있기 때문에 회원 이름 열은 기본 키로 지정하기에는 부적합하다. 그렇다면 주소 열은 어떨까? 마찬가지로 주소만 가지고 그 사람이 유일한 사람이라는 것을 알 수 없다. 같은 집에 사는 사람이 있을 수 있기 때문이다.
반면에 모든 사람의 주민번호는 다르며 주민번호가 없는 사람은 없기 때문에 '주민번호' 열은 기본 키로 설정하기에 아주 적절하다.

❿ **SQL**(Structured Query Language, 구조화된 질의 언어): DBMS에서 어떤 작업을 하고 싶다면 어떻게 해야 할까? "어이~ DBMS 씨, 테이블 하나 만들어 볼래?"라고 말할 수는 없을 것이다. DBMS에 어떤 작업을 하고 싶다면 DBMS가 알아들을 수 있는 언어로 전달해야 한다. 그것이 바로 SQL이다. 즉, SQL은 사용자와 DBMS가 소통하기 위한 말(언어)이다.

NOTE▸ SQL은 데이터베이스를 공부하기 위해 반드시 알아야 한다. 이 책은 간단한 SQL만 다루므로 데이터베이스를 더 공부하고 싶다면 별도의 SQL 책을 보고 공부하기를 권장한다.

8.1.4 데이터베이스 구축 절차

이론적인 이야기만 해서 다소 지루했을 것이다. 이제 **그림 8-1**과 같은 데이터베이스를 직접 구축할 차례다. 이 책에서는 SQL Server, Oracle Database 2개의 DBMS를 사용하는데, 모두 다음과 같은 절차를 따른다. 즉, DBMS 설치 과정에서 세부적인 내용의 차이는 있으나 전반적인 흐름은 대부분 비슷하다.

NOTE▸ 보고서나 과제를 제출하기 위해 한컴 오피스의 한글, MS Word 등 어떤 워드 프로세서를 사용해도 약간의 사용 방법이 다를 뿐 그 기능이나 목적은 거의 동일한 것처럼, 데이터를 저장하고 관리하기 위해 SQL Server, Oracle Database 중 어떤 것을 사용해도 상관없다. 단, 각 소프트웨어의 장단점을 잘 파악해 현재 목적에 적합한 것을 선택하는 일이 더 바람직하다.

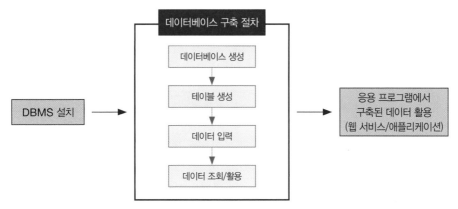

그림 8-2 데이터베이스 구축/관리 및 활용의 전반적인 절차

앞으로 이 책에서는 SQL Server, Oracle Database 모두 **그림 8-2**의 절차대로 운영한다.

8.2 SQL Server

Microsoft사에서 제작한 DBMS인 SQL Server를 이용해 데이터베이스 서버를 구축하고 운영해보자.

8.2.1 SQL Server 개요

SQL Server는 Microsoft사에서 제작한 데이터베이스 관리 소프트웨어다. 1989년 1.0 버전이 출시된 이후로 계속 신제품이 출시되어 이 책을 집필하는 시점의 최신 버전은 SQL Server 2019(내부 버전 15.0)이다.

이전 버전에 비해서 최신 버전은 대용량 데이터를 운영하는 데 적합한 툴로서 많이 인정받고 있다. 실제 국내외 유명한 대기업, 은행, 증권사, 호텔 등 초대용량 데이터를 처리하는 사이트도 SQL Server로 무리 없이 운영되고 있다.

Windows Server가 규모나 용도에 따라 Datacenter, Standard, Essentials 에디션으로 나뉘듯이 SQL Server도 Enterprise, Standard, Express 등의 에디션으로 나뉜다.

NOTE ▶ SQL Server 에디션 중 Developer와 Evaluation 에디션도 있는데 기능은 모두 Enterprise 에디션과 동일하다. 단, Developer의 라이선스는 개발용으로만 허가되며, Evaluation은 사용 기간이 180일로 제한된다.

이 중 일반적으로 사용하는 SQL Server 2019 Enterprise, Standard, Express의 주요 기능을 비교하면 다음 표와 같다.

표 8-1 SQL Server 2019 주요 에디션 비교

특징	Enterprise	Standard	Express
라이선스	유료	유료	무료
주용도	대규모 기업	중소규모 기업	소규모 또는 개인
최대 CPU 사용 개수	OS 지원 최대 개수	소켓 4개 또는 코어 24개	소켓 1개 또는 코어 4개
최대 RAM 사용량	OS 지원 최대 크기	128 GB	1410 MB
DB 크기	524 PB	524 PB	10 GB

> **! 여기서 잠깐** **컴퓨터에서 사용되는 용량의 단위**
>
> 컴퓨터에서 사용되는 용량의 단위를 정리해 보자(각각을 1024배 하면 다음 단위가 된다).
>
> • Byte → KB(Kilo Byte) → MB(Mega Byte) → GB(Giga Byte) → TB(Tera Byte) →
> PB(Peta Byte) → EB(Exa Byte) → ZB(Zeta Byte) → YB(Yotta Byte)

SQL Server 2019 에디션별 최소 설치 하드웨어 및 소프트웨어 사양은 다음과 같다.

표 8-2 SQL Server 2019 설치 최소 사양

에디션	Enterprise	Standard	Express
CPU	x64 프로세서 : 1.4 GHz 이상 (권장 2.0 GHz)		
RAM	1 GB 이상 (4GB 이상 권장)		512 MB 이상 (1GB 이상 권장)
운영체제	Windows Server 2016 이후 Windows 10 (Home 제외)	Windows Server 2016 이후 Windows 10, Windows 11	
하드디스크 공간	설치에 최소 6 GB 이상 (데이터는 별도 공간 필요)		

이 책에서는 무료로 사용할 수 있는 SQL Server 2019 Express를 사용한다. 무료 버전이지만 제공되는 기본 기능은 Enterprise 및 Standard와 큰 차이가 없으며, 학습용 또는 소규모 기업의 데이터베이스를 운영하기에 충분한 기능을 제공한다.

8.2.2 SQL Server 2019 Express 설치

SQL Server를 설치할 준비가 되었다. 이제 무료로 사용할 수 있는, 이 책을 쓰는 시점의 가장 최신 버전인 SQL Server 2019 Express를 설치하자.

실습 1

SQL Server 2019 Express를 다운로드하고 설치하자.

Step 1

이번 실습은 FIRST 가상머신을 사용한다.

1-1 FIRST 가상머신을 초기화한다(초기화 방법이 기억나지 않으면 3장 **실습 5**를 참고한다).

NOTE ▶ 이번 장의 실습은 상당히 무거우므로 가능하면 FIRST 가상머신의 RAM을 4GB 이상으로 설정하자.

1-2 FIRST 가상머신을 부팅하고 Administrator로 로그온한다.

Step 2

SQL Server 2019 Express를 다운로드하자.

2-1 웹 브라우저로 https://www.microsoft.com/ko-kr/sql-server/sql-server-downloads 주소에서 Express(SQL2019-SSEI-Expr.exe: 6.08MB)를 다운로드한다(Q&A 카페(https://cafe.naver.com/thisisLinux)의 [교재 자료실(윈도서버)]에서도 다운로드할 수 있다).

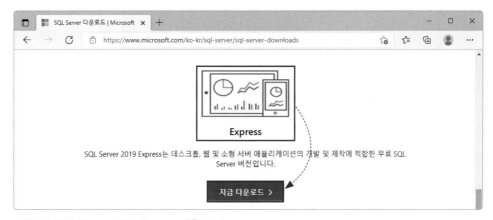

그림 8-3 SQL Server 2019 Express 다운로드 1

2-2 다운로드한 SQL 2019-SSEI-Expr.exe를 실행하고 제일 왼쪽의 [미디어 다운로드]를 선택한다.

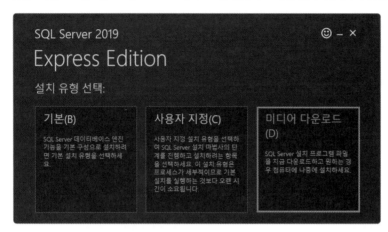

그림 8-4 SQL Server 2019 Express 다운로드 2

2-3 언어는 '한국어'를 선택하고 다운로드 패키지는 'Express Core'를 선택한 후 [다운로드] 버튼을 클릭한다. 잠시 다운로드가 진행된다.

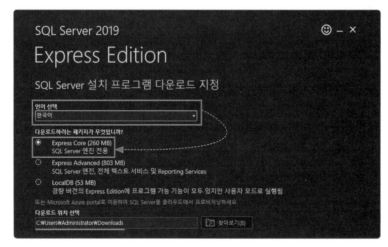

그림 8-5 SQL Server 2019 Express 다운로드 3

2-4 다운로드가 완료되면 [닫기] 버튼을 클릭한다.

이제 본격적으로 SQL Server 2019 Express를 설치하자.

3-1 다운로드한 SQLEXPR_x64_KOR.exe(260MB)를 실행하고 [확인] 버튼을 클릭하면 자동으로 압축이 풀리고 설치 화면이 나온다. [SQL Server 설치 센터] 창이 나오면 왼쪽의 [설치] 버튼을 클릭한 후 [새 SQL Server 독립 실행형 설치 또는 기존 설치에 기능 추가]를 클릭한다.

그림 8-6 SQL Server 설치 시작

3-2 [SQL Server 2019 설치] 창의 [사용 조건]에서 '동의함'을 체크하고 [다음] 버튼을 클릭한다.

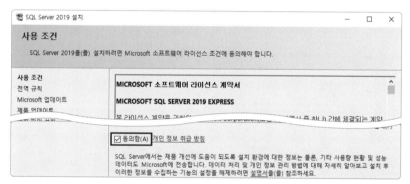

그림 8-7 사용 조건 동의

3-3 [Microsoft 업데이트]의 'Microsoft Update를 통해 업데이트 확인(권장)'은 체크하지 않고 [다음] 버튼을 클릭한다.

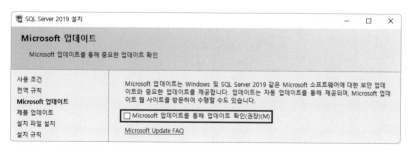

그림 8-8 자동 업데이트 설정 해제

3-4 [제품 업데이트]에서 오류가 나와도 무시하고 [다음] 버튼을 클릭한다. 잠시 [설치 파일 설치]에서 설치가 진행된다.

> **NOTE** 실무에서 운영할 경우에는 업데이트를 하는 것이 좋지만, 업데이트 시간이 오래 걸릴 수 있고 업데이트하지 않아도 이 책의 실습을 진행하는 데 크게 문제없으므로 업데이트를 생략했다.

3-5 [설치 규칙]에서 'Windows 방화벽' 부분에 경고(⚠)가 표시되어 있어도 무시한다. [다음] 버튼을 클릭한다.

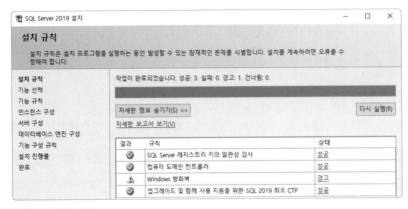

그림 8-9 설치 규칙

3-6 [기능 선택]에서 기본값 그대로 두고 [다음] 버튼을 클릭한다.

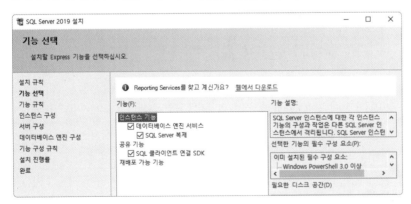

그림 8-10 기능 선택

3-7 [인스턴스 구성]에서 '기본 인스턴스'를 선택하면 [인스턴스 ID]가 'MSSQLSERVER'로 변경된다. 이를 확인하고 [다음] 버튼을 클릭한다.

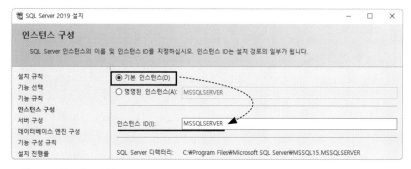

그림 8-11 인스턴스 구성

3-8 [서버 구성]에서 기본값 그대로 두고 [다음] 버튼을 클릭한다.

그림 8-12 서버 구성

3-9 [데이터베이스 엔진 구성]의 [인증 모드]를 '혼합 모드'로 선택하고 SQL Server 시스템 관리자의 암호를 'p@ssw0rd'로 지정한 후 [다음] 버튼을 클릭한다.

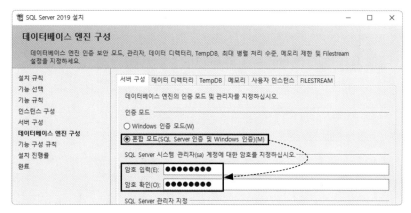

그림 8-13 데이터베이스 엔진 구성

인증 모드는 2가지가 존재한다. Windows 인증 모드는 Windows의 사용자만이 SQL Server에 접속할 수 있다는 의미이다(물론 모든 Windows 사용자가 SQL Server에 접속할 수 있다는 의미는 아니다. Windows 사용자 중에 SQL Server에 접속할 수 있는 사용자를 별도로 지정해야 한다). 혼합 모드는 Windows 사용자가 아니더라도 SQL Server를 사용할 수 있는 별도의 사용자를 만들 수 있는 모드다. 보안에 더 강력한 모드는 Windows 인증 모드이며, Microsoft사도 이 모드를 권장한다. 참고로 보안상으로는 바람직하지 않을 수도 있지만, 아직 실무에서는 혼합 모드도 많이 사용되고 있다. 인증 모드는 추후 언제든지 변경할 수 있다.

3-10 한동안 설치가 진행된다. 컴퓨터의 성능에 따라서 몇 분~몇십 분이 걸릴 것이다.

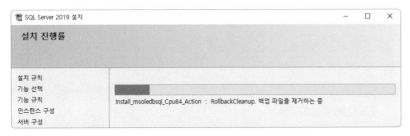

그림 8-14 설치 진행

3-11 설치가 모두 완료되면 [닫기] 버튼을 클릭해 설치를 종료한다.

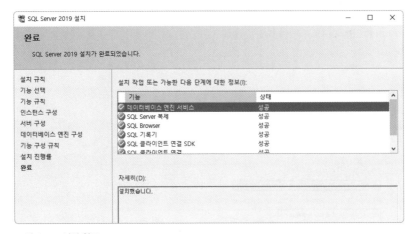

그림 8-15 설치 완료

3-12 다시 [SQL Server 설치 센터]가 나오면 이번에는 [SQL Server 관리 도구 설치]를 선택한다. 만약 [SQL Server 설치 센터] 창이 나오지 않는다면 설치 파일(SQLEXPR_x64_KOR.exe)을 다시 실행한다.

그림 8-16 SQL Server 관리 도구 다운로드 1

NOTE ▶ 앞으로는 SQL Server Management Studio를 줄여서 SSMS라고 부른다.

3-13 웹 브라우저가 열리고 SSMS 다운로드 페이지로 자동 연결되면 아래쪽으로 마우스 스크롤해서 [사용 가능한 언어]의 '한국어'를 클릭해 SSMS 한글판을 다운로드한다.

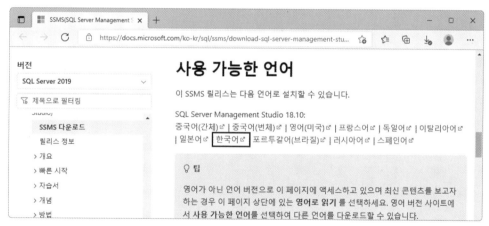

그림 8-17 SQL Server 관리 도구 다운로드 2

NOTE ▶ SQL Server와 SSMS의 버전은 크게 관련이 없다. 즉, SQL Server 2019에서 가장 최신의 SSMS를 사용하거나, 이전 버전의 SSMS를 사용해도 된다. 이 책을 집필한 시점에는 SSMS 18.10 버전이 최신 버전이다.

3-14 다운로드한 SSMS-Setup-KOR.exe 파일을 실행한 후 [설치] 버튼을 클릭해 Microsoft SQL Server Management를 설치한다. 설치가 완료되면 [닫기] 버튼을 클릭한다.

그림 8-18 관리 도구 설치

3-15 Windows의 [시작]을 클릭하고 항목을 살펴보면 [Microsoft SQL Server 2019]와 [Microsoft SQL Server Tools 18]이 등록되어 있다는 사실을 확인할 수 있다.

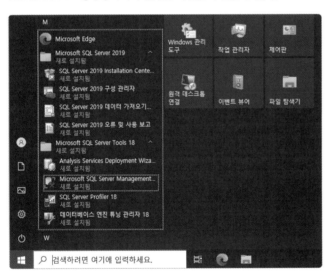

그림 8-19 SQL Server 2019 메뉴

설치가 완료되었으면 SQL Server 2019를 실행해 보자.

4-1 [Microsoft SQL Server Management Studio 18]을 클릭하자(**그림 8-19**에 표시된 메뉴를 클릭하면 된다). 처음 실행하면 다음과 같은 화면이 나타난다.

그림 8-20 SSMS를 시작할 때 나타나는 화면

4-2 잠시 후 [서버에 연결] 창이 나온다. 다음 그림과 같이 [서버 유형]은 '데이터베이스 엔진'으로 선택하면 된다. [서버 이름]은 기본 인스턴스만 설치한 상태이므로 가상머신의 이름으로 작성되어 있다(필자의 경우 'FIRST'다). [인증]은 설치 시 기본값인 'Windows 인증'으로 설정하면 된다('Windows 인증'으로 설정한다는 것은 현재 접속된 Windows 사용자의 권한으로 접속한다는 의미다). [연결] 버튼을 클릭하자.

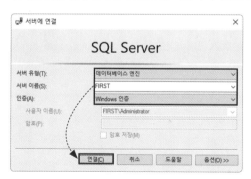

그림 8-21 SQL Server에 연결

4-3 [Microsoft SQL Server Management Studio(관리자)] 창의 초기 화면이 나타난다. 현재 SQL Server의 버전을 확인하면 '15.0.2000'으로 표시된다. 앞 번호 15.0은 SQL Server 2019의 버전을 의미한다. 필자는 SQL Server 2019의 서비스 팩의 설치나 업데이트를 하지 않았지만, 서비스 팩의 설치나 업데이트를 하게 되면 마지막 번호(2000)의 숫자가 높아진다.

그림 8-22 Microsoft SQL Server Management Studio

4-4 왼쪽 상단의 [새 쿼리] 버튼을 클릭하면 오른쪽에 메모장 같은 빈 페이지가 열린다. 이제부터는 이 빈 페이지(앞으로 '쿼리 창'이라고 부르겠다)에 SQL 문을 입력해서 데이터베이스를 구축/운영하겠다.

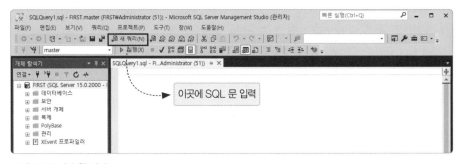

그림 8-23 쿼리 창 열기

4-5 [파일]-[끝내기] 메뉴를 클릭해 [Microsoft SQL Server Management Studio] 창을 닫는다. 그 외 열려 있는 창도 모두 닫는다.

8.2.3 SQL Server에서 데이터베이스 구축

그림 8-2에 따르면 우리는 **실습 1**을 통해 'DBMS 설치' 부분을 완료했다. 이제는 **그림 8-2**의 '데이터베이스 구축 절차' 부분을 차례대로 실습하겠다.

실습 2

그림 8-2의 데이터베이스 구축 절차 부분을 실습하자.

Step 0

실습 1에 이어서 FIRST 가상머신을 계속 사용한다.

Step 1

그림 8-2의 데이터베이스 구축 절차 중 '데이터베이스 생성'을 진행하자.

1-0 Windows의 [시작]−[Microsoft SQL Server Tools 18]−[Microsoft SQL Server Management Studio 18] 메뉴를 클릭해 실행하고 [연결] 버튼을 클릭해 접속한다. 그리고 왼쪽 위의 [새 쿼리] 버튼을 클릭해 하나의 쿼리 창을 연다.

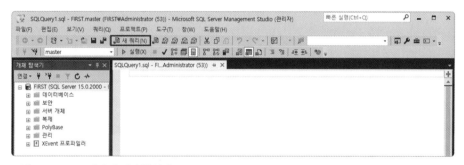

그림 8-24 SSMS에서 새 쿼리 창 열기

1-1 **그림 8-1**의 쇼핑몰 데이터베이스(shopDB)를 생성하자. 우선 쿼리 창에 다음 SQL 문을 입력한 후 입력한 내용을 마우스 드래그하고 [실행] 버튼을 클릭한다. 글자가 틀리지 않았다면 아래쪽 메시지 탭에 '명령이 완료되었습니다.'라는 메시지가 나온다. 그리고 왼쪽 화면의 [개체 탐색기]에 [데이터베이스] 확장 버튼을 클릭하면 방금 생성한 shopDB가 보인다(만약 shopDB가 보이지 않으면 [데이터베이스]에 마우스 오른쪽 버튼을 클릭하고 [새로 고침]을 한다).

```
CREATE DATABASE shopDB;
```

NOTE 데이터베이스 이름, 테이블 이름, 열 이름은 한글로 지정이 가능하다. 하지만 호환성 문제로 권장하지 않으며 영문으로 생성하는 것을 권장한다.

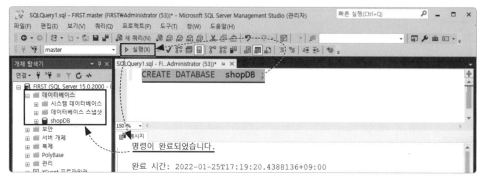

그림 8-25 데이터베이스 생성

NOTE▶ 모든 SQL 문의 마지막에 세미콜론(;)을 찍는 것이 원칙이다. 또한 CREATE나 DATABASE 같은 예약어는 파란색으로 표시되며 데이터베이스 이름, 테이블 이름 등 사용자가 지정하는 것은 검은색으로 표시된다. 참고로 SQL Server는 일반적으로 대소문자를 구분하지 않는다.

1-2 이번에는 같은 구문을 다시 선택한 후 [실행] 버튼을 클릭한다. 빨간색의 오류 메시지가 나올 것이다. 이미 shopDB가 만들어져 있어서 또 만들 수 없다는 메시지다.

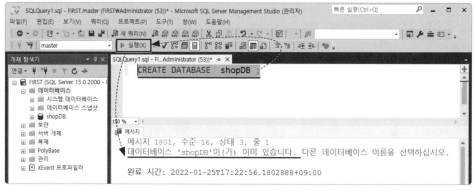

그림 8-26 데이터베이스 생성 오류

NOTE▶ 대부분의 오류는 오류 메시지만 잘 읽어도 그 원인을 파악할 수 있다. 오류가 발생하면 오류 메시지를 읽지도 않고 무조건 안 된다고 좌절하거나 주변의 도움을 요청하는 경우가 있는데 그러면 실력이 늘지 않는다. 오류 메시지를 꼼꼼히 읽는 습관을 들여서 빠르게 실력을 향상하기를 권장한다.

이로써 **그림 8-1**의 쇼핑몰 데이터베이스(shopDB)가 생성되었다. 아직 그 내부에 아무것도 없는 비어 있는 상태다.

생성한 데이터베이스를 실제로 사용해 보자.

2-1 앞에서 쇼핑몰 데이터베이스를 생성했다. 이 데이터베이스를 사용하려면 먼저 '앞으로 shopDB를 사용하겠다'라고 지정해야 한다. 기존 문장을 지우고 다음 문장을 입력하고 마우스로 드래그해 선택한 후 [실행] 버튼을 클릭한다. 그러면 왼쪽 위에 'shopDB'가 선택된 상태로 표시된다(기존에는 'master'라는 데이터베이스가 선택된 상태였다).

```
USE shopDB;
```

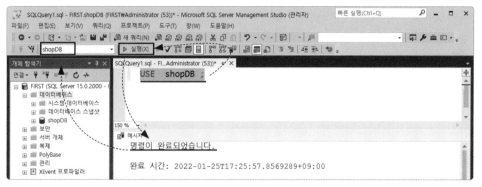

그림 8-27 USE문 사용

> **NOTE ▶** 쿼리 창에 기존 문장은 그냥 두고 다음 줄에 SQL 문을 쓴 후에 마우스 드래그해 [실행] 버튼을 클릭하면 선택된 문장만 실행된다. 하지만 실수로 마우스로 선택하지 않은 상태에서 실행하면 쿼리 창에 써진 모든 SQL 문이 처음부터 끝까지 실행된다. SQL Server에 익숙하지 않은 독자라면 이러한 실수를 종종 할 수 있으므로 SQL 문을 사용할 때마다 기존의 SQL 문은 지우고 새로 쓰는 방법을 권장한다.

이제부터 쿼리 창에 입력하는 SQL 문은 모두 shopDB에서 작동한다.

그림 8-2의 데이터베이스 구축 절차 중 '테이블 생성'을 진행하자.

3-1 그림 8-1의 회원 테이블(userTBL)을 생성하자. 테이블을 생성할 때는 테이블 이름과 각각의 열 이름을 지정하고 각 열의 데이터 형식을 지정해야 한다. 또한 필요하면 기본 키를 지정할 수도 있다.

테이블을 생성하는 문은 CREATE TABLE이며 다음과 같은 기본 형식을 갖는다.

```
CREATE  TABLE  테이블이름
(  열이름1   데이터형식   not null    또는    null ,
   열이름2   데이터형식   not null    또는    null ,
   …  …  )  ;
```

> **! 여기서 잠깐 문자형의 종류**
>
> 문자형 중에서 확실히 한글을 사용하지 않는다면 char, varchar로 지정하고 한글이 들어갈 수도 있다면
> nchar, nvarchar로 지정하는 것이 좋다. char/nchar 형식(Character)은 '고정 길이 문자형'으로 자릿수가
> 고정되어 있다. 예를 들어 char(100)에 'ABC' 3byte만 저장해도 100byte를 모두 확보한 후에 앞에 3byte
> 를 사용하고 뒤의 97byte는 낭비하게 된다. varchar 형식(Variable Character)은 '가변 길이 문자형'으로
> varchar(100)에 'ABC' 3byte를 저장할 경우에 3byte만 사용하기 때문에 공간을 효율적으로 운영할 수 있
> 다. 그러므로 입력될 데이터의 크기가 짧고 그 길이가 거의 같다면 char/nchar로, 입력될 데이터의 크기가 길
> 고 일정하지 않다면 varchar/nvarchar로 지정하는 것이 좋다.

3-2 다음 표를 참고해 회원 테이블(userTBL)을 만들자.

표 8-3 회원 테이블(userTBL)의 설계

열 이름	데이터 형식	길이	빈 데이터(Null) 허용	기타
회원 이름(userName)	고정 길이 문자형(nchar)	3	안 됨(Not Null)	한글
주민번호 (juminNo)	고정 길이 문자형(char)	14	안 됨(Not Null)	기본 키 (Primary Key)
주소(addr)	가변 길이 문자형(nvarchar)	30	됨(Null)	한글

다음 SQL 문을 실행한 후 shopDB 테이블을 확장하면 생성한 userTBL이 보인다.

```
CREATE  TABLE  userTBL
(  userName    nchar(3)      not  null ,
   juminNo     char(14)      not  null  primary  key,
   addr        nvarchar(30)  null  )  ;
```

NOTE▶ SQL 문을 실행해도 테이블이 보이지 않으면 왼쪽 화면의 '테이블'에서 마우스 오른쪽 버튼을 클릭하고 [새로
고침]을 하자. 이러면 테이블이 보일 것이다.

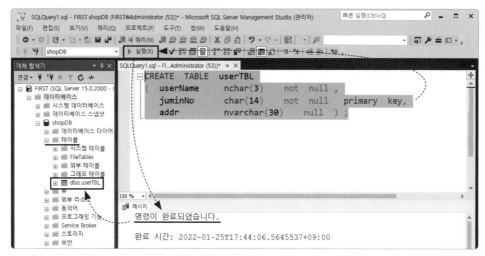

그림 8-28 회원 테이블 생성

NOTE▶ 테이블을 생성하면 자동으로 앞에 'dbo.'가 붙는데 이것을 스키마(Schema) 이름이라고 한다. 지금은 그냥 무시해도 된다. 또한 만약 테이블의 형식을 잘못 지정한 상태로 테이블을 생성했다면 **DROP TABLE 테이블이름** 문으로 테이블을 삭제하고 다시 만들면 된다.

3-3 같은 방식으로 제품 테이블(productTBL)의 데이터 형식을 지정하면 다음 표와 같다.

표 8-4 제품 테이블(productTBL)의 설계

열 이름	데이터 형식	길이	빈 데이터(Null) 허용	기타
제품 이름 (prodName)	고정길이 문자형(nchar)	4	안 됨(Not Null)	한글
가격(cost)	정수형 숫자(int)		안 됨(Not Null)	
제조 일자 (mDate)	날짜형(date)		됨(Null)	
제조 회사 (company)	고정 길이 문자형(nchar)	5	됨(Null)	한글
남은 수량 (amount)	정수형 숫자(int)		안 됨(Not Null)	

3-4 다음 SQL 문을 실행한 후 shopDB의 [테이블] 선택하고 마우스 오른쪽 버튼을 클릭한 후 [새로 고침]을 선택하면 생성한 productTBL을 확인할 수 있다.

```
CREATE  TABLE  productTBL
(  prodName    nchar(4)         not  null ,
   cost        int              not  null,
   mDate       date             null,
   company     nvarchar(5)      null,
   amount      int              not null  );
```

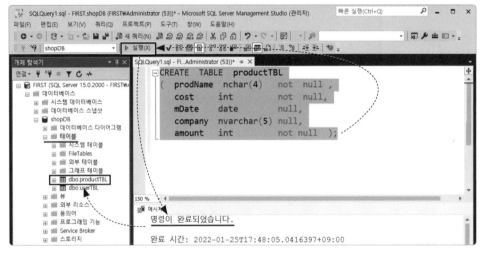

그림 8-29 제품 테이블 생성

Step 4

그림 8-2의 데이터베이스 구축 절차 중 '데이터 입력'을 진행하자.

4-1 그림 8-1의 회원 테이블(userTBL)의 데이터 4건을 입력하자. 입력하는 INSERT 문은 다음의 기본 형식을 갖는다. 또한 문자나 날짜는 따옴표(' ')로 묶어야 한다.

```
INSERT INTO 테이블이름 VALUES (입력값1, 입력값2, …) ;
```

```
INSERT INTO userTBL VALUES(N'주연이', '800101-1234567', N'경기도 고양시 대화동');
INSERT INTO userTBL VALUES(N'재남이', '030101-1111111', N'서울 서대문구 북가좌동');
INSERT INTO userTBL VALUES(N'지운이', '811111-2222222', N'인천 남구 주안동');
INSERT INTO userTBL VALUES(N'춘삼이', '771212-3333333', N'서울 은평구 증산동');
```

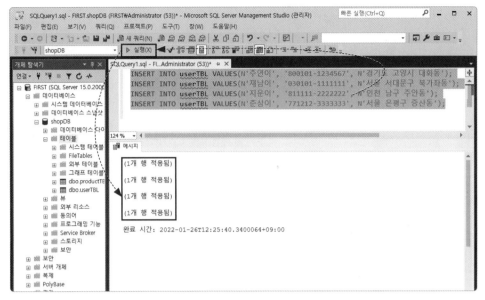

그림 8-30 회원 테이블에 데이터 입력

NOTE ▶ SQL Server에서 한글을 입력할 때는 작은 따옴표 앞에 대문자 'N'을 붙여야 한다. 또한 원칙적으로는 한 번에 한 SQL 문씩 실행해야 하지만, 한 번에 여러 개의 문장을 선택해 실행해도 된다.

4-2 제품 테이블(productTBL)에도 데이터를 입력하자.

```
INSERT INTO productTBL VALUES(N'냉장고', 100, '2024.7.1', N'삼성', 5);
INSERT INTO productTBL VALUES(N'컴퓨터', 80,  '2025.3.1', N'엘지', 33);
INSERT INTO productTBL VALUES(N'모니터', 20,  '2026.9.1', N'대우', 7);
```

Step 5

마지막으로 **그림 8-2**의 데이터베이스 구축 절차 중 '데이터 조회/활용'을 진행하자. 데이터를 조회하는 구문은 SELECT 문을 사용하면 된다. SELECT 문의 기본 형식은 다음과 같다.

```
SELECT  열이름  FROM  테이블이름  WHERE  조건 ;
```

5-1 SELECT 문으로 회원 테이블의 모든 열을 조회하자.

```
SELECT * FROM userTBL;
```

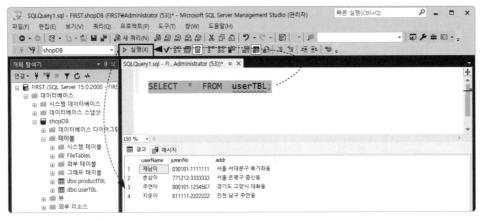

그림 8-31 데이터 조회 1

5-2 회원 테이블의 회원 이름과 주소를 조회하자.

```
SELECT userName, addr FROM userTBL;
```

실행 결과		✕
	userName	addr
1	재남이	서울 서대문구 북가좌동
2	춘삼이	서울 은평구 증산동
3	주연이	경기도 고양시 대화동
4	지운이	인천 남구 주안동

5-3 회원 테이블에서 회원 이름이 '지운이'인 사람의 주민번호를 조회하자.

```
SELECT juminNo FROM userTBL WHERE userName = N'지운이' ;
```

실행 결과	✕
	juminNo
1	811111-2222222

5-4 제품 테이블에서 가격이 50만원 이상인 제품의 모든 열을 조회하자.

```
SELECT * FROM productTBL WHERE cost >= 50;
```

🔲 실행 결과					✕
	prodName	cost	mDate	company	amount
1	냉장고	100	2024-07-01	삼성	5
2	컴퓨터	80	2025-03-01	엘지	33

5-5 [파일]-[끝내기] 메뉴를 클릭해 [SSMS] 창을 종료한다. 저장하겠냐는 대화상자가 나오면 [아니오] 버튼을 클릭한다.

이상으로 SQL Server에서 **그림 8-2**의 '데이터베이스 구축 절차' 부분 진행을 완료했다. 즉, **그림 8-1**과 동일하게 쇼핑몰 데이터베이스를 완성했다.

> **❓ VITAMIN QUIZ 8-1**
>
> SECOND 가상머신을 초기화한 후에 SQL Server 2019 Developer를 설치하고, **그림 8-2**의 쇼핑몰 데이터베이스를 구축하자. 결과물은 다음 비타민 퀴즈에서 사용한다.
>
> **HINT** Developer 에디션은 https://www.microsoft.com/ko-kr/sql-server/sql-server-downloads 주소에서 SQL2019-SSEI-Dev.exe 파일을 다운로드할 수 있다(만약 링크가 변경되면 Q&A 카페 https://cafe.naver.com/thisisLinux 주소에서 다운로드한다).

8.2.4 SQL Server와 응용 프로그램의 연결

이번에는 '응용 프로그램에서 구축된 데이터 활용' 부분을 구현할 차례다. 실제 완성된 데이터베이스를 활용하거나 고객에게 제공하기 위해서는 Visual C#, Java, Visual C++ 등의 프로그래밍 언어와 데이터베이스를 연동해야 한다. 이 책에서 프로그래밍 언어의 문법 등을 설명할 수는 없으므로 데이터베이스와 프로그래밍 언어의 연동 방법 위주로 실습한다. 실습에서 사용할 Microsoft사의 Visual Studio는 특별히 프로그래밍 기술이 없이도 마우스 클릭만으로 데이터베이스와의 연동을 간편하게 지원한다.

이번 실습에서 구현할 그림을 간략하게 표현하면 다음과 같다.

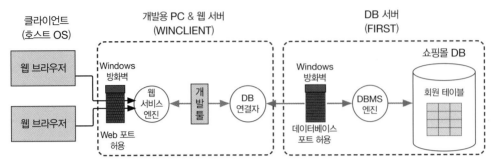

그림 8-32 DB 서버와 외부 PC와의 연동 개념도

그림 8-32 중에서 '웹 서비스 엔진'은 아직 배우지 않았기 때문에 이 과정을 생략하고 실습을 진행한다. Visual Studio Community를 설치하면 웹 서비스 엔진이 설치된 것처럼 테스트할 수 있으므로 실습에는 문제가 없다.

실습 3

Microsoft Visual Studio Community와 SQL Server를 연동해서 고객에게 서비스를 제공해 보자.

Step 0

실습 2에 이어서 DB 서버로는 FIRST 가상머신을 사용하고 개발용 PC로는 WINCLIENT 가상머신을 사용한다.

Step 1

WINCLIENT-개발PC ◉ 우선 **그림 8-33**의 개발 툴로 사용할 Visual Studio Community 2022 설치 파일을 다운로드한다.

1-0 먼저 'Windows Update'를 켜야 한다. Windows의 [시작]−[서비스] 메뉴를 클릭하고 'Windows Update'를 실행하자. 방법이 기억이 나지 않으면 7장 **실습 2**의 **Step 1**을 참고한다.

1-1 https://visualstudio.microsoft.com/ko/vs/ 주소에 접속해 Visual Studio Community 2022를 다운로드한다. Q&A 카페(https://cafe.naver.com/thisisLinux)의 [교재 자료실(윈도서버)]에서 '[Windows 2022] 전체 실습 파일 다운로드'를 클릭해 Visual Studio Community 2022(vs_community. exe)를 다운로드할 수도 있다(파일 이름 뒤에 버전 번호가 길게 붙을 수 있는데 그냥 무시하고 사용하면 된 다).

그림 8-33 Visual Studio Community 2022 다운로드

NOTE ▶ Visual Studio는 무료와 유료 버전으로 나뉘며 지금 사용하는 Visual Studio Community는 개인 개발자나 학교/교육기관/회사 등의 학습용만 무료로 사용할 수 있다.

1-2 다운로드한 vs_community.exe 파일을 실행한 다음 [Visual Studio Installer] 대화상자에서 [계속] 버튼을 클릭한다.

그림 8-34 Visual Studio Community 설치 1

1-3 [설치] 창의 [워크로드] 탭에서 'ASP.NET 및 웹 개발'을 선택하고 오른쪽 설치 세부 정보의 '추가 프로젝트 템플릿(이전 버전)'을 체크한 후에 [설치] 버튼을 클릭한다.

그림 8-35 Visual Studio Community 설치 2

NOTE▶ 다른 기능들을 설치해도 상관없다. 다만 이 책에서는 사용하지 않는다.

1-4 한동안 설치가 진행된다. 컴퓨터 성능에 따라서 설치 시간이 다소 걸릴 수 있다.

그림 8-36 Visual Studio Community 설치 3

1-5 설치가 완료되면 나타나는 대화상자를 오른쪽 위 [X]를 클릭해 닫는다. 이로써 **그림 8-32**에 나온 개발용 PC의 '개발 툴' 설치를 완료했다.

그림 8-37 Visual Studio Community 설치 4

1-6 [Visual Studio Installer] 대화상자도 종료하고 WINCLIENT 가상머신을 재부팅한다. 재부팅하지 않으면 추후 문제가 생길 수 있다.

Step 2

FIRST-DB 서버 ◉ 외부 컴퓨터에서 SQL Server에 접속하려면 몇 가지 설정이 필요하다.

2-1 Windows의 [시작]−[Microsoft SQL Server 2019]−[SQL Server 2019 구성 관리자] 메뉴를 클릭한다.

그림 8-38 SQL Server 2019 구성 관리자 실행 아이콘

2-2 SQL Server의 클라이언트에서 접속 시 허용할 프로토콜을 지정한다. [SQL Server Configuration Manager] 창 왼쪽의 [SQL Server 네트워크 구성]–[MSSQLSERVER에 대한 프로토콜]을 선택한다. 오른쪽 화면에서 프로토콜을 확인하면 [공유 메모리]가 '사용'으로 설정되어 있을 것이다. 세 번째의 'TCP/IP'를 선택하고 마우스 오른쪽 버튼을 클릭한 후 [사용]을 클릭한다. 경고 메시지가 나오면 [확인] 버튼을 클릭한다. 이러면 TCP/IP의 [상태]가 '사용'으로 변경된다.

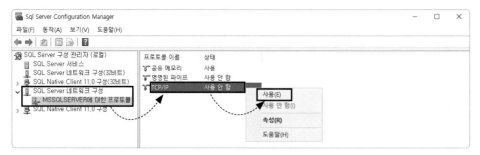

그림 8-39 TCP/IP 프로토콜 허용

2-3 왼쪽의 [SQL Server 서비스]를 선택하고 오른쪽의 'SQL Server (MSSQLSERVER)'를 선택한 후 마우스 오른쪽 버튼을 클릭하고 [다시 시작]을 클릭해 서비스를 다시 시작한다.

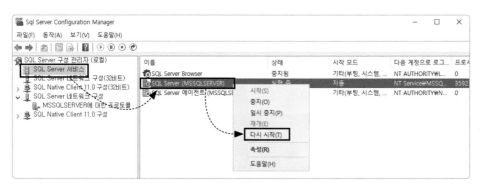

그림 8-40 서비스 다시 시작

2-4 서비스가 다시 시작되면 [SQL Server Configuration Manager] 창을 종료한다.

2-5 DB 서버 컴퓨터의 Windows 방화벽에서 SQL Server의 1433 포트를 허용해야만 클라이언트 컴퓨터에서 접속이 가능하다. [제어판]의 [시스템 및 보안]–[Windows Defender 방화벽]을 클릭한다.

2-6 [Windows Defender 방화벽] 창에서 왼쪽의 '고급 설정'을 클릭한다. [고급 보안이 포함된 Windows Defender 방화벽] 창이 나오면 왼쪽의 '인바운드 규칙'을 클릭하고 오른쪽 작업 화면의 '새 규칙'을 클릭한다. [새 인바운드 규칙 마법사] 창이 열리면 '포트'를 선택하고 [다음] 버튼을 클릭한다.

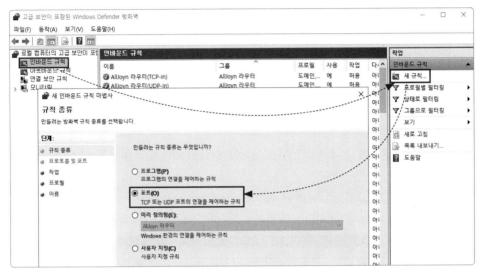

그림 8-41 SQL Server용 1433 포트 추가 1

2-7 [프로토콜 및 포트]에서 'TCP(T)'를 체크하고 [특정 로컬 포트]에 '1433'을 입력한 후 [다음] 버튼을 클릭한다.

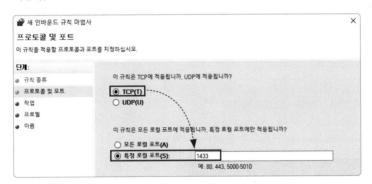

그림 8-42 SQL Server용 1433 포트 추가 2

2-8 [작업]에서 기본값 그대로 두고 [다음] 버튼을 클릭한다.

2-9 [프로필]에서 기본값 그대로 두고 [다음] 버튼을 클릭한다.

2-10 [이름]에 'SQL Server'를 입력하고 [마침] 버튼을 클릭한다.

그림 8-43 SQL Server용 1433 포트 추가 3

2-11 다시 [고급 보안이 포함된 Windows Defender 방화벽] 창으로 돌아오면 제일 위에 방금 추가한 'SQL Server'가 보일 것이다. [고급 보안이 포함된 Windows Defender 방화벽]과 [Windows Defender 방화벽] 창을 닫는다.

그림 8-44 SQL Server용 1433 포트 추가 4

2-12 필요하다면 DB 서버의 IP 주소를 확인한다. IP 주소 파워셸이나 명령 프롬프트에서 `ipconfig` 명령 으로 확인할 수 있다. 현재 사용하는 가상머신은 FIRST이므로 IP 주소는 192.168.111.10이다. 이로써 **그 림 8-35**의 DB 서버와 동일한 구성을 갖추었다.

Step 3

WINCLIENT-개발PC ◉ ASP.NET 웹 응용 프로그램을 작성하자.

3-1 Windows의 [시작]−[Visual Studio 2022] 메뉴를 클릭해 실행하자.

그림 8-45 Visual Studio Community 2022 실행 1

3-2 [Visual Studio 에 로그인] 대화상자에서 '나중에 로그인'을 클릭한다.

그림 8-46 Visual Studio Community 2022 실행 2

3-3 [친숙한 환경에서 시작]에서 적당한 색 테마를 선택하고 [Visual Studio 시작]을 클릭한다(필자는 색 테마를 '파랑'으로 선택했다).

3-4 [Visual Studio 2022] 화면이 나오면 오른쪽의 [새 프로젝트 만들기]를 클릭한다.

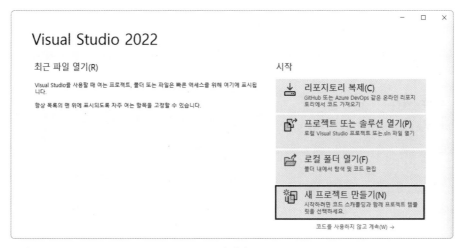

그림 8-47 Visual Studio Community 2022 초기 화면

3-5 [새 프로젝트 만들기]의 언어 선택 드롭다운 버튼을 클릭하고 'C#'을 선택한다. 그런 다음 아래쪽으로 스크롤해서 [ASP.NET Web Forms 사이트]를 선택하고 [다음] 버튼을 클릭한다.

그림 8-48 Visual Studio Community 2022에서 웹사이트 구축 1

3-6 [새 프로젝트 만들기]에서 다음 그림과 같이 기본값 그대로 두고 [프레임워크]만 '.Net Frame work 3.5'으로 선택한 후 [만들기] 버튼을 클릭한다. 이러면 자동으로 'WebSite1'이라는 이름의 빈 웹사이트가 구성된다.

그림 8-49 Visual Studio Community 2022에서 웹사이트 구축 2

NOTE▶ 만약 DB 연결이 잘 안 된다면 '.Net Framework 3.0'을 선택해 진행해 본다.

3-7 왼쪽 아래의 [디자인] 탭을 클릭해 디자인 모드로 변경한다. [도구 상자]에서 [데이터]−
[SqlDataSource]를 더블클릭하거나 마우스 드래그해서 오른쪽의 빈 디자인 화면에 가져다 놓는다.

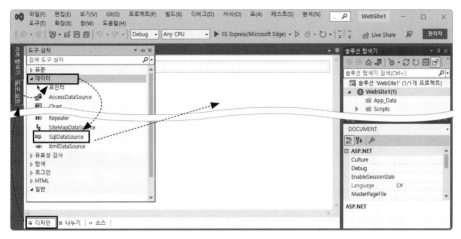

그림 8-50 Visual Studio Community 2022에서 웹사이트 구축 3

3-8 디자인 화면에 보이는 [SqlDataSource] 오른쪽의 확장 버튼을 클릭하면 [SqlDataSourse 작업]이 보
인다. 그 아래의 [데이터 소스 구성]을 클릭한다.

그림 8-51 Visual Studio Community 2022에서 웹사이트 구축 4

3-9 [데이터 소스 구성] 창의 [데이터 연결 선택]에서 [새 연결] 버튼을 클릭하고 'Microsoft SQL Server'
를 선택한 후 [계속] 버튼을 클릭한다.

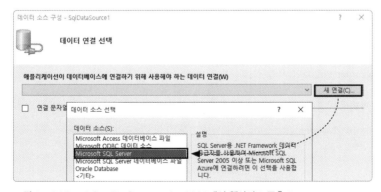

그림 8-52 Visual Studio Community 2022에서 웹사이트 구축 5

3-10 [연결 추가] 창에서 [서버 이름]에는 DB 서버(FIRST)의 IP 주소인 '192.168.111.10'을 입력하고 [인증]에서 'SQL Server 인증'을 선택한 다음 사용자 이름에 'sa', 암호에 'p@ssw0rd'를 입력한다. 그리고 [데이터베이스 이름 선택 또는 입력]에서 shopDB를 선택한 후 [확인] 버튼을 클릭한다.

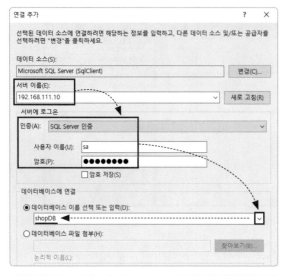

그림 8-53 Visual Studio Community 2022에서 웹사이트 구축 6

3-11 다시 [데이터 연결 선택]이 나오면 다음 그림과 같이 'first.shopDB.dbo'가 연결되었음을 알 수 있다. [다음] 버튼을 클릭한다.

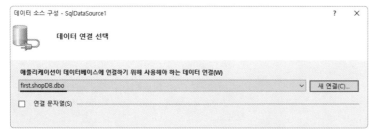

그림 8-54 Visual Studio Community 2022에서 웹사이트 구축 7

3-12 [애플리케이션 구성 파일에 연결 문자열 저장]의 설정 내용을 기본값 그대로 두고 [다음] 버튼을 클릭한다(연결 문자열 이름은 'shopDBConnectionString'으로 자동 저장된다).

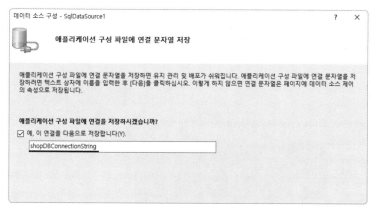

그림 8-55 Visual Studio Community 2022에서 웹사이트 구축 8

3-13 [Select 문 구성]에서 '테이블 또는 뷰의 열 지정' 선택 후 [이름]에 'userTBL'을 선택한다. 그리고 [열]에는 '*'를 체크하고 [다음] 버튼을 클릭한다.

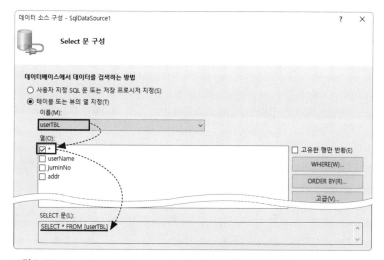

그림 8-56 Visual Studio Community 2022에서 웹사이트 구축 9

이러면 아래쪽의 [SELECT 문] 부분에 자동 완성된 SQL 문이 나타낸다(이는 제일 위의 '사용자 지정 SQL 문 또는 저장 프로시저 지정'을 체크하고 [SELECT 문]에 직접 'SELECT * FROM userTBL'을 입력하는 것과 동일하다).

3-14 [쿼리 테스트]에서 [쿼리 테스트] 버튼을 클릭해 쿼리가 정상적으로 실행되는지 확인한 후에 [마침] 버튼을 클릭해 [데이터 소스 구성] 창을 닫는다.

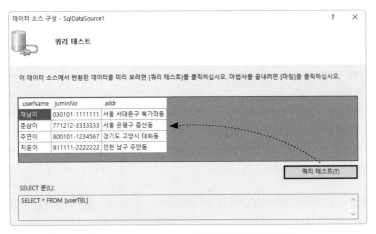

그림 8-57 Visual Studio Community 2022에서 웹사이트 구축 10

그림 8-35 개발용 PC의 '개발툴'에서 'DB 연결자'를 통해 DB 서버의 '회원 테이블'에 접근한 상태까지 도달했다. 이제는 개발용 PC의 '웹 서비스 엔진'을 통해 외부 컴퓨터에 서비스를 제공하기 위한 프로그램을 생성할 차례다.

3-15 다시 왼쪽 화면의 [도구 상자]-[데이터]-[ListView]를 더블클릭한다. 경고 메시지가 나오면 [예] 버튼을 클릭한다.

3-16 [데이터 소스 선택]에서 'SqlDataSource1'을 선택한 후 [ListView 구성]을 클릭한다(ListView 작업 부분이 안 보이면 확장 버튼을 클릭해서 확장한다).

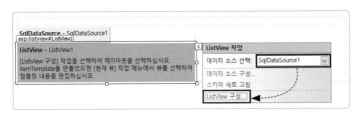

그림 8-58 Visual Studio Community 2022에서 웹사이트 구축 11

3-17 [ListView 구성] 창에서 적절한 레이아웃을 설정하고 [확인] 버튼을 클릭한다(보이는 모양을 선택하는 것이므로 무엇을 선택하든 상관없다).

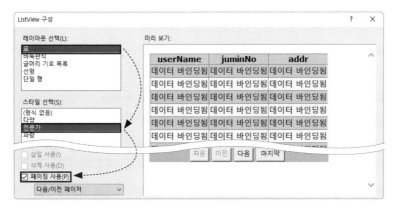

그림 8-59 Visual Studio Community 2022에서 웹사이트 구축 12

3-18 최종 디자인 화면은 다음 그림과 비슷하게 나올 것이다.

그림 8-60 Visual Studio Community 2022에서 웹사이트 구축 13

3-19 [파일]-[모두 저장] 메뉴를 클릭해 지금까지 한 작업을 저장한다.

3-20 실제 웹 서비스의 작동 여부를 확인하자. [파일]-[브라우저에서 보기] 메뉴를 클릭하고 잠시 기다리면 웹 브라우저가 실행되면서 SQL Server의 데이터가 웹 브라우저에서 나타난다. 이를 **그림 8-35**의 외부 컴퓨터에서 접속된 상태라고 생각하면 된다.

그림 8-61 Visual Studio Community 2022에서 웹사이트 구축 14

지금은 데이터가 몇 건 없기 때문에 [Next], [Previous] 등의 버튼이 비활성화되어 있지만 실제로 많은 양의 데이터를 사용하게 된다면 이 버튼들이 모두 활성화될 것이다. 웹 브라우저를 종료한다.

이로써 **그림 8-35**의 내용을 전부 구성했다. 비록 지금 실습한 방식은 입문자가 쉽게 이해할 수 있도록 세부적인 내용은 생략하고 단순화했지만, Windows Server 환경에서 데이터베이스를 운영하고 웹 서비스를 제공하는 가장 일반적인 방식이므로 잘 기억하자.

NOTE ▶ **그림 8-32**에는 '웹 서비스 엔진'이 있지만 실습에서는 웹 서버를 설치하지 않았다. 하지만 IIS(웹 서버 소프트웨어)가 설치되어 있지 않아도 Microsoft Visual Studio Community IIS Express를 제공하므로 웹 서버 없이도 웹 서비스를 테스트할 수 있다. IIS에서 실제 웹사이트를 구축하는 실습은 9장에서 진행하겠다.

8.3 Oracle Database

Oracle(오라클)사에서 제작한 데이터베이스 툴의 제품 이름은 Oracle Database이다(이 책에서는 그냥 줄여서 그냥 Oracle이라고 부르겠다). 이 제품은 세계적으로 유명한 제품 중 한 가지이며 우리나라뿐 아니라 세계적인 대형 사이트에 많이 사용된다.

8.3.1 Oracle Database 개요

앞에서 살펴본 SQL Server는 Microsoft사의 제품이기에 Windows 및 Linux용 제품만 출시되지만, Oracle은 Windows, Unix, Linux 등 각 운영체제용 Database가 별도로 출시된다(이 책에서는 Windows용 Oracle에 대해서만 언급한다). 기업용인 Enterprise 에디션은 상당히 무거운 고사양의 컴퓨터를 요구한다. 하지만 우리는 기업에서 사용하는, 많은 양의 데이터를 다루지 않을 것이므로 무료이면서도 비교적 저사양에서도 설치가 가능한 Oracle Database 18c Express를 사용하겠다. Oracle Database 18c Express를 설치하려면 2GB 이상의 RAM과 8.5GB 이상의 디스크 여유 공간이 필요하다. Oracle의 기본 사용 방법이나 SQL 문의 처리는 에디션과 상관없이 동일하므로 Oracle을 처음 접하는 독자에게 Oracle Database 18c Express가 적합하다.

NOTE ▶ 이 책에서 사용하는 Oracle 에디션의 정확한 명칭은 Oracle Database 18c Express Edition for Windows x64다. 그냥 줄여서 'Oracle 18c XE'라고 부르기도 한다.

8.3.2 Oracle 18c XE 설치

우리는 이미 앞에서 SQL Server를 이용한 데이터베이스 툴 사용 실습을 진행했다. 데이터베이스 툴의 설치나 기본 사용 방법에 차이가 있을 뿐 전반적인 구축 절차는 별반 다르지 않다. 이번에는 무료이면서 가볍고 또 이 책에서 실습하고자 하는 Oracle의 기능을 모두 사용할 수 있는 Oracle 18c XE를 설치한다.

NOTE ▶ 이 책을 집필하는 시점에 Oracle 21c Express Edition(내부 버전 21.3)이 최신 버전이지만, 이 버전은 Windows Server 2022와 Windows 11에 설치되지 않는다. 향후 내부 버전이 21.4로 올라간다면 Windows Server 2022 및 Windows 11에 설치가 가능할 것이다.

실습 4 ▶

Oracle 18c XE를 설치하자. Windows용의 경우에는 다른 프로그램과 마찬가지로 간단히 설치할 수 있다.

Step 0

이번 실습은 FIRST 가상머신을 사용한다.

0-1 우선 FIRST 가상머신을 초기화한다(초기화 방법이 기억나지 않으면 3장 **실습 5**를 참조한다).

NOTE ▶ 이번 장의 실습은 상당히 무거우므로 가능하면 FIRST 가상머신의 RAM을 4GB 이상으로 설정하자.

0-2 FIRST 가상머신을 부팅하고 Administrator로 로그온한다.

설치 파일을 다운로드하자.

1-1 웹 브라우저로 https://www.oracle.com/database/technologies/xe18c−downloads.html 주소에 접속해 Oracle 18c XE를 다운로드한다. Q&A 카페(https://cafe.naver.com/thisisLinux)의 [교재 자료실(윈도서버)]에서도 다운로드할 수 있다. '[Windows 2022] 전체 실습 파일 다운로드'에서 Windows 용을 찾으면 된다.

그림 8-62 Oracle 18c XE 다운로드

NOTE ▶ Oracle 18c XE를 다운로드하려면 Oracle 계정이 필요하다. Oracle 무료 계정을 만든 후에 다운로드하자.

1-2 다운로드한 파일(OracleXE184_Win64.zip, 약 1.91GB)의 압축을 푼다.

Step 2

Oracle 18c XE를 설치하자.

2-1 압축을 푼 폴더에 있는 setup.exe 파일을 실행한다.

2-2 시작 화면이 나오면 [다음] 버튼을 클릭한다.

그림 8-63 Oracle 18c XE 설치 1

2-3 [라이선스 계약]에서 라이선스에 동의하고 [다음] 버튼을 클릭한다.

2-4 [대상 폴더]에서 기본값(C:\app\Administrator\product\18.0.0\)을 그대로 두고 [다음] 버튼을 클릭한다.

2-5 [Oracle Database 정보]에서 암호를 생성한다. 이 암호는 Oracle 관리자인 SYSTEM, SYS 및 PDBADMIN 계정에서 사용하는 것이다. 기억하기 쉽게 '1234'로 입력하고 [다음] 버튼을 클릭한다.

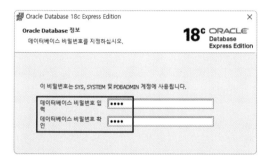

그림 8-64 Oracle 18c XE 설치 2

2-6 [요약]에서 [설치] 버튼을 클릭하면 몇 분~몇십 분 동안 설치가 진행된다.

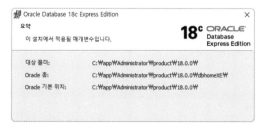

그림 8-65 Oracle 18c XE 설치 3

2-7 성공적으로 설치가 되었다면 [완료] 버튼을 클릭해 창을 닫는다.

그림 8-66 Oracle 18c XE 설치 4

NOTE ▶ 그림 8-32의 'DB 서버'에 나온 Windows Defender 방화벽의 포트로 SQL Server는 '1433', Oracle은 '1521'을 사용한다. 기억하자.

Step 3

Oracle에 접속하는 방법을 확인하자.

NOTE ▶ Oracle은 웹 브라우저로 접속하는 편리한 방법을 제공한다. 하지만 업계에서는 텍스트 모드의 SQL*Plus라는 툴을 사용하는 것이 일반적이다. 그러므로 이 책에서는 Oracle을 텍스트 모드로 사용하겠다.

3-1 Windows의 [시작]에서 마우스 오른쪽 버튼을 클릭하고 [Windows PowerShell] 메뉴를 클릭해 파워셸을 연다.

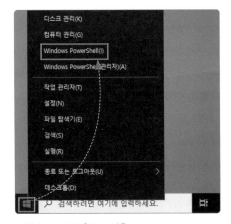

그림 8-67 SQL*Plus 사용 1

3-2 파워셸에서 **sqlplus** 명령을 입력하고 사용자명에는 'system', 비밀번호에는 '1234'를 입력하자. 이러면 프롬프트가 'SQL〉'로 변경된다.

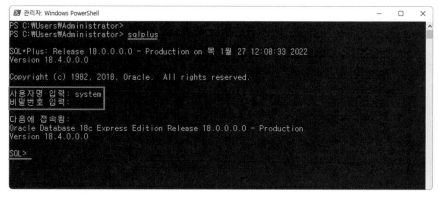

그림 8-68 SQL*Plus 사용 2

지금 실행된 명령 줄을 'SQL*Plus'라고 부른다. 앞서 사용했던 SQL Server의 쿼리 창보다 조금 불편할 뿐 동일한 용도로 사용된다.

3-3 일단 **exit** 명령을 입력하면 SQL*Plus가 종료된다.

> **? VITAMIN QUIZ 8-3**
>
> SECOND 가상머신에 Oracle 18c XE 외 다른 버전의 Oracle을 설치하자.

8.3.3 Oracle에서 데이터베이스 구축

그림 8-2에 따르면 우리는 **실습 4**를 통해 'Oracle DBMS 설치' 부분을 완료했다. 이제는 **그림 8-2**의 다음 차례인 '데이터베이스 구축 절차' 부분을 차례대로 실습하겠다.

NOTE▶ 이번 장 **실습 3**에서 SQL Server에서 데이터베이스 구축을 진행했던 절차와 그 흐름 및 SQL 문이 크게 차이가 없다. **실습 2**와 **실습 5**를 비교하면서 학습하는 것도 좋은 방법이다.

그림 8-2의 데이터베이스 구축 절차 부분을 Oracle에서 실습하자.

Step 0

실습 4에 이어서 FIRST 가상머신을 계속 사용한다.

Step 1

그림 8-2의 데이터베이스 구축 절차 중 '데이터베이스 생성'을 하자.

1-0 Windows의 [시작]에서 마우스 오른쪽 버튼을 클릭하고 [Windows PowerShell]을 클릭해 파워셸을 실행한다.

NOTE▶ SQL Server와 Oracle에서 사용하는 용어 중에서 그 개념의 차이가 있는 부분이 '데이터베이스'다. 지금까지 필자가 데이터베이스를 '데이터의 저장소'라고 말했고 **그림 8-1**에서는 원통 모양으로 표현했다. 그런데 Oracle에서는 **그림 8-1**의 원통 모양을 '테이블스페이스(Tablespace)'라고 부른다. 그러므로 **그림 8-1**의 '쇼핑몰 데이터베이스'를 Oracle을 사용하는 이번 실습에서는 특별히 '쇼핑몰 테이블스페이스'라고 부르겠다.

1-1 `sqlplus` 명령을 입력하고 Oracle의 관리자인 사용자명은 'SYSTEM', 비밀번호는 '1234'를 입력한다.

그림 8-69 사용자 접속

1-2 **그림 8-1**의 '쇼핑몰 테이블스페이스'를 생성하자. 먼저 [파일 탐색기]로 'C:\data\' 폴더를 생성하고 다음 명령을 실행한다.

```
CREATE TABLESPACE shopDB DATAFILE 'c:\data\shopDB.dbf' SIZE 3M ;
```

이는 테이블스페이스(SQL Server의 데이터베이스)의 이름은 'shopDB', 파일명은 'c:\data\shopDB.dbf', 크기는 '3MB'로 설정하는 명령이다.

그림 8-70 테이블스페이스 생성

1-3 쇼핑몰 데이터베이스를 소유할 새로운 Oracle 사용자 shopUser를 생성하자. 암호는 'shop1234'로 입력하고, 기본 테이블스페이스(기본적으로 사용하게 될 테이블스페이스)는 방금 생성한 'shopDB'로 설정한다. 그리고 shopUser에 접속 및 자원 사용 권한을 준다.

```
ALTER  SESSION  SET  "_ORACLE_SCRIPT" = true ;
CREATE  USER  [사용자명]  IDENTIFIED  BY  [암호]  DEFAULT  TABLESPACE  shopDB ;
GRANT  connect, resource  TO  shopUser ;
GRANT UNLIMITED  TABLESPACE  TO  shopUser;
```

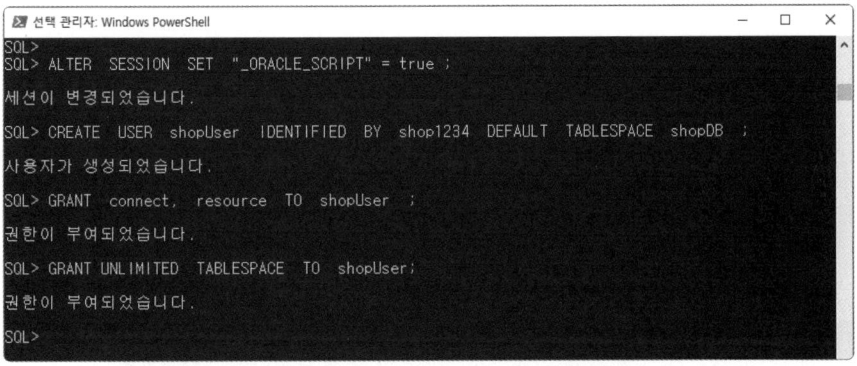

그림 8-71 사용자 생성 및 권한 부여

NOTE▶ Oracle 12c부터는 사용자명 앞에 'c##'을 붙이도록 규칙이 변경되어 'c##shopUser'와 같이 사용자명을 지정해야 하지만, **1-3**의 코드 1행을 실행하면 'c##' 규칙 없이도 shopUser와 같은 사용자 이름을 사용할 수 있다.

1-4 shopUser로 정상적으로 접속되는지 확인한다. 앞으로는 이 shopUser로 계속 작업을 진행한다.

```
CONNECT shopUser / [암호] ;
SHOW USER ;
```

그림 8-72 새로운 사용자로 접속

NOTE▶ 참고로 Oracle은 사용자 이름과 암호에 대소문자를 구분하지 않는다. 즉, SQL*Plus에서 입력한 값이 모두 대문자로 변환된다.

이로써 **그림 8-1**의 쇼핑몰 테이블스페이스(shopDB)가 생성되었다. 아직 그 내부는 비어 있는 상태다.

Step 2

그림 8-2의 데이터베이스 구축 절차 중에서 '테이블 생성'을 진행하자.

NOTE▶ SQL Server에서는 생성된 데이터베이스를 사용하기 위해 USE 문을 사용했지만, Oracle에서는 새 사용자 shopUser의 기본 테이블스페이스를 shopDB로 지정했다. 그래서 별도의 USE 문을 사용하지 않는다.

2-1 **그림 8-1**의 회원 테이블(userTBL)을 **표 8-3**을 참고해서 생성하자. 다음 문장을 실행하면 된다(SQL Server에서 nvarchar 형식을 nvarchar2로 변경한 것 외에는 동일하다는 것을 알 수 있다).

```
CREATE  TABLE  userTBL
(  userName    nchar(3)        not  null ,
   juminNo     char(14)        not  null   primary  key,
   addr        nvarchar2(30)   null  ) ;
```

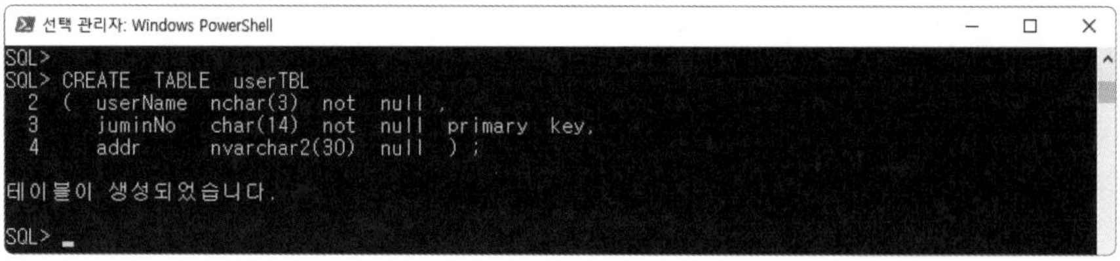

그림 8-73 회원 테이블 생성

NOTE▶ Oracle의 SQL*Plus에서는 1줄에 모든 코드를 작성하든 [Enter] 키를 눌러서 줄을 바꾸든 동일하게 작동한다. 다만 줄 바꿈을 하면 윗줄로 다시 돌아가 수정할 수 없다. 그래서 윗줄에서 글자를 틀렸는데 이미 줄바꿈을 했다면 우선 세미콜론(;)을 입력해 오류를 발생시킨 CREATE 문을 처음부터 다시 입력해야 한다.

2-2 같은 방식으로 **표 8-4** SQL을 참고해서 제품 테이블을 생성한다.

```
CREATE  TABLE  productTBL
(   prodName    nchar(4)      not  null ,
    cost        int           not  null ,
    mDate       date          null ,
    company     nvarchar2(5)  null ,
    amount      int           not  null  );
```

그림 8-74 제품 테이블 생성

NOTE▶ 만약 이미 만들어진 테이블을 수정할 때 **ALTER TABLE 테이블이름** 형식을 사용할 수 있지만, 아직 데이터가 입력되기 전이므로 **DROP TABLE 테이블이름**으로 삭제한 후 다시 **CREATE TABLE** 문을 사용하는 것이 더 편하다.

Step 3

그림 8-2의 데이터베이스 구축 절차 중에서 '데이터 입력'을 진행하자.

3-1 **그림 8-1**의 회원 테이블(userTBL)에 있는 데이터 4건을 입력하자. SQL Server와 동일한 SQL 문을 사용하지만, Oracle은 한글 앞에 'N'을 붙이지 않는다.

```
INSERT INTO userTBL VALUES('주연이', '800101-1234567', '경기도 고양시 대화동');
INSERT INTO userTBL VALUES('재남이', '030101-1111111', '서울 서대문구 북가좌동');
INSERT INTO userTBL VALUES('지운이', '811111-2222222', '인천 남구 주안동');
INSERT INTO userTBL VALUES('춘삼이', '771212-3333333', '서울 은평구 증산동');
```

NOTE▶ 입력된 데이터를 삭제하려면 DELETE 문을 사용하면 된다. 예시로 '춘삼이' 데이터를 삭제하려면 **DELETE FROM userTBL WHERE userName = '춘삼이'**를 입력하면 된다.

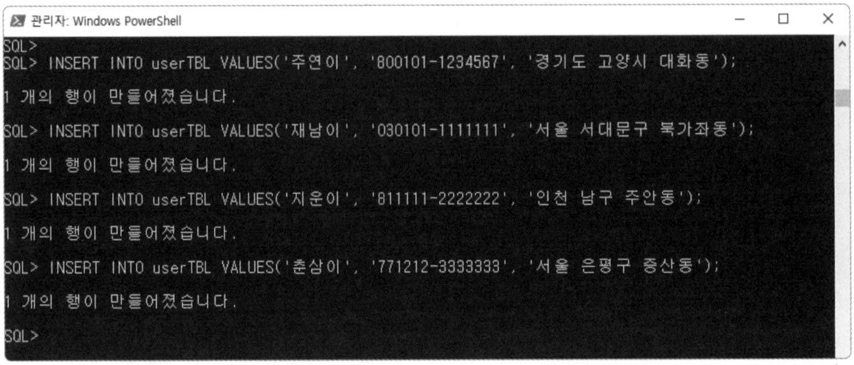

그림 8-75 회원 테이블에 데이터 입력

3-2 같은 방식으로 제품 테이블에도 데이터를 입력하자.

```
INSERT INTO productTBL VALUES('냉장고', 100, '2024.7.1', '삼성', 5);
INSERT INTO productTBL VALUES('컴퓨터', 80,  '2025.3.1', '엘지', 33);
INSERT INTO productTBL VALUES('모니터', 20,  '2026.9.1', '대우', 7);
```

Step 4

마지막으로 **그림 8-2**의 데이터베이스 구축 절차 중에서 '데이터 조회/활용'을 진행하자.

4-1 회원 테이블의 모든 열을 조회한다.

```
SELECT  *  FROM  userTBL;
```

NOTE ▶ SQL*Plus에서 조회한 결과가 깔끔하게 보이지 않을 수 있다. 이는 SQL*Plus의 특성상 그런 것뿐이며 실제 데이터만 이상 없이 보이면 된다. 출력 화면을 제대로 제어하고 싶다면 Oracle의 PL/SQL을 사용하면 되는데 이에 대한 자세한 내용은 인터넷이나 SQL 책을 참고하기 바란다.

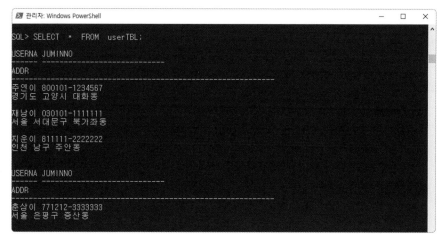

그림 8-76 데이터 조회

4-2 회원 테이블의 회원 이름과 주소를 조회한다.

```
SELECT  userName, addr  FROM  userTBL;
```

4-3 회원 테이블에서 회원 이름이 '지운이'인 사람의 주민번호를 조회한다.

```
SELECT  juminNo  FROM  userTBL  WHERE  userName = '지운이' ;
```

4-4 제품 테이블에서 가격이 50만 원 이상인 제품의 모든 열을 조회한다.

```
SELECT  *  FROM  productTBL  WHERE  cost >= 50 ;
```

Step 5

exit 명령을 입력해 SQL*Plus를 종료한다.

VITAMIN QUIZ 8-3에서 설치한 SECOND 가상머신의 Oracle에 **그림 8-2**의 쇼핑몰 데이터베이스를 구축하자.

이상으로 Oracle에서 **그림 8-2**의 '데이터베이스 구축 절차' 부분 진행을 완료했다. 즉, **그림 8-1**의 그림과 동일하게 쇼핑몰 데이터베이스를 완성했다. 이미 알고 있겠지만, Oracle에서의 실습과 **실습 2**에서 다룬 SQL Server의 실습은 크게 차이가 없다. 그 이유는 대부분의 DBMS에서 데이터베이스를 다루는 방식이 비슷하기 때문이다.

이상으로 Windows Server를 데이터베이스 서버로 운영하기 위한 학습을 마치겠다. 비록 이번 장에서 Windows Server보다 SQL를 더 많이 다루긴 했지만, 실무에서 Windows Server를 데이터베이스 서버로만 운영해야 할 때 큰 도움이 되는 내용이므로 잘 기억하자.

09

웹 서버와 FTP 서버

이번 장에서는 서버 운영체제가 일반적으로 사용하는 웹 서버를 구축하고 웹 서비스의 응용으로 게시판/블로그를 제작하는 워드프레스 및 웹하드, 클라우드 저장소 서비스도 구현한다. 또한 웹하드 기능을 하는 Pydio와 최근 인기 있는 클라우드 저장소 ownCloud를 설치해 보고 인터넷상에서 파일을 업로드 다운로드하기 위해 가장 많이 사용되는 FTP 서버를 구축한다.

🗒 학습목표

✓
**이 장의
핵심 개념**

- IIS 서비스가 무엇인지 알아보고 설치한다.

- IIS 관리 도구의 사용법을 익힌다.

- FTP 서버의 활성화를 위한 설정 방법을 학습한다.

- 워드프레스를 활용해 게시판을 구축한다.

- Pydio를 활용해서 웹하드를 구축한다.

- ownCloud를 활용해서 클라우드 저장소를 구축한다.

✓
**이 장의
학습 흐름**

IIS 서비스 설치

▼

IIS 관리 도구를 활용한 웹 서버 및 FTP 서버 설정

▼

게시판 서비스 구축

▼

웹 하드 서비스 구축

▼

클라우드 저장소 서비스 구축

9.1 IIS 서비스 설치

Windows Server에 내장된 웹 서버 및 FTP 서버는 IIS^{Internet Information Services}라는 이름으로 제공된다. IIS는 전통적으로 Windows Server에 포함되어 제공되는데, IIS 버전은 다음 표와 같다.

표 9-1 IIS 버전과 지원 운영체제

버전	운영체제
IIS 1.0	Windows NT 3.51
IIS 2.0	Windows NT 4.0
IIS 3.0	Windows NT 4.0 서비스 팩 3
IIS 4.0	Windows NT 4.0 옵션 팩
IIS 5.0	Windows 2000
IIS 5.1	Windows XP Professional
IIS 6.0	Windows Server 2003, Windows XP Professional x64
IIS 7.0	Windows Server 2008, Windows Vista
IIS 7.5	Windows Server 2008 R2, Windows 7
IIS 8.0	Windows Server 2012, Windows 8
IIS 8.5	Windows Server 2012 R2, Windows 8.1
IIS 10.0	Windows Server 2016/2019/2022, Windows 10/11

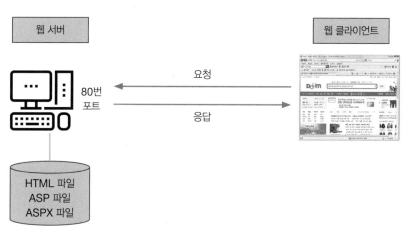

그림 9-1 웹 서버의 간단한 개념도

이 책에서 사용하는 Windows Server 2022에는 IIS 10.0이 제공된다. IIS는 대표적으로 World Wide Web 게시 서비스^{W3SVC, World Wide Web Publishing Service}, WAS^{Windows Process Activation Service}, 프로토콜 수신기, FTP 게시 서비스 등의 구성 요소로 되어 있다. IIS는 상당히 방대해 그 자체 기능만 설명하는 별도의 책이 출간될 정도이다. 그러나 이 책에서는 IIS 기능에 대한 나열은 생략하고 가장 보편적으로 사용되는 IIS 역할과 FTP 서버 역할을 중심으로 어떻게 운영되는지 알아보는 실습에 집중하겠다.

⚠ 여기서 잠깐   Windows Client IIS

Windows Server가 아닌 Windows Client 제품에서도 IIS를 사용할 수 있으나, 일부 기능이 제한되기 때문에 주로 테스트 용도로 사용된다. Windows 8/8.1/10/11 등은 IIS에 실시간 요청(Request)에 대응하는 처리가 3~10명으로 제한된다. 만약 이를 넘는 요청은 큐(Queue)에 대기시킨 후에 처리된다. 그러므로 실제 사이트에서 사용하기에는 적합하지 않다.

실습 1

IIS를 설치하고 잘 작동하는지 확인하자.

Step 0

이번 실습은 FIRST와 WINCLIENT 가상머신을 사용한다.

0-1 우선 FIRST 가상머신을 초기화한다(초기화 방법이 기억나지 않으면 3장 **실습 5**를 참고한다).

Step 1

FIRST ● IIS를 설치하자.

1-1 Windows의 [시작]-[서버 관리자] 메뉴를 클릭해 실행하고 [관리]-[역할 및 기능 추가] 메뉴를 클릭한다.

1-2 [시작하기 전], [설치 유형 선택], [대상 서버 선택]에서 기본값 그대로 두고 [다음] 버튼을 클릭한다.

1-3 [서버 역할 선택]에서 'Web Server(IIS)'를 체크하고 [기능 추가] 버튼을 클릭해 필요한 기능을 추가한다. [다음] 버튼을 클릭해서 계속 진행한다.

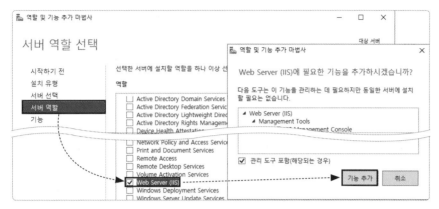

그림 9-2 IIS 설치 1

1-4 [기능 선택]에서 기본값 그대로 두고 [다음] 버튼을 클릭한다.

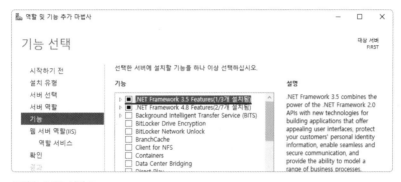

그림 9-3 IIS 설치 2

NOTE ▶ .NET Framework 3.5 Features는 이미 3장에서 설치했다. .NET Framework 3.5 Features가 필요한 이유는 이번 장의 후반부에 나오는 응용 프로그램에서 사용하기 때문이다.

1-5 [웹 서버 역할(IIS)]에서는 웹 서버 소개와 설명이 나온다. 필요하면 읽어보고 [다음] 버튼을 클릭한다.

1-6 [역할 서비스 선택]에서 [웹 서버 역할(IIS)]-[역할 서비스]를 선택하고, 아래로 스크롤해서 'Application Development'의 확장 버튼을 클릭한다. 'CGI'와 'FTP Server'를 체크한 후 [다음] 버튼을 클릭해서 진행한다.

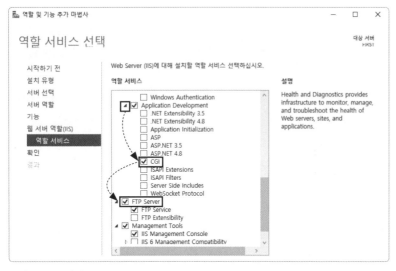

그림 9-4 IIS 설치 3

1-7 [설치 선택 확인]에서 [필요한 경우 자동으로 대상 서버 다시 시작]을 체크한 후 경고 메시지가 나오면 [확인] 버튼을 클릭한다. 그리고 [설치] 버튼을 클릭해 설치한다. 설치가 완료되면 [닫기] 버튼을 클릭해 창을 닫는다. [서버 관리자] 창도 닫는다.

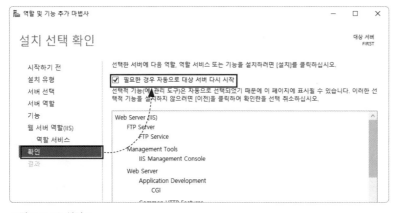

그림 9-5 IIS 설치 4

Step 2

FIRST ❶ 웹 서버 포트인 80번과 FTP 서버 포트인 21번이 열려 있는지 확인하고 서비스가 작동하는지도 확인하자.

2-1 [제어판]의 [시스템 및 보안]−[Windows Defender 방화벽] 메뉴를 클릭하고 왼쪽 화면의 [Windows Defender 방화벽을 통해 앱 또는 기능 허용]을 선택한다. [허용되는 앱] 창에서 'FTP 서버'와 'World Wide Web 서비스(HTTP)'를 체크하고 [확인] 버튼이나 [취소] 버튼을 클릭해 창을 닫는다. [Windows Defender 방화벽] 창도 종료한다.

그림 9-6 방화벽 포트 확인

2-2 [서버 관리자]를 실행해 [도구]−[서비스]를 클릭한 후 [서비스] 창에서 [Microsoft FTP Service]와 [World Wide Web Publishing 서비스]의 [상태]가 '실행 중', [시작 유형]이 '자동'으로 되어 있는지 확인한다. [서비스] 창을 종료한다.

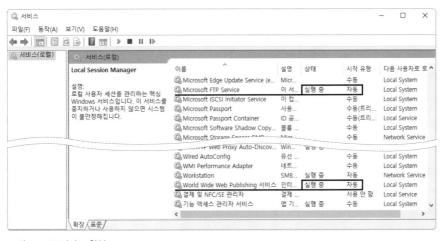

그림 9-7 두 서비스 확인

FIRST ◐ 기본적으로 웹 서비스는 작동되고 있으나, FTP 서비스는 새로 생성해 줘야 한다.

3-1 [서버 관리자]에서 [도구]-[IIS(인터넷 정보 서비스) 관리자] 메뉴를 클릭해 실행한다.

3-2 [IIS(인터넷 정보 서비스) 관리자] 창에서 왼쪽 화면의 'FIRST' 확장 아이콘을 클릭한다.

그림 9-8 FTP 사이트 추가 1

3-3 [사이트]에서 마우스 오른쪽 버튼을 클릭하고 [FTP 사이트 추가]를 클릭한다. [FTP 사이트 추가] 창이 나오면 [FTP 사이트 이름]에 'Win2022 FTP Site'를 입력하고 [실제 경로]를 'C:\inetpub\ftproot' 폴더로 설정한 후 [다음] 버튼을 클릭한다.

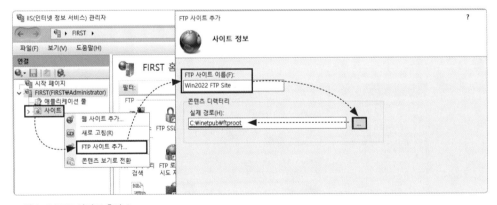

그림 9-9 FTP 사이트 추가 2

3-4 [바인딩 및 SSL 설정]에서 나머지는 기본값 그대로 두고 'SSL 사용 안 함'을 선택한 후 [다음] 버튼을 클릭한다.

그림 9-10 FTP 사이트 추가 3

3-5 [인증 및 권한 부여 정보]에서 [인증]에서 '익명'을 체크하고 [액세스 허용]에는 '모든 사용자'를 선택한다. [사용 권한]은 '읽기'를 체크한 후 [마침] 버튼을 클릭한다. [IIS(인터넷 정보 서비스) 관리자]와 [서버 관리자] 창을 모두 종료한다.

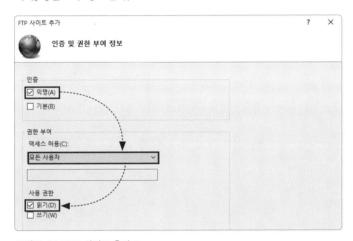

그림 9-11 FTP 사이트 추가 4

NOTE ▶ 지금 설정은 FTP의 익명(anonymous) 사용자에게 읽기 권한을 부여하는 것이다.

3-6 설정을 완료했으므로 열려 있는 모든 창을 닫고 FIRST 가상머신을 재부팅하자.

Step 4

WINCLIENT ◉ 외부에서 웹 서버 및 FTP 서버에 접속해 본다.

4-0 WINCLIENT 가상머신을 초기화한다.

4-1 웹 브라우저에서 http://192.168.111.10/ 주소에 접속해서 IIS 초기 화면이 나오면 웹 서버가 잘 작동되는 것이다.

그림 9-12 웹 서비스 접속

4-2 이번에는 FTP 서버에 접속하자. Windows의 [시작]에서 마우스 오른쪽 버튼을 클릭하고 [Windows PowerShell]을 클릭해 실행한다. 파워셸에 다음 명령을 차례로 입력한다.

```
프롬프트> ftp 192.168.111.10
사용자(User): anonymous → 익명 사용자
암호(Password): 아무거나 입력 → 입력하는 상태는 안 보임
ftp> pwd → 현재 폴더 확인 명령
ftp> bye → 접속 종료 명령
```

```
PS C:\Users\Administrator>
PS C:\Users\Administrator> ftp  192.168.111.10
Connected to 192.168.111.10.
220 Microsoft FTP Service
200 OPTS UTF8 command successful - UTF8 encoding now ON.
User (192.168.111.10:(none)): anonymous
331 Anonymous access allowed, send identity (e-mail name) as password.
Password:
230 User logged in.
ftp> pwd
257 "/" is current directory.
ftp> bye
221 Goodbye.
PS C:\Users\Administrator> _
```

그림 9-13 FTP 서비스 접속

이상으로 IIS에 대한 간단한 설치와 접속을 해 보았다. 지금 **실습 1**에서 해본 내용으로도 IIS의 환경에서 홈페이지 서비스를 무난히 구축할 수 있다. 실제 현업에서도 간단한 웹사이트를 구축할 때 이 정도 선에서 IIS를 설치해 HTML 언어나 JSP, PHP, ASP.Net 등의 웹 프로그래밍 언어로 서비스를 제공하는 곳도 있다.

9.2 IIS 관리 도구

IIS를 활용하기 위해서 IIS의 기본적인 아키텍처를 이해하고 IIS 관리 도구를 사용하는 방법을 익힐 필요가 있다. IIS 관리 도구는 [IIS(인터넷 정보 서비스) 관리자]라는 이름으로 제공된다(앞으로는 줄여서 [IIS 관리자]라고 부르겠다). 다음은 [IIS 관리자]의 초기 화면이다.

그림 9-14 IIS 관리자 초기 화면

IIS 10의 관리자는 이전 버전에 비해서 많은 부분이 변화되고 향상되었다. IIS를 설치하면 [서버 관리자]의 도구 메뉴에 'IIS(인터넷 정보 서비스) 관리자'라는 메뉴가 추가되고 그것을 클릭하면 [IIS 관리자]를 실행할 수 있다. **inetmgr** 명령을 실행해도 동일하게 실행된다.

IIS 관리자는 본인의 컴퓨터에 설치된 IIS뿐 아니라 다른 컴퓨터에 설치된 IIS도 추가하여 관리할 수 있다. 앞에서 언급했듯이 IIS 기능 자체에 대한 나열을 생략하겠으며, 실습을 통해 IIS 관리자의 사용 방법을 익혀보겠다.

9.2.1 웹 서버 설정

IIS 관리자에서 웹 서버를 설정하는 방법을 확인해 보자.

실습 2

[IIS 관리자]를 사용해 웹사이트의 설정을 변경해 보자.

Step 0

실습 1에 이어서 진행한다.

Step 1

FIRST ◉ IIS의 홈 디렉터리를 확인하자.

1-1 [서버 관리자]에서 [도구]-[IIS(인터넷 정보 서비스) 관리자] 메뉴를 클릭한다. 왼쪽 [연결] 창에서 [FIRST]-[사이트]-[Default Web Site]를 선택하고 오른쪽 아래의 [콘텐츠 보기]를 클릭하면 현재 기본적으로 제공되는 웹 페이지를 확인할 수 있다. 즉, 외부에서 'http://서버IP/'로 접속할 때 연결되는 웹사이트의 홈 디렉터리다. 이 중에서 **그림 9-12**에서 봤던 페이지가 바로 iisstart.htm 파일이다.

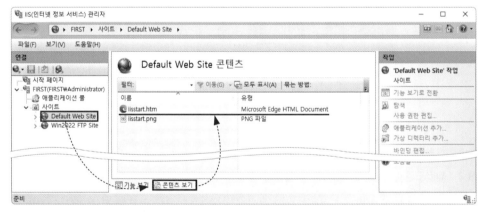

그림 9-15 Default Web Site

1-2 [파일 탐색기]에서 'C:\inetpub\wwwroot\' 폴더를 확인하자. [Default Web Site]의 물리적인 폴더가 이곳이다.

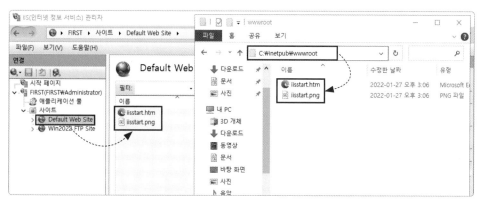

그림 9-16 Default Web Site와 폴더 확인

NOTE [파일 탐색기]의 [보기]에서 '파일 확장명'을 체크해야 확장명이 보인다.

Step 2

FIRST ○ 'http://서버IP/'로 접속했을 때 특별히 다른 웹 페이지 파일을 지정하지 않으면 iisstart.htm 파일이 열리도록 설정되어 있다. 이를 변경해 보자.

2-1 [Default Web Site]에서 [기능 보기]를 클릭한 다음 '기본 문서' 실행 아이콘을 더블클릭한다.

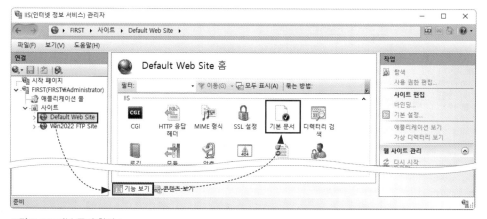

그림 9-17 기본 문서 확인 1

2-2 'http://서버IP/'로 접속했을 경우 가장 먼저 제공될 문서(웹 페이지)가 순서대로 나열되어 있다. 즉, 가장 먼저 Default.htm 파일이 있으면 이를 제공하고, 없다면 Default.asp, index.htm 순서로 파일을 제공한다.

필요 없는 문서의 경우 파일을 선택하고 오른쪽의 [제거] 버튼을 클릭하면 제거된다. 또한 우선순위도 오른쪽의 [위로 이동]이나 [아래로 이동]을 선택해서 변경할 수 있다. 필요하다면 오른쪽의 [추가] 버튼을 클릭해서 기본 문서를 추가할 수도 있다.

그림 9-18 기본 문서 확인 2

2-3 [Windows]+[R] 키를 누르고 'notepad'를 입력해 메모장을 실행한다. 그리고 메모장에 다음과 같이 입력한 후 파일 이름을 'index.html'로 저장하자. 저장할 때는 [Save As] 창의 아래쪽 [Encoding]을 'ANSI'로 변경한다. 이 점을 주의하자.

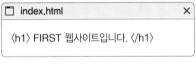

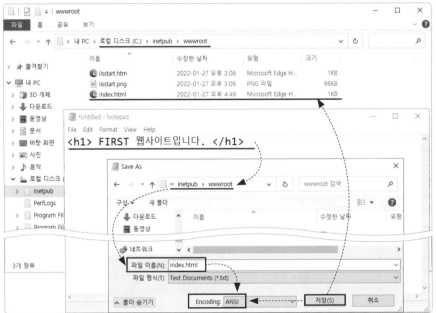

그림 9-19 기본 문서 확인 3

2-4 **WINCLIENT ◎** WINCLIENT 가상머신에서 다시 웹 브라우저에 http://192.168.111.10/ 주소로 접속하면 이제부터는 우선순위가 높은 index.htm 파일이 열릴 것이다.

그림 9-20 기본 문서 확인 4

Step 3

WINCLIENT 가상머신을 함께 사용해 웹 페이지의 기본 폴더인 'C:\inetpub\wwwroot\'를 다른 폴더로 변경해 보자.

3-1 **FIRST ◎** 우선 [파일 탐색기]에서 'C:\webRoot\'라는 폴더를 만들자.

3-2 **FIRST ◎** [IIS관리자] 창의 왼쪽 화면에서 [Default Web Site]를 선택하고 오른쪽 작업 화면의 [고급 설정]을 클릭한다. [고급 설정] 창에서 [실제 경로] 오른쪽의 […] 버튼을 클릭한 후 'C:\webRoot\' 폴더를 선택한다. [확인] 버튼을 연속 클릭해 창을 닫는다.

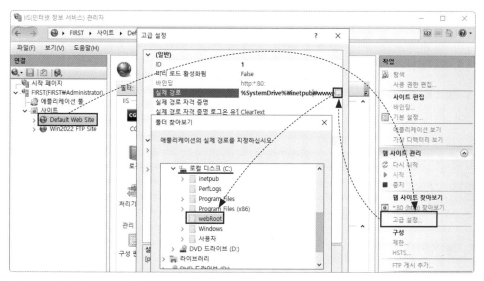

그림 9-21 웹 서버의 홈 폴더 변경

3-3 WINCLIENT ◑ WINCLIENT 가상머신에서 다시 'http://서버IP/'로 접속하면 403 오류가 뜨면서 액세스가 거부된다. 새로운 웹사이트의 홈 폴더인 C:\webRoot\ 폴더에는 제공할 문서가 아무것도 없기 때문이다.

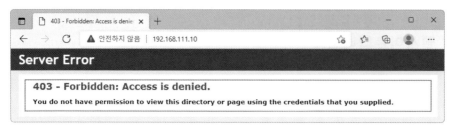

그림 9-22 액세스 거부

3-4 FIRST ◑ 이번에는 웹 페이지가 없을 경우에 해당 디렉터리가 보이도록 설정해 보자. [IIS 관리자] 창에서 왼쪽 [Default Web Site]를 선택하고 '디렉터리 검색' 아이콘을 더블클릭한다.

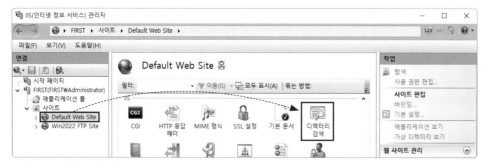

그림 9-23 디렉터리 검색 허용 1

3-5 FIRST ◑ 오른쪽 작업 화면의 [사용]을 클릭하면 [디렉터리 검색] 화면에서 디렉터리 목록에 표시할 항목을 지정할 수 있다.

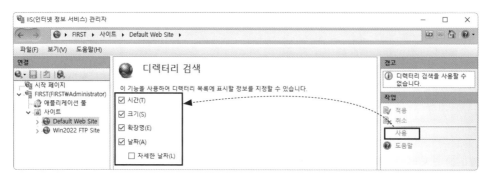

그림 9-24 디렉터리 검색 허용 2

3-6 **FIRST ●** [파일 탐색기]에서 C:\webRoot\ 폴더에 아무 파일이나 몇 개 복사해 놓자.

3-7 **WINCLIENT ●** 다시 WINCLIENT 가상머신에서 다시 http://서버IP/ 주소로 접속하면 이제는 파일의 목록이 보일 것이다. 실행 파일(*.exe)을 클릭하면 다운로드할 수 있다.

그림 9-25 디렉터리 검색 허용 3

NOTE ▶ 별도의 웹 페이지 제공 없이 서버의 파일을 다운로드하려면 지금과 같이 디렉터리 검색을 허용하는 방법을 사용하면 된다.

3-8 **FIRST ●** 'C:\inetpub\wwwroot\index.htm' 파일을 'C:\webRoot\' 폴더에 복사하자.

3-9 **WINCLIENT ●** 다시 WINCLIENT 가상머신에서 http://서버IP/ 주소로 접속하면 정상적으로 **그림 9-20**과 같은 화면이 보인다.

Step 4

웹사이트의 홈 디렉터리 아래의 서브 디렉터리와 가상 디렉터리의 차이점을 파악하자.

4-1 **FIRST ●** [파일 탐색기]에서 'C:\webRoot\서브디렉터리\' 폴더를 생성하고 그 폴더에 아무 파일이나 몇 개 복사해 놓자.

4-2 **WINCLIENT ●** WINCLIENT 가상머신에서 다시 http://서버IP/서브디렉터리/ 주소에 접속하자. 문제없이 잘 접속되는 것을 확인할 수 있다.

그림 9-26 물리적인 서브 디렉터리에 접속

즉, 홈 디렉터리인 C:\webRoot\ 아래에 폴더를 생성하면 그 폴더가 자동으로 'http://서버IP/디렉터리이름/' 형식으로 접속된다.

4-3 FIRST ◑ 이번에는 [IIS 관리자] 창에서 [Default Web Site]를 선택하고 작업 화면의 [가상 디렉터리 보기]를 클릭한다. [가상 디렉터리] 화면의 빈 부분에 마우스 오른쪽 버튼을 클릭한 후 [가상 디렉터리 추가]를 선택하고 [별칭]에 '가상디렉터리'를 입력하고 실제 경로는 적절한 파일을 선택한다. 결과적으로 '/가상디렉터리'에 선택한 폴더가 연결되는 효과를 낸다.

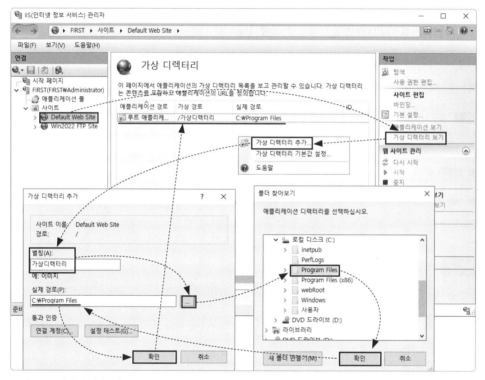

그림 9-27 가상 디렉터리 추가

4-4 WINCLIENT ◑ 다시 WINCLIENT 가상머신에서 http://서버IP/가상디렉터리/ 주소에 접속하자. 연결한 폴더의 내용이 잘 보일 것이다(필자는 'C:\Program Files\'에 연결했다).

그림 9-28 가상 디렉터리에 접속

4-5 결론적으로 [Default Web Site]의 홈 디렉터리 아래 물리적으로 폴더를 생성하든지 가상 디렉터리를 연결하든지 외부에서는 동일하게 'http://서버IP/하위디렉터리/' 형식으로 접속하면 된다.

그림 9-29 물리 서브 디렉터리와 가상 디렉터리

Step 5

FIRST ● 다시 원래대로 [Default Web Site] 하위의 물리적인 폴더를 C:\inetpub\wwwroot\로 돌려놓자.

5-1 [IIS 관리자] 창에서 [Default Web Site]를 선택하고 오른쪽 작업 화면에서 [기본 설정]을 선택한다. 그리고 실제 경로를 원래대로 'C:\inetpub\wwwroot\'로 변경한 후 [확인] 버튼을 클릭한다.

그림 9-30 웹 서버의 홈 폴더 실제 경로를 원래대로 변경

5-2 [IIS 관리자] 창을 종료한다.

이상으로 [IIS 관리자]에서 자주 설정하는 몇 가지를 확인해 봤다. 처음에 언급했듯이 이 외에도 상당히 방대한 내용이 있으니, IIS 설정에 대해서 더 알아보고 싶다면 인터넷이나 IIS 관련 서적을 참고하도록 하자.

9.2.2 FTP 서버 설정

FTP$^{\text{File Transfer Protocol}}$는 파일을 전송하는 데 사용하는 전용 서비스다. 웹이 상용화되기 전에는 파일 전송을 위해 FTP를 많이 사용했다. 그러나 웹 환경이 완전히 일반화되면서 FTP 고유 기능인 파일 전송을 웹에서 더욱 편리하게 할 수 있게 되면서, FTP 서버의 인기도 많이 떨어졌다. 하지만 파일 전송이라는 기능 자체의 성능은 매우 뛰어나므로 파일 전송이 목적인 사이트에서는 여전히 FTP 서버를 제공하고 있다. 이번에는 IIS 관리자에서 FTP 서버를 설정하는 방법을 확인해 보자.

> **실습 3** ▶

IIS 관리자를 사용해 FTP 서버의 설정을 변경해 보자.

> **Step 0**

실습 2에 이어서 진행한다.

0-1 FTP 서버의 디폴트 홈 디렉터리는 앞 **실습 1**에서 'C:\inetpub\ftproot\'로 설정해 놓았다. 이 폴더에 아무 파일이나 몇 개 복사해 놓자.

WINCLIENT ◐ 명령 프롬프트에서 **ftp** 명령으로 FTP 서버에 접속할 수 있는 것을 이번 장 **실습 1**의 **4-2**에서 확인했다. 이번에는 전용 FTP 클라이언트 툴을 사용하자.

1-1 적당한 FTP 클라이언트 툴을 다운로드하고 설치하자. 필자는 https://www.altools.co.kr/ 주소에 접속해서 '알드라이브'를 다운로드하고 설치했다. 설치는 간단한 작업이니 직접 실습해 보자. 설치 중 경고 메시지가 나와도 계속 [추가] 버튼을 클릭해서 진행하자(해당 파일은 Q&A 카페의 [교재 자료실(윈도서버)]에서도 확인할 수 있다).

NOTE▶ https://www.altools.co.kr/ 에서 다운로드할 수 있는 알드라이브, 알집, 알송 등은 개인 사용자에게는 무료이지만 그 외의 장소(회사, 학교, PC방 등)에서는 별도로 구매해 설치해야 한다.

1-2 알드라이브를 실행한 후 [사이트 맵] 창이 나오면 일단 화면을 닫는다. 그리고 [접속하기] 버튼을 클릭해 [호스트]에 FTP 서버인 '192.168.111.10'을 입력하고 '익명 로그인'을 체크해 익명 사용자(anonymous)로 접속하자. 그리고 [연결] 버튼을 클릭한다.

그림 9-31 알드라이브 접속 화면

1-3 원격 컴퓨터의 파일이 보일 것이다. [파일 탐색기]를 실행하고 FTP 서버의 파일을 [파일 탐색기]의 폴더에 마우스로 드래그하면 파일을 다운로드할 수 있다.

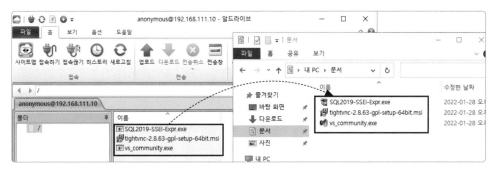

그림 9-32 파일 다운로드

1-4 이번에는 파일을 업로드(Upload)해 보자. [파일 탐색기]의 파일을 FTP 서버에 마우스 드래그하자. 그러나 다음 그림처럼 전송 오류가 뜨면서 파일을 업로드할 수 없다고 나온다. 그 이유는 **실습 1**의 **그림 9-11**에서 [Default FTP Sites]의 [사용 권한]을 '읽기(다운로드)'만 허용하고 '쓰기(업로드)'는 허용하지 않았기 때문이다.

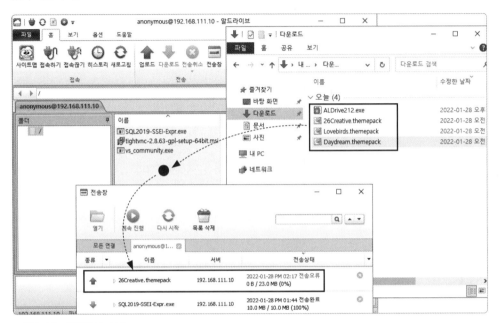

그림 9-33 파일 업로드 실패

NOTE ▶ FTP 서버의 보호 차원에서 업로드를 제한하는 것이 일반적이다. 기본적으로 업로드를 허용하면 바이러스 등이 포함된 악성 파일이 서버에 무방비로 업로드 될 수도 있다.

1-5 열린 창을 모두 닫고 알드라이브를 종료한다.

Step 2

FIRST ● FTP 서버에 업로드도 가능하도록 설정을 바꾸자.

2-1 [서버 관리자]에서 [도구]-[IIS(인터넷 정보 서비스) 관리자] 메뉴를 클릭한다. 왼쪽 연결 화면에서 [FIRST]-[사이트]-[Win2022 FTP Site]를 선택하고 'FTP 권한 부여 규칙' 실행 아이콘을 더블클릭한다.

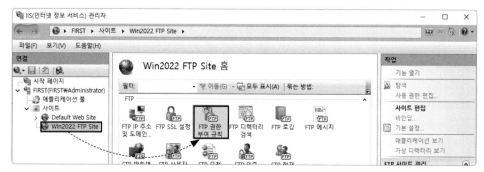

그림 9-34 FTP 사이트 쓰기(업로드) 설정 1

2-2 [FTP 권한 부여 규칙] 창에서 [모든 사용자]를 선택하고 [작업] 화면에서 [편집]을 클릭한다. 그리고 [사용 권한]의 '읽기'와 '쓰기'를 모두 체크해 준 다음 [확인] 버튼을 클릭한다.

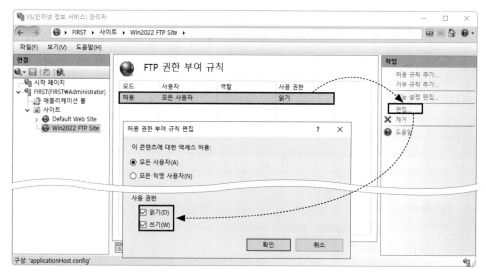

그림 9-35 FTP 사이트 쓰기(업로드) 설정 2

2-3 다시 연결 화면에서 [Win2022 FTP Site]를 선택한 후 [FTP 메시지] 아이콘을 더블클릭해 적절히 내용을 채운다. 이 내용은 FTP 서버에 접속 또는 종료 시 나타나는 메시지를 입력하는 것이다. 오른쪽의 [적용] 버튼을 클릭해서 내용을 적용시키자.

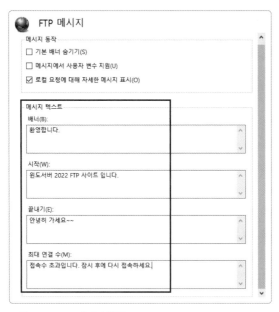

그림 9-36 FTP 메시지 입력

2-4 이번에는 FTP의 홈 폴더인 C:\inetpub\ftproot\ 폴더의 사용 권한에 IUSR 그룹을 추가해 보자. 다시 왼쪽 화면에서 [Win2022 FTP Site]를 선택하고 오른쪽 [작업] 화면에서 [사용 권한 편집]을 클릭하자. [ftproot 속성] 창에서 [보안] 탭을 클릭한 다음 [편집] 버튼을 클릭한다.

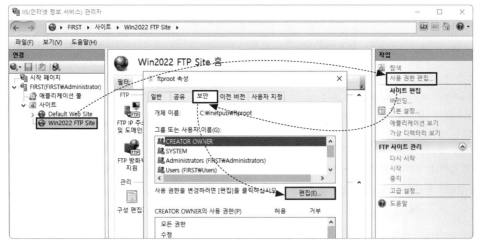

그림 9-37 사용 권한 추가 1

2-5 [ftproot의 사용 권한] 창에서 [추가] 버튼을 클릭하고 'IUSR'을 입력한 후 [확인] 버튼을 클릭한다. 추가된 IUSR 그룹에 [모든 권한]을 '허용'으로 체크해서 읽기/쓰기 권한을 모두 부여한다. [확인] 버튼을 연속 클릭해 열린 창을 모두 닫는다.

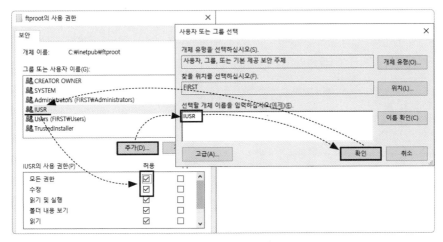

그림 9-38 사용 권한 추가 2

NOTE▶ IUSR 그룹은 인터넷으로 접속한 사용자라고 생각하면 된다. FTP로 접속하는 익명(anonymous)도 IUSR 그룹에 속해 있다.

2-6 다시 왼쪽 화면에서 [Win2022 FTP Site]를 선택하고 오른쪽 [작업] 화면의 [다시 시작]을 클릭해 서비스를 재시작하자. 이제부터는 업로드가 가능하다. [IIS 관리자] 창을 닫는다.

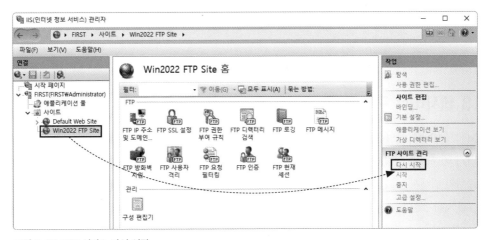

그림 9-39 FTP 서비스 다시 시작

WINCLIENT ● 파일을 업로드해 보자.

3-1 다시 알드라이브를 실행해서 FTP 서버에 익명으로 접속한다.

3-2 앞서 올리려던 파일을 다시 업로드해 보자. 이번에는 잘 업로드될 것이다. 그리고 FIRST 가상머신의 [파일 탐색기]에서 FTP 홈 디렉터리를 확인하면 업로드한 파일이 확인될 것이다.

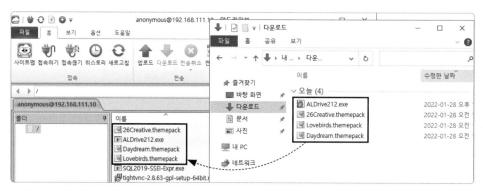

그림 9-40 파일 업로드 성공

3-3 알드라이브를 종료한다.

? VITAMIN QUIZ 9-1

SECOND 가상머신을 웹 서버 및 FTP 서버로 구축하자. 결과는 다음 비타민 퀴즈에서 사용된다.

9.3 웹사이트 구축

지금까지 IIS 웹 서버의 설정과 사용법에 대해서 살펴보았다. 그런데 실제로 홈페이지 서비스를 제공하기 위해서는 일정 수준 이상의 웹 프로그래밍 실력 및 웹 디자인 능력이 필요하다. 웹사이트를 구축하기 위해서는 3가지가 필요한 데 웹 서버 소프트웨어, 웹 프로그래밍 언어, 데이터베이스 툴이다. 웹 서버 소프트웨어는 앞에서 IIS를 설치했다. 웹 프로그래밍 언어는 ASP.NET, JSP, PHP 등을 사용해야 한다. 데이터베이스 툴은 SQL Server, Oracle, MySQL 등을 사용하면 된다.

우리는 8장에서 데이터베이스에 대한 기본적인 내용은 학습했으므로 어느 정도 익숙해져 있지만,

문제는 웹 프로그래밍 언어다. 이 책에서 웹 프로그래밍 자체를 다루는 것은 책의 주제와 너무 멀고 또 지면상 다루기 어렵다. 만약 다룰 수 있더라도 간단한 웹사이트를 구현하기 위해서는 당연히 상당한 노력과 비용이 들 것이며 그 품질을 높이려고 할수록 더 많은 학습 시간이 소요될 것이다. 그래서 이번 절에서는 실제로 상용 웹 서비스 정도의 품질은 못되지만, 오픈 소스로 제공되고 초/중급자도 혼자서 고품질의 웹사이트의 구성이 가능한 워드프레스WordPress를 사용하겠다. 더불어 웹하드 기능을 제공하는 오픈 소스 Pydio와 클라우드 저장소 서비스를 제공하는 ownCloud를 사용해 실제 사용될 수 있는 응용 환경을 구축하겠다.

9.3.1 오픈 소스 웹사이트 구축

오픈 소스 웹사이트를 제공하는 워드프레스는 IIS 환경과 PHP 웹 프로그래밍 언어, MySQL 데이터베이스가 필수로 요구된다. 워드프레스를 설치한 후에는 별도의 웹 프로그래밍 기술이 없이도 웹사이트를 구축할 수 있는 환경을 제공된다. 간단한 마우스 클릭만으로도 훌륭한 웹사이트를 구축할 수 있다. 실무에서는 워드프레스로 작성된 웹사이트가 상당히 많이 있다.

> **! 여기서 잠깐   APM 웹 개발 환경**
>
> APM은 웹 서버 소프트웨어 Apache, 웹 프로그래밍 언어 PHP, 데이터베이스 툴 MySQL을 통칭해서 부르는 용어로 Unix/Linux/Windows 등 대부분의 운영체제에서 사용이 가능하다. 주로 세 소프트웨어를 한 번에 설치하도록 환경이 제공되어 편리하게 웹사이트를 구축할 수 있어서 많은 인기를 얻었으며 현재도 가장 많이 사용되는 웹사이트 환경이라고 볼 수 있다. 이 책에서는 APM의 Apache 대신 IIS, PHP, MySQL 환경을 구축해 실습을 진행한다.

실습 4

IIS, PHP, MySQL 환경에서 워드프레스를 설치해서 웹사이트를 구축하자.

Step 0

워드프레스는 **실습 3**에 이어서 진행한다.

FIRST ◑ PHP를 설치하고 환경을 설정하자.

1-1 웹 브라우저에서 https://windows.php.net/downloads/releases/archives/ 주소에 접속해 php-5.6.9-nts-Win32-VC11-x64.zip(21.5MB) 파일을 다운로드한다.

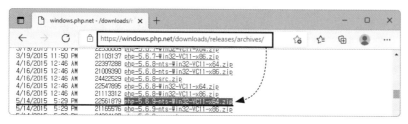

그림 9-41 PHP 5.6.9 버전 다운로드

NOTE▶ 이 책에서 사용하는 PHP 버전은 5.6.9, MySQL은 5.5.45, 워드프레스는 4.5.2다. 각 제품은 더 높은 버전이 있지만 필자와 다른 버전을 사용할 경우에는 작동하지 않을 수 있다. 그래서 필자와 동일한 버전을 사용하는 것을 적극 권장하며, 만약 실습의 링크가 변경되어 책과 동일한 버전을 다운로드할 수 없다면 Q&A 카페(https://cafe.naver.com/thisisLinux)의 [교재 자료실(윈도 서버)]에서 책과 동일한 버전을 다운로드하자.

1-2 파일의 압축을 풀고 폴더의 이름을 'php'로 변경하자. 그리고 php 폴더를 로컬 디스크(C:) 아래로 이동시키자. 파일 경로는 'C:\php\'이다.

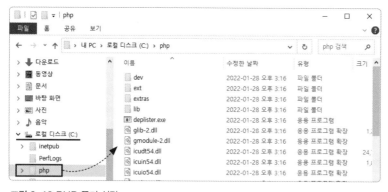

그림 9-42 PHP 폴더 설정

1-3 PHP 5.6.9 버전을 사용하기 위해 필수로 설치해야 할 Visual C++ Redistributable for Visual Studio 2012 Update 4 파일도 다운로드한다. 설치 링크는 https://www.microsoft.com/en-us/download/details.aspx?id=30679이며, 영문판 64bit(파일명: vcredist_x64.exe, 6.9MB)을 다운로드하면 된다.

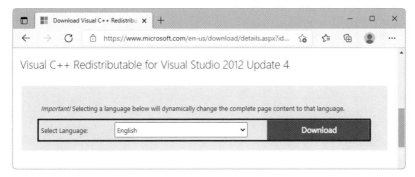

그림 9-43 Visual C++ Redistributable 다운로드

1-4 다운로드한 vcredist_x64.exe 파일을 실행해서 설치한다. 라이선스에 동의하고 [Install] 버튼을 클릭하면 간단히 설치된다. 설치가 완료되면 [Close] 버튼을 클릭한다.

그림 9-44 Visual C++ Redistributable 설치

1-5 [서버 관리자]에서 [IIS(인터넷 정보 서비스) 관리자] 메뉴를 클릭해 실행한다. 왼쪽 화면의 [FIRST]를 선택하고 [First 홈] 화면 아래쪽에서 '기본 문서' 실행 아이콘을 더블클릭한다.

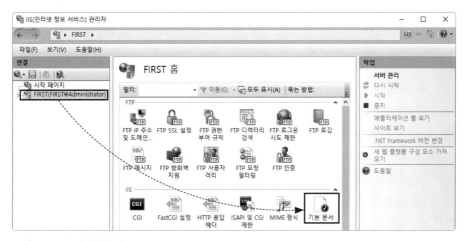

그림 9-45 IIS 관리자 설정 1

1-6 [기본 문서] 화면에서 오른쪽 [추가] 버튼을 클릭한 후 [이름]에 'index.php'를 입력하고 [확인] 버튼을 클릭한다. 이제는 별도의 파일명을 지정하지 않고 웹사이트에 접속하면 index.php 파일이 가장 먼저 제공된다.

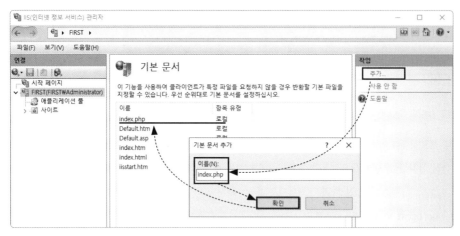

그림 9-46 IIS 관리자 설정 2

1-7 다시 왼쪽 화면의 [FIRST]를 선택하고 '처리기 매핑' 실행 아이콘을 더블클릭한다. 그 다음 [작업] 화면에서 [모듈 매핑 추가]를 클릭한다. [모듈 매핑 추가] 창의 [요청 경로]에는 '*.php'를 입력하고, [모듈]에는 'FastCgiModuel'를 선택한다. 그리고 [실행 파일]에는 'C:\php\\php-cgi.exe'를 설정하고 [이름]에는 'PHP_FastCGI'를 입력한 다음 [확인] 버튼을 클릭한다. 메시지 대화상자가 나오면 [예] 버튼을 클릭한다.

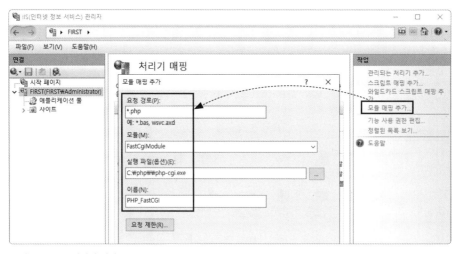

그림 9-47 IIS 관리자 설정 3

1-8 [파일 탐색기]에서 C:\php\ 폴더의 php.ini-development 파일의 이름을 'php.ini'로 변경하고 파일을 더블클릭해서 연다. 그리고 [PHP] 문구 바로 아래에 다음 2개 행을 추가한다.

```
extension_dir = "C:\php\ext"
extension = php_mysqli.dll
```

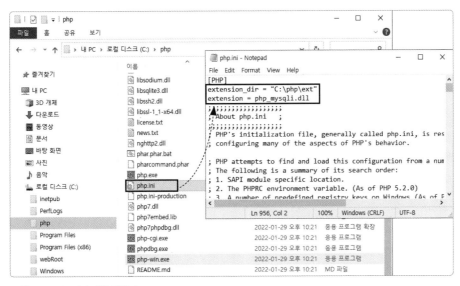

그림 9-48 php.ini 파일 편집 1

1-9 Ctrl + F 키를 눌러서 ';date.timezone'을 검색하고 다음과 같이 주석(;)을 지운다. 저장하고 메모장을 닫는다.

```
date.timezone = Asia/Seoul
```

그림 9-49 php.ini 파일 편집 2

1-10 [IIS 관리자] 창의 왼쪽 화면에서 [FIRST]를 선택하고 오른쪽 [작업] 화면의 [다시 시작]을 클릭해 서비스를 재시작한다.

그림 9-50 서비스 재시작

1-11 메모장을 실행해 다음 내용을 작성한 후 C:\inetpub\wwwroot\ 폴더에 'info.php' 이름으로 저장한 다음 메모장을 닫는다.

```
index.html                              ×

<?php  phpinfo();  ?>
```

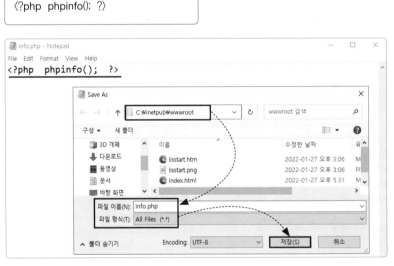

그림 9-51 info.php 파일 생성

> **NOTE ▶** 메모장에서 저장할 때 파일 형식을 'All Files (*.*)'로 선택해야 확장명이 'php'로 저장된다.

1-12 웹 브라우저를 실행하고 http://localhost/info.php 주소에 접속해 다음과 같은 결과가 나오면 PHP 환경 설정이 완료된 것이다.

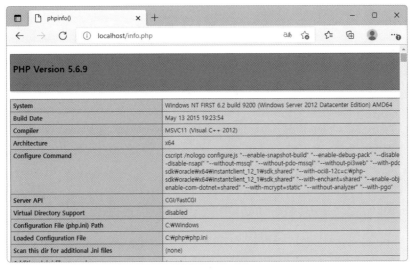

그림 9-52 PHP 설정 확인

Step 2

FIRST ◉ MySQL 데이터베이스를 구축하자.

2-1 웹 브라우저에서 https://dev.mysql.com/get/Downloads/MySQL-5.5/mysql-5.5.45-winx64.msi 주소를 입력해 파일을 직접 다운로드하자. 다운로드한 파일은 약 41.1MB다.

그림 9-53 MySQL 5.5.45 버전 다운로드

2-2 다운로드한 파일을 실행한다. [MySQL Server 5.5 Setup] 창의 초기 화면에서 [Next] 버튼을 클릭한다.

그림 9-54 MySQL 설치 1

2-3 [End-User License Agreement]에서 [I accept the terms in the License Agreement]를 체크하고 [Next] 버튼을 클릭한다.

2-4 [Choose Setup Type]에서 [Typical] 버튼을 클릭한다.

2-5 [Ready to install MySQL Server 5.5]에서 [Install] 버튼을 클릭해 설치를 진행한다.

2-6 [MySQL Enterprise] 창이 나오면 [Next] 버튼을 2회 클릭한다. 그러면 다시 [MySQL Server 5.5 Setup] 창으로 돌아간다.

그림 9-55 MySQL 설치 2

2-7 [Completed the MySQL Server 5.5 Setup Wizard]에서 [Launch the MySQL Instance Configuration Wizard]를 체크하고 [Finish] 버튼을 클릭한다.

그림 9-56 MySQL 설치 3

2-8 [MySQL Server Instance Configuration Wizard] 창의 초기 화면에서 [Next] 버튼을 클릭한다.

그림 9-57 MySQL 설정 1

2-9 [MySQL Server Instance Configuration]에서 기본값 그대로 두고 [Next] 버튼이 비활성화된 화면이 나올 때까지 [Next] 버튼을 클릭한다.

2-10 MySQL의 관리자인 'root'의 암호를 설정하는 설정 창에서 모두 '1234'로 입력하고 [Next] 버튼을 클릭한다.

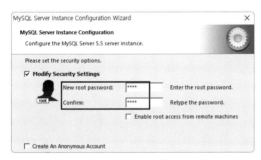

그림 9-58 MySQL 설정 2

2-11 [Ready to execute]에서 [Execute] 버튼을 클릭한다. 잠시 설정한 내용대로 환경이 구축된다. 설정이 끝나면 [Finish] 버튼을 클릭해 종료한다. 이로써 MySQL의 설치 및 설정을 마쳤다.

2-12 Windows의 [시작]에서 [MySQL]-[MySQL 5.5 Command Line Client] 메뉴를 클릭해 실행한다. 암호에는 '1234'를 입력한다.

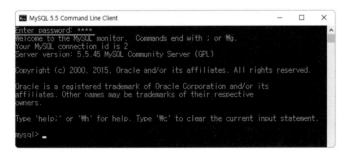

그림 9-59 MySQL 접속

2-13 이제 SQL 문으로 워드프레스 전용 데이터베이스 및 사용자를 생성하자. 데이터베이스, 사용자, 암호 모두 'wordpress'로 지정하자. 이젠 MySQL 설치와 설정 모두 완료되었다.

```
CREATE DATABASE wordpress;
GRANT ALL ON *.* TO wordpress@'localhost' IDENTIFIED BY 'wordpress';
exit
```

그림 9-60 데이터베이스 및 사용자 생성

Step 3

FIRST ❯ 워드프레스를 설치하고 설정하자.

3-1 웹 브라우저에서 https://ko.wordpress.org/wordpress-4.5.2-ko_KR.zip 주소를 입력해 직접 다운로드하자. 다운로드한 파일의 크기는 8.64MB다.

그림 9-61 워드프레스 다운로드 1

3-2 다운로드한 파일의 압축을 풀고 압축이 풀린 폴더 안에 있는 'wordpress' 폴더를 'C:\inetpub\wwwroot\' 폴더로 이동시키자. 결국 'C:\inetpub\wwwroot\wordpress' 폴더가 다음과 같이 준비되면 된다.

NOTE ❯ 압축이 풀린 폴더의 파일은 대부분 PHP 소스 코드다. 워드프레스는 PHP로 작성된 웹사이트 생성 도구라고 보면 된다.

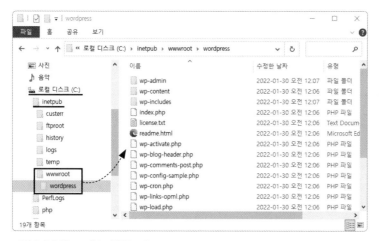

그림 9-62 워드프레스 다운로드 2

3-3 C:\inetpub\wwwroot\wordpress 폴더의 'wp-config-sample.php' 파일 이름을 'wp-config. php'로 변경하고 더블클릭하자. 메시지 대화상자에서 [이 PC에 있는 앱 사용]을 선택한다. [Notepad]를 선택하고 '항상 이 앱을 사용하여 .php 파일 열기'를 체크하고 [확인] 버튼을 클릭하자. 앞으로는 확장명이 '*.php'인 파일은 자동으로 메모장에서 열린다.

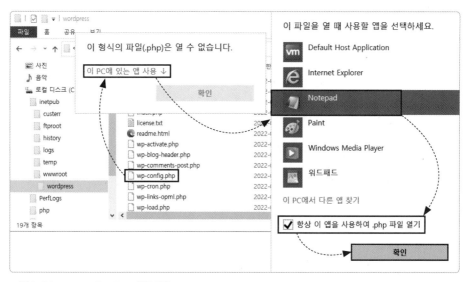

그림 9-63 wp-config.php 파일 편집 1

3-4 파일이 풀리면 23행, 26행, 30행의 내용을 다음과 같이 변경하고 저장한 후 메모장을 닫는다. 다음 과정은 데이터베이스, 사용자, 암호를 현재 실습 **2-13**에서 설정한 대로 변경한 것이다.

23행: define('DB_NAME', 'database_name_here'); → define('DB_NAME', 'wordpress');
26행: define('DB_USER', 'username_here'); → define('DB_USER', 'wordpress');
30행: define('DB_PASSWORD', 'password_here'); → define('DB_PASSWORD', 'wordpress');

```
*wp-config.php - Notepad                                     —    □    ×
File  Edit  Format  View  Help
// ** MySQL settings - You can get this info from your web host ** //
/** The name of the database for WordPress */
define('DB_NAME', 'wordpress' );

/** Database username */
define('DB_USER', 'wordpress' );

/** Database password */
define('DB_PASSWORD', 'wordpress' );

/** MySQL hostname */
define('DB_HOST', 'localhost');

/** Database Charset to use in creating database tables. */
define('DB_CHARSET', 'utf8');
```

그림 9-64 wp-config.php 파일 편집 2

NOTE ▶ 메모장에서 행 번호는 메모장 하단의 상태 표시줄에 'Ln 행 번호' 형식을 보면 된다.

Step 4

WINCLIENT ◉ 워드프레스로 웹사이트를 구축하자. 이번 설정은 FIRST 가상머신이 아닌 외부에서 진행한다.

4-1 웹 브라우저에서 http://192.168.111.10/wordpress/wp-admin/install.php 주소에 접속하자.

그림 9-65 워드프레스로 웹사이트 구축 1

4-2 초기 관리자 설정 화면에서 사이트 제목은 '이것이 윈도서버다'로 적고 [사용자명]은 'winuser'로 지정하자. [비밀번호]는 간단히 '1234'로 입력하고 '약한 패스워드 사용 확인'을 체크한다(물론 책과 달라도 상관없다). [이메일 주소]도 적당히 'winuser@hanbit.co.kr'로 지정하고 [워드프레스 설치하기] 버튼을 클릭한다.

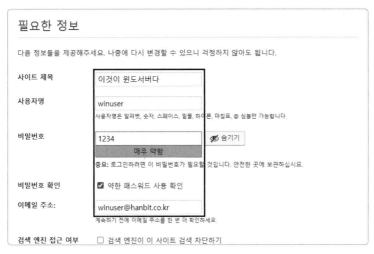

그림 9-66 워드프레스로 웹사이트 구축 2

NOTE▶ 입력하는 내용은 모두 독자 마음대로 넣어도 된다. 단, 내용은 잘 기억해 놓자.

4-3 성공 창이 나오면 [로그인] 버튼을 클릭한다. http://192.168.111.10/wordpress/wp-login.php 주소로 연결되면 [사용자명이나 이메일 주소]에 'Winuser', [비밀번호]에 '1234'를 입력하고 [로그인] 버튼을 클릭한다. 이로써 완전한 웹사이트가 만들어졌다.

그림 9-67 워드프레스로 웹사이트 구축 3

4-4 현재는 관리자로 로그온한 상태이며 필요한 화면 설정 및 변경을 할 수 있다. 테마를 변경하거나 확인해 보자. '테마를 완전히 변경하세요'를 클릭한다. 테마 화면에서 기존 테마를 선택해도 되고 필요하면 새로운 테마를 추가할 수도 있다.

그림 9-68 워드프레스로 웹사이트 구축 4

4-5 다시 왼쪽 위 알림판(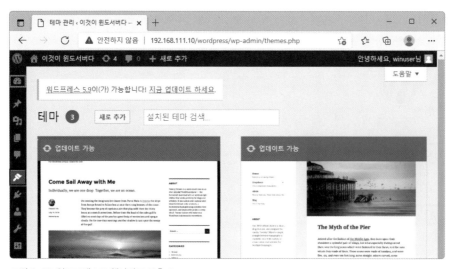)을 클릭해 [홈]을 선택한 다음 [사이트를 사용자 정의하기]를 선택하면 사이트를 다양하게 변경할 수 있다.

그림 9-69 워드프레스로 웹사이트 구축 5

4-6 설정을 완료했다면 웹 브라우저를 모두 종료한 후 다시 실행해 http://192.168.111.10/wordpress/ 주소로 접속해 보자. 일반 사용자로 접속해서 완성된 웹사이트를 확인할 수 있을 것이다.

그림 9-70 일반 사용자로 접속

이상으로 워드프레스 웹사이트 구축을 마무리하겠다. 이 책에서는 간단히 다뤘지만 워드프레스 자체를 사용하는 것도 별도의 책으로 출간될 정도로 분량이 많다. 추가적으로 오픈 소스 웹사이트 구축에 관심이 있다면 별도의 책이나 워드프레스 사이트(https://wordpress.com)를 참고하자.

9.3.2 웹하드 구축

인터넷의 속도가 빨라지면서 사용자들은 USB나 CD/DVD 등을 사용하는 것보다 인터넷에 파일을 저장하고 보관하는 기능을 원하게 되었다. 이 기능을 충족해 주는 것이 **웹하드**Webhard 또는 **클라우드 스토리지**Cloud Storage라고 부르는 인터넷 서비스다. 현재 많이 사용되는 웹하드에는 LG의 웹하드, Google 드라이브, 네이버 MyBox, Microsoft OneDrive, 드롭박스 등이 있다. Windows Server에 웹하드를 설치하고 운영해 보자.

이번에는 오픈 소스로 제공되는 Pydio를 사용해 웹하드를 구현해 보겠다. Pydio는 오픈 소스로 공
되며 한글도 지원한다. 또한 약간의 비용을 지불하면 상용 버전도 사용할 수 있는데, 주로 기업 환경
에서 필요한 좀 더 나은 기능을 구현할 수 있다.

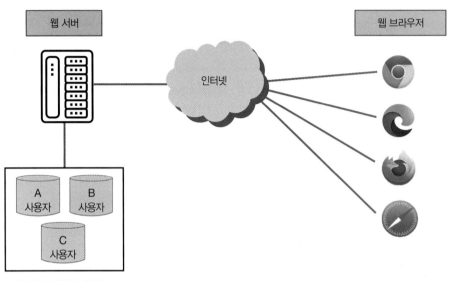

그림 9-71 웹하드 개념도

웹하드 개념도를 보면 용도를 알 수 있다. 웹 서버에는 사용자별로 별도의 공간이 할당되어 있다. 사
용자는 자신의 ID와 암호만 있으면 인터넷이 연결된 어느 곳이든 웹 브라우저로 접속해 자신의 파
일을 다운로드하거나 업로드할 수 있다.

! 여기서 잠깐   웹하드와 클라우드 스토리지

클라우드 스토리지는 웹하드보다 좀 더 확장된 개념이다. 웹하드는 웹 브라우저를 통해 파일을 업로드/다운로
드하는 게 주된 기능이라면, 클라우드 스토리지는 웹하드 기능과 더불어 컴퓨터에 가상의 드라이브 설정을 통
해 마치 컴퓨터의 저장 공간과 같은 기능도 제공한다. 이번 **실습 5**에서 구축할 Pydio는 웹하드 기능을 제공하
고, 잠시 후 **실습 6**에서 구축할 ownCloud는 클라우드 스토리지 기능을 제공한다.

Pydio를 이용해 웹하드 기능을 구현하자.

Step 0

실습 4에 이어서 진행한다.

Step 1

FIRST ▶ Pydio를 다운로드한 후 설치하자.

1-1 https://download.pydio.com/pub/core/archives/ 또는 책의 사이트(https://cafe.naver.com/thisisLinux)에서 pydio-core-8.2.5.zip(약 69MB)를 다운로드하자.

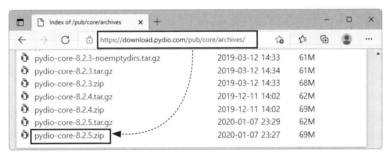

그림 9-72 Pydio Core 8.2.5 버전 다운로드

NOTE ▶ Pydio는 Pydio Core라고도 부르며 2020년 1월 8.2.5 버전을 마지막으로 더 이상 출시되지 않는다. 대신 Pydio Cells라는 이름으로 변경된 제품이 출시되었다. 이 책을 집필하는 시점에 Pydio Cells 3.0.3 버전까지 출시되었지만, 책에서는 Pydio Core를 사용한다. 비록 이전 버전이 되었지만, Pydio Core도 웹하드 기능이 충실하게 잘 구현된다.

1-2 다운로드한 파일(pydio-core-8.2.5.zip)의 압축을 풀고 압축이 풀린 폴더(pydio-core-8.2.5)를 웹 서버의 홈 폴더인 C:\inetpub\wwwroot\ 폴더로 옮긴 후 폴더의 이름을 'webhard'로 변경한다(압축이 풀린 폴더 안에 또 폴더가 있으니 주의한다). 즉, 다음 그림처럼 되어야 한다.

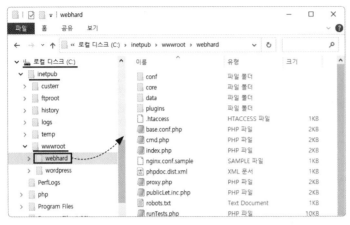

그림 9-73 폴더 이동 후 이름 변경

FIRST ◐ 관련 폴더의 사용 권한을 변경하자.

2-1 webhard 폴더의 [사용 권한]에 IUSR 그룹도 읽기/쓰기가 가능하도록 설정하자. 'C:\inetpub\wwwroot\webhard\' 폴더에서 마우스 오른쪽 버튼을 클릭하고 [속성]을 클릭한다. [webhard 속성] 창에서 [보안] 탭을 선택하고 [편집] 버튼을 클릭한다. [webhard의 사용 권한] 창이 뜨면 [추가] 버튼을 클릭하고 [선택할 개체 이름을 입력하십시오]에 'IUSR'를 입력한 다음 [확인] 버튼을 클릭한다. [IUSR의 사용 권한] 중 '모든 권한'을 허용으로 체크하고 [확인] 버튼을 클릭한다. 다시 [webhard 속성] 창에서 [그룹 또는 사용자 이름]에 'IUSR'이 추가된 것을 확인했으면 [확인] 버튼을 클릭해 설정을 마친다.

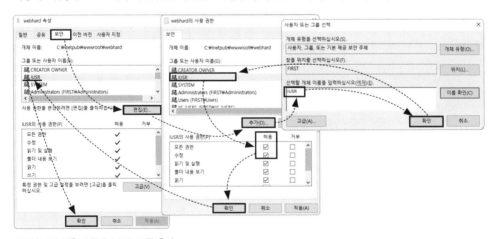

그림 9-74 사용 그룹에 IUSR 그룹 추가

다시 같은 방식으로 이번에는 Users 그룹에 모든 권한을 허용하자. Users 그룹은 이미 등록되어 있으므로 권한만 추가해 주면 된다.

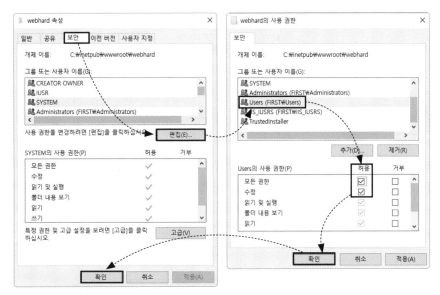

그림 9-75 사용 그룹에 USERS 그룹의 권한을 허용

2-2 이번에는 같은 방식으로 C:\Windows\Temp\ 폴더의 사용 그룹에 'IUSR 그룹'을 추가하자. 혹시 보안 경고 메시지가 나와도 무시하고 진행한다. 또한 Users 그룹에도 모든 권한을 허용하자.

NOTE ▶ C:\Windows\Temp 폴더는 잠시 후 Pydio에서 파일을 업로드 할 때 내부적으로 임시 폴더로 사용된다.

WINCLIENT ❶ 웹하드의 초기 설정을 진행하자.

3-0 Pydio 설정은 Java로 하는 것이 좋다. https://www.java.com/ 주소에서 Windows용 Java를 다운로드해서 기본값으로 설치하자. 설치가 완료된 후에 컴퓨터를 재부팅한다.

그림 9-76 Java 다운로드

3-1 먼저 웹 브라우저로 http://192.168.111.10/webhard/ 주소에 접속하자. 중간의 'Warning'은 무시하고 [CONTINUE TO PYDIO INSTALLATION] 버튼을 클릭한다.

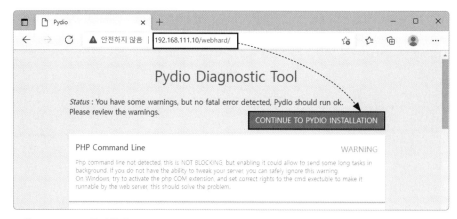

그림 9-77 Pydio 초기 설정 1

3-2 언어 설정을 [한국어]로 변경하고 [START WIZARD] 버튼을 클릭한다.

그림 9-78 Pydio 초기 설정 2

3-3 ❶ [Application Settings]는 Pydio의 관리자를 생성하는 것이다. [Application Title]에는 '윈도2022 웹하드', [Welcome Message]에는 '이것이 윈도서버다 입니다.'를 입력하고 [NEXT] 버튼을 클릭한다(책과 다르게 작성해도 상관없다).

그림 9-79 Pydio 초기 설정 3

3-4 ❷ [Authentication]에서 [Admin Login]과
[Administrator Password]는 웹하드 관리자의 아이디
와 암호를 생성하는 단계이다. 아이디에는 'admin', 암호
에는 '12345678'를 입력했으며, 이 역시 책과 다르게 작
성해도 문제는 없다.

그림 9-80 Pydio 초기 설정 4

3-5 ❸ [Database Connetion]에서 [Database]에는
'MySQL', [Host]에는 'localhost'를 입력한다. 그리고
[Database name]와 [User], [Password]에 **실습 4**의
2-13에서 생성한 'wordpress'를 입력하고 [TEST DB
CONNECTION] 버튼을 클릭한다. 이상이 없다면 자동
으로 다음 화면으로 넘어간다.

그림 9-81 Pydio 초기 설정 5

3-6 ❹ [Advanced Options]에서 나머지는 기본값 그대로 두고 [Default Language]를 '한국어'로 변경한 후 [INSTALL PYDIO] 버튼을 클릭한다.

그림 9-82 Pydio 초기 설정 6

3-7 잠시 기다리면 웹하드 초기 로그온 화면이 나온다.

그림 9-83 웹하드 로그온 화면

WINCLIENT ● 일반 사용자를 추가하자.

4-1 일반 사용자 계정을 추가하려면 관리자 계정으로 접속해야 한다. 현재 실습의 **3-4**에서 설정한 관리자 계정(필자는 admin/12345678)으로 로그온한다. 초기 메시지 화면에서 [SKIP] 버튼을 클릭한다.

4-2 왼쪽 위 'admin' 오른쪽의 더보기(■)를 클릭한 후 [설정]을 클릭한다.

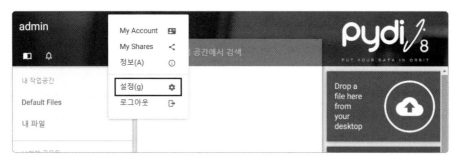

그림 9-84 일반 사용자 계정 생성 1

4-3 왼쪽 [Workspaces & Users]에서 [People]를 선택한 후 Create a new user(●)를 클릭해 사용자를 생성하자. 다음 그림처럼 [User login]에 'winUser', [User password]에 '12345678'로 사용자를 생성한다.

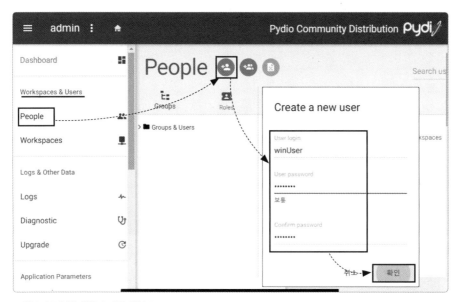

그림 9-85 일반 사용자 계정 생성 2

4-4 사용자 세부 설정 창이 나오는데 아래쪽으로 마우스 스크롤해서 [Language]를 '한국어'로 변경하고 오른쪽 위 [저장] 버튼을 클릭한다. 그리고 [Close] 버튼을 클릭해서 설정을 마친다.

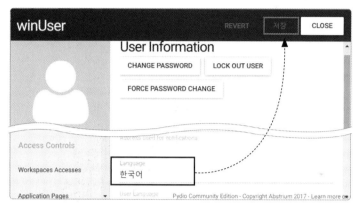

그림 9-86 일반 사용자 계정 생성 3

4-5 다시 사용자 목록이 나온다. 필요하면 기존 사용자를 더블클릭해서 사용자별 설정을 변경할 수도 있다. 열려 있는 모든 웹 브라우저를 닫는다.

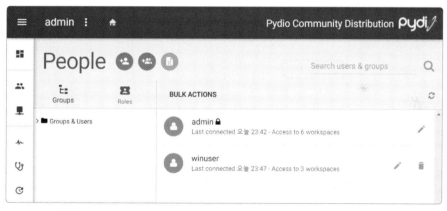

그림 9-87 사용자 목록

Step 5

WINCLIENT ❿ 본격적으로 웹하드를 사용해 보자.

5-1 웹 브라우저를 다시 실행해 http://192.168.111.10/webhard/ 주소로 접속한 후 앞에서 생성한 일반 사용자 계정(winUser/12345678)으로 로그온하자.

5-2 웹하드 초기 화면에서 [내 파일]을 선택하자.

그림 9-88 웹하드 접속

5-3 [새 비밀번호]를 선택한 후 [업로드]를 클릭하거나, 내 파일 화면 아래 빈 공간에 마우스 오른쪽 버튼을 클릭하고 [업로드]를 클릭한다.

그림 9-89 파일 업로드 1

5-4 2MB 이하의 파일을 선택해서 업로드해 보자.

그림 9-90 파일 업로드 2

5-5 [파일 탐색기]에서 바로 파일을 마우스 드래그해도 파일을 업로드할 수 있다.

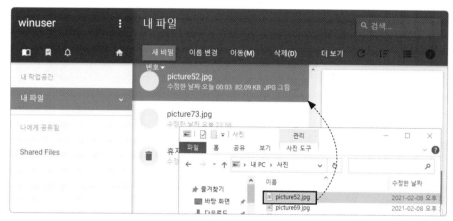

그림 9-91 파일 업로드 3

NOTE▶ 기본적으로 업로드 가능 파일 크기가 2MB로 제한되어 있다. 그 이상의 파일을 업로드 하는 방법은 잠시 후에
살펴본다.

5-6 업로드된 파일에서 마우스 오른쪽 버튼을 클릭하고 [다운로드]를 선택하면 파일을 다운로드할 수
있다.

그림 9-92 파일 다운로드

5-7 2MB가 초과하는 파일을 업로드해 보자. 2MB가 초과하면 업로드에 실패할 것이다.

그림 9-93 2MB 초과하는 파일 업로드 실패

5-8 모든 웹 브라우저를 닫는다.

FIRST ◑ 2MB가 넘는 파일도 첨부가 가능하도록 서버의 설정을 변경하자.

6-1 IIS 10용 PHP 관리자 프로그램을 다운로드하자. https://www.iis.net/downloads/community/2018/05/php-manager-150-for-iis-10 주소에서 'PHP Manager 1.5.0 for IIS 10(파일명: PHPManagerForIIS_V1.5.0.msi, 3.74 MB)'를 다운로드하면 된다(다운로드 링크가 바뀌었다면 Q&A 카페(https://cafe.naver.com/thisisLinux) [교재 자료실(윈도서버)]에서 다운로드할 수 있다).

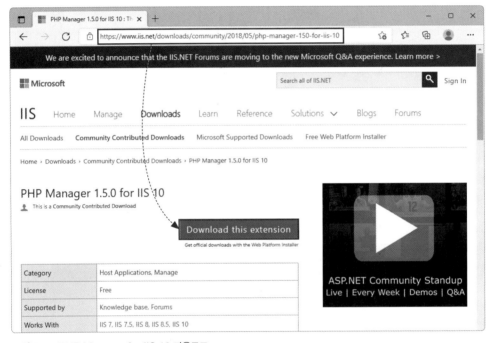

그림 9-94 PHP Manager for IIS 10 다운로드

6-2 다운로드한 'PHPManagerForIIS_V1.5.0.msi' 파일을 실행해 설치한다. 설치 시 기본값 그대로 진행한다. 설치가 완료되면 [Close] 버튼을 클릭해서 설치를 마친다.

그림 9-95 PHP Manager for IIS 10 설치

6-3 [서버 관리자] 창의 [도구]–[IIS(인터넷 정보 서비스) 관리자] 메뉴를 클릭해 실행한다. 왼쪽 화면에서 [FIRST]–[사이트]–[Default Web Site]–[webhard]를 선택하고 'PHP Manager' 실행 아이콘을 더블클릭한다.

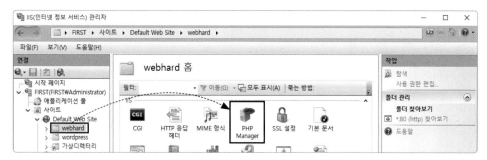

그림 9-96 PHP 용량 제한 변경 1

6-4 [PHP Manager] 창에서 [PHP Settings] 아래의 'Set runtime limits'를 클릭한다.

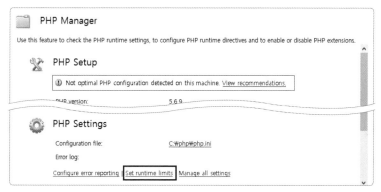

그림 9-97 PHP 용량 제한 변경 2

6-5 [PHP Runtime Limits]에서 [Maximum POST size]와 [Upload Maximum File Size]를 '500M'로 변경하자. 그리고 [Maximum Execution Time]과 [Maximum Files To Upload]는 '300'으로 변경하고 오른쪽 화면의 '적용'을 선택하자.

> **NOTE▶** Maximum POST size는 업로드할 파일 1개의 크기를, Upload Maximum File Size는 여러 파일을 한 번에 업로드할 경우 총합계를, Maximum Execution Time은 스크립트가 실행할 수 있는 최대 시간(초)를, Maximum Files To Upload는 파일 업로드 등의 입력 데이터 처리의 최대 시간(초)을 나타낸다. 네트워크가 느린 환경에서도 대용량 파일의 업로드를 허용하려면 이 시간(초)을 더 늘려줄 필요가 있다.

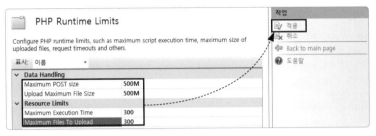

그림 9-98 PHP 용량 제한 변경 3

6-6 IIS 자체의 파일 업로드 용량도 30MB 정도로 제한되어 있다. 이를 변경해 보자. 왼쪽 화면에서 [Default Web Site]를 선택하고 '요청 필터링' 실행 아이콘을 더블클릭한다.

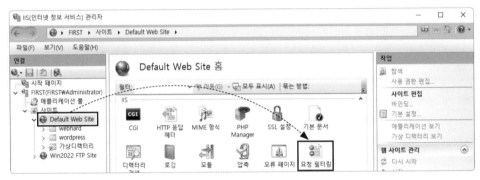

그림 9-99 IIS 업로드 용량 변경 1

6-7 [요청 필터링 설정 편집] 창에서 오른쪽 [기능 설정 편집]을 클릭해서 [허용되는 최대 콘텐츠 길이(바이트)] 부분을 수정한다. 해당 부분에는 500MB에 해당하는 숫자인 '524,288,000Byte'(500x1024x1024)를 입력하고 [확인] 버튼을 클릭한다.

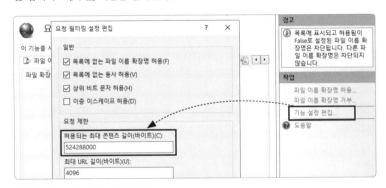

그림 9-100 IIS 업로드 용량 변경 2

NOTE▶ IIS에서 콘텐츠 업로드 길이 제한은 0Byte부터 최대 약 4GB(4,294,967,295Byte)까지 설정할 수 있다.

6-8 다시 왼쪽 화면에서 [Default Web Site]를 선택한 후 작업 화면의 창의 오른쪽 [다시 시작]을 클릭해서 서비스를 재시작하자. 그리고 [IIS 관리자] 창을 종료한다.

그림 9-101 IIS 서비스 재시작

Step 7

WINCLIENT ▸ Pydio 자체에도 2MB 정도로 설정되어 있다. 이를 변경해 보자.

7-1 웹 브라우저를 실행해 http://192.168.111.10/webhard/ 주소로 접속한 후 관리자 계정(admin/12345678)으로 로그온하자.

7-2 [admin] 오른쪽의 더보기(⋮)를 클릭한 후 [설정]을 선택한다. 그 다음 [Uploaders]를 선택하고 [Limitations]의 [File Size]를 '524,288,000'(500MB)로 수정한다. 그리고 화면 위쪽의 [SAVE CHANGE] 버튼을 클릭해 설정을 마친다. 웹 브라우저를 닫는다.

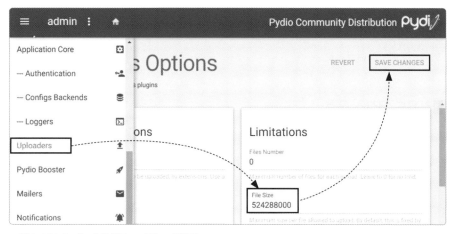

그림 9-102 Pydio에서 업로드 파일 크기 변경

7-3 다시 웹 브라우저를 실행해 http://192.168.111.10/webhard/ 주소로 접속한 후 일반 사용자 계정 (winUser/12345678)으로 로그온한다.

7-4 왼쪽 화면에서 [내 파일]을 선택하고 2MB가 넘는 대용량 파일을 업로드해 보자. 이번에는 성공적으로 업로드 된 것을 확인할 수 있다.

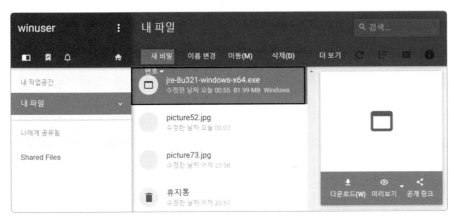

그림 9-103 대용량 파일의 업로드

7-5 웹 브라우저를 닫는다.

? VITAMIN QUIZ   9-2

SECOND 가상머신에 Pydio 웹하드를 구축하자. 결과는 다음 비타민 퀴즈에서 사용된다.

이제는 전 세계 어디서든지 웹 브라우저만 있으면 자신의 웹하드 자료실에 접속해서 파일을 업로드/ 다운로드할 수 있다.

9.3.3 클라우드 저장소 구축

앞에서 구축한 웹하드도 유용하지만, 최근에는 클라우드 저장소 서비스가 더욱 주목받고 있다. 클라우드 서비스는 대표적으로 드롭박스, Google 드라이브, 네이버 MyBox, MicroSoft OneDrive 등이 있다. 웹하드와 클라우드 저장소 서비스의 차이점은 다음 그림에서 확인해 보자.

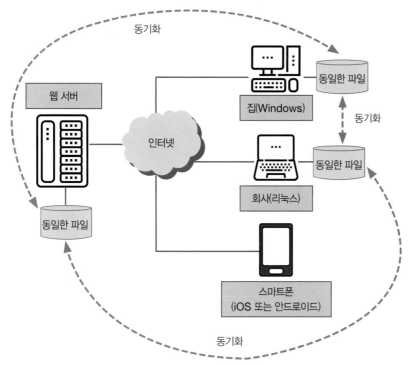

그림 9-104 클라우드 저장소 서비스 개념도(1명의 사용자만 표현됨)

그림 9-104는 1명의 사용자가 사용하는 클라우드 저장소 서비스를 표현한 것이다. 사용자는 평소대로 집에서 자신의 하드디스크에 있는 폴더의 파일을 생성/수정/삭제하면 된다. 그러면 서버의 파일과 회사의 파일이 동기화synchronization되어서 동일한 파일 형태로 유지된다. 이러면 완전히 다른 곳에 있는 회사의 컴퓨터에서도 집에서 작업한 것과 동일한 형태로 들어있는 것을 확인할 수 있다. 즉, 마치 이동식 디스크를 들고 다니는 것처럼 각각의 컴퓨터에는 동일한 파일이 들어 있게 되는 것이다. 또한 스마트폰에서도 동일하게 확인할 수 있다.

그렇다면 웹하드와 큰 차이점은 무엇일까? 웹하드는 웹 브라우저를 통해서 파일을 다운로드해야 하며, 파일을 변경한 후에는 다시 업로드해야만 한다. 하지만 클라우드 저장소 서비스는 웹 브라우저를 사용하지 않아도 자연스럽게 자신의 하드디스크에 접근한다. 그래서 클라우드 저장소 서비스는 서버의 설정을 저장할 뿐 아니라 클라이언트 프로그램도 설치해야 하고, 컴퓨터 부팅 시 자동으로 작동되도록 해야 한다.

간단히 개념을 익혔으면 직접 구현해 보자. 여기에서는 클라우드 저장소 서비스 도구 중에서 오픈소스로 유명하고 기능도 막강한 ownCloud를 사용한다.

클라우드 저장소 기능을 제공하는 오픈 소스인 ownCloud 커뮤니티 에디션을 설치하고 운영하자.

Step 0

실습 5에 이어서 진행한다.

Step 1

FIRST ◉ 먼저 ownCloud 관련 파일을 다운로드하고 몇 가지 설정을 하자.

1-1 Q&A 카페(https://cafe.naver.com/thisisLinux)의 [교재 자료실(윈도서버)]에 접속한다.
'[Windows 2022] 전체 실습 파일 다운로드' 게시글에서 owncloud-7.0.15.zip(39.4MB)을 다운로드하자.

그림 9-105 다운로드한 owncloud 7.0.15 파일

NOTE ▶ 이 책을 집필하는 시점에 ownCloud 10.9 버전이 최신이며 8.0부터는 Windows를 지원하지 않는다. 하지만, 이 책에서 사용하는 7.0.15 버전은 IIS에서 잘 작동한다.

1-2 다운로드한 파일의 압축을 풀고 압축을 푼 'owncloud' 폴더를 'C:\inetpub\wwwroot\' 폴더로 이동하자.

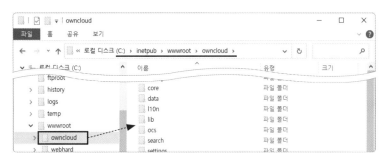

그림 9-106 owncloud 폴더 이동 결과

1-3 owncloud 폴더의 사용 권한에 IUSR 그룹을 추가한 후 읽기/쓰기가 가능하도록 설정하자. Users 그룹도 읽기/쓰기가 가능하도록 한다. 'C:\inetpub\wwwroot\owncloud\' 폴더에서 마우스 오른쪽 버튼을 클릭하고 [속성]을 선택한 후 앞 **실습 5**의 **2-1**과 동일하게 수행한다.

1-4 PHP와 관련된 라이브러리 기능을 켜 놓아야 한다. [파일 탐색기]에서 'C:\php\php.ini' 파일을 더블클릭하고 메모장에서 연다. 879행~903행(전체 행의 중간 위치 정도 된다)이 주석(;) 처리되어 있는데, 모든 주석을 지운 후 저장하고 메모장을 닫는다.

그림 9-107 php.ini 파일 수정

1-5 [서버 관리자]에서 [도구]−[IIS(인터넷 정보 서비스) 관리자] 메뉴를 클릭해 실행한다. 왼쪽 화면에서 [FIRST]−[사이트]−[Default Web Site]−[owncloud]를 선택한 후 '처리기 매핑' 실행 아이콘을 더블클릭한다.

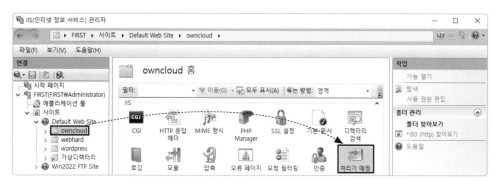

그림 9-108 처리기 매핑 설정 1

1-6 [PHP_FastCGI]를 더블클릭한 다음 [요청 제한] 버튼을 클릭한다. [요청 제한] 창이 뜨면 [동사] 탭의 '모든 동사'를 선택하고 [확인] 버튼을 클릭한다. [모듈 매핑 편집] 창의 [확인] 버튼을 클릭하면 대화상자가 나오는데 이때 [예] 버튼을 클릭하면 설정이 완료된다.

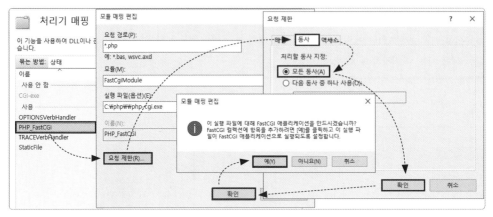

그림 9-109 처리기 매핑 설정 2

1-7 [IIS 관리자] 창을 종료하고 이번에는 FIRST 가상머신을 재부팅해서 설정한 내용을 확실히 적용하자. 재부팅한 후에 Administrator로 로그온한다.

NOTE ▶ 처리기 매핑을 설정하는 이유는 잠시 후에 사용할 ownCloud 클라이언트 프로그램과 충돌되는 부분을 방지하기 위한 작업이다.

Step 2

WINCLIENT ◉ ownCloud 서버 설정을 웹으로 진행하자.

2-1 웹 브라우저에서 http://192.168.111.10/owncloud/ 주소로 접속하고 관리자 계정을 만든다. 관리자 아이디는 'admin', 암호는 '1234'로 지정한다(보안 경고는 무시해도 된다).

그림 9-110 관리자 생성

2-2 화면 아래쪽으로 마우스 스크롤 해서 [데이터베이스 설정]을 변경하자. 데이터베이스 사용자는 'root', 암호는 '1234', 데이터베이스 이름은 'wordpress'로 입력하고 [설치 완료] 버튼을 클릭한다.

NOTE ▶ wordpress 데이터베이스는 앞에서 워드프레스용으로 사용했던 데이터베이스다. 어차피 테이블 이름이 모두 다르기 때문에 ownCloud에서 함께 wordpress의 데이터베이스를 사용해도 문제없다. 만약 ownCloud 전용으로 사용하고 싶다면 FIRST에서 MySQL 클라이언트를 실행하고 owncloud라는 이름의 데이터베이스를 생성해서 사용해도 된다.

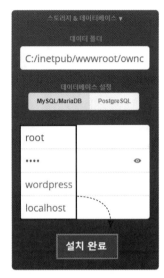

그림 9-111 데이터베이스 설정

2-3 [Welcome to ownCloud] 화면이 나온다. ownCloud는 데스크톱과 스마트폰에서 사용할 수 있다. 일단 오른쪽 위 [X]를 눌러 [Welcome to ownCloud] 화면을 닫는다.

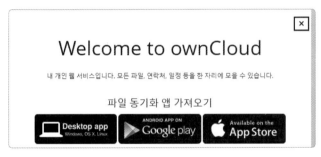

그림 9-112 환영 메시지

2-4 오른쪽 위의 [admin]-[개인] 메뉴를 클릭하면 [암호 변경], [언어 설정], [이름 변경] 등의 작업을 할 수 있다. 지금은 그냥 두자.

그림 9-113 개인 설정 변경

2-5 현재 접속자는 관리자이므로 이번에는 ownCloud를 사용할 사용자를 생성하자. 오른쪽 위 [admin]-[사용자] 메뉴를 선택한 후 [사용자 이름]은 'thisUser'로, [암호]는 '1234'로 설정)한다. 그 다음 오른쪽 옆 드롭다운 메뉴에서 [+ 그룹 추가]을 클릭해서 'Users'를 입력한 후 Enter 키를 누르고 [만들기] 버튼을 클릭해서 [Users] 그룹을 생성한다. 필요하다면 사용자가 사용할 수 있는 할당량을 오른쪽 [기본값]에서 변경할 수 있다. 할당량을 '1GB'로 변경하자.

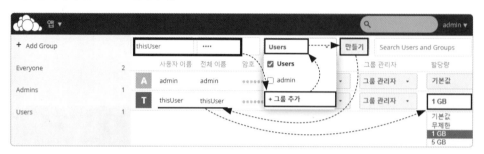

그림 9-114 사용자 생성 및 할당량 변경

2-6 열린 웹 브라우저를 모두 닫는다.

Step 3

WINCLIENT ◉ 그림 9-104에 나온 것처럼 일반 사용자로 접속해서 집에서 ownCloud를 사용해 보자.

3-1 웹 브라우저에서 http://192.168.111.10/owncloud/ 주소에 접속한다(앞서 아이디는 'thisUser', 암호는 '1234'로 설정했다).

3-2 [Welcome to ownCloud] 창을 닫는다.

3-3 왼쪽 [All files] 메뉴를 선택하고 업로드(⬆)를 클릭해 적당한 파일을 업로드해 보자. 파일 1개의 최대 업로드 용량은 500MB다.

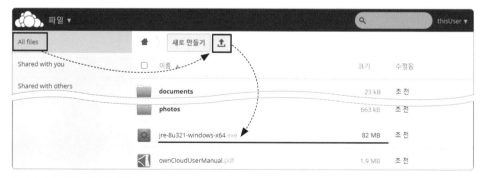

그림 9-115 일반 파일 업로드

3-4 이번에는 'photos' 폴더에 사진 파일(*.jpg) 몇 개를 업로드해 보자. 사진을 클릭하면 확대된 사진이 보일 것이다. [Esc] 키를 누르면 다시 원래 화면으로 돌아온다. [music] 폴더에 mp3 파일을 업로드해도 된다.

그림 9-116 사진/음악 업로드

3-5 파일을 다른 사람에게 보내려면 해당 파일에서 '공유' 실행 아이콘을 클릭해 공유 링크를 생성하면 된다. 이 주소를 복사해서 메일 등으로 전송하면 사용자는 클릭만으로 파일을 다운로드할 수 있다.

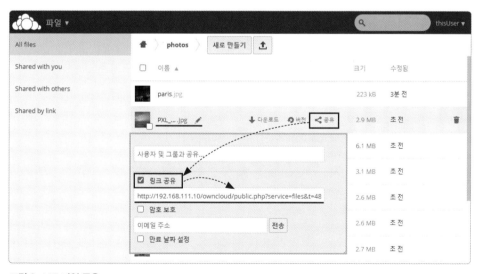

그림 9-117 파일 공유

3-6 웹 브라우저를 실행하고 주소 칸에 공유 주소를 붙여 넣으면 파일을 다운로드할 수 있다.

그림 9-118 공유 주소로 직접 다운로드

3-7 지금까지는 사진, 음악 등의 자동 분류 기능이 추가된 것 외에는 앞에서 학습한 Pydio 웹하드와 기능이 비슷하다. 하지만 ownCloud는 웹 브라우저로 접속하지 않아도 **그림 9-105**와 같은 환경이 구성된다. 열린 웹 브라우저를 모두 닫는다.

Step 4

WINCLIENT ▶ Windows용 ownCloud 클라이언트를 사용하자.

4-1 https://owncloud.com/older-versions/ 주소에 접속해 아래로 마우스 스크롤하고 [Desktop Clients] 중 '2.4.3 Windows용 클라이언트'를 다운로드하자.

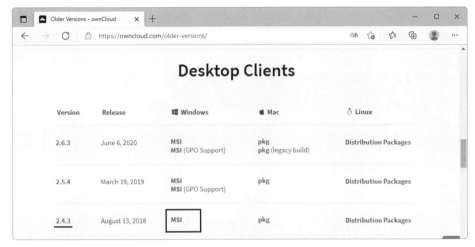

그림 9-119 Windows용 ownCloud 클라이언트 설치 1

NOTE ▶ 이 책을 집필하는 시점의 ownCloud 클라이언트는 2.10이 최신 버전이다. 물론 최신 버전을 사용해도 되지만, 귀찮은 경고 메시지가 자주 나올 수 있기 때문에 이 책에서는 2.4.3 버전을 사용하겠다.

4-2 다운로드한 파일을 설치하자. [ownCloud Setup] 창에서 기본값 그대로 두고 [Next] 버튼과 [Install] 버튼을 계속 클릭해서 설치를 진행하자. 설치가 완료되면 다시 [Next] 버튼을 클릭한다.

그림 9-120 Windows용 ownCloud 클라이언트 설치 2

4-3 [Completing ownCloud Setup]에서 [Run ownCloud]를 체크하고 [Finish] 버튼을 클릭한다.

그림 9-121 Windows용 ownCloud 클라이언트 설치 3

4-4 [ownCloud Connection Wizard] 창이 나오면 [Server Address]에 'http://192.168.111.10/owncloud/'를 입력하고 [Next] 버튼을 클릭한다.

그림 9-122 Windows용 ownCloud 클라이언트 설치 4

4-5 [Connect to ownCloud Enter user credentials]에서 [Username]은 'thisUser'를 [Password]에는 '1234'를 입력하고 [Next] 버튼을 클릭하자(이번 실습 **2-4**에서 설정한 로그온 이름과 암호를 입력하는 과정이다).

그림 9-123 Windows용 ownCloud 클라이언트 설치 5

4-6 [Connect to ownCloud Setup local folder options]에서는 **그림 9-104**의 동기화될 저장소(폴더)를 지정한다. [Local Folder] 오른쪽의 'C:\Users\Adminstrator\ownCloud'를 클릭하면 [Local Sync Folder] 창이 나온다. 폴더를 간단하게 사용하기 위해 C드라이브에 'ownCloud' 이름의 새 폴더를 생성하고 생성한 폴더를 저장소로 지정하자. [Connect] 버튼을 클릭한다.

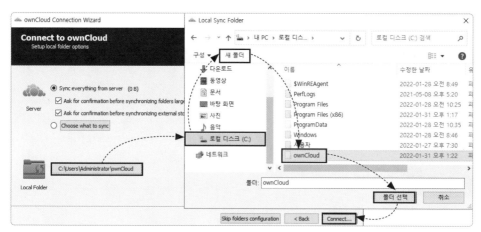

그림 9-124 Windows용 ownCloud 클라이언트 설치 6

4-7 [ownCloud] 창이 나오고 잠시 기다리면 파일 동기화되는 것을 확인할 수 있다. [Close] 버튼을 눌러 창을 닫는다. 그러나 창을 닫아도 백그라운드에서 동기화가 계속 진행된다.

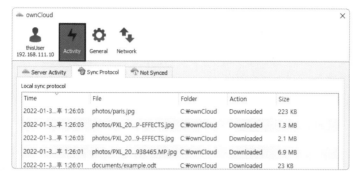

그림 9-125 ownCloud 서버와 클라이언트의 파일 동기화

4-8 백그라운드에서 실행되는 것은 Windows 화면 오른쪽 아래의 ownCloud 아이콘으로 확인할 수 있다. 동기화 중이면 ownCloud 아이콘이 움직이는 모양으로 표시되고, 동기화가 완료되면 🔵 아이콘으로 모양이 바뀐다. 지금은 파일이 몇 개 없으므로 짧은 시간에 동기화가 완료될 것이다.

그림 9-126 Windows용 ownCloud 클라이언트 작동 1

4-9 잠시 기다린 후에 [파일 탐색기]에서 'C:\ownCloud\' 폴더를 확인하면 앞에서 업로드했던 파일들을 확인할 수 있다. 또한 'ownCloud' 폴더의 아이콘도 다르게 보일 것이다. 이제 'C:\ownCloud\'와 그 하위 폴더에 파일을 복사해 놓으면 **그림 9-104**에 나온 것처럼 연결된 모든 저장소에 동기화된다.

그림 9-127 Windows용 ownCloud 클라이언트 작동 2

┤ **? VITAMIN QUIZ 9-3** ├

SECOND 가상머신에 ownCloud 서버를 설치하고 THIRD 가상머신에서 접속해 보자.

이상으로 클라우드 저장소 서비스의 활용을 마치겠다. 이번 실습은 1대의 Windows Client만 사용했지만, 리눅스나 macOS, 스마트 폰 등의 다른 클라이언트도 동일한 방식으로 구성할 수 있다.

클라우드 저장소 서비스는 비교적 최근에 활성화되기 시작했으며, 실제로 편리하게 사용할 수 있으므로 적극적으로 활용할 필요가 있다.

10

▶ # DNS 서버

지금까지는 외부에서 구축한 DNS 서버가 알려준 IP 주소만을 이용해서 웹 서핑 등의 인터넷을 사용해 왔다. DNS 서버는 인터넷 서버를 구축하기 위한 필수 항목이며, 다른 서버들과 연관성이 깊다. 10장에서는 URL을 IP 주소로 변환해주는 DNS 서버의 개념을 이해하고 직접 DNS 서버를 구축해서 인터넷 사용 환경을 조성한다.

학습목표

✓
**이 장의
핵심 개념**

- DNS 서버의 작동 방식을 이해한다.

- URL이 IP 주소로 변환되는 흐름을 학습한다.

- 도메인 이름 체계에 대해서 이해한다.

- 캐싱 전용 DNS 서버를 이해하고 구축한다.

- DNS 서버 역할을 이해하고 구축한다.

- 라운드 로빈 방식의 네임 서버를 이해한다.

✓
**이 장의
학습 흐름**

DNS 서버의 개념 이해

▼

IP 주소를 얻는 흐름에 대한 이해

▼

도메인 이름 체계의 이해

▼

캐싱 전용 네임 서버의 구현

▼

DNS 서버 역할의 구현

▼

라운드 로빈 방식의 네임 서버 구현

10.1 DNS 서버의 개요

이번 절에서는 DNS 서버가 어떤 역할을 하는지, 인터넷에서 어떻게 작동하는지에 대한 개념을 파악하자. 개념만 파악된다면 설치와 운영은 쉽게 할 수 있다.

10.1.1 DNS 서버 개념

DNS^{Domain Name System} 서버는 네임 서버^{name server}라고도 부르는데, DNS 서버의 역할을 간단히 이야기하면 다음과 같다. 우리가 웹 브라우저를 사용할 때 https://www.hanbit.co.kr과 같은 인터넷 주소^{Uniform Resource Locator}(URL)를 사용하게 된다. 하지만 원칙적으로 https://www.hanbit.co.kr이라는 인터넷 주소로는 한빛미디어의 웹 서버에 접근할 수 없다. 실제 원하는 서버(컴퓨터)에 접근하려면 이 URL을 해당 컴퓨터의 IP 주소로 변환시켜야 하는데, 이 URL을 IP 주소로 변환시켜 주는 일을 DNS 서버 또는 네임 서버라고 하는 컴퓨터가 담당한다. 또한 지금과 같이 www.hanbit.co.kr을 IP 주소로 변환하는 과정을 **이름 해석**^{name resolution}이라고도 한다.

www.hanbit.co.kr → 218.38.58.195

네트워크상에서 각각의 컴퓨터를 구분하는 유일한 방법은 IP 주소다. 즉, 인터넷에 연결된 모든 컴퓨터는 중복되지 않는 IP 주소를 가지고 있다. 그러므로 만약에 독자가 자주 접속하는 웹 서버나 FTP 서버의 IP 주소를 모두 알고 있다면 독자는 DNS 서버를 사용할 필요가 없다. 오히려 www.hanbit.co.kr을 218.38.58.195와 같은 IP 주소로 알아내기 위한 과정이 생략되므로 인터넷 속도가 더 빨라질 것이다. 그러나 웹 서핑을 할 때 URL 주소를 사용하지 않고 IP 주소를 외워서 사용하는 경우는 특수한 목적 외에는 거의 없다.

그림 10-1 IP 주소로 웹사이트 접속

이제 DNS의 개념에 대해서 파악해 보자. 우선 DNS 서버의 개념을 다음과 같이 가정했다.

NOTE ▶ 필자가 설명한 DNS에 대한 개념은 DNS 서버의 전반적인 이해를 돕기 위해서 과장된 부분이 있다. 만약 사실과 좀 다른 부분이 있더라도 이해를 돕기 위한 가정이므로 감안하고 넘어가길 바란다.

인터넷이 막 도입되던 시절에는 인터넷에 연결된 컴퓨터가 그리 많지 않았다. 그래서 인터넷을 통해 상대 컴퓨터에 접속하기 위해 메모지 등에 IP 주소를 적어 놓았다. 어차피 접속할 컴퓨터가 몇 대 되지 않았으므로, 가까운 사람 몇몇 전화번호는 수첩을 찾지 않고도 외우듯이 IP 주소도 자연스럽게 외웠을 것이다.

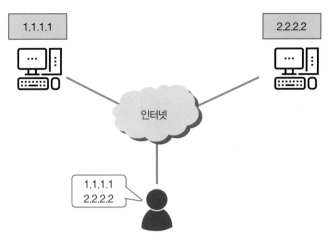

그림 10-2 가장 초기의 네트워크 접속 방법

그러다가 인터넷에 연결된 컴퓨터가 수십, 수백 대가 되자 기억에 의존해서 외우는 방식으로는 한계를 느끼게 되었고, 각자의 컴퓨터에 IP 주소와 그에 해당하는 컴퓨터의 이름을 저장해 놓는 방식을 생각했을 것이다. 이때 컴퓨터 이름을 저장해 둔 파일이 바로 'hosts' 파일이며, hosts 파일의 예시는 다음과 같다.

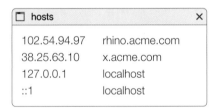

hosts 파일은 Windows에서 C:\Windows\System32\drivers\etc\hosts로 존재하며, 지금까지도 사용되고 있다. host 파일에 적힌 URL 주소를 입력하면 해당 URL에 대응하는 IP 주소를 얻을 수 있다. 앞의 파일은 웹 브라우저에서 rhino.acme.com 주소를 입력하면 102.54.94.97의 IP 주소를 얻게 되어 해당 컴퓨터로 접속할 수 있다는 내용이다. 이처럼 host 파일은 각각의 가정에 있는 전화번호부와 같은 역할을 한다.

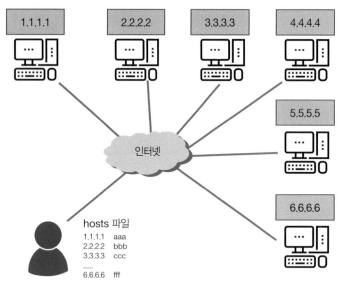

그림 10-3 hosts 파일을 사용해 네트워크 접속

컴퓨터를 많이 사용하지 않았던 과거에는 hosts 파일이 해결책이 될 수 있었다. 그러나 만약 AAA라는 컴퓨터가 가진 IP 주소가 1.1.1.1이었는데, 1.1.1.2로 바뀐다면 사용자는 직접 자신의 hosts 파일을 열어서 새로운 정보로 수정해야 했고, 인터넷이 발전함에 따라 네트워크상에 연결되는 컴퓨터가 기하급수적으로 늘어나면서 많은 컴퓨터의 정보를 hosts 파일 하나로 관리할 수 없는 상황이 되었다. 꽤 많은 정보를 넣을 수 있지만, 새롭게 생기는 전화번호나 변경되는 전화번호를 실시간으로 확인할 수 없는 전화번호부처럼 hosts 파일에는 한계가 있었다. 물론 전 세계의 모든 전화번호를 넣을 수 없는 것도 마찬가지다.

그래서 이름 해석을 전문으로 하는 서버 컴퓨터의 필요성이 대두되었고, 이를 네임 서버 또는 DNS 서버라고 부르게 되었다. 이 역시 전화번호에 대입해 보면 전화 안내 서비스인 114와 같은 역할을 한다고 볼 수 있다. 예를 들어 114 안내 전화는 언제든지 '교촌 치킨'이라는 이름(URL이라고 생각하자)으로 물어보면 '교촌 치킨'의 전화번호(IP 주소)를 나에게 정확히 알려 준다.

114는 오래전에 사용했던 전화번호 안내 서비스다. 일반 유선 전화에서 114를 누른 후 주소를 알고 싶은 곳 (예시: 홍대에 있는 한빛미디어)의 전화번호를 물어보면 알려주는 서비스다. 그래서 사람들에게 114는 '세상 모든 곳의 전화번호 알고 있으므로 내가 물어보는 모든 장소의 전화번호를 알려주는 서비스'로 인식되어 있었다. 그러나 인터넷 검색이나 스마트폰 앱을 활용해서 전화번호를 찾는 사람들이 많아지면서 114를 사용하는 빈도가 점점 줄어들었고, 현재는 휴대폰에서 114에 전화를 걸면 해당 통신사의 고객센터로 연결된다. 이 책에서 이야기하는 114는 예전에 사용했던 '세상의 모든 전화번호를 안내해 주는 유선전화 안내 서비스'의 의미로 이야기했다.

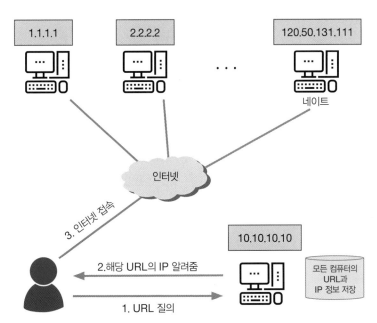

그림 10-4 DNS 서버를 사용해 네트워크 접속

위 **그림 10-4**처럼 사용자는 10.10.10.10이라는 DNS 서버의 IP 주소만 알고 있으면('114'라는 전화번호만 알고 있으면) 언제든지 해당하는 URL(교촌 치킨)의 IP 주소(전화번호)를 알아낼 수 있는 것이다.

hosts 파일 설정과 DNS 서버 설정을 확인해 보자.

Step 0

이번 실습은 FIRST 가상머신을 사용한다.

0-1 우선 FIRST 가상머신을 초기화한다(초기화 방법이 기억나지 않으면 3장 **실습 5**를 참고한다).

0-2 Administrator로 로그온한다.

0-3 이번 실습은 Edge로는 진행이 안 될 수도 있다. 그러니 Internet Explorer를 사용해서 진행해 보자. 먼저 Internet Explorer를 원활하게 사용하기 위해서 약간의 설정을 하자.

0-4 Windows의 [시작]에서 [관리 도구] 메뉴를 클릭해 실행한다. 왼쪽 화면에서 [로컬 서버]를 선택하고 오른쪽 [IE 보안 강화 구성]의 '사용'을 클릭한 후 [Internet Explorer 보안 강화 구성] 창에서 모두 '사용 안 함'으로 선택하고 [확인] 버튼을 클릭한다.

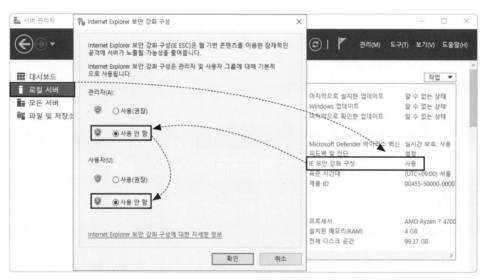

그림 10-5 Internet Explorer 보안 구성 변경

0-5 [서버 관리자] 창을 종료한다.

0-6 Windows의 [시작]-[Windows 보조 프로그램]-[Internet Explorer] 메뉴를 클릭해 실행한다. [Internet Explorer 11 설정] 창의 설정을 그대로 두고 [확인] 버튼을 클릭한다. [Internet Explorer] 창을 종료한다.

현재 컴퓨터가 사용하는 DNS 서버의 IP 정보를 확인해 보자.

1-1 명령 프롬프트를 실행한 후 **nslookup** 명령을 사용해 현재 FIRST 가상머신에 설정되어 있는 DNS 서버를 확인하자. 이어서 www.danawa.com, www.sogang.ac.kr, www.hanbit.co.kr 주소를 차례로 입력해 IP 주소를 확인해 보자.

NOTE▶ 여러 번 사용해 봤지만, 명령 프롬프트를 실행하는 방법은 여러 가지가 있다. 가장 간단한 것은 Windows의 [시작] 오른쪽의 [검색] 칸 또는 Windows + R 키를 누르고 **cmd** 명령어를 입력하는 것이다. 그 외에 Windows의 [시작]에서 마우스 오른쪽 버튼을 클릭하고 [Windows PowerShell]을 클릭해 실행한 다음 **cmd** 명령어를 입력해도 된다. 명령 프롬프트 실행 방법은 더 이상 언급하지 않겠다.

```
nslookup
server  →  현재 설정된 네임 서버의 IP 주소 확인
www.danawa.com   →  다나와 웹 서버의 IP 주소 확인
www.sogang.ac.kr  →  서강대학교 웹 서버의 IP 주소 확인
www.hanbit.co.kr  →  한빛미디어 웹 서버의 IP 주소 확인
exit  →  nslookup 명령 실행을 종료
```

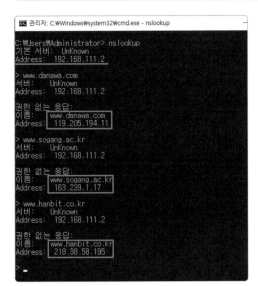

그림 10-6 nslookup 명령어

NOTE▶ 회사마다 웹 서버를 운영하는 몇 가지 방식이 있다. 이번 예시에서 네이트는 하나의 IP 주소만 보이지만, 여러 번 실행하면 계속 다른 IP 주소를 보여줄 수도 있다. 또한 컴퓨터의 IP 주소는 관리자가 언제든 변경할 수 있으므로 필자와 결과가 다를 수 있다.

실행 결과인 **그림 10-6**을 살펴보면 현재 FIRST 가상머신이 사용하는 네임 서버의 IP 주소는 192.168.111.2 며, 다나와 웹 서버의 IP 주소는 119.205.194.11이다. 서강대학교는 163.239.1.17, 한빛미디어는 218.38.58.195인 것을 알 수 있다(한빛미디어 IP 주소는 이후 실습에 사용하겠다).

> **! 여기서 잠깐** **VMware가 제공하는 게이트웨이, 네임 서버, DHCP 서버**
>
> 이미 몇 번 나온 이야기지만 한 번 더 짚고 넘어가도록 하자. 지금 FIRST 가상머신에서 확인한 DNS 서버(네임 서버)의 주소는 1장에서 설정한 192.168.111.2다. 필자의 경우 3장에서 Windows Server 2022 설치 시 FIRST 가상머신의 IP 주소는 192.168.111.10, 게이트웨이는 192.168.111.2, 네임 서버에 192.168.111.2를 입력했다. 그리고 우리가 사용하는 VMware는 게이트웨이, 네임 서버, DHCP 서버 역할을 모두 제공하는데 게이트웨이와 네임 서버의 주소는 192.168.111.2, DHCP 서버의 주소는 192.168.111.254로 고정되어 있다. 다시 확인하려면 71쪽의 1장 **그림 1-69**를 살펴본다.

Step 2

조금 전 확인한 DNS 서버인 192.168.111.2 IP 주소를 확인해 보자.

2-1 [제어판]의 [네트워크 상태 및 작업 보기] 메뉴를 클릭한 다음 'Etnernet0'를 찾아서 선택하면 [Ethernet0 상태] 창이 나온다. 이때 [속성] 버튼을 클릭하고 [Ethernet0 속성] 창에서 'Internet Protocol Version 4(TCP/IPv4)'를 체크한 다음 [속성] 버튼을 클릭하면 현재 컴퓨터에 설정된 DNS 서버를 확인할 수 있다. 열린 창을 모두 닫는다.

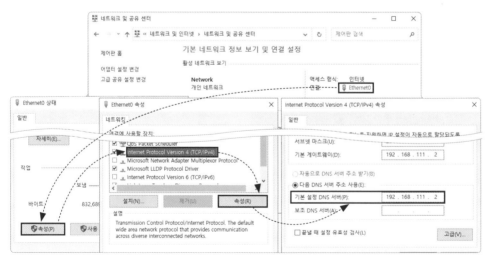

그림 10-7 DNS 서버 확인

2-2 Internet Explorer를 실행해서 https://www.hanbit.co.kr 주소에 잘 접속되는지 확인해 보자. 네트워크에 특별히 문제가 없는 이상 잘 접속될 것이다.

그림 10-8 정상적인 웹 브라우저의 작동

Step 3

DNS 서버에 문제가 생기거나 입력한 주소가 틀렸을 때 어떻게 작동하는지 확인해 보자.

3-1 [Internet Protocol Version 4(TCP/IPv4) 속성] 창에서 [기본 설정 DNS 서버]를 '192.168.111.88'로 변경한 후 [확인] 및 [닫기] 버튼을 연속해서 클릭한다(192.168.111.88 IP 주소의 컴퓨터는 존재하지 않기 때문에 **그림 10-4**의 DNS 서버가 고장 난 것으로 생각하면 된다).

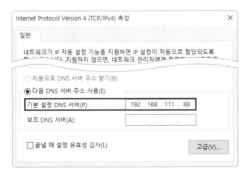

그림 10-9 DNS 서버가 고장 난 것으로 설정

3-2 Internet Explorer를 닫았다가 다시 실행한 다음 https://www.hanbit.co.kr 주소에 접속하자. **그림 10-4**의 DNS 서버가 응답하지 않으므로 당연히 접속되지 않는다.

그림 10-10 URL을 해석할 수 없음

3-3 이번에는 주소 창에 이번 실습의 **Step 1**에서 확인한 한빛미디어 웹 서버의 IP 주소(218.38.58.195)를 직접 입력해 보자. 접속이 잘 된다. 이 방법은 **그림 10-4**의 DNS 서버에 URL을 물어보지 않고 바로 IP 주소로 접속한 것이다.

그림 10-11 IP 주소로는 정상 접속됨

> **NOTE▸** 화면에서 일부 보이지 않는 부분이 있을 수 있다. 이는 보이지 않는 부분이 URL 형식으로 링크되어 있기 때문이다. 지금은 IP 주소로 한빛미디어에 접속이 되었다는 점에만 주목하면 된다.

여기서 기억할 것은 DNS 서버는 URL 주소를 IP 주소로 변환해 주는 편리한 서비스를 제공하는 것일 뿐, 직접적으로 컴퓨터의 네트워크에 영향을 미치는 것은 아니라는 것이다. 다시 말해서 지금 실습에서 확인해 보았듯이 DNS 서버가 없더라도 IP 주소만 알고 있다면 인터넷은 정상적으로 작동한다. 단, 지금처럼 접속할 웹 서버의 IP 주소를 알고 있는 경우는 거의 없으므로, 실질적으로 인터넷을 정상적으로 사용할 수가 없어서 네트워크도 안 되는 것처럼 느껴지는 것뿐이다.

이번에는 hosts 파일을 활용해 보자.

4-1 `Windows`+`R` 키를 눌러 **notepad** 명령으로 메모장을 실행한 후 [파일 탐색기]에서 'hosts' 파일을 찾아 메모장에 마우스로 드래그해서 열고, 제일 아래에 방금 접속한 한빛미디어 웹 서버의 IP 주소 (218.38.58.195)와 URL(www.hanbit.co.kr)을 적어준 후 저장한다.

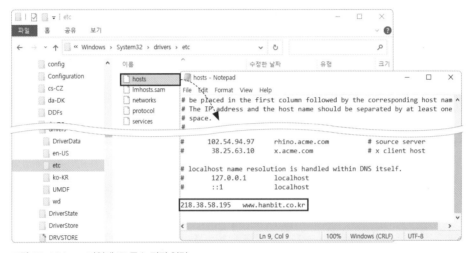

그림 10-12 host 파일에 IP 주소 직접 입력

4-2 Internet Explorer를 닫고 다시 실행해서 https://www.hanbit.co.kr 주소에 접속한다. 잘 접속되는 것을 확인할 수 있다.

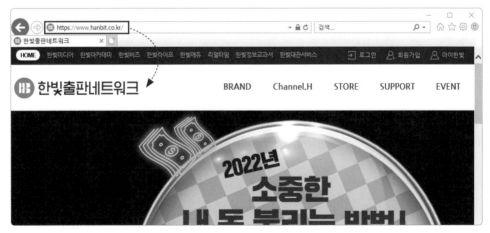

그림 10-13 정상적으로 웹 브라우저가 작동하는 것처럼 보임

4-3 한빛미디어 외 다른 사이트(예시: www.naver.com)에 접속해 보자. 이때는 접속에 실패할 것이다. 결과적으로 www.hanbit.co.kr 주소에 접근하려고 할 때 DNS 서버에서 IP 주소를 얻기 전에 hosts 파일을 먼저 조사해서 해당하는 URL 주소와 IP 정보가 적혀 있는지를 확인한다는 점을 확인할 수 있다. 즉, hosts 파일에 URL이 없을 때만 DNS 서버에 IP 주소를 얻는 순서로 진행된다.

NOTE ▶ 이번 실습의 **Step 4**를 전화번호에 비유해 보면 어떤 회사의 전화번호(IP 주소)가 필요할 때 114(DNS 서버)에 물어보기 전에 주소록(hosts 파일)을 먼저 찾아보고 주소록(hosts 파일)에 적힌 전화번호(IP 주소)가 있으면 바로 전화를 걸고, 전화번호(IP 주소)가 없으면 114(DNS 서버)에 물어보는 것과 같다. 지금 상태는 주소록(hosts 파일)에는 한빛미디어가 적혀 있어 전화를 걸 수 있으나, 114(DNS 서버)는 불통이기 때문에 그 외의 회사의 전화번호는 알 수 없는 상태이다.

Step 5

이번에는 Internet Explorer를 속여 보자.

5-1 먼저 FIRST 가상머신의 기본 DNS 서버를 정상적인 IP 주소(192.168.111.2)로 다시 변경하자(방법이 기억나지 않으면 **그림 10-7**을 참고한다).

5-2 C:\Windows\System32\drivers\etc\hosts 파일에서 www.hanbit.co.kr 주소에 해당하는 IP 주소를 엉뚱한 사이트의 IP 주소(필자는 서강대학교 IP 주소 163.239.1.17를 넣었다)로 변경하고 저장하자.

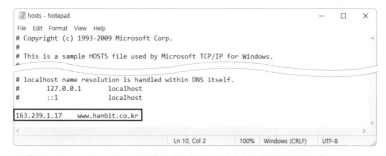

그림 10-14 www.hanbit.co.kr의 IP 주소를 다른 웹사이트의 IP 주소로 적음

5-3 Internet Explorer를 닫고 다시 실행해서 http://www.hanbit.co.kr 주소에 접속한다. 그러면 엉뚱한 사이트에 접속이 될 것이다(뒤에 다른 파일명이 자동으로 붙는 것은 그냥 무시한다).

그림 10-15 주소 칸은 한빛미디어의 URL이지만 실제는 서강대학교 홈 페이지

NOTE ▶ https가 아니라 http로 접속한다. https로 접속하면 보안 프로토콜로 인해 그림과 약간 다르게 처리될 수 있다.

5-4 그 외 https://www.daum.net 같은 다른 주소에 접속해 보자. 네이트 외의 사이트는 정상적으로 접속이 될 것이다.

5-5 hosts 파일에 추가한 '218.38.58.195 www.hanbit.co.kr' 행을 지운 후에 저장하고 메모장을 닫는다.

앞 **실습 1**에서 어느 정도 파악했겠지만, URL을 입력했을 때 어떻게 IP 주소를 획득하는지 다음 그림에서 정리하고 넘어가자.

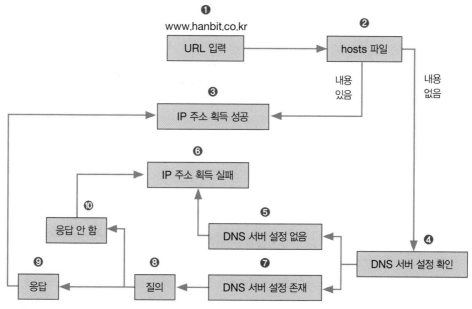

그림 10-16 IP 주소를 얻는 내부적 흐름도

❶ 웹 브라우저(FTP나 ping 등의 명령도 모두 해당함)에서 URL을 입력한다.

❷ hosts 파일(파일 경로: C:\Windows\System32\drivers\etc\hosts)에 해당 URL인 www.hanbit.co.kr의 IP 주소가 적혀 있는지 확인한다.

❸ hosts 파일에 www.hanbit.co.kr의 IP 주소가 적혀 있다면, DNS 서버에 물어볼 필요 없이 해당하는 IP 주소로 연결된다(**실습 1**의 **step 5**에서 웹 브라우저를 이렇게 속였던 것이다).

❹ hosts 파일에 www.hanbit.co.kr의 IP 주소가 없다면 네트워크 설정(**그림 10-7** DNS 서버 확인)에 '기본 설정 DNS 서버' 부분이 설정되어 있는지 확인한다.

❺ 네트워크 설정(**그림 10-7** DNS 서버 확인)에 '기본 설정 DNS 서버'가 없다면

❻ IP 주소를 획득하는 데 실패해 www.hanbit.co.kr의 IP 주소를 알 수 없다.

❼ 네트워크 설정(**그림 10-7** DNS 서버 확인)에 '기본 설정 DNS 서버'에 IP가 설정되어 있다면

❽ 해당 DNS 서버에 www.hanbit.co.kr의 IP 주소를 질의한다.

❾ DNS 서버가 www.hanbit.co.kr의 IP 주소를 알고 있다면 IP 주소를 획득하는 데 성공한다.

❿ DNS 서버가 응답하지 않거나, DNS 서버가 작동하더라도 www.hanbit.co.kr의 IP 주소를 모를 경우에는 역시 IP 주소 획득에 실패한다(**실습 1**의 **Step 3**이 이런 경우였다).

> **NOTE ▶** 지금은 단순히 DNS 서버에 www.hanbit.co.kr을 질의해서 알려주는지 여부를 간단히 표현했지만, 실제로는 더 복잡한 과정을 거친다. 이는 잠시 후 살펴볼 DNS 서버 구축에서 상세히 알아보도록 하자. 일단은 단순히 DNS 서버가 www.hanbit.co.kr의 IP 주소를 알려주는지 여부만 응답한다고 생각한다.

위 과정을 잘 살펴보면 우리가 실습 마지막 부분에서 www.hanbit.co.kr을 입력했는데 www.sogang.ac.kr 주소가 나온 이유를 알 수 있을 것이다. 그 이유는 ❶, ❷, ❸의 과정만을 거쳤기 때문이다.

여기서 또 한 가지 알 수 있는 것은, 웹 브라우저는 최종적으로 얻은 IP 주소가 www.hanbit.co.kr의 진짜 IP 주소인지 **그림 10-15** 같은 가짜 IP 주소인지 검증할 능력이 없다는 것이다. 단순히 hosts 파일 또는 DNS 서버가 알려준 IP 주소로 접속을 시도하는 것뿐이다.

10.2 DNS 서버 구축

이번 절에서는 직접 DNS 서버를 구축해서 운영하는 방법을 살펴보자.

10.2.1 도메인 이름 체계

네트워크에 연결된 컴퓨터를 구분하는 유일한 방법은 IP 주소다. 따라서 웹 브라우저로 웹 서버에 접속하기 위해서는 218.38.58.195 등과 같은 형식의 IP 주소를 알고 있어야 한다. 이러한 IP 주소는 외우기에 너무 어려우므로 각 컴퓨터의 IP 주소에 대응하는 이름을 부여한다면 어려운 IP 주소 대신에 외우기 쉬운 이름을 사용하면 좋을 것이다. 예를 들어 1.1.1.1은 john이라는 이름으로, 2.2.2.2는 bann이라는 이름으로 관리하면 앞으로 1.1.1.1 컴퓨터를 찾아갈 때 숫자를 외우지 않아도 john이라는 이름의 컴퓨터를 찾으면 자동으로 1.1.1.1 컴퓨터에 연결될 것이다(휴대폰에 전화번호를 저장한 후 전화번호를 외우지 않고 그 이름으로 전화를 거는 것과 비슷한 원리다). 그리고 한발 더 나아가서 IP 주소와 이름을 관리하는 전용 컴퓨터가 있다면 '이름 관리 전용 컴퓨터'의 IP 주소만 알고 있으면 나머지는 모르더라도 언제든지 '이름 관리 전용 컴퓨터'에 물어보면 될 것이다. 여기까지는 앞에서도 이야기한 것과 같은 뜻이 된다(앞서 교촌 치킨의 전화번호를 모르더라도 114 전화번호만 알고 있으면 되는 것과 비슷한 원리다).

이제 이 '이름 관리 전용 컴퓨터(앞으로는 DNS 서버라고 부르겠다)'를 위주로 이야기해 보자. 초창기에는 전 세계적으로 인터넷에 연결된 컴퓨터가 그렇게 많지 않았으므로, 1대의 DNS 서버만으로도 충분히 IP 주소와 이름의 관리가 가능했다. 하지만 인터넷이 폭발적으로 확장되면서 인터넷에 연결된 컴퓨터 또한 기하급수적으로 늘어나게 되었고, 몇 대의 DNS 서버로는 실시간으로 생겼다 사라지는 인터넷상의 컴퓨터들을 도저히 관리할 수가 없게 되었다. 그래서 다음 **그림 10-17**과 같은 도메인 이름 체계를 고안하게 되었다. 그림을 살펴보면 Root(.) DNS 서버는 1단계 DNS 서버인 net DNS 서버, com DNS 서버, org DNS 서버만 관리하면 된다. 그리고 1단계 DNS 서버는 2단계 DNS 서버들만 관리하면 된다. 예를 들어 com DNS 서버는 nate, google, naver 등의 2단계 DNS 서버들만 관리하면 된다.

> **NOTE▸** 도메인 이름을 등록하고 관리하는 기관을 NIC(Network Information Center)이라고 하는데, 국제 도메인 (com, net, org, edu 등)은 미국의 InterNIC에서 관리한다. 그 외의 국가별 도메인은 국가마다 관리하는 기관이 별도로 존재한다(예시 kr 도메인은 KRNIC, jp 도메인은 JPNIC 등).

다음 그림은 도메인 이름의 체계를 트리 구조로 단순하게 표현한 것이다. 짙은 색상의 사각형을 DNS 서버 컴퓨터로 생각해 보도록 하자. 또한 흰색 사각형을 실제로 운영되는 서버 컴퓨터로 보면 된다.

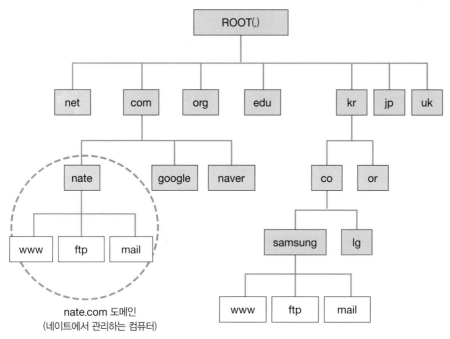

그림 10-17 도메인 이름 체계도

먼저 도메인 이름에 대해서 명확하게 알아보자. '네이트(회사 이름)의 도메인 이름은 무엇인가?'라고 물을 때 종종 www.nate.com이라고 대답하지만 이는 틀린 답변이다. 네이트의 도메인 이름은 'nate.com'이다. www.nate.com은 nate.com 도메인에 속한 컴퓨터다(아마도 웹 서버 컴퓨터일 것이다).

10.2.2 로컬 DNS 서버가 작동하는 순서

Windows에 설정된 DNS 서버의 IP 주소를 **그림 10-7**에서 확인했다. 필자의 FIRST 가상머신의 경우에는 192.168.111.2로 설정되어 있는데 이렇게 네트워크 정보에 설정된 DNS 서버를 '로컬 DNS 서버'라고 부른다. 그래서 www.nate.com의 IP 주소를 질의하면 이 로컬 DNS 서버(192.168.111.2)에 질문을 하게 되는 것이다. 그런데 이 로컬 DNS 서버는 의외로 아는 도메인 이름과 IP 주소가 별로 없다. 그 이유는 로컬 DNS 서버 혼자서 전 세계의 모든 컴퓨터의 도메인 이름을 관리할 수는 없기 때문이다. 따라서 로컬 DNS 서버는 자신에게 도메인 이름에 대한 질의가 들어왔을 때 자신이 이미 알고 있는 도메인 이름이라면 바로 그 IP 주소를 알려주지만, 모를 경우에는(이런 경우가 대부분일 것이다) 다음 그림과 같은 작업을 수행한다.

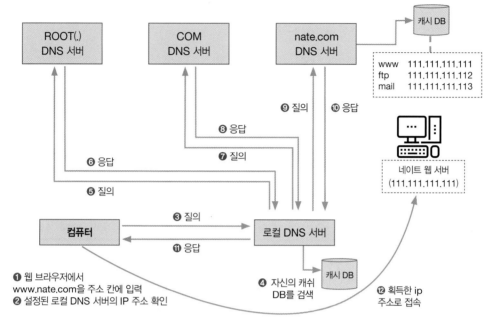

그림 10-18 컴퓨터가 DNS 서버를 통해 IP 주소를 획득하는 흐름도

❶ 컴퓨터의 웹 브라우저 주소 칸에 'www.nate.com'을 입력한다.

❷ **그림 10-7**에 설정된 로컬 DNS 서버의 IP 주소(필자는 192.168.111.2)를 확인한다.

❸ 로컬 DNS 서버에 www.nate.com의 IP 주소를 물어본다.

❹ 로컬 DNS 서버는 자신의 캐시 DB를 검색하여 www.nate.com의 정보가 들어 있는지를 확인한다 (만약 정보가 있다면 바로 응답하지만 대개는 정보가 없다).

❺ 로컬 DNS 서버는 'Root DNS 서버'에 www.nate.com의 IP 주소를 물어본다.

❻ 'Root DNS 서버'도 www.nate.com의 주소를 모르므로 '.com' 주소를 총괄하는 'COM DNS 서버' 의 주소를 알려주면서 'COM DNS 서버'에 물어보라고 한다.

❼ 'COM DNS 서버'에 www.nate.com의 주소를 물어본다.

❽ 'COM DNS 서버'도 www.nate.com의 주소를 모르므로 'nate.com'을 관리하는 DNS 서버의 주소 를 알려주면서 'nate.com DNS 서버'에 물어보라고 한다.

❾ 'nate.com DNS 서버'에 www.nate.com의 주소를 물어본다.

❿ 'nate.com DNS 서버'는 네이트에서 구축한 DNS 서버이므로 ooo.nate.com이라는 이름을 가진 컴 퓨터의 목록은 모두 가지고 있다. www.nate.com의 IP 주소(이 그림에서는 111.111.111.111)도

알고 있기 때문에 nate.com DNS 서버가 IP 주소를 알려 준다.

❶ 로컬 DNS 서버는 www.nate.com의 IP 주소를 처음 요구한 컴퓨터에 알려 준다.

❷ 컴퓨터는 획득한 IP 주소로 접속을 시도한다.

> **NOTE ▶** 여기서 기억할 점은 'nate.com DNS 서버'는 현재 자신의 캐시 DB에 적혀 있는 것을 알려 줄 뿐이며, 실제
> 111.111.111.111 컴퓨터가 켜져 있는지에는 관심을 두지 않는다는 것이다. 즉, 자신이 잘못된 정보를 알고 있더라도 그대
> 로 알려 준다(예를 들어 114 안내 담당자가 고객이 질문한 '교촌 치킨'의 전화번호를 알려줄 때 영업 중인지 확인하지
> 않고 그냥 전화번호만 알려준 것과 같은 이야기다. 고객은 교촌 치킨의 전화번호를 알게 되더라도 교촌 치킨이 영업 중
> 이 아니라면 치킨을 주문할 수 없는 것과 같다).

10.2.3 캐싱 전용 DNS 서버

캐싱 전용 DNS 서버^{Caching-only DNS Server}란 컴퓨터에서 URL로 IP 주소를 얻고자 할 때 해당하는
URL의 IP 주소를 알려주는 DNS 서버를 말한다. 앞 **그림 10-18**을 예로 들면 '로컬 DNS 서버'라고
써 있는 컴퓨터는 캐싱 전용 DNS 서버의 역할을 수행한다. 다음 그림을 살펴보자.

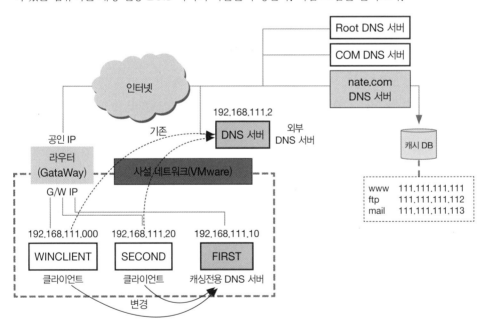

그림 10-19 캐싱 전용 DNS 서버를 구현하기 위한 구성도

원래 WINCLIENT와 SECOND 가상머신에 설정되어 있는 DNS 서버는 외부에서 운영되는
DNS 서버인 192.168.111.2로 설정되어 있다. 이제는 이 서버를 사용하지 않고 직접 DNS 서버

(FIRST, 192.168.111.10)를 구축해서 인터넷을 사용하겠다.

NOTE ▶ 지금 외부에서 운영되는 DNS 서버의 IP 주소는 192.168.111.2다. 이는 VMware가 제공해 주는 가상의 DNS 서버다. 우리는 지금 VMware 내부에 설치된 가상머신에서 실습을 진행하는 것이므로 **그림 10-19**의 '사설 네트워크' 입장에서 IP 주소가 192.168.111.2인 컴퓨터는 자신의 네트워크 외부에 존재하는 컴퓨터인 것이다. 즉, 이 192.168.111.2 컴퓨터가 멀리 외국에 있는 컴퓨터인지 사설 네트워크 바로 밖에 가까이 있는 컴퓨터인지 상관없이 외부 DNS 서버로 인식한다. 어차피 멀든 가깝든 사설 네트워크 밖에 있는 컴퓨터이기 때문이다.

> **! 여기서 잠깐 ┃ 공인 DNS 서버와 가상 DNS 서버**
>
> 네트워크에 어느 정도 익숙한 독자일수록 혼란스러울 수 있으니 추가로 설명하자면 위 192.168.111.2 IP 주소 대신에 호스트 운영체제(Windows)의 명령 프롬프트에 **nslookup** 명령을 입력해서 나오는 IP 주소를 외부의 공인된 DNS 서버 IP 주소로 사용해도 상관없다. 이 공인된 DNS 서버 IP 주소(예시: 구글 DNS 서버인 8.8.8.8)는 VMware가 운영하는 가상의 DNS 서버 IP 주소가 아니라, 실제로 존재하는 정말 멀리 떨어져 있는 DNS 서버의 IP 주소다. 하지만 어떤 주소이든지 우리의 사설 네트워크 밖에 있으므로 사설 네트워크 안에 있는 컴퓨터 입장에서는 어떤 것을 사용하든지 상관없다.

실습 2 ▶

FIRST 가상머신을 캐싱 전용 DNS 서버로 구축하자. 그리고 WINCLIENT 가상머신에서 직접 구축한 FIRST 가상머신을 DNS 서버로 사용하자.

Step 0

이번 실습은 FIRST, WINCLIENT 가상머신을 사용한다.

0-1 우선 FIRST를 초기화한다(초기화 방법이 기억나지 않으면 3장 **실습 5**를 참고한다).

Step 1

FIRST ◉ DNS 서버를 설치하자.

1-1 [서버 관리자]를 실행하고 [관리] −[역할 및 기능 추가] 메뉴를 클릭한다.

1-2 [시작하기 전], [설치 유형 선택], [대상 서버 선택]에서 기본값 그대로 두고 [다음] 버튼을 클릭한다.

1-3 [서버 역할 선택]에서 'DNS Server'를 체크하면 필요한 기능을 추가하는 창이 나오는데 이때 [기능 추

가] 버튼을 클릭한 후 [다음] 버튼을 클릭한다.

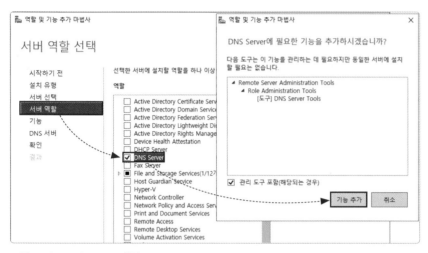

그림 10-20 DNS Server 설치 1

1-4 [기능 선택], [DNS 서버 선택]에서 기본값 그대로 두고 [다음] 버튼을 클릭한다.

1-5 [설치 선택 확인]에서 '필요한 경우 자동으로 대상 서버 다시 시작'을 체크한 후 메시지 창이 나오면 [예] 버튼을 클릭한다. [설치] 버튼을 클릭해서 설치한다. 잠시 후에 설치가 완료되면 [닫기] 버튼을 클릭해 마법사를 닫는다. [서버 관리자] 창도 종료한다.

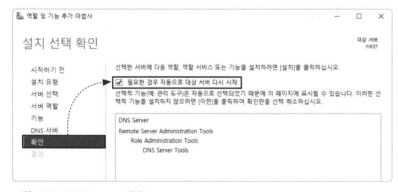

그림 10-21 DNS Server 설치 2

FIRST ◐ 캐싱 전용 DNS 서버의 기능을 위한 필요한 것을 확인하자.

2-1 [제어판]-[시스템 및 보안]-[Windows Defender 방화벽]을 클릭해 실행하고 왼쪽의 [Windows Defender 방화벽을 통해 앱 또는 기능 허용]을 선택한다. [허용되는 앱 및 기능] 화면에서 [DNS 서비스]의 '개인'과 '공용'이 모두 체크되어 있는지 확인한 다음 [확인] 또는 [취소] 버튼을 클릭해 창을 닫는다. [Windows Defender 방화벽] 창도 종료한다.

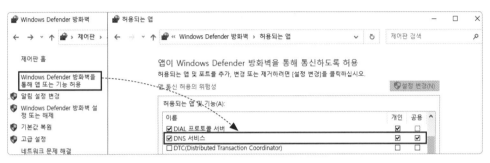

그림 10-22 방화벽 포트 확인

2-2 [서버 관리자]를 실행하고 [도구]-[서비스] 메뉴를 클릭해 실행한 후 [DNS Server]의 [상태]가 '실행 중', [시작 유형]이 '자동'으로 되어 있는지 확인한다. [서비스]와 [서버 관리자] 창을 종료한다.

그림 10-23 서비스 확인

이로써 캐싱 전용 DNS 서버의 작동을 확인했다. 사실 Windows Server에서 'DNS Server' 역할을 설치하기만 하면 자동으로 캐싱 전용 DNS 서버가 된다.

Step 3

WINCLIENT ◐ **그림 10-19**와 같이 클라이언트에 설정된 DNS 서버를 앞에서 구축한 FIRST 가상머신으로 지정하자.

3-1 [제어판]–[네트워크 상태 및 작업 보기]를 클릭한 후 'Etnernet0'를 클릭하면 [Ethernet0 상태] 창이 나온다. 창 하단의 [속성] 버튼을 클릭하고 '다음 DNS 서버 주소 사용'을 선택해서 기본 설정 DNS 서버에 FIRST 가상머신의 IP 주소인 '192.168.111.10'을 입력한다. [확인] 및 [닫기] 버튼을 클릭해 설정을 마친다. [네트워크 및 공유 센터] 창도 닫는다.

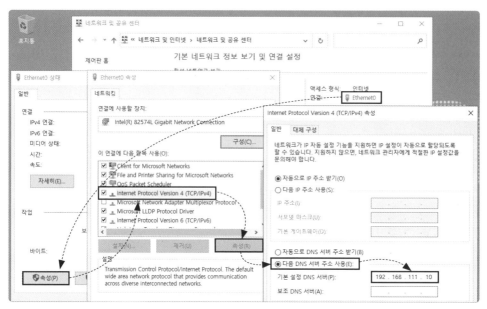

그림 10-24 DNS 서버 주소를 FIRST로 변경

3-2 웹 브라우저를 실행하고 아무 사이트나 들어가 보자. 접속이 잘 된다면 현재는 **그림 10-19**와 같이 우리가 구축한 캐싱 전용 DNS 서버인 FIRST 가상머신을 통해서 URL의 IP 주소를 획득하는 것이다.

그림 10-25 FIRST의 DNS 서버 작동 확인 1

3-3 `nslookup` 명령어로 확인해 보자. 명령 프롬프트를 실행하고 **nslookup** 명령을 실행하면 현재 DNS 서버의 IP주소가 192.168.111.10으로 나올 것이다. 이때 아무 사이트 URL을 입력하면 해당 IP 주소를 알려줄 것이다.

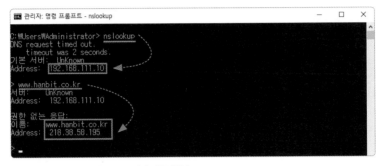

그림 10-26 FIRST의 DNS 서버 작동 확인 2

이제 우리가 FIRST 가상머신에 구현한 '캐싱 전용 DNS 서버'가 정상 작동하는 것을 확인할 수 있다.

10.2.4 DNS 서버 역할

DNS 서버 역할은 도메인 내의 호스트 컴퓨터 이름을 관리하는 서버라고 생각하면 된다. 예를 들어 this.com과 같은 도메인에 속해 있는 컴퓨터들의 이름을 관리하고 외부에서 www.this.com 컴퓨터의 IP 주소를 의뢰했을 때 해당 컴퓨터(여기서는 www, 주로 웹 서버의 이름이다)의 IP 주소를 알려주는 역할을 하는 DNS 서버를 말한다(이를 표준 DNS 서버 역할 또는 마스터 DNS 서버 역할로도 부른다). 그러므로 일반적으로 this.com의 도메인으로 인터넷 서비스를 하고자 한다면 this.com DNS 서버를 구축해 외부에서 www.this.com, ftp.this.com 등의 사이트에 접속할 수 있도록 해야 할 것이다.

다음 그림과 같은 DNS 서버 역할을 구현해 보자.

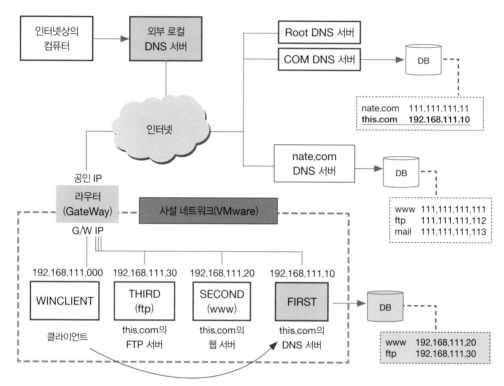

그림 10-27 DNS 서버 역할 구성도

그림 10-27에 대한 설명은 다음과 같다. 그림과 함께 다음 설명을 잘 읽어보도록 하자.

❶ 우선 테스트를 위해서 SECOND 가상머신에는 웹 서버를 설치하고 THIRD 가상머신에는 FTP 서버를 설치한다. 그다음으로 FIRST 가상머신에 DNS 서버를 설치한다. 그 후에 FIRST 가상머신의 DNS 서버 설정에서 www.this.com은 SECOND 가상머신의 IP 주소인 192.168.111.20으로, ftp. this.com은 THIRD 가상머신의 IP 주소인 192.168.111.30으로 설정한다.

❷ 이렇게 구성이 완료되면 WINCLIENT 가상머신에서 웹 브라우저를 실행해 www.nate.com으로 접속을 시도한다. 이때 다음과 같은 순서로 진행된다.

(1) 설정된 DNS 서버인 192.168.111.10에 www.nate.com의 IP 주소를 의뢰한다.

(2) 192.168.111.10은 자신의 DB를 검색하여 www.nate.com이 있는지 확인한다. 해당 내용이 없을 것이므로 외부 인터넷으로 나가서 www.nate.com의 IP 주소를 알아 온다(이 과정은 **그림 10-18**에서 자세히 설명했다).

(3) 알아낸 www.nate.com의 IP 주소를 WINCLIENT 가상머신에 알려 준다.

❸ 위 과정은 캐싱 전용 DNS 서버와 큰 차이가 없다. 이번에는 WINCLIENT 가상머신에서 www.this.com의 접속을 시도한다면 다음과 같은 순서로 진행이 된다.

(1) 설정된 DNS 서버인 192.168.111.10에 www.this.com의 IP 주소를 의뢰한다.

(2) 192.168.111.10은 자신의 DB를 검색해 www.this.com이 있는지 확인한다. 그런데 this.com은 자신이 관리하는 도메인이므로 www.this.com의 IP 주소(192.168.111.20) 및 ftp.this.com의 IP 주소(192.168.111.30)를 this.com이 가지고 있다. 그러므로 외부 인터넷으로 나갈 필요 없이 바로 WINCLIENT 가상머신에 해당 IP 주소를 바로 알려 준다.

❹ 다음은 마지막으로 **그림 10-27**의 좌측 상단에 표현한 '인터넷상의 컴퓨터'에서 ftp.this.com에 접속하고자 한다면 다음과 같은 순서로 진행이 된다.

(1) 외부 '인터넷상의 컴퓨터'는 자신의 로컬 DNS 서버(그림상에는 '외부 로컬 DNS 서버'로 표현했다)에 ftp.this.com의 IP 주소를 의뢰한다.

(2) '외부 로컬 DNS 서버'는 아마도 ftp.this.com의 IP 주소를 모르기 때문에 'ROOT DNS 서버'에 의뢰할 것이다. 'ROOT DNS 서버'는 'COM DNS 서버'의 주소를 알려주며 그쪽으로 의뢰하도록 안내한다.

(3) '외부 로컬 DNS 서버'는 다시 'COM DNS 서버'에 의뢰한다. 'COM DNS 서버'는 this.com의 도메인을 관리하는 'this.com DNS 서버'의 IP 주소인 192.168.111.10을 '외부 로컬 DNS 서버'에 알려 준다.

(4) '외부 로컬 DNS 서버'는 'this.com DNS 서버'인 192.168.111.10(FIRST)에 ftp.this.com의 IP 주소를 의뢰한다.

(5) 'this.com DNS 서버'는 자신의 DB에 ftp.this.com의 IP 주소가 있으므로 ftp.this.com의 IP 주소인 192.168.111.30을 알려 준다.

(6) '외부 로컬 DNS 서버'는 ftp.this.com의 IP 주소인 192.168.111.30을 '인터넷상의 컴퓨터'에 알려 준다.

(7) '인터넷상의 컴퓨터'는 192.168.111.30(THIRD)으로 접속한다.

┃ 여기서 잠깐   사설 IP 주소와 공인 IP 주소

지금은 192.168.111.10 주소가 사설 네트워크의 IP 주소이기 때문에 인터넷상의 컴퓨터는 ftp.this.com에 진짜로 접속할 수 없다. 하지만 지금 실습은 사설 IP 주소를 사용하기 때문이며 공인 IP 주소를 가지고 사용한다면 실제로 인터넷상에서 운영하는 것과 완전히 동일하다. 물론 this.com 도메인에 대한 소유권을 가지고 있어야 한다(대부분의 도메인 이름은 이미 다른 기관이나 개인이 소유하고 있으므로 실제로는 좀 특이한 이름의 도메인을 사용해야 한다. 예를 들면 www.thisiswindows2022.com 같은 이름은 등록이 가능할 것이다).

이렇게 자신이 별도로 관리하는 도메인이 있으며 외부에서 자신이 관리하는 컴퓨터의 IP 주소를 물어볼 때 자신의 DB에서 찾아서 알려주는 기능이 'DNS 서버 역할'이다.

실습 3

그림 10-27과 같이 FIRST 가상머신에 this.com의 'DNS 서버 역할'를 설치하고 운영하자.

Step 0

이번 실습은 FIRST, SECOND, THIRD, WINCLIENT 4개의 가상머신을 사용한다.

0-1 FIRST는 **실습 2**에 이어서 한다.

Step 1

FIRST-DNS 서버 ◉ DNS 서버 역할을 설치한다.

1-1 이미 **실습 2**의 1번에서 설치했으므로 생략해도 된다('DNS Server'역할을 설치하면 캐싱 전용 DNS 서버와 표준 DNS 서버와 관련된 프로그램은 모두 설치된다).

Step 2

SECOND-웹 서버 ◉ **그림 10-27**에 나온 대로 웹 서버로 사용하자.

2-0 SECOND 가상머신을 초기화한다(초기화 방법이 기억나지 않으면 3장 **실습 5**를 참고한다).

2-1 SECOND 가상머신을 부팅하고 Administrator로 로그온한다.

2-2 9장 **실습 1 step 1**과 동일하게 'Web Server(IIS)' 역할을 설치하자.

그림 10-28 SECOND에 웹 서버 설치 완료

THIRD-FTP 서버 ◐ 그림 10-27에 나온 대로 FTP 서버로 사용하자. 이번에는 IIS에 포함된 FTP 서버 대신에 알FTP 서버를 사용하자.

3-0 THIRD 가상머신을 초기화한다.

3-1 THIRD 가상머신을 부팅하고 Administrator으로 로그온한다.

3-2 웹 브라우저로 Q&A 카페(https://cafe.naver.com/thisisLinux)의 [교재 자료실(윈도 서버)] 게시 글 중 '[Windows Server 2022] 전체 실습 파일 다운로드'에서 알FTP서버(파일명: ALFTPServer10.exe, 1.82MB)를 설치하자. 설치 환경은 기본값 그대로 두고 설치하면 된다(만약 [Internet Explorer] 관련 경고 창이 나오면 [추가], [추가], [닫기] 버튼을 클릭한 후 진행하자).

그림 10-29 알FTP 서버 설치 화면

3-3 설치가 완료되고 [확인] 버튼을 클릭하면 [ALFTP Server] 창이 실행된다.

3-4 [ALFTP Server] 창에서 '설정' 실행 아이콘을 클릭해 몇 가지 설정을 바꾸자. [서버 환영 메시지]는 'THIRD의 FTP 서버입니다.'로 변경하고 [계정 설정]에서 '아이디 없이 접속 허용'을 선택한 후 [확인] 버튼을 클릭한다. 그리고 '서버 시작' 실행 아이콘을 클릭하면 FTP 서버가 시작된다. [ALFTP Server] 창은 닫지 말고 실행한 채로 둔다.

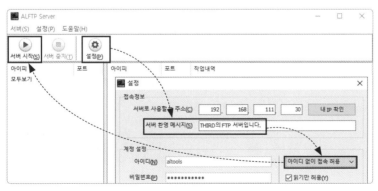

그림 10-30 알FTP 서버 실행

3-5 [제어판]의 [시스템 및 보안]-[Windows Defender 방화벽] 메뉴를 클릭해 실행한 후 'Windows Defender 방화벽을 통해 앱 또는 기능 허용'을 선택하면 'ALFTP Server'가 예외에 이미 추가되어 있을 것이다. '공용'을 체크하고 [확인] 버튼을 클릭해 창을 닫는다. [Windows Defender 방화벽] 창도 닫는다.

그림 10-31 Windows Defender 방화벽 허용 확인

3-6 [파일 탐색기]에서 설치한 파일을 확인하면 ALFTP Server의 홈 디렉터리는 C:\Users\Administrator\Documents\ALFtpServer\ 폴더다. 다음 폴더에 아무 파일이나 몇 개 복사해 놓자.

그림 10-32 알FTP 서버 홈 디렉터리

Step 4

WINCLIENT ◉ 웹 서버(SECOND) 및 FTP 서버(THIRD)가 잘 작동하는지 확인하자.

4-1 웹 브라우저에서 SECOND 가상머신의 IP 주소인 http://192.168.111.20/에 접속해 웹 서버가 잘 작동되는지 확인하자.

그림 10-33 웹 서버 작동 확인

4-2 이번에는 Windows의 [시작]−[Windows 보조 프로그램]−[Internet Explorer] 메뉴를 클릭해 실행하고 THIRD 가상머신의 주소인 ftp://192.168.111.30/Home/에 접속해 FTP 서버가 잘 작동되는지 확인하자.

그림 10-34 FTP 서버 작동 확인

NOTE▶ Windows Server의 기본 웹 브라우저인 Edge에서는 FTP 서버에 접속이 안 될 수도 있다.

Step 5

FIRST-DNS 서버 ● **그림 10-27**에 나온 'this.com DNS 서버'로 설정하자.

5-1 [서버 관리자]를 실행하고 [도구]−[DNS] 메뉴를 클릭해 실행한다.

5-2 this.com DNS 서버를 구성하자.

① [DNS 관리자]에서 왼쪽 화면의 [컴퓨터 이름(필자는 FIRST)]의 확장 버튼을 클릭해 [정방향 조회 영역]을 선택하고 마우스 오른쪽 버튼을 클릭한 후 [새 영역]을 클릭한다.

그림 10-35 DNS 서버 설정 1

② [새 영역 마법사 시작] 창에서 [다음] 버튼을 클릭한다.

③ [영역 형식]에서 '주 영역'을 선택하고 [다음] 버튼을 클릭한다.

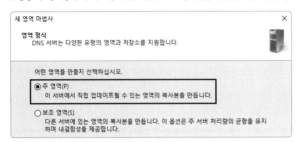

그림 10-36 DNS 서버 설정 2

④ [영역 이름]에서 [영역 이름]에 FIRST의 도메인 이름인 'this.com'을 입력하고 [다음] 버튼을 클릭
한다.

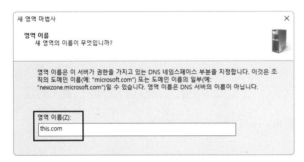

그림 10-37 DNS 서버 설정 3

⑤ [영역 파일]에서 기본값 그대로 두고 [다음] 버튼을 클릭한다.

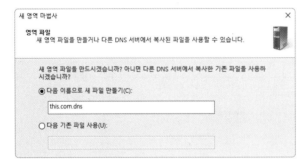

그림 10-38 DNS 서버 설정 4

⑥ [동적 업데이트]에서 기본값 그대로 두고 [다음] 버튼을 클릭한다.

⑦ [새 영역 마법사 완료]에서 [마침] 버튼을 클릭하면 [정방향 조회 영역]에 'this.com' 표준 주 영역이 추가된 것을 확인할 수 있다. 이로써 'this.com DNS 서버'의 구성이 완료 되었다.

그림 10-39 DNS 서버 설정 5

5-3 이번에는 **그림 10-27**에 나온 것처럼 this.com DNS 서버의 DB에 www 및 ftp의 호스트 설정을 추가하자.

① 왼쪽 화면에서 [정방향 조회 영역] 아래의 [this.com]을 선택하고 마우스 오른쪽 버튼을 클릭한 후 [새 호스트]를 클릭한다.

그림 10-40 호스트 추가 1

② [새 호스트] 창에서 [이름]에 'www'를 입력하면 [FQDN]이 'www.this.com'으로 자동 완성된다. 웹 서버(SECOND)의 [IP 주소]에 '192.168.111.20'를 입력한 후 [호스트 추가] 버튼을 클릭한다. [완료] 버튼을 클릭해 창을 닫는다.

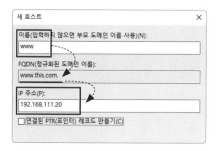

그림 10-41 호스트 추가 2

③ 동일한 방식으로 왼쪽 화면에서 [this.com]을 선택하고 마우스 오른쪽 버튼을 클릭한 후 [새 호스트]를 클릭한다. 이번에는 [이름]에 'ftp'를, [IP 주소]에 '192.168.111.30'을 입력한 후 [호스트 추가]와 [완료] 버튼을 클릭한다. 최종적으로 **그림 10-27**의 'www'와 'ftp'가 this.com DNS 서버의 DB에 설정되었다. [DNS 관리자] 및 [서버 관리자] 창을 종료한다.

그림 10-42 호스트 추가 3

Step 6

WINCLIENT ▶ 웹 서버와 FTP 서버에 URL로 접속하자.

6-1 TCP/IPv4의 DNS 서버가 FIRST 가상머신의 IP 주소인 192.168.11.10로 되어 있는지 확인한다(**그림 10-23**을 참고한다).

6-2 아무 웹 브라우저에서 http://www.this.com/ 주소에 접속해 웹 서버가 잘 접속되는지 확인하자.

그림 10-43 URL로 웹 서버 접속

6-3 이번에는 Internet Explorer에서 ftp://ftp.this.com/Home/ 주소로 접속해 보자.

그림 10-44 URL로 FTP 서버 접속

이로써 **그림 10-27**의 'this.com DNS 서버' 구현이 완성되었고 잘 작동되는 것을 확인했다.

? VITAMIN QUIZ 10-1

SECOND 가상머신을 초기화한 후에 '자기이름영문.net' DNS 서버 및 'www.자기이름영문.net'
웹 서버가 되도록 구축하자. 그리고 THIRD 가상머신에서 접속해 보자. 결과는 다음 비타민 퀴즈에
서 사용된다.

10.2.5 라운드 로빈 방식의 DNS 서버

네이버나 다음 같은 포털 사이트 웹 서버에는 동시에 수십만 이상의 접속이 있을 것이다. 따라서
1대의 웹 서버가 아니라 여러 대의 웹 서버를 운영해서 웹 클라이언트가 서비스를 요청할 경우에 교
대로 서비스를 실행하도록 할 것이다. 그러면 웹 서버의 부하를 공평하게 여러 대가 나눌 수 있다.
이러한 방식을 **라운드 로빈**Round Robin 방식이라고 부른다. 예시로 www.this.com 웹 서버를 3대
운영한다고 가정해 보자. 각각의 IP 주소가 1.1.1.1, 1.1.1.2, 1.1.1.3이라면 외부의 사용자는 결국
this.com DNS 서버에 www.this.com의 IP 주소를 질의하게 된다. 이때 this.com DNS 서버는
물어오는 순서대로 1.1.1.1, 1.1.1.2, 1.1.1.3을 돌아가면서 알려주면 될 것이다. 그렇게 되면 3대
의 웹 서버에 공평하게 부하가 나눠지는 것이다.

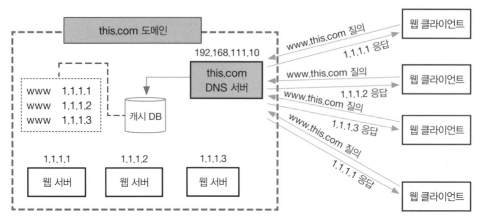

그림 10-45 라운드 로빈 방식의 DNS 서버

현재도 많은 대형 웹사이트가 라운드 로빈 방식을 사용한다.

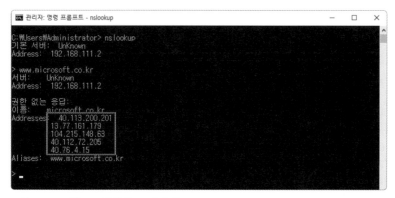

그림 10-46 라운드 로빈 방식으로 운영하는 www.microsoft.co.kr

실습 4

this.com을 라운드 로빈 방식의 DNS 서버로 구성하자.

Step 0

실습 3에 이어서 한다. 이번 실습은 FIRST와 WINCLIENT, SECOND, THIRD 가상머신을 모두 사용한다.

FIRST ◉ FIRST 가상머신을 라운드 로빈 방식의 DNS 서버로 설정하자.

1-0 기존에 구축된 웹 서버의 IP 주소를 몇 개 확인해 보자. 명령 프롬프트에서 **nslookup** 명령을 입력하자. 이번 예시에서는 www.yes24.com, www.sogang.ac.kr, www.nate.com 3개의 IP 주소를 확인할 것이다(3개 웹사이트가 필자와 달라도 상관없다. 접속이 가능한 웹사이트 3개의 IP 주소를 확인하자).

그림 10-47 기존의 웹 서버 IP 주소 확인

이렇게 확인한 3개의 IP 주소(필자는 61.111.13.51, 163.239.1.17, 120.50.132.112)를 **그림 10-45**에 나온 www.this.com의 3대 웹 서버로 가정하자. 명령 프롬프트를 닫는다.

1-1 [서버 관리자]의 [도구]-[DNS] 메뉴를 클릭해 실행한 후 왼쪽 화면에서 [this.com]을 선택하고 오른쪽 화면에서 기존의 'www'를 선택한 다음 마우스 오른쪽 버튼을 클릭한 후 [삭제]를 선택한다. 동일한 방법으로 'ftp'도 삭제한다.

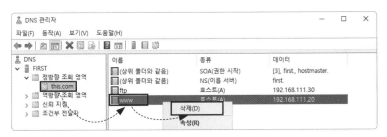

그림 10-48 기존 호스트 삭제

1-2 [this.com]을 선택하고 마우스 오른쪽 버튼을 클릭한 후 [새 호스트]를 클릭한다. **그림 10-45**에 나온 것처럼 [이름]에는 'www'를, [IP 주소]에는 **1-0**에서 알아낸 IP 주소 중 첫번째 IP 주소(61.111.13.51)를 입력한 다음 [호스트 추가] 버튼을 클릭한다. 아직 [완료] 버튼은 클릭하지 않는다.

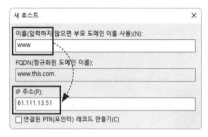

그림 10-49 www 호스트 등록

1-3 같은 방식으로 [이름]에 'www'를, [IP 주소]에는 **1-0**에서 알아낸 IP 주소 중 두번째 IP 주소 (163.239.17)를 입력하고 [호스트 추가] 버튼을 클릭한다. 세번째 주소도 같은 방식으로 입력한다. [완료] 버튼을 클릭하면 최종적으로 www에 3개의 IP 주소가 할당된 것이 확인된다(**그림 10-45**와 동일하게 구성되도록 한다).

그림 10-50 라운드 로빈 설정 결과

> **NOTE** 실제 3개의 IP 주소는 this.com에서 운영하는 웹 서버가 아니며, 라운드 로빈의 작동 테스트를 위해 알아보기 쉽게 IP 주소를 지정한 것뿐이다. 실제 상황이라면 3대의 동일한 웹 서버를 구축한 후에 각각의 웹 서버 IP 주소를 사용하면 된다.

Step 2

WINCLIENT, SECOND, THIRD 가상머신으로 라운드 로빈의 작동을 테스트하자.

2-0 WINCLIENT, SECOND, THIRD 가상머신의 DNS 서버는 모두 FIRST(192.168.111.10)로 설정되어 있어야 한다. WINCLIENT 가상머신을 앞에서 설정했으니 SECOND와 THIRD 가상머신의 DNS 서버를 설정하자(기억이 나지 않으면 이번 장 **실습 2**의 **3-1**을 참고한다).

2-1 WINCLIENT, SECOND, THIRD 가상머신 중 아무 곳에서 명령 프롬프트를 실행하자.

2-2 **nslookup** 명령을 실행하고 www.this.com을 반복해서 확인해 보자. IP 주소의 우선 순서가 계속 돌아가면서 나올 것이다. 즉, 라운드 로빈으로 작동하는 것이다.

```
C:\> nslookup
> www.this.com
> www.this.com
> www.this.com
```

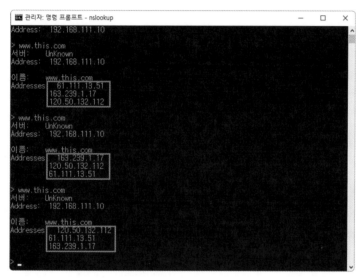

그림 10-51 라운드 로빈 작동 확인

2-3 WINCLIENT, SECOND, THIRD 가상머신에서 각각 DNS 서버를 FIRST(192.168.111.10)로 설정한 후, 각 컴퓨터에서 http://www.this.com으로 접속하면 서로 다른 사이트로 접속될 것이다. 즉, 라운드 로빈 방식으로 작동하는 것이다.

NOTE ▶ 일부 사이트는 www.this.com으로 접속하면 자신의 원래 URL로 변경되는 경우도 있다. 만약 라운드 로빈이 잘 작동되지 않으면 각각의 가상머신을 재부팅 해보자. Edge 웹 브라우저에서 작동하지 않으면 Internet Explorer를 사용해 보자.

그림 10-52 다른 컴퓨터에서 http://www.this.com/에 접속한 결과

┌─┤ **? VITAMIN QUIZ 10-2** ├

SECOND 가상머신의 '자기이름영문.net' 네임 서버를 라운드 로빈 방식으로 설정하자. 그리고
THIRD 및 WINCLIENT 가상머신에서 접속해 보자.

지금까지 DNS 서버를 다양한 방법으로 구현해 보았다. 웹 서버를 잘 구축한 후에 사용자에게
http://192.168.111.20/과 같은 IP 주소로 웹 서버를 접속하도록 알려줄 수는 없을 것이다(컴퓨
터에 특별히 관심이 있지 않은 한 대부분의 인터넷 사용자는 IP 주소가 무엇인지도 모를 것이다).
그래서 반드시 http://www.this.com/ 등과 같은 URL로 접속하도록 알려줘야 한다. 그러기 위해
서는 DNS 서버의 설정(특히 정방향 영역)이 반드시 선행되어야 한다. 이 외에도 DNS 서버에 대
한 많은 고급 설정 내용들이 있으나, 실제 운영하기 위한 DNS 서버에 대한 것은 이 정도로도 충분
하다.

> **! 여기서 잠깐**
>
> 지금 설정한 내용은 도메인을 IP 주소로 변경하는 정방향 영역을 다뤘다. 반대로 IP 주소를 통해 도메인을 알
> 수도 있는데, 이를 역방향 영역(Reverse Zone)이라고 한다. 이 책에서는 역방향 영역을 별도로 설정하지 않
> 아도 문제가 없으므로 생략했지만, 필요하다면 직접 인터넷을 검색해서 학습하길 권장한다.

11

▶ E-Mail 서버

11장은 E-Mail을 전송하는 E-Mail 서버를 개념과 작동
방식을 이해한다. 그리고 VMware 환경에서 여러 대의
서버가 작동하는 방식을 이해한 후 구현한다. 그중 무료
로 사용할 수 있는 오픈 소스 E-Mail 서버 소프트웨어인
hMailServer를 사용해 실습한다.

학습목표

◉

**이 장의
핵심 개념**

- E–Mail 서버와 관련된 용어를 알아보고 E–Mail 서버의 작동 방식을 이해한다.

- E–Mail 서버를 구현하기 위한 네트워크 환경을 이해한다.

- hMailServer를 구현하고, 설정 방식을 익힌다.

- 메일 클라이언트의 설치와 설정 방법을 이해한다.

◉

**이 장의
학습 흐름**

E-Mail 서버의 개념과 작동 원리의 이해

▼

VMware상에서 E-Mail 서버를 구현하기 위한

네트워크 환경 이해

▼

hMailServer의 구현

▼

메일 클라이언트의 설치와 환경 설정

11.1 E-Mail 서버 구축의 필요성

인터넷의 발달과 더불어 가장 많이 사용되는 서비스를 뽑자면 웹Web과 이메일E-Mail이 빠질 수 없다. 특히 E-Mail은 개인적으로 유용하게 사용될 뿐만 아니라 일반 회사에서도 중요한 의미를 갖는다. 회사원의 명함에 찍힌 E-Mail 주소가 일반 포털 사이트에서 제공하는 E-Mail 계정일 때 '이 회사는 E-Mail도 별도로 없나?'하고 생각할 수도 있을 정도로 회사의 이미지에도 큰 영향을 끼친다. 이번 절에서는 '본인_이름@회사_도메인' 형식의 E-Mail 계정을 직접 만들어 보자.

11.1.1 E-Mail 서버 구축을 위한 사전 개념

인터넷상에서 E-Mail이 전송되는 과정을 정확히 파악해 E-Mail 서버를 구축하기 위한 기본적인 개념을 파악해 보자. E-Mail 송수신에서 사용되는 기본적인 프로토콜에는 3가지가 있다. 일단 용어만 눈에 익혀 두고 하단 그림에서 각 프로토콜이 사용되는 용도를 살펴보도록 하자.

- **SMTP**(Simple Mail Transfer Protocol): 클라이언트가 메일을 보내거나 E-Mail 서버끼리 메일을 주고받을 때 사용한다.
- **POP3**(Post Office Protocol): E-Mail 서버에 도착한 메일을 클라이언트로 가져올 때 사용한다.
- **IMAP**(Internet Mail Access Protocol): POP3와 동일하게 E-Mail 서버에 도착한 메일을 클라이언트로 가져올 때 사용한다.

E-Mail 서버의 작동 원리를 단순화하면 다음 그림과 같다.

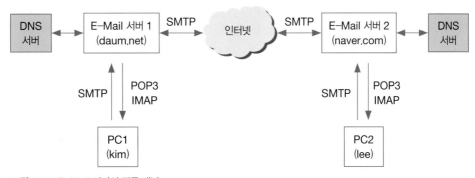

그림 11-1 E-Mail 서버의 작동 개념

그림 11-1은 단순한 그림이지만 E-Mail이 전송되는 원리가 잘 표현되어 있다. 우선 'kim'이라는 이름의 사람이 daum.net이라는 E-Mail 서버에 계정이 있다고 가정해 보자.

즉, 'kim@daum.net'이라는 계정을 가지고 있다는 것이다. 그리고 'lee'라는 사람은 naver.com 이라는 E-Mail 서버에 계정을 가지고 있다고 가정해 보자. 즉, 'lee@naver.com'이라는 계정이 있다는 것이다.

이제, kim이 lee에게 메일을 주고받는 과정을 살펴보자.

❶ kim이 PC1에서 메일 클라이언트 프로그램(Outlook, 썬더버드 등)을 실행해 daum.net에 접속한다. 그리고 [편지쓰기]를 클릭해 [받는 이] 란에 'lee@naver.com'을 쓰고 내용을 채운 후에 [보내기] 버튼을 클릭해 메일을 보낸다(이때 사용되는 프로토콜은 SMTP 프로토콜이다).

❷ E-Mail 서버1(daum.net)은 kim이 보낸 메일을 잠시 임시 저장소에 보관한다. 그리고 컴퓨터에 여유가 생겼을 때 E-Mail 서버1은 kim이 보낸 메일의 수신자 주소인 'naver.com'의 E-Mail 서버 IP 주소를 DNS 서버에 문의해서 알아낸다.

❸ E-Mail 서버1은 메일을 인터넷을 통해서 E-Mail 서버2(naver.com)에 전송한다(이때도 동일하게 SMTP 프로토콜이 사용된다).

❹ E-Mail 서버2(naver.com)는 E-Mail 서버1(daum.net)로부터 받은 메일의 수신자 이름을 확인하고 'lee'라는 수신자 이름이 자신이 관리하는 계정에 있는지 확인한다. 'lee'가 자신의 계정에 있다면 lee의 메일 박스에 kim@daum.net이 보낸 메일을 넣어 둔다.

❺ lee는 PC2에서 메일 클라이언트 프로그램을 실행해 자신의 E-Mail 서버인 naver.com에 접속한다. 접속 후 자신의 메일 박스에 도착된 편지들을 PC2로 다운로드한다(이 때는 POP3/IMAP 프로토콜이 사용된다). kim@daum.net으로부터 온 메일을 읽는다.

인터넷상에서 메일을 주고받는 작동 원리를 단순화해 개념적으로 살펴보았다. 이제 우리가 구현할 환경을 파악해 보자.

11.2 2대의 E-Mail 서버 구축

앞 절에서 개념을 파악했으므로 이번에는 E-Mail 서버를 직접 구현해 보자. 이번 실습에서는 E-Mail 서버를 1대만 구현해서는 실습의 효과가 없기 때문에 E-Mail 서버를 2대 설치하겠다. 이번 실습을 진행하기 이전에 10장의 DNS 서버의 개념이 완전히 파악되어야 한다. DNS 서버 없이는 E-Mail 서버를 구현할 수가 없기 때문이다. 또한 E-Mail 서버를 제대로 실습하기 위해서는 인터넷상에서 2개의 다른 도메인의 E-Mail 서버를 운영해야만 메일이 잘 전송되는지 확인할 수 있다. 그래서 네트워크 환경이 다른 서버에 비해서 좀 복잡한 편이지만, 우리는 VMware라는 프로그램의 장점을 적극 활용하여서 인터넷상에 2개의 도메인을 가지고 있는 것과 동일한 효과를 내 보겠다.

이번 실습은 VMware 내부를 사설 네트워크라고 생각하지 말고 그냥 외부 인터넷의 일부라고 생각하자. 그러면 인터넷상에서 2개의 E-Mail 서버를 구축하고 운영하는 것과 완전히 동일한 환경으로 만들 수 있다. 다음 그림을 보면 이번 실습을 제대로 구현하기 위해서는 E-Mail 서버 2대, E-Mail 클라이언트 2대, DNS 서버 1대 등 총 5대의 컴퓨터가 필요하다. 다음 **그림 11-2**는 앞서 설명한 **그림 11-1**을 우리가 실습할 환경으로 구체화한 것이다.

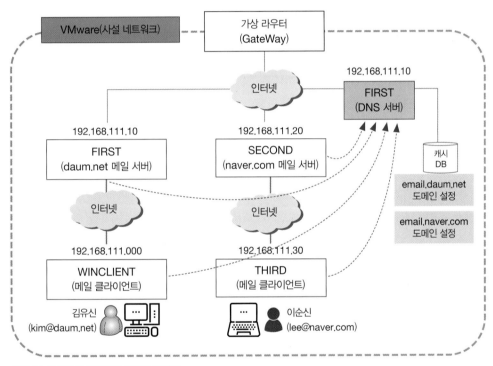

그림 11-2 실습에서 구현할 인터넷 구성도

NOTE › 그림 11-2에서 도메인 이름을 'daum.net'과 'naver.com'을 사용해도 되는 이유는 VMware(사설 네트워크) 내부를 전체 인터넷이라고 가정하고 있기 때문이다. 즉, 우리가 사용하는 4대의 가상머신(FIRST, SECOND, THIRD, WINCLIENT) 상호 간에는 이러한 이름을 사용할 수 있다. 그러나 외부 컴퓨터에서는 VMware 내부로 접속할 수 없기 때문에 우리가 구축한 E-Mail 서버를 사용할 수 없다.

먼저 **그림 11-2**와 함께 다음 설명을 잘 이해해야 이번 실습을 진행할 수 있다.

❶ VMware(사설 네트워크)를 내부 네트워크라고 생각하지 않고 그냥 외부의 인터넷이라고 가정한다.

❷ E-Mail 서버를 2대 구현한다. FIRST를 daum.net의 E-Mail 서버로 구현하고 SECOND는 naver.com의 E-Mail 서버로 구현한다.

❸ WINCLIENT는 daum.net E-Mail 서버의 김유신(kim)이라는 사용자의 컴퓨터다. 즉, kim@daum.net이라는 계정이 집(또는 회사)에서 사용하는 컴퓨터다.

❹ THIRD는 naver.com E-Mail 서버의 이순신(lee)이라는 사용자의 컴퓨터다. 즉, lee@naver.com이라는 계정이 집(또는 회사)에서 사용하는 컴퓨터다.

❺ 먼저 DNS 서버를 구현한다. **그림 11-2**에는 별도의 컴퓨터로 나타나 있지만 FIRST가 DNS 서버의 역할도 하도록 설정하겠다. 즉, FIRST는 daum.net E-Mail 서버 겸 DNS 서버의 역할을 하는 것이다. 또한 DNS 서버는 daum.net 및 naver.com 두 도메인을 관리하는 역할을 한다.

❻ 모든 컴퓨터는 TCP/IPv4 등록정보의 '기본 설정 DNS 서버'를 FIRST의 IP 주소인 192.168.111.10으로 설정한다(이는 실습에서 확인하도록 하자).

11.2.1 daum.net 메일 서버 구축

이 책에서는 가볍고 무료로 사용할 수 있는 hMailServer를 이용해서 메일 서버를 구축하겠다. 실습에서 사용할 hMailServer는 무료로 배포되기 때문에 라이선스 비용 없이 사용할 수 있다.

실습 1

hMailServer를 사용해서 메일 서버를 구축하자. 그림 11-2에 보이는 FIRST에 'daum.net 메일 서버'를 구축해 보겠다.

Step 0

이번 실습은 FIRST, SECOND, THIRD, WINCLIENT 4대의 가상머신을 사용한다.

0-1 FIRST, SECOND, THIRD, WINCLIENT 4대를 모두 초기화한다(초기화 방법이 기억나지 않으면 3장 **실습 5**를 참고한다).

FIRST-DNS 서버 ◉ 먼저 DNS 서버를 설치하자(10장에서 실습해 봤으므로 설명은 생략하고 간략히 진행하겠다).

1-1 [서버 관리자]를 실행하고 [관리]-[역할 및 기능 추가] 메뉴를 클릭한다.

1-2 [시작하기 전], [설치 유형 선택], [대상 서버 선택]에서 기본값 그대로 두고 [다음] 버튼을 클릭한다.

1-3 [서버 역할 선택]에서 'DNS Server'를 체크하면 필요한 기능을 추가하는 창이 나오는데 그중 [기능 추가]를 선택한 후 [다음] 버튼을 클릭해서 진행한다.

1-4 [기능 선택]에서 기본값 그대로 두고 [다음] 버튼을 클릭한다.

1-5 [DNS 서버 선택]에서 기본값 그대로 두고 [다음] 버튼을 클릭한다.

1-6 [선택 확인]에서 [필요한 경우 자동으로 대상 서버 다시 시작]을 체크한 후 [설치] 버튼을 클릭한다. 잠시 후에 설치가 완료되면 [닫기] 버튼을 클릭해 [설치 마법사] 창과 [서버 관리자] 창을 종료한다.

Step 2

FIRST-DNS 서버 ◉ 먼저 **그림 11-2**에 나오는 것처럼 오른쪽 위의 FIRST 가상머신을 DNS 서버로 구성하자.

2-1 [서버 관리자] 창의 [도구]-[DNS] 메뉴를 클릭해 실행한다.

2-2 먼저 daum.net 메일 서버의 DNS 설정을 하자. 왼쪽 화면의 [FIRST]-[정방향 조회 영역]에서 마우스 오른쪽 버튼을 클릭한 후 [새 영역]을 선택한다.

2-3 [새 영역 마법사 시작] 창에서 [다음] 버튼을 클릭한다.

2-4 [영역 형식]에서 기본값인 '주 영역'을 선택하고 [다음] 버튼을 클릭한다.

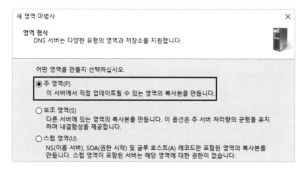

그림 11-3 daum.net DNS 설정 1

2-5 [영역 이름]에 FIRST(E-Mail 서버)의 도메인 이름인 'daum.net'을 입력하고 [다음] 버튼을 클릭한다.

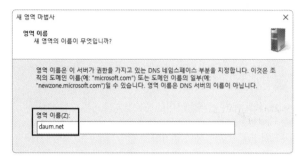

그림 11-4 daum.net DNS 설정 2

2-6 [영역 파일]에서 기본값 그대로 두고 [다음]을 클릭한다.

2-7 [동적 업데이트]에서 기본값 그대로 두고 [다음] 버튼을 클릭한다.

2-8 [새 영역 마법사 완료]에서 [마침] 버튼을 클릭한다.

2-9 왼쪽 화면의 [정방향 조회 영역]을 확장하고 [daum.net]을 선택한 후 오른쪽 빈 부분에 마우스 오른쪽 버튼을 클릭한 다음 [새 호스트(A 또는 AAAA)]를 클릭한다. [새 호스트] 창에서는 **그림 11-2** 오른쪽에 나온 것처럼 FIRST(daum.net 메일 서버)를 설정한다. [이름]에 'email', [IP 주소]에 '192.168.111.10'을 입력하고 [호스트 추가]와 [완료] 버튼을 클릭하면 'email.daum.net'에 대한 호스트가 추가된다.

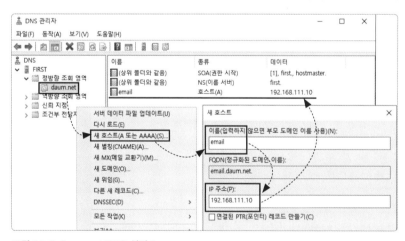

그림 11-5 daum.net DNS 설정 3

2-10 다시 왼쪽 화면의 [FIRST]-[정방향 조회 영역]-[daum.net]을 선택한 후 마우스 오른쪽 버튼을 클릭하고 [새 MX(메일 교환기)]를 클릭한다.

그림 11-6 daum.net DNS 설정 4

2-11 [새 리소스 레코드] 창에서 [호스트 또는 자식 도메인]은 비워 놓고 [메일 서버의 FQDN(정규화된 도메인 이름)]에서 [찾아보기] 버튼을 클릭한 후에 [FIRST]–[정방향 조회 영역]–[daum.net]–[email]을 선택하고 [확인] 버튼을 클릭하면 [메일 서버의 FQDN(정규화된 도메인 이름)]이 'email.daum.net'으로 설정된다. [확인] 버튼을 클릭해 설정을 마친다.

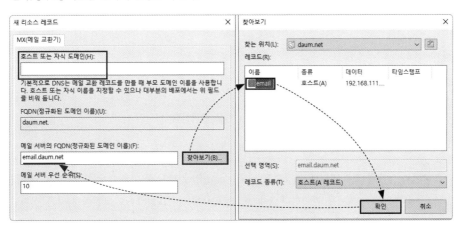

그림 11-7 daum.net DNS 설정 5

2-12 이제 **그림 11-2**과 동일한 daum.net 메일 서버가 설정되었다.

그림 11-8 daum.net DNS 설정 6

2-13 이번에는 같은 방식으로 naver.com 메일 서버의 DNS 설정을 하자. 왼쪽 화면의 [FIRST]−[정방향 조회 영역]에서 마우스 오른쪽 버튼을 클릭한 후 [새 영역]을 선택한다.

2-14 [새 영역 마법사 시작]에서 [다음] 버튼을 클릭한다.

2-15 [영역 형식]에서 기본값인 '주 영역'이 선택된 상태에서 [다음] 버튼을 클릭한다.

2-16 [영역 이름]에 SECOND(E−Mail 서버)의 도메인 이름인 'naver.com'을 입력하고 [다음] 버튼을 클릭한다.

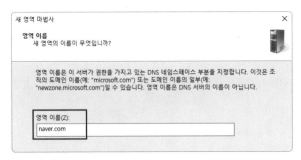

그림 11-9 naver.com DNS 설정 1

2-17 [영역 파일]에서 기본값 그대로 두고 [다음] 버튼을 클릭한다.

2-18 [동적 업데이트]에서 기본값 그대로 두고 [다음] 버튼을 클릭한다.

2-19 [새 영역 마법사 완료]에서 [마침] 버튼을 클릭한다.

2-20 왼쪽 화면의 [정방향 조회 영역]을 확장하고 [naver.com]을 선택한 후 마우스 오른쪽 버튼을 클릭하고 [새 호스트(A 또는 AAAA)]를 클릭한다. [새 호스트] 창에서는 **그림 11-2** 오른쪽에 나온 것처럼 SECOND(naver.com 메일 서버)를 설정한다. 그리고 [이름]에 'email', [IP 주소]에 '192.168.111.20'을 입력하고 [호스트 추가]와 [완료] 버튼을 클릭하면 'email.naver.com'에 대한 호스트가 추가된다.

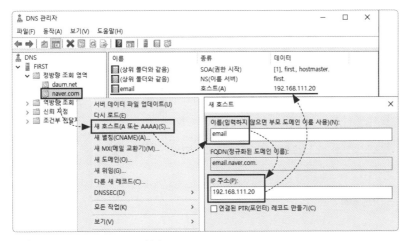

그림 11-10 naver.com DNS 설정 2

2-21 다시 왼쪽 화면의 [FIRST]-[정방향 조회 영역]-[naver.com]을 선택한 후 마우스 오른쪽 버튼을 클릭하고 [새 MX(메일 교환기)]를 클릭한다.

2-22 [새 리소스 레코드] 창에서 [호스트 또는 자식 도메인]은 비워 놓고 이번에는 [메일 서버의 FQDN(정규화된 도메인 이름)]에 'email.naver.com'을 직접 입력하자([찾아보기] 버튼을 클릭해도 상관없다). [확인] 버튼을 클릭해 설정을 마친다.

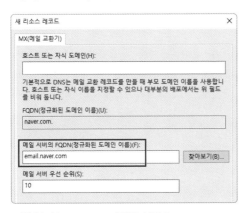

그림 11-11 naver.com DNS 설정 3

2-23 이제 **그림 11-2**의 naver.com의 메일 서버도 설정되었다. [DNS 관리자]와 [서버 관리자] 창을 종료한다.

그림 11-12 naver.com DNS 설정 4

Step 3

FIRST-메일 서버 ● 네트워크 설정을 변경하자.

3-1 네트워크 설정에서 DNS 서버의 주소를 **그림 11-2**의 FIRST의 IP 주소인 '192.168.111.10'으로 설정하고 네트워크 설정을 닫는다(기본 설정 DNS 서버의 변경 방법이 기억나지 않으면 10장 **실습 1**의 **2-1**을 확인한다).

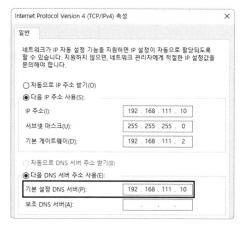

그림 11-13 기본 설정 DNS 서버 변경 1

NOTE 지금 실습에서는 FIRST 가상머신이 DNS 서버와 daum.net 메일 서버 역할 2개를 동시에 하고 있다. 그래서 그림 11-2에는 별도의 컴퓨터처럼 취급하기 위해 별도로 그림으로 나타냈다. 그러므로 'FIRST-DNS 서버'와 'FIRST-메일 서버'는 별도의 컴퓨터라고 생각하고 실습하는 것이 좋다.

3-2 명령 프롬프트를 열고 **nslookup** 명령으로 email.daum.net과 email.naver.com이 각각 '192.168.111.10'과 '192.168.111.20'으로 응답하는지 확인한다(이 상태가 **그림 11-2**의 FIRST(메일 서버)에서 FIRST(DNS 서버)로 DNS 설정한 것이 잘 작동되는 상태다). 확인되었으면 **exit** 명령으로 nslookup을 종료한다. 명령 프롬프트도 닫는다.

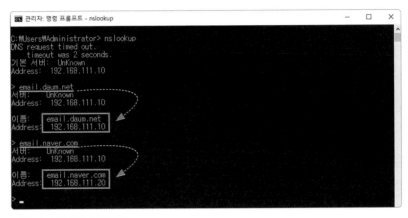

그림 11-14 DNS 설정 확인

3-3 메일 서비스를 위해서 관련된 포트를 미리 허용하자. 관련 포트는 110번(pop3)와 25번(smtp)다. [Windows Defender 방화벽]을 실행해서 8장 **실습 3**의 **2-5~2-11**과 동일하게 수행하되 [포트 번호]를 '110'으로 [이름]은 'POP3'로 지정하자. 또 포트 번호 25의 [이름]은 'SMTP'로 지정하자.

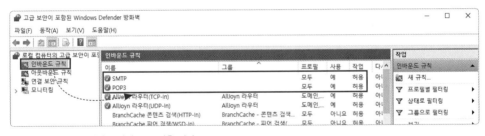

그림 11-15 메일 서비스 관련 포트 허용 결과

Step 4

FIRST-메일 서버 ◉ Windows용 무료 E-Mail 서버인 hMailServer를 설치하자.

4-1 웹 브라우저에서 https://www.hmailserver.com/ 주소에 접속한 후 [hMailServer 5.6.8-Build 2574]를 선택해 다운로드하자. 파일 이름은 hMailServer-5.6.8-B2574.exe(4.17 MB)다(책과 버전이 달라도 실습에 큰 문제는 없다).

그림 11-16 hMailServer 다운로드

4-2 hMailServer를 설치하자. 다운로드한 파일을 실행하고 초기 화면에서 [Next] 버튼을 클릭한다.

그림 11-17 hMailServer 설치 1

4-3 [License Agreement]에서 'I accept the agreement'를 선택하고 [Next] 버튼을 클릭한다.

4-4 [Select Destination Location]에서 기본값인 'C:\Program Files(x86)\hMailServer'로 두고 [Next] 버튼을 클릭한다.

4-5 [Select Components]에서 기본값인 'Full Installation'으로 두고 [Next] 버튼을 클릭한다.

4-6 [Select database server type]에서 기본값인 'Use build-in database engine(Microsoft SQL Compact)'가 선택된 상태에서 [Next] 버튼을 클릭한다.

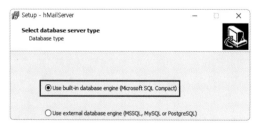

그림 11-18 hMailServer 설치 2

4-7 [Select Start Menu Folder]에서 기본값인 'hMailServer'로 두고 [Next] 버튼을 클릭한다.

4-8 [hMailServer Security]에서 암호를 지정한다. 빈 칸에 동일하게 '123456'을 입력하고 [Next] 버튼을 클릭한다.

그림 11-19 hMailServer 설치 3

4-9 [Ready to Install]에서 [Install] 버튼을 클릭하면 설치가 진행된다.

NOTE▶ hMailServer 설치를 위해 .NET Framework 2.0이 필요하다. 3장에서 Windows Server 2022를 설치할 때 .NET Framework 3.5(2.0, 3.0 포함)를 이미 설치했다.

4-10 설치 완료 창에서 'Run hMailServer Administrator'가 체크된 상태로 [Finish] 버튼을 클릭한다.

그림 11-20 hMailServer 설치 4

4-11 [Connect] 창이 나오면 아래쪽의 [Automatically connect on start-up]을 체크하고 [Connect] 버튼을 클릭한다. 암호 입력 창이 나오면 설치 중에 설정한 '123456'을 입력하고 [OK] 버튼을 클릭한다.

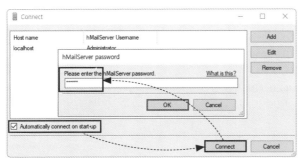

그림 11-21 hMailServer 관리 설정 1

4-12 [hMailServer Administrator] 창이 나오면 [Add domain] 버튼을 클릭한다.

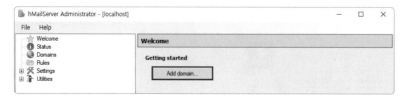

그림 11-22 hMailServer 관리 설정 2

4-13 [Domain]에 'daum.net'을 입력하고 [Save] 버튼을 클릭한다.

그림 11-23 hMailServer 관리 설정 3

4-14 왼쪽 화면에서 [Domain]-[daum.net]-[Accounts]를 선택하고 [Add] 버튼을 클릭한다.

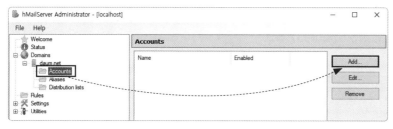

그림 11-24 hMailServer 관리 설정 4

4-15 그림 11-2에 나와 있듯이 daum.net 사용자는 김유신(kim@daum.net)이므로 [Address]에 'kim' 을 입력한다. [Password]에는 '123456'을 입력한다. [Maximum size(MB)]는 '0(무제한)'으로 두고 [Save] 버튼을 클릭한다(암호를 입력한 후에 마우스 포커스가 떠나면 [Password]에 다시 '《Encrypted》' 로 보여지는데, 이는 보안을 위한 것이므로 암호를 잘 입력했다면 신경 쓰지 않아도 된다).

왼쪽 화면에 김유신의 메일 계정(kim@daum.net)이 추가된 것을 확인할 수 있다.

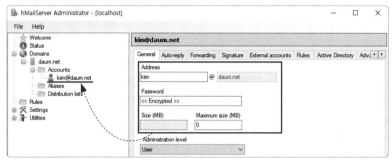

그림 11-25 hMailServer 관리 설정 5

4-16 이번에는 왼쪽 화면에서 [Settings]–[Advanced]–[Auto-ban]을 선택한 후 오른쪽의 [Enable]의 체크를 해제한 다음 [Save] 버튼을 클릭한다(지금 설정은 암호가 틀릴 경우 로그온되지 않는 것을 방지하기 위함이다).

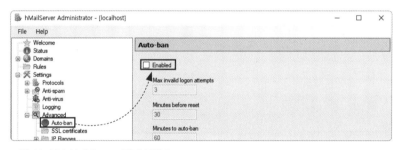

그림 11-26 hMailServer 관리 설정 6

4-17 초기 설정으로는 메일을 보낸 때 첨부 파일 용량이 20MB로 제한되어 있다. 이를 1GB로 변경하자. [Settings]–[Protocols]–[SMTP]를 선택하고 [Max message size (KB)]를 '1024000(1GB)'로 변경한 다음 [Save] 버튼을 클릭한다.

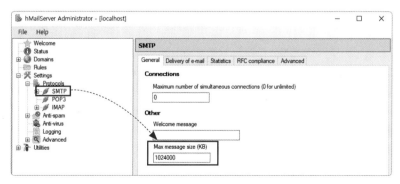

그림 11-27 hMailServer 관리 설정 7

4-18 창 오른쪽 아래 [Exit] 버튼을 클릭해 설정을 마친다.

Step 5

WINCLIENT ◉ 그림 11-2에 나온 김유신(kim@daum.net) 사용자의 PC인 WINCLIENT 가상머신을 부팅해서 daum.net 메일 서버를 사용하자.

5-0 WINCLIENT 가상머신을 부팅한다.

5-1 네트워크 설정에서 DNS 서버를 FIRST(DNS 서버) 가상머신의 IP 주소인 '192.168.111.10'으로 설정하고 네트워크 설정을 닫는다(기본 설정 DNS 서버의 변경 방법이 기억나지 않으면 10장 **실습 1**의 **2-1**을 참고한다).

그림 11-28 WINCLIENT의 기본 설정 DNS 서버 변경

5-2 메일 클라이언트로 썬더버드(Thunderbird)를 사용해 보자. 웹 브라우저에서 https://www.thunderbird.net/ko/ 주소에 접속해 썬더버드를 다운로드한다(이 책을 집필하는 시점의 최신 버전은 98.6.0이며, 이 파일을 Q&A 카페(https://cafe.naver.com/thisisLinux)의 [교재 자료실(윈도서버)]에도 등록했으니 책과 같은 버전을 사용하고 싶다면 Q&A 카페를 참고한다).

그림 11-29 썬더버드 다운로드

5-3 다운로드한 파일(Thunderbird Setup 91.6.0.exe, 54.2MB)을 설치한다. 설치 내용은 기본값 그대로 설치하면 된다.

그림 11-30 썬더버드 설치 화면

5-4 설치가 완료된 후 썬더버드가 처음 실행되면서 [Account Setup] 창이 나온다. [Your full name]에 '김유신', [Email address]에 'kim@daum.net', [Password]에 '123456'을 입력하고 [Remember password]를 체크한 다음 [Continue] 버튼을 클릭한다.

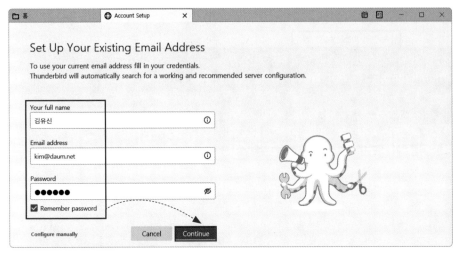

그림 11-31 썬더버드 메일 계정 설정 1

5-5 썬더버드가 메일 계정 설정을 찾지 못했다는 대화상자가 나온다. 그러면 [Manual configuration]을 다음 그림과 같이 설정하고 [Re-test] 버튼을 클릭하자. 다시 위쪽에 서버를 찾았다는 초록색 메시지가 나오면 [Done] 버튼을 클릭한다.

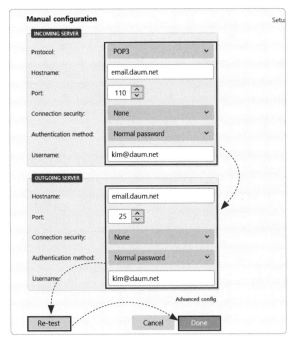

그림 11-32 썬더버드 메일 계정 설정 2

표 11-1 Manual configuration 설정

	Protocol	Hostname	Port	Connection Security	Authentication method	Username
INCOMMING SERVER (송신 서버)	POP3	email. daum.net	110	None	Normal password	kim@daum.net
OUTGOING SERVER (발신 서버)		email. daum.net	25	None	Normal password	kim@daum.net

5-6 [Warning!] 대화상자가 나오면 [I understand the risks]를 체크하고 [Confirm] 버튼을 클릭한다. 만약 [계정 kim@daum.net에 오류 발생]이라는 오류 메시지가 나오면 그냥 [확인] 버튼을 클릭한다.

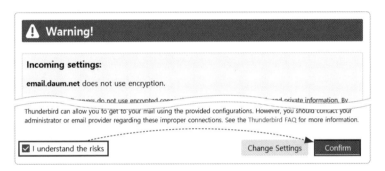

그림 11-33 썬더버드 메일 계정 설정 3

5-7 성공적으로 계정이 만들어졌다. [Finish] 버튼을 클릭한다.

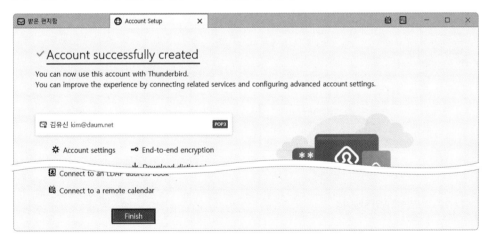

그림 11-34 썬더버드 메일 계정 설정 4

5-8 [받은 편지함] 왼쪽 화면에 [kim@daum.net] 계정이 생긴 것을 확인할 수 있다.

그림 11-35 썬더버드 메일 계정 설정 5

이렇게 해서 **그림 11-2**의 FIRST(daum.net 메일 서버) 가상머신과 그 서버의 사용자인 김유신 (kim@daum.net)의 계정 설정이 완료되었다.

이어서 FIRST(daum.net 메일 서버) 가상머신이 잘 작동하는지 확인해 보자.

Step 6

WINCLIENT ◐ kim@daum.net 메일 계정으로 자신한테 메일을 보내자.

6-1 썬더버드에서 왼쪽 상단 [쓰기] 버튼을 클릭하고 [To(받는 사람)]에 'kim@daum.net'을 입력하자. 그외 제목과 내용은 적당히 입력한 후 [보내기] 버튼을 클릭한다.

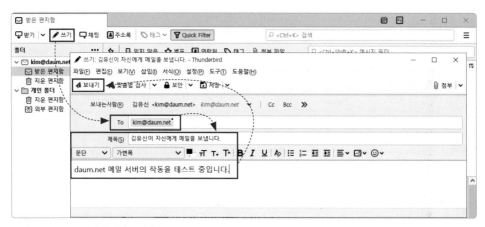

그림 11-36 스스로에게 메일 보내기 1

6-2 메일을 보내고 [받은 편지함]을 선택해 [받기] 버튼을 클릭하면 메일이 잘 보내진 것을 확인할 수 있다. **그림 11-37**처럼 보이면 FIRST(daum.net 메일 서버)가 잘 작동하는 것이다.

그림 11-37 스스로에게 메일 보내기 2

11.2.2 naver.com 메일 서버 구축

이제는 **그림 11-2**의 SECOND 가상머신에 naver.com 메일 서버를 구축할 차례다.

실습 2

SECOND 가상머신에 naver.com 메일 서버를 구축하자.

Step 1

SECOND ◉ 이번 실습의 **Step 2~Step 3**은 앞서 **실습 1**의 **Step 2~Step 3**부터 수행하는 것과 동일하다. 그러므로 **실습 1**과 다른 부분을 제외한 그림은 생략하겠다(만약 그림이 없이 잘 모르겠다면 현재 실습과 동일한 **실습 1** 부분의 그림을 확인하면 된다.)

Step 2

SECOND ◉ 네트워크 설정을 변경하자.

2-1 네트워크 설정에서 [기본 설정 DNS 서버]를 **그림 11-2** 오른쪽 FIRST 가상머신의 IP 주소인 '192.168.111.10'으로 설정하고 네트워크 설정을 닫는다.

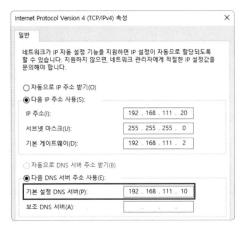

그림 11-38 기본 설정 DNS 서버 변경

2-2 명령 프롬프트를 열고 **nslookup** 명령으로 email.daum.net과 email.naver.com 주소가 각각 192.168.111.10과 192.168.111.20으로 응답하는지 확인한다(이 상태가 **그림 11-2**의 SECOND(메일 서버)에서 FIRST(DNS 서버)로 DNS 설정한 것이 잘 작동되는 상태다). 확인을 완료했으면 **exit** 명령으로 nslookup을 종료한다. 명령 프롬프트도 닫는다.

2-3 메일 서비스를 위해 관련된 포트를 미리 허용하자. 관련 포트는 110번(pop3)와 25번(smtp)다. [Windows Defender 방화벽]을 실행한 후 8장 **실습 3**의 **2-5~2-11**과 동일하게 수행하되 [포트 번호]를 '110'으로 [이름]은 'POP3'으로 지정하자. 또 [포트 번호]는 '25'를 [이름]은 'SMTP'로 지정하자.

Step 3

SECOND-메일 서버 ◉ Windows용 무료 E-Mail 서버인 hMailServer를 설치하자.

3-1 웹 브라우저에서 https://www.hmailserver.com/ 주소에 접속한 후 [hMailServer 5.6.8-Build 2574]를 다운로드한다. 파일 이름은 hMailServer-5.6.8-B2574.exe(4.17 MB)이며, 책과 버전이 달라도 크게 문제 없다.

3-2 hMailServer 서버를 설치한다.

3-3 다운로드한 파일을 실행한다. 초기 화면에서 [Next] 버튼을 클릭한다.

3-4 [License Agreement]에서 'I accept the agreement'를 선택하고 [Next] 버튼을 클릭한다.

3-5 [Select Destination Location]에서 기본값인 'C:\Program Files(x86)\hMailServer'로 두고 [Next] 버튼을 클릭한다.

3-6 [Select Components]에서 기본값인 'Full Installation'으로 두고 [Next] 버튼을 클릭한다.

3-7 [Select database server type]에서 기본값인 [Use build-in database engine (Microsoft SQL Compact)]가 선택된 상태에서 [Next] 버튼을 클릭한다.

3-8 [Select Start Menu Folder]에서 기본값인 'hMailServer'로 두고 [Next] 버튼을 클릭한다.

3-9 [hMailServer Security]에서 암호를 지정해야 한다. 간단히 '123456'으로 입력하고 [Next] 버튼을 클릭한다.

3-10 [Ready to Install]에서 [Install] 버튼을 클릭하면 설치가 진행된다.

3-11 설치 완료 창에서 [Run hMailServer Administrator]를 체크하고 [Finish] 버튼을 클릭한다.

3-12 [Connect] 창이 나오면 아래쪽의 [Automatically connect on start-up]을 체크하고 [Connect] 버튼을 클릭한다. 암호 입력 창이 나오면 설치 중에 설정한 '123456'을 입력하고 [OK] 버튼을 클릭한다.

3-13 [hMailServer Administrator] 창이 나오면 [Add domain] 버튼을 클릭한다.

3-14 [Domain]에 'naver.com'을 입력하고 [Save] 버튼을 클릭한다.

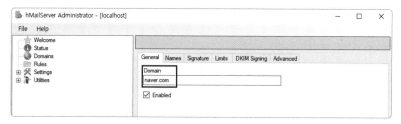

그림 11-39 SECOND의 hMailServer 관리 설정 1

3-15 왼쪽 화면에서 [Domain]-[naver.com]-[Accounts]를 선택하고 오른쪽의 [Add] 버튼을 클릭한다.

3-16 **그림 11-2**에 나와 있듯이 naver.com 사용자는 이순신(lee@naver.com)이므로 [Address]에 'lee'를 입력한다. [Password]에는 '123456'을 입력하고 [Maximum size(MB)]에는 '0(무제한)'으로 설정한 다음 [Save] 버튼을 클릭한다(암호를 입력한 후에 마우스 포커스가 사라지면 [Password]에 다시 '《Encrypted》'로 보이는데, 암호를 잘 입력했다면 신경 쓰지 않아도 된다).

왼쪽 화면에 이순신의 메일 계정 [lee@naver.com]이 추가된 것을 확인할 수 있다.

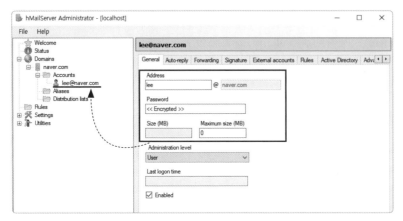

그림 11-40 SECOND의 hMailServer 관리 설정 2

3-17 이번에는 왼쪽 화면에서 [Settings]-[Advanced]-[Auto-ban]을 선택한 후 오른쪽의 [Enable]의 체크를 해제한 다음 [Save] 버튼을 클릭한다(지금 설정은 암호가 틀릴 경우 로그온이 되지 않는 것을 방지하기 위이다).

3-18 메일을 보낼 때 첨부 파일 용량이 20MB로 제한되어 있다. 이를 1GB로 변경하자. [Settings]-[Protocols]-[SMTP]를 선택하고 [Max message size(KB)]를 '1024000(1GB)'로 변경한 다음 [Save] 버튼을 클릭한다.

3-19 오른쪽 아래의 [Exit] 버튼을 클릭해 설정을 마친다.

Step 4

THIRD ◐ **그림 11-2**에 나온 이순신(lee@naver.com) 사용자의 PC인 THIRD를 부팅해서 naver.com 메일 서버를 사용해 보자.

4-1 우선 네트워크 설정에서 [기본 설정 DNS 서버]를 FIRST(DNS 서버)의 IP 주소인 '192.168.111.10'으로 설정하고 네트워크 설정을 닫는다([기본 설정 DNS 서버]의 변경 방법이 기억나지 않으면 10장 **실습 1**의 **2-1**을 참고한다).

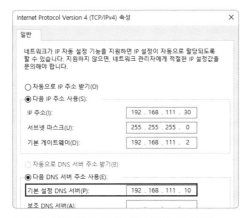

그림 11-41 THIRD의 기본 설정 DNS 서버 변경

4-2 이번에는 메일 클라이언트로 오페라 메일(Opera Mail)을 사용해 보자. Q&A 카페(https://cafe.naver.com/thisisLinux)의 [교재 자료실(윈도서버)] 게시글 중 '[Windows Server 2022] 전체 실습 파일 다운로드'에서 오페라 메일(Opera-Mail-1.0-1044.i386.exe, 11.6MB)을 설치하자.

그림 11-42 오페라 메일 다운로드

NOTE▶ 오페라 메일은 현재는 공식적으로 배포되지는 않지만 Windows 환경에서 hMailServer 메일 서버에 접속할 때 잘 작동한다.

4-3 다운로드한 파일(Opera-Mail-1.0-1044.i386.exe, 11.6MB)을 설치한다. 초기 화면에서 [승인하고 설치하기] 버튼을 클릭하면 설치된다.

그림 11-43 오페라 메일 설치

NOTE▶ 설치 중 [Opera를 작업 표시줄에 고정하는 데에 실패했습니다. 오류 코드:92]라는 오류 메시지가 나오면 [무시] 버튼을 클릭해 넘어간다.

4-4 [새 계정 마법사] 창에서 [전자메일]을 선택하고 [다음] 버튼을 클릭한다.

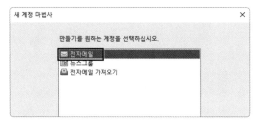

그림 11-44 오페라 메일 설정 1

4-5 [표시 이름]에 '이순신', [전자메일 주소]에 'lee@naver.com'을 입력하고 [다음] 버튼을 클릭한다.

그림 11-45 오페라 메일 설정 2

4-6 [계정 이름]에 'lee@naver.com', [비밀번호]에 '123456'을 입력한다. [전자메일 계정 유형 선택]은 '전자메일(POP)'을 선택한 상태에서 [다음] 버튼을 클릭한다.

그림 11-46 오페라 메일 설정 3

4-7 [수신 서버]와 [송신 서버]에 모두 'email.naver.com'을 입력하고 [마침] 버튼을 클릭한다.

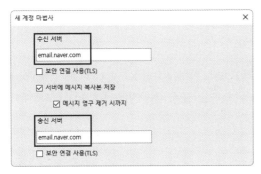

그림 11-47 오페라 메일 설정 4

4-8 오페라 메일을 기본 전자 메일로 사용하겠냐는 메시지가 나오면 [예] 버튼을 클릭한다. 그러면 오페라 메일의 초기 화면이 나온다.

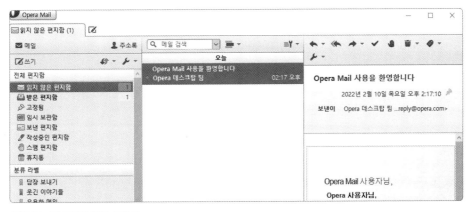

그림 11-48 오페라 메일 설정 5

THIRD와 WINCLIENT 가상머신을 사용해 **그림 11-2**의 이순신(lee@naver.com) 계정으로 김유신(kim@daum.net) 사용자에게 메일을 보내 보자.

5-1 THIRD ◐ 오페라 메일에서 [쓰기] 버튼을 클릭하고 [받는 이]에 김유신(kim@daum.net) 사용자의 이메일을 작성한다. 제목과 내용에 적당히 메일을 쓰고 [보내기] 버튼을 클릭하자(필요하면 파일도 첨부해 보자).

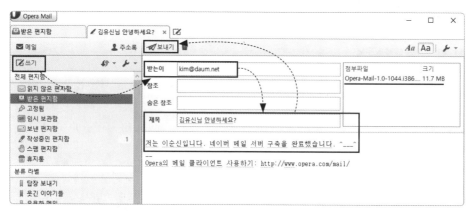

그림 11-49 메일 주고받기 1

5-2 WINCLIENT ◐ 썬더버드에서 [받기] 버튼을 클릭하면 이순신(lee@naver.com) 사용자가 보낸 메일이 확인된다. 첨부 파일도 다운로드할 수 있다. 메일을 확인 후에 [답장] 버튼을 클릭해 답장을 보내 보자.

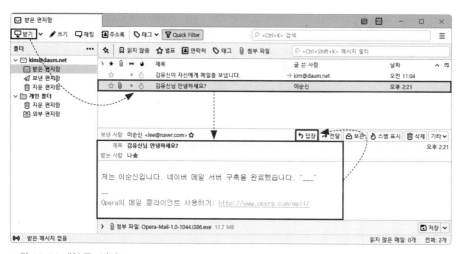

그림 11-50 메일 주고받기 2

5-3 THIRD ◐ 오페라 메일에서 [보내기]/[받기] 버튼을 클릭하면 김유신이 보낸 메일을 확인할 수 있다.

그림 11-51 메일 주고받기 3

5-4 실습을 마쳤으면 4대의 가상머신을 모두 종료한다.

이렇게 **그림 11-2**의 구성을 4대의 가상머신을 이용해서 구현했다. 이번 실습은 실무에서 유용하게 사용될 수 있으니 잘 기억해 두자.

⁇ VITAMIN QUIZ 11-1

가상머신을 모두 초기화하고 **그림 11-2**를 참고해 FIRST 가상머신은 mail.자기이름영문.org로, SECOND 가상머신은 mail.자기이름영문.net으로 메일 서버를 구현해 보자.

Chapter

12

▶ # DHCP 서버

12장에서는 회사의 컴퓨터에 IP 주소를 자동으로 할당해
주는 DHCP 서버에 대해 알아보고 직접 구현해 본다.

학습목표

**이 장의
핵심 개념**

- DHCP 서버의 개념과 장점을 파악한다.

- DCCP 서버의 작동 원리를 이해한다.

- VMware에서 DHCP 서버를 구성하는 방법을 익힌다.

- DHCP를 구현하고 테스트한다.

**이 장의
학습 흐름**

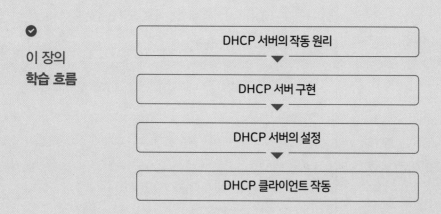

DHCP 서버의 작동 원리

▼

DHCP 서버 구현

▼

DHCP 서버의 설정

▼

DHCP 클라이언트 작동

12.1 DHCP 서버 개념

여러분이 회사의 시스템 관리자로서 100대의 직원 컴퓨터를 관리하며 각각의 컴퓨터에 모두 고정 IP 주소를 할당해 인터넷을 사용하도록 설정했다고 가정해 보자. 초기에는 별 무리 없이 운영할 수 있겠지만, 시간이 갈수록 컴퓨터를 잘 아는 몇몇 사용자는 디스크를 다시 포맷하는 등의 작업을 스스로 할 것이다. 여러 설정 변경하면서 관리자가 할당해 준 자신의 고정 IP 주소 대신 다른 새로운 IP 주소를 할당할 수도 있을 것이다. 이때 우연히 새로 할당한 IP 주소가 비어 있다면 괜찮겠지만, 그렇지 않다면 IP 주소가 서로 충돌하게 된다. IP 충돌 메시지가 컴퓨터에 나온다면 사람들은 계속 여러분(시스템 관리자)을 찾게 될 것이다. 그렇지 않아도 할 일이 많은 시스템 관리자는 IP 주소 중복을 찾느라고 다른 일을 할 수 없게 될 수도 있다. 이런 문제를 해결할 수 있는 서버가 바로 DHCP^{Dynamic Host Configuration Protocol} 서버다. DHCP 서버를 운영해서 얻을 수 있는 장점을 파악해 보자.

DHCP 서버가 하는 역할은 자신의 네트워크 안에 있는 클라이언트 컴퓨터가 부팅될 때 자동으로 IP 주소, 서브넷 마스크, 게이트웨이 주소, DNS 서버 주소를 할당해 주는 것이다. 그러면 더 이상 클라이언트 컴퓨터를 사용하는 일반 사용자는 인터넷을 하기 위한 IP 주소와 관련된 정보를 알지 않아도 인터넷을 사용하는 데 아무 문제 없다. 한마디로 IP 주소가 무엇인지 몰라도 인터넷은 자신이 원하는 대로 컴퓨터를 사용할 수 있다.

이처럼 DHCP 서버의 가장 큰 장점으로 관리의 편의성과 이용자의 편의성을 들 수 있다. 또한 한정된 IP 주소로 더 많은 IP 주소가 있는 것처럼 활용할 수 있다는 것도 장점이다. 예를 들어 어느 회사에서 직원의 대부분이 노트북을 사용하고 잦은 출장으로 자리를 비울 때가 많다면 모든 사용자에게 고정 IP 주소를 주었을 때 해당 IP 주소를 사용하지 않는 시간이 더 많을 것이다. 이때 DHCP 서버를 운영한다면 필요할 때마다 IP 주소를 할당하게 되므로 해당 컴퓨터를 사용하지 않을 때 IP 주소를 다른 곳에 활용할 수 있다. 즉, 적은 개수의 IP 주소만으로도 여러 명의 사용자가 필요할 때마다 사용할 수 있다는 의미다. 이는 사설 IP 주소인 경우보다는 공인 IP 주소인 경우에 더 유용하다.

공인 IP와 사설 IP, 고정 IP와 동적 IP의 개념을 명확히 구분하고 넘어가자.

공인 IP는 인터넷상에서 공인된 IP 주소다. 즉, 전 세계에 1개 밖에 없는 IP 주소다. 예를 들어 이 책에서 종종 사용하는 공인된 DNS 서버인 8.8.8.8은 전 세계 어디서든 접근할 수 있는 공인 IP 주소다.

사설 IP는 내부 네트워크 안에서만 통용되는 IP 주소다. 예를 들어 VMware 안에 설치된 가상머신은 모두 사설 네트워크 안에 위치한 컴퓨터이므로 사설 IP 주소다(지금까지 보아왔던 192.168.111.xxx는 사설 IP 중에서 가장 많이 사용하는 주소 영역이다). 이는 내부 네트워크에서만 통용될 뿐 외부 인터넷에서 인식하지 못하는 IP 주소이기 때문에 원칙적으로 사설 IP 주소를 사용하는 컴퓨터는 외부 인터넷에 접속할 수가 없다. 이를 해결하는 방법이 IP 마스커레이드(IP 마스커레이드는 주소 변환만 하는 것이 아닌 포트 번호까지 포트 포워딩 해 주는 기능이다)라고 부르는 방법이다.

고정 IP는 컴퓨터 네트워크 정보에 직접 입력해 주는 고정된 IP 주소를 말한다. 고정 IP 주소를 알려면 당연히 네트워크 관리자에게 문의해야 한다. 고정 IP 주소를 입력한 컴퓨터는 재부팅해도 IP 주소가 변경되지 않는다.

동적 IP(또는 유동 IP)는 컴퓨터를 부팅할 때마다 DHCP 서버로부터 얻어오는 IP 주소를 말한다. 그러므로 컴퓨터를 부팅할 때마다 IP 주소가 변경될 수 있다. 또한 4개의 용어가 공인 고정 IP, 공인 동적 IP, 사설 고정 IP, 사설 동적 IP로 섞여서 표현될 수도 있다.

공인 고정 IP는 공인된 IP며, 고정 IP로 사용되는 것을 말한다. 이 책에서 종종 사용하는 DNS 서버 주소인 8.8.8.8은 공인 고정 IP로 사용하는 것이다. **공인 동적 IP**(공인 유동 IP)는 공인 IP이면서, DHCP 서버에 동적으로 할당받는 IP 주소다. 대표적인 예시로 KT, SKT, LG-U+ 등에서 제공하는 초고속 통신망 서비스가 있다. 초고속 통신 서비스를 받는 컴퓨터를 부팅할 때 할당받는 IP 주소는 부팅할 때마다 바뀔 수 있지만, 전 세계에서 유일한 공인 IP를 할당받는 것이다.

사설 고정 IP는 사설 IP면서도 고정으로 사용되는 IP다. 이 책에서 사용되는 FIRST, SECOND, THIRD 가상머신은 사설 고정 IP를 사용한다. 즉, 192.168.111.10과 192.168.111.20 등은 사설 IP이지만 고정적으로 할당해 놓은 것이다.

사설 동적 IP(사설 유동 IP)는 사설 IP를 동적으로 할당받는다는 의미다. 대부분의 DHCP 서버는 이러한 사설 동적 IP를 할당하려고 구성하게 된다(이 책에서 사용하는 WINCLIENT에 해당된다). 잠시 후 실습에서 구현하는 DHCP 서버도 사설 동적 IP를 할당하는 데 사용한다.

다음 그림에서 간단히 DHCP 서버의 작동 원리를 파악해 보자.

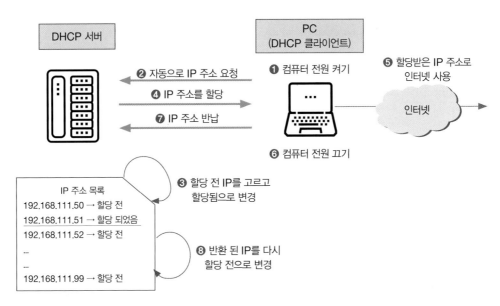

그림 12-1 DHCP 서버의 작동 원리

그림 12-1은 DHCP 서버의 작동 순서를 표현한다. 그림의 ❶~❽을 살펴보면 어렵지 않게 DHCP 서버의 작동 방식을 알 수 있을 것이다. 여기서 주목할 점은 PC(DHCP 클라이언트)는 ❶과 ❻번 컴퓨터의 전원을 켜고 끄기만 하면 나머지를 자동으로 작동한다는 점이다. 따라서 사용자는 더 이상 IP 주소와 관련된 정보에 신경 쓸 필요 없이 컴퓨터를 켜고 인터넷만 사용하면 된다.

여기서 궁금할 사항은 컴퓨터는 아직 DHCP 서버의 주소를 모르는데, 어떻게 ❷의 IP 주소 요청이 가능하냐는 점이다. DHCP 클라이언트로 설정된 컴퓨터는 전원이 켜지면 자신의 네트워크 케이블에 연결된 모든 컴퓨터에 ❷번의 IP 주소 요청을 방송Broadcast한다. 그러면 네트워크에 연결된 컴퓨터 중에서 다른 컴퓨터는 PC(DHCP 클라이언트)의 요청을 무시하고 DHCP 서버만 ❹ 응답을 하게 된다.

DHCP 서버를 구현했다고 가정한다면 DHCP 클라이언트를 사용하기 위해서는 별도로 프로그램을 설치해 줄 필요가 없다. Windows에서 DHCP 클라이언트가 되기 위해서는 **그림 12-2**처럼 [Internet Protocol Version 4(TCP/IPv4) 속성] 창에서 [자동으로 IP 주소 받기] 및 [자동으로 DNS 서버 주소 받기]를 선택하면 된다.

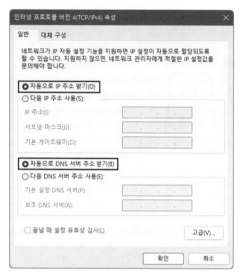

그림 12-2 Windows를 DHCP 클라이언트로 설정

당연한 이야기지만 DHCP 서버가 Windows Server 2022 서버라고 DHCP 클라이언트도 꼭 Windows일 필요는 없다. DHCP 클라이언트 컴퓨터는 Windows, 리눅스, 유닉스 등 어떤 운영 체제든 상관없다.

12.2 DHCP 구현

DHCP 서버를 VMware 상에서 구현하자. 우선은 이 책에서 구현하게 될 DHCP 서버를 다음 그림으로 확인해 보자.

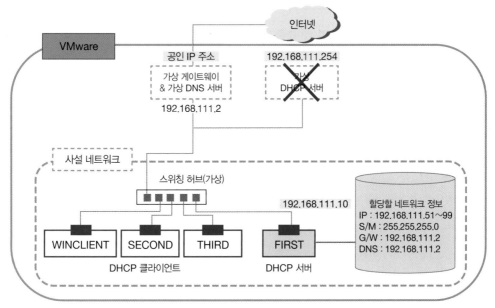

그림 12-3 VMware 내부에서 구현할 DHCP 서버 구성도

그림 12-3은 기존에 실습하던 환경과 거의 비슷한 환경이다. 실무에서도 마찬가지로 가상 컴퓨터와 가상 스위칭 허브Switching Hub 대신 진짜 컴퓨터와 진짜 스위칭 허브를 사용하는 것 외에는 **그림 12-3**의 환경과 차이가 없을 것이다. 이번 실습을 위해 기존 실습 환경에서 몇 가지를 수정해야 한다. 그림을 잘 보면서 이해해 보자.

❶ VMware는 자체적으로 가상의 게이트웨이, DNS 서버, DHCP 서버의 3가지 역할을 모두 한다고 이야기했다(1장에서 언급했다). 이 중에서 게이트웨이 및 DNS 서버는 VMware가 기존에 제공해 주는 192.168.111.2를 변경 없이 사용할 것이다. 하지만 VMware가 제공해 주는 가상 DHCP 서버(192.168.111.254)의 기능은 중지시켜야만 **그림 12-3**에서 우리가 구현한 FIRST(DHCP 서버)가 제대로 작동하는지 확인할 수 있다.

❷ WINCLIENT, SECOND, THIRD 가상머신은 DHCP 클라이언트로 사용할 수 있다. Windows 컴퓨터를 DHCP 클라이언트로 사용하려면 **그림 12-2**와 같이 설정만 하면 된다. **그림 12-3**에 나와 있듯이 VMware 안의 4대의 가상머신들은 스위칭 허브로 연결된 '사설 네트워크' 안에 있는 것과 동일하다. 그러므로 각 클라이언트가 부팅될 때마다 FIRST 가상머신은 각 클라이언트에 네트워크 정보(사용할 IP 주소, 게이트웨이 주소, DNS 서버 주소, 서브넷 마스크 등)를 자동으로 알려 준다.

실습 1

DHCP 서버를 구현하자. 실습은 그림 12-3을 계속 보면서 진행하자.

Step 0

이번 실습은 FIRST와 WINCLIENT 가상머신을 사용한다(물론 WINCLIENT 대신에 SECOND 또는 THIRD 가상머신을 사용해도 된다).

Step 1

WINCLIENT ▶ 현재는 **그림 12-3**의 '가상 DHCP 서버'가 작동하고 있다. 자동으로 할당된 IP 주소를 먼저 확인하자.

1-1 WINCLIENT 가상머신을 부팅한다.

1-2 Windows의 [시작]에서 마우스 오른쪽 버튼을 클릭하고 [Windows PowerShell]을 찾아서 실행한다. **ipconfig /all** 명령으로 [Ethernet0] 부분을 확인하면 된다.

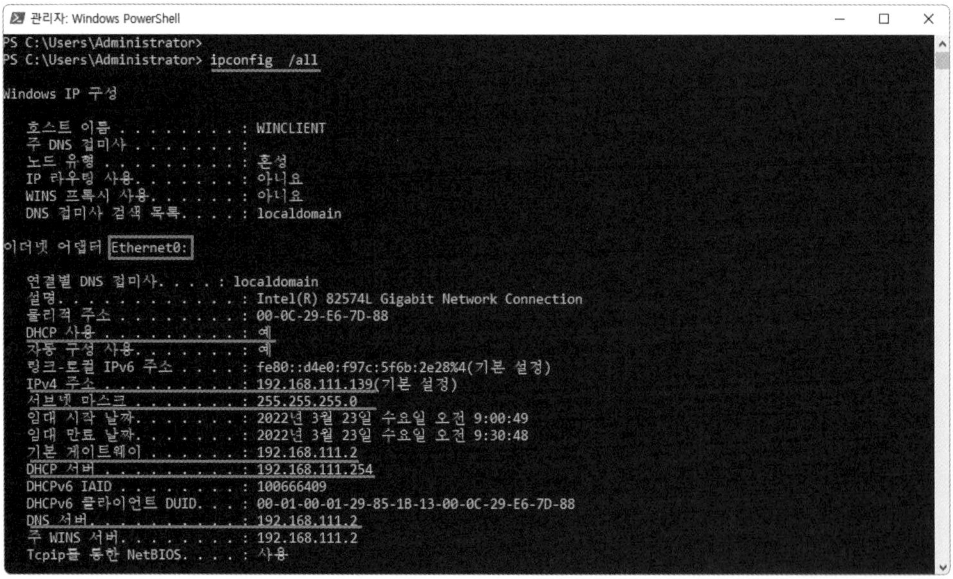

그림 12-4 자동 할당받은 네트워크 정보 확인

DHCP 사용 부분이 '예'로 되어 있으므로 현재 DHCP 클라이언트 역할을 하는 것을 알 수 있다. 또한 필자의 경우 IPv4 주소는 필자의 경우 192.168.111.139, 서브넷 마스크는 255.255.255.0, 기본 게이트웨이는

192.168.111.2, DNS 서버는 192.168.111.2를 자동으로 할당받았다. 그리고 이렇게 네트워크 주소 정보를 할당해 준 DHCP 서버 컴퓨터의 IP 주소는 192.168.111.254인 것을 확인할 수 있다. 즉, **그림 12-3**의 구성(현재는 VMware가 제공하는 가상 DHCP 서버를 사용 중)이 확인되었다.

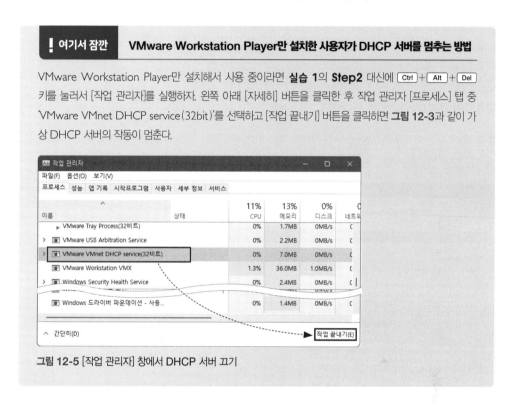

> **! 여기서 잠깐**　**VMware Workstation Player만 설치한 사용자가 DHCP 서버를 멈추는 방법**
>
> VMware Workstation Player만 설치해서 사용 중이라면 **실습 1**의 **Step2** 대신에 `Ctrl`+`Alt`+`Del` 키를 눌러서 [작업 관리자]를 실행하자. 왼쪽 아래 [자세히] 버튼을 클릭한 후 작업 관리자 [프로세스] 탭 중 'VMware VMnet DHCP service(32bit)'를 선택하고 [작업 끝내기] 버튼을 클릭하면 **그림 12-3**과 같이 가상 DHCP 서버의 작동이 멈춘다.

그림 12-5 [작업 관리자] 창에서 DHCP 서버 끄기

Step 2

호스트 OS ❯ **그림 12-3**에 나와 있듯이 VMware에서 제공해 주는 가상 DHCP 서버(192.168.111.254)의 기능을 끄자.

2-0 VMware Workstation Pro를 실행한다.

2-1 [Edit]−[Virtual Network Editor] 메뉴를 클릭해 실행하자(만약 오른쪽 아래 [Change Settings] 버튼이 보이면 클릭한다).

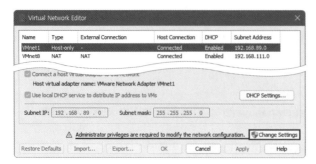

그림 12-6 VMware의 DHCP 기능 해제 1

2-2 위에 있는 목록에서 [VMnet8]을 선택한 다음 아래쪽의 [Use local DHCP Service to distribute]의
체크를 해제하고 [OK] 버튼을 클릭한다.

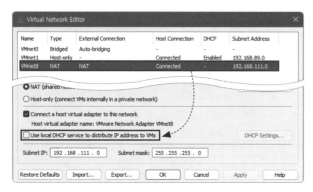

그림 12-7 VMware의 DHCP 기능 해제 2

2-3 VMware Workstation Pro를 종료한다.

Step 3

WINCLIENT ◉ 현재 네트워크에 DHCP 서버가 없는 것을 확인하자.

3-0 WINCLIENT 가상머신을 초기화한 다음 부팅한다.

3-1 파워셸이나 명령 프롬프트에서 **ipconfig** 명령을 입력하면 정상적인 IP 주소가 아닌 169.254.000.
000 형식으로 나타난다. 작업 표시줄 오른쪽의 네트워크 아이콘도 인터넷이 연결되지 않은 지구 모양(🌐)
아이콘으로 표시된다.

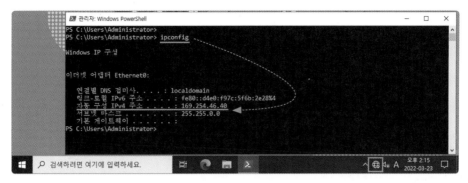

그림 12-8 IP 주소를 할당받지 못함

NOTE ▶ 169.254.ooo.ooo 주소는 DHCP 서버에서 IP 주소를 할당받지 못할 경우에 사용되는 주소로 외부 인터넷이 안 되더라도 네트워크 내부의 컴퓨터끼리 통신이 가능할 수 있다. 하지만 현실적으로는 외부로 나갈 수 없기 때문에 네트워크가 되지 않는 상태라고 보면 된다.

3-2 당연히 웹 브라우저를 실행해도 아무 곳에도 접속이 되지 않을 것이다.

Step 4

FIRST-DHCP 서버 ● FIRST 가상머신이 DHCP 기능을 할 수 있도록 DHCP 서버를 설치하자.

4-0 FIRST 가상머신을 초기화한 다음 부팅한다.

4-1 [서버 관리자]를 실행한 다음 [관리]–[역할 및 기능 추가] 메뉴를 클릭한다.

4-2 [시작하기 전], [설치 유형 선택], [대상 서버 선택]에서 기본값 그대로 두고 [다음] 버튼을 클릭한다.

4-3 [서버 역할 선택]에서 'DHCP Server'를 체크하면 필요한 기능을 추가하는 창이 나오는데 [기능 추가] 버튼을 클릭하고 [다음] 버튼을 클릭해 진행한다.

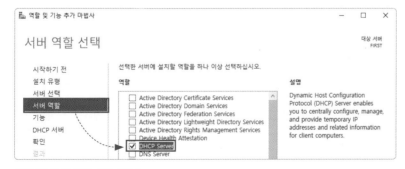

그림 12-9 DHCP 서버 설치 1

4-4 [기능 선택]에서 기본값 그대로 두고 [다음] 버튼을 클릭한다.

4-5 [DHCP 서버 선택]에서 필요하면 소개 내용을 읽어 보고 [다음] 버튼을 클릭한다.

4-6 [선택 확인]에서 [필요한 경우 자동으로 대상 서버 다시 시작]을 체크하고 [설치] 버튼을 클릭한다.

4-7 설치가 완료되면 [닫기] 버튼을 클릭한다.

4-8 서버 관리자의 위쪽의 깃발 모양의 아이콘을 클릭한 후 [DHCP 구성 완료]를 클릭한다.

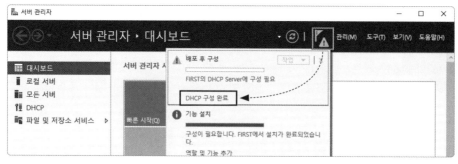

그림 12-10 DHCP 서버 설치 2

4-9 [설명] 창에서 [커밋] 버튼을 클릭한다. 그리고 [닫기] 버튼을 클릭해 설치를 마친다.

그림 12-11 DHCP 서버 설치 3

Step 5

FIRST-DHCP 서버 ❶ DHCP 서버에 할당할 IP 주소 관련 정보를 설정해 놓자.

5-1 [서버 관리자] 창에서 [도구]−[DHCP] 메뉴를 클릭한다.

5-2 [DHCP] 창 왼쪽 화면의 [first]−[IPv4]를 선택하고 마우스 오른쪽 버튼을 클릭한 후 [새 범위]를 클릭한다.

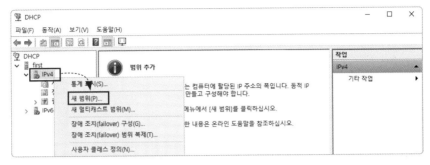

그림 12-12 DHCP 서버 설정 1

5-3 [새 범위 마법사 시작] 창에서 [다음] 버튼을 클릭한다.

5-4 [범위 이름]에서 [이름]은 'IP 할당'으로 입력하고 [다음] 버튼을 클릭한다.

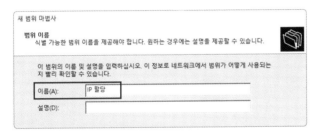

그림 12-13 DHCP 서버 설정 2

5-5 [IP 주소 범위]에서 **그림 12-3**의 계획대로 [시작 IP 주소]와 [끝 IP 주소]에 각각 '192.168.111.51', '192.168.111.99'를 입력한다. 그러면 [길이]에 '24', [서브넷 마스크]에 '255.255.255.0'이 자동으로 입력될 것이다. [다음] 버튼을 클릭한다.

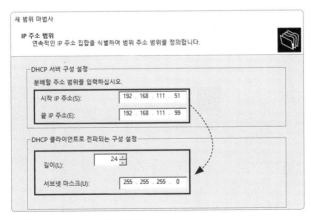

그림 12-14 DHCP 서버 설정 3

5-6 [제외 주소 및 지연 추가]에서 필요하다면 할당하지 않을 IP 주소 범위도 입력할 수 있다. 지금은 그대로 비워 두고 [다음] 버튼을 클릭한다.

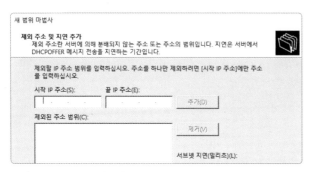

그림 12-15 DHCP 서버 설정 4

5-7 필요하면 [임대 기간]도 변경할 수 있지만, 지금은 기본값 그대로 두고 [다음] 버튼을 클릭한다.

5-8 [DHCP 옵션을 구성합니다]에서 '예, 지금 구성합니다'를 선택하고 [다음] 버튼을 클릭한다.

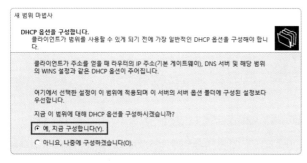

그림 12-16 DHCP 서버 설정 5

5-9 [라우터(기본 게이트웨이)]는 **그림 12-3**의 계획대로 '192.168.111.2'를 입력하고 [추가] 버튼을 클릭한다. 그리고 [다음] 버튼을 클릭한다.

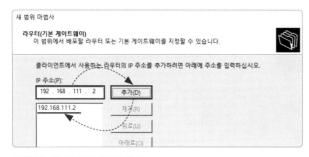

그림 12-17 DHCP 서버 설정 6

5-10 [도메인 이름 및 DNS 서버]는 오른쪽 아래 [IP 주소]에 DNS 서버(8.8.8.8)를 입력하고 [추가] 버튼을 클릭한다. 그리고 [다음] 버튼을 클릭한다(필자는 구글의 DNS 서버인 8.8.8.8을 입력했으나, 다른 DNS 서버를 입력해도 크게 문제없다).

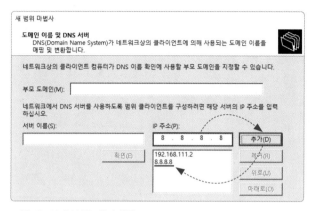

그림 12-18 DHCP 서버 설정 7

5-11 [WIN 서버]에서 기본값 그대로 두고 [다음] 버튼을 클릭한다.

5-12 [범위 활성화]에서 '예, 지금 활성화합니다.'를 선택하고 [다음] 버튼을 클릭한다.

5-13 [완료] 창에서 [마침] 버튼을 클릭하면 추가한 IP 주소의 범위를 확인할 수 있다.

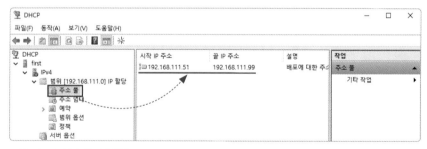

그림 12-19 추가 완료된 범위

Step 6

WINCLIENT ◉ 새로 구성한 FIRST 가상머신의 DHCP 서버가 잘 작동하는지 확인하자.

6-1 WINCLIENT 가상머신을 재부팅한다.

NOTE ▶ 필요하다면 지금 SECOND나 THIRD 가상머신을 부팅한 후 자동으로 IP 주소를 할당받도록 설정해도 좋다.

6-2 파워셸이나 명령 프롬프트에서 **ipconfig /all** 명령을 입력하면 **그림 12-3**과 같이 새로운 DHCP 서버인 FIRST(192.168.111.10)로부터 IP 주소를 할당받은 것을 확인할 수 있다.

그림 12-20 새로운 DHCP 서버 작동 확인

6-3 웹 브라우저를 실행하면 인터넷이 잘 되는 것을 확인할 수 있다.

Step 7

FIRST-DHCP 서버 ◉ 설정된 내용 및 클라이언트에서 IP 주소를 임대한 내역을 확인해 보자.

7-1 [서버 관리자]에서 [도구]–[DHCP] 메뉴를 클릭한다.

7-2 왼쪽 화면의 [first]–[IPv4]–[범위]–[주소 임대]를 선택하면 IP 주소를 대여했던 기록을 확인할 수 있다(필자는 SECOND 가상머신도 부팅해서 DHCP 클라이언트로 설정했다).

그림 12-21 DHCP 서버 설정 및 임대 기록 확인

7-3 [DHCP] 창을 닫고 FIRST와 WINCLIENT 가상머신을 셧다운한다.

Step 8

호스트 OS ◉ 실습을 마쳤으면 다시 이번 실습의 **Step 2**를 수행해 [Use local DHCP Service to distribute]를 다시 체크하고 [OK] 버튼을 클릭하자. 그러면 **그림 12-3**의 VMware의 DHCP 기능이 다시 활성화된다.

┌─ **？ VITAMIN QUIZ 12-1** ├─────────────────────────────────

SECOND 가상머신을 DHCP 가상머신 서버로 구성하자. IP 주소는 192.168.111.211~222까지 할당하도록 설정하자.

└──

지금까지 DHCP 서버의 구현과 DHCP 클라이언트의 사용 방법을 확인해 보았다. DHCP 서버는 인터넷(Internet) 환경이 아닌 회사 내부의 인트라넷(Intranet) 환경에서 작동되는 서버라는 점을 기억하자. 이를 잘 활용한다면 네트워크 관리자의 IP 주소 관리 업무가 상당히 줄어들 것이다.

▶ # Windows
배포 서비스

13장에서는 네트워크 안에 있는 컴퓨터의 전원만 넣으면
자동으로 Windows가 설치되는 Windows 배포 서비스
의 개념을 이해하고 직접 구현해 본다.

✅
이 장의
핵심 개념

- Windows 배포 서비스의 개념을 이해한다.

- Windows 배포 서비스를 설치한다.

- 배포 서비스에 다양한 Windows 버전을 구성한다.

- 새로운 가상머신을 만들고 자동 설치를 테스트한다.

✅
이 장의
학습 흐름

Windows 배포 서비스의 이해
▼
Windows 배포 서비스의 설치
▼
배포할 Windows 버전 설정
▼
새로운 가상머신에 자동 설치 테스트

13.1 Windows 배포 서비스 개요

13.1.1 Windows 배포 서비스 기본 내용

Windows 배포 서비스WDS, Windows Deployment Services를 구성해 놓으면 회사 네트워크 안의 컴퓨터에 Windows를 설치할 때 DVD 매체 없이도 자동으로 부팅 및 설치가 진행된다. 그러므로 Windows 배포 서비스는 대규모의 회사 환경에서 새 컴퓨터를 준비해야 하는 관리자라면 아주 유용하게 사용할 수 있다.

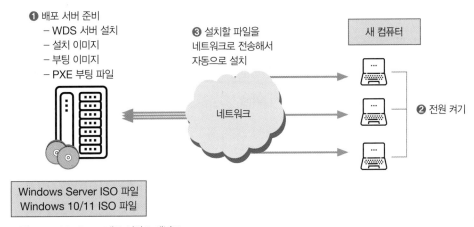

그림 13-1 Windows 배포 서비스 개념도

Windows 배포 서비스의 실제 처리 과정은 **그림 13-1**과 같이 상당히 간단하다.

❶ Windows 배포 서버를 준비한다. Windows 배포 서버를 설치하면, IP 주소를 자동으로 할당하는 DHCP 서버가 자동으로 구성된다. 또한 배포할 Windows의 ISO 파일에서 설치 이미지와 부팅 이미지를 추출해서 저장소에 저장해 놓는다.

❷ 아무것도 설치되지 않은 컴퓨터에 전원을 넣으면 자동으로 Windows 배포 서버를 찾는다.

❸ 나머지는 Windows 배포 서버에 설정한 대로 설치가 자동으로 진행된다.

처리 과정을 살펴보면 Windows 배포 서버의 환경을 구축한 후에는 새 컴퓨터에서 전원만 켜면 설치가 진행된다.

NOTE▶ Windows 배포 서비스를 사용해 Windows를 설치하려면 Windows 배포 서버와 컴퓨터가 모두 같은 네트워크 안에 있어야 한다.

Windows 배포 서비스는 다음 내용을 구성 또는 설치할 수 있다.

- 설치할 컴퓨터의 디스크 분할 및 포맷
- 운영체제 설치 및 구성
- 설치의 단순화
- 회사 전체에 통일되고 일관적인 작업 환경 제공

Windows 배포 서비스의 장점은 다음과 같다.

- 효율적인 자동 설치를 통한 비용 감소 및 시간 절감
- 네트워크 기반으로 하는 운영체제 설치
- Windows 이미지를 클라이언트 컴퓨터에 배포

13.1.2 Windows 배포 서비스 설치 실습

다음과 같은 상황을 가정해 보자.

"사내의 컴퓨터 교육장에서 내일 Windows Server 실습 교육이 갑자기 잡혔다. 교육장 컴퓨터가 50대인데, Windows Server 설치할 DVD는 하나뿐이다… 오늘 밤을 꼬박 새워도 설치가 가능할지 모르겠다. 어떤 컴퓨터는 DVD 롬이 없어서 USB로 설치해야 하는데… 부팅용 USB도 만들어야 하니, 시간이 너무 부족할 것 같다. 빠르고 편리하게 설치할 방법이 없을까?"

실습 1

Windows 배포 서비스를 구성하자.

Step 0

FIRST ◉ FIRST 가상머신을 초기화한다(초기화 방법이 기억나지 않으면 3장 **실습 5**를 참고한다).

0-1 이번 실습은 가상머신에 메모리가 많을수록 좋다. 가능하면 FIRST 가상머신에 4GB 이상의 메모리를 할당하자.

0-2 FIRST 가상머신을 부팅하고 Administrator로 로그온한다.

FIRST ● Windows 배포 서비스를 설치하자.

1-1 [서버 관리자]를 실행하고 [관리]−[역할 및 기능 추가] 메뉴를 클릭한다.

1-2 [시작하기 전], [설치 유형 선택], [대상 서버 선택]에서 기본값 그대로 두고 [다음] 버튼을 클릭한다.

1-3 [서버 역할 선택]에서 'Windows Deployment Services'를 체크하고 추가 창이 나오면 [기능 추가] 버튼을 클릭한 후 [다음] 버튼을 클릭한다.

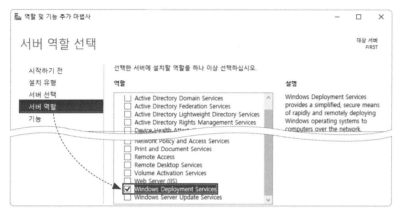

그림 13-2 Windows 배포 서비스 설치 1

1-4 [기능 선택]에서 기본값 그대로 두고 [다음] 버튼을 클릭한다.

1-5 [WDS 선택]에서 기본값 그대로 두고 [다음] 버튼을 클릭한다.

1-6 [역할 서비스 선택]에서 'Deployment Server'와 'Transport Server'를 모두 체크하고 [다음] 버튼을 클릭한다.

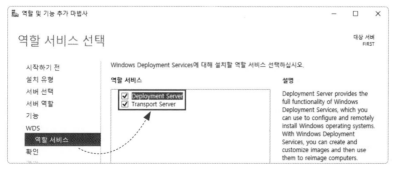

그림 13-3 Windows 배포 서비스 설치 2

1-7 [설치 선택 확인]에서 [필요한 경우 자동으로 대상 서버 다시 시작]을 체크한 후 [설치] 버튼을 클릭해 설치한다.

그림 13-4 Windows 배포 서비스 설치 3

1-8 설치가 완료되면 [닫기] 버튼을 클릭한다.

 Step 2

FIRST ▶ Windows 배포 서비스를 구성한다.

2-1 [서버 관리자] 창에서 [도구]−[Windows 배포 서비스] 메뉴를 클릭해 실행한다.

2-2 [Windows 배포 서비스] 왼쪽 화면의 [서버]−[FIRST]에서 마우스 오른쪽 버튼을 클릭하고 [서버 구성]을 클릭한다.

그림 13-5 Windows 배포 서비스 구성 1

2-3 [Windows 배포 서비스 구성 마법사]가 실행된다. [시작하기 전]에서 [다음] 버튼을 클릭한다.

2-4 [설치 옵션]에서 [독립 실행형 서버]를 선택하고 [다음] 버튼을 클릭한다.

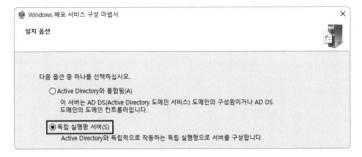

그림 13-6 Windows 배포 서비스 구성 2

NOTE▶ WDS는 Active Directory 환경에서 구성하는 방법도 있다. 그러나 아직 Active Directory를 배우지 않았으므로 독립 실행형 서버에서 구성하겠다. Active Directory는 14장에서 배운다.

2-5 [원격 설치 폴더 위치]에서 [경로]에 기본값 'C:\RemoteInstall' 그대로 두고 [다음] 버튼을 클릭한다. 경고 메시지가 나오면 [예] 버튼을 클릭한다.

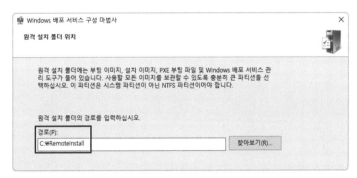

그림 13-7 Windows 배포 서비스 구성 3

NOTE▶ '원격 설치 폴더'는 WDS에서 배포할 운영체제 이미지 파일을 넣어 놓는 곳이다. 실제로는 별도의 하드디스크(SSD 권장)에 지정하는 것이 좋다. 파일 시스템은 NTFS만 지원되며 ReFS는 사용할 수 없다.

2-6 [PXE 서버 초기 설정]에서 '알려진 또는 알 수 없는 모든 클라이언트 컴퓨터에 응답'을 선택하고 [다음] 버튼을 클릭한다. 이 선택은 WDS가 네트워크상의 모든 컴퓨터에 응답하도록 한다.

NOTE▶ PXE(Pre-boot eXecution Environment, 사전 부팅 실행 환경)는 네트워크 카드를 통해 컴퓨터를 부팅할 수 있게 해 주는 환경을 말한다.

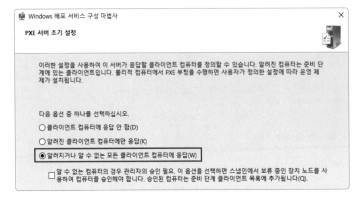

그림 13-8 Windows 배포 서비스 구성 4

2-7 [작업 완료]에서 '지금 서버에 이미지 추가'를 체크하고 [마침] 버튼을 클릭한다.

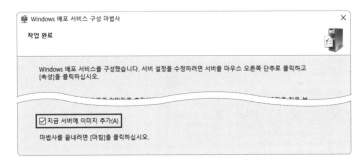

그림 13-9 Windows 배포 서비스 구성 5

2-8 [이미지 추가 마법사]가 시작되고 [이미지 파일]의 경로를 선택하는 화면이 나온다. 우선 [VMware Player] 창의 [Player]–[Removable Devices]–[CD/DVD]–[Settings] 메뉴를 클릭해 Windows Server 2022 설치 ISO 파일을 넣고 [OK] 버튼을 클릭한다.

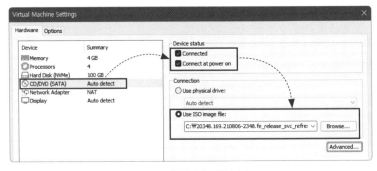

그림 13-10 Windows Server 2022 설치 ISO 파일 넣기

2-9 [Windows 이미지 파일]에서 [찾아보기] 버튼을 클릭해 [위치]를 'D:\sources' 폴더로 선택한 후 [확인] 버튼을 클릭한다. [다음] 버튼을 클릭한다.

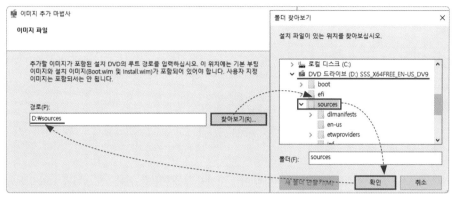

그림 13-11 배포할 이미지 추가 1

2-10 [이미지 그룹]에서 [명명된 이미지 그룹 만들기]의 그룹 이름을 'Windows Server Group'으로 입력하고 [다음] 버튼을 클릭한다.

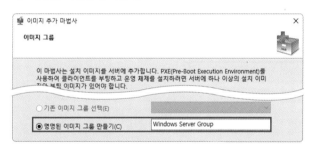

그림 13-12 배포할 이미지 추가 2

2-11 [설정 검토]의 내용이 다음 그림과 같은지 확인하고 [다음] 버튼을 클릭한다.

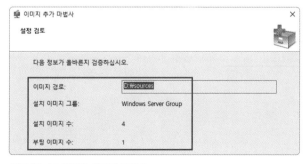

그림 13-13 배포할 이미지 추가 3

NOTE▶ 그림에서 설치 이미지 수가 4개인 것은 Windows Server 2022를 설치할 때 Standard 2개와 Datacenter 2개 등 4개의 에디션이 선택이 가능하기 때문이다.

2-12 그러면 DVD로부터 이미지 파일을 하드디스크에 추가된다. DVD에 포함된 Windows Server 2022의 에디션 개수(4개)만큼 이미지가 추가된다. 작업이 완료되면 [마침] 버튼을 클릭한다.

그림 13-14 배포할 이미지 추가 4

2-13 [Windows 배포 서비스] 창의 [설치 이미지] 아래 이미지 그룹 이름을 선택하면 설치된 이미지를 확인할 수 있다.

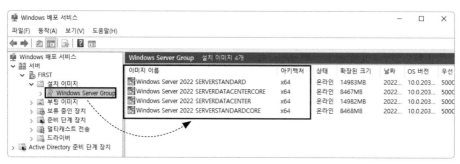

그림 13-15 배포할 설치 이미지 확인

2-14 왼쪽 화면의 [부팅 이미지]를 선택하면 추가된 부팅 이미지도 확인할 수 있다. [Windows 배포 서비스] 창을 닫는다.

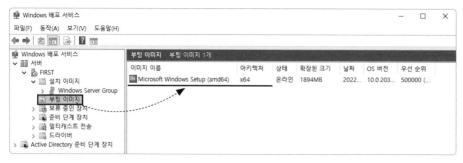

그림 13-16 부팅 이미지 확인

Step 3 ────────────────────────────────────

WDS 테스트 ◉ 새로운 가상머신을 만들어서 WDS 작동을 확인하자.

3-1 VMware Player를 새로 실행해 [WDS 테스트]라는 이름의 가상머신을 만든다. 중요한 점은 CD/ DVD 장치를 제거해야 한다는 것이다(가상머신을 만드는 법이 기억나지 않으면 1장의 **실습 2**를 참고한다).

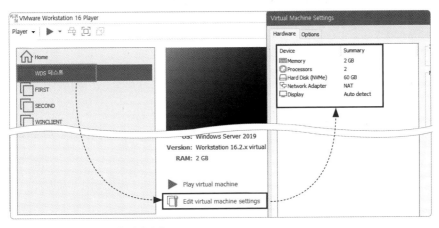

그림 13-17 WDS 테스트용 가상머신

3-2 새로 만든 WDS 테스트 가상머신을 부팅한다. 'Press Enter for network boot service' 라는 메시지가 나오면 재빨리 가상머신 내부를 마우스로 클릭하고 Enter 키를 누른다.

그림 13-18 WDS를 통한 Windows Server 2022 설치 1

NOTE ▶ 만약 Enter 키 입력이 늦어서 파란색의 [Boot Manager] 창이 나오면 VMware의 [Player]─[Send Ctrl + Alt + Del]을 선택해 재부팅하고 다시 해 본다.

3-3 WDS 서버(FIRST)의 IP 주소가 나오고 잠시 파일이 로딩된다.

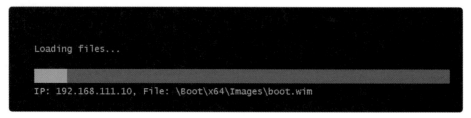

그림 13-19 WDS를 통한 Windows Server 2022 설치 2

3-4 [Deprecation Notice]에서 기본값 그대로 두고 [Next] 버튼을 클릭한다.

3-5 [Windows Deployment Services]에서 [Locale]을 'Korean(Korea)'로 설정한 후 [Next] 버튼을 클릭한다.

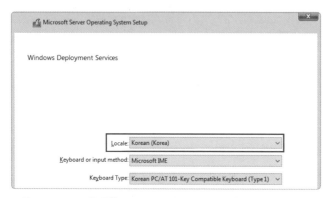

그림 13-20 WDS를 통한 Windows Server 2022 설치 3

3-6 사용자와 암호를 입력한다. [User name]에 FIRST 가상머신의 관리자인 'FIRST\Administrator', [Password]에 'p@ssw0rd'를 입력하고 [OK] 버튼을 클릭한다.

그림 13-21 WDS를 통한 Windows Server 2022 설치 4

NOTE▶ 만약 WDS를 Active Directory 도메인 환경에서 구성했다면 도메인 사용자를 입력하면 된다.

3-7 설치하고자 하는 운영체제를 선택하고 [Next] 버튼을 클릭한다. 다음 그림에서 가장 상단의 항목이 GUI 화면이 나오는 Standard 에디션이다.

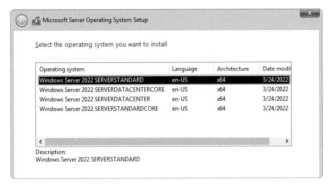

그림 13-22 WDS를 통한 Windows Server 2022 설치 5

3-8 이후로는 기존 Windows Server 2022 설치와 거의 동일하며 [Next] 버튼만 클릭하면 된다(기억이 나지 않으면 3장의 **실습 1**을 참고한다).

NOTE ▶ 지금 우리는 학습 중이므로 'WDS 테스트' 1대로만 진행하고 있지만 실제라면 여러 대의 컴퓨터에서 동시에 설치하면 된다. 그리고 지금 설치하는 가상머신을 사용하지 않을 것이므로 굳이 설치를 계속하지 않고 그냥 실습을 마쳐도 좋다.

3-9 다음 그림은 설치가 완료된 후에 [System] 창이다. 이번에는 한글화 등의 몇 가지 추가 작업을 하자. 실습에 반드시 필요한 부분은 아니므로 생략해도 된다(기억이 나지 않으면 3장의 **실습 1**을 참고한다).

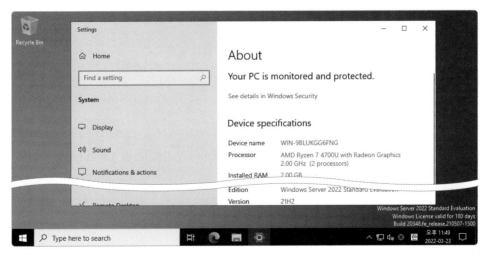

그림 13-23 WDS를 통해 설치 완료된 Windows Server 2022

Step 4

호스트 OS ◐ Windows 10 평가판을 다운로드하자.

NOTE ▶ 이번 실습은 Windows 10 DVD가 필요하다. 필자는 Microsoft사에서 제공하는 Windows 10 Enterprise 90일 평가판 ISO 파일을 다운로드해 사용했다. 필요하다면 다른 버전의 컴퓨터용 Windows를 다운로드하거나 진짜 Windows DVD를 가지고 있다면 그것을 사용해도 된다.

4-0 웹 브라우저에서 https://www.microsoft.com/ko-kr/evalcenter/download-windows-10-enterprise 주소에 접속한 다음 [한국어] 부분의 'ISO - Enterprise LTSC 다운로드' 아래의 '64bit 버전'을 선택한다.

4-1 웹 브라우저에서 https://www.microsoft.com/ko-kr/evalcenter/evaluate-windows-10-enterprise 주소에 접속한 다음 [한국어]에서 [ISO - Enterprise LTSC 다운로드] 하단의 '64비트 버전'을 선택한다.

그림 13-24 Windows 10 평가판 다운로드

NOTE ▶ LTSC는 Long-Term Servicing Channel의 약자로 '장기 서비스 채널'이라 부른다. 릴리즈 이후에 약 10년 간 서비스 지원을 하는 제품이다. 파일 다운로드 시 개인 정보 입력 창이 나오면 적당히 채워 넣어도 된다.

4-2 필자가 이 책을 집필하는 시점에서 다운로드한 파일의 이름은 '19044.1288.211006-0501.21h2_release_svc_refresh_CLIENT_LTSC_EVAL_x64FRE_ko-kr.iso'이며 크기는 약 4.5GB 정도다.

Step 5

FIRST ◐ 64bit용 Windows 10 이미지 파일을 추가하자.

5-1 [서버 관리자]를 실행하고 [도구]-[Windows 배포 서비스] 메뉴를 클릭해 실행한다.

5-2 왼쪽 화면의 [FIRST]−[설치 이미지]−[Windows Server Group]에서 마우스 오른쪽 버튼을 클릭하고 [설치 이미지 추가]를 클릭한다.

그림 13-25 Windows 10 설치 이미지 추가 1

5-3 [이미지 추가 마법사]가 시작되고 [이미지 파일]의 경로를 선택하는 화면이 나온다. 우선 VMware Player의 [Player]−[Removable Devices]−[CD/DVD]−[Settings] 메뉴를 클릭해 다운로드한 Windows 10 ISO 파일을 선택하고 [확인] 버튼을 클릭한다.

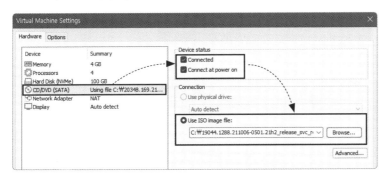

그림 13-26 Windows 10 설치 이미지 추가 2

5-4 [이미지 파일]에서 [찾아보기] 버튼을 클릭해 [파일 위치]에 'D:\sources\install.wim'을 선택하고 [다음] 버튼을 클릭한다.

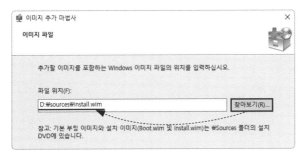

그림 13-27 Windows 10 설치 이미지 추가 3

5-5 [사용 가능한 이미지]에 'Windows 10 Enterprise'가 체크되어 있는지 확인하고 [다음] 버튼을 클릭한다.

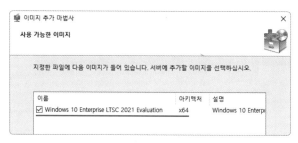

그림 13-28 Windows 10 설치 이미지 추가 4

5-6 [요약]에서 [다음] 버튼을 클릭하면 잠시 동안 이미지가 생성된 다음 추가된다. 작업이 완료되고 [마침] 버튼을 클릭하면 추가된 이미지를 확인할 수 있다. [Windows 배포 서비스] 창을 닫는다.

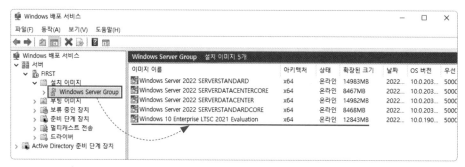

그림 13-29 Windows 10 설치 이미지 추가 5

Step 6

WINDOWS 10 ▶ Windows 10을 WDS를 이용해 설치하자.

6-1 실습 1의 **Step 3**에서 생성한 'WDS 테스트' 가상머신과 같은 방식으로 'Windows 10'이라는 이름의 가상머신을 만들자(가상머신 종류는 'Windows 10 and later x64'를 선택하고 CD/DVD를 제거한다).

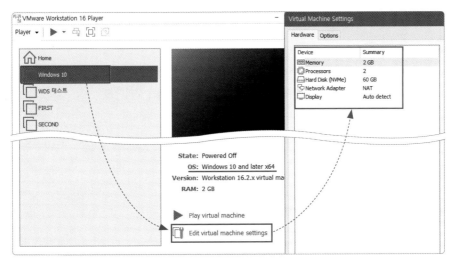

그림 13-30 Windows 10용 가상머신

6-2 Windows 10 가상머신을 부팅한다. 'Press Enter for network boot service'라는 메시지가 나오면 재빨리 가상머신 내부를 마우스로 클릭하고 [Enter] 키를 누른다.

6-3 WDS 서버(FIRST)의 IP 주소가 나오고 잠시 파일이 로딩된다.

6-4 [Deprecation Notice] 대화상자가 나오면 기본값 그대로 두고 [Next] 버튼을 클릭한다.

6-5 [Windows Deployment Services]에서 [Locale]을 'Korean(Korea)'로 선택하고 [Next] 버튼을 클릭한다.

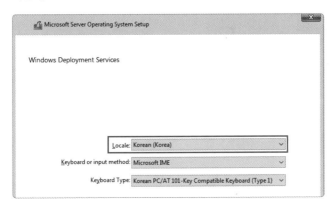

그림 13-31 WDS를 통해 Windows 10 설치 1

6-6 사용자와 암호를 입력한다. FIRST 가상머신의 관리자인 'FIRST\Administrator', 'p@ssw0rd'를 입력하고 [OK] 버튼을 클릭한다.

6-7 설치하고자 하는 운영체제에서 [Windows 10 LTSC Enterprise Evaluation]을 선택하고 [Next] 버튼을 클릭한다('WDS 테스트' 가상머신에서 설치할 때는 없던 항목이 추가된 것이다).

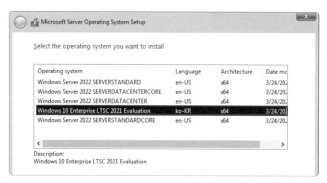

그림 13-32 WDS를 통해 Windows 10 설치 2

6-8 이후 Windows 10의 설치는 직접 해 보자(Microsoft 계정이 필요할 수도 있다). 설치가 완료되고 부팅된 Windows 10 화면은 다음과 같다.

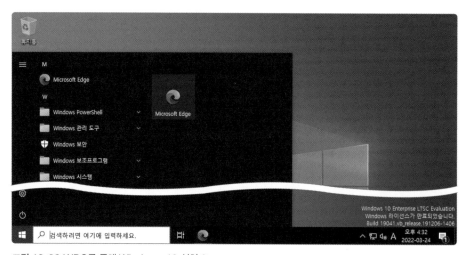

그림 13-33 WDS를 통해 Windows 10 설치 3

? VITAMIN QUIZ 13-1

Windows 11 Enterprise 평가판을 다운로드해서 설치 이미지에 추가해 보자.

HINT 1 https://www.microsoft.com/ko-kr/evalcenter/download-windows-11-enterprise 주소에서 다운로드한다.

HINT 2 일부 컴퓨터는 Windows 11이 지원되지 않는다. 그럴 경우에는 대신 32bit Windows 10으로 진행하자.

이상으로 WDS를 이용한 자동 설치를 마치겠다. 실제로 여러 대의 컴퓨터에서 동시에 설치하면 서버에 부하가 걸려 설치 속도가 느려질 수 있으므로 되도록 야간이나 주말에 설치하는 것을 추천한다.

Part

04

Windows Server 2022 고급 실무

이번 4부는 Windows Server에서 가장 어려운 부분이지만, 가장 강력하다고 알려진 Active Directory 환경을 이해하고 구성한다. 또한 Active Directory 환경에서 사용되는 Windows Server 2022의 기능과 장점 그리고 Active Directory 환경에서만 작동되는 서버들을 구현해 본다. 나아가 장애가 발생했을 때 자동 조치가 가능한 서버를 살펴본다.

14

Active Directory의 개념과 설치

14장은 Microsoft사에서 제공하는 대규모의 네트워크를 관리하고 운영하는 기술인 Active Directory에 대해서 이해한다. VMware 환경에서 4대의 컴퓨터를 사용해 Active Directory 환경을 구성한다.

학습목표

✓
**이 장의
핵심 개념**

- Active Directory의 용어와 개념을 이해한다.

- Active Directory 도메인 서비스 환경 구축 실습을 위한 구성도를 이해한다.

- 4대의 가상머신에 Active Directory 도메인 서비스 환경을 구축한다.

- 서버 관리자를 활용한 도메인 컨트롤러의 통합 관리 방법을 익힌다.

✓
**이 장의
학습 흐름**

Active Directory의 개념 및 관련 용어의 이해
▼
AD DS 환경 구축 실습
▼
도메인 컨트롤러 구성 실습
▼
Active Directory 설정 및 통합 관리 실습

14.1 Active Directory

14.1.1 Active Directory 개요

지금까지 우리는 Windows Server 2022를 사용하면서 몇 대의 컴퓨터만을 사용해 서버를 구축하고 운영해 왔다. 클라이언트 또한 1~2대로만 사용했기 때문에 큰 불편이나 문제를 겪은 적이 없었다. 하지만 대규모 회사에서는 엄청나게 많은 수의 컴퓨터를 하나의 네트워크로 묶어서 작동해야 하며 세계적인 규모의 회사의 경우에는 지역적으로도 서울, 부산, 뉴욕, 도쿄 등에 분산되어 운영하고 있다. 이러한 전사적인 네트워크 환경을 기존의 '단일 서버'로 운영하기에는 한계가 있을 수밖에 없다. 이를 해결하기 위한 솔루션이 바로 Active Directory(액티브 디렉터리)다.

Active Directory를 한마디로 표현하자면 Microsoft사에서 제공하는 대규모의 네트워크를 관리하고 운영하기 위한 하나의 커다란 기술이다. 그런데 Active Directory를 처음 배울 때 생소한 용어가 많아서 이해하기 어렵기도 하고 Windows Server에서 Active Directory를 처음 사용할 때도 Active Directory를 체험하기 위한 환경을 구성하기 쉽지 않다. 그래서 더욱 입문 장벽이 높다. 다행히 우리는 VMware 환경에서 4대의 컴퓨터를 사용하고 있으므로 이를 적극 활용해 Windows Server에서 가장 어려운 부분을 직접 체득해 볼 것이다.

그래서 필자는 Active Directory에 꼭 필요한 부분을 제외하고는 이론적인 내용은 최소화했으며, 실습으로 그 내용을 익힐 수 있도록 구성했다. 따라서 기본적인 용어와 개념을 익히고 실습을 진행하며 Active Directory를 제대로 이해하기를 바란다. 추후 더 알아야 할 이론적인 내용은 책을 통해 전체적인 흐름을 파악한 후에 Microsoft사의 기술 문서(https://docs.microsoft.com)의 도움말을 보면서 추가로 익히는 것을 권장한다.

먼저 Active Directory의 환경을 구축하기 위해서는 기본적으로 회사의 본사 및 지사의 의미를 파악해야 한다. 다음 그림은 필자가 가상으로 만든 '한빛 주식회사'의 회사 구성도다.

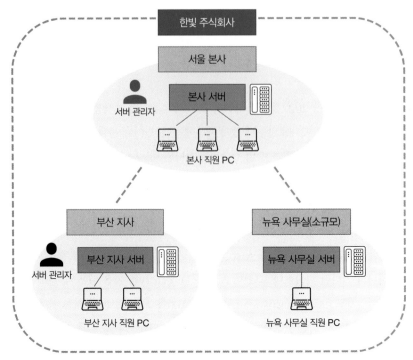

그림 14-1 한빛 주식회사의 가상 구성도

- 한빛 주식회사는 서울 본사와 부산 지사, 그리고 뉴욕의 소규모 사무실로 되어 있다.
- 서울 본사 및 부산 지사는 직원의 수가 많아서 각 서버에 별도의 서버 관리자를 두고 있다.
- 뉴욕 지사의 서버는 따로 있지만, 소규모 사무실 형태로 별도의 [서버 관리자]를 두지 않는다. 그래서 서버에 대한 관리 및 보안에 다소 취약한 상태다.
- 본사 직원이 부산 지사 및 뉴욕 사무실로 자주 출장을 간다. 그때마다 본사 직원의 PC를 가지고 갈 수 없기 때문에 뉴욕 사무실의 PC를 잠시 빌려서 사용한다.
- 본사 직원이 네트워크상에서 부산 지사 및 뉴욕 사무실의 자원을 자주 사용한다.

그림 14-1은 어느 정도 규모가 있는 일반적인 회사의 상황을 가정한 것이며, 이러한 상황을 Windows Server에서 구현하기 위한 것이라고 보면 된다. Active Directory를 사용하면 네트워크상으로 나뉘어 있는 여러 가지 자원Resource을 중앙 관리자가 통합해 관리할 수 있기 때문에 본사 및 지사의 직원들은 더 이상 자신의 컴퓨터에 모든 정보를 보관할 필요가 없어진다는 것이다. 또한 타 지사에 출장을 가서도 자신의 아이디로 로그온만 하면 타인의 컴퓨터가 자신의 컴퓨터 환경과

동일하게 되어, 컴퓨터가 있는 장소와 무관하게 어디서든지 회사 전체 자원을 편리하게 사용할 수 있다.

14.1.2 Active Directory 용어

Active Directory를 구현하기 위해서는 관련된 용어를 몇 가지 정확히 파악하고 있어야 한다. 처음이라서 이해가 안 가는 부분이 많을 수 있겠으나, 그래도 일단은 차근차근 읽어보자. 그리고 **실습 1**을 마친 후에 다시 한번 용어를 읽어 보기를 바란다. 그러면 처음 읽을 때보다는 좀 더 이해가 잘될 것이다.

NOTE ▶ Active Directory에서 사용하는 용어 중에서 이 책의 다른 장이나 다른 분야에서 사용하는 용어와 단어는 같을 수도 있지만, 특별히 Active Directory에서는 다른 의미로 사용되는 경우도 종종 있다는 점에 주의하자.

Directory Service

정보화 시대가 도래하면서 회사 안의 컴퓨터 수는 폭발적으로 증가하게 되었다. 또한 모든 컴퓨터가 네트워크로 연결되는 환경도 구축되었다. 그런데 많은 컴퓨터와 주변기기가 늘어나면서 관리에 대한 문제가 생겼다. 예를 들어 A라는 사용자의 컴퓨터에서 B라는 프린터를 사용하고 싶다면 네트워크 프린터로 연결해서 출력할 수 있다. 하지만 회사 안의 컴퓨터가 수백 또는 수 천대라면 네트워크에 연결된 컴퓨터 중에서 B 사용자의 컴퓨터를 찾는 일 자체도 어려울 것이다. 또 본사에서 업무를 보다가 다른 지사로 출장을 가서 업무를 연속해야 한다면 컴퓨터 본체를 가져가기도 어렵지만, 노트북을 사용하더라도 네트워크 환경을 모두 다시 설정해야 한다. 출장지에 있는 프린터 등의 주변기기를 사용하기 위해서도 여러 과정을 거쳐야 할 것이다.

Directory Service(DS)는 이렇게 분산된 네트워크 관련 자원 정보를 중앙 저장소에 통합시켜 놓음으로써 사용자가 네트워크상의 정보를 찾기 위해 헤매지 않도록 도와주는 역할을 한다. 즉, 사용자는 중앙 저장소에서 원하는 정보를 '자동으로' 취득해서 네트워크 자원에 접근할 수 있는 것이다. 여기서 네트워크 자원이란 사용자 계정, 그룹 계정 및 프린터 등의 주변기기를 말한다.

Active Directory

Active Directory(AD)는 앞에서 설명한 Directory Service를 Windows Server에서 구현한 것으로 전체 환경을 개념적으로 부르는 용어다.

Active Directory 도메인 서비스

Active Directory 도메인 서비스^{Active Directory Domain Service}(AD DS)는 컴퓨터 사용자, 기타 주변 장치에 대한 정보를 네트워크상에 저장하고 저장한 정보를 관리자가 통합하여 관리한다. 이렇게 하면 사용자는 네트워크에 편리하게 자원들을 공유할 수 있으며 공동 작업도 가능해진다. Active Directory 도메인 서비스를 사용하기 위해서는 기본적으로 DNS 서버를 설치해야 한다.

도메인

도메인(Domain)은 Active Directory의 가장 기본이 되는 단위로써, **그림 14-1**의 서울 본사, 부산 지사 등이 각각 하나의 도메인이라고 할 수 있다. 즉, 도메인은 관리하기 위한 하나의 큰 단위의 범위를 표현하며 관리를 위해서 지역적인 범위로 구분될 수 있다. 예시로 서울 지사 도메인에 속한 컴퓨터들은 본사 서버를 통해 컴퓨터에 로그온, 인증, 검색 등의 작업을 수행할 수 있다. 또한 **그림 14-1**의 서울 본사는 '부모 도메인'으로 부를 수 있으며, 그에 소속된 부산 지사는 '자식 도메인'으로 부르기도 한다.

트리와 포리스트

트리(Tree)는 도메인의 집합으로 보면 된다. **그림 14-1**의 부모 도메인인 서울 지사와 자식 도메인인 부산 지사, 뉴욕 사무실이 계층적 구조로 되어 있는데 이를 하나로 묶은 한빛 주식회사를 '트리 구조' 또는 '트리'라고 부른다. 그래서 트리는 물리적으로 존재한다기 보다는 개념적으로 존재한다고 보면 된다. **그림 14-1**은 한빛 주식회사라는 단일 트리로 구성되어 있는데, 만약 나이키 주식회사라는 다른 회사와 전략적 제휴를 맺게 된다면 두 회사는 서로 트리 구조를 맺을 수가 있다. 이때 2개 이상의 트리로 Active Directory가 구성되는데 이를 **포리스트**(Forest)라고 부른다. **그림 14-2**를 보면 도메인, 트리, 포리스트의 관계(**도메인 < 트리 < 포리스트**)를 확인할 수 있다. 그런데 우리는 한빛 주식회사(단일 트리)만 사용하고 우리가 사용하는 포리스트는 하나의 트리만 존재하므로 **트리 = 포리스트**로 취급해서 사용할 것이다. 즉, **도메인 < 트리 <= 포리스트**의 관계가 된다.

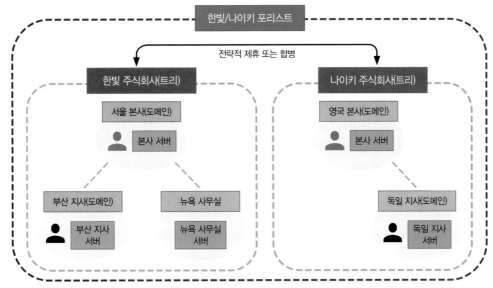

그림 14-2 도메인, 트리, 포리스트 관계

사이트

도메인이 논리적인 범주라면 **사이트**(Site)는 물리적인 범주에 가깝다. **그림 14-3**을 먼저 살펴보면 서울 본사와 뉴욕 사무실은 같은 도메인(hanbit.com)으로 묶여 있지만, 실제로는 거리상 상당히 떨어져 있다. 그러므로 서울 본사와 뉴욕 사무실은 같은 도메인이라도 별도의 사이트로 구성된다. 부산 지사도 역시 별도의 사이트이기 때문에 hanbit.com 포리스트에는 총 3개의 사이트로 구성된다고 보면 된다. 결국 사이트는 지리적으로 떨어져 있으며 IP 주소 대가 다른 묶음 정도로 보면 되겠다.

> **NOTE ▶** 이 책에서 실습하는 컴퓨터는 VMware 안에서 사용되기 때문에 지리적으로도 아주 가깝고 IP 주소 대도 192.168.111.ooo으로 같은 것을 사용한다. 그러므로 실제로는 모든 도메인이 같은 사이트에 있다고 보면 된다.

트러스트

트러스트(Trust)는 도메인 또는 포리스트 사이의 신뢰 여부에 대한 관계를 나타내는 의미로 사용된다. 우선 같은 포리스트 안의 도메인 사이에는 상호 '양방향 전이 트러스트' 관계를 갖는다. 쉽게 말하면 도메인끼리 서로 신뢰한다고 생각하면 된다. 이 외에도 한쪽 방향만 신뢰 관계를 맺은 경우를 '단방향 전이 트러스트'라 부른다. **그림 14-2**와 같이 포리스트가 2개 이상의 트리로 구성되었어도 기본적으로 '양방향 전이 트러스트' 관계를 맺지만 **그림 14-2**에서 부산 지사가 독일 지사와 연결되기 위해서는 **부산 지사 → 서울 본사 → 영국 본사 → 독일 지사**의 단계를 거쳐야 한다. 이러한 단계를 줄이기 위해 부산 지사에서 독일 지사로 '바로가기 트러스트' 관계를 맺을 수도 있다. 물론 바로 가기 트러스트 관계를 맺지 않아도 논리적으로는 문제가 되지 않으나, 네트워크 트래픽을 줄이고 거쳐 가는 도메인 컨트롤러의 부하를 줄이기 위해 사용할 수 있다. 이 책에서는 하나의 포리스트 안에서 모든 도메인을 사용하므로 양방향 전이 트러스트 관계가 자동으로 맺어진다고 보면 된다.

조직 구성 단위

조직 구성 단위 Organizational Unit(OU)는 한 도메인 안에서 세부적인 단위로 나눈 것인데, **그림 14-1**에서 서울 본사에 관리부, 회계부, 기술부 등의 부서를 '조직 구성 단위'라고 부른다(그림에 표현하지는 않았다). 조직 구성 단위에 대한 내용은 15장에서 상세히 언급하겠다.

도메인 컨트롤러

도메인 컨트롤러 Domain Controller(DC)는 로그온, 이용 권한 확인, 새로운 사용자 등록, 암호 변경, 그룹 등을 처리하는 서버 컴퓨터를 일컫는다. Active Directory 도메인 서비스를 구현할 때 도메인에 하나 이상의 도메인 컨트롤러를 설치해야 한다. **그림 14-1**에 나온 본사 서버, 부산 지사 서버, 뉴욕 사무실 서버가 각 도메인의 도메인 컨트롤러가 된다. 만약 도메인 컨트롤러의 전원이 꺼진 후에도 Active Directory 도메인 서비스를 계속 운영하려면 하나의 도메인에 2대 이상의 도메인 컨트롤러를 설치하면 된다.

읽기 전용 도메인 컨트롤러

읽기 전용 도메인 컨트롤러 Read Only Domain Controller(RODC)는 별도의 관리자가 수시로 관리해야 한다. 읽기 전용 도메인 컨트롤러는 주 도메인 컨트롤러로부터 Active Directory와 관련된 데이터를 전송받아서 저장한 후 사용하지만, 스스로 데이터를 추가하거나 변경하지는 않는다. 읽기 전용 도메인 컨트롤러는 본사와 멀리 떨어진 지사에서 도메인 컨트롤러가 필요하지만 별도의 관리자를 두기 어려울 경우, 주 도메인 컨트롤러의 부하를 분담하기 위해 사용할 수 있다. **그림 14-1**에서 뉴욕 사무실은 소규모로 운영되므로 별도의 서버 관리자를 두기 어려운 상황이다. 이럴 때 읽기 전용 도메인 컨트롤러를 구성해 놓으면 도메인 컨트롤러 기능을 하면서도 관리에 대한 부담을 줄일 수 있다. **그림 14-3**에는 뉴욕 사무실의 서버를 읽기 전용 도메인 컨트롤러로 구성해 놓은 것이다.

글로벌 카탈로그

글로벌 카탈로그^{Global Catalog}(GC)는 Active Directory 트러스트 안의 여러 도메인에 포함된 개체에 대한 정보를 수집하여 저장하는 통합 저장소를 말한다. 사용자로 예를 들면 사용자의 정보인 이름, 전체 이름, 로그온 아이디와 암호 등의 정보가 글로벌 카탈로그에 저장된다. 글로벌 카탈로그는 **그림 14-3**에 표현되어 있다. 이러한 글로벌 카탈로그가 있는 서버를 '글로벌 카탈로그 서버'라고 부르는데, Active Directory를 구성할 경우에 가장 먼저 설치하는 도메인 컨트롤러가 글로벌 카탈로그 서버로 지정된다.

이 외에도 Active Directory와 관련된 많은 용어가 있는데, 이에 대해서는 필요할 경우에만 언급하겠다. 앞서의 용어들을 아주 이해하지 못했더라도 실습을 진행하면서 자연스럽게 이해할 수 있으니 크게 걱정하지 않아도 된다. 이제 실습을 통해서 Active Directory를 더 자세히 알아 보자.

! 여기서 잠깐   Active Directory의 새롭고 향상된 기능

Windows Server 2012 이후부터는 AD DS에 몇 가지 향상된 기술이 포함되었다. 하지만 AD DS를 처음 접하는 독자에게는 별로 와 닿는 내용은 아닐 수 있으니 다음 내용을 참고하자(출처: Microsoft 기술 문서).

❶ **Windows Server 2012의 향상된 기능**
- 가상 도메인 컨트롤러의 복제를 통해 빠르게 배포할 수 있으며, 클라우드 기능을 폭넓게 지원한다.
- 효율적인 새로운 도메인 컨트롤러 프로모션 마법사를 사용할 수 있으며, Windows Powershell을 기반으로 서버 관리자와 통합되어 있다.
- AD DS 플랫폼이 업데이트되어 상대 식별자(RID) 할당 및 범위가 향상되었다.

❷ **Windows Server 2012 R2의 향상된 기능**
- IT 관리자는 다양한 장치에서 회사의 Active Directory에 연결할 수 있도록 허용하고 이러한 연결을 연속된 두 번째 단계 인증으로 사용할 수 있다.
- 사용자는 회사의 Active Directory와 연결된 장치에서 SSO(Single Sign-On)를 사용할 수 있다.
- 웹 응용 프로그램 프락시를 통해 사용자가 어디서든 응용 프로그램 및 서비스에 연결할 수 있다.
- 다단계 액세스 제어 및 MFA(Multi-Factor Authentication)를 통해 자신의 장치로 어디에든 보호된 데이터에 액세스하여 작업하는 사용자의 위험을 관리한다.

❸ **Windows Server 2016/2019/2022의 향상된 기능**
- 권한 있는 액세스 관리(PAM)를 통해 외부 침입에 대한 보안상 문제를 보완했다.
- 클라우드 기능을 Azure AD 조인을 통해서 Windows 10 장치로 확장할 수 있다.

- Microsoft Passport를 제공하여 사용자 인증 및 암호화를 강화했다.
- Windows Server 2003의 파일 복제 서비스 등을 더 이상 지원하지 않는다.

이 외의 상세한 내용은 Microsoft Technet(http://technet.microsoft.com)을 참고하도록 하자.

14.2 Active Directory 도메인 서비스 구현

앞 **그림 14-1**에서 한빛 주식회사에 대해서 살펴보았다. 다음 그림을 바탕으로 한빛 주식회사를 실제로 구현해 보겠다.

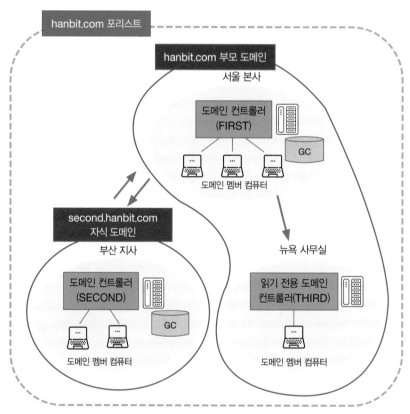

그림 14-3 실습에서 구현할 Active Directory 도메인 서비스 환경

우선 한빛 주식회사는 단일 트리므로 **트리 = 포리스트**로 보면 된다. 포리스트 안에 서울 본사를 중심으로 하는 hanbit.com 부모 도메인과 부산 지사를 중심으로 하는 second.hanbit.com 자식 이렇게 2개의 도메인으로 구성되어 있다. 뉴욕 사무실은 소규모이므로 별도의 도메인으로 구성하지 않고 서울 본사에서 관리하도록 한다.

FIRST 가상머신을 hanbit.com 도메인의 도메인 컨트롤러로 가장 먼저 설치할 것이므로 FIRST 가상머신은 자동으로 글로벌 카탈로그 서버가 된다. 그리고 second.hanbit.com 도메인의 도메인 컨트롤러인 SECOND 가상머신은 이미 FIRST를 글로벌 카탈로그로 구성했으므로 글로벌 카탈로그로 구성하지 않아도 된다. 하지만 만약 부산 지사에 100명 이상의 많은 사용자가 있다고 가정한다면 부산 지사의 사용자가 로그온하기 위해 매번 서울 본사의 글로벌 카탈로그 서버(FIRST)에서 정보를 가져와야 하므로 로그온 시간이 네트워크 상황에 따라서 달라질 수 있다. 이런 경우를 피하고자 SECOND 가상머신도 추가로 글로벌 카탈로그 서버로 지정한 것이다. 그러면 서울 본사까지 접속하지 않고도 SECOND 자체에 가지고 있는 글로벌 카탈로그에서 정보를 가져오게 되어 네트워크 트래픽이 분산되는 효과를 내고 Active Directory 전체적인 성능도 향상된다. 뉴욕 사무실의 경우에는 직원이 별로 없다고 가정해 별도의 도메인으로 구성하지 않고 본사 도메인에 소속되도록 구성했다. 그래서 뉴욕 사무실의 도메인 컨트롤러를 읽기 전용으로 구성하였으며, 소규모이기에 글로벌 카탈로그 서버로 구성하지도 않았다.

> **실습 1**

기업 환경의 Active Directory 도메인 서비스를 설치하자.

> **Step 0**

이번 실습은 도메인 컨트롤러로 FIRST, SECOND, THIRD 가상머신을 사용한다. 또한 **그림 14-3**의 도메인의 멤버 컴퓨터로 WINCLIENT 가상머신을 사용한다.

0-1 4대의 가상머신을 모두 초기화한다(초기화 방법이 기억나지 않으면 3장의 **실습 5**를 참고한다).

0-2 실습에서 사용하는 3개의 컴퓨터의 관리자 아이디는 모두 Administrator이다. 그래서 Active Directory 도메인에 로그온할 때 어떤 컴퓨터의 관리자인지 혼란스러운 상황이 발생할 수 있다. 이를 예방하기 위해서 각 컴퓨터의 Administrator의 암호를 다르게 지정해서 어떤 컴퓨터의 관리자인지 명확히 구분하겠다. 각 컴퓨터를 부팅하고 다음 표와 같이 Administrator의 암호를 변경하자.

표 14-1 가상머신 4대의 변경된 암호

가상머신	Administrator 암호
FIRST	p@ssw0rd1
SECOND	p@ssw0rd2
THIRD	p@ssw0rd3
WINCLIENT	p@ssw0rd

0-3 FIRST, SECOND, THIRD 가상머신을 각각 부팅하고, 각각의 컴퓨터에서 [서버 관리자]를 실행해서 [도구]–[컴퓨터 관리] 메뉴를 클릭해 실행한다. WINCLIENT 가상머신은 그대로 'p@ssw0rd'를 사용하므로 변경하지 않아도 된다.

0-4 왼쪽 화면에서 [로컬 사용자 및 그룹]–[사용자]를 선택하고 [Administrator]을 선택해 마우스 오른쪽 버튼을 클릭한 후 [암호 설정]을 클릭한다.

그림 14-4 Administrator 암호 변경 1

0-5 암호 설정 대화상자가 나오면 [계속] 버튼을 클릭한 후 **표 14-1**대로 각 컴퓨터에서 Administrator의 암호를 다르게 지정한 다음 [확인] 버튼을 연속 클릭한다.

그림 14-5 Administrator 암호 변경 2

0-6 [컴퓨터 관리] 창을 종료한다.

FIRST ▶ Active Directory 도메인 서비스를 설치하고 **그림 14-3**의 hanbit.com 부모 도메인 및 포리스트를 구성하자.

1-1 [서버 관리자]를 실행하고 [관리]–[역할 및 기능 추가] 메뉴를 클릭한다.

1-2 [시작하기 전], [설치 유형 선택], [서버 역할 선택]에서 기본값 그대로 두고 [다음] 버튼을 클릭한다.

1-3 [서버 역할 선택]에서 'Active Directory Domain Services'를 체크하고 추가 창이 나오면 [기능 추가] 버튼을 클릭한 후 [다음] 버튼을 클릭한다.

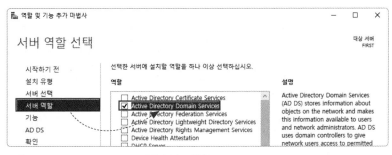

그림 14-6 Active Directory 도메인 서비스 설치 1

1-4 [기능 확인]에서 기본값 그대로 두고 [다음] 버튼을 클릭한다.

1-5 [AD DS 확인]에서 기본값 그대로 두고 [다음] 버튼을 클릭한다.

1-6 [선택 확인]에서 [필요한 경우 자동으로 대상 서버 다시 시작]을 체크한 후 [설치] 버튼을 클릭하면 설치가 진행된다.

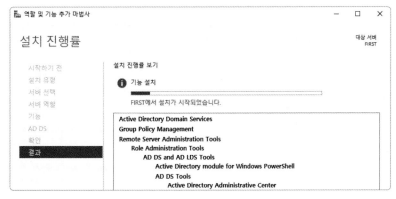

그림 14-7 Active Directory 도메인 서비스 설치 2

1-7 설치가 완료되면 [닫기] 버튼을 클릭한다.

NOTE ▶ 서버 관리자에서 'Active Directory Domain Services' 역할을 설치하면 기본적인 필수 요소만 설치되기 때문에 이어서 나오는 FIRST를 도메인 컨트롤러로 만들어 줘야 한다.

1-8 [서버 관리자]의 알림 아이콘을 클릭하고 [이 서버를 도메인 컨트롤러로 승격]을 클릭한다.

그림 14-8 Active Directory 도메인 서비스 구성 마법사 1

1-9 [배포 구성]에서 **그림 14-3**에 나온 것처럼 hanbit.com 포리스트를 새로 구성해야 한다. '새 포리스트를 추가합니다'를 선택하고 [루트 도메인 이름]에 'hanbit.com'을 입력한 후 [다음] 버튼을 클릭한다.

NOTE ▶ **그림 14-3**에 나온 것처럼 처음으로 hanbit.com 부모 도메인을 만들면 자동으로 그 상위에 hanbit.com 포리스트가 구성된다.

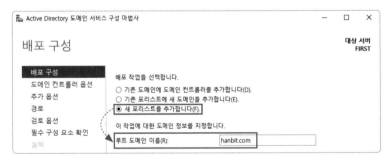

그림 14-9 Active Directory 도메인 서비스 구성 마법사 2

NOTE ▶ 실제 상황이라면 도메인 등록 대행업체를 통해 hanbit.com 도메인 이름을 등록하고 사용해야 한다. 이때 주의할 점은 누군가가 hanbit.com을 이미 사용하고 있다면 해당 도메인을 이용할 수 없다는 것이다. 도메인을 등록할 때는 누구도 쓰지 않는 도메인을 사용해야 한다. 실습에서는 Active Directory 도메인 서비스를 VMware 안에서 작동하는 컴퓨터만 사용할 것이기 때문에 이미 등록된 도메인을 사용해도 문제가 되지 않는다.

1-10 Windows Server 2016 이상의 버전을 사용할 것이므로 [도메인 컨트롤러 옵션]에서 [포리스트 기능 수준] 및 [도메인 기능 수준]을 'Windows Server 2016'으로 선택한다. 또한 기본으로 설정된 'DNS(Domain Name System) 서버'를 체크한다. DSRM의 [암호]와 [암호 확인]에는 'p@ssw0rd'을 입력한다. 모든 설정을 마친 후 [다음] 버튼을 클릭한다.

NOTE▶ Windows Server 2016 이후로 Active Directory의 기본적인 기능은 크게 변한 것이 없다. 그래서 '포리스트 기능 수준'에서 선택 가능한 항목 중 가장 높은 버전이 Windows Server 2016이다.

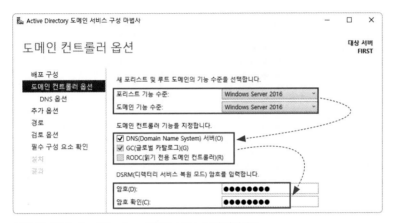

그림 14-10 Active Directory 도메인 서비스 구성 마법사 3

NOTE▶ **그림 14-3**에서 FIRST를 첫 번째 도메인 컨트롤러(DC)로 사용했는데, 첫 번째 도메인 컨트롤러는 반드시 글로벌 카탈로그(Global Catalog) 서버여야 한다(이유는 앞에서 이미 설명했다). 그리고 첫 번째 도메인 컨트롤러인 FIRST를 DNS 서버로 만드는 것이 좋다. 그러나 첫 번째 도메인 컨트롤러는 다른 도메인 컨트롤러에 정보를 얻어야 하므로 읽기 전용 도메인 컨트롤러(RODC)로 구성할 수 없다.

1-11 [DNS 옵션]에서 그대로 두고 [다음] 버튼을 클릭한다(경고 메시지가 나와도 무시한다).

1-12 [추가 옵션]에서 잠시 기다리면 [NetBIOS 도메인 이름]에 자동으로 'HANBIT'이 입력된다. [다음] 버튼을 클릭한다.

그림 14-11 Active Directory 도메인 서비스 구성 마법사 4

1-13 [경로]에서 데이터베이스, 로그 파일 및 SYSVOL의 위치를 기본값 그대로 두고 [다음] 버튼을 클릭한다.

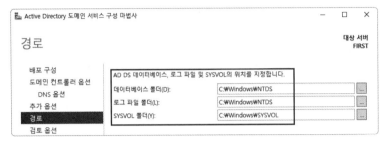

그림 14-12 Active Directory 도메인 서비스 구성 마법사 5

NOTE ▶ 대규모 회사에서 Active Directory를 운영할 경우 지금 저장되는 폴더를 별도의 디스크(SSD 권장)에 각각 지정하면 성능 향상에 도움이 된다. 또한 추후 문제 발생 시 더 수월하게 복구할 수 있다.

1-14 [검토 옵션]에서 지정한 내용을 확인하고 [다음] 버튼을 클릭하자.

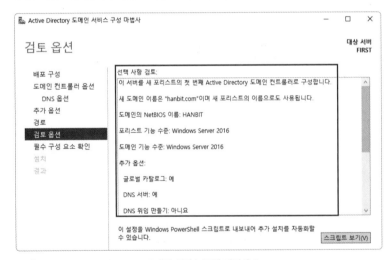

그림 14-13 Active Directory 도메인 서비스 구성 마법사 6

NOTE ▶ 다시 이야기하지만 'hanbit.com' Active Directory 도메인을 새로 생성할 때 **그림 14-3**에 나온 것처럼 포리스트 이름도 이 도메인 이름인 'hanbit.com'과 동일하게 설정된다. 그리고 FIRST가 이 도메인의 첫 번째 도메인 컨트롤러가 되며 NetBIOS 이름은 HANBIT이 된다.

1-15 [필수 구성 요소 확인]에서 잠시 기다리면 구성 요소 검증 작업을 마친다. 몇 개의 경고 메시지가 나오지만, 큰 문제 아니므로 무시해도 된다. [설치] 버튼을 클릭해 설치를 진행한다.

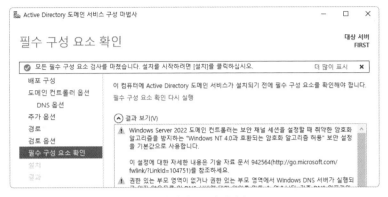

그림 14-14 Active Directory 도메인 서비스 구성 마법사 7

1-16 설치가 완료되면 자동으로 재부팅된다. 컴퓨터 성능에 따라서 몇 분~몇십 분이 걸릴 수 있다.

그림 14-15 Active Directory 도메인 서비스 구성 마법사 8

1-17 재부팅한 후 로그온 화면을 보면 이전과 달리 'HANBIT\Administrator'로 표시되는 것을 볼 수 있다. 이는 'administrator@hanbit.com'과 같은 형태로 보면 된다.

그림 14-16 Active Directory 도메인 서비스 설치 후 로그온 화면

1-18 FIRST 가상머신의 Administrator 암호인 'p@ssw0rd1'을 입력하고 로그온하자.

NOTE ▶ 'HANBIT\Administrator'에서 HANBIT은 hanbit.com 도메인의 NetBIOS 이름이다. NetBIOS는 주로 Windows 환경의 네트워크에서 사용할 수 있는 이름으로 생각하면 된다. 운영체제와 상관없이 일반적으로 사용하기 위해서는 E-Mail 주소와 같은 형식으로 도메인 이름이 들어간 '사용자이름@도메인이름'으로 사용하면 되는데, 이를 UPN(User Principal Name)이라고 부른다. 지금 같은 경우에는 'administrator@hanbit.com'이 UPN이 된다. 종종 NetBIOS 접속에 문제가 생길 수가 있는데, 이런 경우에는 UPN으로 접속하면 된다. 이 책에서는 상황에 따라 NetBIOS 이름과 UPN 중 필요한 것을 사용하겠다.

Step 2

WINCLIENT ◑ WINCLIENT 컴퓨터를 **그림 14-3**에 나온 서울 본사의 도메인 멤버 컴퓨터로 설정하자.

2-1 [기본 설정 DNS 서버]에 FIRST 가상머신의 IP 주소인 '192.168.111.10'으로 지정하자(방법이 기억나지 않으면 10장 **실습 2**의 **3-1**을 참고하자).

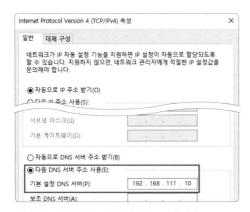

그림 14-17 WINCLIENT의 DNS 서버 설정

2-2 Windows의 [시작]에서 마우스 오른쪽 버튼을 클릭하고 [시스템]을 클릭해 실행한 후 오른쪽 정보 화면의 제일 아래 부분으로 마우스 스크롤해서 [이 PC의 이름 바꾸기(고급)]을 선택한다. [시스템 속성] 창이 나오면 [변경] 버튼을 클릭해서 소속 그룹 부분의 [도메인]을 선택한 후 'hanbit.com'을 입력하고 [확인] 버튼을 클릭한다. 그리고 도메인 가입 권한 계정을 묻는 창에서 hanbit.com 도메인 관리자인 FIRST의 'administrator@hanbit.com/p@ssw0rd1'을 입력하고 [확인] 버튼을 클릭하면 'hanbit.com 도메인 시작'이라는 메시지가 나온다(이제부터 WINCLIENT 컴퓨터는 **그림 14-3**에 나온 서울 본사의 도메인 멤버 컴퓨터가 된다). [확인] 버튼을 클릭하면 재부팅하라는 메시지가 나온다. 다시 [확인] 버튼을 클릭하고 [시스템 속성] 창에서 [닫기] 버튼을 클릭한 후 [다시 시작] 버튼을 클릭해 컴퓨터를 재부팅한다.

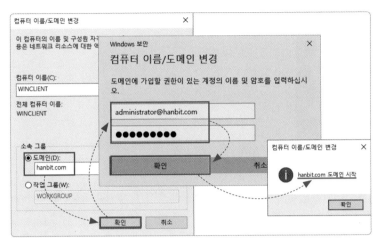

그림 14-18 WINCLIENT의 도메인 가입

2-3 재부팅된 후 로그온 화면이 나온다(기존 WINCLIENT 가상머신에서는 로그온 화면이 나오지 않았다). WINCLIENT의 관리자 아이디와 암호(Administrator/p@ssw0rd)를 입력해 접속하자. 접속 후에는 기존 사용하던 화면과 다르지 않을 것이다.

2-4 Windows의 [시작]에서 마우스 오른쪽 버튼을 클릭하고 [종료 또는 로그아웃]–[로그아웃]를 클릭해 로그아웃하자.

2-5 이번에는 왼쪽 아래 [Other User]을 클릭한다.

그림 14-19 도메인 가입 후 부팅

2-6 사용자명에 'administrator@hanbit.com'을 입력하고 암호는 FIRST 가상머신의 Administrator 암호인 'p@ssw0rd1'을 입력해 로그온하자(또는 NetBIOS인 'HANBIT\administrator'로 로그온해도 된다). 이제부터는 WINCLIENT 가상머신도 **그림 14-3**의 hanbit.com 도메인의 멤버 컴퓨터로 사용된다.

그림 14-20 도메인 가입자 로그온 화면

2-7 잠시 기다리면 기존 WINCLIENT 화면과 좀 다른 화면이 나오게 된다. 그리고 자동으로 [Server Manager]가 시작된다. 현재 접속된 사용자는 WINCLIENT의 관리자가 아닌 FIRST 관리자가 WINCLIENT 가상머신에 접속해 사용하는 것이다. 즉, Active Directory 도메인에 가입된 컴퓨터라면 어디서든지 로그온이 가능하다.

2-8 로그온한 환경은 다시 영문판이며, [Server Manager] 창도 나타난다. 화면 상단의 [Manage]– [Server Manager Properties] 메뉴를 선택하고 'Do not start Server Manager automatically at logon' 을 체크한 후 [OK] 버튼을 클릭한다. [Server Manager] 창을 종료한다.

2-9 한글 환경으로 변경해 보자. 한글 언어팩은 이미 WINCLIENT 가상머신에 설치가 되어 있으므로 설정만 변경하면 된다. Windows의 [시작]에서 마우스 오른쪽 버튼을 클릭하고 [Settings]를 선택한다. [Windows Settings] 창이 나오면 [Time & Language]를 선택한다. 왼쪽 목록에서 [Language]를 선택하고 [Windows display language]를 '한국어'로 선택한다. 그리고 [Setting Windows display language] 대화상자가 나오면 [Yes, sing out now] 버튼을 클릭한다.

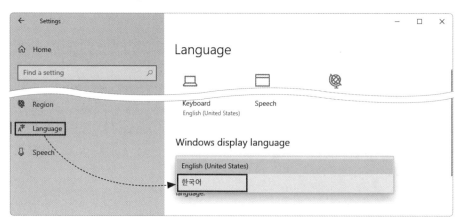

그림 14-21 한글 환경으로 변경

2-10 초기 화면에는 administrator@hanbit.com로 로그온 설정이 되어 있을 것이다. 아니면 왼쪽 아래 administrator@hanbit.com를 선택한 후 'p@ssw0rd1'를 입력해 로그온한다. [서버 관리자]를 실행하고 [로컬 서버]를 선택하면 현재 hanbit.com 도메인에 속해 있는 것을 확인할 수 있다.

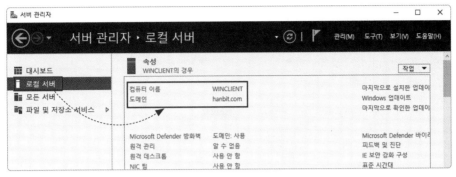

그림 14-22 도메인에 가입된 컴퓨터 정보 1

2-11 다시 로그아웃하고 이번에는 다시 WINCLIENT 가상머신의 로컬 관리자로 접속해 보자. 왼쪽 아래 [Other User]을 클릭한 후 사용자명에 'WINCLIENT\Administrator'를 입력하고 암호에 'p@ssw0rd'를 입력해서 로그온하자.

그림 14-23 도메인에 가입된 컴퓨터 정보 2

정리하면 hanbit.com 도메인에 가입된 컴퓨터라면 언제든지 도메인의 다른 사용자로 접속이 가능하다. 또한 기존의 로컬 사용자로도 계속 로그온해서 사용이 가능하다.

Step 3

FIRST ● 해당 도메인에 가입된 컴퓨터를 확인해 보자.

3-1 다시 [서버 관리자]를 클릭해 실행하고 [도구]-[Active Directory 사용자 및 컴퓨터] 메뉴를 실행해 왼쪽 화면의 [hanbit.com]-[Computers]를 클릭하면 도메인에 가입된 컴퓨터의 이름이 나온다. 이 컴퓨터를 더블

클릭하면 해당 컴퓨터의 정보를 확인할 수 있다.

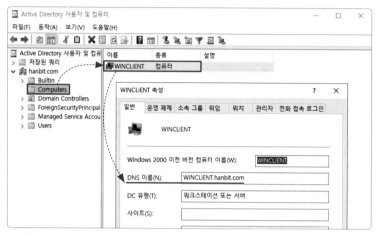

그림 14-24 도메인 멤버 컴퓨터 확인

3-2 [Active Directory 사용자 및 컴퓨터] 창을 닫는다.

Step 4

SECOND ◐ 이번에는 **그림 14-3**의 second.hanbit.com 도메인을 구성하자.

4-1 WINCLIENT에서 했던 것과 마찬가지로 [기본 설정 DNS 서버]를 FIRST의 IP 주소인 '192.168.111.10'
으로 지정하자.

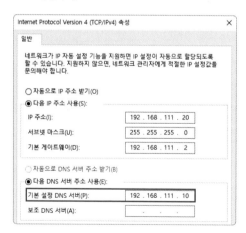

그림 14-25 SECOND의 DNS 서버 설정

4-2 이번 실습의 **1-1~1-7**을 참고해 SECOND 가상머신에도 'Active Directory Domain Services'를 설치한다.

4-3 [서버 관리자]의 오른쪽 위 깃발(📕) 아이콘을 클릭하고 [이 서버를 도메인 컨트롤러로 승격]을 선택한다.

4-4 [배포 구성]에서 '기존 포리스트에 새 도메인을 추가합니다'를 체크하고 [도메인 유형 선택]에는 '자식 도메인'으로 설정한다. 그리고 [부모 도메인 이름]에 'hanbit.com', [새 도메인 이름]에 'second'를 입력한다. 입력을 완료한 다음 [변경] 버튼을 클릭해 [배포 작업을 위한 자격 증명]에 hanbit.com의 도메인 관리자의 사용자명과 암호(administrator@hanbit.com/p@ssw0rd1)를 입력하면 된다. 설정을 완료했으면 [다음] 버튼을 클릭한다(지금 실습은 **그림 14-3**의 'hanbit.com 포리스트'에 새로운 'second.hanbit.com(부산 지사)' 도메인을 만드는 것이다. **그림 14-3**에 나와 있듯이 SECOND가 도메인 컨트롤러가 된다).

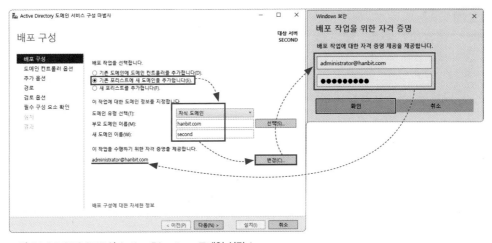

그림 14-26 SECOND의 Active Directory 도메인 설정 1

4-5 [도메인 컨트롤러 옵션]에서 Windows Server 2016 이상만 사용할 것이므로 [도메인 기능 수준]을 'Windows Server 2016'으로 설정한다. 그 다음으로 [DNS(Domain Name System) 서버]의 체크를 해제하고 [GC(글로벌 카탈로그)]를 체크한다. 마지막으로 [암호]와 [암호 확인]에 모두 'p@ssw0rd'를 입력한 후 [다음] 버튼을 클릭한다.

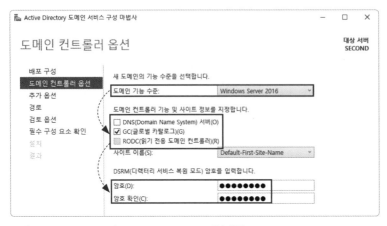

그림 14-27 SECOND의 Active Directory 도메인 설정 2

NOTE ▶ 우리는 second.hanbit.com 도메인에는 1대의 도메인 컨트롤러만 설치할 계획이다. 그래서 DNS 서버는 FIRST 가상머신으로 사용해도 되는 것이다(SECOND도 추가로 DNS 서버로 만들어서 사용해도 상관없다). 만약 second.hanbit.com 도메인에 다른 도메인 컨트롤러를 추가로 설치하려면 지금 SECOND에 DNS 서버를 설치해야 한다. 그리고 부산 지사에는 100명 이상의 직원이 있다고 가정하고 글로벌 카탈로그를 설치해 네트워크 부하를 줄이고 자 한다(**그림 14-3**을 설명하면서 이미 이야기했다).

> **❗ 여기서 잠깐   글로벌 카탈로그의 복제**
>
> 포리스트 안의 모든 글로벌 카탈로그는 상호 복제가 되기 때문에 글로벌 카탈로그를 모든 도메인 컨트롤러 마다 설치하면 전체적인 성능 향상에 도움이 된다. 단, 주의할 점은 글로벌 카탈로그의 복제가 실시간으로 이루어 지지 않을 수 있으며 네트워크 상황이 나쁘면 복제되는 시간이 오래 걸릴 수 있다.

4-6 [NetBIOS 도메인 이름]에서 기본값 그대로 두고 [다음] 버튼을 클릭한다(SECOND, SECOND0, SECOND1 등 아무 이름이나 상관없다).

그림 14-28 SECOND의 Active Directory 도메인 설정 3

4-7 [경로]에서 폴더의 위치를 기본값 그대로 두고 [다음] 버튼을 클릭한다.

4-8 [검토 옵션]에서 설정된 내용을 확인한 후 [다음] 버튼을 클릭한다.

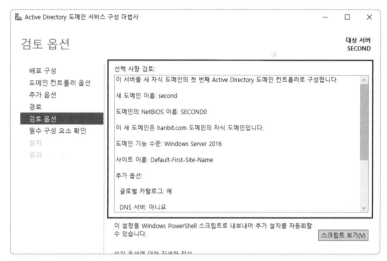

그림 14-29 SECOND의 Active Directory 도메인 설정 4

4-9 [필수 구성 요소 확인]에서 잠시 기다리면 구성 요소 검증 작업이 마무리된다. 경고 메시지가 나올 수 있지만 큰 문제가 아니므로 무시해도 된다. [설치] 버튼을 클릭해서 설치를 진행한다.

4-10 설치가 완료되면 자동으로 재부팅된다. 컴퓨터 성능에 따라서 몇 분~몇십 분이 걸릴 수 있다.

4-11 재부팅 후 로그온 화면이 나오면 왼쪽 아래의 [Other user]을 클릭해서 관리자의 UPN(User Principal Name)을 사용하자. 즉, 사용자명에 'administrator@second.hanbit.com', 암호에 'p@ssw0rd2'를 입력한다.

그림 14-30 UPN 로그온 화면

4-12 [서버 관리자]를 실행하고 [도구]−[Active Directory 도메인 및 트러스트] 메뉴를 클릭해 실행하면 부모 도메인인 'hanbit.com'과 자식 도메인인 'second.hanbit.com'을 확인할 수 있다.

그림 14-31 부모 도메인 및 자식 도메인 확인

4-13 [Active Directory 도메인 및 트러스트] 창과 [서버 관리자] 창을 종료한다.

Step 5

THIRD ◉ **그림 14-3**에서 볼 수 있듯이 THIRD 가상머신을 hanbit.com 도메인의 추가 읽기 전용 도메인 컨트롤러로 만들자.

5-1 WINCLIENT 가상머신에서 했던 것과 마찬가지로 [기본 설정 DNS 서버]를 FIRST의 IP 주소인 '192.168.111.10'으로 지정하자.

5-2 이번 실습의 **1-1~1-7**을 참고해 THIRD 가상머신에도 'Active Directory Domain Services'를 설치한다.

5-3 [서버 관리자]의 오른쪽 위 깃발(▐) 아이콘을 클릭하고 [이 서버를 도메인 컨트롤러로 승격]을 선택한다.

5-4 [배포 구성]에서 '기존 도메인에 도메인 컨트롤러를 추가합니다'를 선택하고 [도메인 이름]에는 'hanbit.com'을 입력한다. 그리고 [변경] 버튼을 클릭해서 hanbit.com의 도메인 관리자의 사용자명과 암호(administrator@hanbit.com/p@ssw0rd1)를 입력한 후 [다음] 버튼을 클릭한다.

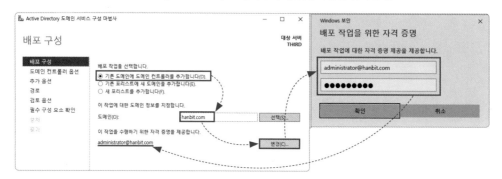

그림 14-32 THIRD의 Active Directory 도메인 설정 1

5-5 [도메인 컨트롤러 옵션]에서 'DNS(Domain Name System) 서버'와 'RODC(읽기 전용 도메인 컨트롤러)'를 체크하고 하단의 [암호]와 [암호 확인]에는 'p@ssw0rd'를 입력하자. 설정이 완료되면 [다음] 버튼을 클릭한다.

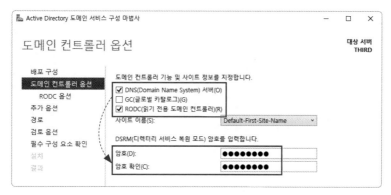

그림 14-33 THIRD의 Active Directory 도메인 설정 2

NOTE ▶ THIRD 가상머신에 DNS 서버를 설치하지 않아도 되지만 현재 가정한 상황은 THIRD 가상머신은 뉴욕에 있으므로 서울과 꽤 거리가 멀다. 만약 DNS 서버를 설치하지 않으면 네트워크가 원활하지 않을 경우 뉴욕에서 사용 중인 컴퓨터는 정상적으로 Active Directory 도메인 서비스 및 인터넷을 사용할 수 없다.

5-6 [RODC 옵션]에서 THIRD 가상머신을 관리할 사용자를 지정해야 한다. [선택] 버튼을 클릭해 [사용자 또는 그룹 선택] 창이 나오면 'Administrator'를 입력한 다음 [이름 확인] 버튼을 클릭한다. 그리고 [여러 이름 찾기] 창에서 [Administrator]를 더블클릭하면 된다. [확인] 버튼을 클릭하면 위임된 관리자 계정인 'HANBIT\Administrator'가 완성된다. 설정이 완료되면 [다음] 버튼을 클릭한다.

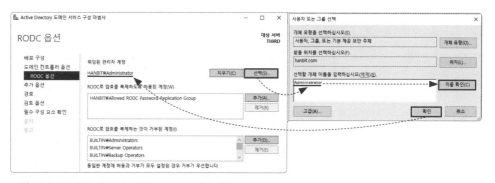

그림 14-34 THIRD의 Active Directory 도메인 설정 3

NOTE ▶ 그림 14-1에서 뉴욕 사무실에는 별도의 서버 관리자가 없다고 이야기했다. 그 대신 본사의 관리자가 네트워크상에서 원격으로 관리한다고 생각하면 된다.

5-7 [추가 옵션]에서 기본값 그대로 두고 [다음] 버튼을 클릭한다.

그림 14-35 THIRD의 Active Directory 도메인 설정 4

5-8 [경로]에서 폴더의 위치를 기본값 그대로 두고 [다음] 버튼을 클릭한다.

5-9 [검토 옵션]에서 설정된 내용을 확인한 후 [다음] 버튼을 클릭한다.

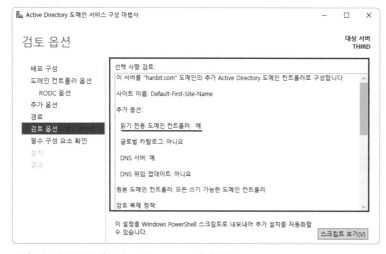

그림 14-36 THIRD의 Active Directory 도메인 설정 5

5-10 [필수 구성 요소 확인]에서 잠시 기다리면 구성 요소 검증 작업이 완료된다. 몇 개의 경고 메시지가 나오지만 별 문제 아니므로 무시해도 된다. [설치] 버튼을 클릭해서 설치를 진행한다.

5-11 설치가 완료되면 자동으로 재부팅된다. 컴퓨터 성능에 따라서 몇 분~몇십 분이 걸린다.

5-12 재부팅 후 로그온 화면이 나오면 왼쪽 아래의 [Other user]을 클릭해 hanbit.com 도메인 관리자의 UPN(User Principal Name)을 사용하자. 즉, 사용자명에 'administrator@hanbit.com'을 암호에 'p@ ssw0rd1'를 입력한다.

그림 14-37 UPN 로그온 화면

5-13 잠시 기다리면 기존 THIRD 화면과 조금 다른 화면이 나오게 된다. 그리고 자동으로 Server Manager가 시작된다. 현재 접속된 사용자는 THIRD의 관리자가 아닌 FIRST의 관리자가 THIRD에서 접속해서 사용하는 것이다.

5-14 로그온한 환경은 다시 영문판으로 보이고 [Server Manager] 창도 나타날 것이다. 오른쪽 상단의 [Manage]−[Server Manager Properties] 메뉴를 선택하고 'Do not start Server Manager automatically at logon'를 체크한 후 [OK] 버튼을 클릭한다. [Server Manager] 창도 종료한다.

5-15 한글 환경으로 변경하자. 한글 언어팩은 이미 WINCLIENT 가상머신에 설치가 되어 있으므로 설정만 변경하면 된다. Windows의 [시작]에서 마우스 오른쪽 버튼을 클릭하고 [Settings]를 선택하자. [Windows Settings] 창이 나오면 [Time & Language]를 선택한다. 왼쪽 목록에서 [Language]를 선택하고 [Windows display language]를 '한국어'로 선택한다. 그리고 [Setting Windows display language] 대화상자가 나오면 [Yes, sign out now]를 클릭한다.

5-16 다시 administrator@hanbit.com 사용자(암호는 'p@ssw0rd1'다)로 로그온한다.

5-17 [서버 관리자]를 실행하고 [도구]−[Active Directory 사용자 및 컴퓨터] 메뉴를 클릭해 실행해서 왼쪽의 [hanbit.com]−[Domain Controllers]를 선택하면 **그림 14-3**에 표현된 것처럼 FIRST 도메인 컨트롤러와 읽기 전용의 THIRD 도메인 컨트롤러를 확인할 수 있다.

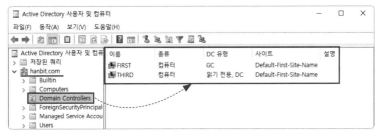

그림 14-38 hanbit.com에 포함된 2대의 도메인 컨트롤러 확인

5-18 [Active Directory 사용자 및 컴퓨터]와 [서버 관리자] 창을 종료한다.

이로써 **그림 14-3**의 hanbit.com 포리스트 환경 구성이 모두 완료되었다. 비록 우리 실습이 VMware 안에서 작동하지만, 실제 상황에서는 네트워크 트래픽 등의 몇 가지 상황만 고려한다면 실무와 동일한 환경으로 구성된 것이다.

14.3 Active Directory 관리 설정

Windows Server 2012 이후부터는 제공되는 서버 관리자를 사용해 다른 Active Directory 도메인 컨트롤러를 한 곳에서 통합 관리할 수 있게 되었다. 이번 실습에서는 서울 본사의 도메인 컨트롤러에서 부산 지사 및 뉴욕 지사의 도메인 컨트롤러를 관리하는 방법들을 실습해 보자.

실습 2

서울 본사에서 부산 지사, 뉴욕 사무실의 서버를 관리하는 방법을 확인하자.

Step 0

FIRST ◑ **실습 1**에 이어서 한다.

Step 1

FIRST ◑ 서버 관리자에서 다른 메인 컨트롤러를 등록해서 관리하자.

1-1 [서버 관리자] 창을 실행하고 [관리]–[서버 추가] 메뉴를 클릭한다.

1-2 [서버 추가] 창에서 [Active Directory] 탭이 선택된 상태에서 [위치]의 'hanbit' 옆에 있는 '▶'를 클릭해서 'second'를 선택한다. 그리고 [지금 찾기] 버튼을 클릭하면 화면 하단에 'SECOND' 이름의 컴퓨터가 보인다. 'SECOND'를 선택하고 [▶] 버튼을 클릭해서 오른쪽 화면에 SECOND 컴퓨터를 추가하고 [확인] 버튼을 클릭한다.

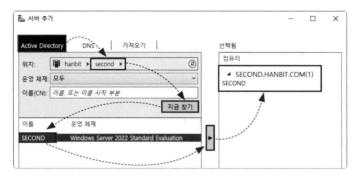

그림 14-39 서버 관리자에 원격 서버 추가 1

1-3 [서버 관리자] 창의 왼쪽 화면에 [모든 서버]를 클릭하면 로컬 서버인 FIRST와 추가된 SECOND를 확인할 수 있다.

그림 14-40 서버 관리자에 원격 서버 추가 2

Step 2

FIRST ◐ 이번에는 같은 도메인의 추가된 도메인 컨트롤러인 'THIRD'를 [모든 서버]에 추가하자.

2-1 [서버 관리자] 창이 닫혀 있다면 다시 [서버 관리자] 창을 실행해 [관리]-[서버 추가]를 클릭한다.

2-2 [서버 추가] 창에서 [Active Directory] 탭이 선택된 상태에서 [위치]의 'hanbit' 옆에 있는 '▶'를 클릭하고 이번에는 'Domain Controllers'를 선택한다. 그 다음 [지금 찾기] 버튼을 클릭하면 화면 하단에 'THIRD' 이름의 컴퓨터가 보인다. 'THIRD'를 선택하고 [▶] 버튼을 클릭해 오른쪽 화면에 THIRD 컴퓨터를 추가하고 [확인] 버튼을 클릭한다.

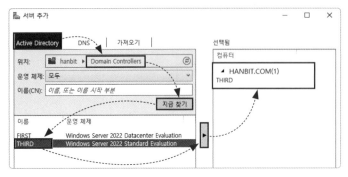

그림 14-41 서버 관리자에 원격 서버 추가 3

2-3 왼쪽 화면의 [모든 서버]를 클릭하면 로컬 서버인 FIRST를 포함한 추가된 모든 컴퓨터를 확인할 수 있다.

그림 14-42 서버 관리자에 원격 서버 추가 4

Step 3

SECOND ◐ 외부에서 SECOND 가상머신을 관리할 수 있도록 몇 가지를 설정하자.

3-0 SECOND 가상머신은 administrator@second.hanbit.com 사용자로 로그온된 상태다.

3-1 [제어판]을 실행하고 [시스템 및 보안]–[원격 액세스 허용] 메뉴를 클릭한다. [시스템 속성] 창의 [원격] 탭에서 [원격 데스크톱]의 '이 컴퓨터에 대한 원격 연결 허용'을 체크하자. 그리고 '네트워크 수준 인증을 사용하여 원격 데스크톱을 실행하는 컴퓨터에서만 연결 허용(권장)'을 체크하고 [확인] 버튼을 클릭해 [시스템 및 보안] 창을 닫는다.

그림 14-43 원격 데스크톱 접속 허용

3-2 [서버 관리자]를 실행해서 왼쪽 화면의 [로컬 서버]를 선택하고 [Microsoft Defender 방화벽]에서 '도메인: 사용' 또는 '개인: 사용'을 클릭한다.

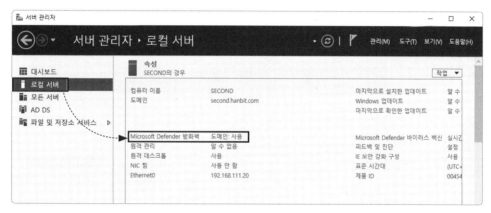

그림 14-44 외부에서 접속하도록 방화벽 설정 1

3-3 [방화벽 및 네트워크 보호] 창 아래쪽의 [고급 설정]을 선택한다. 그러면 [고급 보안이 포함된 Windows Defender 방화벽]이 나온다(창이 뒤에 가려져서 안보일 수도 있다). [인바운드 규칙]을 선택하고 해당 항목 중에서 'COM+ 네트워크 액세스(DCOM-In)'를 선택한 다음 [규칙 사용]을 클릭한다. 그러면 해당 줄의 맨 앞에 🗹 아이콘이 생성될 것이다.

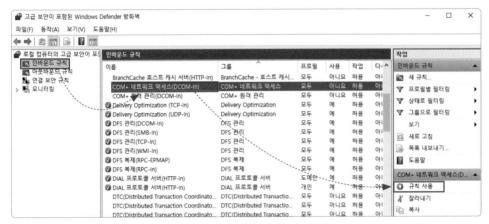

그림 14-45 외부에서 접속하도록 방화벽 설정 2

3-4 아래로 마우스 스크롤해서 [Shift] 키를 누르고 '원격 이벤트 로그 관리'와 관련된 3개의 항목을 선택한 후 [규칙 사용]을 클릭한다. 마찬가지로 맨 앞에 초록색 아이콘이 생성될 것이다.

그림 14-46 외부에서 접속하도록 방화벽 설정 3

3-5 열린 창을 모두 닫고 SECOND 가상머신을 로그아웃한다.

Step 4

THIRD ⊙ 외부에서 THIRD 가상머신을 관리할 수 있도록 몇 가지를 설정하자.

4-1 THIRD 가상머신에는 administrator@hanbit.com 사용자로 로그온된 상태다.

4-2 **Step 3**과 동일하게 THIRD 가상머신을 설정한다.

4-3 열린 창을 모두 닫고 THIRD 가상머신을 로그아웃한다.

Step 5

FIRST ◉ 원격 서버를 관리해 보자.

5-1 [서버 관리자] 창의 왼쪽 화면에서 [모든 서버]를 선택한 다음 [SECOND]에서 마우스 오른쪽 버튼을 클릭하고 [컴퓨터 관리]를 클릭한다.

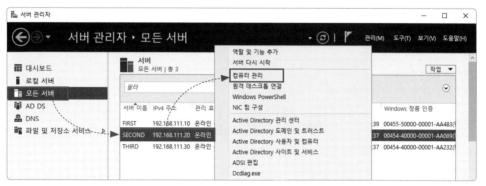

그림 14-47 FIRST에서 SECOND 컴퓨터 관리 1

5-2 SECOND의 [컴퓨터 관리] 창이 열린다. 해당 창에서는 SECOND 가상머신에 대한 디스크 관리 등의 작업이 가능하다. [컴퓨터 관리] 창을 닫는다.

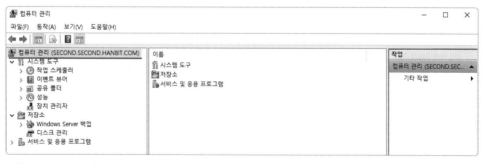

그림 14-48 FIRST에서 SECOND 컴퓨터 관리 2

5-3 [서버 관리자] 창의 [모든 서버]에서 해당 컴퓨터를 선택하고 마우스 오른쪽 버튼을 클릭하면 대부분의 작업이 가능하다. 즉, **그림 14-3**에 나온 것처럼 서울 본사의 서버(FIRST)에서 부산 본사의 서버(SECOND) 및 뉴욕 사무실의 서버(THRID)를 관리할 수 있다. [서버 관리자] 창을 종료한다.

FIRST ◎ 원격 데스크톱을 활용해서 뉴욕 사무실의 도메인 컨트롤러(THIRD)에 접속해 보자.

6-1 Windows의 [시작]에서 [Windows 보조 프로그램]-[원격 데스크톱 연결] 메뉴를 클릭하고 [원격 데스크톱 연결] 창에서 [컴퓨터]를 'third.hanbit.com'으로 연결한다.

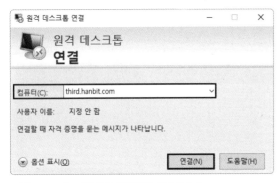

그림 14-49 FIRST에서 THIRD로 원격 접속 1

6-2 [사용자 자격 증명 입력] 창에서 HANBIT\Administrator 사용자(FIRST 관리자)의 암호인 'p@ssw0rd1'을 입력하고 [확인] 버튼을 클릭한다.

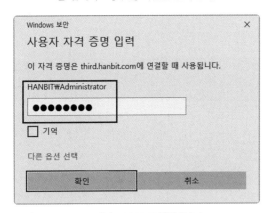

그림 14-50 FIRST에서 THIRD로 원격 접속 2

6-3 이제 FIRST 가상머신에서 THIRD 가상머신으로 접속되었다. 즉, THIRD 가상머신에서 직접 작업하는 것과 동일한 환경이 된 것이다. [X]를 누르고 [확인] 버튼을 클릭해서 일단 접속을 종료하자.

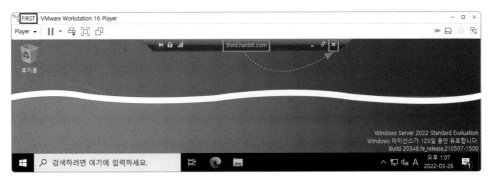

그림 14-51 FIRST에서 THIRD로 원격 접속 3

Step 7

FIRST ◉ 이번에는 SECOND 가상머신에서 FIRST 가상머신의 C드라이브를 사용할 수 있도록 설정하자.

7-1 다시 Windows의 [시작]에서 [Windows 보조 프로그램]–[원격 데스크톱 연결] 메뉴를 클릭해 실행하자. [컴퓨터]에 'SECOND.second.hanbit.com'을 입력한 후 아래쪽의 [옵션 표시]를 선택한다.

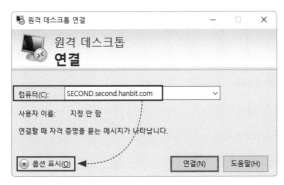

그림 14-52 SECOND에서 FIRST의 C드라이브 사용 설정 1

NOTE ▶ SECOND.second.hanbit.com는 **그림 14-3**의 부산 지사 도메인 second.hanbit.com의 도메인 컨트롤러인 SECOND 컴퓨터를 의미한다.

7-2 [원격 데스크톱 연결]에서 [로컬 리소스] 탭을 클릭하고 [자세히] 버튼을 클릭한 후 '드라이브' 확장 버튼을 눌러서 드라이브를 확장한 후 '로컬 디스크(C:)'를 체크하고 [확인] 버튼을 클릭한다. 그 다음 [연결] 버튼을 클릭해 원격 접속하자. 다시 '이 원격 연결을 신뢰합니까?'라는 대화상자가 나오면 [연결] 버튼을 클릭한다.

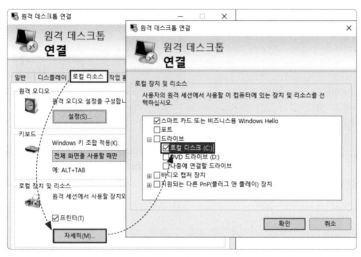

그림 14-53 SECOND에서 FIRST의 C드라이브 사용 설정 2

7-3 [사용자 자격 증명 입력]에서 [다른 옵션 선택]-[다른 계정 사용]을 클릭하고 사용자명과 암호 (administrator@second.hanbit.com/p@ssw0rd2)를 입력한다.

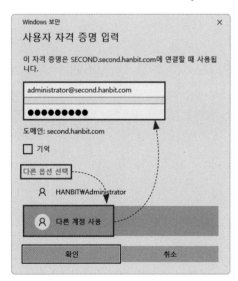

그림 14-54 SECOND에서 FIRST의 C드라이브 사용 설정 3

7-4 SECOND 가상머신에 원격 접속된 상태에서 [파일 탐색기]를 실행하면 [내 PC]-[FIRST의 C드라이브]에 바로 접근할 수 있는 것을 확인할 수 있다. 로컬 컴퓨터와 원격 컴퓨터에 파일을 주고받기 위한 간편한 방법이므로 기억해 두자. 원격 데스크톱을 종료한다.

그림 14-55 SECOND에서 FIRST의 C드라이브 사용 설정 4

Step 8

Active Directory로 구성이 완료된 전체 가상머신을 스냅숏 하자.

8-1 WINCLIENT → THIRD → SECOND → FIRST의 순서로 가상머신을 종료하자.

NOTE▶ 필자와 동일하게 실습을 진행했다면 SECOND와 THIRD 가상머신은 잠김 화면일 것이다. SECOND 가상머신은 사용자명과 암호를 'administrator@second.hanbit.com'과 'p@ssw0rd2'로, THIRD 가상머신은 사용자명과 암호를 'administrator@hanbit.com'과 'p@ssw0rd1'로 로그온한 후 컴퓨터를 종료하면 된다.

8-2 VMware Workstation Pro를 실행하고 각각의 가상머신을 'Active Directory 구성 완료' 이름으로 스냅숏하자(스냅숏 방법이 기억나지 않으면 3장 **실습 1**의 **Step 15**를 참고한다).

8-3 다음 장의 실습부터는 FIRST → SECOND → THIRD → WINCLIENT 순서로 부팅해 사용하면 된다.

이상으로 기본적인 Active Directory의 구성과 원격 접속을 확인했다. 15장부터는 이번 장에서 구성된 Active Directory를 본격적으로 활용하는 방법을 익히겠다.

15

▶ ## Active Directory 사용자 및 그룹 관리

15장에서는 Active Directory의 사용자/그룹에 대한 용어와 개념을 이해한다. Active Directory 그룹의 글로벌/유니버설/도메인 로컬에 대한 차이점을 익히고 실무에서 활용하는 방법을 학습한다.

학습목표

 이 장의
핵심 개념

- Active Directory 계정의 표현 방법을 익힌다.

- 도메인 사용자 계정 및 조직 구성 단위에 대해 이해하고 실습한다.

- Active Directory 그룹의 종류와 작동 방식에 대해 이해하고 실습한다.

- Microsoft사에서 권장하는 AGDLP를 이해하고 실습한다.

- Windows Server 2022에서 제공하는 기본 그룹에 대해서 배운다.

 이 장의
학습 흐름

Active Directory 사용자 계정의 이해

▼

Active Directory 조직 구성 단위의 이해와 실습

▼

Active Directory 그룹의 개념과 종류의 이해와 실습

▼

AGDLP의 이해와 실습

▼

Windows Server 2022에서 제공하는 기본 그룹의 이해

15.1 Active Directory 사용자 계정과 조직 구성 단위

Active Directory를 구성하기 이전에 사용하던 단일 서버 환경에서는 로컬 사용자 계정과 로컬 그룹에 대한 개념만 필요했으나, Active Directory로 구성된 이후로는 더 복잡하고 많은 구분과 개념이 필요해졌다. 우선 Active Directory의 사용자 및 그룹에서 사용되는 기본적인 용어는 도메인 사용자 계정, 그룹, 조직 구성 단위Organizational Units가 있다. 여기서 그룹은 다시 글로벌 그룹, 유니버설 그룹, 도메인 로컬 그룹 등으로 구분할 수 있다. 또한 기존 Windows Server에 내장된 그룹을 Builtin 로컬 그룹이라고 부른다.

사실 Active Directory를 처음 접하면서 가장 혼란스럽고 복잡한 부분이 바로 이 사용자 및 그룹과 관련된 개념이다. Windows Server에 입문하는 독자의 입장에서 좀 어렵게 느낄 수 있겠으나, Active Directory를 다루기 위해서 필수적으로 알고 넘어가야 할 부분이므로 차근차근 익혀보자. 필자도 되도록 어려운 용어와 개념보다는 최대한 쉬운 비유와 적용된 실습을 통해 독자가 개념을 쉽게 파악될 수 있도록 설명하겠다.

15.1.1 사용자 계정

사용자 계정은 Active Directory와 관계없이 로컬 컴퓨터에만 접근할 수 있는 '로컬 사용자 계정'과 Active Directory 도메인에 접근할 수 있는 '도메인 사용자 계정'으로 나뉜다.

로컬 사용자 계정은 4장에서 짧게 다뤘으며, 이번 장 이후로 주로 언급하는 사용자 계정은 Active Directory를 구성한 이후의 사용자 계정인 '도메인 사용자 계정'이 된다. 즉, 로컬 컴퓨터뿐 아니라 Active Directory 도메인 전체에 대한 로그온할 수 있는 사용자를 생성하고 관리할 것이다.

도메인 사용자 계정의 이름은 4가지 정도로 표현할 수 있는데, 만약 hanbit.com 도메인 (NETBIOS는 HANBIT)에 사용자 이름을 thisUser로 생성할 경우 다음처럼 나타낼 수 있다.

- **기본적인 도메인 로그온 이름**: HANBIT\thisUser
- **UPN**(User Principal Name): thisUser@hanbit.com
- **Distinguished name**: CN=thisUser, OU=조직 구성 단위 이름, DC=hanbit, DC=com
- **Relative Distinguished name**: CN=thisUser (→ 조직 구성 단위 안에서만 사용 가능)

> **NOTE▶** Distinguished named에서 CN은 Common Name, OU는 Organizational Unit, DC는 Domain component를 의미한다. Organizational Unit(조직 구성 단위)에 대해서는 잠시 후에 설명하겠다.

Windows Server 2022에는 기본적으로 4개의 로컬 사용자 계정이 만들어져 있는데, 지금까지 우리가 사용한 관리자인 Administrator 계정과 제한된 권한의 DefaultAccount, Guest, WDAGUtilityAccount 계정이 있다. 보안상 Administrator 계정을 제외하고는 사용하지 않도록 설정되어 있으며 특별한 경우가 아니라면 사용하지 않아도 된다. 도메인 사용자 계정을 생성/수정/삭제하려면 관리 도구의 [Active Directory 사용자 및 컴퓨터]에서 관리할 수 있으며 **dsadd**, **dsmod**, **dsmove**, **dsrm** 등의 명령으로 사용자 계정을 관리할 수 있다.

사용자 계정과 관련된 실습은 잠시 후에 해 보자.

NOTE▶ 로컬 사용자 계정 및 로컬 그룹 계정은 독립 실행형 서버나 Windows 10/11에서는 [컴퓨터 관리]–[시스템 도구]–[로컬 사용자 및 그룹]에서 생성, 삭제, 수정할 수 있으며, **net user** 명령을 사용해도 된다.

15.1.2 조직 구성 단위

Active Directory의 조직 구성 단위는 사용자, 그룹, 컴퓨터를 포함할 수 있는 Active Directory 컨테이너로, 쉽게 비교하자면 회사의 관리부, 회계부, 기술부 같은 부서 정도로 생각하면 된다. 14장의 **그림 14-3**에서 한빛 주식회사의 hanbit.com 도메인의 서울 본사 부분을 더 상세히 살펴보면 **그림 15-1**과 같이 표현할 수 있다.

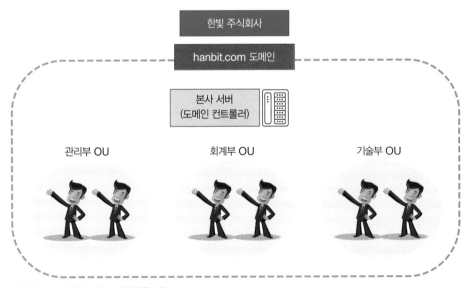

그림 15-1 회사의 조직 구성 단위(OU)

그림 15-1을 보면 현재 본사에 근무하는 사용자는 6명이다. 6명은 각각 2명씩 관리부 OU, 회계부 OU, 기술부 OU로 조직 구성 단위로 구분된다. 이렇듯 OU는 도메인 안에서 여러 사용자를 하나로 묶어주는 역할을 한다. 또한 OU에는 사용자뿐 아니라 컴퓨터, 프린터, 그룹, 다른 OU 등을 모두 포함할 수 있다.

> **! 여기서 잠깐**   **조직 구성 단위와 도메인**
>
> 조직 구성 단위는 도메인의 작은 개념으로 사용될 수 있다. 예시로 지금은 관리부 OU, 회계부 OU, 기술부 OU로 구분이 되어 있으나 각각의 부가 상당히 커진다면 관리부 도메인, 회계부 도메인, 기술부 도메인으로 확장해서 구성하는 것도 고려할 수 있다. 즉, 소규모로 조직을 구성할 필요가 있다면 OU로 구분하는 것이 적절하지만, 대규모 조직을 구성할 필요가 있다면 도메인으로 구분하는 것이 적절하다. 물론 절대적인 기준은 아니며 조직 규모 및 네트워크 환경 등을 고려하여 구성해야 한다.

NOTE ▶ 14장에서 뉴욕 사무실을 넣은 것은 RODC의 용도를 명확히 하기 위해서 설정한 상황이었다. 그런데 앞으로 뉴욕 사무실까지 넣어서 고려하면 그림이 계속 복잡해지기 때문에 개념 파악에 오히려 혼란이 올 수 있다. 그래서 지금부터는 14장의 **그림 14-1** 및 **그림 14-3**에서 뉴욕 사무실(THIRD)이 없는 것으로 간주하고 진행하겠다. 즉, 한빛 주식회사에는 서울 본사(hanbit.com 도메인)와 부산 지사(second.hanbit.com 도메인)로만 구성된 회사라고 생각하면 된다.

실습 1 ▶

그림 15-1에 나온 도메인 사용자 계정 및 조직 구성 단위를 생성하자.

Step 0

FIRST, SECOND, WINCLIENT 가상머신을 사용한다. 14장에서 Active Directory를 구성한 가상머신을 계속 사용해야 한다.

0-1 스냅숏은 모두 [Active Directory 구성 완료] 상태로 되돌려야 한다.

NOTE ▶ 14장 실습에서 이어서 진행하고 있다면 현재 [Active Directory 구성 완료] 상태일 것이다. 만약 14장 이후에 다른 실습을 했다면 [Active Directory 구성 완료] 스냅숏으로 되돌려 놓자. 방법이 기억나지 않으면 3장의 **실습 5**를 참고한다.

0-2 FIRST → SECOND → WINCLIENT 순서로 부팅하자. 주의할 점은 FIRST 가상머신이 완전히 부팅된 후에 SECOND와 WINCLIENT 가상머신을 부팅해야 한다. Active Directory 구성이 완전히 적용되기 위해서 시간이 어느정도 필요하기 때문이다.

Step 1

FIRST ◉ 조직 구성 단위(앞으로는 OU라고 지칭하겠다)를 만들자.

1-0 FIRST 가상머신에서 HANBIT\Administrator(암호는 'p@ssw0rd1'다)로 로그온한다.

그림 15-2 FIRST에 로그온

1-1 [서버 관리자]를 실행하고 [도구]–[Active Directory 사용자 및 컴퓨터] 메뉴를 클릭해 실행한다. 그리고 왼쪽 화면의 [hanbit.com]을 선택한 후 마우스 오른쪽 버튼을 클릭하고 [새로 만들기]–[조직 구성 단위]를 클릭한다. [새 개체 – 조직 구성 단위] 창에서 [이름]에 '관리부'를 입력하고 [확인] 버튼을 클릭하면 관리부 OU가 추가된 것을 확인할 수 있다.

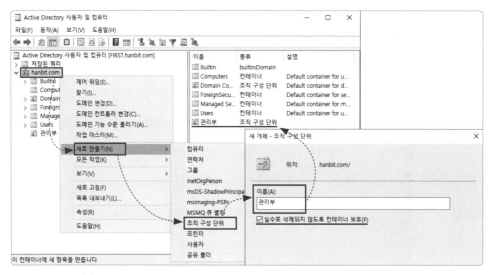

그림 15-3 OU 생성

1-2 같은 방식으로 회계부와 기술부 OU를 추가하자.

그림 15-4 OU 생성 결과

1-3 OU 안에 다시 OU를 생성할 수도 있다. 왼쪽 화면에서 [관리부]를 선택한 후 마우스 오른쪽 버튼을 클릭하고 [새로 만들기]-[조직 구성 단위]를 클릭한다. [새 개체 – 조직 구성 단위] 창에서 [이름]에 '공정팀'을 입력하고 [확인] 버튼을 클릭하자. 같은 방식으로 '인사팀' OU도 생성해 보자. 생성된 결과는 다음 그림과 같다.

그림 15-5 OU 안에 OU 생성 결과

1-4 이번에는 공정팀 OU를 삭제해 보자. 왼쪽 화면에서 [공정팀]을 선택한 후 마우스 오른쪽 버튼을 클릭하고 [삭제]를 클릭한다. 경고 메시지가 나오면 [예] 버튼을 클릭한다. 그런데 다음과 같은 [Active Directory 도메인 서비스] 창이 나오면서 삭제되지 않는다. 이유는 OU를 생성할 때 **그림 15-3**에 나온 것처럼 '실수로 삭제되지 않도록 컨테이너 보호'를 체크했기 때문이다. 대화상자의 [확인] 버튼을 클릭한다.

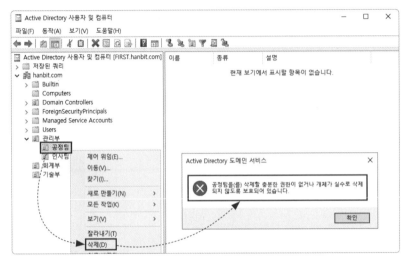

그림 15-6 OU 삭제 실패 화면

1-5 보호된 OU를 삭제해 보자. [Active Directory 사용자 및 컴퓨터] 창의 [보기]–[고급 기능]을 클릭한다.

그림 15-7 OU 삭제 1

1-6 왼쪽 화면에서 [관리부]–[공정팀]을 선택한 후 마우스 오른쪽 버튼을 클릭하고 [속성]을 클릭한다. 속성 창이 나오면 [개체] 탭을 클릭하고 [실수로 삭제되지 않도록 개체 보호]의 체크를 해제한다. 설정이 완료되면 [확인] 버튼을 클릭한다.

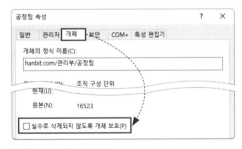

그림 15-8 OU 삭제 2

1-7 다시 왼쪽 화면에서 [공정팀]을 선택한 후 마우스 오른쪽 버튼을 클릭하고 [삭제]를 클릭한다. 경고 메시지가 나오면 [예] 버튼을 클릭한다. 이번에는 문제 없이 삭제될 것이다.

1-8 같은 방식으로 [인사팀]도 삭제해 보자. [Active Directory 사용자 및 컴퓨터] 창의 [보기]-[고급 기능]을 선택해 체크를 해제하고 삭제한다.

Step 2

FIRST ◉ hanbit.com 도메인 사용자 계정을 생성하자. 사용자는 관리부 OU에 소속된 '이경규(kklee)'라는 사용자를 만들어 보자.

2-1 [Active Directory 사용자 및 컴퓨터] 창의 왼쪽 화면에서 [관리부]를 선택하고 마우스 오른쪽 버튼을 클릭한 후 [새로 만들기]-[사용자]를 클릭한다.

2-2 [새 개체 − 사용자] 창에서 [성]에 '이', [이름]에 '경규', [사용자 로그온 이름]에 'kklee'를 입력한 후 [다음] 버튼을 클릭한다. 이 사용자의 로그온 이름은 '사용자이름@도메인이름'이므로 kklee@hanbit.com이 된다.

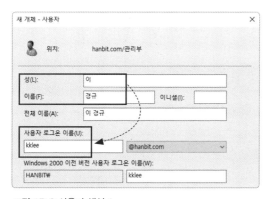

그림 15-9 사용자 생성 1

2-3 암호는 'p@ssw0rd'로 지정한다. 그리고 아래의 [다음 로그온 시 사용자가 반드시 암호를 변경해야 함]의 체크를 해제하고 [사용자가 암호를 변경할 수 없음]과 [암호 사용 기간 제한 없음]을 체크한 후 [다음] 버튼을 클릭한다.

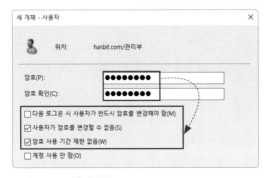

그림 15-10 사용자 생성 2

2-4 마지막으로 [마침] 버튼을 클릭하면 새로운 사용자가 생성된다.

2-5 사용자를 더블클릭하면 사용자의 다양한 정보를 변경할 수 있다. 사용자의 접속 가능 시간을 지정하자.

2-6 [계정] 탭을 선택하고 [로그온 시간] 버튼을 클릭한다.

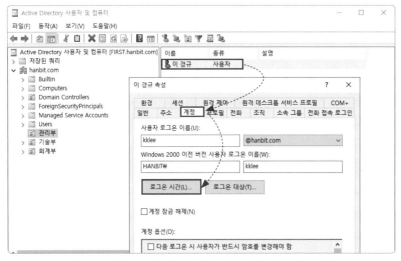

그림 15-11 사용자 로그온 시간 설정 1

2-7 창의 왼쪽 상단의 [모두]를 선택하고 [거부된 로그온]을 선택하면 중앙의 화면이 하얀색으로 변한다. 이 사용자는 모든 요일/모든 시간에 로그온이 거부된다.

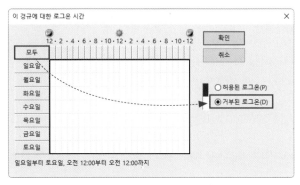

그림 15-12 사용자 로그온 시간 설정 2

2-8 이경규 사용자는 월요일~금요일, 시간은 오전 9시~오후 6시에만 로그온할 수 있도록 허용해 보자. 해당 시간을 마우스로 드래그해서 선택한 후 [허용된 로그온]을 선택하면 색상이 파란색으로 변경된다.

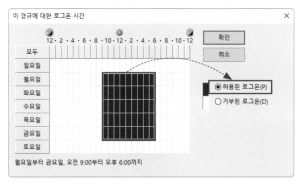

그림 15-13 사용자 로그온 시간 설정 3

2-9 이번에는 점심 시간인 12시~1시 사이에는 로그온할 수 없도록 설정해 보자. 해당 시간대를 마우스로 드래그해서 선택한 후 [거부된 로그온]을 선택하자. 모든 설정을 마쳤으면 [확인] 버튼을 클릭한다.

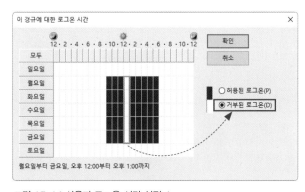

그림 15-14 사용자 로그온 시간 설정 4

2-10 이번에는 [주소] 탭을 클릭해서 적절히 사용자의 주소를 다음 그림과 같이 입력하자(물론 필자와 똑같이 작성할 필요는 없다).

그림 15-15 사용자 주소 입력

2-11 같은 방식으로 [전화] 탭을 클릭해 다음 그림과 같이 적당히 번호를 입력하자.

그림 15-16 사용자 전화번호 입력

2-12 설정을 모두 마쳤으면 [확인] 버튼을 클릭해서 [이 경규 속성] 창을 닫는다.

FIRST ▶ 같은 방식으로 사용자를 추가해 보자. 관리부 OU에 소속된 '김국진(kjkim)' 사용자를 만들자.

그런데 김국진 사용자와 앞에서 만든 이경규 사용자는 같은 회사 직원이므로 로그온 시간, 주소, 전화번호 등 많은 정보가 동일하다. 또한 이런 정보를 일일이 입력하면 시간이 많이 걸릴 뿐 아니라 실수할 여지도 많다. 이를 해결하기 위해서 직원의 기준 틀이 되는 템플릿(Template)을 만들어서 사용해 보겠다.

3-1 먼저 '직원' 템플릿을 만들자.

3-2 [Active Directory 사용자 및 컴퓨터] 왼쪽 화면에서 [hanbit.com]을 선택하고 마우스 오른쪽 버튼을 클릭한 후 [새로 만들기]–[사용자]를 클릭한다.

3-3 [새 개체 – 사용자] 창에서 [성]에 '직원', [이름]에 '템플릿'을 입력하자. [사용자 로그온 이름]에는 'empTemplate'을 입력하고 [다음] 버튼을 클릭한다.

그림 15-17 직원 템플릿 생성 1

3-4 암호 입력 칸은 비워 놓고 아래의 [계정 사용 안 함]을 체크한 후 [다음] 버튼을 클릭한다. 설정이 완료되면 [마침] 버튼을 클릭해 사용자를 생성한다.

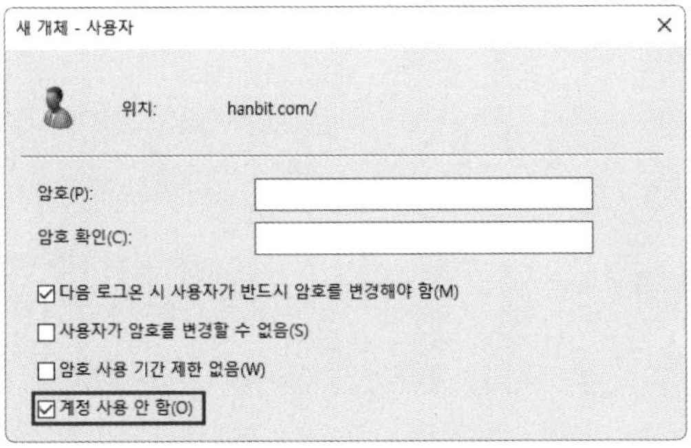

그림 15-18 직원 템플릿 생성 2

3-5 생성된 [직원 템플릿]을 더블클릭해 속성 창을 연다.

3-6 로그온 시간, 주소, 전화번호를 이번 실습의 **2-5~2-8**에서 설정한 것과 동일하게 설정한다.

3-7 이제 생성된 [직원 템플릿]을 복사해 '김국진(kjkim)' 사용자를 만들자.

3-8 [직원 템플릿]을 선택하고 마우스 오른쪽 버튼을 클릭한 다음 [복사]를 클릭한다.

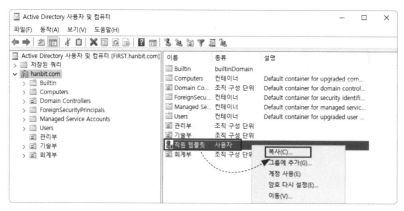

그림 15-19 사용자 복사 1

3-9 [개체 복사]에서 [성]에 '김', [이름]에 '국진', [사용자 로그온 이름]에 'kjkim'을 입력하고 [다음] 버튼을 클릭한다.

3-10 [암호]에 'p@ssw0rd'를 입력하고 [다음 로그온 시 사용자가 반드시 암호를 변경해야 함]과 [계정 사용 안 함]의 체크를 해제한다. 그리고 [사용자가 암호를 변경할 수 없음]과 [암호 사용 기간 제한 없음]을 체크한 후 [다음] 버튼을 클릭한다. [마침] 버튼을 클릭해서 사용자 복사를 마친다.

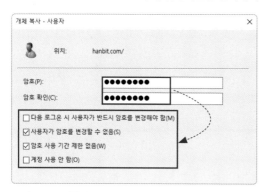

그림 15-20 사용자 복사 2

3-11 김국진 사용자는 관리부 OU 소속이므로 [김국진]을 선택하고 마우스 오른쪽 버튼을 클릭한 후 [이동]을 선택한다. 그리고 [이동] 창에서 [관리부]를 선택한 다음 [확인] 버튼을 클릭하면 관리부 OU로 소속이 변경된다.

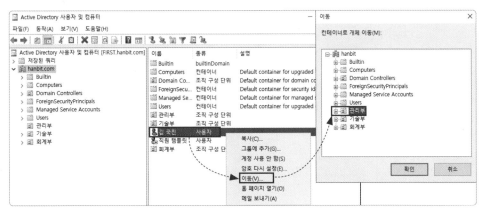

그림 15-21 사용자 이동

3-12 왼쪽 화면에서 [관리부]를 선택하면 '김국진'이 추가된 것을 확인할 수 있다. '김국진'을 더블클릭해 [계정] 탭의 [로그온 시간]을 선택하고 [직원 템플릿]과 동일하게 설정되었는지 확인하자.

3-13 [주소] 탭 및 [전화] 탭을 클릭해 값이 잘 들어 있는지 확인하자. 그러나 '상세 주소'와 '전화번호' 부분이 모두 비어 있을 것이다. 이 부분은 각 사용자마다 다르다는 전제이기 때문에 복사가 되지 않는다. [취소] 버튼을 클릭해 창을 닫는다.

Step 4
───

FIRST ⬭ 같은 방식으로 [직원 템플릿]을 복사해 다음과 같은 4명의 사용자를 직접 생성해 보자.

- **기술부 OU**: 안성기(skann), 박중훈(jhpark)
- **회계부 OU**: 서태지(tgseo), 마마무(mmma)

4-1 이번 실습의 **Step 3**에서 생성한 것과 동일하게 사용자를 생성한다.

4-2 4명의 사용자를 모두 생성하고 [Active Directory 사용자 및 컴퓨터] 창에서 추가한 사용자를 확인한다.

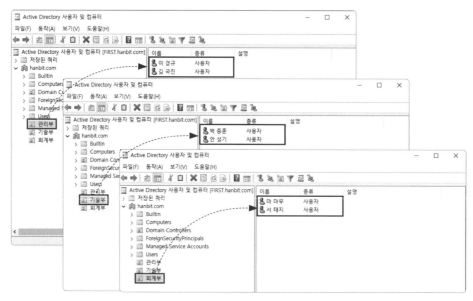

그림 15-22 6명의 사용자 생성 완료

Step 5

FIRST ❯ 이번에는 FIRST 가상머신에서 SECOND 도메인에 사용자를 만들어 보자.

5-1 FIRST 가상머신의 [서버 관리자]에서 [모든 서버]를 선택한 후 [SECOND]에서 마우스 오른쪽 버튼을 클릭하고 [Active Directory 사용자 및 컴퓨터]를 클릭한다.

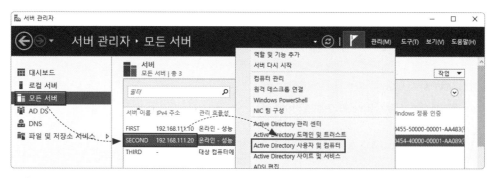

그림 15-23 FIRST에서 SECOND 관리

NOTE ❯ 서버 관리자는 여러 서버를 통합해 한 곳에서 편리하게 관리할 수 있다. 필요하다면 SECOND 가상머신에 로그온해서 사용해도 되지만, FIRST 가상머신에서 통합 관리하는 것이 더 효율적이다. 참고로 서버 관리자는 Windows Server 2012부터 제공되었다.

5-2 [Active Directory 사용자 및 컴퓨터] 창의 왼쪽 화면 중 [second.hanbit.com]에서 마우스 오른쪽 버튼을 클릭하고 [새로 만들기]–[사용자]를 선택해 사용자를 만들자. [나세컨(scna)] 사용자의 계정을 [사용자 이름]과 [사용자 로그온 이름]을 제외하고 이경규 사용자와 동일하게 만든다(다음 그림처럼 설정하면 된다). 기억할 점은 이 사용자의 로그온 이름은 'scna@second.hanbit.com'이라는 것이다. 열려 있는 창을 모두 닫는다.

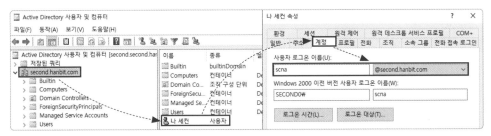

그림 15-24 생성한 SECOND의 사용자 확인

Step 6

WINCLIENT ◐ 새로 생성한 도메인 사용자로 로그온하자.

6-0 앞서 WINCLIENT는 hanbit.com 도메인의 멤버 컴퓨터로 이미 가입했다(14장의 **그림 14-18**에서 확인하면 된다).

6-1 WINCLIENT 가상머신이 로그온 상태라면 로그아웃하자.

6-2 왼쪽 아래의 [Other user]를 선택해 hanbit.com 도메인의 사용자인 '이경규(kklee@hanbit.com)'로 로그온하자(새로운 사용자의 암호는 모두 'p@ssw0rd'로 설정했다).

그림 15-25 새 사용자 로그온 화면

NOTE ▶ 만약 로그온할 때 'Your account has time restrictions that prevent you from logging on at this time. Please try again'라는 대화상자가 나오면 독자가 실습하는 시간이 이경규의 로그온이 허용된 시간인 월~금요일의 09~18시(12~13시 제외)가 아니기 때문이다. 이 경우 앞의 실습을 참고해 이경규의 로그온 시간을 하루 종일로 변경한 후에 실습을 진행하면 된다.

WINCLIENT ● 이번에는 WINCLIENT 가상머신이 속한 도메인이 아닌 second.hanbit.com 도메인의 사용자 계정으로 로그온이 되는지 확인하자.

7-1 다시 로그아웃하고 [Other user]를 클릭해 second.hanbit.com 도메인 사용자인 'scna@second. hanbit.com'으로 로그온하자.

그림 15-26 다른 도메인 사용자 로그온

7-2 자신의 도메인이 아닌데 로그온될 것이다. Windows의 [시작]에서 마우스 오른쪽 버튼을 클릭하고 [System]을 실행해서 WINCLIENT 가상머신이 소속된 도메인을 다시 확인해 보자. 여전히 컴퓨터는 hanbit.com 도메인에 소속되어 있다.

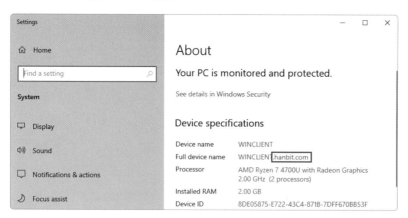

그림 15-27 소속 도메인 확인

이렇게 다른 도메인 사용자도 로그온 되는 것은 14장의 **그림 14-3**에서 볼 수 있듯 같은 포리스트 안의 컴퓨터는 서로 트러스트 관계에 있기 때문이다.

7-3 나세컨 사용자를 로그아웃한다.

15.2 Active Directory 그룹

15.2.1 그룹의 개념과 종류

그룹^{Group}은 사용자 또는 컴퓨터의 집합으로 보면 된다. 또한 그룹은 다른 그룹을 포함할 수도 있다. 그룹을 사용하는 가장 큰 목적은 편리한 권한 부여에 있다. 예를 들어 사원이 100명일 경우에 각각의 사원마다 회사에서 사용할 수 있는 권한을 부여하려면 많은 노력과 시간이 필요하다. 또, 만약 100명의 사원에게 권한을 부여한 후에 회사 업무의 변경으로 인해서 사원의 권한도 변경해야 한다면, 다시 100명의 권한을 한 명 한 명씩 변경해야 할 것이다. 이러한 불편을 없애기 위해서 '사원그룹'이라는 그룹을 만들고 모든 사원을 이 '사원그룹'에 포함한다면 앞으로는 권한의 부여를 각각의 사원이 아닌 '사원그룹'에 부여하면 된다. 그리고 사원의 권한에 변경이 생겨도 '사원그룹'의 권한만을 변경하면 자동으로 그에 포함된 100명의 사원은 자동으로 권한이 변경되는 것이다. 이렇게 '사원그룹', '과장그룹', '부장그룹', '사장그룹' 등으로 그룹을 나눠 놓으면 관리가 상당히 편해질 것이다.

> **! 여기서 잠깐 Windows Server의 그룹의 종류**
>
> Windows Server에서는 그룹을 크게 보안 그룹(Security Group)과 배포 그룹(Distribution Group)으로 나누는데 이 책에서 이야기하는 그룹은 보안 그룹을 지칭하는 것이다. 배포 그룹은 Exchange Server에서 주로 사용되며 이에 대해서는 더 이상 언급하지 않겠다.

Active Directory에서 다루는 그룹은 크게 3가지로 분류된다. 각 그룹에 대한 개념을 이해하고 넘어가자.

글로벌 그룹

글로벌 그룹Global Group은 'Global'이라는 이름이 의미하듯 모든 도메인에 위치한 자원(공유 폴더, 프린터 등)에 권한을 할당할 수 있는 그룹이다. 그러나 주의할 점은 그룹에 속할 구성원은 꼭 글로벌 그룹을 생성한 도메인의 구성원만 포함될 수 있다는 것이다. 다음 그림을 보자.

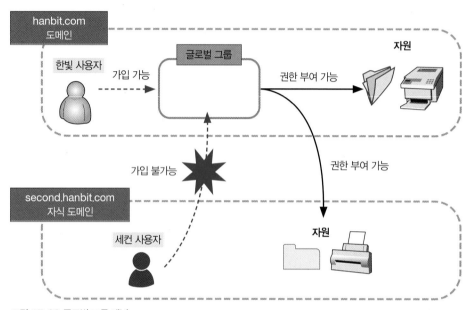

그림 15-28 글로벌 그룹 개념

그림 15-28의 hanbit.com 도메인 사용자는 당연히 자신의 도메인에 생성된 글로벌 그룹에 포함될 수 있다. 그리고 hanbit.com 도메인의 글로벌 그룹은 자신의 도메인 자원뿐만 아니라 다른 도메인 자원에도 접근할 수 있다(물론 접근 권한을 해당 글로벌 그룹에 줘야만 접근이 가능할 것이다). 그런데 second.hanbit.com 도메인 사용자는 hanbit.com 도메인의 글로벌 그룹에 포함될 수 없다.

그러므로 글로벌 그룹에 포함될 구성원은 다음과 같다.

- 같은 도메인에 있는 사용자 계정 또는 컴퓨터 계정
- 같은 도메인의 다른 글로벌 그룹

도메인 로컬 그룹

도메인 로컬 그룹Domain Local Group은 글로벌 그룹과 반대로 생각하면 된다. 즉, 도메인 로컬 그룹의 구성원은 다른 도메인의 사용자 계정이 될 수 있으나 도메인 로컬 그룹이 접근할 수 있는 자원은 자신이 소속된 도메인에 제한된다. 다음 그림을 보자.

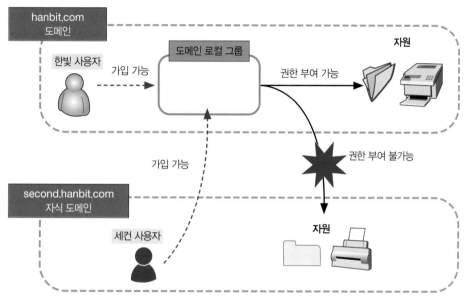

그림 15-29 도메인 로컬 그룹 개념

그림 15-29를 보면 도메인 로컬 그룹에는 어느 도메인의 사용자인지 상관없이 모두 포함할 수 있지만, 도메인 로컬 그룹은 자신의 도메인에 해당되는 자원만 접근이 가능하다.

그러므로 도메인 로컬 그룹에 소속될 수 있는 구성원은 다음과 같다.

- 모든 도메인의 사용자 계정 또는 컴퓨터 계정
- 모든 도메인의 글로벌 그룹 및 유니버설 그룹
- 같은 도메인의 다른 도메인 로컬 그룹

유니버설 그룹

유니버설 그룹Universal Group은 모든 도메인 자원에 접근할 수 있으며 그 구성원은 모든 도메인의 사용자 계정이 될 수 있다. 즉, 유니버설 그룹은 글로벌 그룹과 도메인 로컬 그룹을 합쳐 놓은 것으로 볼 수 있다.

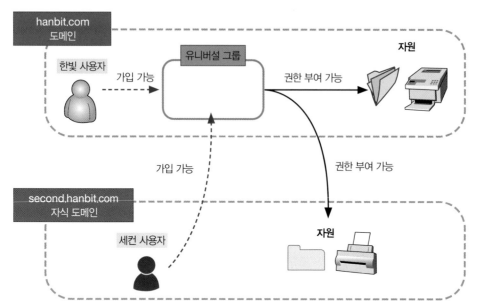

그림 15-30 유니버설 그룹 개념

유니버설 그룹에 포함될 수 있는 구성원은 다음과 같다.

- 모든 도메인의 사용자 계정 또는 컴퓨터 계정
- 모든 도메인의 글로벌 그룹

단순히 생각하면 유니버설 그룹이 별다른 제한이 없으므로 가장 편리하게 보일 수도 있으나, 유니버설 그룹의 정보는 글로벌 카탈로그$^{Global\ Catalog}$(GC)에 모두 저장되어야 하기 때문에 전반적인 Active Directory 네트워크 성능에 나쁜 영향을 끼칠 수 있다. 그러므로 되도록 유니버설 그룹의 사용을 최소화하는 것이 좋다.

> **실습 2** ▶

글로벌 그룹, 도메인 로컬 그룹, 유니버설 그룹의 차이점을 파악하자.

> **Step 0**

이번 실습은 **실습 1**에 이어서 FIRST, SECOND, WINCLIENT 가상머신을 계속 사용한다.

그림 15-28~그림 15-30에 나온 사용자, 그룹, 자원을 생성해 보자.

1-1 FIRST ◉ 사용될 개체를 생성하자.

　① [서버 관리자]에서 [도구]–[Active Directory 사용자 및 컴퓨터] 메뉴를 클릭해 실행한다.

　② 왼쪽 화면에서 'hanbit.com'을 선택하고 마우스 오른쪽 버튼을 클릭한 후 [새로 만들기]–[사용자]
　　를 클릭해 '한빛 사용자(hanbitUser@hanbit.com)'를 만들자(실습 1의 **Step 2**를 참고해서 생성
　　하고 로그온 시간은 그대로 둔다).

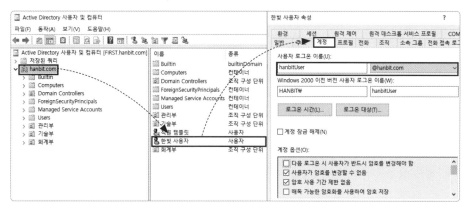

그림 15-31 hanbit.com 도메인 사용자 확인

　③ 왼쪽 화면에서 [hanbit.com]을 선택하고 마우스 오른쪽 버튼을 클릭한 후 [새로 만들기]–[그룹]을
　　클릭한다. [새 개체 – 그룹] 창에서 [그룹 이름]에는 '한빛글로벌그룹'을 입력하고 [그룹 범위]의 '글
　　로벌'을 선택한 다음 [확인] 버튼을 클릭한다(그림 **15-28**의 글로벌 그룹을 생성하는 과정이다).

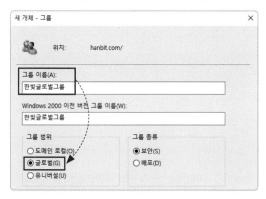

그림 15-32 hanbit.com 글로벌 그룹 생성

④ 같은 방식으로 이번에는 '한빛도메인로컬그룹' 이름의 그룹을 만들고 [그룹 범위]의 '도메인 로컬'을 선택한 다음 [확인] 버튼을 클릭한다.

⑤ 다시 같은 방식으로 '한빛유니버설그룹' 이름의 그룹을 만들고 [그룹 범위]의 '유니버설'을 선택한 다음 [확인] 버튼을 클릭한다. 최종적으로 다음 3개의 그룹이 생성되었다. [Active Directory 사용자 및 컴퓨터] 창을 닫는다.

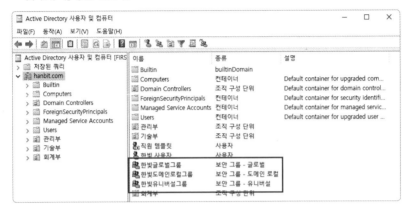

그림 15-33 세 범위의 그룹 생성 결과

⑥ [파일 탐색기]에서 'C:\hanbit자원\' 폴더를 생성하고 파일 몇 개를 복사해 놓는다.

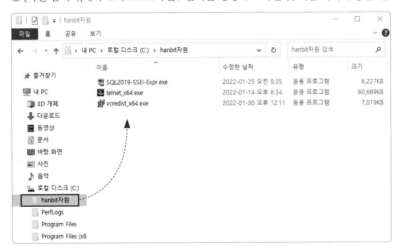

그림 15-34 hanbit.com 도메인 자원 준비

1-2 **SECOND** ◑ 마찬가지로 사용될 개체를 생성하자. 이번에는 SECOND 가상머신에 administrator@second.hanbit.com 사용자로 로그온해서 사용해 보자(암호는 'p@ssw0rd2'다).

① [서버 관리자]를 실행하고 [도구]−[Active Directory 사용자 및 컴퓨터] 메뉴를 클릭해 실행한다.

② 왼쪽 화면에서 [second.hanbit.com]을 선택하고 마우스 오른쪽 버튼을 클릭한 후 [새로 만들기]–[사용자]를 선택해 '세컨 사용자(secondUser@second.hanbit.com)'를 생성한다. 다음 그림처럼 생성했는지 확인한 후 [Active Directory 사용자 및 컴퓨터] 창을 닫는다.

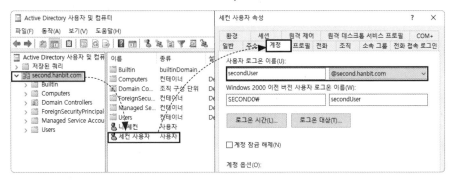

그림 15-35 second.hanbit.com 도메인 사용자 확인

③ [파일 탐색기]에서 'C:\second자원\' 폴더를 생성하고 파일 몇 개를 복사해 놓는다.

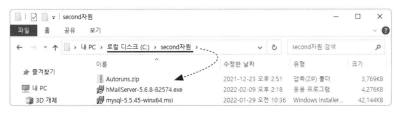

그림 15-36 second.hanbit.com 도메인 자원 준비

Step 2

그림 15-28의 글로벌 그룹을 테스트하자.

2-1 FIRST ◉ 한빛 사용자를 '한빛글로벌그룹'에 가입시키자.

① [서버 관리자]에서 [도구]–[Active Directory 사용자 및 컴퓨터] 메뉴를 클릭해 실행한다.

② 왼쪽 화면에서 [hanbit.com]을 선택하고 [한빛글로벌그룹]을 더블클릭하면 속성 창이 나온다. [구성원] 탭을 선택하고 [추가] 버튼을 클릭한 후 [선택할 개체 이름을 입력하십시오]에 'hanbitUser'을 입력한다. 그 다음 [이름 확인] 버튼과 [확인] 버튼을 클릭하면 앞에서 생성한 '한빛 사용자'가 추가된다. 다시 [확인] 버튼을 클릭해서 속성 창을 닫는다.

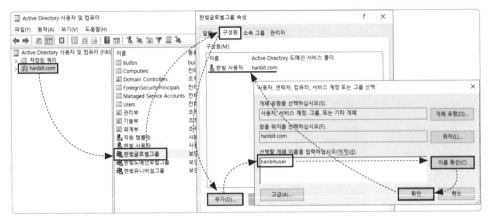

그림 15-37 한빛 사용자를 글로벌 그룹에 가입

2-2 FIRST ❷ 세컨 사용자(secondUser@second.hanbit.com)를 '한빛글로벌그룹'에 가입시켜 보자.

① [한빛글로벌그룹]을 더블클릭하고 [구성원] 탭에서 [추가] 버튼을 클릭한다. [선택할 개체 이름을 입력하십시오]에 'secondUser@second.hanbit.com'을 입력하고 [이름 확인] 버튼을 클릭하면 [이름을 찾을 수 없음] 창이 나올 것이다. 그 이유는 **그림 15-28**의 글로벌 그룹에는 자신의 도메인 사용자만 가입할 수 있어서 다른 도메인 사용자는 검색조차 되지 않기 때문이다.

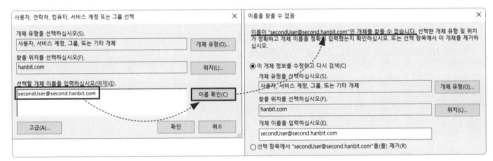

그림 15-38 글로벌 그룹에 외부 도메인 사용자 가입 실패

② 모두 [취소] 버튼을 눌러 창을 닫는다.

2-3 FIRST ❷ hanbit.com 도메인 자원을 '한빛글로벌그룹'에 공유시키자.

① [파일 탐색기]에서 'C:\hanbit자원\' 폴더를 선택한 후 마우스 오른쪽 버튼을 클릭하고 [속성]을 선택한다.

② [hanbit자원 속성] 창에서 [공유] 탭을 선택하고 [고급 공유] 버튼을 클릭한다. [고급 공유] 창에서 [선택한 폴더 공유]를 체크한 후 [권한] 버튼을 클릭한다. [hanbit자원의 사용 권한] 창이 나오면 'Everyone'을 선택하고 [제거] 버튼을 클릭해 제거한다.

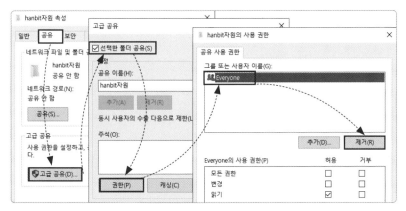

그림 15-39 hanbit.com 도메인 자원을 글로벌 그룹에 권한 부여 1

③ 이번에는 [hanbit자원의 사용 권한] 창에서 [추가] 버튼을 클릭한다. 그리고 [선택할 개체 이름을 입력하시오]에 '한빛글로벌그룹'을 입력한 후 [이름 확인], [확인] 버튼을 클릭해 해당 그룹을 추가한다. 그 다음 [한빛글로벌그룹의 사용 권한]의 [모든 권한]을 '허용'으로 체크한 후 [확인] 버튼을 연속 클릭해서 설정을 마친다.

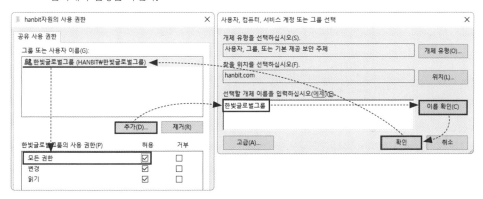

그림 15-40 hanbit.com 도메인 자원을 글로벌 그룹에 권한 부여 2

④ 공유한 폴더를 [Active Directory 검색]에서 찾을 수 있도록 등록하자. [Active Directory 사용자 및 컴퓨터] 창의 왼쪽 화면에서 [hanbit.com]을 선택한 후 마우스 오른쪽 버튼을 클릭하고 [새로 만들기]–[공유 폴더]를 선택한다. [새 개체 – 공유 폴더] 창에서 [이름]에는 '한빛자원', [네트워크 경로]에는 '\\192.168.111.10\hanbit자원'을 입력하고 [확인] 버튼을 클릭한다.

그림 15-41 Active Directory 검색을 위한 공유 폴더 등록 1

⑤ 등록한 [한빛자원]을 더블클릭한 후 속성 창의 [키워드] 버튼을 클릭한다. [키워드] 창이 나오면 [새 값]에 '저장소'를 입력하고 [추가] 버튼을 클릭해 [현재 값]에 해당 키워드를 등록한다(이는 추후 검색에서 사용하기 위함이다). [확인] 버튼을 연속 클릭해 창을 모두 닫는다.

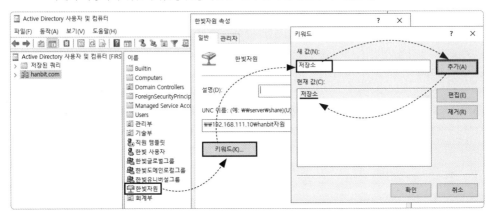

그림 15-42 Active Directory 검색을 위한 공유 폴더 등록 2

2-4 SECOND ❷ 이번에는 **그림 15-28**에 나오는 second.hanbit.com 도메인 자원을 [한빛글로벌그룹]에 공유시키자.

① [파일 탐색기]에서 'C:\second자원\' 폴더를 선택한 후 마우스 오른쪽 버튼을 클릭하고 [속성]을 선택한다.

② [second자원 속성] 창에서 [공유] 탭을 선택하고 [고급 공유] 버튼을 클릭한다. [고급 공유] 창에서 [선택한 폴더 공유]를 체크한 후 [권한] 버튼을 클릭한다. [second자원의 사용 권한] 창에서 'Everyone'을 선택하고 [제거] 버튼을 클릭해서 제거한다. 그리고 [추가] 버튼을 클릭한다.

③ [사용자, 컴퓨터, 서비스 계정 또는 그룹 선택] 창에서 [위치] 버튼을 클릭해 'hanbit.com'을 선택하고 [확인] 버튼을 클릭하면 찾을 위치가 기존 'second.hanbit.com' 도메인에서 'hanbit.com' 도메인으로 변경되는 것을 확인할 수 있다.

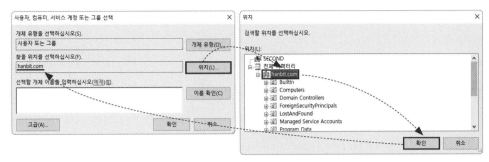

그림 15-43 second.hanbit.com 도메인 자원을 글로벌 그룹에 권한 부여 1

④ 다시 [사용자, 컴퓨터, 서비스 계정 또는 그룹 선택] 창에서 [선택할 개체 이름을 입력하십시오]에 '한빛글로벌그룹'을 입력한 후 [이름 확인], [확인] 버튼을 클릭하면 해당 그룹이 추가된다. 그리고 [모든 권한]에 '허용'을 체크하자. [확인] 버튼을 2번 클릭하고 [닫기] 버튼을 클릭해서 설정을 마친다. 이로써 **그림 15-28**의 구성이 완료되었다.

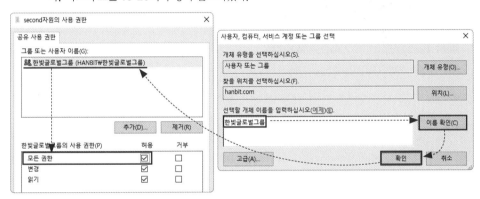

그림 15-44 second.hanbit.com 도메인 자원을 글로벌 그룹에 권한 부여 2

2-5 FIRST ❍ SECOND에서 공유한 폴더를 [Active Directory 검색]에서 찾을 수 있도록 등록하자.

① [Active Directory 사용자 및 컴퓨터] 창의 왼쪽 화면에서 [hanbit.com]을 선택한 후 마우스 오른쪽 버튼을 클릭하고 [새로 만들기]–[공유 폴더]를 클릭한다. [새 개체 – 공유 폴더] 창에서 [이름]에는 '세컨자원', [네트워크 경로]에는 '\\192.168.111.20\second자원'을 입력하고 [확인] 버튼을 클릭한다.

② 등록한 [세컨자원] 공유 폴더를 더블클릭한 후 [키워드] 버튼을 클릭한다. [키워드] 창이 나오면 [새 값]에 '저장소'를 입력하고 [추가] 버튼을 클릭해 [현재 값]에 해당 키워드를 등록한다(이는 추후 검색에서 사용하기 위함이다). [확인] 버튼을 연속 클릭해 창을 모두 닫는다.

2-6 WINCLIENT ◐ 아직 WINCLIENT 가상머신이 **그림 15-28**에 나오지 않았지만, 한빛 사용자 (hanbitUser@hanbit.com)를 WINCLIENT 가상머신에서 로그온한 후 hanbit.com 도메인 자원 및 second.hanbit.com 자원을 사용할 수 있는지 확인하자.

NOTE ▶ Active Directory 도메인 사용자는 해당 도메인(또는 트러스트)의 어느 컴퓨터에서 로그온해도 사용자 권한을 동일하게 얻을 수 있다는 것을 기억하자.

① 로그온되어 있다면 로그아웃(Sign out)하고 왼쪽 아래 [Other user]를 클릭한 후 한빛 사용자 ('hanbitUser@hanbit.com/p@ssw0rd')로 로그온한다.

그림 15-45 WINCLIENT에서 한빛 사용자로 로그온

② 한글 환경으로 변경하자. 한글 언어팩은 이미 WINCLIENT에 설치되어 있으므로 설정만 변경하면 된다. Windows의 [시작] 버튼에서 마우스 오른쪽 버튼을 클릭하고 [Settings]를 선택한다. [Windows Settings] 창이 나오면 [Time & Language]를 선택한다. 사용자를 물으면 [도메인 관리자]에 'administrator@hanbit.com', 암호에 'p@ssw0rd1'을 입력한다. 왼쪽 목록에서 [Language]를 선택하고 [Windows display language]를 '한국어'로 선택한다. 그리고 [Setting Windows display language] 대화상자가 나오면 [Yes, sing out now] 버튼을 클릭한다. 아니면 그냥 로그아웃하면 된다.

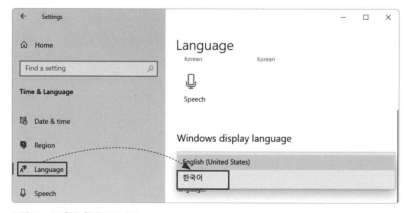

그림 15-46 한글 환경으로 변경

③ 다시 한빛 사용자('hanbitUser@hanbit.com/p@ssw0rd')로 로그온한다.

④ [파일 탐색기]를 실행해서 상단에 hanbit.com 도메인의 공유 폴더인 '\\192.168.111.10\hanbit 자원'을 입력하고 [Enter] 키를 누른다. 공유된 파일을 확인할 수 있다.

그림 15-47 hanbit.com 자원에 접근

⑤ 이번에는 [파일 탐색기] 주소 칸에 second.hanbit.com 도메인의 공유 폴더인 '\\192.168. 111.20\second자원'을 입력하고 [Enter] 키를 누른다. 역시 공유된 파일을 확인할 수 있다. 이는 **그림 15-28**의 한빛 사용자가 hanbit.com 도메인 및 second.hanbit.com 도메인의 자원에 접근한 것이다.

⑥ 공유된 폴더의 이름을 정확하게 몰라도 키워드만 알고 있으면 Active Directory 내의 자원 검색이 가능하다. [파일 탐색기]의 왼쪽 화면에서 [네트워크]를 선택한다(경고 메시지가 나와도 무시한다). [네트워크]-[Active Directory 검색] 메뉴를 클릭하면 [공유 폴더 찾기] 창이 열린다. [찾기]에서 '공유 폴더'를 선택하고 [위치]는 '전체 디렉터리'를 선택한 다음 [키워드]에 '저장소'를 입력한 다음 [지금 찾기] 버튼을 클릭하자. 그러면 앞에서 공유했던 두 폴더가 보인다. 폴더를 선택하고 마우스 오른쪽 버튼을 클릭한 후 [탐색]을 선택하면 해당 폴더가 바로 열릴 것이다.

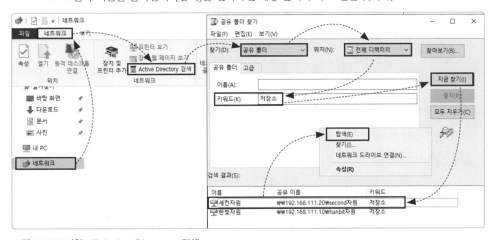

그림 15-48 키워드로 Active Directory 검색

이번에는 **그림 15-29**의 도메인 로컬 그룹을 테스트하자.

3-0 이번에는 **그림 15-29**의 한빛 사용자에 대한 설정은 생략하고 세컨 사용자에 대해서만 실습해 보자.

3-1 **FIRST ◐** 세컨 사용자를 [한빛도메인로컬그룹]에 가입시키자.

① [서버 관리자]에서 [도구]-[Active Directory 사용자 및 컴퓨터] 메뉴를 클릭해 실행한다.

② 왼쪽 화면의 [hanbit.com]을 선택하고 [한빛도메인로컬그룹]을 더블클릭하면 속성 창이 나온다. [구성원] 탭을 선택하고 [추가] 버튼을 클릭해서 [선택할 개체 이름을 입력하십시오]에 세컨 사용자의 전체 이름인 'secondUser@second.hanbit.com'을 입력한 후 [이름 확인], [확인] 버튼을 클릭한다(앞에서 했던 한빛글로벌그룹과 다르게 이름이 검색될 것이다). **그림 15-29**에 나온 도메인 로컬 그룹의 구성원에 세컨 사용자가 가입되었다. 설정이 완료되면 [확인] 버튼을 클릭한다.

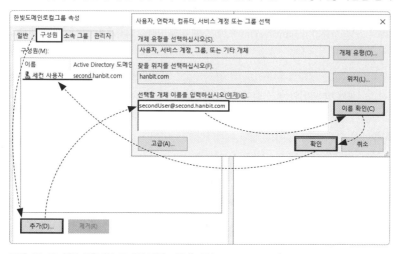

그림 15-49 세컨 사용자를 도메인 로컬 그룹에 가입

3-2 **FIRST ◐** hanbit.com 도메인 자원을 '한빛도메인로컬그룹'에 공유시키자.

① [파일 탐색기]에서 'C:\hanbit자원\' 폴더를 선택한 후 마우스 오른쪽 버튼을 클릭하고 [속성]을 클릭한다.

② [hanbit자원 속성] 창에서 [공유] 탭을 선택하고 [고급 공유] 버튼을 클릭한다. [고급 공유] 창에서 [권한] 버튼을 클릭한다.

③ hanbit자원의 사용 권한] 창에서 [추가] 버튼을 클릭하고 [선택할 개체 이름을 입력하십시오]에 '한빛도메인로컬그룹'을 입력한 후 [이름 확인], [확인] 버튼을 클릭하면 해당 그룹이 추가된다. 그리고 [모든 권한]에 '허용'을 체크하자. [확인]과 [닫기] 버튼을 연속 클릭해서 설정을 마친다.

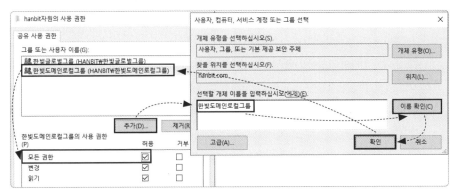

그림 15-50 hanbit.com 도메인 자원을 도메인 로컬 그룹에 권한 부여

3-3 SECOND ● 이번에는 **그림 15-29**에 나온 second.hanbit.com 도메인 자원이 '한빛도메인로컬그룹'
에 공유되지 않는 것을 확인해 보자.

① [파일 탐색기]에서 'C:\second자원\' 폴더를 선택한 후 마우스 오른쪽 버튼을 클릭하고 [속성]을
선택한다.

② [second자원 속성] 창에서 [공유] 탭을 선택하고 [고급 공유] 버튼을 클릭한다. [고급 공유] 창에서
[권한] 버튼을 클릭한 다음 [추가] 버튼을 클릭한다.

③ [사용자, 컴퓨터, 서비스 계정 또는 그룹 선택] 창에서 [위치] 버튼을 클릭해 [hanbit.com]을 선택
하고 [확인] 버튼을 클릭하면 찾을 위치가 기존 second.hanbit.com 도메인에서 hanbit.com 도
메인으로 변경된다(방법이 기억나지 않으면 **그림 15-43**을 참고한다).

④ [사용자, 컴퓨터, 서비스 계정 또는 그룹 선택] 창에서 [선택할 개체 이름을 입력하십시오]에 '한빛
도메인로컬그룹'을 입력한 후 [이름 확인] 버튼을 클릭하면 해당 이름을 찾을 수 없다는 창이 나온
다. 이는 **그림 15-29**에 나오듯 도메인 로컬 그룹은 다른 도메인의 자원에 접근할 권한이 없어서 아
예 검색이 되지 않는 것이다. [취소] 또는 [닫기] 버튼을 계속 클릭해서 열린 창을 모두 닫는다.

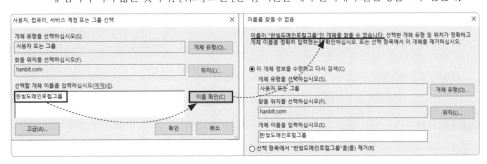

그림 15-51 second.hanbit.com 도메인 자원은 도메인 로컬 그룹에 권한 부여 안 됨

3-4 WINCLIENT ◑ 세컨 사용자(secondUser@second.hanbit.com)로 WINCLIENT 가상머신에서 로그온한 후 hanbit.com 도메인 자원을 사용할 수 있는지 확인하자.

① 로그온되어 있다면 로그아웃하고 'secondUser@second.hanbit.com' 사용자로 로그온한다.

② [파일 탐색기]에서 상단에 hanbit.com 도메인 공유 폴더인 '\\192.168.111.10\hanbit자원'을 입력하고 Enter 키를 누르면 공유된 파일을 확인할 수 있다. 이는 **그림 15-29**의 세컨 사용자가 hanbit.com 도메인의 자원에 접근한 것이다.

그림 15-52 세컨 사용자가 hanbit.com 자원에 접근

③ 이번에는 [파일 탐색기] 상단에 second.hanbit.com 도메인 공유 폴더인 '\\192.168.111.20\second자원'을 입력하고 Enter 키를 누른다. **그림 15-29**에 나온 도메인 로컬 그룹에 가입된 사용자는 다른 도메인의 자원에 접근할 수 없기 때문에 파일에 접근이 되지 않는다. [Close] 버튼을 클릭해 오류 창을 닫고 [파일 탐색기] 창도 종료한다.

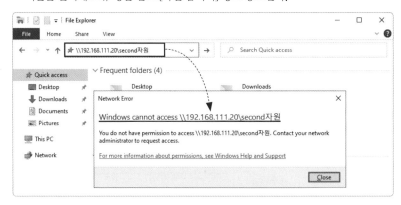

그림 15-53 세컨 사용자가 second.hanbit.com 자원에 접근 실패

Step 4

이번에는 **그림 15-30**의 유니버설 그룹을 테스트하자.

4-0 이번에도 **그림 15-30**의 한빛 사용자에 대한 설정은 생략하고 세컨 사용자만 설정해서 세컨 사용자가 second.hanbit.com 도메인 자원에 접근 가능한지 확인하자.

4-1 FIRST ▶ 세컨 사용자를 '한빛유니버설그룹'에 가입시키자.

① [서버 관리자]에서 [도구]–[Active Directory 사용자 및 컴퓨터] 메뉴를 클릭해 실행한다.

② 왼쪽 화면의 [hanbit.com]을 선택하고 [한빛유니버설그룹]을 더블클릭하면 속성 창이 나온다. [구성원] 탭을 선택하고 [추가] 버튼을 클릭해서 [선택할 개체 이름을 입력하십시오]에 세컨 사용자의 전체 이름인 'secondUser@second.hanbit.com'을 입력한 후 [이름 확인], [확인] 버튼을 클릭한다. **그림 15-30**에 나온 유니버설 그룹의 구성원에 세컨 사용자가 가입되었다. [확인] 버튼을 클릭한다.

4-2 SECOND ▶ **그림 15-30**에 나온 second.hanbit.com 도메인 자원을 '한빛유니버설그룹'에 공유시키자.

① [파일 탐색기]에서 'C:\second자원\' 폴더를 선택한 후 마우스 오른쪽 버튼을 클릭하고 [속성]을 선택한다.

② [second자원 속성] 창에서 [공유] 탭을 선택하고 [고급 공유] 버튼을 클릭한다. [고급 공유] 창에서 [권한] 버튼을 클릭한다. [second 자원의 사용 권한] 창에서 [추가] 버튼을 클릭한다.

③ [사용자, 컴퓨터, 서비스 계정 또는 그룹 선택] 창에서 [위치] 버튼을 클릭해 [hanbit.com]을 선택하고 [확인] 버튼을 클릭하면 찾을 위치가 기존 second.hanbit.com 도메인에서 hanbit.com 도메인으로 변경된다(방법이 기억나지 않으면 **그림 15-43**을 참고한다).

④ [사용자, 컴퓨터, 서비스 계정 또는 그룹 선택] 창에서 [선택할 개체 이름을 입력하십시오]에 '한빛유니버설그룹'을 입력한 후 [이름 확인], [확인] 버튼을 클릭하면 해당 그룹이 추가된다. 그리고 [모든 권한]에 '허용'을 체크하자. [확인] 버튼을 2번 클릭하고 [닫기] 버튼을 클릭해서 설정을 마친다. 이로써 **그림 15-30**의 구성이 완료되었다.

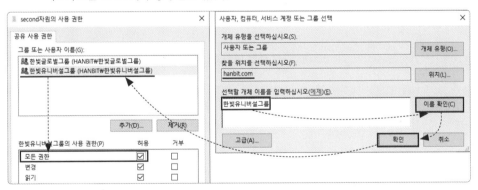

그림 15-54 second.hanbit.com 도메인 자원을 유니버설 그룹에 권한 부여

4-3 WINCLIENT ● 세컨 사용자(secondUser@second.hanbit.com)로 WINCLIENT 가상머신에서 로그온한 후 second.hanbit.com 도메인 자원을 사용할 수 있는지 확인하자.

① 로그아웃하고 다시 'secondUser@second.hanbit.com' 사용자로 로그온한다.

② [파일 탐색기] 상단에 second.hanbit.com 도메인 공유 폴더인 '\\192.168.111.20\second자원'을 입력하고 Enter 키를 누른다. 이번에는 접근이 잘 되는 것을 확인할 수 있는데 **그림 15-30**에 나오듯 유니버설 그룹은 도메인의 모든 자원에 권한 부여 후에 접근이 가능하기 때문이다.

그림 15-55 세컨 사용자가 second.hanbit.com 자원에 접근 성공

이로써 **그림 15-28~그림 15-30**까지 모두 구현해 보았다. 그룹에 대한 개념 및 구분은 꼭 필요하기 때문에 잘 이해해 놓자.

15.2.2 실제로 권장되는 그룹과 권한의 권장 사항

실습 2에서 각각의 그룹에 대한 개념을 확인했다. 그렇다면 실제로는 어떻게 자원을 그룹에 허용하는 것이 적절한 것인지 알아 보자.

Microsoft사에서는 Active Directory를 설계할 때 'AGDLP'라 부르는 다음 순서를 권장한다.

```
Account(사용자 계정)  →  Global group(글로벌 그룹)  →  Domain Local group (도메인 로컬
그룹)  →  Permission(권한)
```

이를 지금까지 실습한 것과 연계하면 다음 그림으로 표현할 수 있다.

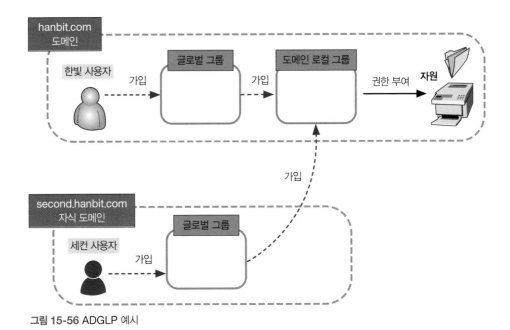

그림 15-56 ADGLP 예시

NOTE ▶ AGDLP 순서와 같은 구성이 **그림 15-30** 같은 결과를 내지만, 유니버설 그룹은 전반적인 네트워크의 성능을 떨어뜨릴 우려가 있으므로 되도록 사용하지 않는 것이 바람직하다.

그림 15-56을 보면 각 도메인의 사용자는 자신의 도메인에 생성한 글로벌 그룹에 가입시킨다. 또한 글로벌 그룹은 도메인 로컬 그룹에 가입시킨다. 그러면 도메인 로컬 그룹에 자신의 도메인의 자원에 대해 권한 부여를 하면 된다. 이렇게 하면 모든 허용된 사용자는 hanbit.com 도메인의 자원에 접근이 가능해진다. **실습 3**을 통해 확인하자.

NOTE ▶ 만약 second.hanbit.com 도메인의 자원도 공유하려면 같은 개념으로 다음처럼 하면 된다.

❶ second.hanbit.com 도메인에 별도의 도메인 로컬 그룹을 만든다.

❷ second.hanbit.com 도메인의 도메인 로컬 그룹에 자원 접근 권한을 부여한다.

❸ hanbit.com 도메인의 글로벌 그룹과 second.hanbit.com 도메인의 글로벌 그룹을 second.hanbit.com의 도메인 로컬 그룹에 가입시킨다.

AGDLP를 구현해 보자.

실습 2에 이어서 한다.

SECOND ◉ 실습 2에서 생성하지 않은 second.hanbit.com 도메인의 글로벌 그룹(세컨글로벌그룹)을 만들고 세컨 사용자를 가입시키자.

1-1 [서버 관리자]를 실행하고 [도구]–[Active Directory 사용자 및 컴퓨터] 메뉴를 클릭해 실행한다.

1-2 왼쪽 화면의 [second.hanbit.com]을 선택하고 마우스 오른쪽 버튼을 클릭한 후 [새로 만들기]–[그룹]을 클릭한다.

1-3 [새 개체 – 그룹] 창에서 [그룹 이름]에 '세컨글로벌그룹'을 입력하고 [그룹 범위]에 '글로벌'을 선택한 다음 [확인] 버튼을 클릭한다.

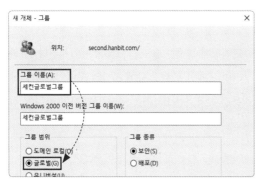

그림 15-57 second.hanbit.com 도메인에 글로벌 그룹 생성

1-4 [세컨글로벌그룹]에 세컨 사용자(secondUser@second.hanbit.com)를 추가한다. 결과는 다음과 같다(방법이 기억나지 않으면 **그림 15-37**을 참고한다).

그림 15-58 세컨글로벌그룹에 세컨 사용자 가입

1-5 [Active Directory 사용자 및 컴퓨터] 창을 종료한다.

Step 2

FIRST ◉ 그림 15-56의 hanbit.com 도메인의 설정을 한다.

2-1 한빛 사용자(hanbitUser@hanbit.com)가 한빛글로벌그룹에 가입되어 있는지 확인하자(실습 2에서 가입했다). [Active Directory 사용자 및 컴퓨터] 창에서 확인하면 된다. [취소] 버튼을 클릭한다.

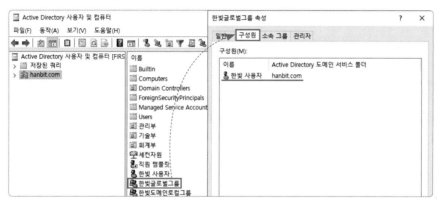

그림 15-59 한빛글로벌그룹에 한빛 사용자 가입 확인

2-2 [한빛도메인로컬그룹]에서 마우스 오른쪽 버튼을 클릭해 [속성]을 클릭한다. 속성 창이 나오면 [구성원]에 '세컨 사용자'를 선택하고 [제거] 버튼을 클릭한다. 경고 메시지가 나오면 [확인] 버튼을 클릭한다.

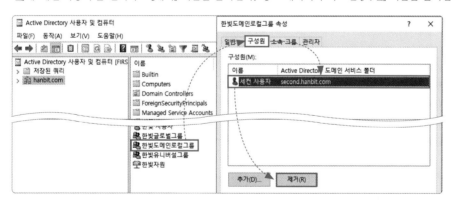

그림 15-60 한빛도메인로컬그룹에서 세컨 사용자 제거

2-3 이제는 **그림 15-56**과 같이 [한빛도메인로컬그룹]에 '한빛글로벌그룹'과 '세컨글로벌그룹'을 가입시킨다.

2-4 [한빛도메인로컬그룹 속성] 창에서 [추가] 버튼을 클릭하고 '한빛글로벌그룹'을 구성원에 가입시킨다.

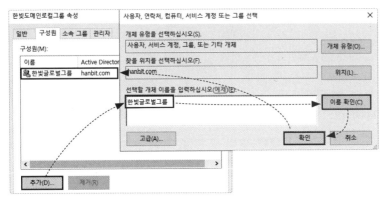

그림 15-61 한빛도메인로컬그룹에 글로벌그룹 가입 1

2-5 다시 [추가] 버튼을 클릭하고 second.hanbit.com 도메인의 '세컨글로벌그룹'을 [구성원]에 가입시킨다. 설정이 완료되었으면 [Active Directory 사용자 및 컴퓨터] 창을 종료한다.

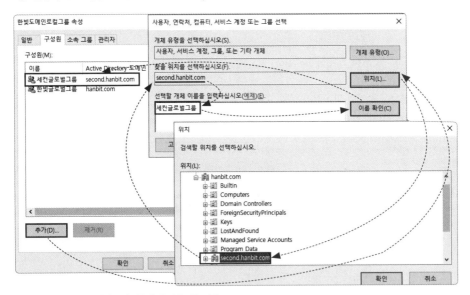

그림 15-62 한빛도메인로컬그룹에 글로벌그룹 가입 2

2-6 **그림 15-56**의 도메인 로컬 그룹에 hanbit.com 도메인 자원의 권한을 부여하자(**그림 15-50**에서 설정해 놓았다). 그런데 한빛글로벌그룹에도 권한을 이미 부여했으므로 한빛글로벌그룹의 '권한'은 제거하자.

2-7 [파일 탐색기]에서 'C:\hanbit자원\' 폴더를 선택한 후 마우스 오른쪽 버튼을 클릭하고 [속성]을 선택한다.

2-8 [hanbit자원 속성] 창에서 [공유] 탭을 선택하고 [고급 공유] 버튼을 클릭한다. [고급 공유] 창에서 [권한] 버튼을 클릭한다.

2-9 [hanbit자원의 사용 권한] 창에서 [한빛글로벌그룹] 선택하고 [제거] 버튼을 클릭한다. [확인] 버튼을 2번 클릭한 다음 [닫기] 버튼을 클릭해서 설정을 마친다. 이로써 **그림 15-56**의 구성이 완료되었다.

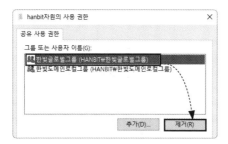

그림 15-63 글로벌그룹 권한 제거

Step 3

WINCLIENT ◐ 한빛 사용자(hanbitUser@hanbit.com) 및 세컨 사용자(secondUser@second.hanbit.com)로 각각 로그온한 후에 [파일 탐색기] 상단에 '\\192.168.111.10\hanbit자원'으로 접근이 잘 되는지 확인하자. 이로써 **그림 15-56**과 같이 AGDLP의 구성이 완료되었다.

실습 3은 독자의 이해를 돕기 위해서 좀 단순화했다. 그러나 더 큰 환경에서도 기본적인 개념은 동일하므로 잘 기억해 두기 바란다.

15.2.3 Windows Server 2022에서 제공하는 기본 그룹

Windows Server 2022에서는 사용자가 생성한 그룹 외에도 Windows Server 2022 자체에 포함된 기본 그룹Default Groups이 있다. 기본 그룹에는 Windows Server 2022를 설치하면 들어 있는 '기본 로컬 그룹Default Local Groups'과 Active Directory 도메인을 만들면 자동으로 만들어지는 '기본 도메인 그룹Default Domain Groups'이 있다. 또한 기본 도메인 그룹은 기본 도메인 로컬 그룹Default Domain Local Groups, 기본 글로벌 그룹Default Global Groups, 기본 유니버설 그룹Default Universal Groups 으로 구분할 수 있다.

기본 로컬 그룹

기본 로컬 그룹은 독립 실행형 서버로 운영되는 Windows Server 2022뿐 아니라 Windows 10/11에도 들어 있다. 즉, 기본 로컬 그룹도 Active Directory와 관계가 없는 그룹이며 Active Directory 도메인을 구성하면 대부분은 기본 도메인 로컬 그룹으로 포함된다. 기본 로컬 그룹은 독립 실행형 서버의 [시작]에서 마우스 오른쪽 버튼을 클릭하고 [컴퓨터 관리]를 실행한 후 [시스템 도구]-[로컬 사용자 및 그룹]-[그룹] 메뉴에서 확인할 수 있다.

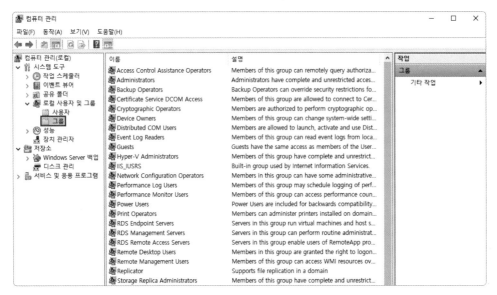

그림 15-64 기본 로컬 그룹

NOTE ▶ Windows Server 2016 이후부터는 Storage Replica Administrators와 System Managed Accounts Group이 추가되었다.

다음은 몇몇 주요한 기본 로컬 그룹을 정리한 표다. 외울 필요는 없으며 참고만 하자.

표 14-2 주로 사용되는 기본 로컬 그룹

그룹 이름	설명
Administrators	컴퓨터 운영에 관련된 모든 권한을 가지는 그룹으로 Administrator 계정이 기본적으로 소속된 그룹이다.
Backup Operators	백업 및 복구에 관련된 그룹이다.
Guests	임시로 사용되는 그룹으로 Guest 계정이 소속되어 있다.

Hyper-V Administrators	Hyper-V의 모든 기능을 제한없이 사용할 수 있는 그룹이다(Hyper-V는 19장에서 다룬다).
Network Configuration Operators	TCP/IP를 설정 및 변경의 권한을 가지는 그룹이다.
Performance Monitor Users	주로 원격지에서 서버의 성능 카운터를 모니터링하기 위한 목적의 그룹이다.
Power Users	이전 버전과 호환성 때문에 존재하는 그룹으로 Users 그룹과 동일한 권한을 가지는 그룹이다.
Print Operators	프린트 및 인쇄 큐를 관리하는 그룹이다.
Remote Desktop Users	원격지에서 서버에 로그온할 수 있는 그룹이다(4장에서 실습했다).
Users	응용 프로그램, 네트워크, 프린터 등의 일반적인 작업을 수행할 수 있는 그룹으로 프로그램 설치나 시스템의 설정변경 등의 작업은 할 수 없다. 새로 생성하는 사용자 계정은 자동으로 Users 그룹에 소속된다.

기본 도메인 로컬 그룹

기본 도메인 로컬 그룹은 주로 도메인 컨트롤러와 Active Directory 서비스와 관련된 권한을 갖는다. 대부분 [Active Directory 사용자 및 컴퓨터] 왼쪽 화면의 [hanbit.com]-[Builtin] 컨테이너에 들어 있으며 일부는 [Users] 컨테이너에 들어 있다.

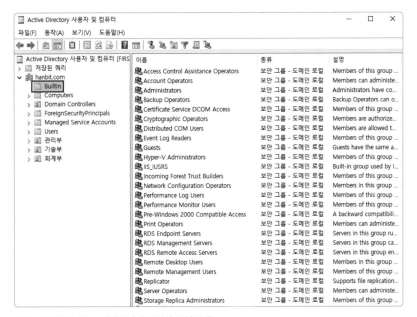

그림 15-65 Builtin 컨테이너의 도메인 로컬 그룹

다음은 주로 사용되는 기본 도메인 로컬 그룹을 정리한 표다.

표 14-3 주로 사용되는 기본 도메인 로컬 그룹

그룹 이름	설명
Account Operators	도메인의 사용자, 그룹, 컴퓨터 계정 등을 생성/수정/삭제할 수 있다. 단, Administrators 그룹이나 Domain Admins 그룹 및 그 사용자는 수정할 수 없다.
Administrators	전체 도메인 컨트롤러에 대한 모든 권한을 갖는다.
Backup Operators	모든 도메인 컨트롤러를 백업 및 복원할 수 있다.
Cryptographic Operators	암호화 작업에 대한 권한을 갖는다.
Event Log Readers	로컬 컴퓨터의 이벤트 로그를 볼 수 있다.
IIS_IUSRS	IIS(인터넷 정보 서비스)에서 사용하는 기본 그룹이다.
Server Operators	도메인 서버를 관리하는 권한을 갖는다.

기본 글로벌 그룹 및 기본 유니버설 그룹

기본 글로벌 그룹은 주로 도메인 관리자, 도메인 컴퓨터, 도메인 컨트롤러, 도메인 사용자 등과 관련된 그룹이다. 주로 [Users] 컨테이너에 들어 있으며, 기본 유니버설 그룹도 주로 [Users] 컨테이너에 들어 있다.

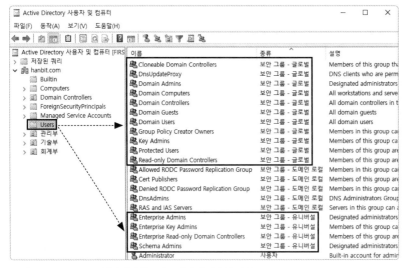

그림 15-66 Users 컨테이너의 글로벌 그룹과 유니버설 그룹

이상으로 사용자 계정/조직 구성 단위/그룹에 대한 설명을 마치겠다. 그런데 조직 구성 단위(OU)와 그룹에 대해서 좀 혼란스러울 수도 있기 때문에 2개의 차이점을 다음과 같이 구분하자.

- **그룹**은 동일한 작업을 하는 계정을 관리하거나 권한을 부여하기 위한 단위.
- **OU**는 사용자, 그룹, 컴퓨터 등을 배치할 수 있는 컨테이너(폴더와 약간 비슷한 개념).
- **OU**는 그룹 정책을 적용하기 위한 최소 단위로 사용되며 OU에는 권한을 줄 수 없음.
- **사용자 계정**은 하나의 OU에만 가입할 수 있음.
- **사용자 계정**은 여러 개의 그룹에 가입할 수 있음.

그룹 및 OU에 대한 더 세부적인 사항은 Windows Server의 온라인 도움말(https://learn.microsoft.com/windows-server)을 참고하면 된다. 추가로 그룹과 관련해서 '그룹 정책'이 중요한 이슈가 된다. 이에 대해서는 16장에서 자세히 알아보겠다.

16

그룹 정책의 구성과 운영

16장에서는 Active Directory 관리자와 많은 사용자 및 컴퓨터를 관리/운영하기 위한 그룹 정책에 대해 살펴보고 실습해 본다.

학습목표

이 장의
핵심 개념

- 그룹 정책에 대한 개념을 익힌다.

- GPO의 종류를 알아본다.

- 실습을 통해서 그룹 정책의 기본적인 구성을 이해한다.

- 그룹 정책의 상속에 대해서 실습한다.

- 컴퓨터에 적용하는 그룹 정책을 실습한다.

- 로그온 스크립트를 이용하여 그룹 정책을 실습한다.

- 그룹 정책의 관리 및 폴더 리디렉션 그룹 정책에 대해 실습한다.

이 장의
학습 흐름

그룹 정책의 개념, GPO, 상속에 대한 이해

▼

기본적인 그룹 정책의 실습/그룹 정책의 상속 실습

▼

컴퓨터에 적용하는 그룹 정책 실습

▼

로그온 스크립트를 이용한 그룹 정책 실습

▼

그룹 정책 모델링 마법사 실습

▼

그룹 정책의 관리 실습

▼

폴더 리디렉션 그룹 정책 실습

16.1 그룹 정책 개요

16.1.1 그룹 정책의 기본 개념과 GPO

그룹 정책Group Policy은 관리자가 Active Directory 안의 컴퓨터나 사용자에게 사용 가능한 프로그램을 지정하거나 제한할 수 있으며 로그온 시 보이는 바탕 화면을 지정할 수 있고, 시작 메뉴의 사용 옵션, USB나 CD/DVD의 사용 제한 등을 구성할 수 있다. 이러한 그룹 정책을 적용하면 잘못된 사용자의 시스템 구성 변경이나 네트워크에 바이러스 침투 등에 대한 예방이 가능해 결과적으로는 전반적인 Active Directory 시스템의 생산성을 향상할 수 있다.

그룹 정책을 생성한 후 그 그룹 정책을 묶은 개체를 그룹 정책 개체Group Policy Object(GPO)라고 부르는데, GPO는 컴퓨터에 대해 설정할 수도 있고 사용자를 설정할 수도 있다. 예를 들면 컴퓨터로 설정하는 경우 교육장의 모든 컴퓨터를 부팅 시 같은 환경이 되도록 설정할 수 있다. 또한 사용자로 설정하는 경우 특정 응용 프로그램에 대해 사용 허가 또는 사용 거부로 설정하거나, 사용자 로그온 또는 로그아웃 시 미리 설정한 스크립트가 실행되도록 설정할 수 있다. 만약 컴퓨터에 설정한 그룹 정책과 사용자에 설정한 그룹 정책이 충돌되는 경우의 우선순위는 '컴퓨터'에 설정한 그룹 정책이 더 높다.

GPO의 저장은 도메인 단위에 저장되는데 14장의 **그림 14-3**에 나타낸 글로벌 카탈로그에 해당 정보가 저장된다고 생각하면 된다. 그룹 정책의 종류는 다음과 같다.

- 로컬 GPO
- 사이트 GPO
- 도메인 GPO
- OU GPO(조직 구성 단위 GPO)

GPO가 적용되는 순서는 로컬 GPO부터 적용된다. 그러므로 제일 마지막에 적용되는 OU GPO의 우선순위가 가장 높다고 할 수 있다. 또한 GPO를 적용하기 위한 가장 작은 단위도 OU가 되며, 일반적으로 부서 등과 같은 작은 조직 단위를 OU로 구분해 GPO를 적용시킨다. 사이트 GPO는 지역적으로 묶인 곳에 그룹 정책을 적용하기 위해 사용되는데, 자주 사용되지는 않는다.

16.1.2 그룹 정책의 상속과 가능한 작업

그룹 정책은 상속이 가능하며 일반적으로 부모 컨테이너에서 자식 컨테이너로 상속된다. 예를 들면 hanbit.com 도메인에 기술부 OU가 있고 기술부 OU 안에 기술1팀 OU와 기술2팀 OU가 있다고 가정했을 때, **hanbit.com 도메인 → 기술부 OU → 기술1팀 OU**의 순서로 그룹 정책이 상속된다.

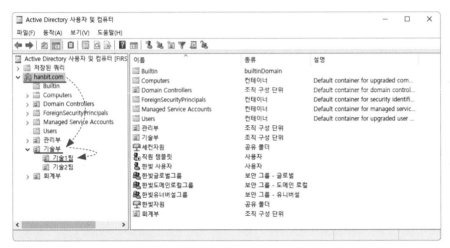

그림 16-1 상위 컨테이너에서 하위 컨테이너로 그룹 정책 상속

추가로 부모 컨테이너의 내용을 무조건 상속받지 않고 필요할 경우 상속을 재정의하거나 상속을 차단할 수 있다. 예를 들어 hanbit.com 도메인에 적용된 그룹 정책을 기술1팀 OU에는 적용되지 않도록 상속을 차단하는 것이 가능하다. 반면에 상속 차단을 하지 못하도록 강제로 상속하는 것도 가능하다. 이는 회사(도메인)의 정책을 부서(OU)가 거부하지 못하도록 하는 것과 비슷한 개념이다. 그러므로 강제 상속은 가장 높은 우선순위를 갖는다.

그룹 정책을 사용해서 관리자는 다음과 같은 작업을 할 수 있다.

- **보안 설정**: 보안 강화를 위한 사용자의 암호 및 계정 잠금 등에 대해 도메인의 모든 사용자에게 강제로 적용할 수 있다.
- **스크립트 지정**: 사용자 로그온/로그아웃 시 또는 컴퓨터의 부팅과 종료 시에 자동으로 실행될 작업을 스크립트에 지정할 수 있다.
- **폴더 리디렉션**(Folder Redirection): 사용자가 도메인 내의 어느 컴퓨터에서 로그온하더라도 자신의 문서 등에 대한 폴더를 동일한 환경으로 제공할 수 있다.
- **소프트웨어 설정**: 사용자가 사용할 소프트웨어에 대해 설치, 삭제, 업데이트를 제어할 수 있다.

참고로 Windows Server 2022에서 제공하는 그룹 정책의 종류는 수천 개가 넘으며, 운영체제가 업데이트되면 그 개수도 더 늘어난다. 이 외에도 좀 더 고려할 세부적인 사항이 있지만, 그룹 정책에 대한 개념은 이 정도로 정리하고 직접 실습을 통해 그룹 정책을 이해해 보자.

16.2 그룹 정책 적용

그룹 정책은 개념적으로는 좀 어렵게 느껴질 수 있으나 실제 어떻게 적용되는지 사례를 통해 익히는 것이 빠른 학습이며 쉽게 이해할 수 있는 방법이 될 것이다. 물론 그룹 정책을 실제로 적용하는 것은 어렵지 않다. 다만 Active Directory 환경인 네트워크상에서는 설정한 그룹 정책이 즉시 적용되지 않을 수 있고, 예외적인 상황이 나올 수도 있다는 것을 유의하자.

16.2.1 기본적인 그룹 정책 실습

실습 1

그룹 정책의 기본적인 실습을 하자.

Step 0

FIRST ◐ 이번 실습은 14장에서 구성한 Active Directory 환경에서 실습한다.

Step 1

FIRST ◐ 도메인 사용자를 생성할 때 암호와 관련된 그룹 정책이 기본적으로 어떻게 설정되었는지 확인하고 이를 변경해 보자.

1-0 우선, 간단한 암호로 도메인 사용자가 만들어지는지 확인해 보자.

1-1 서버 관리자를 실행해서 [도구]-[Active Directory 사용자 및 컴퓨터] 메뉴를 클릭해 실행한다.

1-2 왼쪽 화면의 [hanbit.com]을 선택하고 마우스 오른쪽 버튼을 클릭한 후 [새로 만들기]-[사용자] 메뉴를 클릭한다.

1-3 [새 개체 – 사용자] 창에서 [성]에 '홍', [이름]에 '길동', [사용자 로그온 이름]에 'kdhong'를 입력한 후 [다음] 버튼을 클릭한다.

1-4 [암호]와 [암호 확인]에 'password'를 입력하고 [다음] 버튼을 클릭한다. 그리고 [마침] 버튼을 클릭하면 경고창이 나오면서 암호를 설정할 수 없다고 나오는데 [확인] 버튼을 클릭한다.

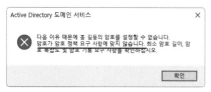

그림 16-2 암호 정책에 맞지 않아 설정 실패

1-5 [취소] 버튼을 클릭해서 사용자 생성을 취소한다.

Step 2

FIRST ◉ 도메인에 기본적으로 적용되어 있는 그룹 정책인 [Default Domain Policy]를 확인하고 변경하자.

2-1 [서버 관리자]에서 [도구]-[그룹 정책 관리] 메뉴를 클릭해 실행한다.

2-2 왼쪽 화면의 [포리스트]-[도메인]-[hanbit.com]-[Default Domain Policy]를 선택하고 대화상자가 나오면 [확인] 버튼을 클릭한다. 그 다음으로 오른쪽 화면에서 [설정] 탭을 클릭하자. 만약 [Internet Explorer] 창의 보안 강화 구성과 관련된 창이 나오면 [추가], [추가]-[닫기] 버튼을 클릭한다. 그리고 다시 오른쪽 화면에서 [보안 설정]-[계정 정책/암호 정책]을 선택하자. 그러면 현재 hanbit.com 도메인에 기본적으로 적용되고 있는 그룹 정책을 확인할 수 있다. 내용을 보면 암호는 7자 이상에 숫자와 기호가 들어가는 복잡한 조건을 만족해야 한다.

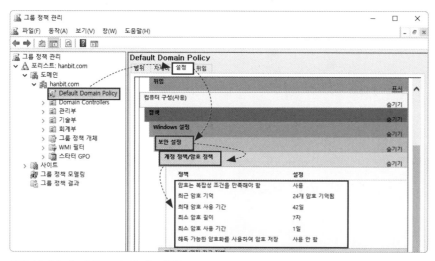

그림 16-3 Default Domain Policy 확인

2-3 왼쪽 화면의 [Default Domain Policy]를 선택하고 마우스 오른쪽 버튼을 클릭한 후 [편집]을 선택한다.

2-4 [그룹 정책 관리 편집기] 창의 왼쪽 화면에서 [컴퓨터 구성]–[정책]–[Windows 설정]–[보안 설정]–[계정 정책]–[암호 정책]을 선택하고 오른쪽 화면의 [암호는 복잡성을 만족해야 함]을 더블클릭한다. 그 다음으로 나오는 속성 창에서 '사용 안 함'을 체크하고 [확인] 버튼을 클릭하면 정책 설정이 '사용 안 함'으로 변경된다. [그룹 정책 관리 편집기]와 [그룹 정책 관리] 창을 닫는다.

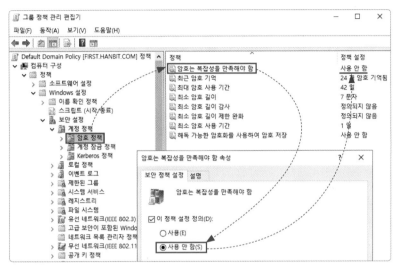

그림 16-4 Default Domain Policy 중에서 암호 복잡성 그룹 정책을 사용 안 함

NOTE▶ 앞으로도 실습 중간에 경고 메시지가 나오면 무시하고 넘어가도록 하자.

2-5 다시 [Active Directory 사용자 및 컴퓨터] 창으로 돌아가서 **Step 1**을 다시 수행한다. 홍길동 사용자를 다시 만들고 암호를 'password'로 지정하자. 이번에는 잘 만들어지는 것을 확인할 수 있다.

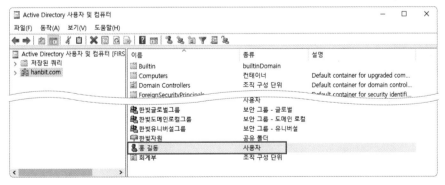

그림 16-5 복잡하지 않은 암호로도 사용자 생성 확인

FIRST ◉ 이번에는 회계부 OU의 직원들은 [제어판]을 사용할 수 없도록 그룹 정책을 만들고 적용하자.

3-0 [Active Directory 사용자 및 컴퓨터] 창에서 회계부 OU를 확인하면 마마무(mmma@hanbit.com)
와 서태지(tgseo@hanbit.com) 사용자가 소속되어 있는 것을 확인할 수 있다(그렇지 않다면 15장 **실습 1**
의 **Step 4**를 다시 수행한다).

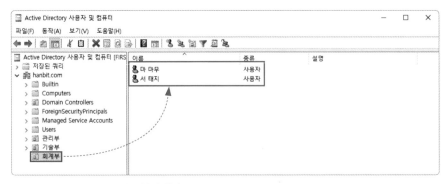

그림 16-6 회계부 OU의 소속 사용자 확인

3-1 서버 관리자에서 [도구]-[그룹 정책 관리] 메뉴를 클릭해 실행한다. 그리고 왼쪽 화면의 [도메인]-
[hanbit.com]-[그룹 정책 개체]를 선택한 다음 마우스 오른쪽 버튼을 클릭한 후 [새로 만들기]를 선택한다.
[새 GPO] 창에서 [이름]을 '제어판 제한 정책'으로 입력하고 [확인] 버튼을 클릭하면 GPO가 추가된다.

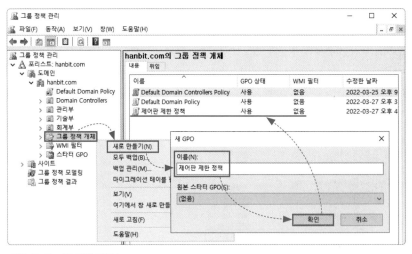

그림 16-7 그룹 정책 생성 1

3-2 생성한 '제어판 제한 정책'을 선택하고 마우스 오른쪽 버튼을 클릭한 후 [편집]을 클릭하면 [그룹 정책 관리 편집기] 창이 나온다. 창 왼쪽 화면의 [사용자 구성]–[정책]–[관리 템플릿]–[제어판]을 선택한 후 오른쪽 화면의 [Prohibit access to Control Panel and PC Settings(제어판 및 PC 설정에 대한 액세스 금지)]를 더블클릭한다(이하 'Control Pancel'이라고 부른다). 창이 나오면 '사용'을 선택하고 [확인] 버튼을 클릭한다. 그러면 [상태]가 '사용'으로 변경될 것이다. 설정이 완료되었으면 [그룹 정책 관리 편집기] 창을 닫는다.

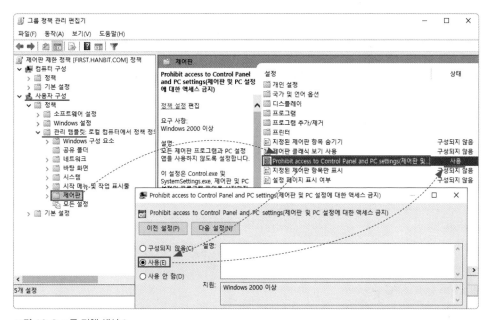

그림 16-8 그룹 정책 생성 2

NOTE▶ 각 그룹 정책을 설정할 때 관심 있게 봐야 할 부분이 '지원' 부분인데 이는 클라이언트 OS의 제한을 알려 준다. **그림 16-8** 같은 경우는 클라이언트 OS가 Windows 2000 이상이면 작동한다는 의미다. 그룹 정책의 종류에 따라서 다른 운영체제나 서비스 팩이 클라이언트 OS의 요구 사항이 되기도 한다.

3-3 이제 그룹 정책을 적용할 범위를 지정하자. 우리는 회계부 OU에 적용할 것이므로 [그룹 정책 관리] 창의 왼쪽 화면에서 [회계부]를 선택하고 마우스 오른쪽 버튼을 클릭한 후 [기존 GPO연결]을 클릭한다. [GPO 선택] 창에서 검색할 도메인이 'hanbit.com'인지 확인하고 앞에서 만든 '제어판 제한 정책'을 선택한 다음 [확인] 버튼을 클릭한다. 설정을 완료하면 [그룹 정책 관리] 창을 종료한다.

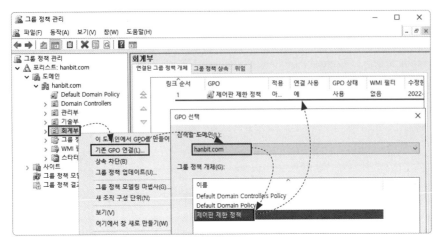

그림 16-9 그룹 정책 적용

3-4 생성한 그룹 정책은 'C:\Windows\SYSVOL\sysvol\도메인이름\Policies' 폴더에서 확인할 수 있다.

그림 16-10 생성된 GPO 폴더 확인

Step 4

WINCLIENT ◉ 도메인 사용자인 회계부 OU의 마마무(mmma@hanbit.com) 사용자로 로그온해서 그룹 정책이 적용되는지 확인하자.

NOTE ▶ 만약 'Your account has time restrictions that prevent you from signing in at this time.' 또는 '사용자 계정 제한(예: 사용 시간 제한) 때문에 로그온할 수 없습니다.'라는 메시지가 나오고 로그온되지 않는다면 이는 15장의 **실습 1**에서 로그온 시간을 9시~12시, 13시~18시로 제한했기 때문이다. 이를 해제하려면 FIRST 가상머신에서 [Active Directory 사용자 및 컴퓨터]를 실행한 다음 왼쪽 화면에서 [회계부]를 선택하고 오른쪽 화면에서 '마마무'를 더블클릭한다. 그리고 속성 창에서 [계정] 탭을 클릭하고 [로그온 시간]-[모두]를 선택한 다음 오른쪽의 '허용된 로그온'을 체크하고 [확인] 버튼을 연속 클릭하면 시간 제한을 풀 수 있다.

4-1 mmma@hanbit.com로 로그온한다(암호는 p@ssw0rd다).

4-2 Windows의 [시작]에서 [Control Panel]을 실행하자. 제한되었다는 오류 메시지가 나올 것이다.

그림 16-11 GPO 적용 결과 제어판 실행 안 됨

> **! 여기서 잠깐 정책과 기본 설정의 차이점**
>
> 그룹 정책에서 강제로 적용되는 '정책'과 달리 '기본 설정'은 설정한 내용이 그룹 정책으로 적용은 되지만 나중에 사용자가 변경할 수 있는 항목들이다. 즉, 기본 설정은 권장 사항 정도로 생각하면 된다. 다음 그림은 '기본 설정'에서 전원 옵션에 대한 사용자 지정 수준을 설정하는 그림이다. 이렇게 필요한 내용을 설정해 놓으면 사용자는 설정한 상태로 전원 옵션 상태가 된다. 물론 필요하다면 각 사용자가 기본 설정된 내용을 바꿔서 사용할 수도 있다.

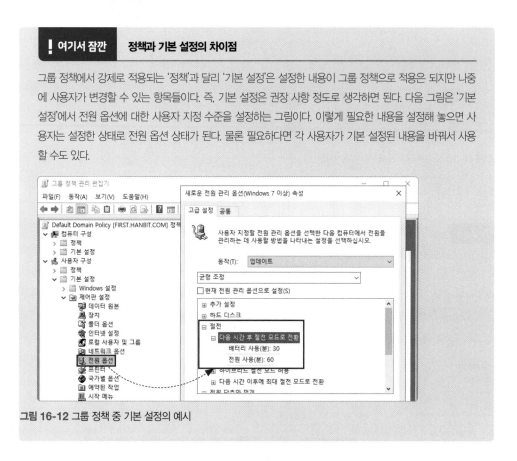

그림 16-12 그룹 정책 중 기본 설정의 예시

WINCLIENT ● 이번에는 로컬 사용자 계정도 그룹 정책이 적용되는지 확인하자.

5-1 로그아웃하고 가상머신 WINCLIENT의 로컬 사용자인 Administrator로 로그온하자(암호는 p@ssw0rd다).

5-2 Windows의 [시작]에서 [제어판]을 클릭해 실행한다. [제어판]에서 결국 도메인 사용자에 대한 그룹 정책은 로컬 사용자에게는 적용되지 않는 것을 확인할 수 있다.

그림 16-13 로컬 사용자는 GPO 적용 안 됨

5-3 Administrator 계정을 로그아웃하고 다시 도메인 사용자인 'mmma@hanbit.com'으로 로그온하자.

이번에는 적용했던 그룹 정책을 해제하자.

6-1 **FIRST ●** [그룹 정책 관리] 창의 왼쪽 화면에서 [회계부]를 선택한 다음 오른쪽 화면에서 [제어판 제한 정책]을 선택하고 마우스 오른쪽 버튼을 클릭한 후 [삭제] 버튼을 선택하면 된다(이때 나오는 메시지 창에서는 [확인] 버튼을 클릭한다).

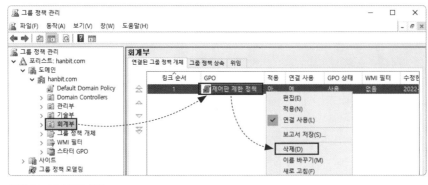

그림 16-14 GPO 삭제

6-2 WINCLIENT ○ 다시 [제어판]을 선택한 후 마우스 오른쪽 버튼을 클릭해 [Control Panel]을 실행해 보자. 그런데 앞서와 마찬가지로 실행이 되지 않을 것이다. 이는 FIRST 가상머신에서 삭제한 정책이 아직 WINCLIENT까지 전달되지 않았기 때문이다.

6-3 WINCLIENT ○ 강제로 정책을 적용하기 위해서는 Windows의 [시작]에서 마우스 오른쪽 버튼을 클릭하고 파워셸을 실행한 다음 **gpupdate /force** 명령을 입력하자. 업데이트가 완료되었다는 메시지가 나오면 다시 [Control Panel]을 실행한다. 이제는 실행이 잘 될 것이다.

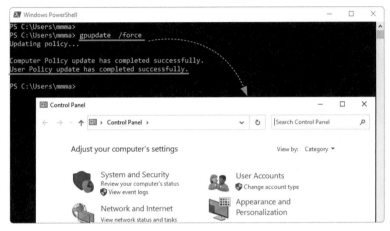

그림 16-15 GPO의 강제 적용

여기서 생성한 그룹 정책(GPO)이 적용되는 시점은 다음과 같다.

- 사용자가 로그온할 때
- 컴퓨터를 재시작했을 때
- 사용자가 강제로 직접 그룹 정책을 받아 올 때(명령어: gpupdate /force)
- 정책을 받아오는 주기적인 시간이 되었을 때

그러나 종종 정책이 반영되지 않는 경우가 있는데 이는 네트워크 상황 등으로 인해 아직 정책이 전파되지 않았기 때문이다. 특히 원거리의 컴퓨터를 Active Directory 환경으로 구성했을 때 정책이 반영되지 않는 경우가 발생하곤 한다. 그러므로 실무 환경에서는 그룹 정책을 만들어도 바로 적용되지 않을 수 있으며, 한참 후에 적용될 수도 있다는 점을 기억하자(우리는 아주 가까운 거리에 모든 컴퓨터가 있는 개념이므로 정책이 잘 적용되지 않아도 **gpupdate /force** 명령으로 잘 적용된다).

그룹 정책의 전파 시간

그룹 정책 개체인 GPO의 전파는 실시간으로 되지 않고 약 90분마다 적용되도록 설정되어 있다. 이 시간을 조절할 수도 있는데 0분~44,640분(31일)까지 설정할 수 있다. 만약 0으로 설정하면 GPO가 실시간이라고 할 수 있는 약 7초 단위로 업데이트되지만, 네트워크 트래픽이 대폭 증가해 문제가 될 수 있다.

새로고침 되는 시간을 수정하고 싶다면 [그룹 정책 관리]의 왼쪽 화면에서 [Default Domain Policy]를 선택하고 마우스 오른쪽 버튼을 클릭한 후 [편집]을 클릭한다. [그룹 정책 관리 편집기] 창이 나오면 [컴퓨터 구성]-[정책]-[관리 템플릿]-[시스템]-[그룹 정책]을 선택하고 오른쪽 화면의 'Set Group Policy refresh interval for computers(컴퓨터에 대한 그룹 정책 새로 고침 간격 설정)'에서 변경할 수 있다. 그러나 특별한 경우가 아니라면 변경하지 않는 것을 권장한다.

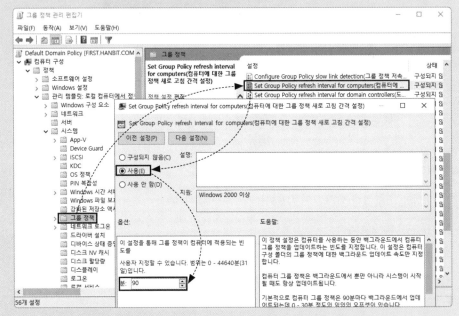

그림 16-16 GPO 적용 시간 변경

16.2.2 그룹 정책의 상속 실습

실습 2

이번에는 그룹 정책의 상속 거부와 강제 상속에 대해서 실습하자.

Step 0

실습 1에 이어서 한다.

Step 1

FIRST ▶ 먼저 기술부 OU 아래에 기술1팀 OU와 기술2팀 OU를 만들고 기술부의 '박중훈(jhpark@hanbit.com)' 사용자는 기술1팀, '안성기(sgann@hanbit.com)' 사용자는 기술2팀으로 이동하자.

1-1 [서버 관리자]에서 [도구]-[Active Directory 사용자 및 컴퓨터] 메뉴를 클릭해 실행한다. 왼쪽 화면에서 [기술부]를 선택하고 마우스 오른쪽 버튼을 클릭한 후 [새로 만들기]-[조직 구성 단위]를 선택하고 [이름]에 '기술1팀'을 입력한 다음 [확인] 버튼을 클릭한다('실수로 삭제되지 않도록 컨테이너 보호'의 체크는 해제해도 된다).

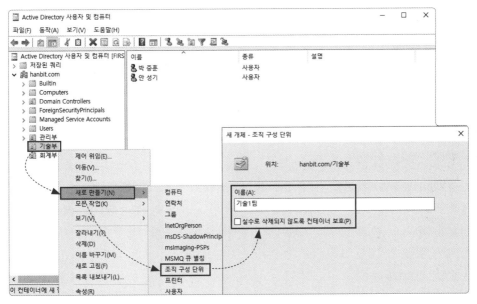

그림 16-17 OU 안에 OU 생성

1-2 같은 방식으로 기술부 OU 아래에 '기술2팀' OU를 만든다.

1-3 이번에는 기술부 OU의 '박중훈'을 선택하고 마우스 오른쪽 버튼 클릭한 후 [이동]을 선택해 '기술1팀'을 선택하고 [확인] 버튼을 클릭한다. '박중훈'이 [기술1팀]으로 이동한 것을 확인할 수 있다.

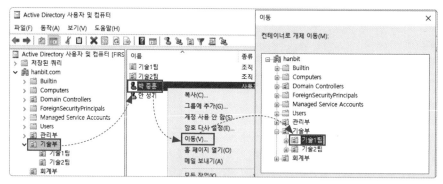

그림 16-18 사용자 계정 이동

1-4 같은 방식으로 '안성기'는 [기술2팀]으로 이동시키고 [Active Directory 사용자 및 컴퓨터] 창을 닫는다.

Step 2

FIRST ◉ 새로운 그룹 정책을 만들고 기술부 OU에 적용하자. 기술1팀 OU에는 상속 차단을 시켜서 어떻게 작동하는지 확인하자.

2-0 [서버 관리자]에서 [도구]-[그룹 정책 관리] 메뉴를 클릭해 실행한다.

2-1 왼쪽 화면의 [도메인]-[hanbit.com]-[그룹 정책 개체]를 선택하고 마우스 오른쪽 버튼을 클릭한 후 [새로 만들기]를 클릭한다. [새 GPO] 창에서 [이름]을 '바탕 화면 배경 변경 정책'으로 입력하고 [확인] 버튼을 클릭하면 [GPO]가 추가된다.

2-2 생성한 [바탕 화면 배경 변경 정책]을 선택하고 마우스 오른쪽 버튼을 클릭한 후 [편집]을 선택하면 [그룹 정책 관리 편집기]가 나온다. 창의 왼쪽 화면에서 [사용자 구성]-[정책]-[관리 템플릿]-[제어판]-[개인 설정]를 선택한 후 오른쪽 화면의 '바탕 화면 배경 변경 금지'를 더블클릭해 속성 창이 나오면 '사용'을 선택하고 [확인] 버튼을 클릭한다. 그러면 [상태]가 '사용'으로 변경될 것이다. 설정이 완료되었으면 [그룹 정책 관리 편집기] 창을 닫는다.

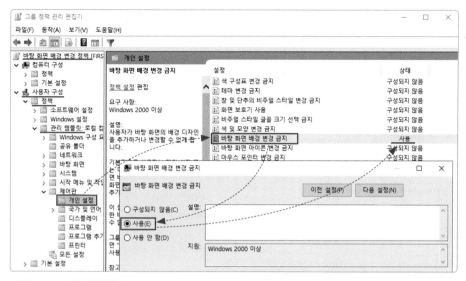

그림 16-19 그룹 정책 생성

2-3 이제 그룹 정책을 적용할 범위를 지정하자. 이번에는 기술부 OU에 적용할 것이므로 [그룹 정책 관리] 창의 왼쪽 화면에서 [기술부]를 선택하고 마우스 오른쪽 버튼을 클릭한 후 [기존 GPO 연결]을 선택한다. [GPO 선택] 창에서 검색할 도메인이 'hanbit.com'인지 확인하고 앞에서 만든 '바탕 화면 배경 변경 정책'을 선택한 다음 [확인] 버튼을 클릭하면 GPO가 추가된다.

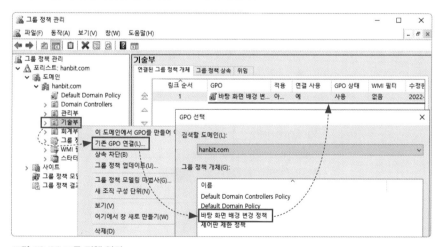

그림 16-20 그룹 정책 연결

2-4 이번에는 [기술2팀]을 선택하고 마우스 오른쪽 버튼을 클릭한 다음 [상속 차단]을 클릭한다. 그러면 '기술2팀' 실행 아이콘 그림에 파란색 느낌표가 추가되는 것을 확인할 수 있다.

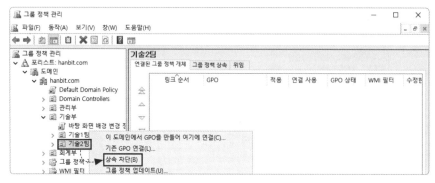

그림 16-21 상속 차단

WINCLIENT ◉ GPO의 상속 또는 상속 차단을 테스트하자.

3-1 로그아웃한 후에 먼저 [바탕 화면 배경 변경 정책] GPO를 상속하는 기술1팀의 '박중훈(jhpark@ hanbit.com)'으로 로그온한다.

> **NOTE▶** 만약 'Your account has time restrictions that prevent you from signing in at this time.' 또는 '사용자 계정 제한(예: 사용 시간 제한) 때문에 로그온할 수 없습니다.'라는 메시지가 나오고 로그온이 되지 않는다면 15장의 **실 습 1**에서 로그온 시간을 9시~12시, 13시~18시로 제한했기 때문이다.

3-2 바탕 화면에서 마우스 오른쪽 버튼을 클릭하고 [Personalize]를 선택하자. 그리고 오른쪽의 [Background] 아래쪽의 그림들이 비활성화되어 선택되지 않을 것이다. 위쪽에도 일부 설정이 조직에 의해 숨겨져 있다는 메시지를 확인할 수 있다. 즉, '바탕 화면 배경 변경 정책' GPO가 적용되어 있기 때문이다.

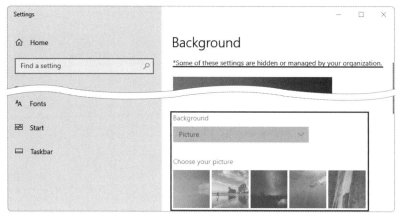

그림 16-22 초기 홈페이지 변경 안 됨

3-3 로그아웃하고 이번에는 GPO의 상속이 차단된 기술2팀의 '안성기(skann@hanbit.com)' 사용자로 로그온하자.

3-4 바탕 화면에서 마우스 오른쪽 버튼을 클릭하고 [Personalize]를 선택하자. 이번에는 배경 화면을 변경할 수 있는 것이 확인된다. 즉, 기술2팀은 '바탕 화면 배경 변경 정책' GPO를 상속하지 않았기 때문이다.

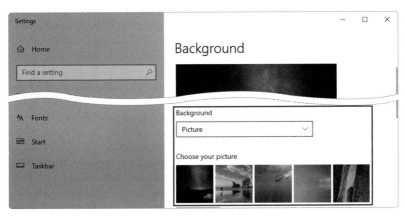

그림 16-23 그룹 정책을 상속받지 않은 것이 확인됨

Step 4

FIRST ● 이번에는 그룹 정책이 강제로 상속이 되도록 설정해 보자. 이는 상속 차단을 해도 무조건 상속이 되도록 설정하는 것으로 마치 본사에서 각 부서에 거부할 수 없는 정책을 지시하는 개념으로 생각하면 된다.

4-1 [그룹 정책 관리]에서 왼쪽 화면의 [기술부]를 선택하고 [바탕 화면 배경 변경 정책]을 선택한 후 마우스 오른쪽 버튼을 클릭하고 [적용]을 선택하면 강제 상속으로 설정된다. 메시지가 나오면 [확인] 버튼을 클릭한다.

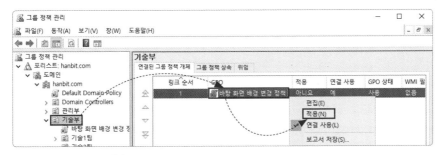

그림 16-24 강제 상속 설정

4-2 다시 왼쪽 [기술부]에서 마우스 오른쪽 버튼을 클릭하고 [그룹 정책 업데이트]를 선택한다.

WINCLIENT ◎ 강제 상속된 내용을 확인하자.

5-0 현재 안성기(skann@hanbit.com) 사용자로 접속되어 있다.

5-1 Windows의 [시작]에서 마우스 오른쪽 버튼을 클릭하고 [Windows PowerShell]을 선택해 파워셸을 실행한 후 **gpupdate /force** 명령을 수행한다.

5-2 다시 바탕 화면에서 마우스 오른쪽 버튼을 클릭하고 [Personalize]를 선택하자. 배경 화면이 변경되지 않는 것을 확인할 수 있을 것이다. 이로써 그룹 정책이 강제로 적용된 상태가 되었다.

결론적으로 GPO에 그룹 정책을 '적용'시키는 것을 강제 상속이라고 하며 이것이 우선순위가 가장 높다는 것을 알 수 있다.

16.2.3 사용자가 아닌 컴퓨터에 적용하는 그룹 정책

실습 1과 **실습 2**는 그룹 정책이 적용된 OU에 소속된 사용자가 로그온할 때 그룹 정책이 실행되었다. 이번에는 OU에 소속된 컴퓨터에 그룹 정책을 적용해서 어떤 사용자든지 해당 컴퓨터에 로그온하면 그룹 정책이 실행되는 것을 확인해 보자.

실습 3 ▶

컴퓨터에 그룹 정책이 적용되는 것을 확인하자. 이번 사례는 교육장 컴퓨터에 모든 사용자가 로그온하면 자동으로 Edge가 실행되고 한빛 사이트(www.hanbit.co.kr)에 접속되도록 설정하겠다(실제 회사라면 교육을 안내하는 회사의 홈페이지가 자동으로 열리도록 하면 된다).

Step 0

실습 2에 이어서 진행한다.

Step 1

FIRST ◎ 먼저 교육장 OU를 만들고 교육장 OU에 WINCLIENT 가상머신을 포함시키자.

1-0 [서버 관리자]에서 [도구]−[Active Directory 사용자 및 컴퓨터] 메뉴를 클릭해 실행한다.

1-1 왼쪽 화면의 [hanbit.com]을 선택하고 마우스 오른쪽 버튼을 클릭한 후 [새로 만들기]-[조직 구성 단위]를 클릭한다.

1-2 [새 개체 – 조직 구성 단위] 창에서 [이름]을 '교육장'으로 입력하고 [확인] 버튼을 클릭한다.

1-3 다시 왼쪽 화면의 [Computers]를 선택하고 오른쪽 화면의 [WINCLIENT]를 선택한 후 마우스 오른쪽 버튼을 클릭하고 [이동]을 선택한다. [이동] 창에서 [교육장]을 선택하고 [확인] 버튼을 클릭하면 해당 컴퓨터가 교육장 OU로 이동한다. [Active Directory 사용자 및 컴퓨터] 창을 닫는다.

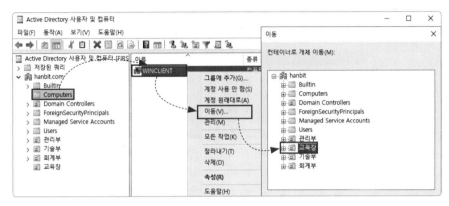

그림 16-25 WINCLIENT를 교육장 OU로 이동

NOTE▶ 지금은 클라이언트용 컴퓨터가 1대뿐이라서 교육장 OU에 1대만 소속시켰지만, 실제라면 여러 대의 컴퓨터를 교육장 OU에 가입시킬 수 있다.

Step 2

FIRST ● 교육장과 관련된 그룹 정책을 만들고 교육장 OU에 적용시키자.

2-0 [서버 관리자]에서 [도구]-[그룹 정책 관리] 메뉴를 클릭해 실행한다.

2-1 왼쪽 화면의 [도메인]-[hanbit.com]-[그룹 정책 개체]를 선택하고 마우스 오른쪽 버튼을 클릭한 후 [새로 만들기]를 클릭한다.

2-2 [새 GPO] 창에서 [이름]에 '교육장 정책'을 입력하고 [확인] 버튼을 클릭한다.

2-3 만들어진 [교육장 정책] GPO를 선택하고 마우스 오른쪽 버튼을 클릭한 후 [편집]을 클릭한다.

2-4 [그룹 정책 관리 편집기] 창의 왼쪽 화면에서 [컴퓨터 구성]–[정책]–[관리 템플릿]–[시스템]–[로그온]을 선택하고 오른쪽의 '사용자 로그온할 때 다음 프로그램 실행'를 더블클릭한다. [사용자 로그온할 때 다음 프로그램 실행] 창에서 '사용'을 선택하고 [표시] 버튼을 클릭한다. 그리고 [내용 표시] 창에서 실행할 파일의 전체 이름과 "C:\Program Files (x86)\Microsoft\Edge\Application\msedge.exe" www.hanbit. co.kr'을 입력하고 [확인] 버튼을 클릭한다(필요하면 더 추가할 수도 있다). 다시 [확인] 버튼을 연속 클릭해서 설정한 내용을 적용한다. [그룹 정책 관리 편집기] 창도 닫는다.

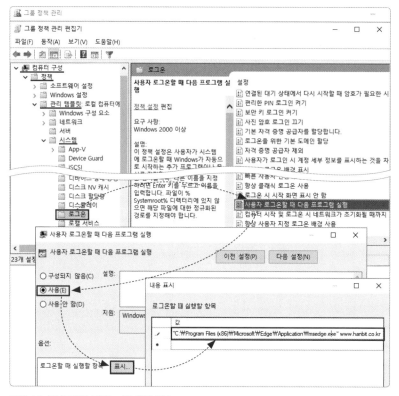

그림 16-26 '교육장 정책' 그룹 정책 생성

2-5 [그룹 정책 관리] 왼쪽 화면의 [교육장]을 선택하고 마우스 오른쪽 버튼을 클릭한 후 [기존 GPO 연결]을 클릭한다(만약 교육장 OU가 보이지 않으면 '새로 고침'해 보자). [GPO 선택] 창에서 조금 전에 설정한 '교육장 정책'을 선택하고 [확인] 버튼을 클릭한다. [그룹 정책 관리] 창을 닫는다.

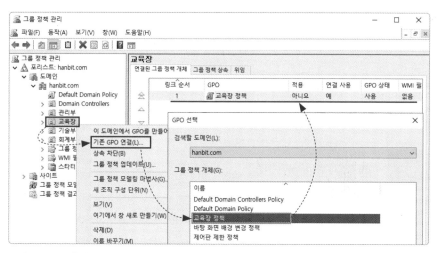

그림 16-27 교육장 OU에 GPO 연결

WINCLIENT ◐ 여러 명의 사용자가 모두 [교육장 정책] 그룹 정책이 적용되는지 확인하자.

3-1 로그아웃하고 '김국진(kjkim@hanbit.com)' 사용자로 로그온해서 Edge가 자동 실행되는지 확인한다. 만약 Edge가 처음 실행된다면 Edge의 설정 화면이 나올 수 있다.

그림 16-28 그룹 정책 적용 확인

NOTE ▶ 만약 Edge가 자동 실행되지 않으면 파워셸에서 **gpupdate /force** 명령을 실행한 후 로그아웃하고 다시 로그온한다.

3-2 로그아웃하고 '마마무(mmma@hanbit.com)' 사용자로 접속해도 그룹 정책이 적용되는지 확인하자. 물론 컴퓨터에 적용한 그룹 정책이므로 어떤 사용자든지 적용이 될 것이다.

3-3 로그아웃하고 이번에는 로컬 사용자인 Administrator(암호는 'p@ssw0rd'다)로 로그온하자. 역시 그룹 정책이 적용되어 Edge가 자동으로 실행될 것이다. 컴퓨터에 설정한 그룹 정책은 사용자에 관계없이 적용되는 것이 확인되었다.

> **❗ 여기서 잠깐** **그룹 정책과 Windows 기능**
>
> 그룹 정책을 적용하면 실제로는 레지스트리(Registry)의 정보를 강제로 수정하게 된다. 또한 모든 Windows 의 기능을 **실습 3**과 같이 그룹 정책으로 설정할 수는 없다. 그래서 필요한 그룹 정책을 설정하기 위해서는 스 크립트를 작성해서 사용하는 방법이 있다(이 방법은 잠시 후에 알아보겠다). 참고로 그룹 정책은 전체 도메인 에 설정할 수도 있고, 도메인 보다 규모가 작은 OU에 설정할 수도 있다.

16.2.4 로그온 스크립트를 이용한 그룹 정책

Windows Server에서 제공되는 그룹 정책은 수천 개가 넘지만, 모든 Windows Server의 기능을 포함하지는 않는다. 제공되는 그룹 정책 외에 필요한 기능은 로그온 스크립트로 작성한 후 사용자가 로그온 할 때 해당 스크립트가 실행되도록 설정하면 된다.

실습 4 ▶

로그온 스크립트를 이용해서 그룹 정책을 적용하자. 이번 사례는 교육장 컴퓨터를 시작하면 FIRST의 C:₩DataFiles₩ 폴더가 'Z:'로 네트워크 드라이브 연결이 되도록 설정해 보겠다.

Step 0

실습 3에 이어서 한다.

FIRST ◉ 교육장에서 공유할 폴더를 만들고 공유하자.

1-1 [파일 탐색기]에서 C:\DataFiles\ 폴더를 만들고 아무 파일이나 몇 개 복사해 놓자.

1-2 'C:\DataFiles\'을 선택하고 마우스 오른쪽 버튼을 클릭한 후 [속성]을 선택한다. [속성] 창에서 [공유] 탭을 클릭하고 [고급 공유] 버튼을 클릭한다.

1-3 [고급 공유] 창에서 [선택한 폴더 공유]를 체크하고 [공유 이름]에 'DataFiles$'를 입력한다(공유 이름 제일 뒤에 '$'를 붙이면 자동으로 숨김 공유가 된다). 하단의 [권한] 버튼을 클릭해서 [Everyone]을 선택한 다음 [제거] 버튼을 클릭해 항목을 제거한다. 그 다음 [추가] 버튼을 클릭해서 선택할 개체 이름에 'Authenticated Users'를 입력한 다음 [이름 확인] 버튼과 [확인] 버튼을 클릭한다. 다시 사용 권한 창으로 돌아와 [모든 권한]의 '허용'에 체크한다. 모든 설정을 완료하고 [확인]이나 [닫기] 버튼을 클릭해 창을 닫는다.

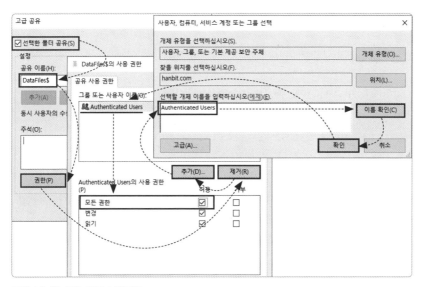

그림 16-29 공유 폴더 숨김 공유

NOTE ▶ 공유된 폴더에 모든 사람이 접근하도록 하는 것은 보안상 바람직하지 않다. 되도록 Windows Server에서 인증된 사용자 그룹인 Authenticated Users 그룹만 접근하도록 하는 것이 좋다. Authenticated Users 그룹으로 설정해 놓으면 Windows Server에서 생성한 사용자가 모두 접근할 수 있다.

FIRST ❶ 실습 3에서 만든 [교육장 정책]에 FIRST 가상머신의 공유 폴더가 네트워크 드라이브에 연결되도록 스크립트를 설정하자.

2-1 먼저 스크립트 파일을 작성하자. `Windows`+`R` 키를 누른 후 **notepad** 명령을 입력한다. 그리고 메모장을 실행해서 다음 내용을 입력한 후 C:\DataFiles\Connect.bat 파일로 저장하자.

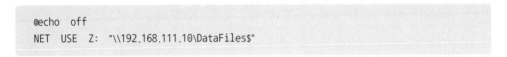

```
@echo off
NET USE Z: "\\192.168.111.10\DataFiles$"
```

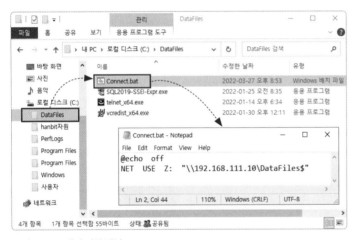

그림 16-30 배치 파일 작성

2-2 [서버 관리자]에서 [도구]–[그룹 정책 관리] 메뉴를 클릭해 실행한다. 그리고 왼쪽 화면에서 [도메인]–[hanbit.com]–[그룹 정책 개체]–[교육장 정책]을 선택하고 마우스 오른쪽 버튼을 클릭한 후 [편집]을 클릭한다.

2-3 [그룹 정책 관리 편집기] 창의 왼쪽 화면에서 [컴퓨터 구성]–[정책]–[관리 템플릿]–[시스템]–[로그온]을 선택하고 오른쪽의 [사용자 로그온할 때 다음 프로그램 실행]을 더블클릭한다.

2-4 [속성] 창에서 [표시] 버튼을 클릭하고 기존의 내용을 지운 후 '\\FIRST\DataFiles$\Connect.bat'를 입력하고 [확인] 버튼을 클릭한다(FIRST 가상머신의 NetBIOS 이름이 'FIRST'다. 만약 잘 안되면 FIRST 대신에 FIRST의 IP 주소인 192.168.111.10을 사용해도 된다). 다시 [확인] 버튼을 클릭해 설정을 마친다. [그룹 정책 관리 편집기]와 [그룹 정책 관리] 창을 닫는다.

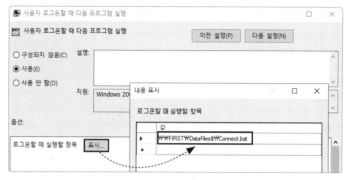

그림 16-31 '교육장 정책' GPO에 스크립트 파일 추가

Step 3

WINCLIENT ● 설정한 스크립트 그룹 정책이 잘 작동하는지 확인하자.

3-1 로그아웃하고 다시 안성기(skann@hanbit.com) 사용자로 로그온하자. [Open File] 메시지가 나오면 [Run] 버튼을 클릭한다. [파일 탐색기]에서 Z드라이브가 보이는지 확인하자.

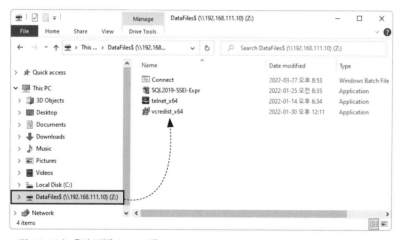

그림 16-32 '교육장 정책' GPO 적용

> **NOTE ▶** 만약 Edge가 자동 실행되고 나서 Z드라이브가 보이지 않으면 아직 변경된 그룹 정책이 업데이트되지 않은 것이다. 파워셸에서 **gpupdate /force** 명령을 실행한 후 로그아웃하고 다시 로그온한다.

3-2 다시 로그아웃하고 '마마무(mmma@hanbit.com)' 사용자도 Z드라이브가 잘 연결되는지 확인하자.

지금과 같은 방식으로 그룹 정책을 스크립트 파일로 작성한다면 대부분의 Windows 기능을 그룹 정책으로 적용시킬 수 있다.

16.2.5 그룹 정책 모델링 마법사

설정한 그룹 정책을 확인하기 위해서 '그룹 정책 모델링' 마법사를 사용할 수 있다. 그룹 정책 모델링 마법사는 보고서 형태의 결과를 제공해 줌으로써 정확하고 명료한 결과를 보여준다.

실습 5 ▶

그룹 정책 모델링 마법사를 사용하자.

Step 0

실습 4에 이어서 실습한다.

Step 1

FIRST ❶ hanbit.com 도메인에 그룹 정책을 보고서로 만들자.

1-1 [서버 관리자]에서 [도구]-[그룹 정책 관리] 메뉴를 클릭해 실행한다.

1-2 왼쪽 화면에서 [포리스트: hanbit.com]-[그룹 정책 모델링]을 선택한 후 마우스 오른쪽 버튼을 클릭하고 [그룹 정책 모델링 마법사]를 클릭한다.

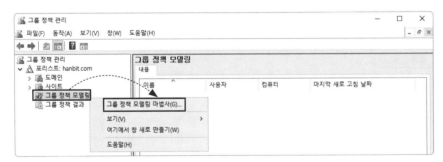

그림 16-33 그룹 정책 모델링 마법사 1

1-3 초기 화면에서 [다음] 버튼을 클릭한다.

1-4 [도메인 컨트롤러 선택]에서 'hanbit.com'을 선택하고 [다음] 버튼을 클릭한다.

그림 16-34 그룹 정책 모델링 마법사 2

1-5 [사용자 선택] 창에서 다음 그림과 같이 사용자를 선택하고 [찾아보기] 버튼을 클릭해 선택할 개체 이름에 'administrator'를 입력한 다음 [이름 확인] 버튼을 클릭한다. 그리고 [확인] 버튼을 누르면 '사용자'에 'HANBIT/Administrator'가 입력된다. 하단의 [컴퓨터 정보]에서도 마찬가지로 '컴퓨터'를 선택하고 [컴퓨터 선택] 창에서 선택할 개체 이름을 'WinClient'로 입력한 다음 [이름 확인]과 [확인] 버튼을 누르면 '컴퓨터'에 HANBIT/WINCLIENT'가 입력된다. 모든 설정을 완료하고 [다음] 버튼을 클릭한다.

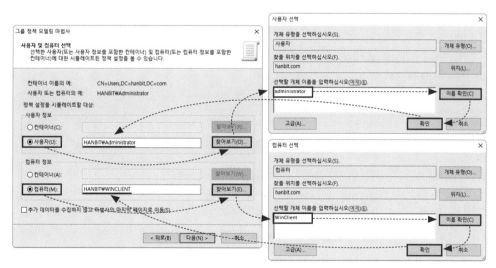

그림 16-35 그룹 정책 모델링 마법사 3

1-6 [고급 시뮬레이션 옵션]에서 [사이트]에 'Default-First-Site-Name'을 선택하고 [다음] 버튼을 클릭한다.

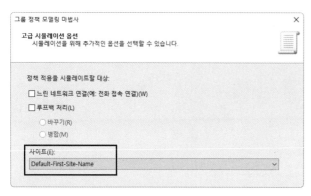

그림 16-36 그룹 정책 모델링 마법사 4

1-7 [대체 Active Directory 경로]는 기본값 그대로 두고 [다음] 버튼을 클릭한다.

그림 16-37 그룹 정책 모델링 마법사 5

1-8 [사용자 보안 그룹]에서 기본값 그대로 두고 [다음] 버튼을 클릭한다.

1-9 [컴퓨터 보안 그룹]에서 기본값 그대로 두고 [다음] 버튼을 클릭한다.

1-10 [사용자 WMI 필터]에서 기본값 그대로 두고 [다음] 버튼을 클릭한다.

1-11 [컴퓨터 WMI 필터]에서 기본값 그대로 두고 [다음] 버튼을 클릭한다.

1-12 [선택 내용 요약]에서 기본값 그대로 두고 [다음] 버튼을 클릭한다.

1-13 잠시 기다린 후 마법사가 완료되면 [마침] 버튼을 클릭한다.

FIRST ◉ 그룹 정책 모델링 결과를 확인하자.

2-1 결과 창의 [자세히] 탭을 클릭하고 아래쪽으로 약간 마우스 스크롤해서 [그룹 정책 개체]–[적용된 GPO]를 확인하면 **실습 4**에서 적용했던 [교육장 정책]을 확인할 수 있다. 우리는 그룹 정책을 몇 개 사용하지 않아서 별로 많지는 않지만, 실제로 그룹 정책을 많이 사용하면 여러 개의 그룹 정책이 일목요연하게 정리되어 있다.

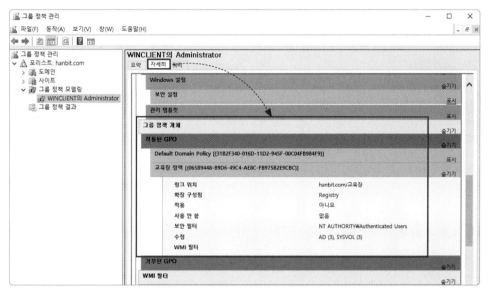

그림 16-38 그룹 정책 모델링 결과 1

2-2 필요하면 결과 창에서 마우스 오른쪽 버튼을 클릭하고 [보고서 저장]을 선택하면 HTML이나 XML 파일로 저장할 수 있다.

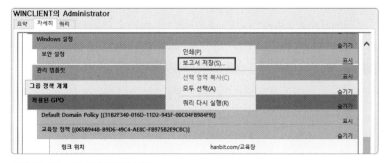

그림 16-39 그룹 정책 모델링 결과 2

2-3 저장된 HTML 파일은 Edge 등의 웹 브라우저에서 볼 수 있다.

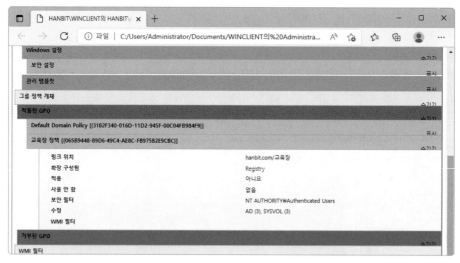

그림 16-40 Edge에서 그룹 정책 모델링 결과 확인

2-4 열려 있는 모든 창을 닫는다.

16.2.6 그룹 정책의 관리

설정한 그룹 정책은 만약을 대비해 백업하는 것이 좋다. 그리고 그룹 정책에 문제가 발생하면 백업한 그룹 정책을 다시 복원시키면 된다. 생성한 그룹 정책을 다른 도메인에 적용하려면 Starter GPO를 사용할 수 있으며, 더 간단하게는 복사/붙여넣기를 사용하는 방법도 있다.

NOTE ▶ Starter GPO는 템플릿이 되는 GPO라고 생각하면 된다. Starter GPO는 '*.cab' 확장명으로 저장되며 이 파일을 다른 도메인으로 가져가서 사용할 수 있다.

실습 6 ▶

그룹 정책을 백업 및 복원해 보고 생성한 그룹 정책을 다른 도메인 적용시켜 보자.

Step 0

실습 5에 이어서 한다.

0-1 FIRST, SECOND, WINCLIENT 3대의 가상머신이 부팅되어 있어야 한다.

FIRST ● 백업과 복원 방법을 사용해서 그룹 정책을 가져가자.

1-0 [서버 관리자]에서 [도구]-[그룹 정책 관리] 메뉴를 클릭해 실행한다.

1-1 왼쪽 화면의 [포리스트: hanbit.com]-[도메인]을 선택하고 마우스 오른쪽 버튼을 클릭한 후 [도메인 표시] 창에서 'second.hanbit.com'을 체크하고 [확인] 버튼을 클릭해서 도메인을 추가한다.

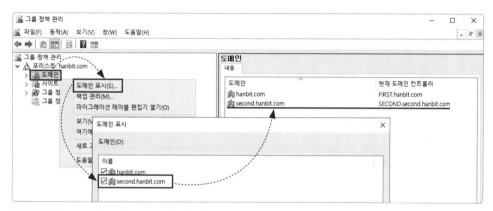

그림 16-41 second.hanbit.com 도메인 표시

1-2 왼쪽 화면에서 [도메인]-[hanbit.com]-[그룹 정책 개체]를 선택하고 오른쪽 화면에서 기존에 만들었던 정책들을 함께 선택한 후 마우스 오른쪽 버튼을 클릭하고 [백업]을 클릭한다.

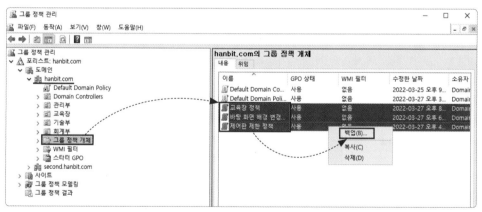

그림 16-42 그룹 정책 백업 1

1-3 백업할 폴더를 직접 입력하거나 선택한 후 [백업] 버튼을 클릭한다.

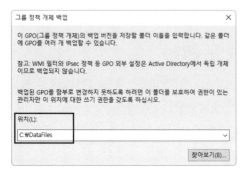

그림 16-43 그룹 정책 백업 2

1-4 잠시 백업이 진행된다. 백업이 완료되면 [확인] 버튼을 클릭해서 백업을 종료한다.

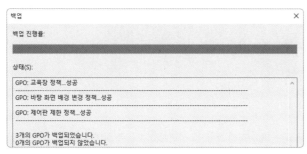

그림 16-44 그룹 정책 백업 3

Step 2 ───

FIRST ◐ 기존 정책을 삭제하고 백업된 폴더에서 복원시키자.

2-1 백업해 놓았던 3개의 정책을 선택하고 마우스 오른쪽 버튼을 클릭한 후 [삭제]를 선택한다. 경고 메시지가 나오면 [예]와 [확인] 버튼을 클릭해서 삭제를 마친다.

그림 16-45 그룹 정책 복원 1

2-2 다시 화면의 빈 곳에 마우스 오른쪽 버튼을 클릭하고 [백업 관리]를 선택한다.

그림 16-46 그룹 정책 복원 2

2-3 [백업 관리] 창에서 첫 번째 그룹 정책을 선택하고 [복원] 버튼을 클릭한 다음 [확인] 버튼을 클릭하면 복원이 된다.

그림 16-47 그룹 정책 복원 3

2-4 같은 방식으로 나머지 그룹 정책도 복원하고 [닫기] 버튼을 클릭하면 정상적으로 복원된 그룹 정책을 확인할 수 있다.

Step 3

FIRST ◉ 이번에는 hanbit.com 도메인의 그룹 정책을 second.hanbit.com 도메인에 복사하자.

3-1 왼쪽 화면의 [hanbit.com]-[그룹 정책 개체]를 클릭하고 오른쪽 화면에서 복사할 그룹 정책을 선택한 후 마우스 오른쪽 버튼을 클릭해서 [복사]를 선택한다.

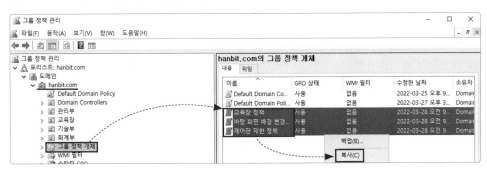

그림 16-48 그룹 정책을 다른 도메인에 복사 1

3-2 이번에는 왼쪽 화면의 [second.hanbit.com]-[그룹 정책 개체]를 선택한 후 마우스 오른쪽 버튼을 클릭하고 [붙여넣기]를 클릭한다.

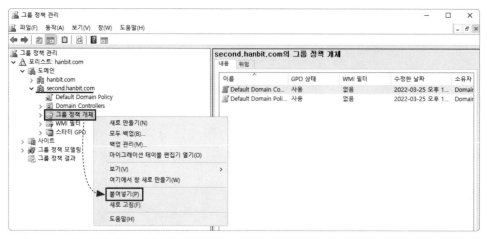

그림 16-49 그룹 정책을 다른 도메인에 복사 2

3-3 [도메인 간 복사 마법사 시작]에서 [다음] 버튼을 클릭한다.

3-4 [권한 지정]에서 기본값인 '새 GPO에 대한 기본 권한 사용'을 선택하고 [다음] 버튼을 클릭한다.

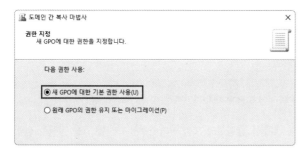

그림 16-50 그룹 정책을 다른 도메인에 복사 3

3-5 [원본 GPO 검사]에서 [다음] 버튼을 클릭한다.

3-6 마지막 창에서 [마침] 버튼을 클릭하면 복사가 진행된다. 복사가 완료되면 [확인] 버튼을 클릭해 복사된 그룹 정책을 확인할 수 있다. 이제 복사한 그룹 정책을 필요한 도메인 단위 또는 OU 단위에 적용해 사용하면 된다.

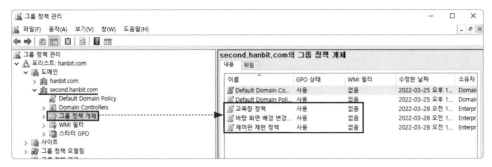

그림 16-51 그룹 정책을 다른 도메인에 복사한 결과

3-7 [그룹 정책 관리] 창을 닫는다.

16.2.7 폴더 리디렉션 그룹 정책

폴더 리디렉션Folder Redirection은 도메인의 사용자가 도메인 내의 어떤 컴퓨터에서 접속하든지 자신이 사용하던 폴더(주로 '내 문서' 폴더)가 그대로 보이도록 하는 것이다. 그러면 사용자는 어느 컴퓨터에서 접속하든지 자신의 컴퓨터로 착각하는 효과를 낼 수 있다. 폴더 리디렉션 그룹 정책은 다음의 사항을 고려해야 한다.

- 용량이 큰 파일은 바람직하지 않다.
- 도메인 사용자의 폴더는 도메인 서버에 저장되므로 서버 부하를 고려해야 한다.
- 폴더 리디렉션이 가능한 항목은 내 문서/어플리케이션 데이터/바탕 화면/시작 메뉴 등이 있다.

실습 7

폴더 리디렉션 그룹 정책을 사용해 보자.

Step 0

실습 6에 이어서 한다.

Step 1

FIRST ◐ 우선 도메인 사용자가 사용할 폴더를 생성하고 공유한다.

1-1 [파일 탐색기]에서 'C:\DomainUserFolder\' 폴더를 만든다.

1-2 C:\DomainUserFolder\ 폴더를 'DomainUserFolder$'로 숨김 공유하고 'Authenticated Users' 폴더에만 모든 권한을 준다(방법이 기억나지 않으면 **그림 16-29**를 참고한다).

그림 16-52 도메인 사용자가 사용할 폴더를 공유한 결과

Step 2

FIRST ◐ 폴더 리디렉션 정책을 만들고 관리부 OU에 적용시키자.

2-0 [서버 관리자]에서 [도구]-[그룹 정책 관리] 메뉴를 클릭해 실행한다.

2-1 왼쪽 화면의 [도메인]-[hanbit.com]-[그룹 정책 개체]를 선택하고 마우스 오른쪽 버튼을 클릭한 후 [새로 만들기]를 클릭한다. [새 GPO] 창에서 [이름]을 '폴더 리디렉션 정책'으로 입력하고 [확인] 버튼을 클릭한다.

2-2 생성된 [폴더 리디렉션 정책]을 선택한 후 마우스 오른쪽 버튼을 클릭하고 [편집] 버튼을 클릭한다.

2-3 [그룹 정책 관리 편집기] 창의 왼쪽 화면에서 [사용자 구성]-[정책]-[Windows 설정]-[폴더 리디렉션]을 선택하고 오른쪽 화면에서 [문서]를 선택하고 마우스 오른쪽 버튼을 클릭한 후 [속성]을 선택한다. 속성 창에서 [설정]을 '기본 - 모든 사용자의 폴더를 같은 위치로 리디렉션'으로 선택하고 [루트 경로]에 앞에서 공유한 '\\FIRST\DomainUserFolder$'를 입력하고 [확인] 버튼을 클릭한다. 경고 메시지가 나오면 [예] 버튼을 클릭한다.

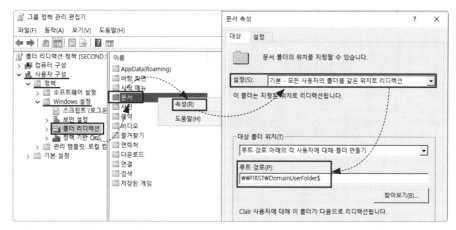

그림 16-53 폴더 리디렉션 설정

2-4 같은 방식으로 '바탕 화면'을 선택해서 설정하고 [그룹 정책 관리 편집기] 창을 닫는다.

NOTE▶ 필요하면 사진, 음악, 비디오 등을 폴더 리디렉션해도 되지만 많이 할수록 전반적인 Active Directory 성능은 나빠질 수 있다.

2-5 [그룹 정책 관리]의 왼쪽 화면에서 [도메인]–[hanbit.com]–[관리부]를 선택하고 마우스 오른쪽 버튼을 클릭한 후 [기존 GPO 연결]을 클릭한다. [GPO 선택] 창에서 방금 만든 '폴더 리디렉션 정책'을 선택하고 [확인] 버튼을 클릭한다. 이로써 폴더 리디렉션에 대한 그룹 정책의 설정은 모두 마쳤다. [그룹 정책 관리] 창을 닫는다.

Step 3

WINCLIENT ● 관리부 OU의 사용자인 '김국진(kjkim@hanbit.com)'과 '이경규(kklee@hanbit.com)' 사용자로 로그온해서 폴더 리디렉션 정책이 잘 적용되는지 확인하자.

3-1 우선 앞서의 사용자를 로그아웃한 다음 '김국진(kjkim@hanbit.com)' 사용자로 로그온한다(암호는 'p@ssw0rd'다).

NOTE▶ 만약 ' Your account has time restrictions that prevent you from signing in at this time.' 또는 '사용자 계정 제한(예시: 사용 시간 제한) 때문에 로그온할 수 없습니다.'라는 메시지가 나오고 로그온이 안 된다면 15장의 실습 1에서 로그온 시간을 9시~12시, 13시~18시로 제한했기 때문이다. 이를 해제하려면 FIRST 가상머신에서 [Active Directory 사용자 및 컴퓨터]의 왼쪽 화면에서 [관리부]를 선택하고 오른쪽 화면에서 '김국진'을 더블클릭한다. 그리고 [속성] 창에서 [계정] 탭을 클릭하고 [로그온 시간]–[모두]를 선택한 다음 오른쪽의 '허용된 로그온'을 체크하고 [확인] 버튼을 연속 클릭하면 시간 제한을 해제할 수 있다.

3-2 [파일 탐색기]를 열고 왼쪽 화면의 [This PC]–[Music]을 선택한 다음 마우스 오른쪽 버튼을 클릭한 후 [Properties]로 확인하면 'C:\Users\kjkim\Music' 폴더를 확인할 수 있다. 'Music' 폴더는 폴더 리디렉션을 하지 않았으므로 원래의 위치에 존재한다.

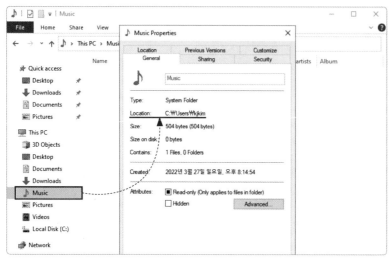

그림 16-54 폴더 리디렉션이 안 된 폴더

3-3 이번에는 'Documents' 폴더 또는 'Desktop' 폴더의 속성을 확인해 보자. 경로가 공유된 서버의 폴더임을 확인할 수 있다.

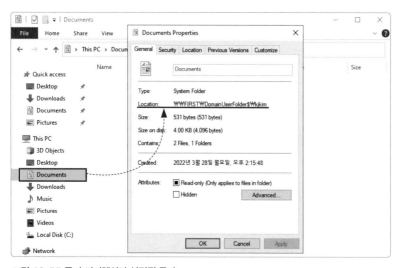

그림 16-55 폴더 리디렉션이 설정된 폴더

3-4 Documents 폴더에서 마우스 오른쪽 버튼을 클릭하고 [New]–[Text Document]를 선택해 연습 파일을 만들어 보자. 잠시 후에 다른 컴퓨터에서 김국진 사용자로 로그온하고 연습 파일로 폴더 리디렉션이 잘 되는지 확인해 보겠다.

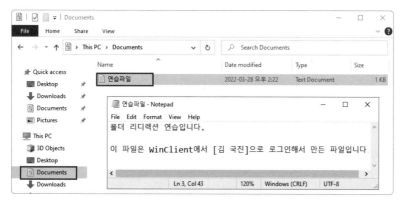

그림 16-56 폴더 리디렉션이 설정된 폴더에 파일 생성

Step 4

FIRST ○ 폴더 리디렉션 공유 폴더를 확인해 보자.

4-1 [파일 탐색기]에서 'C:\DomainUserFolder\'를 확인하면 조금 전의 김국진(kjkim) 사용자의 'Desktop' 폴더와 'Documents' 폴더를 확인할 수 있다.

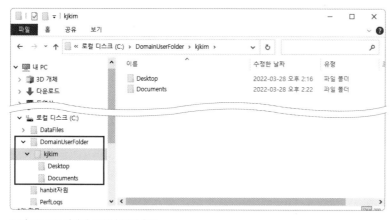

그림 16-57 서버의 공유된 폴더 확인

NOTE ▶ 김국진(kjkim) 사용자의 Desktop 폴더를 클릭하면 접근은 거부된다. Administrator 권한의 사용자도 공유된 도메인 사용자의 폴더에는 접근할 수 없다.

WINCLIENT ● 다른 사용자로 로그온해 보자.

5-1 로그아웃하고 '이경규(kklee@hanbit.com)' 사용자로 로그온하자.

5-2 김국진 사용자와 동일하게 폴더 리디렉션이 되어 있을 것이다. 직접 확인해 보자.

FIRST ● 'C:\DomainUserFolder\' 폴더를 확인하면 이제는 이경규(kklee) 사용자의 폴더도 확인할 수 있다.

앞으로는 도메인 안의 어느 클라이언트 접속해도 로그온해도 김국진 사용자와 이경규 사용자는 자신의 컴퓨터에서 작업하는 효과를 낼 수 있을 것이다.

이상으로 그룹 정책에 대한 실습을 모두 마치겠다. 그룹 정책은 좀 복잡하게 느껴졌을 수도 있으나, Active Directory 도메인 전체를 관리자가 제어하고 관리하기 위한 좋은 방법이므로 잘 알아두도록 하자.

Chapter

17

▶ 파일 서버

17장에서는 회사에서 사용할 공통된 저장소 역할을 하는 파일 서버를 구축하는 방법을 학습한다. Windows Server에서 파일 서버를 구축하는 방식에 대해 알아보고 각각의 장단점을 살펴본다.

학습목표

✔

**이 장의
핵심 개념**

- NTFS 파일 시스템의 퍼미션과 공유 폴더를 활용한 파일 서버를 구축한다.

- 사용량이 제한되는 NTFS 쿼터에 대해 학습한다.

- 분산 파일 시스템을 활용한 파일 서버를 구축한다.

- FSRM을 활용한 파일 서버를 구축한다.

- FSRM의 할당량 초과 시 보고서 생성 기능을 실습한다.

✔

**이 장의
학습 흐름**

> 공유 폴더와 NTFS 퍼미션을 사용한 파일 서버 구축

▼

> NTFS 쿼터의 이해와 실습

▼

> 분산 파일 시스템의 이해와 파일 서버 구축

▼

> FSRM의 이해와 파일 서버 구축

▼

> FSRM에서 보고서 생성 실습

17.1 공유 폴더를 이용한 파일 서버 구축

17.1.1 파일 서버 개요

서버 컴퓨터를 운영할 때 중요하게 사용하는 기능 중 하나가 바로 '파일 서버'다. 파일 서버는 이름 그대로 회사에서 사용하는 파일들을 모아 놓은 서버 컴퓨터를 말한다. 처음에는 단순히 파일을 모아 놓는 용도로 사용하였으나, 지금은 그 용도가 많이 발전 및 확장되었다. Windows Server에서 파일 서버를 구현하기 위한 구체적인 방법으로 공유 폴더, DFS 폴더, NTFS 공유 폴더, FSRM 등이다. 각각의 방법은 장단점이 있으며, 가장 좋은 방법이 있다기보다는 필요한 상황에 따라 적절한 방법을 활용하는 것이 좋다. 파일 서버를 구축하기 위한 몇 가지 방법을 알아보고 직접 실습해 보자.

17.1.2 NTFS 파일 시스템

Windows에서 사용되는 파일 시스템은 FAT, FAT32, NTFS, ReFS 4가지가 있는데, FAT 및 FAT32는 이전 Windows (Windows 95나 98 등)에서 주로 사용되는 파일 시스템이다. 물론 지금도 지원은 가능하지만, 현재 이 파일 시스템은 일부 USB 플래시 메모리 등에 국한되어 사용된다. 그리고 Windows NT 4.0 이후에는 NTFS 파일 시스템을 주로 사용하며, NTFS는 기존 파일 시스템이 제공하지 않았던 다음과 같은 장점을 제공해 준다.

NOTE ▶ Windows Server 2012부터 ReFS 파일 시스템이 제공된다. ReFS에 대한 내용은 265쪽 5장 '여기서 잠깐 Windows에서 지원하는 파일 시스템'에서 살펴봤다.

- 기존 파일 시스템보다 작은 클러스터의 크기를 사용해 디스크 공간을 더 효율적으로 사용한다.
- 자체적인 투명한 압축 기능을 사용할 수 있다.
- 파일 시스템의 암호화를 지원한다(파일 암호화는 4장 **실습 5**에서 다뤘다).
- NTFS 퍼미션을 사용해서 파일, 폴더 등에 접근 권한을 사용자별로 설정할 수 있다.
- NTFS 쿼터를 사용할 수 있다.

NOTE ▶ 여기서 이야기하는 클러스터(Cluster)는 디스크에 파일을 저장하는 논리적 단위를 말한다.

Microsoft는 1990년대 초에 새로운 운영체제를 발표했으며 이를 NT(New Technology)라고 명명했다. 일부에서는 지금도 Windows NT 4.0, 2000, XP, Vista, 7, 8, 8.1, 10, 11 및 Windows Server 2003, 2008, 2008 R2, 2012, 2012 R2, 2016, 2019, 2022를 통틀어 'Windows NT' 또는 그냥 'NT'라고 부르기도 한다. 그리고 이 NT에서 사용되는 파일 시스템을 NTFS(NT File System)이라고 명명하게 되었다. 지금의 Windows에도 Windows 9x(95, 98, ME)에서 사용되던 FAT32 파일 시스템을 사용할 수 있으나, 이 경우 Windows의 기능이 대폭 제한되며 일부 응용 프로그램은 아예 설치되지 않을 수도 있다. 비교하자면 요즘의 Windows에 FAT32 파일 시스템을 사용하는 것은 '자동차에 자전거 바퀴를 달고 운전한다' 정도로 볼 수 있다. 즉, 자동차의 빠른 속도나 힘을 제대로 사용하기 어렵다는 것이다. 요즘의 Windows는 사용자가 변경하지 않는 이상 기본값으로 NTFS 파일 시스템을 사용하며, 필요하다면 Windows Server 2012부터 지원하는 ReFS 파일 시스템을 사용하면 된다. 단, ReFS 파일 시스템은 부팅을 지원하지 않으므로 부팅 장치는 꼭 NTFS를 사용해야 한다. 또한 ReFS 파일 시스템은 **실습 2**에서 사용할 NTFS 쿼터를 지원하지 않는다.

NTFS 쿼터는 사용자마다 사용할 수 있는 디스크 공간 크기를 제한하는 기능이다. 해당 기능은 실습에서 확인해 보자.

17.1.3 공유 폴더와 NTFS 퍼미션 실습

실습 1

공유 폴더와 NTFS 퍼미션을 통해서 파일 서버를 구축하자.

Step 0

이번 실습은 14장에서 완료한 Active Directory 환경에서 FIRST와 WINCLIENT 가상머신을 사용한다.

0-1 VMware Workstation Pro를 실행해 FIRST와 WINCLIENT 가상머신을 [Active Directory 구성 완료] 스냅숏으로 되돌려 놓자.

0-2 VMware Workstation Pro를 종료한다.

0-3 FIRST ◑ 이번에는 VMware Player를 실행해 FIRST 가상머신에서 'HANBIT\Administrator'로 로그온한다(암호는 'p@ssw0rd1'다).

0-4 FIRST ❍ 15장 **실습 1**을 참고해 [예능부] OU를 만들고 그 안에 '아이유(iyou@hanbit.com)'와 '임영웅(hero@hanbit.com)' 사용자를 생성하자.

0-5 WINCLIENT ❍ VMware Player를 하나 더 실행해 WINCLIENT 가상머신에서 'WINCLIENT\Administrator'로 로그온한다(암호는 'p@ssw0rd'다).

Step 1

FIRST ❍ NTFS 퍼미션을 실습하자.

1-1 [파일 탐색기]에서 C:\NTFS_Permission\ 폴더를 만들고 Authenticated Users 그룹에 모든 권한을 'NTFS_Permission' 이름으로 공유하자(방법이 기억나지 않으면 4장의 **실습 7 Step 4**를 참고한다).

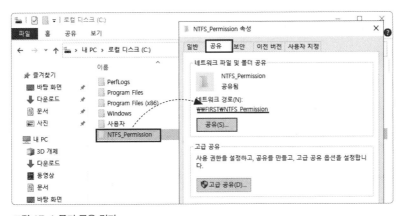

그림 17-1 폴더 공유 결과

1-2 C:\NTFS_Permission\ 폴더 아래 '아이유전용', '임영웅전용', '공통폴더' 이름의 폴더 3개를 만든다.

그림 17-2 테스트용 폴더 생성

1-3 '임영웅전용' 폴더에 임영웅(hero@hanbit.com) 사용자만 접근할 수 있도록 설정하자.

1-4 [파일 탐색기]에서 'C:\NTFS_Permission\임영웅전용\' 폴더를 선택하고 마우스 오른쪽 버튼을 클릭한 후 [속성]을 선택한다.

1-5 [속성] 창에서 [보안] 탭을 선택하고 [고급] 버튼을 클릭한다. 다시 [사용 권한] 탭에서 [상속 사용 안함] 버튼을 클릭한 후 경고 메시지가 나오면 [이 개체에서 상속된 사용 권한을 모두 제거합니다.]를 선택한다. 이렇게 하면 [사용 권한] 항목에 사용자가 모두 삭제된다.

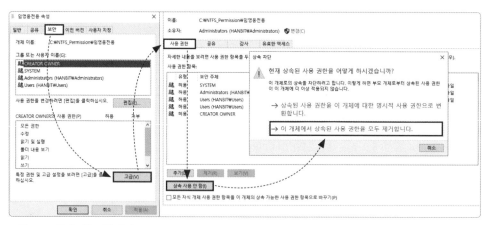

그림 17-3 폴더 사용 권한 설정 1

1-6 이번에는 왼쪽 아래 [추가] 버튼을 클릭해 권한을 추가해 보겠다. [권한 항목] 창이 나오면 '보안 주체 선택'을 선택하고 [선택할 개체 이름을 입력하십시오]에 임영웅의 계정인 'hero'를 입력한 후 [이름 확인]과 [확인] 버튼을 클릭한다. [기본 권한]에는 '모든 권한'을 체크하고 [확인] 버튼을 클릭한다. 다시 [확인] 버튼을 연속으로 클릭하면 설정이 완료된다.

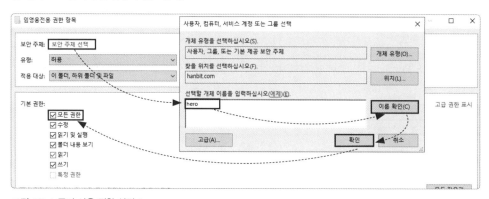

그림 17-4 폴더 사용 권한 설정 2

1-7 이번에는 '아이유전용' 폴더에 아이유(iyou@hanbit.com) 사용자만 접근할 수 있도록 설정하자 (**1-3~1-6**과 동일하게 설정하되 '임영웅(hero)' 대신 '아이유(iyou)'로 설정하면 된다).

이로써 폴더의 사용 권한 설정을 모두 마쳤다. 정리하면 C:\NTFS_Permission\ 폴더 아래 '공통폴더'는 인증된 사용자라면 누구나 사용할 수 있으며, '임영웅전용' 폴더는 임영웅(hero@hanbit.com) 사용자만, '아이유전용' 폴더는 아이유(iyou@hanbit.com) 사용자만 접근이 가능하다.

1-8 [임영웅전용] 또는 [아이유전용] 폴더를 클릭하면 Administrator 사용자도 접근 권한이 제한된다([계속] 버튼을 클릭하면 목록 보기는 가능하다).

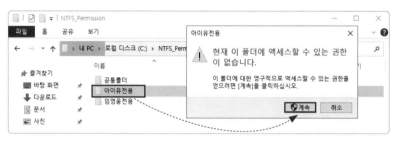

그림 17-5 폴더 접근

Step 2

WINCLIENT ○ 공유한 폴더에 접속해서 NTFS 퍼미션을 확인하자.

2-1 기존 계정을 로그아웃한 다음 임영웅(hero@hanbit.com) 사용자로 로그온한다(암호는 'p@ssw0rd'이다).

2-2 [파일 탐색기]를 실행하고 주소 칸에 '\\FIRST\NTFS_Permission'을 입력해 공유 폴더에 접속한다.

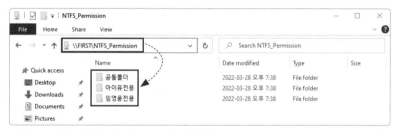

그림 17-6 공유 폴더에 접속해 NTFS 퍼미션 확인 1

2-3 3개의 폴더에 각각 들어가서 마우스 오른쪽 버튼을 클릭하고 [New]–[Text Document]를 선택한 다음 파일 이름을 '임영웅파일.txt'로 생성한다. 그리고 파일 내용에 아무 글자나 적어서 저장하자. 그러나 '아이유전용' 폴더는 아예 접근하지 못할 것이다. 이 폴더는 아이유(iyou@hanbit.com) 사용자에게만 접근 권한을 줬기 때문이다.

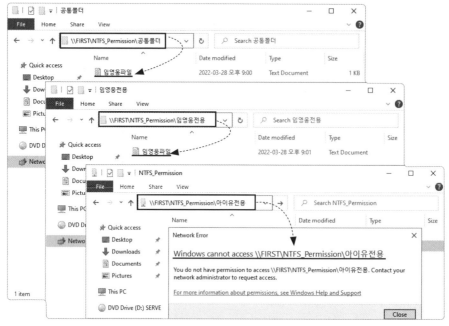

그림 17-7 공유 폴더에 접속해 NTFS 퍼미션 확인 2

2-4 로그아웃하고 이번에는 '아이유(iyou@hanbit.com)' 사용자로 로그온한다.

2-5 실습 **2-3**과 동일한 방식으로 세 폴더에 마우스 오른쪽 버튼을 클릭하고 [New]−[Bitmap Image]를 선택해 파일 이름을 '아이유파일.bmp'로 생성한다(그러나 역시 '임영웅전용' 폴더에는 접근할 수 없다).

2-6 이번에는 '공통폴더'의 '임영웅파일.txt'를 더블클릭해서 열어보자. 현재 사용자는 아이유이지만 '임영웅파일.txt'가 열리는 것을 확인할 수 있다.

그림 17-8 공유 폴더에 접속해 NTFS 퍼미션 확인 3

2-7 이번에는 '임영웅파일.txt'를 삭제해 보자. 액세스가 거부된다는 대화상자가 나온다. 예상했겠지만, '아이유'는 해당 파일을 읽을 권한만 있으며, 삭제하거나 수정할 권한은 없기 때문이다. [Cancel] 버튼을 누른다.

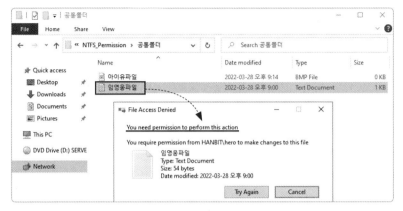

그림 17-9 공유 폴더에 접속해 NTFS 퍼미션 확인 4

2-8 권한 설정을 확인하자. 공통폴더의 '임영웅파일.txt'를 선택한 후 마우스 오른쪽 버튼을 클릭하고 [Properties]를 선택한다. [Properties] 창에서 [Security] 탭을 선택하고 [Advanced] 버튼을 클릭하면 [Owner]가 '임영웅(hero@hanbit.com)'인 것을 확인할 수 있다. 또한 Users (HANBIT\Users) 그룹에는 'Read & execute'만 허용되어 있음을 확인할 수 있다. 다음 내용을 확인했으면 모두 [Cancel] 버튼을 눌러 창을 닫는다.

그림 17-10 공유 폴더에 접속해 NTFS 퍼미션 확인 5

즉, '임영웅파일.txt'는 '임영웅(hero@hanbit.com)'이 소유자이므로 당연히 소유자 맘대로 모든 작업을 할 수 있고 '아이유(iyou@hanbit.com)' 사용자는 Users 그룹에 소속되어 있으므로 이 파일을 읽기 및 실행만 할 수 있다.

앞으로 파일을 보관할 때 임영웅은 '임영웅전용'을, 아이유는 '아이유전용'을 사용하면 다른 사용자는 접근하지 못하며 자신의 폴더를 자신만 사용할 수 있도록 안전하게 보관할 수 있다. 또한 다른 사용자에게 파일을 읽기 전용으로 허용하려면 '공통폴더'에 넣으면 된다. 이러한 방식이 이 공유 폴더와 NTFS 퍼미션을 이용한 파일 서버 구축 방식이다.

NOTE▶ 지금 폴더에 설정된 것은 절대적인 것이 아니며, FIRST 폴더에서 필요에 따라 변경할 수 있다. 예시로 '공통폴더'의 내용을 모든 사용자에게 읽기/쓰기를 허용하도록 폴더 사용 권한을 변경할 수 있다. 이러한 변경은 Administrator가 작업하면 된다.

17.1.4 NTFS 쿼터

폴더 공유와 NTFS 퍼미션을 이용해서 파일 서버를 구축하는 것은 그리 어렵지 않았다. 그런데 임영웅 또는 아이유 사용자가 고의나 실수로 엄청나게 많은 용량의 데이터를 복사하면 어떻게 될까? 심각한 경우에는 파일 서버(FIRST)의 용량을 모두 차지해서 시스템에 심각한 문제를 일으킬 수도 있다. 이것을 방지하기 위한 것이 NTFS 쿼터^{Quota}(할당량)이다. 즉, 사용자에게 디스크 사용량의 제한을 둠으로써 방금 설명한 위험한 상황이 발생하지 않도록 할 수 있다. NTFS 쿼터는 볼륨(또는 파티션)단위로 설정할 수 있다. 직접 실습을 통해 이해해 보자.

실습 2 ▶

NTFS 쿼터를 사용해서 사용자의 디스크 사용량을 제한하자.

Step 0

실습 1에 이어서 한다.

Step 1

FIRST ◉ C드라이브에 NTFS 쿼터를 설정하자.

1-1 [파일 탐색기]에서 [로컬 디스크(C:)]를 선택하고 마우스 오른쪽 버튼을 클릭한 후 [속성]을 선택한다.

1-2 [속성] 창에서 [할당량] 탭을 클릭하고 '할당량 관리 사용'과 '할당량 한도를 넘은 사용자에게 디스크 공간 주지 않음'을 체크한다. 또한 [이 볼륨의 새 사용자에 대한 기본 할당량 한도 선택]에서 [디스크 공간을 다음으로 제한]을 선택하고 '100MB'로 설정한다. [경고 수준을 다음으로 설정]은 '70MB'로 설정하자. [적용]

버튼을 클릭하고 대화상자가 나오면 [확인] 버튼을 클릭한다.

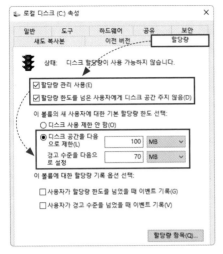

그림 17-11 NTFS 쿼터 설정 1

NOTE▶ 앞서의 내용은 100MB 할당량을 초과하는 사용자는 디스크 공간을 더 이상 사용할 수 없도록 제한하고 70MB가 넘으면 경고 수준으로 설정한 것이다. 그런데 이는 앞으로 새로 디스크를 사용하는 경우에 대한 내용이며, 기존 디스크의 사용량이 이미 100MB가 넘는다고 해서 사용자의 파일을 지우지는 않는다. 또한 사용자별로 할당량을 각각 지정해 줄 수도 있다. 그러나 관리자 그룹인 Administrators의 할당량은 제한할 수 없다.

1-3 [할당량 항목]을 선택하면 현재 Administrator 사용자는 제한 없이 사용하고 있음을 알 수 있으며, 아이유와 임영웅은 100MB 할당량 제한을 받고 있음을 확인할 수 있다.

그림 17-12 NTFS 쿼터 설정 2

NOTE▶ TrustedInstaller, SYSTEM 등의 시스템 사용자는 신경 쓰지 않아도 된다.

1-4 아이유 사용자에게 새로운 할당량을 설정하기 위해 [아이유]에서 마우스 오른쪽 버튼을 클릭한 후 [속성]을 클릭해서 [할당량 설정] 창을 열자. 그리고 [디스크 공간을 다음으로 제한]은 '10MB' [경고 수준을 다음으로 설정]은 '7MB'로 설정하고 [확인] 버튼을 클릭하면 설정된 내용을 확인할 수 있다.

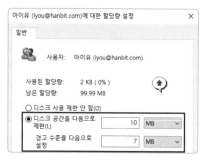

그림 17-13 NTFS 쿼터 설정 3

1-5 [(C:)에 대한 할당량 항목] 창을 닫고 [속성] 창에서 [확인] 버튼을 클릭한다.

Step 2

WINCLIENT ◉ 할당량을 넘게 사용하면 어떻게 되는지 확인하자.

2-1 앞서의 사용자는 로그아웃하고 '아이유(iyou@hanbit.com)' 사용자로 다시 로그온한다.

2-2 [파일 탐색기]에서 '\\FIRST\NTFS_Permission\아이유전용\' 폴더에 적당한 크기의 파일을 여러 번 복사해 어떤 현상이 나타나는지 확인하자(필자는 C:\Windows\System32\WMVCORE.DLL 파일을 복사했으며, 약 2.16MB를 사용했다). 필자는 5번째 복사할 때 공간이 부족하다는 메시지가 나오고 더 이상 복사되지 않았다. 즉, 할당된 10MB를 넘을 수 없음을 확인했다.

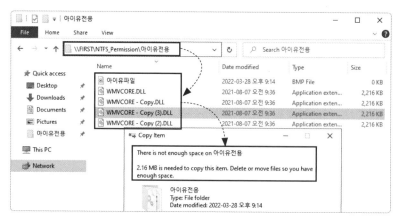

그림 17-14 NTFS 쿼터 설정 테스트 1

2-3 아이유 사용자를 로그아웃하고 '임영웅(hero@hanbit.com)' 사용자로 로그온한다. 임영웅 사용자는 할당량 제한을 별도로 설정하지 않았었다.

2-4 [파일 탐색기]에서 '\\FIRST\NTFS_Permission\임영웅전용\' 폴더에 100MB 이상의 데이터를 복사해 보자. 필자는 C:\Program Files\Common Files\microsoft shared\ 폴더(약 28MB)를 통째로 4번 복사했다. 세 번째까지는 복사가 되었으나, 네 번째 부터 파일의 일부가 복사되다가 오류가 발생했다. 즉, 특별히 지정하지 않은 사용자라면 전체에 대한 할당량인 **그림 17-11**에서 지정한 100MB 한도가 설정된 것이다.

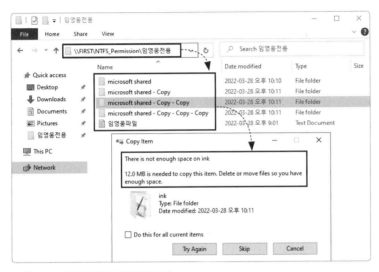

그림 17-15 NTFS 쿼터 설정 테스트 2

NOTE▶ 만약 임영웅 사용자가 NTFS 쿼터를 설정하기 전에 이미 100MB 이상의 디스크 공간을 사용하고 있었다면 더 이상 추가할 수 없을 뿐, 기존의 100MB 넘는 파일이 삭제되지는 않는다.

Step 3

FIRST ◉ 여러 명의 사용자가 사용하는 공간을 확인해 보자.

3-1 [파일 탐색기]에서 C드라이브를 선택하고 마우스 오른쪽 버튼을 클릭한 후 [속성]을 선택한다.

3-2 [할당량] 탭을 클릭하고 [할당량 항목]을 선택해 사용자별로 할당된 내용을 살펴보면 임영웅과 아이유는 경고 수준을 넘은 것을 파악할 수 있다. 그리고 한도 초과가 된 시스템 사용자가 보이는데, 이 사용자들의 할당량도 100M지만 사용된 양은 그보다 훨씬 큰 것을 알 수 있다. NTFS 쿼터를 설정하기 이전에 사용하던 데이터는 그대로 두기 때문이다.

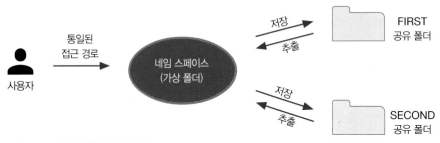

그림 17-16 NTFS 쿼터 사용량 확인

3-3 NTFS 쿼터 설정을 해제하자. [(C:)에 대한 할당량 항목] 창을 닫고 [할당량] 탭에서 '할당량 관리 사용' 체크를 끈 다음 [확인] 버튼을 클릭하자. 경고 메시지가 나와도 무시하고 [확인] 버튼을 클릭한다.

17.2 분산 파일 시스템을 이용한 파일 서버 구축

17.2.1 분산 파일 시스템 개요

분산 파일 시스템Distributed File System(DFS)은 여러 대의 컴퓨터에 분산된 공유 폴더를 하나로 묶어서 마치 하나의 폴더인 것처럼 사용할 수 있다. 분산 파일 시스템을 사용하면 사용자들은 네트워크상 여러 대의 공유 폴더를 찾아서 헤맬 필요가 없으며 한 곳으로 집중해서 사용할 수 있는 장점이 있다.

분산 파일 시스템에서는 여러 가지 용어가 나오는데 그중 '네임스페이스Namespace'의 이해가 필요하다. 네임스페이스는 여러 개의 공유 폴더에 대해서 가상의 폴더를 제공하는 개념이다. 다음 그림을 보면 사용자는 네임스페이스에만 접근하면 되고 그 안에서 각 컴퓨터의 공유 폴더로 연계된다.

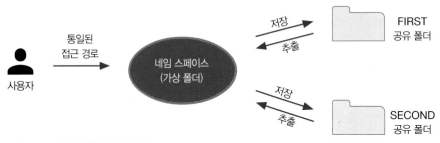

그림 17-17 분산 파일 시스템 개념도

분산 파일 시스템 구현은 별로 어렵지 않으니 직접 실습을 통해 익혀보자.

NOTE▶ 분산 파일 시스템을 구현하기 위해서 꼭 Active Directory 환경일 필요는 없다. 독립 실행형 서버에서도 가능하다.

17.2.2 분산 파일 시스템 구현

실습 3 ▶

분산 파일 시스템을 이용해서 파일 서버를 구축하자.

Step 0

이번 실습은 Active Directory 환경의 FIRST, SECOND, WINCLIENT 가상머신을 사용하며 **실습 2**에 이어서 진행한다.

0-1 SECOND ⊙ VMware Workstation Pro를 실행해 SECOND를 [Active Directory 구성 완료] 스냅숏으로 되돌려 놓자.

0-2 SECOND ⊙ SECOND를 부팅하고 Administrator(암호는 'p@ssw0rd2'다)로 로그온한다.

Step 1

분산 파일 시스템에서 사용할 공유 폴더를 만들자.

1-1 FIRST ⊙ [파일 탐색기]에서 'C:\FIRST_Share\' 폴더를 만들고 폴더 이름과 동일한 이름인 'FIRST_Share'로 공유하자. 그리고 Authenticated Users 그룹에 모든 권한을 부여한다(방법이 기억나지 않으면 4장 **실습 7**의 **Step 4**를 참고한다). 그리고 C:\FIRST_Share\ 폴더에 아무 파일을 몇 개 복사해 놓자.

1-2 SECOND ⊙ 1-1과 같은 방식으로 'C:\SECOND_Share\' 폴더를 생성하고 공유한다. 그리고 C:\SECOND_Share\ 폴더에 아무 파일을 몇 개 복사해 놓자.

Step 2

SECOND ⊙ 분산 파일 시스템은 SECOND 가상머신에 설치하고 구성하자.

2-1 [서버 관리자]를 실행하고 [관리]−[역할 및 기능 추가] 메뉴를 클릭해 실행한다. [시작하기 전], [설치

유형 선택], [대상 서버 선택]에서 모두 기본값 그대로 두고 [다음] 버튼을 클릭한다.

2-2 [서버 역할 선택]에서 [File and Storage Services]–[File and iSCSI Services]를 선택하고 'DFS Namespaces'와 'DFS Replication'을 체크한다. 기능을 추가하는 창이 나오면 [기능 추가] 버튼을 클릭한다. [다음]을 클릭한다.

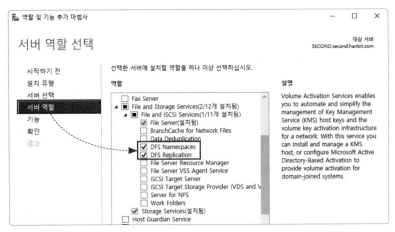

그림 17-18 분산 파일 시스템 설치

2-3 [기능 선택]에서 기본값 그대로 두고 [다음] 버튼을 클릭한다.

2-4 [선택 확인]에서 [설치] 버튼을 클릭한다. 설치가 완료되면 [닫기] 버튼을 클릭해서 설치 마법사를 닫는다.

2-5 [서버 관리자] 창에서 [도구]–[DFS 관리]를 메뉴를 클릭한다.

2-6 [DFS 관리] 창에서 왼쪽 화면의 [네임스페이스]에서 마우스 오른쪽 버튼을 클릭한 후 [새 네임스페이스]를 클릭한다.

그림 17-19 분산 파일 시스템 구성 1

2-7 [새 네임스페이스 마법사] 창이 나오면 [네임스페이스 서버]에서 [서버]에 'SECOND'를 입력하고 [다음] 버튼을 클릭한다. 지금은 SECOND를 DFS 서버로 구성하고 있다.

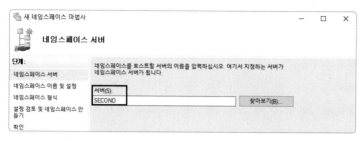

그림 17-20 분산 파일 시스템 구성 2

2-8 [네임스페이스 이름 및 설정]에서 [이름]에 'DFS_FileServer'를 입력하고 [다음] 버튼을 클릭한다(네임 스페이스 이름은 DFS에 사용자가 접근할 '가상 폴더'라고 생각하면 된다. **그림 17-17**에서 확인 할 수 있다).

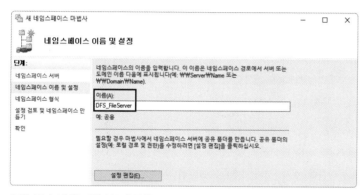

그림 17-21 분산 파일 시스템 구성 3

2-9 [네임스페이스 형식]에서 현재 실습은 Active Directory 환경이므로 기본값인 [도메인 기반 네임스페 이스]를 체크한 상태에서 [Windows Server 2008 모드 사용]을 체크하고 [다음] 버튼을 클릭한다. 네임스 페이스의 접속 경로는 '\\second.hanbit.com\DFS_FileServer'이다.

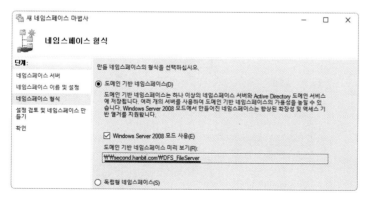

그림 17-22 분산 파일 시스템 구성 4

2-10 [설정 검토 및 네임스페이스 만들기]에서 [만들기] 버튼을 클릭하면 네임스페이스가 만들어진다. [상태]가 '성공'으로 바뀐 것을 확인했으면 [닫기] 버튼을 클릭한다.

Step 3

SECOND ◉ 추가된 네임스페이스에 **그림 17-17**의 오른쪽 2개 공유 폴더를 추가하자.

3-1 [DFS 관리] 창의 왼쪽 화면에서 [\\second.hanbit.com\DFS_FileServer]를 선택하고 마우스 오른쪽 버튼을 클릭한 후 [새 폴더]를 클릭한다.

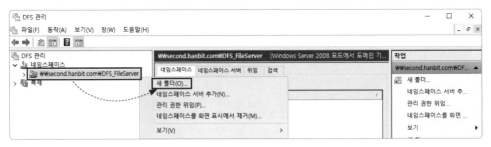

그림 17-23 네임스페이스에 공유 폴더 추가 1

3-2 [새 폴더] 창에서 [이름]을 'SECOND_Share'로 입력한 후 [추가] 버튼을 클릭한다. [폴더 대상 추가] 창이 나오면 [찾아보기] 버튼을 클릭한다. 현재 [서버]가 'SECOND'인 상태에서 [공유 폴더 표시] 버튼을 클릭하면 [공유 폴더]에 공유된 폴더들이 보인다. 그중에서 조금 전에 만든 'SECOND_Share'를 선택하고 [확인] 버튼을 클릭한다. 다시 [확인] 버튼을 클릭하면 [폴더 대상 경로]에 '\\SECOND\SECOND_Share'가 추가된 것을 확인할 수 있다. [확인] 버튼을 클릭한다.

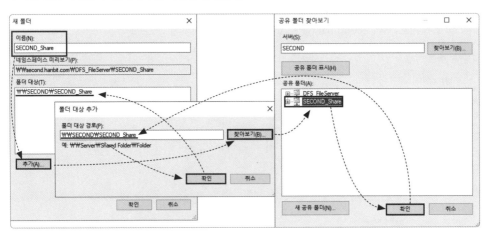

그림 17-24 네임스페이스에 공유 폴더 추가 2

3-3 다시 [DFS 관리] 창의 왼쪽 화면에서 [\\second.hanbit.com\DFS_FileServer]를 선택하고 마우스 오른쪽 버튼을 클릭한 후 [새 폴더]를 선택한다. 이번에는 [새 폴더] 창에서 [이름]을 'FIRST_Share'로 입력한 후 [추가] 버튼을 클릭한 다음 [찾아보기] 버튼을 클릭한다. [공유 폴더 찾아보기] 창에서 [서버]에 'FIRST'를 입력하고 [공유 폴더 표시]를 클릭하면 [공유 폴더]에 공유된 폴더들이 보인다. 그중에서 조금 전에 만든 'First_Share'를 선택하고 [확인] 버튼을 클릭한 후 다시 [확인] 버튼을 연속 클릭한다.

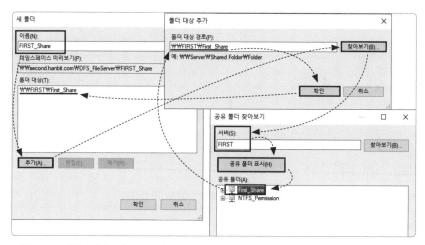

그림 17-25 네임스페이스에 공유 폴더 추가 3

3-4 최종적으로 [DFS 관리] 창에서 공유한 폴더를 확인할 수 있다. 이제 **그림 17-17**과 같은 구성을 완성했다. [DFS 관리] 창을 닫자.

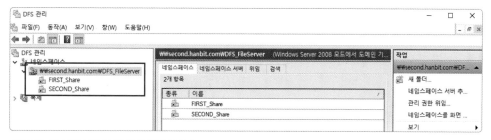

그림 17-26 네임스페이스에 공유 폴더 추가 4

Step 4

───

WINCLIENT ◐ DFS 서버로 구성된 파일 서버를 사용해 보자.

4-1 '아이유(iyou@hanbit.com)' 사용자로 로그온한다.

4-2 [파일 탐색기]에서 DFS의 네임스페이스인 '\\second.hanbit.com\DFS_FileServer(또는 \\SECOND\DFS_FileServer)' 파일에 접속한다. 공유된 폴더들을 확인할 수 있다.

그림 17-27 DFS 파일 서버 접속

이제는 어느 사용자든 DFS 서버를 통해서 파일 서버를 사용할 수 있다. 즉, 흩어져 있는 각 서버의 공유 폴더를 찾아서 접속하지 않고도 공통된 네임스페이스인 '\\second.hanbit.com\DFS_FileServer\'에 접속해서 사용하면 된다.

4-3 각 폴더에 적당한 파일을 복사해 보자. 복사가 잘 되는 것을 확인할 수 있다.

그림 17-28 DFS 공유 폴더에 파일 복사

4-4 추가로 네임스페이스나 공유 폴더를 구성하고 싶다면 SECOND 가상머신의 관리 도구에서 [DFS 관리]를 선택하면 어렵지 않게 독자 스스로 추가할 수 있을 것이다.

? VITAMIN QUIZ 17-1

FIRST, SECOND, THIRD 가상머신에 각 10GB 디스크를 추가하고 각 디스크에 공유 폴더를 만들자. 그리고 THIRD 가상머신에 네임스페이스를 추가로 만든 다음 새로 만든 FIRST, SECOND, THIRD 공유 폴더를 모두 추가해 보자.

17.3 FSRM을 이용한 파일 서버 구축

17.3.1 FSRM 개요

파일 서버 리소스 관리자^{File Server Resource Manager}(FSRM)은 이름 그대로 '파일 서버'를 구축하기 위해 Windows Server에서 제공하는 기능이다. FSRM은 폴더에 저장할 수 있는 용량을 제한할 수 있고 특정한 파일의 유형은 업로드하지 못하도록 설정할 수도 있다. 이러한 설정을 통해서 좀 더 유연하고 안전한 파일 서버 구축이 가능하다.

> **! 여기서 잠깐** **NTSF 쿼터와 FSRM의 차이**
>
> FSRM도 쿼터 기능을 제공하는데 NTFS 쿼터는 C드라이브 등의 볼륨 단위로 용량을 제한하고 FSRM은 볼륨 단위가 아닌 폴더에 용량을 제한한다. 또한 NTFS 쿼터는 사용자 1명이 사용할 공간을 할당하지만, FSRM은 폴더에 총 얼마를 사용하는지를 제한한다. 마지막으로 NTFS 쿼터는 할당량 초과 시 이벤트 로그에 기록되지만, FSRM은 할당량 초과 시 관리자에게 메일을 전송하거나 보고서 출력 또는 이벤트 로그 등을 설정할 수 있다.

17.3.2 FSRM 실습

> **실습 4** ▶ ──────────────────────────

FSRM로 파일 서버를 구축하자.

> **Step 0** ──────────────────────────

이번 실습도 Active Directory 환경에서 FIRST, WINCLIENT 가상머신을 사용한다.

0-1 SECOND ◑ SECOND 가상머신이 켜져 있다면 종료한다.

0-2 FIRST ◑ FIRST 가상머신을 재부팅하고 'HANBIT\Administrator'(암호는 'p@ssw0rd1'다)로 로그온한다(기존 SECOND가 인식되어 있으면 실습에 방해되기 때문에 재부팅하는 것이다).

FIRST ● FSRM을 설치한다.

1-1 [서버 관리자]를 실행하고 [관리]–[역할 및 기능 추가] 메뉴를 클릭해 실행한다. [시작하기 전], [설치 유형], [대상 서버 선택]에서 모두 기본값 그대로 두고 [다음] 버튼을 클릭한다.

1-2 [서버 역할 선택]에서 [File and Storage Services]–[File and iSCSI Services]을 선택하고 'File Server Resource Manager'를 체크한다. 기능을 추가하는 창이 나오면 [기능 추가] 버튼을 클릭하고 [다음] 버튼을 클릭한다

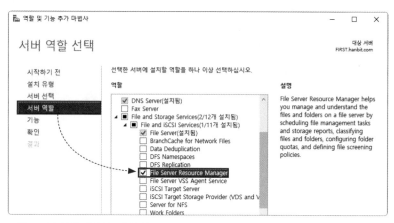

그림 17-29 분산 파일 시스템 설치

1-3 [기능 선택]에서 기본값 그대로 두고 [다음] 버튼을 클릭한다.

1-4 [확인]에서 [설치] 버튼을 클릭한다. 설치가 완료되면 [닫기] 버튼을 클릭해서 설치 마법사를 닫는다.

FIRST ● FSRM을 사용하자. 할당량(FSRM 쿼터)이 60%가 넘으면 보고서를 생성하도록 설정해 보자.

2-0 [파일 탐색기]에서 'C:\FSRM_Share\' 폴더를 만들고 'FSRM_Share'라는 이름으로 공유한다. 그리고 Authenticated Users 그룹에 모든 권한을 부여한다(방법이 기억나지 않으면 4장의 **실습 7 Step 4**를 참고한다).

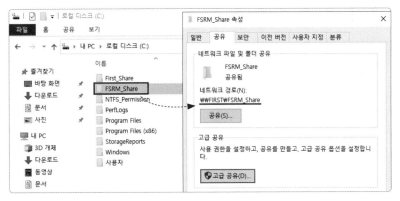

그림 17-30 폴더 공유 결과

2-1 [서버 관리자]에서 [도구]–[파일 서버 리소스 관리자] 메뉴를 클릭해 실행한다.

2-2 왼쪽 화면에서 [할당량 관리]–[할당량 템플릿]을 선택하면 사용 가능한 템플릿이 나타난다. [100MB Limit]를 더블클릭해서 속성을 확인해 보자.

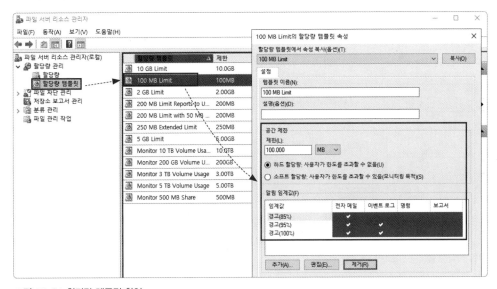

그림 17-31 할당량 템플릿 확인

이 템플릿은 공간 제한이 100MB로 되어 있으며 '하드 할당량'으로 설정되어 있다. 설명에 써 있듯이 '하드 할당량'은 할당된 한도를 초과할 수 없으며, '소프트 할당량'은 할당된 한도 초과가 가능하다. 소프트 할당량의 목적은 사용자가 얼마나 많이 사용하는지를 모니터링하기 위한 목적으로 사용한다. [알림 임계값]은 사용자가 허용된 할당량의 몇 %를 사용했을 때 관리자에게 알려줄 것인지를 설정할 수 있다. 이 설정 또한 변경이 가능하다. [X]를 클릭해서 창을 닫는다.

2-3 왼쪽 화면의 [할당량 관리]–[할당량]을 선택하고 마우스 오른쪽 버튼을 클릭한 후 [할당량 만들기]를 클릭한다.

2-4 [할당량 만들기] 창에서 [찾아보기] 버튼을 클릭하고 앞에서 만든 'C:\FSRM_Share\' 폴더를 선택한다. 아래쪽에 '사용자 지정 할당량 속성 정의'를 체크하고 [사용자 지정 속성] 버튼을 클릭한다. 그리고 [할당량 속성] 창의 [공간 제한]을 '10MB'로 설정하고 [추가] 버튼을 클릭해 [사용량이 (%)에 도달할 때 알림 생성]을 '60'으로 설정한다. [보고서] 탭을 클릭한 후 [보고서 생성]을 체크한 다음 '중복 파일 보고서', '큰 파일 보고서', '파일 차단 감사 보고서', '할당량 사용 현황 보고서' 등 4개의 항목을 체크하고 [선택한 보고서 검토]를 클릭한다. 그러면 [선택한 보고서 검토] 창에서 4개 보고서의 매개변수를 확인할 수 있다(이 경우 큰 파일이 '5MB'로 되어 있다). 이제 [닫기] 버튼을 클릭한 다음 [확인] 버튼을 2번 클릭한다.

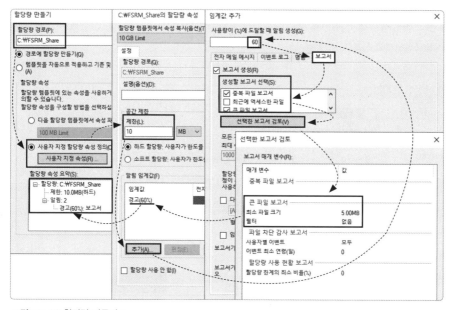

그림 17-32 할당량 만들기 1

> **NOTE ▶** 지금은 할당량이 지정한 사용량(%)에 도달했을 때 보고서만 생성하도록 설정하고 있지만 필요하다면 전자 메일 보내기, 이벤트 로그 기록하기, 명령 실행하기 등의 작업도 설정할 수 있다.

2-5 [할당량 만들기] 창에서 [만들기] 버튼을 클릭하고 '템플릿을 만들지 않고 사용자 지정 할당량 저장'을 체크한 후 [확인] 버튼을 클릭하면 할당량이 만들어진다.

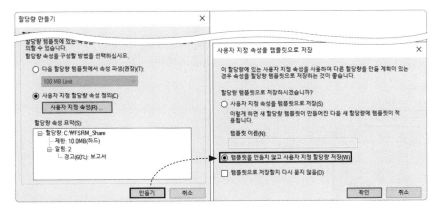

그림 17-33 할당량 만들기 2

2-6 [파일 서버 리소스 관리자] 창에서 왼쪽 화면의 [파일 서버 리소스 관리자(로컬)]을 선택하고 마우스 오른쪽 버튼을 클릭한 다음 [옵션 구성]을 선택한다. [알림 제한] 탭에서 [보고서 알림(분)]을 '1'로 변경하자. [확인] 버튼을 클릭해서 옵션 설정을 마친다.

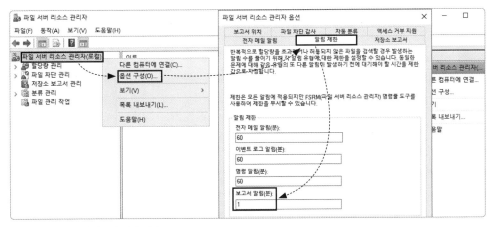

그림 17-34 보고서 만들기 시간 변경

NOTE ▶ 지금은 실습 중이므로 60분을 기다릴 수가 없기 때문에 보고서 알림의 간격을 1분으로 변경했다. 실제로 이렇게 간격을 짧게 주면 서버 부하가 많이 발생할 수 있다.

Step 3

WINCLIENT ◑ 사용자의 할당량이 초과했을 때 보고서 생성을 확인하자.

3-1 현재 사용자를 로그아웃하고 '아이유(iyou@hanbit.com)' 사용자로 로그온한다.

3-2 [파일 탐색기]에서 '\\FIRST\FSRM_Share\' 파일에 접속한다. 그리고 'C:\Windows\System32\ DWrite.dll(약 2.33MB)' 파일을 복사한 다음(Ctrl + C 키를 눌러 복사한다) Ctrl + V 키를 3번 눌러 DWrite.dll 파일 3개를 붙여 넣는다. 이 과정에서 디스크 용량을 9.35MB 정도 사용한다.

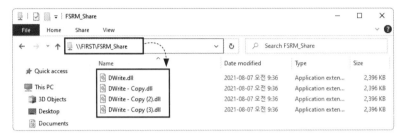

그림 17-35 파일 복사

Step 4

FIRST ◐ 생성된 FSRM 보고서를 확인하자.

4-1 약 1분 정도 기다리면 C:\StorageRports\Incident\ 폴더에 보고서 파일이 생성된다.

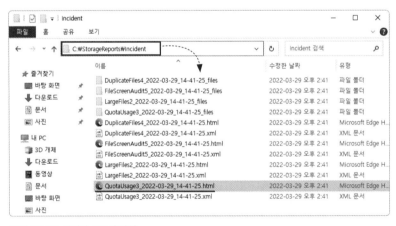

그림 17-36 생성된 보고서 파일

NOTE ▶ 생성된 파일들은 **그림 17-32**의 [생성할 보고서 선택]에서 체크한 보고서다.

4-2 'QuotaUsage3_2022-03-29_14-41-25.html(할당량 사용 보고서)' 파일을 더블클릭해서 확인해 보자. 현재 폴더의 사용량이 나올 것이다(파일 이름은 매번 변경되기 때문에 책과 다를 수 있다).

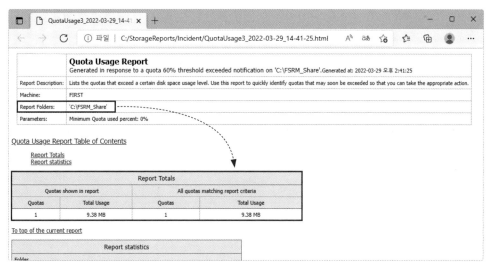

그림 17-37 할당량 보고서 확인

Step 5

WINCLIENT ● 이번에는 다른 사용자로 접속해 FSRM 공유 폴더를 사용해 보자.

5-1 현재 사용자를 로그아웃하고 '임영웅(hero@hanbit.com)' 사용자로 로그온한다.

5-2 [파일 탐색기]에서 '\\FIRST\FSRM_Share\' 폴더에 접속한다. 그리고 'DWrite.DLL' 파일을 Ctrl + C 키로 복사한 다음 Ctrl + V 키를 눌러 붙여넣기를 시도하자. 그러나 이미 **Step 3**에서 9.35MB 정도 사용했기 때문에 디스크 공간 부족으로 복사가 되지 않는다. [Cancel] 버튼을 클릭한다.

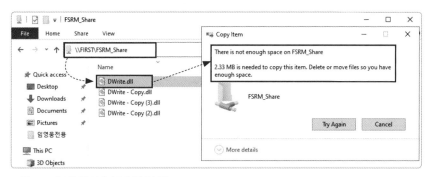

그림 17-38 FSRM 쿼터로 복사 안 됨

NOTE ▶ NTFS 쿼터는 사용자 별로 공간의 크기가 부여되지만, FSRM 쿼터(할당량)은 누가 사용하든 공유한 폴더 단위로 공간의 크기가 부여된다는 점을 기억하자.

5-3 이번에는 C:\Windows\notepad.exe(약 0.2MB) 파일을 '\\FIRST\FSRM_Share\' 파일에 공간이 부족할 때까지 계속 복사해 보자.

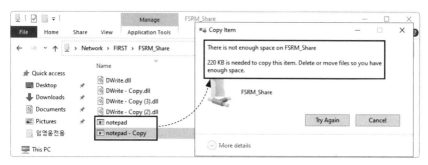

그림 17-39 파일 최대 공간 사용

Step 6

6-0 FIRST ◑ 다시 보고서 파일을 확인한다.

6-1 약 1분 정도 기다린 후 C:\StorageReports\Incident 폴더의 'QuotaUsage3_2022-03 -29_14-41-25.html' 파일을 더블클릭해 다시 확인해 보자(마찬가지로 파일의 이름은 다를 수 있다).

6-2 그런데 파일 사용량이 기존과 같을 수도 있다(현재 FSRM_Share 폴더의 용량 총 9.38MB를 사용 중이다). 이는 실습 **Step 3**에서 아이유 사용자가 '60%'가 넘었을 때 파일을 복사 붙여넣기해서 이미 보고서가 생성되었기 때문이다.

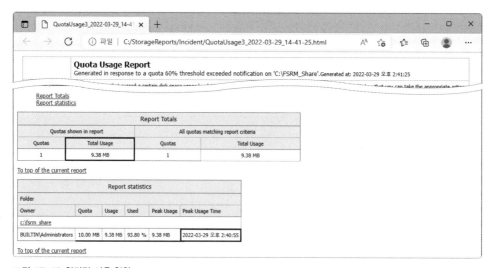

그림 17-40 할당량 사용 현황

6-3 다시 [서버 관리자]에서 [도구]-[파일 서버 리소스 관리자] 메뉴를 클릭해 실행하자. [파일 리소스 관리자] 창의 왼쪽 화면에서 [할당량 관리]-[할당량]을 선택하고 오른쪽 화면에서 'C:\FSRM_Share'를 선택하면 아래쪽에 할당량 정보가 실시간으로 나온다. **그림 17-41**을 보면 현재 디스크 사용량이 9.82MB 정도인 것을 확인할 수 있으며, 피크 시간(최대로 사용한 시간)도 확인할 수 있다. [파일 서버 리소스 관리자] 창을 닫는다.

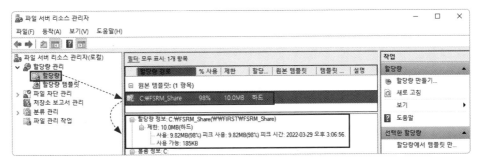

그림 17-41 실시간 할당량 사용 현황 확인

Step 7

FIRST ◉ 이번에는 파일 차단 관리를 하자. 공유된 폴더에 음악이나 영화 파일을 올리지 못하도록 설정하자.

7-1 [서버 관리자]에서 [도구]-[파일 서버 리소스 관리자] 메뉴를 실행해 왼쪽 화면의 [파일 차단 관리]-[파일 그룹]을 선택하자. 오른쪽 화면의 [Audio and Video Files]를 더블클릭하면 [파일 그룹 속성] 창이 뜨는데, 여기서는 어떤 확장명 파일을 오디오 및 비디오 파일로 취급할 수 있는지 확인할 수 있다(필요하다면 [포함할 파일]에 확장명을 입력한 후 [추가] 버튼을 클릭해 확장명을 추가할 수도 있다). [취소] 버튼을 클릭한다.

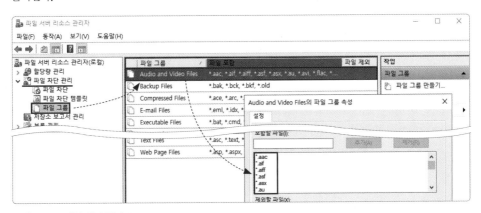

그림 17-42 파일 차단 관리 1

7-2 왼쪽 화면의 [파일 차단]을 선택하고 마우스 오른쪽 버튼을 클릭한 후 [파일 차단 만들기]를 선택한다. [파일 차단 만들기] 창에서 [찾아보기] 버튼을 클릭해 'C:\FSRM_Share\' 폴더를 선택한다. 이번에는 템플릿을 사용해 보자. [파일 차단 속성]에서 [다음 파일 차단 템플릿에서 속성 파생]이 체크된 상태에서 'Block Audio and Video Files(오디오 및 비디오 파일 차단)'을 선택하고 [만들기] 버튼을 클릭한다.

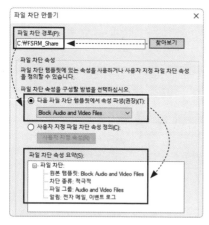

그림 17-43 파일 차단 관리 2

NOTE ▶ 필요하다면 [사용자 지정 파일 차단 속성 정의]를 선택해 차단에 필요한 내용을 직접 설정할 수도 있다.

7-3 추가된 [파일 차단]이 확인된다.

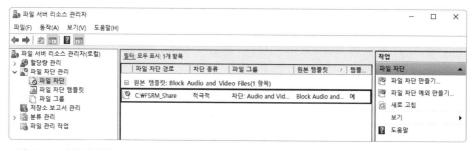

그림 17-44 파일 차단 관리 3

7-4 이번에는 10MB로 제한했던 할당량 설정을 해제해 보자. 왼쪽 화면의 [할당량 관리]-[할당량]을 선택한다. 그리고 오른쪽 화면에서 'C:\FSRM_Share'를 선택하고 마우스 오른쪽 버튼을 클릭한 후 [할당량 사용안 함]을 선택한다. 경고 메시지가 나오면 [예] 버튼을 클릭한다.

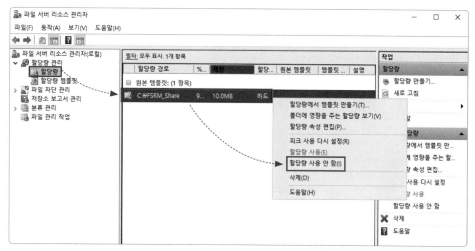

그림 17-45 할당량 사용 안 함

Step 8

WINCLIENT ❯ 제한된 파일을 업로드할 수 있는지 테스트하자.

8-1 '임영웅(hero@hanbit.com)' 사용자로 로그온한다(다른 사용자도 상관없다).

8-2 [파일 탐색기]에서 '\\FIRST\FSRM_Share\' 파일에 접속한 후 자신이 복사했던 파일을 삭제하거나 파일을 몇 개 더 복사해 보자. 이번에는 할당량에 상관없이 파일이 계속 생성된다. 하지만 다른 사용자의 파일을 삭제할 권한은 없다.

8-3 'C:\Windows\Media\' 폴더의 파일들(*.wav)을 복사해 '\\FIRST\FSRM_Share\'에 붙여넣기 해보자. 복사가 되지 않을 것이다. 앞에서 설정한 파일 차단이 잘 작동하고 있기 때문이다. [Cancel] 버튼을 클릭한다.

그림 17-46 음악 파일 복사 안 됨

8-4 이번에는 기존 '\\FIRST\FSRM_Share\' 폴더 안의 파일 중 하나의 확장명을 '*.mp3'로 변경해 보자. 그러나 변경되지 않을 것이다.

NOTE▶ 파일의 확장자를 보려면 [파일 탐색기]에서 [View]-[File name extensions]를 체크하면 된다.

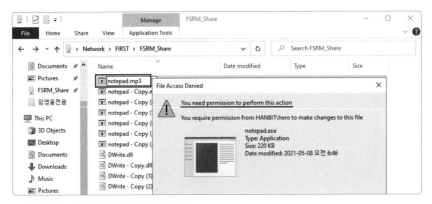

그림 17-47 파일 차단으로 확장명 변경 안 됨

NOTE▶ 여기서 알 수 있는 것은 파일을 차단을 하는 방식이 파일의 실제 내용이 아닌 확장명으로 파일을 차단한다는 것이다. 반대로 진짜 *.mp3 파일을 *.hwp 등으로 확장명을 바꾼 후에 복사하면 복사가 진행된다. 즉, 파일 서버 리소스 관리자는 파일의 내용까지는 확인하지 못한다.

Step 9

FIRST ◉ 보고서 작업을 예약하는 방법을 확인해 보자.

9-1 [서버 관리자]에서 [도구]-[파일 서버 리소스 관리자] 메뉴를 클릭해 실행한다.

9-2 왼쪽 화면에서 [저장소 보고서 관리]를 선택하고 마우스 오른쪽 버튼을 클릭한 후 [새 보고서 작업 예약]을 클릭한다.

9-3 [저장소 보고서 작업 속성] 창의 [설정] 탭에서 보고서 이름을 적당히 입력한다. [보고서 데이터]에서 생성할 보고서는 필요한 것들을 체크하면 된다. 그리고 보고서 형식도 원하는 형식을 선택하면 된다(모두 기본값 그대로 둬도 된다).

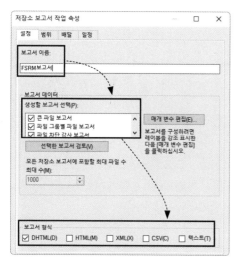

그림 17-48 보고서 작업 예약 1

9-4 [범위] 탭에서 데이터 종류 항목을 모두 체크한 후 [추가] 버튼을 클릭해 'C:\FSRM_Share\' 폴더를 선택한다.

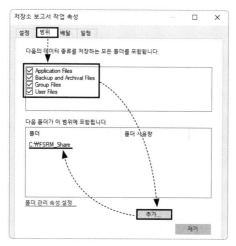

그림 17-49 보고서 작업 예약 2

9-5 필요하면 [배달] 탭을 클릭해 보고서를 관리자에게 메일로 보내도록 설정할 수 있다. 이번 실습에서는 그냥 넘어가겠다.

9-6 [일정] 탭을 클릭해 보고서를 생성할 일정을 예약할 수 있다. 적절하게 설정한 후에 [확인] 버튼을 클릭해서 예약을 마친다.

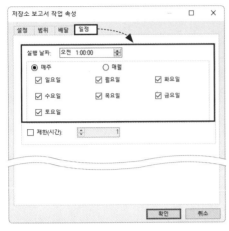

그림 17-50 보고서 작업 예약 3

NOTE ▸ FSRM에 많은 데이터를 사용하면 보고서를 생성하는 작업도 상당한 시간이 필요할 수 있다. 그래서 필자는 시스템을 잘 사용하지 않는 매일 새벽 1시로 설정해 놓은 것이다.

9-7 보고서 작업이 예약되었다. 이제는 해당 시간에 자동으로 보고서가 작성될 것이다. 예약한 시간까지 기다리기는 어려우므로, 해당 보고서 작업을 선택하고 마우스 오른쪽 버튼을 클릭한 후 [보고서 작업 지금 실행]을 클릭한다. 바로 결과를 보고 싶다면 위쪽의 '보고서가 생성될 때까지 기다린 다음 표시'를 선택하고 [확인] 버튼을 클릭한다.

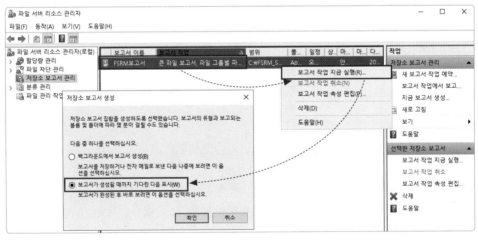

그림 17-51 보고서 작업 지금 실행

9-8 잠시 기다리면 자동으로 [파일 탐색기]에서 '\\First\c$\StorageReports\Interactive' 파일의 경로가 생성된다.

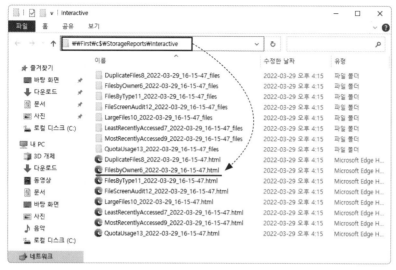

그림 17-52 생성된 보고서 파일 목록

9-9 확인 싶은 파일을 더블클릭해서 열면 된다. 다음 그림은 'FilesbyOwner6_2022-03-29_16-15-47. html' 파일(소유자별 보고서)의 예시이다.

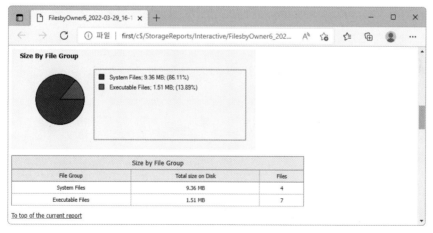

그림 17-53 보고서 결과 예시

이상으로 파일 서버에 대한 내용을 모두 마치겠다. 실습에서 소개한 3가지 방법 중에서 각자의 상황에 맞는 방법을 사용하거나, 2개 이상의 방법을 혼용해서 사용하는 것도 좋은 방법이 될 것이다.

? VITAMIN QUIZ 17-2

THIRD 가상머신에 FSRM 서버를 구축하고 직접 다양한 설정을 해 보자.

18

서버 보안 및
장애 조치 클러스터링

18장에서는 Windows Server에서 제공하는 몇 가지 보안 기법을 학습한다. 특히 BitLocker와 감사 정책에 대한 내용은 실습을 통해 이해해 본다. 추가로 하드웨어적 문제를 예방할 수 있는 장애 조치 클러스터링 개념을 알아본다.

학습목표

- 이 장의
핵심 개념

- BitLocker의 개념을 이해한다.

- BitLocker를 실습하고 디스크의 도난 발생에 작동하는 방식을 이해한다.

- 감사 정책과 이벤트에 대한 개념을 이해한다.

- 감사 정책을 실습한다.

- Windows Server 2022에서 다뤄지는 보안 주제에 대한 목록을 살펴본다.

- 장애 조치 클러스터링의 개념과 환경을 이해한다.

이 장의
학습 흐름

BitLocker에 대한 개념 이해

▼

BitLocker 실습

▼

감사 정책에 대한 개념과 감사 이벤트의 이해

▼

감사 정책 실습

▼

장애 조치 클러스터링의 개념과 환경 이해

18.1 BitLocker 드라이브 암호화

18.1.1 BitLocker 개요

BitLocker는 하드디스크 자체를 암호화하기 위한 기술로써 주 목적은 하드디스크를 통째로 도난당해도 암호화 키 없이는 읽지 못하게 하는 것이다. BitLocker 기능을 사용하지 않은 하드디스크는 하드디스크를 고의 또는 실수로 다른 컴퓨터에 연결했을 때 하드디스크 안의 데이터를 그대로 확인할 수 있다. 즉, BitLocker로 잠금을 하지 않은 일반적인 하드디스크는 다음 그림과 같이 작동한다.

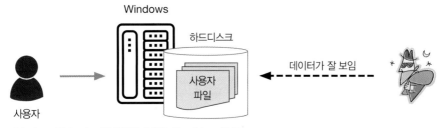

그림 18-1 BitLocker를 사용하지 않은 하드디스크 개념도

그러나 BitLocker를 적용하면 하드디스크 자체에 강력한 하드웨어적 암호가 걸려 있기 때문에 하드디스크가 분실되더라도 함부로 데이터에 접근할 수 없다.

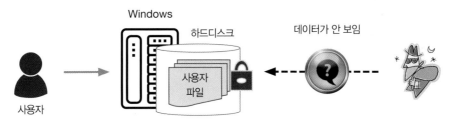

그림 18-2 BitLocker를 사용한 하드디스크 개념도

BitLocker를 사용하기 위해서는 일반적으로 TPM^{Trusted Platform Module}이라고 부르는 마이크로칩이 메인보드에 내장되어 있어야 한다. 또한 BIOS에서 TPM 기능을 지원해야 한다. 이러한 하드웨어적인 기능은 거의 조작이 불가능한 강력한 암호화를 제공해 준다.

> **NOTE ▶** TPM이 없어도 소프트웨어 방식으로 BitLocker 암호화가 가능하다. 우리는 가상머신을 사용 중이어서 TPM을 사용하지 못하므로 이 책에서는 소프트웨어 방식으로 BitLocker 암호화를 사용하겠다. 소프트웨어 방식은 암호를 관리하는 방식이므로 하드웨어 방식보다는 다소 약한 암호화라고 생각하면 된다.

18.1.2 BitLocker 실습

BitLocker를 Windows Server에서 사용하려면 다음 사항이 필요하다.

- TPM 1.2가 장착된 메인보드 → 없을 경우 소프트웨어적으로 처리 가능함
- 2개 이상의 파티션(또는 디스크): 하나는 Windows Server를 설치한 볼륨이고, 다른 하나는 BitLocker 암호용 약 1GB 이상이 필요

NOTE ▶ 개인용 Windows 10/11도 BitLocker 기능을 사용할 수 있다. 단, Ultimate나 Enterpriser 에디션을 설치해야 한다. 이 책에서 언급하는 BitLocker는 Windows 10/11 및 Windows Server 2016 이후에 공통으로 해당되는 기능이다.

이번 실습은 Active Directory 환경이 아니어서 상관없으므로, 독립 실행형 서버 환경에서 실습을 진행하겠다.

> **실습 1**

BitLocker 실습을 통해 드라이브를 암호화하자. 이번 실습은 FIRST와 WINCLIENT를 사용한다.

Step 0

FIRST 및 WINCLIENT 가상머신을 [설정 완료] 스냅숏으로 초기화한다(초기화 방법이 기억나지 않으면 3장 **실습 5**를 참고한다).

0-1 FIRST 가상머신을 부팅하고 Administrator(암호는 'p@ssw0rd'다)로 로그온한다.

FIRST ◉ 먼저 BitLocker 기능을 설치하자.

1-1 [서버 관리자]를 실행하고 [관리]–[역할 및 기능 추가] 메뉴를 클릭한다.

1-2 [시작하기 전], [설치 유형 선택], [대상 서버 선택], [서버 역할 선택]에서 기본값 그대로 두고 [다음] 버튼을 클릭한다.

1-3 [기능 선택]에서 'BitLocker Drive Encryption'를 체크하고 기능 추가 대화상자가 나오면 '관리 도구 포함(해당되는 경우)'의 체크를 해제한 다음 [기능 추가] 버튼을 클릭한다. 그러면 자동으로 [기능]의 'Enhanced Storage'도 체크된다. [다음] 버튼을 클릭한다.

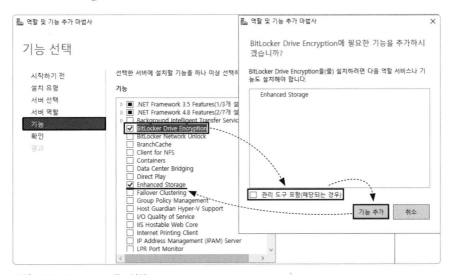

그림 18-3 BitLocker 기능 설치

1-4 [선택 확인]에서 '필요한 경우 자동으로 대상 서버 다시 시작'을 체크하고 [설치] 버튼을 클릭한다.

1-5 설치가 완료되면 컴퓨터가 자동으로 재부팅된다. 만약 재부팅되지 않으면 강제로 재부팅하자.

1-6 Administrator로 로그온한다.

FIRST ◉ 먼저 BitLocker 암호화 방식을 몇 가지 설정하자.

2-1 `Windows`+`R` 키를 누르고 **gpedit.msc** 명령을 실행한다.

NOTE▶ [로컬 그룹 정책 편집기]가 실행되면서 [관리 템플릿] 경고 메시지가 나오면 그냥 무시한다.

2-2 [로컬 그룹 정책 편집기] 창이 나오면 왼쪽 화면에서 [컴퓨터 구성]–[관리 템플릿]–[Windows 구성 요소]–[BitLocker 드라이브 암호화]를 선택하고 오른쪽 화면에서 [드라이브 암호화 방법 및 암호화 수준 선택(Windows 10 [버전 1511] 이상)]을 더블클릭한다. [드라이브 암호화 방법 및 암호화 수준 선택] 창이 나오면 '사용'을 선택한 다음 [확인] 버튼을 클릭한다.

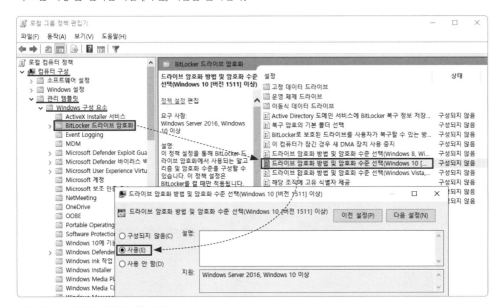

그림 18-4 드라이브 암호화 사용 설정

NOTE▶ 옵션 부분의 암호화 방법은 기본값 그대로 두면 된다. 필요하면 도움말을 읽어보고 변경해도 상관없다.

2-3 다시 [로컬 그룹 정책 편집기] 창의 왼쪽 화면에서 [BitLocker 드라이브 암호화]–[운영체제 드라이브] 를 선택하고 오른쪽 화면에서 [운영체제 드라이브에 드라이브 암호화 종류 적용]을 더블클릭한다. [운영체제 드라이브에 드라이브 암호화 종류 적용] 창에서 '사용'을 선택하고 아래쪽 [암호화 종류 선택]은 '전체 암호화'를 선택한 다음 [확인] 버튼을 클릭한다.

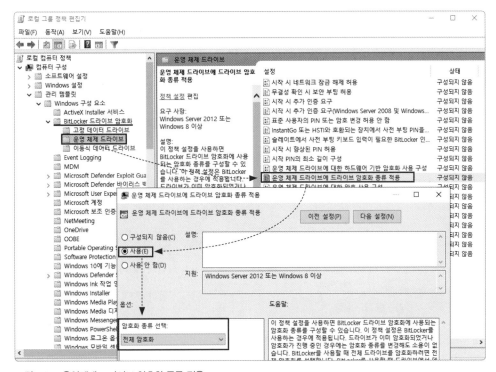

그림 18-5 운영체제 드라이브 암호화 종류 적용

2-4 [시작 시 추가 인증 요구]를 더블클릭하고 해당 창에서 '사용'을 선택한다. 아래쪽 [옵션]에서 '호환 TPM이 없는 BitLocker 허용(USB 플래시 드라이브에 있는 암호 또는 시작 키 필요)'를 체크한다. 나머지 설정은 기본값 그대로 두고 [확인] 버튼을 클릭한다.

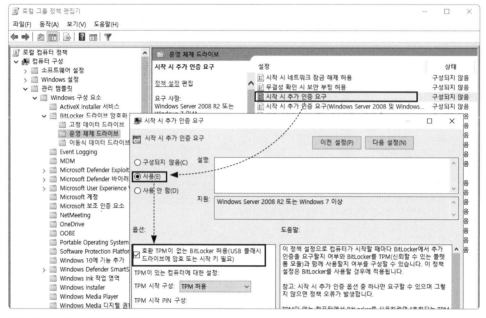

그림 18-6 시작 시 추가 인증 요구 설정

2-5 다시 [로컬 그룹 정책 편집기] 창의 왼쪽 화면에서 [고정 데이터 드라이브]를 선택하고 오른쪽 화면에서 '고정 데이터 드라이브에 드라이브 암호화 종류 적용'을 더블클릭한다. 그리고 마찬가지로 해당 창에서 '사용'을 선택한다. 아래쪽 [암호화 종류 선택]은 '전체 암호화'를 선택하고 [확인] 버튼을 클릭한다.

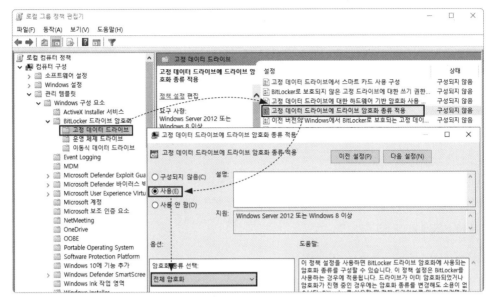

그림 18-7 고정 데이터 드라이브 암호화 종류 적용

2-6 같은 방식으로 [로컬 그룹 정책 편집기] 창의 왼쪽 화면에서 [이동식 데이터 드라이브]를 선택하고 오른쪽 화면에서 [이동식 데이터 드라이브에 드라이브 암호화 종류 적용]을 더블클릭한 다음 해당 창에서 '사용'을 선택한다. 아래쪽 [암호화 종류 선택]은 '전체 암호화'를 선택하고 [확인] 버튼을 클릭한다.

2-7 [로컬 그룹 정책 편집기] 창을 종료한다.

Step 3

FIRST ◉ BitLocker용 2GB 디스크를 추가하자. 부팅된 상태로 추가해도 된다.

3-1 VMware Player에서 [Player]-[Manage]-[Virtual Machine Settings] 메뉴를 클릭해 실행한다.

3-2 왼쪽 아래의 [Add] 버튼을 클릭한다.

3-3 [Hardware Type]에서 'Hard Disk'를 선택하고 [Next] 버튼을 클릭한다.

3-4 [Select a Disk Type]에서 'SCSI'를 선택하고 [Next] 버튼을 클릭한다.

3-5 [Select a Disk]에서 'Create a new virtual disk'를 선택하고 [Next] 버튼을 클릭한다.

3-6 [Specify Disk Capacity]에서 디스크 크기를 '2'으로 변경하고 'Store virtual disk as a single file'을 선택한 다음 [Next] 버튼을 클릭한다.

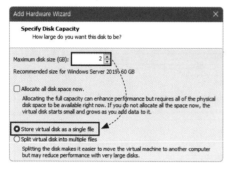

그림 18-8 2GB 하드디스크 추가 1

3-7 [Specify Disk File]에서 disk 파일명을 'BitLocker.vmdk'로 입력하고 [Finish] 버튼을 클릭한다(이후 실습에서 해당 파일을 쉽게 찾기 위해 별도의 파일명으로 지정했다).

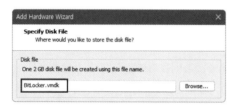

그림 18-9 2GB 하드디스크 추가 2

3-8 [OK] 버튼을 클릭해 디스크 추가를 완료한다.

3-9 Windows의 [시작]에서 마우스 오른쪽 버튼을 클릭하고 [디스크 관리]를 선택한다.

3-10 [디스크 1]에서 마우스 오른쪽 버튼을 클릭한 후 [온라인]을 선택한다.

3-11 다시 [디스크 1]에서 마우스 오른쪽 버튼을 클릭한 후 [디스크 초기화]를 선택하고 [확인] 버튼을 클릭한다.

3-12 [1.98.GB 할당되지 않음] 디스크에서 마우스 오른쪽 버튼을 클릭한 후 [새 단순 볼륨]을 선택한다.

3-13 [단순 볼륨 만들기 마법사 시작]에서 기본값 그대로 두고 [다음] 버튼을 클릭한다.

3-14 [파티션 크기를 지정하십시오]에서 기본값 그대로 두고 [다음] 버튼을 클릭한다.

3-15 [드라이브 문자 또는 경로를 할당하십시오]에서 드라이브 문자를 'T'로 변경하고 [다음] 버튼을 클릭한다.

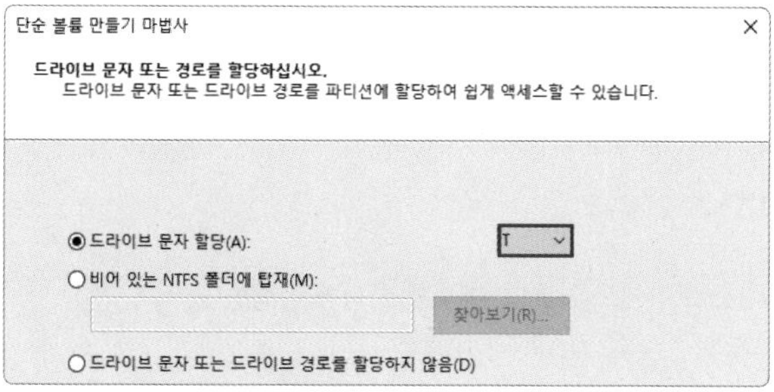

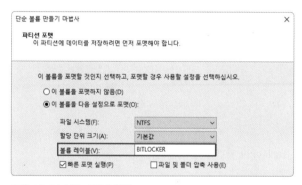

그림 18-10 드라이브 문자 변경

3-16 [파티션 포맷]에서 [볼륨 레이블]을 'BITLOCKER'로 설정하고 [다음] 버튼을 클릭한다.

그림 18-11 볼륨 레이블 변경

3-17 [마법사 완료]에서 [마침] 버튼을 클릭한다. [디스크 관리] 창을 닫는다.

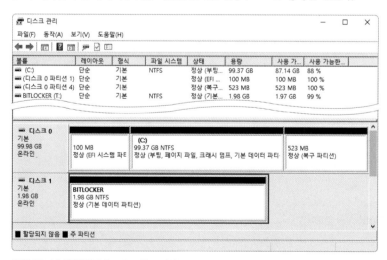

그림 18-12 완성된 BitLocker용 드라이브

3-18 [파일 탐색기]를 실행해 T드라이브에 적당한 파일 몇 개를 복사해 놓자.

Step 4

FIRST ◉ T드라이브를 BitLocker 암호화하자.

4-1 [제어판]에서 [시스템 및 보안]−[BitLocker 드라이브 암호화] 메뉴를 클릭해 실행한다.

그림 18-13 BitLocker 드라이브 암호화 실행

4-2 아래쪽에 이동식 데이터 드라이브에서 [BitLocker 켜기]를 클릭한다.

그림 18-14 T드라이브의 BitLocker 암호화 1

4-3 [이 드라이브의 잠금을 해제할 방법 선택]에서 '암호를 사용하여 드라이브 잠금 해제'를 체크한 후 [암호 입력]과 [암호 다시 입력]에 'p@ssw0rd'를 입력하고 [다음] 버튼을 클릭한다.

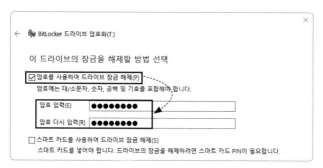

그림 18-15 T드라이브의 BitLocker 암호화 2

4-4 [복구 키를 백업할 방법 선택]에서 [파일에 저장]을 선택하고 C드라이브 아래에 [암호화] 폴더를 생성해 파일 이름은 변경하지 않고 저장하자. [다음] 버튼을 클릭한다.

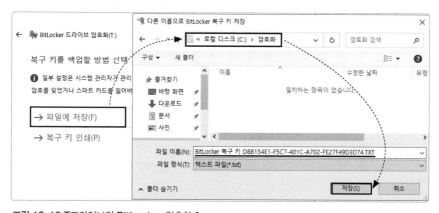

그림 18-16 T드라이브의 BitLocker 암호화 3

NOTE ▶ 지금 저장하는 암호화 파일은 아주 중요한 파일이므로 실제 상황이라면 컴퓨터나 외장 장치 등 여러 군데에 저장하는 것이 좋다.

4-5 [이 드라이브를 암호화할 준비가 되었습니까?]에서 [암호화 시작] 버튼을 클릭한다. 암호화하는 데 시간이 약간 소요될 것이다. 암호화가 완료되면 [닫기] 버튼을 클릭한다. [제어판]도 종료한다.

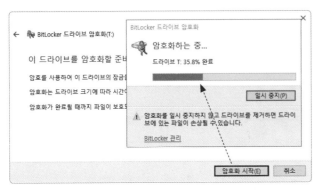

그림 18-17 T드라이브의 BitLocker 암호화 4

NOTE▶ 실습에서는 T드라이브의 용량이 2GB라서 암호화하는 시간이 오래 걸리지 않지만, 실무에서는 훨씬 큰 디스크를 사용하기 때문에 암호화 시간이 상당히 오래 걸릴 수 있다.

4-6 호스트 OS에 [암호화백업] 폴더를 만들고 'BitLocker 복구 키 D8B154E1-F5C7-401C-A702-FE27F49D3D74.txt' 파일을 [암호화백업] 폴더에 복사하자(복구 키 파일의 이름은 다를 수 있다).

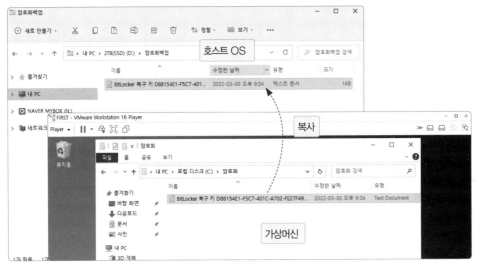

그림 18-18 암호화 파일을 호스트 OS에 백업

4-7 FIRST 가상머신을 재부팅하고 Administrator로 로그온한다.

FIRST ◉ BitLocker로 암호화된 디스크에 접근해 보자.

5-0 [파일 탐색기]를 실행한다. 만약 T드라이브가 보이지 않으면 Windows의 [시작]에서 마우스 오른쪽 버튼을 클릭하고 [디스크 관리]를 실행한다. 그리고 [디스크 0]에서 마우스 오른쪽 버튼을 클릭하고 [온라인]을 선택한다. [디스크 관리] 창은 닫는다.

5-1 [파일 탐색기]에서 T드라이브에 접근해 보자. T드라이브 잠금을 해제하려면 암호가 필요하다는 대화 상자를 확인할 수 있다. 앞에서 설정한 암호 'p@ssw0rd'를 입력하고 [잠금 해제] 버튼을 클릭한다.

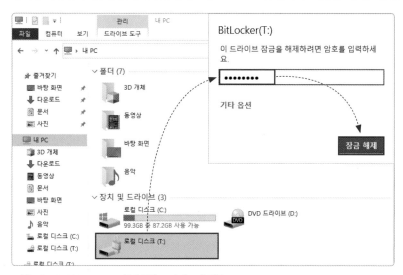

그림 18-19 BitLocker로 암호화된 드라이브에 접근

5-2 암호를 잘 입력했다면 T드라이브에 복사해 놓은 파일을 확인할 수 있을 것이다.

5-3 FIRST 가상머신을 셧다운한다.

WINCLIENT ◉ FIRST의 BitLocker로 암호화된 디스크를 가져와서 장착해 보자.

NOTE▶ Step 6은 T드라이브를 도난당한 상황이라고 가정하고 진행한다.

6-0 WINCLIENT 가상머신을 부팅한다.

6-1 VMware Player에서 [Player]-[Manage]-[Virtual Machine Settings] 메뉴를 클릭해 실행한다.

6-2 왼쪽 아래 [Add] 버튼을 클릭한다.

6-3 [Hardware Type]에서 'Hard Disk'를 선택하고 [Next] 버튼을 클릭한다.

6-4 [Select a Disk Type]에서 'SCSI'를 선택하고 [Next] 버튼을 클릭한다.

6-5 [Select a Disk]에서 'Use an existing virtual disk'를 선택하고 [Next] 버튼을 클릭한다.

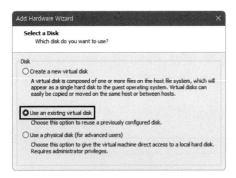

그림 18-20 FIRST의 BitLocker로 암호화된 디스크를 장착 1

6-6 [Select and Existing Disk]에서 [Browse] 버튼을 눌러서 FIRST 폴더의 'BitLocker.vmdk' 파일을 선택한 다음 [Finish] 버튼을 클릭한다.

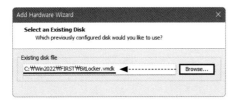

그림 18-21 FIRST의 BitLocker로 암호화된 디스크를 장착 2

6-7 [OK] 버튼을 클릭해서 디스크 장착을 완료한다.

6-8 Windows의 [시작]에서 마우스 오른쪽 버튼을 클릭하고 [디스크 관리]를 선택한다.

6-9 [디스크 1]에서 마우스 오른쪽 버튼을 클릭한 후 [온라인]을 선택한다.

6-10 'BitLocker'로 암호화된 것을 확인할 수 있다. [디스크 관리] 창을 닫는다.

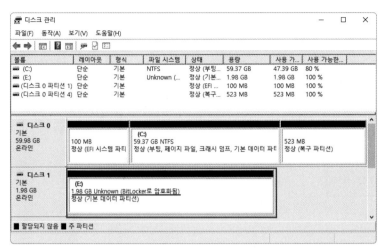

그림 18-22 FIRST의 BitLocker로 암호화된 디스크를 장착 3

6-11 [파일 탐색기]에서 추가한 E드라이브를 더블클릭해 보자. 그러나 아무 반응도 없다. BitLocker로 암호화된 디스크에는 원칙적으로 접근할 수 없기 때문이다.

그림 18-23 BitLocker로 암호화된 디스크에 접근 안 됨

Step 7

WINCLIENT ◉ 장착한 BitLocker 암호화 디스크에 접근해 보자.

7-0 이번 실습의 **Step 1**을 참고해서 BitLocker 기능을 설치하자(설치 후 재부팅해야 한다).

7-1 [파일 탐색기]를 실행한다. 만약 E드라이브가 보이지 않으면 Windows의 [시작]에서 마우스 오른쪽 버튼을 클릭하고 [디스크 관리]를 실행한 후 '디스크 0'에서 마우스 오른쪽 버튼을 클릭하고 [온라인]을 선택한다. [디스크 관리]를 닫는다.

7-2 다시 [파일 탐색기]에서 다시 E드라이브에 접근하면 암호를 물어볼 것이다. 이번에는 이 암호도 기억하지 못하는 상태라고 가정하자. 화면 아래의 [기타 옵션]을 선택한다.

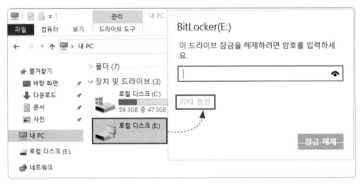

그림 18-24 BitLocker로 암호화된 디스크에 접근할 때 암호가 요구됨

7-3 [복구 키 입력]을 클릭하고 호스트 OS에서 백업했던 'BitLocker 복구 키 D8B154E1-F5C7-401C-A702-FE27F49D3D74.txt' 파일을 열고 아래쪽의 48자리의 복구 키를 복사해 붙여 넣은 다음 [잠금 해제] 버튼을 클릭한다(복구 키 파일의 이름은 다를 수 있다).

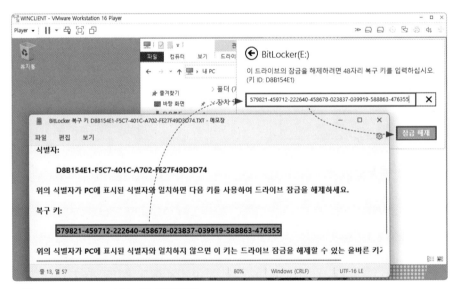

그림 18-25 BitLocker 복구 키를 입력해 접근

7-4 이제부터는 WINCLIENT 가상머신에서도 BitLocker로 암호화된 디스크를 사용할 수 있다. 그러나 재부팅하면 다시 암호화가 활성화되어서 다시 복구 키를 입력해야 한다.

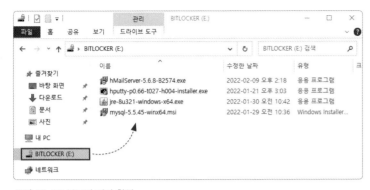

그림 18-26 복구된 결과 확인

7-5 BitLocker 암호화를 해제하자. [제어판]의 [시스템 및 보안]−[BitLocker 드라이브 암호화] 메뉴를 클릭해 실행하고 E드라이브의 [BitLocker *끄기*]를 선택한다. 경고 메시지가 뜨면 [BitLocker *끄기*] 버튼을 클릭해 BitLocker 암호화를 해제한다.

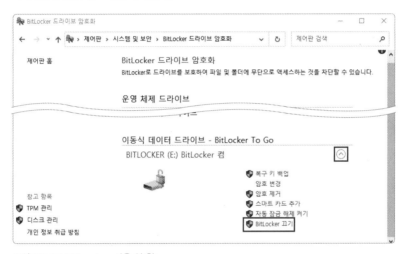

그림 18-27 BitLocker 사용 안 함

7-6 WINCLIENT 가상머신을 재부팅하고 E드라이브에 암호를 입력하지 않아도 접근되는지 확인해 보자.

이상으로 BitLocker 드라이브 암호화에 대한 실습을 마치겠다. 비록 실습 환경이 VMware를 사용하는 환경이라서 소프트웨어적으로만 실습해 봤지만, 실제 메인보드에 TPM이 장착되어 있는 컴퓨터라면 강력한 하드웨어 보안이 될 것이다.

18.2 감사 정책

18.2.1 감사 개요

감사auditing란 사용자의 작업이나 시스템의 활동을 추적하고 감시하는 것을 말한다. 감사 정책audit policy은 관리자에게 통지할 이벤트를 지정하고 그 이벤트가 발생하면 그 내용을 컴퓨터에 기록하게 된다. 관리자는 이러한 이벤트를 모니터링하고 문제점을 파악해 시스템에 문제가 발생할 소지를 미리 차단하는 데 활용할 수 있다.

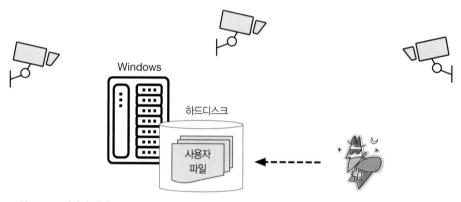

그림 18-28 감사의 개념

앞에서 배운 BitLocker가 자물쇠 개념이었다면 이번에 설명하는 감사는 CCTV 개념으로 생각하면 된다. 즉, CCTV를 설치했다고 도난 사고가 방지되는 것은 아니지만, 도난 사고 발생 시 어떤 일이 일어났는지 사후에 확인이 가능한 것과 비슷하다.

감사 이벤트의 분류는 다음과 같다.

- 계정 로그온 이벤트(Active Directory 환경 로그온)
- 계정 관리 이벤트
- 디렉터리 서비스 이벤트
- 로그온 이벤트(개인용 컴퓨터 로그온)
- 개체 액세스 이벤트
- 정책 변경 이벤트
- 권한 사용 이벤트
- 프로세스 추적 이벤트

각 분류는 여러 개의 하위 이벤트 목록을 가지고 있는데 예를 들어 특정 파일이나 폴더를 접근한 사용자 계정이나 사용자가 컴퓨터에 로그온 또는 로그아웃한 시간, 정책을 변경한 시간 등을 기록으로 남길 수 있다. 이번 실습에서는 하위 이벤트의 상세한 목록은 나열하지 않고 몇 가지를 확인하는 정도로 설명하겠다(추후 필요하면 Windows Server 2022 도움말을 참고하면 된다). 기록된 이벤트는 [이벤트 뷰어] 창에서 확인할 수 있다.

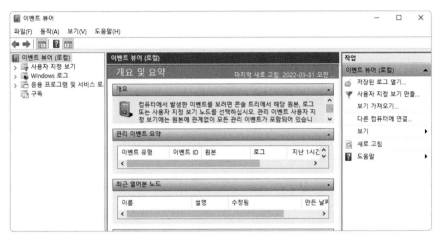

그림 18-29 이벤트 뷰어 화면

감사 정책을 사용하면 다음과 같은 장점이 있다.

- 외부 공격을 찾을 수 있다.
- 외부 공격에 대한 피해를 확인할 수 있다.
- 향후 피해를 예방하는 정책을 수립할 수 있다.
- 시스템이 문제가 될 정도로 성능이 나빠지는 기준을 정할 수 있다.

하지만 감사에 대한 이벤트를 너무 많이 구성할 경우에 그 기록되는 양이 너무 많지기 때문에 시스템의 성능이 나빠질 수 있으며, 많은 이벤트 기록 중에 어떤 것이 문제가 있는 것인지 찾기 어려워질 수 있다. 그러므로 꼭 필요한 이벤트에 대해서만 감사가 기록되도록 설정하는 것이 바람직하겠다.

NOTE ▶ 감사 정책이 많으면 마치 CCTV를 너무 많이 설치해 실제로 도난 사고가 발생했을 때 확인해야 하는 CCTV 녹화 분량이 과하게 많아지는 것을 뜻한다.

18.2.2 감사 정책 실습

실습 2

계정 관리 이벤트에 대한 감사 정책을 간단히 테스트해 보자.

Step 0

이번 실습은 Active Directory 도메인이 구성된 가상머신을 사용한다.

0-1 VMware Workstation Pro를 실행해 FIRST와 WINCLIENT 가상머신을 [Active Directory 구성 완료] 스냅숏으로 되돌려 놓자.

0-2 VMware Workstation Pro를 종료한다.

0-3 이번에는 VMware Player를 실행해 FIRST 가상머신을 부팅하고 'HANBIT\Administrator'로 로그온한다(암호는 'p@ssw0rd1'다).

0-4 다시 VMware Player를 실행해 WINCLIENT 가상머신을 부팅만 해 놓는다.

Step 1

FIRST ◑ 감사 정책을 설정하자.

1-1 [서버 관리자]에서 [도구]-[그룹 정책 관리] 메뉴를 클릭해 실행하고 왼쪽 화면의 [포리스트: hanbit.com]-[도메인]-[hanbit.com]-[Default Domain Policy]를 선택한 후 마우스 오른쪽 버튼을 클릭하고 [편집]을 클릭한다.

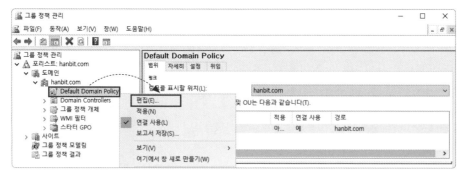

그림 18-30 Default Domain Policy 편집

1-2 [그룹 정책 관리 편집기] 창의 왼쪽 화면에서 [컴퓨터 구성]-[정책]-[Windows 설정]-[보안 설정]-[로컬 정책]-[감사 정책]을 선택하고 오른쪽 화면에서 [계정 관리 감사]를 더블클릭한다.

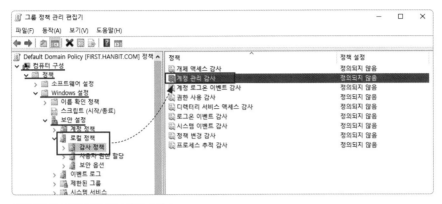

그림 18-31 계정 관리 감사 정책 설정 1

1-3 속성 창에서 [이 정책 설정 정의]를 체크하고 [다음 시도 감사]의 '성공'도 체크한 다음 [확인] 버튼을 클릭한다. [그룹 정책 관리 편집기] 창과 [그룹 정책 관리] 창을 종료한다.

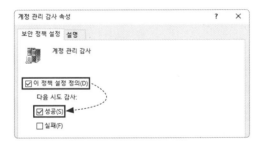

그림 18-32 계정 관리 감사 정책 설정 2

Step 2

FIRST ◑ 몇 개의 사용자 계정을 생성하자.

2-1 [서버 관리자]에서 [도구]-[Active Directory 사용자 및 컴퓨터] 메뉴를 클릭해 실행한다.

2-2 hanbit.com 도메인에 2명의 사용자를 생성한다. 사용자 이름은 '테스트1(test1@hanbit.com)', '테스트2(test2@hanbit.com)'로 구성한다(Active Directory 사용자 생성 방법이 기억나지 않으면 15장 **실습 1**의 **Step 2, 3**을 참고한다).

그림 18-33 사용자 2명 생성 결과

2-3 [Active Directory 사용자 및 컴퓨터] 창을 닫는다.

Step 3

FIRST ◉ 이벤트 기록을 확인하자.

3-1 [서버 관리자]에서 [도구]–[이벤트 뷰어] 메뉴를 클릭해 실행한다.

3-2 [Windows 로그]–[보안]을 선택하면 관련된 이벤트를 확인할 수 있다. 사용자를 생성하면 하나의 이벤트가 아니라 여러 관련된 이벤트가 발생하는 것을 확인할 수 있다.

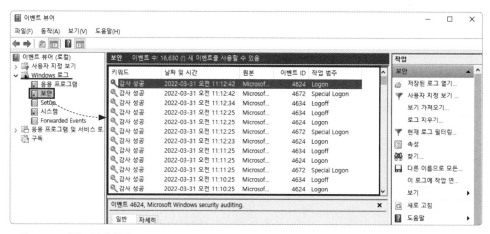

그림 18-34 이벤트 뷰어 확인

3-3 [이벤트 뷰어] 창을 닫는다.

실습 2에서 하나의 작업에 관련 이벤트가 여러 개 발생할 수 있다는 것을 확인했다. 이번에는 개체 (파일 또는 폴더)에 접근했을 때 이벤트 기록이 남는 것을 확인해 보자.

Active Directory 도메인 개체에 접근했을 때 기록이 남도록 감사 정책을 설정하자.

Step 0

실습 2에 이어서 진행한다.

Step 1

FIRST ◉ 개체에 접근했을 때의 감사 정책을 설정하자.

1-1 [서버 관리자]에서 [도구]-[그룹 정책 관리] 메뉴를 클릭해 실행하고 왼쪽 화면의 [포리스트: hanbit. com]-[도메인]-[hanbit.com]-[Default Domain Policy]를 선택한 후 마우스 오른쪽 버튼을 클릭하고 [편집]을 클릭한다.

1-2 [그룹 정책 관리 편집기] 창의 왼쪽 화면에서 [컴퓨터 구성]-[정책]-[Windows 설정]-[보안 설정]-[로컬 정책]-[감사 정책]을 선택하고 오른쪽 화면에서 [개체 액세스 감사]를 더블클릭한다.

1-3 속성 창에서 [이 정책 설정 정의]를 체크하고 [다음 시도 감사]의 '성공'도 체크한 다음 [확인] 버튼을 클릭한다. [그룹 정책 관리 편집기] 창과 [그룹 정책 관리] 창을 종료한다.

Step 2

FIRST ◉ 폴더를 생성하고 그룹을 설정하자.

2-1 [파일 탐색기]에서 C드라이브를 열고 그 밑에 'Audit_Example' 이름의 폴더를 생성한다.

2-2 Audit_Example 폴더를 Authenticated Users 그룹에 모든 권한으로 ' Audit_Example' 이름으로 공유한다(방법이 기억나지 않으면 4장 **실습 7**의 **Step 4**를 참고한다).

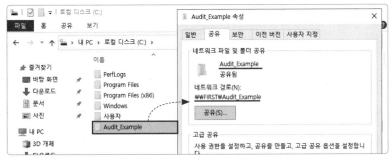

그림 18-35 폴더 공유 결과

2-3 이번에는 Audit_Example 폴더를 선택하고 마우스 오른쪽 버튼을 클릭한다. 그리고 [속성]을 클릭한 다음 [보안] 탭에서 [고급] 버튼을 클릭한다. 그 다음 [감사] 탭에서 [추가] 버튼을 클릭해 [Audit_Example 감사 항목] 창을 연다. [Audit_Example 감사 항목] 창에서 [보안 주체]에 '보안 주체 선택'을 클릭한다. [사용자, 컴퓨터, 서비스 계정 또는 그룹 선택] 창에서 [선택할 개체 이름을 입력하십시오]에 'Authenticated Users'를 입력하고 [이름 확인]과 [확인] 버튼을 클릭한다.

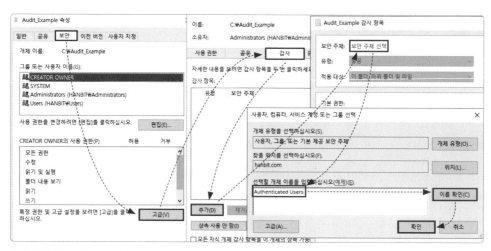

그림 18-36 폴더 감사 설정 1

2-4 [Audit_Example 감사 항목] 창에서 [유형]이 '성공'인지 확인한 후 오른쪽의 [고급 권한 표시]를 선택한다. 그 다음 [모두 지우기] 버튼을 클릭한 후 [고급 권한]에서 '파일 만들기 / 데이터 쓰기', '폴더 만들기 / 데이터 추가', '삭제'를 체크하고 [확인] 버튼을 클릭한다. [확인] 버튼을 연속 2번 클릭해 모든 창을 닫는다.

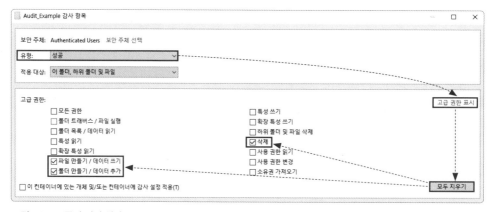

그림 18-37 폴더 감사 설정 2

2-5 파워셸을 열고 **gpupdate /force** 명령을 입력해 설정한 내용을 즉시 업데이트한다.

Step 3

WINCLIENT ◉ 공유된 폴더에 작업을 하고 이벤트 기록이 남는지 확인하자.

3-1 '테스트1(test1@hanbit.com)' 도메인 사용자로 로그온한다(다른 도메인 사용자도 상관없다).

3-2 파워셸을 열고 **gpupdate /force** 명령을 입력해 설정한 내용을 업데이트 한다..

3-3 [파일 탐색기]를 열고 주소 칸에 '\\FIRST\Audit_Example'을 입력한 다음 Enter 키를 누른다. 공유된 폴더에서 마우스 오른쪽 버튼을 클릭하고 [New]를 선택한 다음 Folder, Bitmap Image, Text Document 등의 파일을 몇 개 만들고 그중 몇 개는 삭제해 보자.

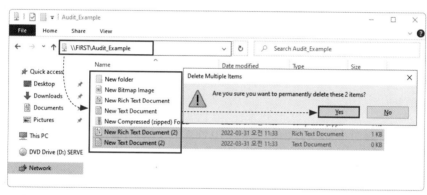

그림 18-38 폴더 및 파일 생성과 삭제

Step 4

FIRST ◉ 기록된 이벤트를 확인하자.

4-1 [서버 관리자]에서 [도구]-[이벤트 뷰어] 메뉴를 클릭해 이벤트를 확인해 보자. 바로 앞에서 사용했던 이벤트들이 기록되어 있을 것이다.

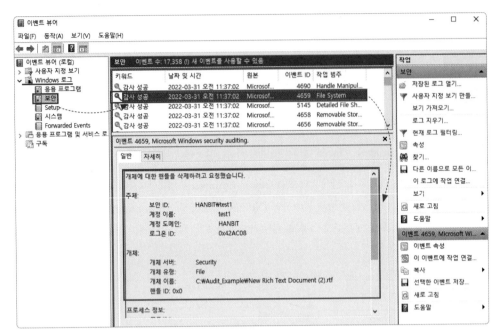

그림 18-39 이벤트 확인

4-2 그러나 이벤트가 너무 많이 생성되면 필요한 내용만 찾기 어렵다. 그럴 경우에는 왼쪽 화면의 [보안]에서 마우스 오른쪽 버튼을 클릭하고 [현재 로그 필터링]을 선택한 다음 [이벤트 ID 포함/제외]에 '4655~4659'를 입력한다. [확인] 버튼을 클릭하면 '4655~4659'에 해당하는 이벤트 내용만 확인할 수 있다.

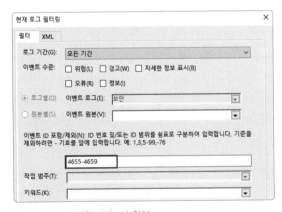

그림 18-40 선택한 이벤트만 확인

NOTE ▶ Windows Server의 이벤트 ID 번호와 설명은 https://www.microsoft.com/en-us/download/details.aspx?id=50034 주소에서 엑셀 파일로 제공된다.

4-3 그 외에도 로그 기간이나 이벤트 수준 등으로 필터링할 수 있다.

이상으로 서버 보안과 관련된 내용을 마치겠다. 비록 이 책에는 보안의 아주 일부만 다뤘지만 Windows Server의 보안은 다음과 같은 여러 가지 주제가 있다.

- 액세스 제어
- Active Directory 인증서 서비스
- Active Directory 도메인 서비스
- Active Directory Rights Management Services
- AppLocker
- BitLocker
- 원격 액세스(DirectAccess, 라우팅 및 VPN)
- 동적 액세스 제어
- 파일 시스템 암호화
- 파일 및 저장소 서비스
- 그룹 정책
- 네트워크 정책 및 액세스 서비스
- 보안 감사
- 보안 구성 마법사
- 소프트웨어 제한 정책
- 스마트 카드
- 웹 서버(IIS)
- Windows 인증 및 로그온
- Azure 백업
- 고급 보안이 설정된 Windows 방화벽
- Windows Server Update Services

또한 Windows Server 2022에서는 다음과 같은 보안 주제가 새로 추가되었다. 이러한 주제도 고급 Windows Server 관리자가 되기 위해서는 꼭 필요한 내용이므로 추후 인터넷이나 다른 고급 서적을 통해서 익히는 것이 좋다.

- 보안 코어 서버
- TMP 2.0 지원

- 펌웨어 보호
- UEFI 보안 부팅
- 가상화 기반 보안(VBS)

18.3 장애 조치 클러스터링

18.3.1 장애 조치 클러스터의 개념

장애 조치 클러스터Failover Cluster는 고가용성High Availability를 유지하기 위해 제공되는 시스템/서비스의 일종으로 Windows Server의 Datacenter와 Standard 에디션에서 제공되며, Essentials 에디션은 지원되지 않는다. 5장에서도 이야기했듯이 가용성Availability이란 컴퓨터 시스템이 서비스의 중단 없이 계속 가동되는 것을 말한다. 당연히 모든 서비스는 중단 없이 제공되는 것이 좋다. 하지만 '중단 없이'를 위해서는 많은 비용이 요구된다.

단순히 생각해서 서비스 중인 컴퓨터가 다운되었을 때 서비스를 다시 제공하기 위해 컴퓨터에 요구되는 시간을 생각해 보자. 예를 들어 개인의 홈페이지를 운영하는 컴퓨터가 다운되었을 때 빨리 복구될수록 좋겠지만, 복구가 늦는다고 큰 문제가 발생하지는 않는다. 다시 말해 개인 홈페이지 같은 서비스가 다운될 것을 대비해 비싼 비용을 들여서 똑같은 시스템을 준비해 놓을 필요는 없다는 것이다. 하지만 시스템이 다운되면 아주 치명적인 문제가 발생하는 시스템도 있는데, 예를 들어 원자력 발전소의 제어 시스템이나 공항의 항공기 이착륙 유도 시스템은 시스템이 다운되었을 때 즉시 복구되지 않으면 예상을 초월하는 큰 사고가 발생하게 된다. 따라서 이러한 시스템은 당연히 100%에 가까운 가용성을 요구한다. 그 외에도 은행의 전산 시스템이나 인터넷 쇼핑몰 같은 곳도 앞의 예시 만큼은 아니겠지만, 시스템이 중단되면 기업의 이미지에 치명적인 손해를 끼칠 수 있기 때문에 되도록 높은 가용성이 요구된다고 할 수 있다. 만약 인터넷 쇼핑몰의 시스템이 자꾸 다운되거나 복구 시간이 오래 걸린다면 고객이 더 이상 찾지 않아 문을 닫게 될 것이다.

이러한 고가용성을 만족시키기 위해서 Windows Server에서는 장애 조치 클러스터 기능을 제공한다. 다음 그림은 가장 단순한 장애 조치 클러스터의 개념도다.

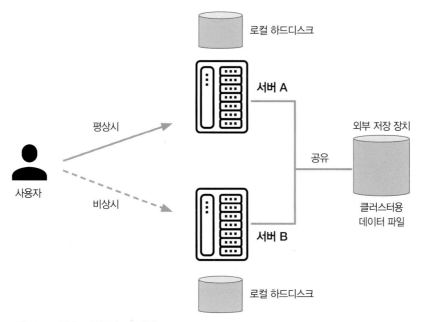

그림 18-41 장애 조치 클러스터 개념도

사용자는 평상시에는 서버 A를 통해 서비스받다가, 서버 A에 문제가 발생할 경우 서버 B에서 서버 A에 받던 서비스와 동일한 서비스를 계속 받도록 하는 것이다. 여기서 중요한 점은 서버 A와 서버 B를 클러스터로 구현하기 위해서는 서버 A와 서버 B가 동시에 공유하는 '외부 저장 장치'가 반드시 필요하다는 점이다. 또한 서버 A와 서버 B는 독립적으로 각각의 하드디스크를 보유하고 있어서 자신의 로컬 하드디스크에는 운영체제, 응용 프로그램 등이 설치되고 서로 독립적으로도 운영된다.

하지만 클러스터로 지정된 서비스의 경우에는 해당 서비스의 데이터가 공유되는 외부 저장 장치에 저장된다. 그래야만 서버 A가 중단되더라도 서버 A에서 사용되던 데이터를 서버 B도 동일하게 제공이 가능해진다. 그러나 당연히 하드웨어 비용은 2배 또는 그 이상이 요구된다. 그뿐만 아니라 실무에서 고가용성의 장애 조치 클러스터를 구축하는 경우에는 추가적인 응용 프로그램과 하드웨어를 많이 사용하기 때문에 그 구축 비용은 더욱 올라가게 된다.

이상으로 클러스터의 간단한 개념을 알아보았다. 좀 더 복잡한 이야기가 많이 있지만 더 이상 이야기하는 것은 이 책의 범위를 벗어나므로 장애 조치 클러스터의 개념은 이 정도로 마무리 짓겠다.

18.3.2 클러스터의 세부 개념과 구성도

이번에는 Windows Server에서 장애 조치 클러스터 구성의 세부 개념과 구성도를 다음 그림과 함께 알아보자.

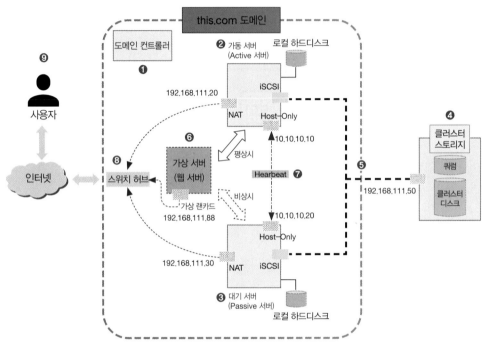

그림 18-42 장애 조치 클러스터 세부 구성도

! 여기서 잠깐 **Windows Server 2016/2019/2022에서 장애 조치 클러스터의 기능**

장애 조치 클러스터에서는 그 안에 포함된 컴퓨터를 노드(Node)라고 표현한다. 여기서 가동 서버와 대기 서버가 해당한다. 참고로 Windows Server 2008 R2에서는 노드 수가 최대 16개였으나, Windows Server 2012부터는 노드 수가 64개까지 지원된다. 또한 Windows Server 2012 R2에서 Windows Server 2016/2019/2022로 장애 조치 클러스터를 업그레이드할 때 서비스의 중지 없이 업그레이드가 가능하다. 이 외에도 Windows Server 2016/2019/2022에서는 저장소 복제본(Storage Replica), 클라우드 감시(Cloud Witness), 가상 컴퓨터 복구(Recovery Virtual Machines) 등의 다양한 기능이 추가되었다. Windows Server 장애 조치 클러스터의 새로운 기능은 https://docs.microsoft.com/ko-kr/windows-server/failover-clustering/whats-new-in-failover-clustering 주소를 참고하자.

먼저 몇 가지 용어에 대한 이해가 필요하다. 생소한 용어가 좀 나오지만 **그림 18-42**와 함께 살펴보면 어렵지 않게 이해할 수 있을 것이다.

장애 조치 클러스터를 구성하기 위해서는 일반적으로 3대 정도의 컴퓨터가 동시에 가동되어야 한다. 그림에서 볼 수 있듯이 도메인 컨트롤러, 가동 서버, 대기 서버 3대가 필요하다. 그리고 추가로 외부 네트워크 저장 장치를 위해서 클러스터 스토리지(또는 NAS용 컴퓨터)가 필요하다.

NOTE▶ SAN(Storage Area Network)와 NAS(Network Attached Storage)는 5장에서 설명했다.

먼저 Windows Server 2016/2019/2022의 장애 조치 클러스터는 Active Directory 도메인 환경에서 구성된다. 예를 들어 ❶ 도메인 컨트롤러가 'this.com' 도메인의 도메인 컨트롤러 역할을 한다고 가정해 보자. 도메인 컨트롤러는 Active Directory 도메인 서비스로 구성하는 것을 제외하고 특별한 역할을 하지는 않는다.

NOTE▶ 장애 조치 클러스터를 처음 접하는 독자라면 이 부분에서 좀 의아할 수도 있으나, 장애 조치 클러스터를 구성한다는 것은 운영체제 자체를 똑같이 한다는 의미가 아니라 서비스(그림에서는 웹 서비스)를 중단 없이 가동하고자 하는 것이므로 두 노드(컴퓨터)가 똑같아야 하는 것은 아니다. 하지만 실제로는 두 노드를 동일한 사양과 동일한 운영체제 설치 옵션으로 구성하는 것이 일반적이다.

❷ 가동 서버(Active)와 ❸ 대기 서버(Passive)는 'Active/Passive 클러스터'로 구성된 것을 의미한다. Active/Passive 클러스터에서 ❷ 가동 서버(Active)는 현재 서비스를 제공해 주고 있는 서버다. 만약 ❷ 가동 서버(Active)에 문제가 발생할 경우에는 ❸ 대기 서버(Passive)가 대신 가동해 서비스가 중단되지 않도록 지속적으로 제공해 준다. 이 방법이 가장 구성하기 쉽고 하드웨어적으로 구현도 간단하지만, 만약 가동 서버(Active)가 아무런 고장 없이 1년 동안 잘 가동된다면 대기 서버(Passive)는 1년 동안 어떤 일도 하지 않고 그냥 놀게 된다는 단점이 있다. 고가의 장비를 그냥 낭비하게 된다는 단점이 있지만, 실무에서는 비용보다는 시스템의 고가용성을 높이기 위해 많이 사용되는 구성 방법이다. 그래서 대기 서버(Passive)를 가동 서버(Active)보다 저렴한 비용으로 구성하는 경우도 있다. ❷ 가동 서버(Active)와 ❸ 대기 서버(Passive)는 각자의 로컬 하드디스크를 가지고 있다. 이 말은 장애 조치 클러스터에 참여하는 두 노드는 별도의 컴퓨터라는 것이다. 즉, 운영체제를 각각 설치해야 한다. 하지만 모든 장애 조치 클러스터의 운영체제를 **그림 18-42**와 완전히 똑같이 할 필요는 없다. 그냥 Windows Server 2016 이후의 Standard 에디션 이상이면 크게 문제없으며, 하드웨어 사양이나 운영체제 설치 옵션 등은 달라도 상관 없다.

❹ 클러스터 스토리지는 장애 조치 클러스터를 구성하기 위한 핵심 부분이다. 여기서 쿼럼

(Quorum)이라는 용어가 나오는데, 이 쿼럼 디스크의 용도는 장애 조치 클러스터의 구성 정보를 저장하는 공간이다. 그러므로 이 정보는 ❷가동 서버(Active) 또는 ❸대기 서버(Passive)가 아닌 별도의 공간에 저장되어야 한다. 그래야 하나의 서버가 문제가 발생되더라도 다른 서버가 서비스를 계속 제공할 수 있다. 또한 ❷가동 서버(Active)와 ❸대기 서버(Passive)가 공용으로 사용하는 클러스터 디스크에는 웹 서비스의 파일을 저장하는 공간으로 사용된다. 그리고 이때 ❻가상 서버가 바로 웹 서비스를 제공하는 서버가 된다. 즉, ❾사용자는 ❷가동 서버(Active) 또는 ❸대기 서버(Passive)가 아닌 ❻가상 서버에 접근하게 되는 것이다. 이 가상 서버는 이름 그대로 실제 물리적인 하드웨어는 존재하지 않지만, 별도의 IP 주소(예시: 192.168.111.88)를 보유하게 됨으로써 네트워크상에서 실제 컴퓨터와 동일한 지위를 갖게 된다. 만약 ❾사용자가 ❷가동 서버(Active)의 IP 주소(예: 192.168.111.20)에 직접 접속해서 웹 서비스를 받는다면 ❷가동 서버(Active)가 고장 날 경우, ❸대기 서버(Passive)가 대신 가동하는지 여부를 알 수 있는 방법이 없다. 쉽게 말해 인터넷 쇼핑몰 업체가 자기 회사의 모든 고객에게 기존 웹 서버(예시: 192.168.111.20)가 고장 났으니 다른 서버(예시: 192.168.111.30)로 접속하라고 알려줄 수 없는 것과 마찬가지다.

결론적으로 ❾사용자는 ❻가상 서버로 접속하면 이 ❻가상 서버가 알아서 ❷가동 서버(Active) 또는 ❸대기 서버(Passive)에서 웹 서비스를 제공해 주는 것이다. 그래서 ❾사용자는 ❷가동 서버(Active)가 가동하든지 ❸대기 서버(Passive)가 가동하든지 신경 쓸 필요 없이 정상적으로 계속 서비스를 받을 수 있다. 이것이 클러스터의 기본적인 구성 원리다.

❼Heartbeat는 사전적 의미로 '심장박동'을 말한다. 이는 ❷가동 서버(Active)와 ❸대기 서버(Passive)가 서로 이상 없이 가동되고 있는지 지속적으로 확인하는 것을 의미한다. 만약 ❷가동 서버(Active)의 심장박동이 들리지 않는다면, ❷가동 서버(Active)에 장애가 발생한 것으로 간주하고 ❸대기 서버(Passive) 가 ❷가동 서버(Active)의 역할을 즉시 대신하게 된다. 그래서 두 서버의 Heartbeat는 공용 네트워크(Shared Network)가 아닌 별도의 네트워크 카드를 사용해서 개별 네트워크(Private Network)로 구성해 클러스터로 구성된 노드(컴퓨터)끼리 전용으로 사용한다.

NOTE ▶ Heartbeat를 공용 네트워크로 사용해도 되지만 만약 네트워크 부하로 인해서 ❷가동 서버(Active)와 ❸대기 서버(Passive) 사이의 작동 확인이 지연된다면 서로 장애가 발생된 것으로 오인하는 경우가 발생할 수 있다. 그래서 실무에서는 일반적으로 별도의 네트워크 장치로 ❶Heartbeat를 구성한다.

❽스위치 허브는 ❷가동 서버(Active)와 ❸대기 서버(Passive)가 외부와 연결되기 위한 통로 역

할을 한다.

! 여기서 잠깐 **Active/Active 방식의 장애 조치 클러스터**

장애 조치 클러스터 구성 방법으로는 Active/Passive 방식 외에 실무에서 사용되는 몇 가지 방식이 더 있다.

먼저 Active/Active 방식이 있는데, 이는 두 서버 모두를 가동한다. 예를 들면 ❷가동 서버(Active)는 웹 서버로 가동하고 ❸대기 서버(Passive)는 파일 서버로 가동하는 것이다. 그래서 평상시에는 각자의 서비스를 제공하다가 만약 ❷가동 서버(Active)가 고장 나면 ❸대기 서버(Passive)가 웹 서버 및 파일 서버 역할을 모두 수행하는 방법도 있다. 반대로 ❸대기 서버(Passive)가 고장 나면 ❷가동 서버(Active)가 웹 서버 및 파일 서버 역할을 모두 수행한다. 단순히 생각하면 두 서버 모두 작동하므로 비용적인 효율이 높다고 느껴질 수도 있으나, 장애 발생 시 하나의 서버가 2개의 서비스를 모두 제공함으로써 결과적으로 한 서버가 2개 서버의 할 일을 떠안게 되어 부하가 커지게 된다. 결국 웹 서비스/파일 서비스 둘 다 속도가 느려져서 두 서비스 모두 문제가 생길 여지가 있으며, 고가용성이라는 장애 조치 클러스터의 의미가 희미해질 수도 있다.

그래서 Active/Active 방식으로 운영하려면 각 서버가 현재의 서비스를 제공하기 위해 필요한 하드웨어 성능보다 더 높은 하드웨어 사양을 가지고 있어야 추후 문제가 발생해도 두 서비스를 이상 없이 제공해 줄 수 있다. 그 외에도 Active 2개+Passive 1개, Active2개+Passive 2개, Active 3개+Passive2개 등으로 클러스터를 구성할 수 있다.

이상으로 Windows Server에서 제공하는 '장애 조치 클러스터'에 대한 개념을 소개했다. 장애 조치 클러스터 주제에 대한 더 깊은 내용은 장애 조치 클러스터 위주로 집필된 책이나 인터넷을 참고하도록 하자.

Part

05

Windows Server 2022
가상화 기술

마지막 5부에서는 Microsoft 가상화 기술의 기반이 되는 Hyper-V 및
Windows Server 2016부터 제공되는 나노 서버와 Windows 컨테이너
에 대해서도 학습한다. 추가로 Windows에서 리눅스를 설치하고 운영하기
위한 방법 3가지를 살펴본다. 그중 WSL(리눅스용 Windows 하위 시스템)
에 대해서 자세히 살펴보고 실습해 본다.

19

▶ Hyper-V 가상화 기술

19장에서는 Windows Server의 강력한 기능인 Hyper-V 가상화 기술의 기본적인 개념을 알아보고 실습해 본다.

학습목표

✓

이 장의
핵심 개념

- 가상화 기술 및 Hyper-V에 대한 개념을 이해한다.

- Hyper-V 환경을 구성하고 가상머신을 생성한다.

- Hyper-V 가상머신에 Windows Server 2022를 설치한다.

✓

이 장의
학습 흐름

> Hyper-V의 개념과 다른 가상화 기술과 차이점 이해

▼

> Windows Server 2022에서
> 새로운 Hyper-V 기능 파악

▼

> Hyper-V 구성 및 Windows Server 2022 설치

19.1 Hyper-V 개요

Microsoft에서는 가상화^{Virtualization} 기술을 Windows Server의 가장 강력한 기능으로 꼽는다. Windows Server에서 제공하는 대표적인 가상화 기술은 Hyper-V 기술이며 Windows Server 2008부터 제공하기 시작했다. Hyper-V는 Windows Server에 내장된 가상화 기술로, 64bit 인텔 및 AMP CPU의 강력한 하드웨어 가상화 기술을 사용한다. Hyper-V는 지금까지 우리가 사용해 온 VMware와 기본적인 개념은 비슷하다. 그러나 VMware는 호스트 OS에 게스트 OS를 가동하는 환경이지만 Hyper-V는 부모 파티션과 자식 파티션으로 분할하는 개념이다. 쉽게 이야기해 VMware는 호스트 OS가 어떤 Windows여도 상관없으나, Hyper-V는 호스트 OS의 개념과 비슷한 부모 파티션이 반드시 Windows Server(또는 Windows 8 이상)여야 한다는 점이 다르다.

Hyper-V는 Windows Server에 내장되어 있기 때문에 가상화 기술을 효율적으로 적용할 수 있으며, 운영체제에 좀 더 깊게 관여한다. 그래서 Hyper-V에서 운영체제들은 서로 대등한 지위로써 작동된다. 좀 더 자세히 설명하면 Hyper-V에서 운영체제는 여러 개의 파티션^{Partition}으로 분리되어 있으며, 첫 파티션을 부모 파티션^{Parent Partition}이라고 부른다. 그리고 이 부모 파티션에 Windows Server를 설치하게 된다. 나머지 파티션에는 필요한 운영체제를 설치해서 사용하면 된다. 지금까지 사용한 VMware Workstation과의 차이점은 다음 그림과 같다.

그림 19-1 호스트형 가상화와 하이퍼바이저형 가상화 비교

그림 19-1의 왼쪽 그림은 VMware Workstation에서 사용했던 가상화인 '호스트(Hosted)형 가상화'를 표현한 것으로 호스트 OS를 기반으로 VMware Workstation을 설치하고 그 위에 여러 개의 게스트 OS를 설치한 개념이다. 이와 달리 Hyper-V는 오른쪽 그림과 같이 '하이퍼바이저(Hypervisor)형 가상화' 기술을 사용하며, 호스트 OS 개념 없이 모든 운영체제가 파티션이라는 대등한 개념으로 운영된다. 단, 첫 번째인 부모 파티션은 Windows Server가 설치되어 있어야 한다. 또한 부모 파티션을 Server Core로 설치할 수 있는데, 이 경우 보안 측면이나 전반적인 성능 측면에서 더 향상된 결과가 나올 수 있다.

NOTE▶ 회사별로 출시되는 다양한 가상화 관련 제품 중에서 '호스트형 가상화' 기술에 해당하는 것은 VMware사의 VMware Workstation, Oracle사의 Virtual Box 등이 있다. 또 '하이퍼바이저형 가상화' 기술에 해당하는 것은 VMware사의 VMware vSphere/VMware ESXi, Microsoft사의 Hyper-V, Ctrix의 XenServer, Oracle사의 VM Server 등이 있다.

Microsoft사는 Hyper-V를 이용한 가상화 환경을 사용함으로써 얻을 수 있는 장점을 다음과 같이 이야기한다. 첫째로, 하드웨어 사용률을 높여 물리적인 서버의 운영 및 유지 관리 비용을 줄일 수 있다. 즉, 서버 작업을 실행하는 데 필요한 총 하드웨어의 양을 줄일 수 있다. 둘째로, 하드웨어 및 소프트웨어를 설정하고 테스트 환경을 재현하는 데 소요되는 시간을 줄여 개발 및 테스트 효율성을 향상시킬 수 있다. 셋째로, 물리적 컴퓨터만 사용하는 장애 조치failover 구성에서 필요한 만큼의 물리적 컴퓨터를 사용하지 않아도 되므로 서버 가용성을 향상시킬 수 있다. 그런데 이미 다음 장점 3가지는 우리가 계속 사용한 VMware를 사용함으로써 얻는 장점과 비슷하다. 결국 모든 회사의 가상화 기술이 조금씩 차이는 있지만, 근본적인 목적과 얻는 것은 대개 비슷하다고 할 수 있다.

> **❗ 여기서 잠깐 　Hyper-V 제품의 기능 향상**
>
> Hyper-V는 Windows Server 2008에 처음 내장되기 시작되었으며, Windows Server 2008 R2에서는 그 기능이 더욱 향상되었다. 또한 Windows Server 2012, 2012 R2, 2016, 2019, 2022를 거치면서 다양한 측면에서 그 기능이 추가/개선되었다. 참고로 Microsoft사는 Windows Server 없이도 독립적인 Windows 가상화를 제공하는 Hyper-V Server 2012, 2012 R2, 2016, 2019, 2022 제품도 별도로 제공하고 있다. Windows 10/11에는 클라이언트 Hyper-V도 제공하는데 Windows Server와 호환되지만 다양한 서버용 기능은 제공되지 않는다.

19.2 Windows Server 버전에 따른 Hyper-V의 새로운 기능

Windows Server 2012에서 Hyper-V의 새로운 기능

Microsoft사에서는 클라우드 컴퓨팅 기술의 근본이 되는 Hyper-V 기술을 계속 개선시키고 있으며, Windows Server 2012에서는 큰 폭의 기능 추가와 개선이 진행되었다. Windows Server 2012에서 추가 또는 개선된 Hyper-V의 대표적인 기능을 요약하면 **표 19-1**과 같다.

표 19-1 Windows Server 2012에서 추가 또는 개선된 Hyper-V 기능(출처: Microsoft)

기능	구분	비고
클라이언트 Hyper-V	새로 추가됨	Windows 8부터 제공됨
동적 메모리	기능이 개선됨	적은 메모리로 가상 컴퓨터를 구동하는 기술
Windows PowerShell용 Hyper-V 모듈	새로 추가됨	Hyper-V 관리를 위해서 160개 이상의 cmdlet를 제공함
Hyper-V 복제본	새로 추가됨	가상 컴퓨터를 다른 서버로 복제할 수 있음
가상 컴퓨터 가져오기	기능이 개선됨	가상 컴퓨터를 가져올 때 안정성 향상
실시간 마이그레이션	기능이 개선됨	클러스터 되지 않은 환경에서도 마이그레이션 지원 및 2개 이상의 동시 마이그레이션 가능
대폭 향상된 확장성과 개선된 복구 기능	기능이 개선됨	하드웨어 오류 처리 기능의 개선
저장소 마이그레이션	새로 추가됨	가상 하드디스크를 실행하는 상황에서도 다른 저장소로 이동할 수 있음
SMB 3.0 파일 공유의 저장소	새로운 기능	가상 컴퓨터 저장소를 제공하기 위해서 SMB 3.0 파일 공유를 사용
가상 하드디스크 형식	기능이 개선됨	새로운 VHDX 가상 하드디스크는 최대 64TB 크기까지 지원되며, 정전 등으로 인한 디스크 손상을 방지하는 기술을 내장함.
가상 컴퓨터 스냅숏	기능이 개선됨	스냅숏 기능이 향상됨

Windows Server 2012 R2에서 Hyper-V의 새로운 기능

Windows Server 2012 R2에서도 Microsoft는 Hyper-V의 기능을 더욱 향상시켰다. Windows Server 2012 R2에서 추가 및 개선된 Hyper-V의 기능 요약은 **표 19-2**와 같다.

표 19-2 Windows Server 2012 R2에서 추가 또는 개선된 Hyper-V 기능(출처: Microsoft)

기능	구분	비고
공유 가상 하드디스크	새로 추가됨	공유 VHDX(가상 하드디스크) 파일을 사용하여 가상 컴퓨터 클러스터링을 지원함
가상 하드디스크 크기 조정	기능이 개선됨	가상 컴퓨터를 실행하는 동안 가상 하드디스크 크기 조정을 지원함
실시간 마이그레이션	기능이 개선됨	마이그레이션 중 압축 기능이 제공됨. Windows Server 2012의 가상 컴퓨터를 Windows Server 2016의 가상컴퓨터로 마이그레이션 할 수 있음
가상 컴퓨터 세대	새로 추가됨	이전 버전의 1세대와 새로운 기능이 포함됨 2세대 가상 컴퓨터를 지원함. 2세대 게스트 OS는 Windows Server 2012 이후 및 Windows 8(64bit) 이후 버전부터 지원됨
통합 서비스	기능이 개선됨	실행중인 가상 컴퓨터의 복사가 가능함
장애 조치(Failover) 클러스터링 및 Hyper-V	기능이 개선됨	Hyper-V와 함께 Windows 장애 조치(Failover) 클러스터링을 사용하면 가상 네트워크 어댑터 및 가상 컴퓨터 저장소를 보호할 수 있음
고급 세션 모드	새로 추가됨	가상 컴퓨터 연결 세션 중 로컬 리소스(디스플레이, 오디오, 프린터 등)의 리디렉션을 허용함
Linux 지원	기능이 개선됨	Linux 통합 서비스가 기본 제공됨
Hyper-V 네트워킹	기능이 개선됨	Hyper-V 가상화가 대폭 향상됨

Windows Server 2016에서 Hyper-V의 새로운 기능

Microsoft사는 Windows Server 2016을 출시하면서 Hyper-V의 기능을 더욱 향상시켰다. Windows Server 2016에서 추가 및 개선된 Hyper-V의 기능은 **표 19-3**과 같다.

표 19-3 Windows Server 2016에서 추가 또는 개선된 Hyper-V 기능(출처: Microsoft)

기능	구분	비고
연결된 대기 상태와 호환	새로 추가됨	AOAC(Always On/Always Connected) 전원을 사용하는 컴퓨터에서 Hyper-V 설치 시 연결된 대기 상태를 지원함
개별 장치 할당	새로 추가됨	일부 PCIe 하드웨어 장치에 직접 액세스가 가능하도록 함
1세대 가상 컴퓨터 암호화 지원	새로 추가됨	1세대 가상머신에 BitLocker 드라이브 암호화를 사용 가능함
메모리 및 네트워크 장치의 실시간 교체	새로 추가됨	메모리나 네트워크 장치를 추가 또는 제거할 때 가상 컴퓨터의 중지 없이 가능함. 단 2세대 가상 컴퓨터에 해당함

Hyper-V 관리자	기능이 개선됨	대체 자격 증명 지원, 이전 버전 관리, 업데이트 관리 프로토콜 등 Hyper-V 관리자의 기능이 향상됨
더 많은 메모리 및 프로세스 지원	기능이 개선됨	기존 보다 가상 컴퓨터에서 더 많은 메모리 및 프로세스를 설정하고 사용이 가능함
가상 컴퓨터의 중첩	새로 추가됨	가상 컴퓨터 안에 가상 컴퓨터를 생성할 수 있음
Windows 컨테이너	새로 추가됨	Windows 컨테이너와 Hyper-V 컨테이너를 지원함

Windows Server 2019에서 Hyper-V의 새로운 기능

Windows Server 2019에서 추가 및 개선된 Hyper-V의 기능은 **표 19-4**와 같다.

표 19-4 Windows Server 2019에서 추가 또는 개선된 Hyper-V 기능(출처: Microsoft)

기능	구분	비고
지점 개선 사항	새로 추가됨	새로운 대체 HGS 및 오프라인 모드 기능을 활용하여 호스트 보호 서비스에 대한 지속적 연결을 통해 머신에서 보호된 가상머신을 실행할 수 있음
문제 해결 개선 사항	새로 추가됨	VMConnect 고급 세션 모드 및 PowerShell Direct에 대한 지원을 활성화하여 보호된 가상머신 문제 해결이 더욱 쉬워지도록 했음
Linux 지원	새로 추가됨	여러 운영체제 환경을 실행하는 경우 Windows Server 2019에서 Ubuntu, Red Hat Enterprise Linux 및 SUSE Linux Enterprise Server 실행을 지원함
Hyper-V VM에 대한 영구 메모리 지원	새로 추가됨	가상머신에서 영구 메모리의 높은 처리량과 짧은 대기 시간을 활용하기 위해 이제 VM에 직접 프로젝션할 수 있음

Windows Server 2022에서 Hyper-V의 새로운 기능

Windows Server 2022에서 추가 및 개선된 Hyper-V와 관련된 기능은 **표 19-5**와 같다.

표 19-5 Windows Server 2022에서 추가 또는 개선된 Hyper-V 기능(출처: Microsoft)

기능	구분	비고
AMD 프로세서에 대한 중첩된 가상화	새로 추가됨	Windows Server 2022는 AMD 프로세서를 통해 중첩된 가상화를 지원해 사용자 환경에 적합한 더 많은 하드웨어를 선택할 수 있음
Hyper-V 가상 스위치 향상	기능이 개선됨	RSC(수신 세그먼트 통합)가 업데이트되면서 Hyper-V의 가상 스위치가 개선됨

19.3 Hyper-V 실습

직접 Hyper-V를 실습하자. 이번 실습은 원칙적으로 별도의 컴퓨터에 Windows Server 2022를 설치해야 하지만, 우리는 VMware 안에서 Hyper-V를 구현해 보겠다.

우선 Hyper-V를 사용하기 위해서는 다음과 같은 하드웨어 사양을 만족해야 한다.

- x64 기반의 CPU 또는 64bit AMD CPU
- CPU의 하드웨어 가상화 지원(인텔 VT 기술 또는 AMD-V 기술)
- 하드웨어 데이터 실행 보호(DEP: Data Execution Protection)사용(인텔 XD 또는 AMD NX 비트)

또한 VMware 가상머신 안에 다시 가상 컴퓨터를 생성해야 하므로 실습 컴퓨터의 RAM이 최소 8GB(권장 16GB) 이상이어야 한다.

NOTE▶ 이번 실습은 VMware 가상머신 안에 또 가상 컴퓨터를 구동하는 개념이므로 CPU의 성능이 낮은 경우에는 수행 속도가 상당히 느릴 수밖에 없다. 또한 VMware 가상머신에 RAM이 최소 4GB(권장 8GB) 정도는 할당되어야 하므로 실습 컴퓨터의 전체 RAM은 최소 8GB(권장 16GB) 이상으로 구성해야 원활한 진행이 가능하다.

실습 1 ▶

VMware 안에 Hyper-V를 구현하자.

Step 0

이번 실습은 FIRST 가상머신을 사용한다. FIRST 가상머신을 [설정 완료] 스냅숏으로 초기화한다(초기화 방법이 기억나지 않으면 3장 **실습 5**를 참고한다).

Step 1

호스트 **OS ❶** 시작하기 전에 먼저 몇 가지 설정을 해 보자. FIRST 가상머신의 [Virtual Machine Setting] 창을 연다.

1-1 Processor(CPU)의 가상화 기능을 활성화해야 한다. Processors를 선택하고 가상화와 관련된 두 항목을 체크한다.

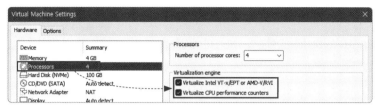

그림 19-2 VMware의 가상화 기술 사용

1-2 RAM을 4GB(4096MB) 또는 8GB(8192MB)로 변경한 후 [OK] 버튼을 클릭해 [Virtual Network Editor] 창을 닫는다.

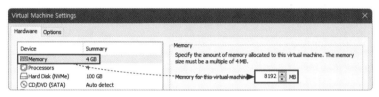

그림 19-3 VMware의 메모리 변경

1-3 VMware Player를 종료한다.

1-4 [파일 탐색기]를 실행해 FIRST 가상머신이 설치된 폴더(예시: C:\Win2022\FIIRST)의 'FIRST. vmx' 파일에서 마우스 오른쪽 버튼을 클릭하고 [연결 프로그램]-[메모장]을 클릭해 메모장으로 열자(또는 메모장을 먼저 실행해 놓고 FIRST.vmx 파일을 메모장으로 드래그해서 열어도 된다).

1-5 파일의 제일 아래 부분에 다음 코드를 추가한 후 저장하고 메모장을 닫는다.

```
hypervisor.cpuid.v0 = "FALSE"
```

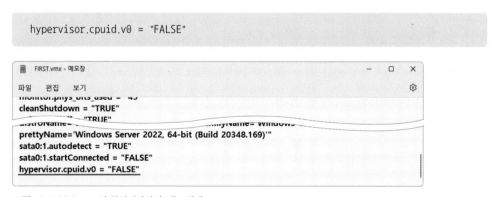

그림 19-4 VMware의 하이퍼바이저 기능 해제

NOTE 기본적으로 VMware에서 하이퍼바이저 기능이 활성화되어 있으나, Hyper-V를 사용하려면 이 기능을 해제해 놓아야 한다.

1-6 다시 VMware Player를 실행하고 FIRST 가상머신을 부팅한 다음 Administrator로 로그온한다.

1-7 호스트 OS의 해상도가 1680x1050 이상이라면 FIRST의 해상도를 1440x900 정도로 설정하는 것이 실습에 편리하다. 그렇지 않다면 VMware Player를 전체 화면으로 설정해서 실습하자. 바탕 화면에서 마우스 오른쪽 버튼을 클릭한 후 [디스 플레이 설정]을 열고 오른쪽 화면에서 [디스플레이 해상도]를 변경하면 된다.

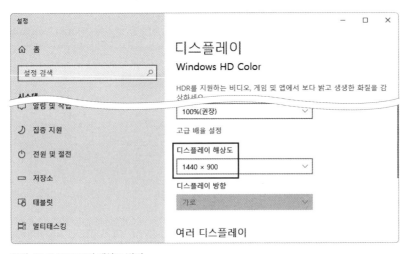

그림 19-5 FIRST의 해상도 변경

Step 2

FIRST ● Hyper-V 역할을 설치하자.

2-1 [서버 관리자]를 실행하고 [관리]-[역할 및 기능 추가] 메뉴를 클릭해 실행한다.

2-2 [시작하기 전], [설치 유형 선택], [대상 서버 선택]에서 기본값 그대로 두고 [다음] 버튼을 클릭한다.

2-3 [서버 역할 선택]에서 'Hyper-V'를 체크하고 기능 추가 창이 나오면 [기능 추가] 버튼을 클릭한다. [다음] 버튼을 클릭한다.

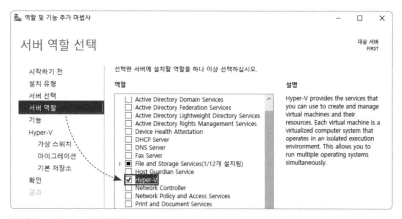

그림 19-6 Hyper-V 설치 1

2-4 [기능 선택]에서 기본값 그대로 두고 [다음] 버튼을 클릭한다.

2-5 [Hyper-V]에서 기본값 그대로 두고 [다음] 버튼을 클릭한다.

2-6 [가상 스위치 만들기]에서 [네트워크 어댑터]의 'Etnernet0'를 체크하고 [다음] 버튼을 클릭한다.

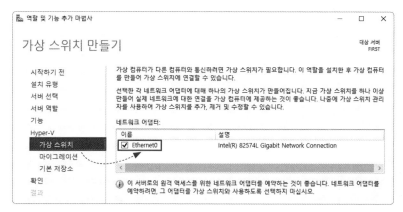

그림 19-7 Hyper-V 설치 2

2-7 [마이그레이션], [기본 저장소]에서 기본값 그대로 두고 [다음] 버튼을 클릭한다.

2-8 [설치 선택 확인]에서 '필요한 경우 자동으로 대상 서버 다시 시작'을 체크한다. 아래쪽에 [설치] 버튼을 클릭해 Hyper-V 및 관련된 관리 도구가 설치되는지 확인한다.

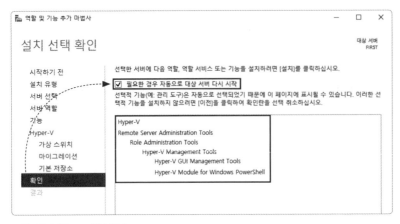

그림 19-8 Hyper-V 설치 3

2-9 설치 중 컴퓨터가 재부팅될 것이다. 그러면 다시 Administrator로 로그온한다.

2-10 [서버 관리자]를 다시 실행해서 설치를 완료하자. [닫기] 버튼을 클릭한다.

Step 3

FIRST ◉ Hyper-V에 NAT용 가상 네트워크를 추가하고 서버의 설정을 확인하자.

3-1 [서버 관리자]에서 [도구]-[Hyper-V 관리자] 메뉴를 클릭해 실행한다.

그림 19-9 Hyper-V 관리자 초기 화면

3-2 [Hyper-V 관리자] 창의 왼쪽 화면에서 [FIRST]를 선택하고 오른쪽 [작업] 화면의 [가상 스위치 관리자]를 클릭한다.

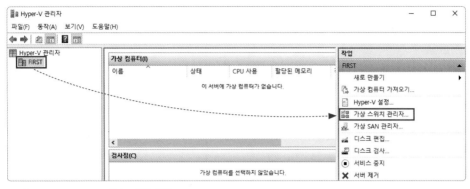

그림 19-10 Hyper-V 가상 스위치 확인 1

3-3 [Intel® 82574L Glgbalt Network Connection]을 선택하면 오른쪽 화면에 [연결 형식]을 확인할 수 있다. '외부 네트워크'를 선택하고 기본값 그대로 둔다. [취소] 버튼을 클릭한다.

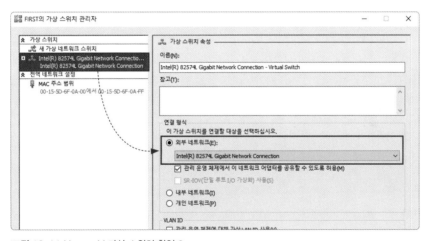

그림 19-11 Hyper-V 가상 스위치 확인 2

NOTE▶ '외부 네트워크'는 FIRST의 입장에서 외부 네트워크인 192.168.111.0을 사용하겠다는 의미다. 즉, Hyper-V에서 생성할 가상 컴퓨터의 네트워크도 FIRST, SECOND, THIRD 등과 동일한 네트워크 안에 포함시키겠다는 의미다.

3-4 이번에는 [작업] 화면의 'Hyper-V 설정'을 클릭해 가상 하드디스크 및 가상 컴퓨터가 생성되는 경로를 확인하자. 특별히 변경하지 않았다면 가상 하드디스크는 'C:\Users\Public\Documents\Hyper-V\Virtual Hard Disks' 폴더에, 가상 컴퓨터는 'C:\ProgramData\Microsoft\Windows\Hyper-V' 폴더에

생성될 것이다. 필요하다면 이 경로를 바꾸면 된다. [확인]이나 [취소] 버튼을 클릭해서 창을 닫는다.

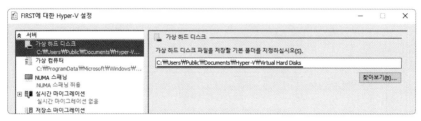

그림 19-12 Hyper-V 저장 경로 확인

NOTE ▶ 실무에서 Hyper-V를 본격적으로 운영한다면 가상 하드디스크의 저장소는 별도의 SSD를 사용하는 것이 성능상 바람직하다.

Step 4

FIRST ⬤ 가상 컴퓨터(Virtual Computer)를 생성하자.

NOTE ▶ Hyper-V 가상 컴퓨터를 생성하는 개념은 VMware에서 가상머신을 생성하는 것과 방법의 차이만 약간 있을 뿐 거의 비슷한 개념이다. 1장의 **실습 2**와 비교하면서 이번 실습을 확인하는 것은 좋은 학습이 될 것이다.

4-1 오른쪽 [작업] 화면에서 [새로 만들기]-[가상 컴퓨터]를 클릭하고 [새 가상 컴퓨터 마법사] 창에서 [다음] 버튼을 클릭한다.

4-2 가상 컴퓨터의 이름을 지정한다. 우리는 Windows Server 2022를 설치할 것이므로 [이름]에 'Windows 2022'를 입력한다(필요하다면 다른 위치에 생성할 수도 있으나, 그냥 기본값 그대로 두자). [다음] 버튼을 클릭한다.

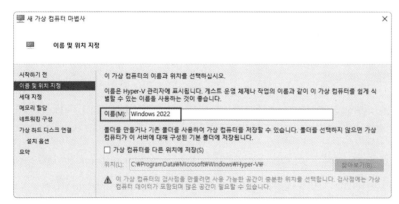

그림 19-13 가상 컴퓨터 생성 1

4-3 [세대 지정]에서 호환성이 좋은 '1세대'를 선택하고 [다음] 버튼을 클릭한다.

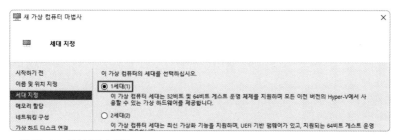

그림 19-14 가상 컴퓨터 생성 2

NOTE ▶ Windows Server 2012 R2부터 제공되는 '2세대'를 선택해도 되지만 VMware의 특성상 가상머신이 작동하지 않을 수 있다.

4-4 [메모리 할당]에서 가상 컴퓨터에 할당할 메모리를 적어주자. 필자는 [시작 메모리]에 '2048MB'를 할당했다. [다음] 버튼을 클릭한다.

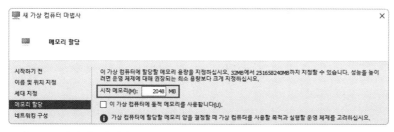

그림 19-15 가상 컴퓨터 생성 3

NOTE ▶ '동적 메모리' 할당 기능은 Windows Server 2012부터 제공된다. 적은 메모리로 여러 대의 가상 컴퓨터를 작동시킬 때 효율적이다.

4-5 [네트워킹 구성]에서 [연결]은 기본적으로 생성한 'Intel(R) 82574L Gigabit Network Connection-Virtual Switch' 네트워크를 선택하고 [다음] 버튼을 클릭한다.

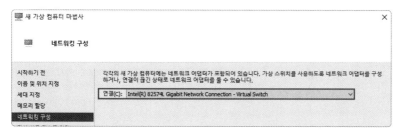

그림 19-16 가상 컴퓨터 생성 4

4-6 [가상 하드디스크 연결]에서 가상 하드디스크 [크기]는 40GB 정도로 지정하자. 변경했으면 [다음] 버튼을 클릭한다.

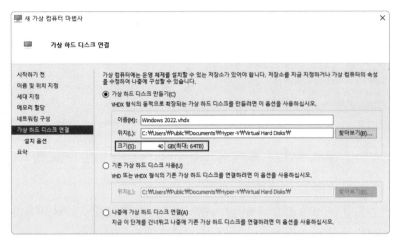

그림 19-17 가상 컴퓨터 생성 5

4-7 [설치 옵션]에서 [나중에 운영 체제 설치]를 선택하고 [다음] 버튼을 클릭한다.

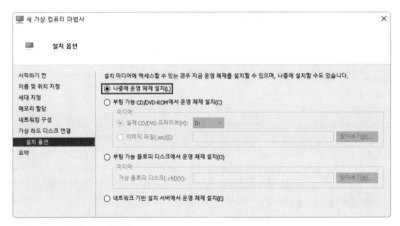

그림 19-18 가상 컴퓨터 생성 6

4-8 [가상 컴퓨터 마법사 완료]에서 기본값 그대로 두고 [마침] 버튼을 클릭하면 가상 컴퓨터의 생성이 완료된다. 이제 [Hyper-V 관리자]에 가상 컴퓨터가 하나 생성된 것이 확인된다. 아래쪽에서 가상 컴퓨터의 상태를 확인할 수 있다.

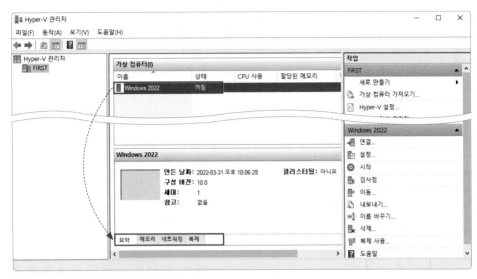

그림 19-19 생성 완료된 가상 컴퓨터

Step 5

FIRST ⊙ 가상 컴퓨터의 설정을 확인하고 새로운 10GB 하드디스크를 추가로 장착하자.

5-1 [Hyper-V 관리자] 창에서 [Windows 2022] 가상 컴퓨터를 선택하고 오른쪽 아래에 [설정]을 클릭한다.

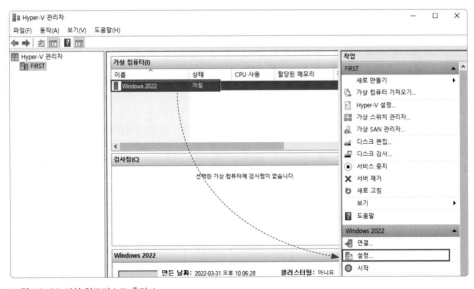

그림 19-20 가상 하드디스크 추가 1

5-2 왼쪽 화면을 보면 VMware의 [Virtual Machine Settings]에서 보던 것과 비슷한 하드웨어들을 확인할 수 있다. [SCSI 컨트롤러]를 선택하고 [제거] 버튼을 클릭해 삭제한 후 [적용] 버튼을 누르면 된다. 이 컨트롤러는 비어 있는 것이므로 제거해도 상관없다.

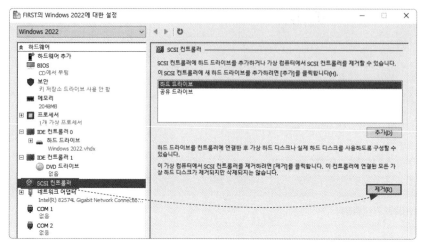

그림 19-21 가상 하드디스크 추가 2

5-3 새 하드디스크를 하나 추가하자. [하드웨어 추가]를 선택하고 오른쪽 화면에 'SCSI 컨트롤러'를 선택한 다음 [추가] 버튼을 클릭하자.

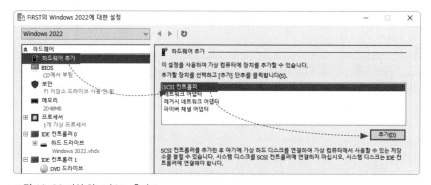

그림 19-22 가상 하드디스크 추가 3

5-4 [SCSI 컨트롤러]의 '하드 드라이브'를 선택하고 [추가] 버튼을 클릭한다.

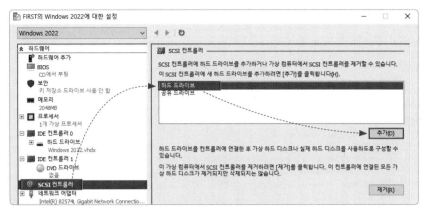

그림 19-23 가상 하드디스크 추가 4

5-5 [컨트롤러]에는 'SCSI 컨트롤러', [위치]에는 '0(사용 중)'을 선택한다. 그리고 [새로 만들기] 버튼을 클릭한다.

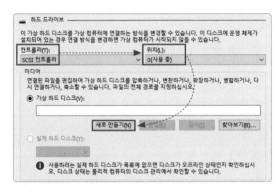

그림 19-24 가상 하드디스크 추가 5

5-6 [새 가상 하드디스크 마법사] 창의 [시작하기 전]이 나오면 [다음] 버튼을 클릭한다.

5-7 [디스크 형식 선택]에서 'VHDX'를 선택하고 [다음] 버튼을 클릭한다.

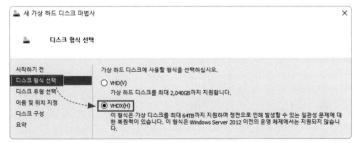

그림 19-25 가상 하드디스크 추가 6

NOTE▶ VHDX 파일 형식은 Windows Server 2012부터 지원되었으며 VHD보다 그 기능과 안전성이 대폭 향상되었다.

5-8 [디스크 유형 선택]은 기본값인 '동적 확장'이 선택된 상태에서 [다음] 버튼을 클릭한다.

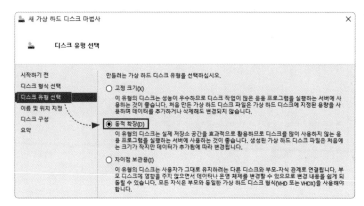

그림 19-26 가상 하드디스크 추가 7

NOTE ▶ '동적 확장' 디스크 유형은 1장의 **그림 1-26**에 설명된 VMware와 동일한 개념이다. 그리고 '차이점 보관용'은 기존 하드디스크의 변경된 내용을 저장하기 위한 특별한 용도의 디스크로, 해당 디스크를 사용할 경우 여러 시점의 운영체제를 보관할 수 있지만, 전반적인 시스템 성능을 떨어뜨리는 요인이 될 수 있으므로 꼭 필요한 경우가 아니라면 사용하지 않는 것이 좋다.

5-9 [이름 및 위치 지정]에서 적절히 [이름]과 [위치]에 다음 그림처럼 설정한다. 필자는 다른 하드디스크와 구분하기 쉽도록 [이름]에 'Win2022-SCSI0.vhdx'로 작성했다. [다음] 버튼을 클릭한다.

그림 19-27 가상 하드디스크 추가 8

5-10 [디스크 구성]에서 디스크의 [크기]를 '10GB'로 설정하고 [다음] 버튼을 클릭한다.

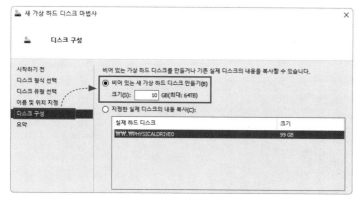

그림 19-28 가상 하드디스크 추가 9

5-11 [새 가상 하드디스크 마법사 완료]에서 설정한 내용을 확인하고 [마침] 버튼을 클릭한다.

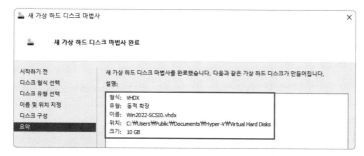

그림 19-29 가상 하드디스크 추가 10

5-12 다시 설정 창을 보면 새로운 하드디스크가 추가된 것을 확인할 수 있다.

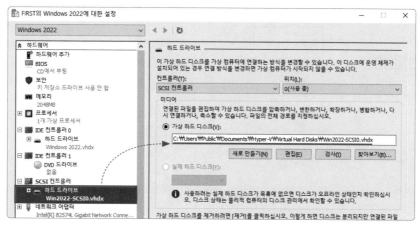

그림 19-30 가상 하드디스크 추가 11

5-13 이번에는 왼쪽의 [IDE 컨트롤러 1] 하위의 [DVD 드라이브]를 선택하고 오른쪽 화면에서 '실제 CD/ DVD 드라이브'를 선택하자. 설정을 마쳤으면 [확인] 버튼을 클릭한다.

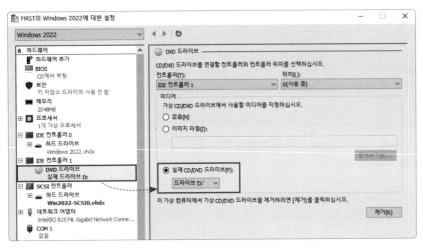

그림 19-31 DVD 드라이브 설정

> **Step 6**

FIRST ◉ Windows Server 2022를 가상 컴퓨터에 설치한다.

6-0 VMware Player에서 [Player]–[Removable Devices]–[CD/DVD]–[Settings] 메뉴를 클릭해 실행한 다음 Windows Server 2022 설치 ISO 파일을 넣고 [OK] 버튼을 클릭한다.

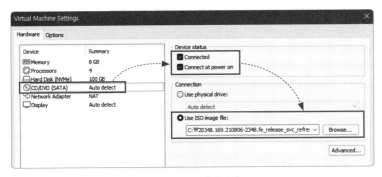

그림 19-32 Windows Server 2022의 ISO 파일 넣기

6-1 가상 컴퓨터의 'Windows 2022'에서 마우스 오른쪽 버튼을 클릭하고 [연결]을 클릭한다. 가상 컴퓨터가 연결되면 '시작' 실행 아이콘을 클릭해 부팅한다.

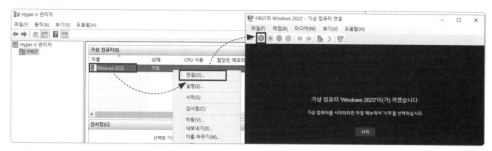

그림 19-33 가상 컴퓨터 부팅

6-2 가상 컴퓨터를 부팅하면 Windows 2022의 설치가 진행된다. [Time and currency format]을 'Korean(Korea)'로 설정하고 [Next] 버튼을 클릭한다.

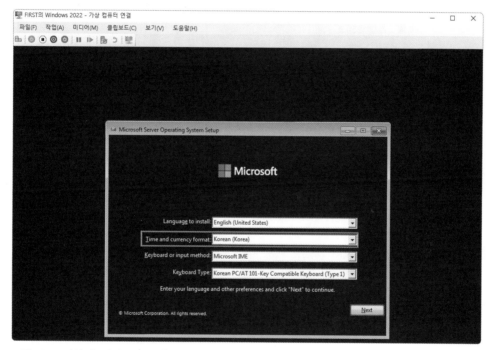

그림 19-34 가상 컴퓨터에 Windows 설치

6-3 이후의 Windows Server 2022 설치 과정은 3장에서 진행한 과정과 거의 동일하다. 3장 **실습 1**의 **Step 2**부터 참고해서 직접 설치해 보자. 다른 점이라면 Standard 에디션을 설치하고 VMware Tools는 설치를 생략하고 컴퓨터 이름은 Hyper1 정도로 설정하는 것뿐이다.

NOTE ▶ Ctrl + Alt + Del 키 대신에 작업 메뉴의 [Ctrl + Alt + Delete]를 선택해도 된다.

그림 19-35 가상 컴퓨터에 설치 완료된 Windows Server 2022

NOTE ▶ VMware Workstation Pro의 스냅숏과 같은 기능은 작업의 [검사점] 메뉴를 사용하면 된다. 필요하다면 설정이 완료된 상태의 검사점을 저장해 놓자.

6-4 Hyper-V에 설치된 Windows Server 2022를 셧다운한다. 셧다운되면 [FIRST의 Windows 2022 – 가상 컴퓨터 연결] 창도 닫는다.

6-5 열려 있는 창을 모두 닫고 FIRST 가상머신을 셧다운한다. 지금 실습한 결과는 20장에서 사용되므로 초기화는 하지 말자.

여기까지 Windows Server 2022에서 제공되는 Hyper-V 기능에 대한 소개와 실습을 마치겠다. 가상화 기술은 이제는 보편화된 기술 중 하나이므로 VMware와 함께 잘 활용해야 할 중요한 기능임을 기억하자.

가상화 기술에 대한 내용은 상당히 방대해서 별도의 책으로 출간되고 있다. Windows Server의 Hyper-V에 대해서 관심이 가는 독자는 [Hyper-V를 다루는 기술] 책에 상세히 기술되어 있으니 참고하면 도움이 될 것이다.

20

나노 서버와 Windows 컨테이너

20장에서는 Windows Server 2016부터 제공되는 나노 서버 및 Windows 컨테이너에 대해 이해하고 실습해 본다.

학습목표

☑
**이 장의
핵심 개념**

• 나노 서버에 대한 개념을 이해한다.

• 나노 서버를 생성하는 실습을 진행하고 외부 파워셸로 접속해 본다.

• Windows 컨테이너에 대한 개념을 이해한다.

• Windows 컨테이너를 구성하는 실습을 진행하고 IIS 서비스를 설치해 본다.

☑
**이 장의
학습 흐름**

나노 서버의 개념 이해

▼

나노 서버 구현 실습

▼

Windows 컨테이너의 개념 이해

▼

Windows 컨테이너 구현 실습

20.1 나노 서버

20.1.1 나노 서버 개요

Windows Server 2016에서 지원되는 나노 서버^{Nano Server}는 Windows Server를 최소의 기능만 설치하는 방식을 말한다. 나노 서버는 Server Core(서버 코어)에 비해서도 훨씬 작은 용량을 설치함으로써 클라우드 환경에서 운영체제의 재시작이나 이미지 복제 등을 최단 시간 안에 할 수 있다. 나노 서버도 Server Core와 마찬가지로 그래픽 요소를 제공하지 않고 터미널 명령으로만 작업을 진행한다. 나노 서버도 앞에서 살펴본 서버들과 동일하게 Hyper-V 환경에서 설치하고 구성해야 한다. Microsoft사는 Windows Server 2016부터 나노 서버 및 Windows 컨테이너 기술을 제공한다.

Windows Server의 설치 방법 3가지는 전체 GUI, Server Core, 나노 서버이며, 이 세 방식을 간단히 비교하면 다음 그림과 같다.

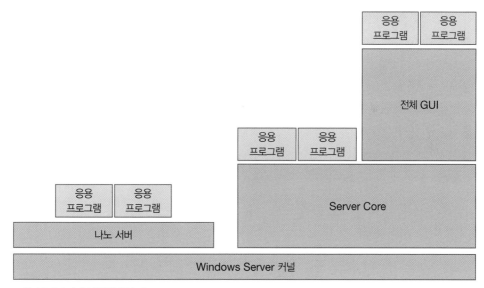

그림 20-1 3가지 설치 방식의 비교

NOTE ▶ 나노 서버는 Windows Server 2016에서 처음 소개된 후 Windows Server 2019와 2022에서는 단독으로 제공되지는 않고 Windows Container에서만 사용이 가능하다. 하지만 Windows Server 2016의 파일을 사용해 Windows Server 2022에서도 나노 서버의 구현이 가능하다. Windows Container는 잠시 후에 확인해 보겠다.

그림 20-1을 보면 서버 코어와 전체 GUI는 밀접한 관련이 있다. 즉, 전체 GUI가 별도로 존재하는 것이 아니라 Server Core 위에서 작동하는 개념이다. 그러나 나노 서버는 독립적으로 존재하며, 나노 서버를 Server Core나 전체 GUI로 변경할 수는 없다. 나노 서버는 그림상에서 볼 수 있듯이 Server Core보다도 훨씬 작은 용량을 차지함으로써 응용 프로그램의 성능을 더욱 향상시킬 수 있다. Server Core는 독립된 컴퓨터에 설치하고 운영하는 방식이지만 나노 서버는 사설 클라우드나 데이터 센터에 최적화된 원격 관리용 서버 운영체제로 사용된다. 즉, 원격 접속으로 나노 서버를 관리 및 운영한다.

Microsoft사에서 권장하는 나노 서버 사용을 위한 일반적인 용도는 다음과 같다.

❶ Hyper-V 가상 컴퓨터의 계산용 호스트 컴퓨터
❷ 파일 서버의 저장소 호스트
❸ DNS 서버
❹ IIS 웹 서버
❺ 가상 컴퓨터에서 실행되는 응용 프로그램의 호스트

나노 서버와 Server Core(또는 전체 GUI)와의 차이점은 다음과 같다.

❶ 나노 서버는 로컬 로그온 기능 또는 그래픽 사용자 인터페이스가 없다. 즉 원격으로 접속해야 한다.
❷ 나노 서버는 64bit 응용 프로그램, 도구 및 에이전트만 지원한다.
❸ 나노 서버는 Active Directory 도메인 컨트롤러로 작동할 수 없다.
❹ 나노 서버는 그룹 정책이 지원되지 않는다
❺ 나노 서버는 프락시 서버를 사용해 인터넷에 액세스하도록 구성할 수 없다.
❻ 나노 서버에서는 일반적인 파워셸(Desktop Edition)이 아닌 축소된 기능의 Core Edition이 사용된다.

20.1.2 나노 서버 실습

나노 서버는 가상 컴퓨터에서 배포하는 방식과 물리적인 컴퓨터에서 배포하는 방식이 있다. 이 책에서는 더 일반적으로 사용되는 가상 컴퓨터에 나노 서버를 배포하는 방식을 실습하겠다.

실습 1

나노 서버를 실습하자.

FIRST ● 19장의 **실습 1**에 이어서 FIRST와 WINCLIENT 가상머신을 사용한다.

0-1 FIRST 가상머신을 부팅하고 Administrator로 접속한다.

0-2 나노 서버를 실습하려면 파일이 필요하다. 그러나 Windows Server 2016 ISO 파일에서만 제공되기 때문에 Q&A 카페(https://cafe.naver.com/thisisLinux)에서 [교재 자료실(윈도서버)]의 '[Windows 2022] 전체 실습 파일 다운로드' 게시글에서 압축된 NanoServer.exe~NanoServer.e07 파일을 다운로드 한다.

0-3 다운로드한 NanoServer.exe 파일을 실행해 'C:\NanoServer\'로 압축을 풀자.

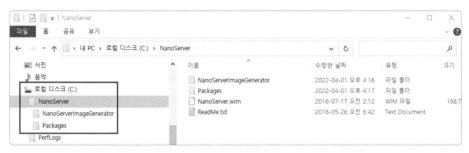

그림 20-2 다운로드한 파일 압축 풀기

Step 1

FIRST ● 필요한 파일을 복사한다.

1-1 압축이 풀린 C:\NanoServer\NanoServerImageGenerator\ 폴더를 복사해 C:\에 붙여넣기하자. 다음 그림처럼 'C:\NanoServerImageGenerato\' 폴더가 생성되면 된다.

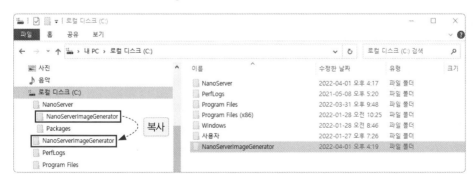

그림 20-3 압축 파일에서 필요한 폴더를 복사

1-2 Windows의 [시작]-[Windows PowerShell] 메뉴를 클릭해 실행하고 **CD C:\NanoServerImage Generator** 명령을 입력해 폴더를 이동한다. **DIR** 명령으로 파일 목록을 확인해 보자.

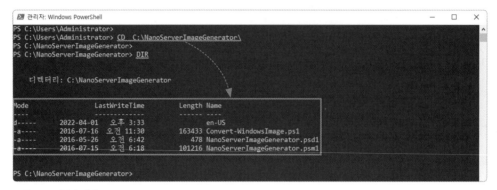

그림 20-4 폴더 이동

1-3 다음 명령으로 관련 모듈을 임포트한다.

```
Set-ExecutionPolicy  RemoteSigned → [A] 입력
Import-Module  .\NanoServerImageGenerator  -Verbose
```

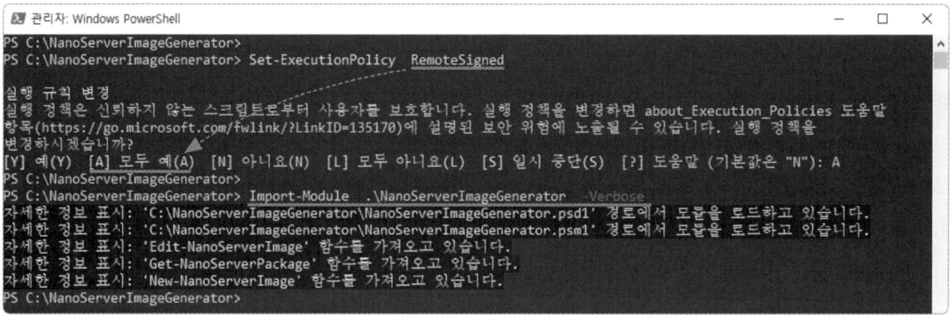

그림 20-5 관련 모듈 임포트

1-4 다음 명령으로 'ThisNano'라는 이름의 컴퓨터를 생성하고 Standard 에디션용 VHD 파일(Hyper-V 가상 컴퓨터 파일)을 만든다. Administrator의 암호는 'p@ssw0rd'로 설정한다(다음 명령은 1줄로 입력해야 한다).

```
New-NanoServerImage -Edition Standard -DeploymentType Guest -MediaPath C:\
 -BasePath .\Base -TargetPath .\ThisNano\ThisNano.vhd -ComputerName ThisNano
 -EnableRemoteManagementPort
```

그림 20-6 나노 가상 컴퓨터 생성

NOTE▶ 명령의 옵션 중 −Edition은 Standard 또는 Datacenter를 입력하고 −MediaType은 NanoServer가 들어 있는 드라이브의 경로를 입력한다. −BasePath는 나노 서버 WIM 및 패키지를 복사하기 위해 생성할 폴더이며 −TargetPath는 VHD 파일이 생성되는 경로다. ComputerName은 생성될 나노 서버 가상 컴퓨터의 컴퓨터 이름을 지정한다. −EnableRemoteManagementPort는 외부에서 나노 서버에 접속을 허용하는 옵션이다.

1-5 [파일 탐색기]에서 생성된 'C:\NanoServerImageGenerator\ThisNano\ThisNano.vhd' 파일을 확인하자. 이 파일이 나노 서버 가상 컴퓨터 파일이다.

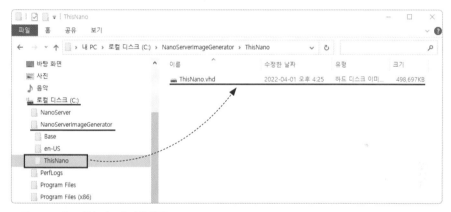

그림 20-7 나노 가상 컴퓨터 파일 확인

1-6 'ThisNano.vhd' 파일을 나노 서버가 필요한 곳에 배포하면 된다. 지금 FIRST 가상머신이 배포를 받은 곳이라고 가정하고 필자는 'C:\MyNano\' 폴더를 생성해 이 파일을 복사해 놓았다.

Step 2

FIRST ◐ 생성한 나노 서버를 Hyper−V 가상머신에서 연결하자.

2-1 Windows의 [시작]에서 [Windows 관리 도구]−[Hyper−V 관리자] 메뉴를 클릭해 실행한다.

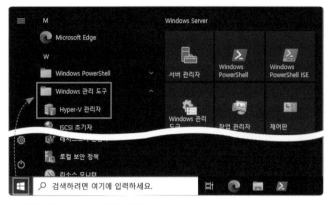

그림 20-8 Hyper-V 관리자 실행

2-2 [Hyper-V 관리자] 창에서 [동작]–[새로 만들기]–[가상 컴퓨터] 메뉴를 클릭해 실행한다.

2-3 [시작하기 전]에서 기본값 그대로 두고 [다음] 버튼을 클릭한다.

2-4 가상 컴퓨터의 이름을 지정한다. [이름]에 'MyNano'를 입력한 후 [다음] 버튼을 클릭한다.

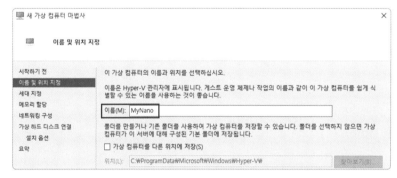

그림 20-9 나노 서버용 가상 컴퓨터 생성 1

2-5 [세대 지정]에서 호환성이 좋은 '1세대'를 선택하고 [다음] 버튼을 클릭한다.

NOTE ▶ **1-4**에서 가상 컴퓨터를 생성할 때 'ThisNano.vhd'로 파일명을 지정했으므로 1세대 가상 컴퓨터를 생성한 것이다. 2세대 가상 컴퓨터를 생성하려면 가상 컴퓨터의 파일명을 'ThisNano.vhdx'로 지정하면 된다.

2-6 [메모리 할당]에서 가상 컴퓨터에 할당할 메모리를 입력한다. [시작 메모리]에 '1024MB' 정도로 할당하고 [다음] 버튼을 클릭한다.

2-7 [네트워킹 구성]에서 'Intel(R) 82574L Gigabit Network Connection – Virtual Switch' 네트워크를 선택하고 [다음] 버튼을 클릭한다.

2-8 [새 가상 컴퓨터 마법사] 창이 나오면 [가상 하드디스크 연결]에서 '기존 가상 하드 디스크 사용'을 선택하고 배포 받은 'C:\MyNano\ThisNano.vhd' 파일을 선택한다. [다음] 버튼을 클릭한다.

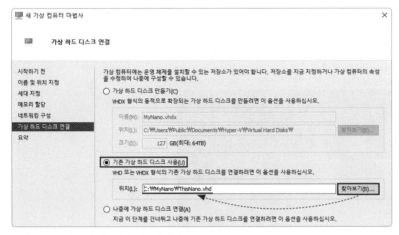

그림 20-10 나노 서버용 가상 컴퓨터 생성 2

2-9 [새 가상 컴퓨터 마법사 완료]에서 생성될 가상머신을 확인하고 [마침] 버튼을 클릭한다.

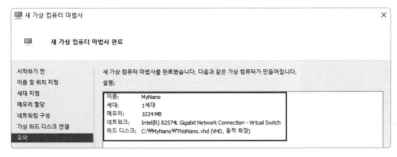

그림 20-11 나노 서버용 가상 컴퓨터 생성 3

2-10 관리자 창에서 가상 컴퓨터가 생성된 것을 확인할 수 있다.

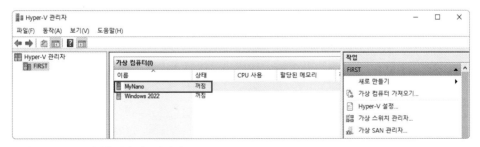

그림 20-12 나노 서버용 가상 컴퓨터 생성 4

나노 가상머신을 부팅하고 설정하자.

3-1 가상 컴퓨터 중 새로 생성한 'MyNano'를 더블클릭한 후 '시작' 실행 아이콘을 클릭해서 부팅한다.

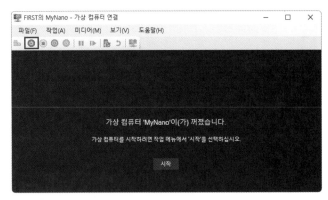

그림 20-13 나노 서버용 가상 컴퓨터 사용 1

3-2 로그온 화면이 뜨면 [User name]에 'Administrator'를 입력하고 ☐Tab☐ 키를 눌러 다음으로 커서를 넘긴다. [Password]에 'p@ssw0rd'를 입력하고 [Domain]은 비워 둔 다음 ☐Enter☐ 키를 누른다.

그림 20-14 나노 서버용 가상 컴퓨터 사용 2

NOTE▶ 나노 서버에 로그온하면 나노 서버에 설정되어 있는 기본 키보드만 사용해야 하며, 키패드 등은 사용할 수 없다.

3-3 [Nano Server Recovery Console] 창이 나온다. 나노 서버에는 [Networking]이 기본으로 선택되어 있음을 확인할 수 있다.

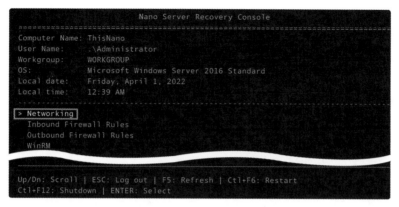

그림 20-15 나노 서버용 가상 컴퓨터 사용 3

3-4 [Networking]에서 Enter 키를 누른 다음 [Ethernet]에서 다시 Enter 키를 누르면 현재 설정된 상태가 보인다. 현재는 DHCP를 사용해서 자동으로 IP 주소를 할당받은 상태다.

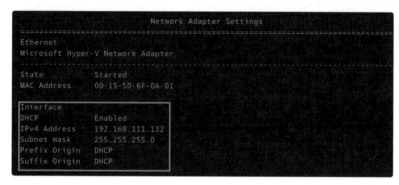

그림 20-16 고정 IP 설정 1

3-5 F11 키를 눌러서 IPv4 설정으로 들어간다. [DHCP]가 'Enable'로 되어 있는 부분에 F4 키를 눌러서 'Disable'로 변경하고 Tab 키를 누른 다음 [IP Address]에 '192.168.111.99', [Subnet Mask]에 '255.255.255.0', [Default Gateway]에 '192.168.111.2'를 입력한 후 Enter 키를 3회 누르면 설정한 내용이 저장된다.

그림 20-17 고정 IP 설정 2

3-6 다시 [Network Adapter Settings] 창이 나오면 Esc 키를 2회 눌러 초기 화면으로 돌아온다.

WINCLIENT ◉ 이제 나노 서버에 접속하자. 일반적으로는 나노 서버는 파워셸로 외부에서 접속해 운영하는 방법을 사용한다.

4-0 WINCLIENT 가상머신을 [설정 완료]로 초기화하고 부팅한다.

4-1 Windows의 [시작]-[Windows PowerShell] 메뉴를 클릭해 파워셸을 실행한다.

4-2 먼저 현재 컴퓨터가 나노 서버에 접속할 수 있도록 설정한다.

```
Set-Item WSMan:\localhost\Client\TrustedHosts -Value 192.168.111.99 → [Y]를 입력
```

그림 20-18 파워셸로 나노 서버에 접속 1

4-3 다음 명령으로 나노 서버에 접속한다. [암호]에는 'p@ssw0rd'를 입력한다(다음 명령은 모두 1줄로 입력한다).

```
Enter-PSSession -ComputerName 192.168.111.99 -Credential
192.168.111.99\Administrator
```

그림 20-19 나노 서버에 파워셸로 접속 2

4-4 명령 프롬프트 앞에 나노 서버의 IP 주소가 붙을 것이다. 이제부터는 4장의 후반부에서 배운 파워셀 명령으로 나노 서버를 관리할 수 있다. 다음 그림을 살펴보면 **ipconfig** 명령으로 IP 주소를 확인할 수 있고 **(Get-Process).Count** 명령으로 나노 서버에서 작동하는 백그라운드 프로세서의 숫자를 파악할 수 있다.

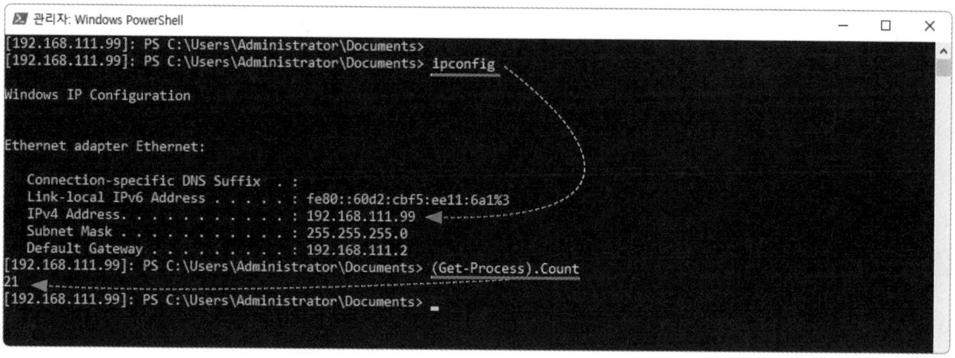

그림 20-20 나노 서버에 파워셀로 접속 3

NOTE ▶ 나노 서버의 기본 프로세스 수는 약 20개 정도이다. 참고로 서버 코어는 약 30개, 전체 GUI는 약 40∼50개 정도의 프로세스가 기본적으로 작동한다. 이는 나노 서버가 훨씬 가볍다는 것을 확인할 수 있다.

4-5 사용을 마쳤으면 **exit** 명령으로 종료한다.

NOTE ▶ 나노 서버의 파워셀은 일반적인 파워셀에 비해 일부 기능을 사용할 수 없다. 이에 대한 상세한 내용은 https://docs.microsoft.com/ko-kr/windows-server/get-started/powershell-on-nano-server 주소를 참고하자.

Step 5 ─────────────────────────────────

FIRST ◉ 나노 서버를 종료하자.

5-1 ⌈Ctrl⌉ + ⌈F12⌉ 키와 ⌈Enter⌉ 키를 눌러 나노 서버를 종료한다. 가상 컴퓨터 및 [Hyper-V 관리자] 창도 종료한다.

이상으로 나노 서버의 생성과 사용법에 대해서 간단히 살펴보았다. 나노 서버의 활용에 대한 내용은 상당히 많지만, 이 책의 범주를 벗어나기에 더 이상 다루지 않겠다. 나노 서버의 활용에 대해 더 알아보고 싶다면 https://docs.microsoft.com/ko-kr/windows-server/get-started/getting-started-with-nano-server 주소나 다른 관련 서적을 참고하도록 하자.

20.2 Windows 컨테이너

Windows Server 2016부터 제공되는 Windows 컨테이너^{Windows Container}란 작은 운영체제를 포함하는 가상화 기술을 의미한다. 앞에서 배운 Hyper-V 가상 컴퓨터는 완전한 운영체제를 포함하는 독립된 컴퓨터로 간주되어 상당히 무거운 반면, Windows 컨테이너는 가상 컴퓨터와 거의 비슷한 기능을 하지만 그보다 훨씬 가볍게 운영할 수 있다. Windows 컨테이너를 사용하면 Hyper-V 가상머신 또는 진짜 컴퓨터와 거의 비슷하게 사용할 수 있다. Windows 컨테이너는 Windows Server 2019와 2022를 거치면서 더욱 그 기능이 향상되었으며, 앞에서 배운 나노 서버도 Windows Server 2019/2022에서는 독립 실행은 지원하지 않고 Windows 컨테이너에서만 지원된다.

20.2.1 Windows 컨테이너 개요

컨테이너 기법은 도커^{Docker}라는 이름의 기술에서 소개되었으며, 주로 유닉스/리눅스 기반에서 사용되어왔다.

NOTE ▶ 도커(Docker)에 관심이 있는 독자는 도커 사이트(https://www.docker.com/)나 관련 서적을 참고하자.

그림 20-21 도커(Docker) 로고(출처: www.docker.com)

Windows Server는 Windows 컨테이너를 도커 기술을 기반으로 하는 Windows Server 컨테이너와 Hyper-V 기술을 기반으로 하는 Hyper-V 컨테이너 2가지로 제공한다. 이 책에서는 도커를 기반으로 하는 Windows Server 컨테이너를 위주로 설명하겠다.

우선 가상 컴퓨터와 컨테이너의 개념적인 차이는 다음 그림과 같다.

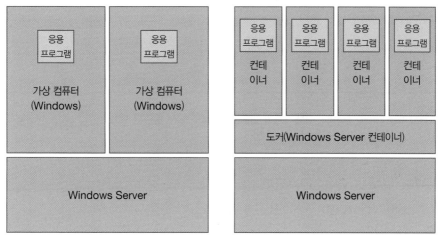

그림 20-22 가상 컴퓨터와 컨테이너의 차이

예를 들어 9장에서 다룬 웹 개발 환경인 IIS, PHP, MySQL을 동시에 여러 개발자에게 제공해야 한다고 가정해 보자. 우선 물리적인 컴퓨터에 설정하려면 어쩔 수 없이 각 컴퓨터에 모두 웹 개발 환경을 설치하고 구성해야 한다. 그렇게 되면 상당히 오랜 시간이 걸릴 수밖에 없을 것이다.

이러한 문제의 차선책으로 가상 컴퓨터를 사용하는 방법이 있는데, 위 **그림 20-22**의 왼쪽에 있는 가상 컴퓨터를 설치한 후 그 안에 웹 개발 환경을 구성하고, 웹 개발 환경을 구성한 가상 컴퓨터를 통째로 다른 개발자에게 복제하는 방식을 사용하면 된다. 이러한 방식이 바로 이번 장에서 배운 Hyper-V 가상 컴퓨터 방식이다. 그러나 이 방식의 문제점은 웹 개발 환경만 필요한데도 완전한 Windows 운영체제를 갖춘 무거운 가상 컴퓨터를 함께 복제해야 한다는 것이다.

컨테이너는 무거운 가상 컴퓨터보다 훨씬 가벼운 컨테이너 안에 웹 개발 환경을 구성한 다음 컨테이너만 복제하는 방법으로 사용할 수 있다. 컨테이너도 독립된 운영체제 환경과 거의 비슷하게 별도로 작동하므로 가상 컴퓨터와 비슷한 효과를 가지면서 빠른 배포가 가능하다.

20.2.2 Windows Server 컨테이너 실습

도커(www.docker.com)의 저장소에는 많은 컨테이너(100,000개 이상)가 업로드되어 있다. Microsoft사에서도 여러 개의 샘플 컨테이너를 미리 업로드해 놓았다. 그중에서 몇 가지 컨테이너를 다운로드해 보자.

> **NOTE ▶** 이 책을 집필하는 시점에는 책에서 다룬 컨테이너들이 잘 작동되었다. 하지만 시간이 지나면서 다운로드가 되지 않거나 작동하지 않을 수도 있다. 그럴 경우에는 잘 작동하는 다른 컨테이너를 다운로드해서 사용하도록 하자.

실습 2

도커 저장소에서 Windows Server 컨테이너의 샘플을 다운로드해서 실행해 보자.

Step 0

SECOND ◑ 이번 실습은 SECOND 가상머신을 사용한다. SECOND 가상머신을 [설정 완료]로 초기화하고 메모리를 4096MB(또는 8192MB)로 변경한 후 부팅하자.

0-1 Administrator로 로그온한다.

0-2 먼저 컨테이너 기능을 설치해야 한다. [서버 관리자]를 실행하고 [관리]-[역할 및 기능] 추가] 메뉴를 클릭해 실행한다.

0-3 [시작하기 전], [설치 유형 선택], [대상 서버 선택], [서버 역할 선택]에서 모두 기본값 그대로 두고 [다음] 버튼을 클릭해 넘어간다.

0-4 [기능 선택]에서 'Containers'를 체크하고 [다음] 버튼을 클릭한다.

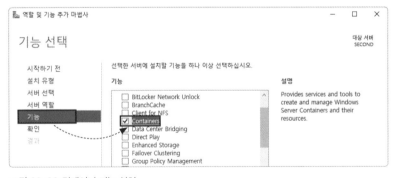

그림 20-23 컨테이너 기능 설치

0-5 [선택 확인]에서 '필요한 경우 자동으로 대상 서버 다시 시작'을 체크하고 [설치] 버튼을 눌러 설치를 진행한다. 설치가 완료되면 자동으로 재부팅된다.

0-6 다시 Administrator로 로그온한다.

Step 1

SECOND ◉ **그림 20-22**의 오른쪽 그림 중 '도커(Windows Server 컨테이너)'를 설치하자.

1-1 Windows의 [시작]−[Windows PowerShell] 메뉴를 클릭해 실행한다.

1-2 다음 명령을 차례로 실행해 우선 OpenGet PowerShell 및 최신 버전의 도커를 설치한다(네트워크 상황에 따라서 시간이 좀 걸릴 수 있다). 그리고 컴퓨터를 재부팅한다.

```
Install-Module -Name DockerMsftProvider -Repository PSGallery -Force → [Y] 입력
Install-Package -Name docker -ProviderName DockerMsftProvider → [A] 입력
Restart-Computer -Force
```

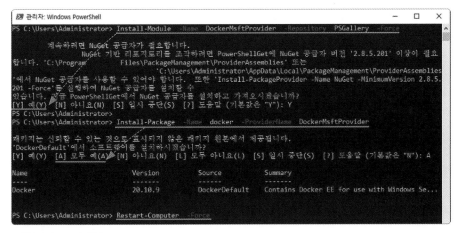

그림 20-24 도커 설치

NOTE▶ OpenGet은 Windows 패키지 관리자의 하나로 통일된 패키지 관리 시스템을 제공한다. 상세한 내용은 https://github.com/oneget/oneget 주소를 참고하자.

1-3 컴퓨터가 재부팅되면 **그림 20-22** 오른쪽 그림의 '도커(Windows Server 컨테이너)'가 설치된 것이다.

1-4 Administrator로 로그온한다.

SECOND ◉ 이번에는 **그림 20-22** 오른쪽 제일 상단의 컨테이너를 다운로드하고 실행하자. 그리고 나노 서버 이미지를 다운로드하고 실행해 보자.

2-0 Windows의 [시작]–[Windows PowerShell] 메뉴를 클릭해 실행한다.

2-1 `docker pull` 명령으로 나노 서버 이미지를 다운로드한다.

```
docker pull mcr.microsoft.com/windows/nanoserver:ltsc2022
```

그림 20-25 컨테이너 다운로드

NOTE ▸ 컨테이너의 기본 이미지는 기존의 .NET Framework 애플리케이션이 지원되는 Windows Server Core(이미지 이름: servercore), .NET Core 애플리케이션을 위한 Nano Server(이미지 이름: nanoserver), 전체 Windows API 세트를 제공하는 Windows(이미지 이름: windows), 전체 Windows Server API 세트를 제공하는 Windows Server(이미지 이름: server) 4가지가 있다. 이 책에서는 가장 가벼운 nanoserver를 사용한다. ltsc2022 는 LongTerm Support Channel 2022의 약자로 Windows Server 2022 버전을 의미한다. 필요하다면 ltsc2019 나 ltsc2016을 사용해도 된다.

2-2 다운로드한 이미지 목록을 확인하자. 현재는 1개의 이미지만 다운로드했기 때문에 ltsc2022 이미지 하나만 확인이 된다.

```
docker images
```

그림 20-26 다운로드한 컨테이너 이미지 목록

2-3 `docker run` 명령으로 컨테이너 이미지를 실행할 수 있다. 간단히 나노 서버의 명령 프롬프트를 실행해 보자.

```
docker run -it mcr.microsoft.com/windows/nanoserver:ltsc2022 cmd.exe
```

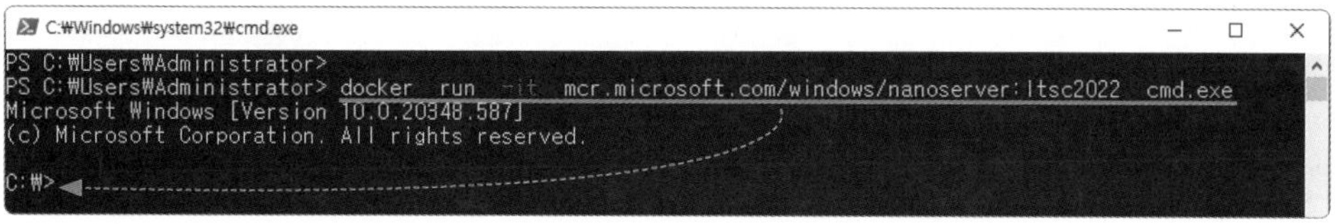

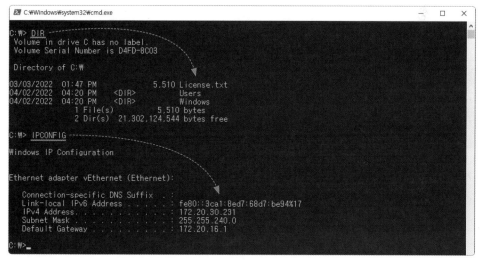

그림 20-27 컨테이너 이미지 실행

2-4 명령 프롬프트가 나왔다. 이 명령 프롬프트는 나노 서버 컨테이너의 명령 프롬프트다. `DIR`, `IPCONFIG` 등의 명령을 실행해 보자. 나노 서버 컨테이너 안의 내용을 확인할 수 있다.

그림 20-28 컨테이너 이미지에서 명령어 실행

2-5 컨테이너 내용을 변경할 수 있다. 도스 명령어 `MKDIR`로 폴더를 만들고 `ECHO` 명령으로 텍스트 파일도 하나 만들어 놓자. **exit**는 컨테이너를 빠져나오는 명령이다.

그림 20-29 컨테이너 이미지의 내용 변경

NOTE ▶ 도스(Dos) 명령어는 대소문자를 구분하지 않는다. 책에서는 도스 명령어를 보기 쉽게 하기 위해 대문자를 사용했다.

2-6 변경한 컨테이너를 저장할 필요가 있다면 먼저 다음 명령으로 방금 종료한 컨테이너의 ID를 확인한다(해당 부분을 마우스로 드래그해서 Enter 키를 누르면 복사된다).

```
docker ps  -a
```

그림 20-30 방금 작업한 컨테이너 이미지의 ID 확인

2-7 변경한 컨테이너를 저장한다. 그리고 다시 컨테이너 이미지 목록을 확인해 보자(마우스 오른쪽 버튼을 클릭하면 복사한 내용이 붙여넣기된다).

```
docker commit <컨테이너 ID> <새 이미지 이름>
```

그림 20-31 컨테이너 이미지의 저장 및 목록 확인

NOTE ▶ 이미지 이름은 모두 소문자로 지정해야 한다. 목록을 보면 원래 컨테이너와 함께 새로운 컨테이너가 확인된다. 이제부터는 필요한 컨테이너 이미지를 실행하면 된다.

2-8 예시로 변경 전의 컨테이너에서 생성한 파일(this.txt)은 확인되지 않지만, 변경 후의 컨테이너에서는 확인할 수 있다.

```
docker run -it mcr.microsoft.com/windows/nanoserver:ltsc2022 cmd.exe /s /c type
ThisIsWindows\this.txt
docker run -it thisiswindows cmd.exe /s /c type ThisIsWindows\this.txt
```

그림 20-32 컨테이너 이미지 실행 비교

NOTE▶ 'failed to resize tty, using default size' 메시지는 무시하자. 화면 폰트 등으로 나오는 메시지다.

Step 3

SECOND ● 이번에는 좀 더 무거운 웹 서버 용도의 IIS용 컨테이너를 다운로드하고 설정을 변경해 보자.

3-0 컨테이너 이미지를 검색하려면 웹 브라우저에서 https://hub.docker.com 주소를 검색하는 것이 가장 편리하다.

3-1 Edge에서 https://hub.docker.com 주소에 접속해서 검색 칸에 'iis'를 입력해 보자.

그림 20-33 컨테이너 이미지 검색 1

3-2 검색 결과 중 'Windows IIS'를 클릭해 보자.

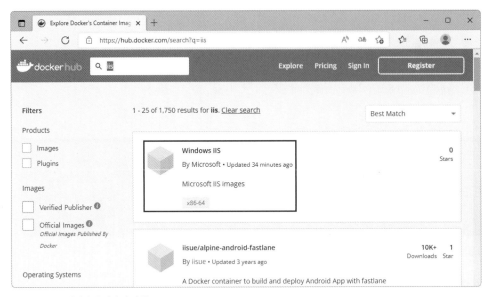

그림 20-34 컨테이너 이미지 검색 2

3-3 내용을 읽어보고 찾는 이미지가 맞으면 오른쪽의 [docker pull mcr.microsoft.com/windows/servercore/iis] 버튼을 눌러 이미지 다운로드 코드를 복사한다.

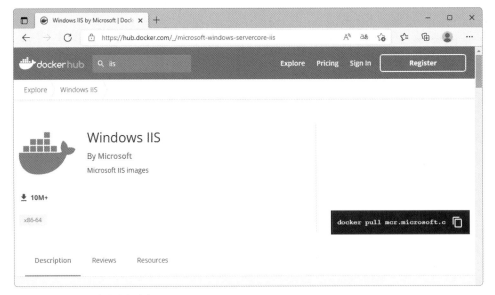

그림 20-35 컨테이너 이미지 검색 3

3-4 다음 명령으로 앞에서 찾은 IIS용 컨테이너를 다운로드하자. Server Core의 기본 이미지까지 다운로드되기 때문에 꽤 많은 용량이 다운로드될 것이다. 네트워크 상황에 따라서 시간이 상당히 오래 걸릴 수 있다(앞에서 코드를 복사해 놓았다면 파워셸에서 마우스 오른쪽 버튼을 누르면 붙여넣기할 수 있다).

```
docker pull mcr.microsoft.com/windows/servercore/iis
```

그림 20-36 IIS용 컨테이너 다운로드

3-5 다운로드한 IIS를 실행하자. 잠시 후 'Service w3svc started'라는 메시지가 보인다. 이 창을 초기 상태로 그대로 둔다.

```
docker run -it -p 80:80 mcr.microsoft.com/windows/servercore/iis cmd
```

그림 20-37 IIS용 컨테이너 실행

NOTE▶ **-it**는 사용자에게 설정을 입력 받기 위한 옵션이고, **-p**는 호스트포트:컨테이너포트의 형식으로 포트를 열어주는 옵션이다. IIS는 웹 서비스이므로 둘 다 80번 포트를 열어줬다.

3-6 Windows의 [시작]−[Windows PowerShell]을 한 번 더 클릭해 실행한 다음 **ps -a** 명령으로 현재 작동 중인 IIS용 컨테이너 ID를 확인하자(우선 최대화 아이콘을 눌러서 화면을 크게 설정해 놓자). 그 다음 이미지 바로 앞의 ID를 마우스로 선택한 후 [Enter] 키를 눌러 복사해 놓자.

```
docker ps -a
```

그림 20-38 IIS용 컨테이너 접속 1

3-7 다음 명령으로 컨테이너에 접속한다. 그러면 명령 프롬프트가 열리는데, 이 환경은 IIS용 컨테이너에 접속된 것이다. 즉, 독립적인 컴퓨터에 접속된 상태다.

```
docker exec -i -t <컨테이너 ID> cmd
```

그림 20-39 IIS용 컨테이너 접속 2

3-8 `ipconfig` 명령으로 컨테이너의 IP 주소를 확인한 후 웹 브라우저를 실행해 접속해 보자. 웹 서비스가 잘 작동하는 것을 확인할 수 있다.

그림 20-40 IIS용 컨테이너 접속 3

3-9 이번에는 초기 웹 페이지를 바꿔보자. 파워셀을 실행한 후 다음 명령으로 초기 웹 페이지(iisstart. htm)의 이름을 변경한다(현재는 컨테이너 안에서 작업 중인 것을 잊지 말자).

```
powershell
cd C:\inetpub\wwwroot
dir
Rename-Item iisstart.htm iisstart.htm.bak
```

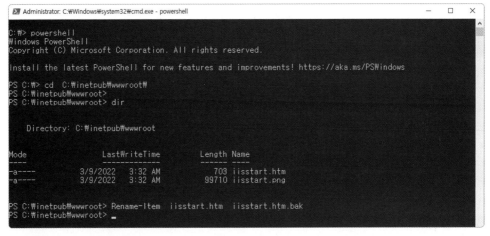

그림 20-41 IIS용 컨테이너 운영 1

3-10 다음 명령으로 간단한 웹 페이지를 작성한다.

```
Add-Content index.htm '<H1> This is Windows Server. Home Page </H1>'
Get-Content index.htm
```

그림 20-42 IIS용 컨테이너 운영 2

3-11 웹 브라우저를 새로 고침하면 변경된 페이지를 확인할 수 있다.

그림 20-43 IIS용 컨테이너 운영 3

3-12 `exit` 명령을 2회 실행해 컨테이너를 종료한다. 그리고 열려 있는 모든 창을 닫는다.

Step 4

SECOND ▶ 변경한 컨테이너를 새로운 컨테이너 이미지로 만들어 보자.

4-1 파워셸을 새로 실행한 후 창을 최대화한다. 다음 명령으로 명령으로 현재 작동중인 컨테이너를 확인한다. 이번에는 'NAMES' 부분을 기억하자. 이 이름이 기존 컨테이너 이름이다.

```
docker ps -a
```

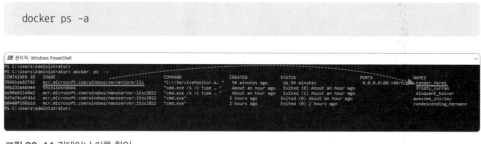

그림 20-44 컨테이너 이름 확인

4-2 다음 명령으로 컨테이너를 중지한다.

```
docker stop <컨테이너 이름>
```

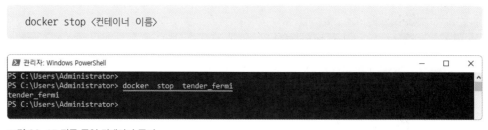

그림 20-45 작동 중인 컨테이너 중지

4-3 다음 명령으로 새 컨테이너 이미지를 생성하자. 컨테이너 ID 대신에 컨테이너 이름으로 저장할 수 있다.

```
docker commit <기존 컨테이너 이름> <새 컨테이너 이름>
```

그림 20-46 새로운 컨테이너 생성

4-4 다음 명령으로 생성된 컨테이너 이미지를 확인하자.

```
docker images
```

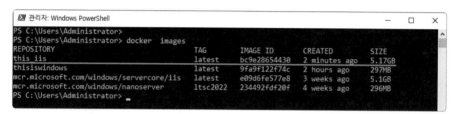

그림 20-47 컨테이너 이미지 확인

Step 5

SECOND ◉ 새로운 이미지를 실행해 보자.

5-1 다음 명령으로 새로운 이미지를 실행하자.

```
docker run -p 80:80 -d --name <새 컨테이너 이름> <이미지 이름>
docker ps
```

그림 20-48 컨테이너 실행

NOTE▶ --name 옵션을 지정하지 않으면 자동으로 적당한 컨테이너 이름이 붙여진다.

5-2 이번 실습의 **3-7~3-8**을 다시 실행해 컨테이너의 새로운 IP 주소를 확인하자.

5-3 웹 브라우저로 확인한 IP 주소로 접속하면 변경했던 웹 페이지를 확인할 수 있다.

그림 20-49 웹 페이지 접속

Step 6

SECOND ● 생성한 컨테이너 이미지를 도커 클라우드의 레지스트리에 저장해 놓고 다운로드할 수 있다.

6-1 먼저 https://hub.docker.com/ 주소에서 계정을 생성하자(개인 사용자는 무료로 계정을 생성할 수 있다).

그림 20-50 도커 클라우드 계정 생성

6-2 파워셸을 새로 열고 다음 명령으로 독자의 도커 계정을 사용해서 로그온한다.

```
docker login
```

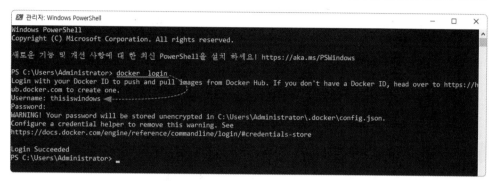

그림 20-51 도커에 로그인

6-3 생성한 이미지를 다음 명령으로 도커에 업로드(Push)하자.

```
docker images → 이미지 확인
docker tag <이미지 이름> <사용자 계정/이미지 이름> → 이미지 이름 변경
docker push <사용자 계정/컨테이너 이미지> → 이미지 업로드
```

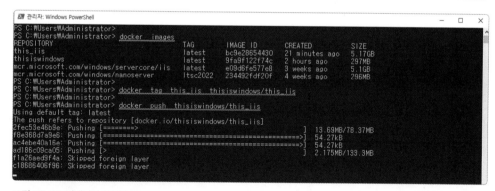

그림 20-52 컨테이너 업로드

6-4 업로드를 완료한 후 https://hub.docker.com/login 주소에서 로그온하면 업로드한 컨테이너를 확인할 수 있다.

NOTE▶ 처음 회원 가입한 후에는 도커에서 가입한 이메일로 확인 메일을 보낸다. 해당 메일을 확인해야 저장소(Repositories)의 내용을 확인할 수 있다.

그림 20-53 업로드된 컨테이너 확인

Step 7

SECOND ● 업로드한 컨테이너를 다시 다운로드(Pull)해 사용할 수 있다.

7-1 작동중인 컨테이너를 중지하고 this_iis와 관련된 이미지를 삭제하자.

```
docker ps
docker stop <컨테이너 ID>
docker images
docker rmi -f <이미지 ID>
docker images
```

```
관리자: Windows PowerShell                                                              —  □  ×
PS C:\Users\Administrator>
PS C:\Users\Administrator> docker ps
CONTAINER ID   IMAGE      COMMAND              CREATED        STATUS         PORTS                   NAMES
f9f277cc3628   this_iis   "C:\\ServiceMonitor.e… "  24 minutes ago  Up 24 minutes  0.0.0.0:80->80/tcp      hanbit_media
PS C:\Users\Administrator>
PS C:\Users\Administrator> docker stop f9f277cc3628
f9f277cc3628
PS C:\Users\Administrator> docker images
REPOSITORY                                   TAG       IMAGE ID       CREATED         SIZE
this_iis                                     latest    bc9e28654430   29 minutes ago  5.17GB
thisiswindows/this_iis                       latest    bc9e28654430   29 minutes ago  5.17GB
thisiswindows                                latest    9fa9f122f74c   2 hours ago     297MB
mcr.microsoft.com/windows/servercore/iis     latest    e09d6fe577e8   3 weeks ago     5.1GB
mcr.microsoft.com/windows/nanoserver         ltsc2022  234492fdf20f   4 weeks ago     296MB
PS C:\Users\Administrator>
PS C:\Users\Administrator> docker rmi -f bc9e28654430
Untagged: this_iis:latest
Untagged: thisiswindows/this_iis:latest
Untagged: thisiswindows/this_iis@sha256:975534d5b8411c33811cc9f054a9cc5e8338518ae8b3fa0704cfb8c7574b664a
Deleted: sha256:bc9e286544309ec78aa0ed06c21855078a241ab50e345c69060983cafc7dd3e7
PS C:\Users\Administrator>
PS C:\Users\Administrator> docker images
REPOSITORY                                   TAG       IMAGE ID       CREATED         SIZE
thisiswindows                                latest    9fa9f122f74c   2 hours ago     297MB
mcr.microsoft.com/windows/servercore/iis     latest    e09d6fe577e8   3 weeks ago     5.1GB
mcr.microsoft.com/windows/nanoserver         ltsc2022  234492fdf20f   4 weeks ago     296MB
PS C:\Users\Administrator>
```

그림 20-54 기존 이미지 삭제

7-2 다음 명령으로 컨테이너를 다운로드 및 실행하자(기존에 다운로드했던 기록이 남아 있어 이전보다 빠르게 다운로드될 것이다).

> **NOTE ▶** docker pull 명령을 생략하고 **docker run** 명령을 실행하면 자동으로 **docker pull** 명령도 실행된다.

```
docker run -it -p 80:80 계정 <이름/컨테이너 이름> cmd
```

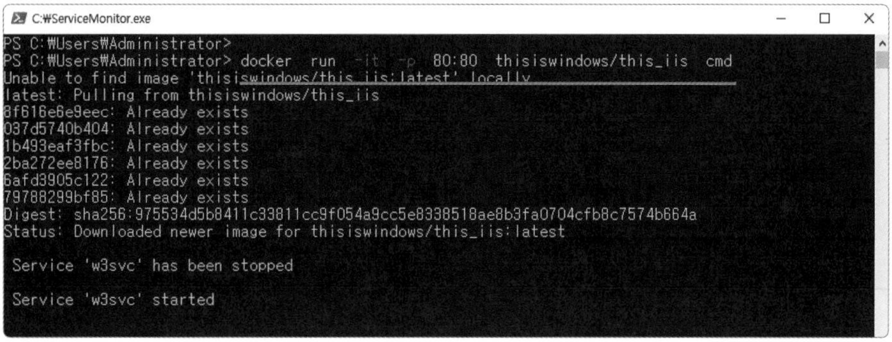

```
C:\ServiceMonitor.exe                                            −   □   ×
PS C:\Users\Administrator>
PS C:\Users\Administrator> docker run  -it -p  80:80  thisiswindows/this_iis  cmd
Unable to find image 'thisiswindows/this_iis:latest' locally
latest: Pulling from thisiswindows/this_iis
8f616e6e9eec: Already exists
037d5740b404: Already exists
1b493eaf3fbc: Already exists
2ba272ee8176: Already exists
6afd3905c122: Already exists
79788299bf85: Already exists
Digest: sha256:975534d5b8411c33811cc9f054a9cc5e8338518ae8b3fa0704cfb8c7574b664a
Status: Downloaded newer image for thisiswindows/this_iis:latest

Service 'w3svc' has been stopped

Service 'w3svc' started
```

그림 20-55 컨테이너 다운로드 및 설치

> **NOTE ▶** thisiswindows/this_iis 컨테이너의 총 크기는 약 5.17GB지만 크기에 비해 빠르게 다운로드되는 이유는 mcr.microsoft.com/windows/servercore/iis 컨테이너에서 일부만 수정된 것이 thisiswindows/this_iis 컨테이너이기 때문이다. 즉, mcr.microsoft.com/windows/servercore/iis 컨테이너를 수정한 다음 thisiswindows/this_iis 컨테이너를 생성한 것이므로 thisiswindows/this_iis 컨테이너는 mcr.microsoft.com/windows/servercore/iis 컨테이너의 자식 컨테이너라고 볼 수 있다. 그렇기 때문에 약 5.1GB 용량 중 mcr.microsoft.com/windows/servercore/iis의 변경된 일부 내용만 컨테이너에 보관되는 것이다. 그러므로 다운로드할 용량이 상당히 작다.

7-3 이후로는 다시 이번 실습의 **Step 3**을 참고해 진행하면 된다.

❓ VITAMIN QUIZ 20-2

자신이 업로드한 컨테이너를 THIRD 가상머신에 다운로드 및 설치해 실행한 후 웹 브라우저에서 접속해 보자.

> **HINT** docker run -it -p 80:80 **사용자ID/this_iis** cmd 명령으로 다운로드 및 실행한다.

이상으로 Windows 컨테이너에 대해서 살펴보았다. Windows 컨테이너를 더 이상 상세히 설명하기에는 이 책의 목적에도 맞지 않을뿐더러, 책의 지면상 어렵기 때문에 여기까지만 설명하고 넘어가겠다. 만약 Windows 컨테이너를 더 공부하고 싶다면 Microsoft사의 설명서(https://docs.microsoft.com/virtualization/windowscontainers/)를 참고하자.

Chapter

21

▶ # Windows에서
리눅스 사용

21장은 Windows에서 리눅스를 사용하는 3가지 방법을
살펴보고, 실습을 통해 Hyper-V 방식과 WSL 방식으로
리눅스를 직접 설치하고 운영해 본다.

학습목표

**이 장의
핵심 개념**

- Hyper-V에서 리눅스를 설치하는 방법을 이해하고 리눅스를 설치한다.

- WSL과 WSL 2의 개념을 이해한다.

- Hyper-V, Windows 컨테이너, WSL 방식의 리눅스 설치 개념을 비교한다.

- WSL 환경에서 리눅스를 운영한다.

**이 장의
학습 흐름**

> Hyper-V에서 리눅스 설치
>
> ▼
>
> WSL 개념의 이해
>
> ▼
>
> 리눅스 운영을 위한 3가지 방식의 비교
>
> ▼
>
> WSL에서 리눅스 운영 실습

21.1 Hyper-V 및 Windows 컨테이너에서 리눅스 설치

21.1.1 리눅스 이해하기

리눅스Linux는 Windows와 함께 서버 시장 및 개발자용 환경으로 많이 사용되는 서버다. 이 책이 Windows Server 책이기는 하지만, 현재 Windows에서 리눅스를 함께 사용하기 위한 다양한 방법이 사용되고 있으며, 이 책에서는 Windows에서 리눅스를 사용하는 방법 3가지를 설명한다.

첫째로, 19장에서 배운 Hyper-V에 리눅스를 설치하는 방법, 둘째로, 20장에서 배운 Windows 컨테이너에 리눅스 이미지를 다운로드해서 사용하는 방법, 그리고 마지막으로 이번 장에서 처음 소개되는 WSL 방법이다.

WSLWindow Subsystem for Linux (리눅스용 윈도우 하위 시스템)은 Windows 환경에서 그대로 리눅스용 응용 프로그램을 사용하기 위한 마이크로소프트의 비교적 최신 기술이다. 더 쉽게 말하면 리눅스를 설치하지 않고도 우분투, 데비안, 페도라, 수세 리눅스 등의 명령들을 사용할 수 있는 환경이다. 지금까지의 오픈 소스 개발자들은 주로 유닉스 터미널이나 macOS를 사용하는 성향이 강했지만, WSL을 통해 Windows 환경에서 별도의 장치 없이도 오픈 소스 개발자의 작업을 진행할 수 있을 것으로 예상된다(이건 마이크로소프트사의 입장이다). WSL의 장점은 Hyper-V나 그보다 가벼운 Windows 컨테이너보다도 더 가벼운 환경만으로 리눅스의 사용이 가능하다는 점이다. 결국 WSL도 Hyper-V, Windows 컨테이너와 함께 마이크로소프트의 가상화 기술 중 하나로 볼 수 있다.

21.1.2 Hyper-V에서 리눅스 설치

19장에서는 Hyper-V에 Windows Server 2022를 설치했다. 이번 장에서는 리눅스를 설치해 보자. 리눅스 배포판은 상당히 종류가 많지만, 그중 인기가 많은 리눅스 배포판인 Ubuntu 20.04 버전을 설치하겠다.

실습 1

Hyper−V에 Ubuntu 리눅스를 설치하자. FIRST 가상머신을 사용한다.

Step 0

먼저 19장 **실습 1**의 **Step 0**부터 **Step 3**까지 실행해 Hyper−V 환경을 준비한다. 19장 실습을 완료했다면 **Step 1**로 넘어가자.

Step 1

1-0 Ubuntu Server 20.04 DVD ISO 파일을 다운로드한다.

1-1 Edge에서 http://old−releases.ubuntu.com/releases/20.04.0/ubuntu−20.04−live−server−amd64.iso 주소를 입력하면 파일을 다운로드할 수 있다(다만 다운로드에 시간이 다소 소요될 수 있다).

1-2 다운로드한 파일의 이름은 'ubuntu−20.04−live−server−amd64.iso(908MB)'다.

그림 21-1 Ubuntu Server 20.04 다운로드

가상 컴퓨터(Virtual Computer)를 생성하자.

2-0 Windows의 [시작]에서 [Windows 관리 도구]-[Hyper-V 관리자] 메뉴를 클릭해 실행한다.

2-1 오른쪽 작업 화면의 [새로 만들기]-[가상 컴퓨터]를 선택하고 [새 가상 컴퓨터 마법사] 창에서 [다음] 버튼을 클릭한다.

2-2 [이름 및 위치 지정]에서 [이름]에 'Ubuntu 20.04'를 입력하고 [다음] 버튼을 클릭한다.

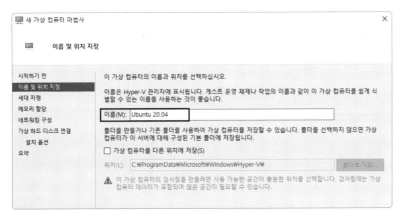

그림 21-2 가상 컴퓨터 생성 1

2-3 [세대 지정]에서 '1세대'를 선택하고 [다음] 버튼을 클릭한다.

2-4 [메모리 할당]에서 가상 컴퓨터에 할당할 [시작 메모리]를 '2048MB'로 할당하고 [다음] 버튼을 클릭한다.

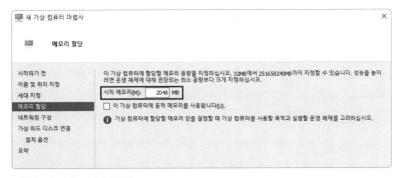

그림 21-3 가상 컴퓨터 생성 2

2-5 [네트워킹 구성]에서 [연결]에는 기본적으로 생성한 'Intel(R) 82574L Gigabit Network Connection – Virtual Switch' 네트워크를 선택하고 [다음] 버튼을 클릭한다.

2-6 [가상 하드디스크 연결]에서 가상 하드디스크의 [크기]에 '40GB'를 할당한다. 이 정도면 실습하기에 충분하다. [다음] 버튼을 클릭한다.

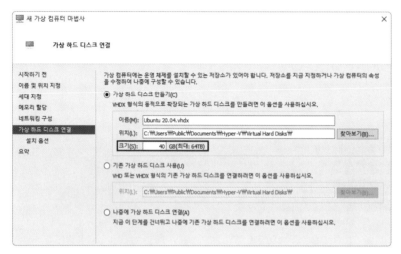

그림 21-4 가상 컴퓨터 생성 3

2-7 [설치 옵션]에서 [부팅 가능한 CD/DVD-ROM에서 운영 체제 설치]와 [이미지 파일]을 선택하고 [찾아보기] 버튼을 클릭해 다운로드한 'ubuntu-20.04-live-server-amd64.iso' 파일을 선택한다. [다음] 버튼을 클릭한다.

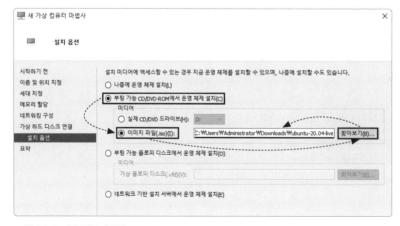

그림 21-5 가상 컴퓨터 생성 4

2-8 [새 가상 컴퓨터 마법사 완료]에서 기본값 그대로 두고 [마침] 버튼을 클릭하면 가상 컴퓨터 생성이 완료된다.

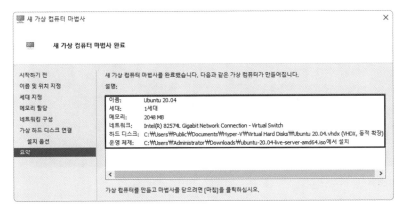

그림 21-6 생성 완료된 가상 컴퓨터

Step 3

Ubuntu 20.04 리눅스를 설치하자.

3-1 [Hyper-V 관리자]에서 가상 컴퓨터 'Ubuntu 20.04'를 더블클릭하고 [가상 컴퓨터 연결] 창이 나오면 [시작] 버튼을 클릭해 부팅한다.

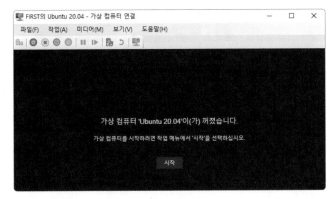

그림 21-7 Ubuntu 20.04 가상머신 부팅

3-2 약 2~3분 기다리면 초기 언어 선택 화면이 나온다. 지금부터는 마우스가 작동하지 않기 때문에 키보드로만 조작해야 한다. 다음 그림처럼 [English]가 선택된 상태에서 Enter 키를 누른다.

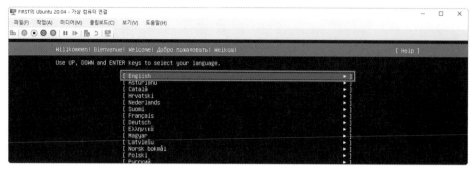

그림 21-8 Ubuntu 20.04 설치 1

3-3 [Installer Update available] 화면이 나오면 아래쪽의 [Continue without updating]을 선택하고 Enter 키를 누른다.

그림 21-9 Ubuntu 20.04 설치 2

3-4 [keyboard configuration]에서 모두 [English]로 되어 있을 것이다. 그 상태에서 Enter 키를 누른다.

3-5 [Network connections]에서는 IP 주소가 자동 설정된다. IP 주소가 설정된 것을 확인하고 Enter 키를 누른다.

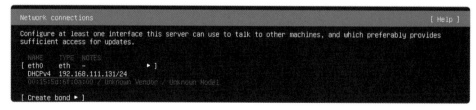

그림 21-10 Ubuntu 20.04 설치 3

3-6 [Configure proxy]에서 기본값 그대로 두고 Enter 키를 누른다.

3-7 [Configure Ubuntu archive mirror]에서 기본값 그대로 두고 Enter 키를 누른다.

3-8 [Guided storage configuration]에서 'Use an entire disk' 앞에 (X) 표시가 있는데 이는 장착한 40GB 디스크 전체를 사용한다는 의미다. Tab 키를 4번 누르면 아래쪽 [Done]으로 초점이 이동된다. Enter 키를 누른다.

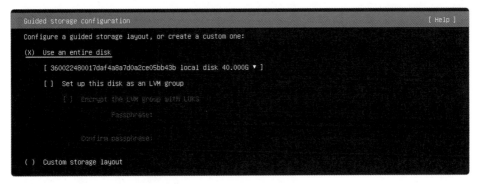

그림 21-11 Ubuntu 20.04 설치 4

3-9 [Storage configuration]에서 기본값 그대로 두고 Enter 키를 누른 다음 [Confirm destructive action] 대화상자가 나오면 Tab 키를 눌러 [Continue]로 초점을 옮기고 Enter 키를 누른다.

그림 21-12 Ubuntu 20.04 설치 5

3-10 [Profile setup]에서 다음 그림처럼 내용을 입력한다. [Your name]과 [Pick a username]에 모두 'winuser'를 입력한다. 그리고 [Your server's name]에 'win_ubuntu', [Choose a password]에 'password', 마지막 [Confirm your password]에도 'password'를 입력한 후에 Tab 키를 누르고 Enter 키를 누른다.

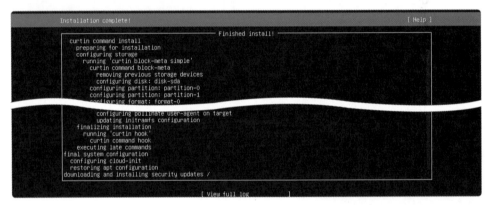

그림 21-13 Ubuntu 20.04 설치 6

3-11 [SSH Setup]에서 Tab 키를 누르고 Enter 키를 누른다.

3-12 [Featured Server Snaps]에서 Tab 키를 누른 다음 Enter 키를 누른다. 그러면 설치가 진행된다. 시스템에 따라서 설치가 1시간 이상 걸릴 수도 있다.

그림 21-14 Ubuntu 20.04 설치 7

3-13 화면의 가장 아래의 메시지가 'copying logs to installed system'으로 나오면 설치가 모두 완료된 것이다. Enter 키를 누른다.

그림 21-15 Ubuntu 20.04 설치 완료

3-14 만약 부팅에 실패하면 화면을 마우스로 클릭한 다음 Enter 키를 누른다.

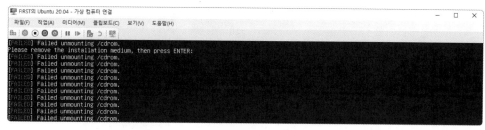

그림 21-16 Ubuntu 20.04 재부팅

NOTE▶ 만약 부팅에 실패하거나 서버가 잘 작동하지 않으면 가상머신을 완전히 종료하고 다시 부팅해 본다.

Step 4

Ubuntu 리눅스를 사용해 보자.

4-1 앞에서 생성한 사용자명(winuser)과 암호(password)를 입력해서 로그온하자. '~$' 프롬프트가 나오면 리눅스 명령어를 사용할 수 있다.

```
Ubuntu 20.04 LTS winubuntu tty1

winubuntu login: winuser
Password:
Welcome to Ubuntu 20.04 LTS (GNU/Linux 5.4.0-107-generic x86_64)

 * Documentation:  https://help.ubuntu.com
 * Management:     https://landscape.canonical.com
 * Support:        https://ubuntu.com/advantage

                   as of Sun 03 Apr 2022 01:1
Ubuntu comes with ABSOLUTELY NO WARRANTY, to the extent permitted by
applicable law.

To run a command as administrator (user "root"), use "sudo <command>".
See "man sudo_root" for details.

winuser@winubuntu:~$
```

그림 21-17 Ubuntu 20.04 로그인

NOTE▶ 로그인 화면이 잘 안보이면 [작업] – [Ctrl + Alt + Del] 메뉴를 선택해 재부팅해 본다.

4-2 몇 가지 간단한 명령어를 사용해 보자.

```
clear  → 화면을 깨끗하게 지움
whoami  → 현재 사용자 알려줌
pwd  → 현재 작업 디렉터리 알려줌
sudo apt -y install w3m  → 암호(password) 입력해야 됨. w3m이라는 프로그램 설치 명령어
```

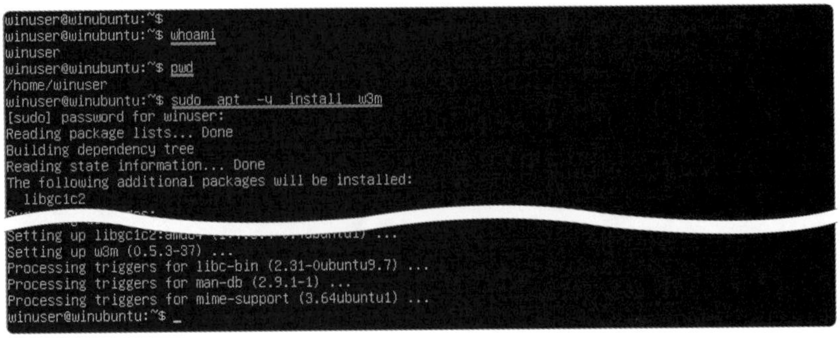

그림 21-18 Ubuntu 20.04 명령어 사용

4-3 w3m은 텍스트 기반의 웹 브라우저다. 간단히 사용해 보자.

w3m docs.microsoft.com → 마이크로소프트 문서 사이트에 접속

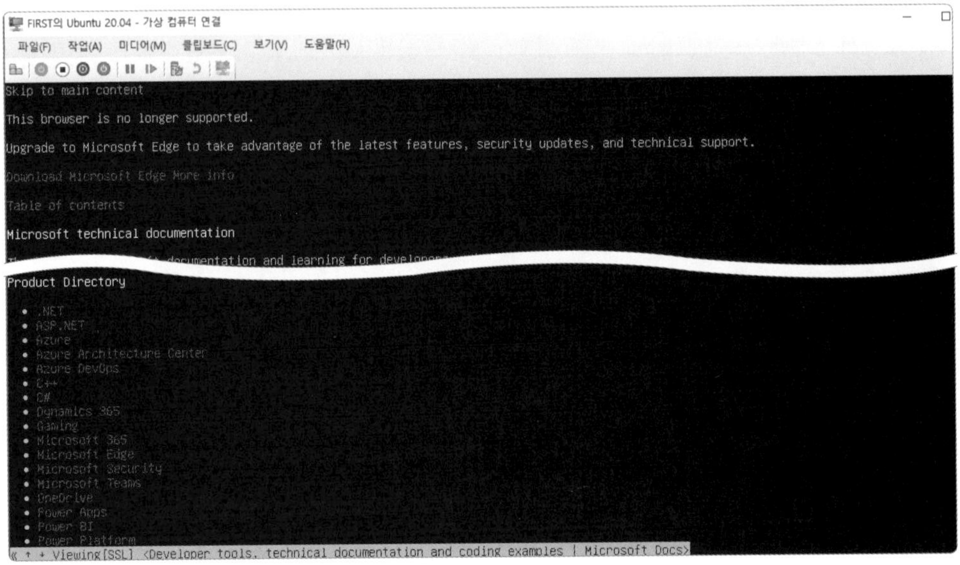

그림 21-19 Ubuntu 20.04 w3m 툴 사용

NOTE▶ 모니터가 Full HD라면 VMware를 전체 화면으로 해야 화면이 잘리지 않고 보일 것이다.

4-4 키보드 방향키를 사용해서 관련 내용에 접근한 후 `Enter` 키를 누르면 해당 페이지로 이동한다. w3m 을 종료하고 싶다면 `q` 키와 `y` 키를 차례로 누르면 된다.

다음 명령으로 Ubuntu 리눅스를 종료할 수 있다.

```
halt -p
```

21.2 WSL 개요

21.2.1 WSL과 WSL 2의 짧은 역사

마이크로소프트는 Windows 10 출시 후 1년 기념 업데이트에서 WSL을 소개했다. WSL을 만든 큰 이유는 오픈 소스 개발자의 환경이 리눅스 환경 또는 macOS 환경과 같은 터미널을 Windows 에서 바로 사용할 수 있도록 하기 위해서다.

NOTE ▶ 원래 WSL은 안드로이드용 코드를 윈도우에서 재사용하기 위한 프로젝트인 '아스토리아(Astoria)'에서 시작 했으나, 안드로이드보다는 리눅스 전체를 윈도우에서 사용하는 개념으로 변경되었다. 그와 별개로 '아스토리아' 프로젝 트는 Windows 11부터 Windows Subsystem for Android라는 이름으로 Windows 11에서 바로 안드로이드용 앱 을 실행할 수 있도록 발전되었다.

WSL을 사용하면 다음과 같은 장점이 있다.

- 리눅스 환경의 개발을 위해 별도의 하드웨어 장비를 구매할 필요가 없다.
- 현재 Windows 환경을 그대로 사용하면서 리눅스 환경의 유틸리티를 사용할 수 있다.
- Hyper-V나 Windows 컨테이너의 가상화 기술을 사용하지 않아도 리눅스를 사용할 수 있다.

다음 그림은 리눅스를 사용하기 위한 Hyper-V, Windows 컨테이너, WSL 방식을 비교한 그림 이다.

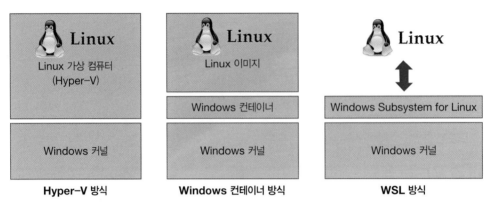

그림 21-20 리눅스를 사용하기 위한 3가지 방식 비교

NOTE▶ 이 책을 집필하는 시점에 Windows 컨테이너에서 리눅스 이미지 작동은 공식적으로 지원하지 않으며 실험적으로만 지원한다. 향후에는 Windows 컨테이너에서도 리눅스 이미지 작동을 공식 지원할 것으로 예상한다.

Hyper-V 방식은 가상머신에 리눅스 전체를 통째로 직접 설치해 사용하는 것이다. 그래서 Hyper-V 방식은 가장 무거운 방식이다. **Windows 컨테이너 방식**은 설치된 리눅스 이미지를 다운로드하거나 생성해서 사용하기 때문에 Hyper-V보다 좀 더 가볍게 구동된다. 마지막 **WSL 방식**은 리눅스를 별도로 설치하는 개념이 아닌 리눅스 자체를 WSL과 통신해서 사용하는 방식이다. WSL용 리눅스는 Windows 스토어에서 다운로드할 수 있으며 리눅스의 필요한 기능만 접근하기 때문에 가장 가벼운 사용 방식이다.

WSL은 지금도 계속 발전 중이며, Microsoft사는 2019년 6월부터 WSL 2를 제공하기 시작했는데 기존 WSL에 비해서 그 기능이나 성능이 더욱 빠르다는 평가를 받고 있다. 추가로 WSL에서는 주로 텍스트 모드의 리눅스 명령만 지원했으나 WSL 2부터는 GUI 환경도 지원한다. 특히 Windows 스토어Windows store 버전의 Windows 11용 WSL을 2021년 11월부터 제공하고 있어 Windows 11 환경에서는 더욱 편리하게 리눅스 개발 환경을 사용할 수 있게 되었다. 그래서인지 Windows 11에서는 파워셸을 'Windows 터미널'이라는 용어로 많이 사용하고 있는데, 이는 터미널에서 Windows 명령뿐 아니라 리눅스 명령어도 모두 처리된다는 의미로 볼 수 있다. 주의할 점이라면 WSL이나 WSL 2를 사용한다고 해서 모든 리눅스 명령어를 사용할 수 있는 것은 아니다. 특히 GUI 환경은 제한적으로 사용할 수 있으며, Microsoft사는 실행할 수 있는 응용 프로그램의 종류를 확장하기 위해 계속 WSL을 발전시키고 있다.

결론적으로 WSL을 사용함으로써 Windows 운영체제와 리눅스 운영체계를 하나의 환경에서 사용해 개발자의 생산성을 최대한 향상할 수 있다.

21.2.2 Windows Server에 WSL 설치

WSL의 기본 목적은 개발자를 위한 리눅스 환경의 제공이기 때문에 주로 Windows 10 또는 Windows 11 환경에서 사용이 가능하다. 하지만 Windows Server 2019 이상에서도 WSL의 설치가 가능해졌다. 차이점이라면 Windows 10/11은 리눅스 배포판을 Windows 스토어에서 바로 다운로드하고 자동 설치해서 사용이 가능하지만, Windows Server는 Windows 스토어를 사용할 수 없어서 수동으로 리눅스 배포판을 다운로드하고 설치해야 한다.

실습 2

이번 실습은 THIRD 가상머신을 사용한다.

Step 0

THIRD 가상머신을 [설정 완료] 스냅숏으로 초기화한다.

0-1 원활한 실습을 위해 THIRD 가상머신의 시작 메모리를 '4096MB' 또는 '8192MB'로 변경한다.

0-2 부팅한 다음 Administrator로 로그온한다.

Step 1

THIRD 가상머신에 WSL을 설치한다.

1-1 파워셸을 실행하고 다음 명령을 실행해 WSL을 설치한다. WSL가 설치되면 WSL용 Ubuntu 리눅스도 자동으로 다운로드된다.

```
wsl --install
```

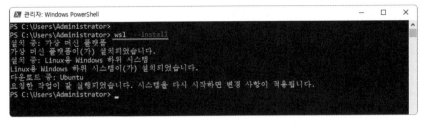

그림 21-21 WSL 설치

NOTE ▶ 이 책을 집필하는 시점에 Ubuntu 리눅스 20.04 버전이 자동으로 다운로드된다. 추후 시간이 지나면 더 높은 버전의 Ubuntu 리눅스가 다운로드될 수도 있다.

1-2 WSL 설치가 완료되었다. 메시지 대로 THIRD 가상머신을 재부팅하고 Administrator로 로그온하자.

Step 2 ──────────────────────────────

설치된 WSL용 Ubuntu 리눅스를 사용해 보자.

2-1 재부팅한 후 명령 창에서 Unix의 사용자명과 암호를 요구한다. 앞과 동일하게 사용자명에 'winuser', 암호에 'password'로 설정하자.

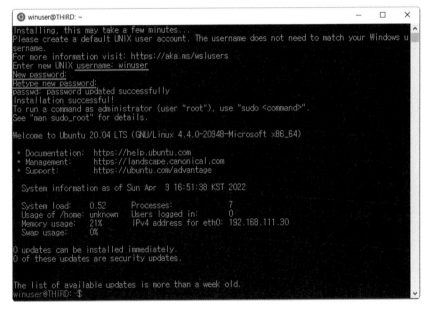

그림 21-22 Ubuntu 리눅스 처음 실행

2-2 이 상태가 WSL용 Ubuntu에 로그인된 상태다. 이제는 리눅스 명령을 마음대로 사용하면 된다. 몇 가지 명령어를 사용해 보자.

```
clear → 화면을 깨끗하게 지움
whoami → 현재 사용자 알려줌
pwd → 현재 작업 디렉터리 알려줌
sudo apt -y install w3m → 암호(password) 입력해야 됨. w3m이라는 프로그램 설치 명령어
```

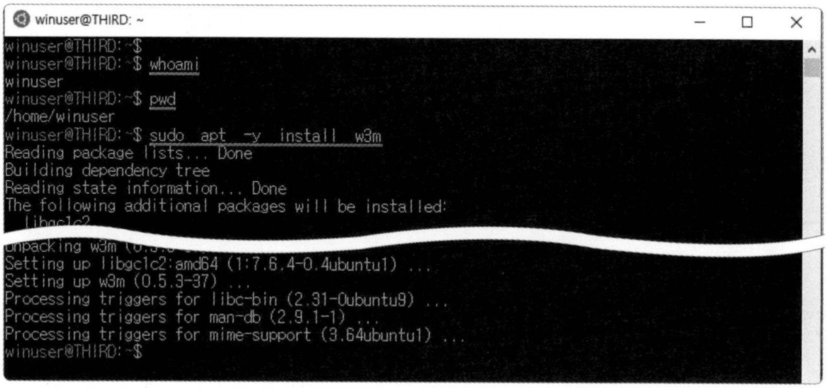

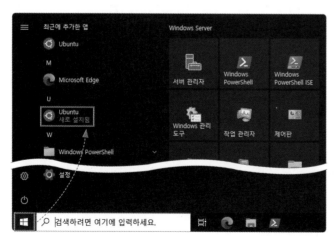

그림 21-23 Ubuntu 명령어 사용

2-3 **exit** 명령을 입력하면 Ubuntu 리눅스를 빠져나오고 창이 닫힌다.

2-4 다시 Ubuntu 리눅스를 실행하려면 Windows의 [시작]-[U]-[Ubuntu] 메뉴를 클릭하면 된다.

그림 21-24 Ubuntu 리눅스 실행

2-5 [파일 탐색기]를 실행하면 왼쪽 목록 중 [Linux]가 생성된 것이 확인된다. 그 아래 설치된 WSL용 리눅스의 폴더 목록을 확인할 수 있다. 현재는 Ubuntu 리눅스 하나만 설치된 것을 확인할 수 있다.

그림 21-25 설치된 리눅스 목록 확인

NOTE [파일 탐색기]의 주소 입력 칸에 '\\wsl$'를 입력해도 동일하게 설치된 리눅스를 확인할 수 있다.

Step 3

설치된 WSL 버전을 확인하고 업데이트하자.

3-0 먼저 3장에서 THIRD 가상머신을 설치한 후 Windows Update 기능을 Off했다. 이 기능을 다시 활성화하자. `Windows` + `R` 키를 누른 후 `services.msc` 명령을 실행한다. [서비스] 창이 나오면 아래쪽으로 마우스 스크롤 해서 'Windows Update'를 더블클릭한다. [Windows Update 속성] 창에서 [시작 유형]을 [수동]으로 변경한 후 [적용]과 [시작] 버튼을 눌러 업데이트를 활성화한다. [확인] 버튼을 클릭해 [Windows Update 속성] 창을 닫는다. [서비스] 창도 닫는다.

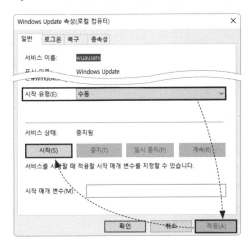

그림 21-26 Windows Update 활성화

3-1 파워셸을 열고 다음 명령어로 현재 WSL 버전을 살펴본다. [기본 버전]이 '1'인 것을 확인할 수 있다.

```
wsl --status
```

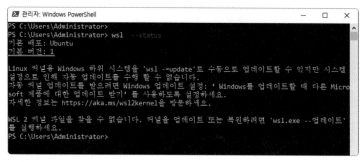

그림 21-27 WSL 버전 확인

3-2 다음 명령을 사용해 WSL를 최신 버전으로 업데이트한다.

```
wsl --update
```

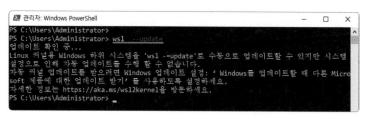

그림 21-28 WSL 업데이트

이 책을 집필하는 시점에서는 Windows Server에서는 WSL 2를 지원하지 않는다. 추후에는 지원될 것으로 예상된다. 기존의 WSL 1으로 실습을 진행해도 별 문제가 없으니 계속 진행해 보자.

Step 4

추가로 다른 리눅스를 설치해 보자.

4-1 파워셸을 열고 다음 명령으로 설치 가능한 WSL 목록을 확인한다.

```
wsl --list --online
```

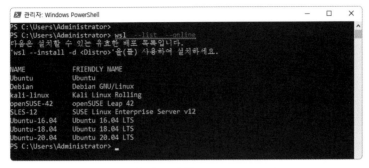

그림 21-29 설치 가능한 WSL용 리눅스 목록

이 책을 집필하는 시점에는 8 종류의 리눅스 설치가 가능하다. 이 중에서 [Debian]을 설치해 보자.

4-2 다음 명령으로 Debian 리눅스를 설치하자. 자동으로 다운로드 및 설치가 진행된다.

```
wsl --install -d Debian
```

그림 21-30 Debian 리눅스 설치

4-3 설치가 완료되면 자동으로 Debian 리눅스가 실행되고 앞에서 했던 Ubuntu 리눅스와 마찬가지로 사용자 및 암호를 생성해야 한다. 직접 진행해 보고 **exit** 명령으로 종료한다.

그림 21-31 Debian 리눅스 사용

4-4 Windows의 [시작]에서 [D] 메뉴로 가면 [Debian GNU/Linux]가 등록되어 있는 것을 확인할 수 있다. 또한 [파일 탐색기]에서도 추가된 리눅스를 확인할 수 있다.

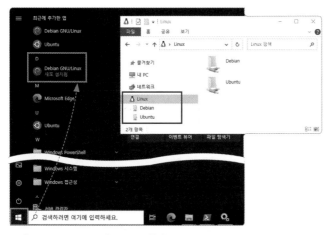

그림 21-32 Debian 리눅스 등록 확인

? VITAMIN QUIZ 21-1

SECOND 가상머신에 WSL을 설치하고 다른 리눅스를 추가로 설치해 보자.

맺음말

이상으로 필자와 함께 Windows Server 2022에 대한 학습을 마칩니다. 책의 서론에서도 언급했지만, 이 책에는 Windows Server 2022의 모든 기능이 나와 있지 않습니다. 이 책의 목표는 Windows Server 2022의 모든 기능을 소개하는 것이 아니라, Windows Server 2022에 입문하는 독자를 대상으로 최대한 실무와 가까우면서도 초보자도 쉽게 이해할 수 있는 환경으로 내용을 구성하는 것입니다.

비록 이 책에서 Windows Server 2022의 모든 것을 다루지 않았지만 이 책을 함께 공부한 독자라면 Windows Server에 어느 정도 자신감이 생겼을 것으로 생각됩니다. 앞으로는 다른 고급 서적이나 인터넷을 통해 더 많은 정보를 얻을 수 있을 것이며, 그 정보들을 통해 고급 Windows Server 엔지니어로 도약하기를 바랍니다. 많이 부족한 책이지만 끝까지 함께해준 독자님께 진심으로 감사의 말씀을 드립니다.

▶ 찾아보기

W

X